일단 합격하고 오겠습니다

JLPT

일본어 능력시험

N3

동양북스

일단 합격하고 오겠습니다

JLPT N3
일본어 능력시험

초판 12쇄 | 2024년 3월 10일

지은이 | JLCI신일본어능력시험 연구회, 연종현
발행인 | 김태웅
책임 편집 | 길혜진, 이서인
디자인 | 남은혜, 김지혜
마케팅 총괄 | 김철영
온라인 마케팅 | 김은진
제　작 | 현대순

발행처 | (주)동양북스
등　록 | 제 2014-000055호
주　소 | 서울시 마포구 동교로22길 14 (04030)
구입 문의 | 전화 (02)337-1737　팩스 (02)334-6624
내용 문의 | 전화 (02)337-1762　dybooks2@gmail.com

The Preparatory Course for the Japanese Language Proficiency Test :
JITSURYOKU-APPU Series
Copyright : 2011 by JLCI : Matsumoto Setsuko
The original edition was published by UNICOM Inc. in Japan.

ISBN 979-11-5768-339-0 18730
ISBN 979-11-5768-336-9 (세트)

© 2018, JLCI신일본어능력시험 연구회, 연종현

이 도서의 국립중앙도서관 출판예정도서목록(CIP)은 서지정보유통지원시스템 홈페이지(http://seoji.nl.go.kr)와
국가자료공동목록시스템(http://www.nl.go.kr/kolisnet)에서 이용하실 수 있습니다.
(CIP제어번호:CIP2018000325)

머리말

    2010년 12월을 기점으로 일본어능력시험이 새롭게 바뀌었다. 「문자 · 어휘」, 「문법」, 「독해」, 「청해」 영역을 테스트하는 것은 기존 시험과 같지만, 세부적으로 「문자 · 어휘」와 「문법」은 '언어지식'이라는 틀로 통합되었고 일본어능력시험에서 차지하는 비중도 전에 비해 많이 줄어들었다. 반면, 실질적인 문제 해결 능력을 테스트하는 시험을 표방한 만큼, 「청해」와 「독해」의 비중이 상당히 높아졌다. 이 책은 이러한 일본어능력시험의 변화에 실질적으로 대처할 수 있도록 새로운 시험을 철저히 분석하고 그 대응책을 마련하는 데 온 힘을 기울였다. 또한 〈워밍업–확인 문제–실전 연습〉의 3단계 학습법을 제시하여, 기존 응시자는 물론 일본어능력시험을 처음 접하는 학습자 모두가 일본어능력시험에 충분히 적응할 수 있도록 하였다.

    이 책은 새로워진 N3 시험에 대응할 수 있도록 각 영역별로 풍부한 실전문제를 수록하였고, 각 문제의 핵심을 이해할 수 있도록 친절한 해설을 덧붙였다. 또한 전반적으로 회화체 예문을 사용하여 시험 대비는 물론, 회화력도 기를 수 있게 배려하였다.

    영역별로는, 「문자 · 어휘」에는 출제 빈도가 높은 N3 대상의 수험 어휘 및 청해, 독해 영역에서 사용 빈도가 높은 어휘 1,600여 개를 선정하여 품사별/오십음도순으로 제시하였고, 2010년부터 2016년까지 시험에 출제된 기출 어휘 자료도 분석하여 함께 소개해 두었다. 「문법」에서는 N3 대상의 필수 문형과 초급 문법 사항을 학습하기 편리하도록 명사에 붙는 것, 동사에 붙는 것 등 접속 형태로 구분해 제시하였다. 또한, 「문자 · 어휘」에서와 마찬가지로 약 2016년도까지 누적된 기출 문법 자료도 소개해 두었다.

    마지막으로 新시험에서 비중이 높아진 「청해」와 「독해」는 어휘력이 관건인 만큼, 기본 어휘 및 해당 화제와 관련 있는 어휘와 표현을 함께 실어 어휘력 향상을 도모할 수 있게 하였다.

    이 책은 기본적으로 일본어능력시험 N3 수험자를 대상으로 기획되었으나, 능력시험을 보지 않더라도 일본어 실력을 키우고 싶은 사람이나 자연스러운 일본어를 배우고 싶은 사람 모두에게 적극 추천하고 싶다. 부디 오랜 고민과 연구 끝에 만들어진 이 책이 여러분의 일본어 실력 향상과 일본어능력시험 합격에 좋은 길잡이가 되길 바란다.

저자 일동

이 책의 구성과 활용법

　이 책은 2010년부터 시행된 JLPT N3에 대비할 수 있도록 구성된 종합 학습서입니다. 각 과목별로 문제 유형과 최신 출제 유형을 분석하였으며, 각각의 유형마다 고득점을 학습 팁과 실전 팁을 제시하였습니다. 또한 그동안의 기출 어휘·문법 정리와 더불어 충분한 문제 풀이를 통해 실전에 철저히 대비할 수 있도록 구성하였습니다. 이 책은 크게 두 부분으로 이루어집니다. 〈본책〉에서는 시험에 대비해 실력을 쌓고 문제를 풀어 봅니다. 〈별책〉에는 〈본책〉에 나왔던 각 문제가 상세히 풀이되어 있으므로 잘 모르는 문제가 있을 경우 확실히 확인할 수 있습니다.

PART 1　워밍업

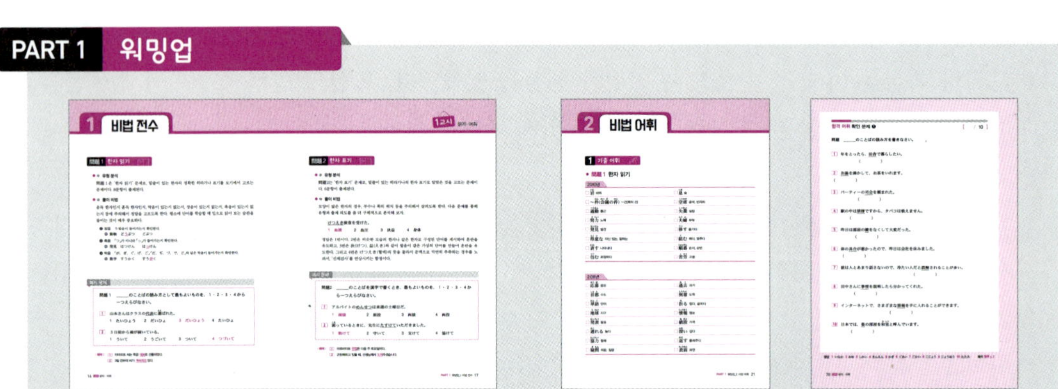

　각 영역마다 문제별로 유형을 분석하고 신 출제 경향을 정리하였습니다. 또한 예시 문제를 제시하여 처음 JLPT를 접하는 학습자도 시험 유형에 쉽게 적응할 수 있도록 구성하였으며, 고득점을 얻기 위한 풀이 비법을 함께 제시해 시험에 철저히 대비할 수 있도록 하였습니다.

PART 2　유형별 집중 공략

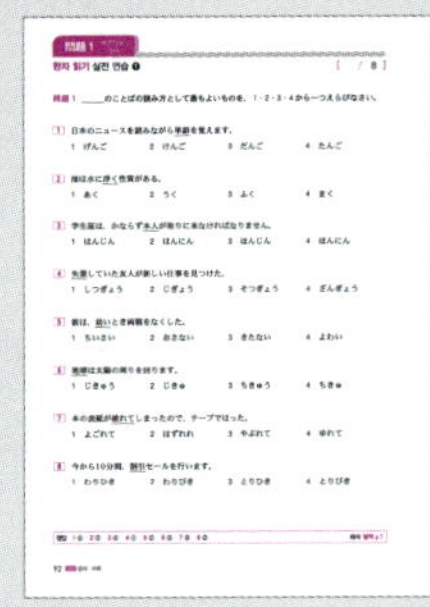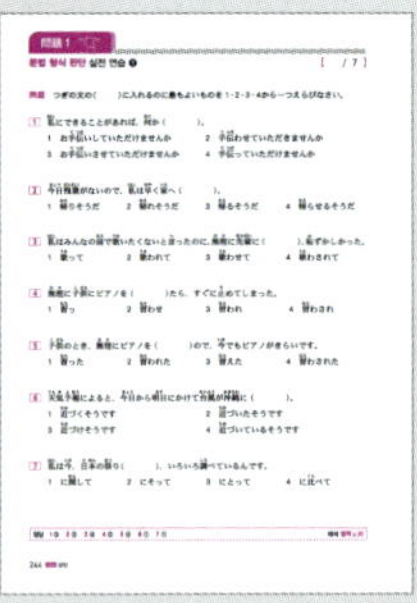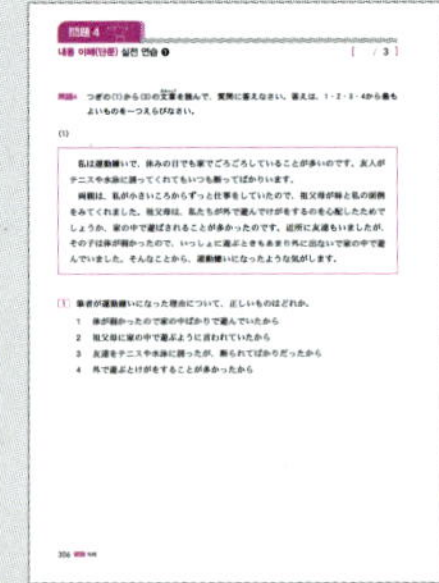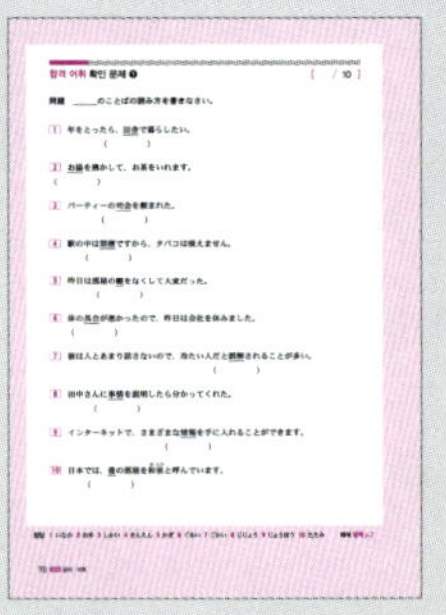

　실제 시험과 동일한 형식의 문제를 풀어보며 실전 감각을 키울 수 있습니다. 앞에서 제시되었던 문제 풀이 팁을 활용하며 문제를 풀이합니다. 문제 아래에 정답 번호가 나와 있어 정답 확인 시간을 절약할 수 있고, 보다 상세한 해설은 별책 해설서를 통해 확인할 수 있습니다.

 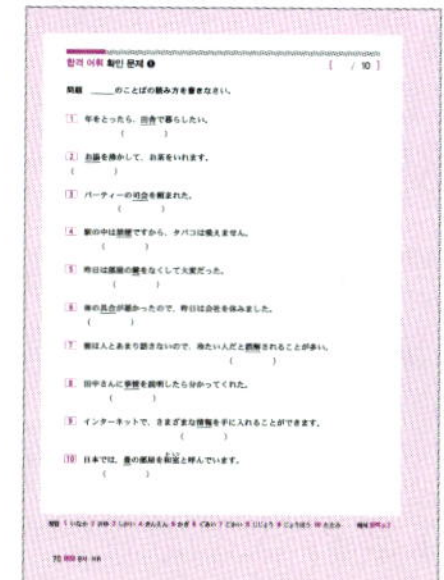

문자·어휘

기출 어휘를 제시하고, N3 합격을 위해 필수로 알아야 할 단어를 정리해 두었습니다. 어휘를 품사별로 정리해 두어 취약한 영역을 골라 효율적으로 학습할 수 있도록 하였습니다. 또한 전체 어휘 학습을 마친 후에는 '확인 문제'를 통해 성취도를 확인할 수 있습니다.

문법

기출 문법을 정리하고 출제 가능성이 높은 문법 항목을 상세히 설명하였습니다. '명사 접속', '동사 접속', '명사 수식형 접속', '여러 가지 문형 접속'으로 분류하여 효율적으로 학습이 가능하도록 하였습니다. 문법 학습을 마친 뒤에는 '확인 문제'를 통해 성취도를 확인할 수 있습니다.

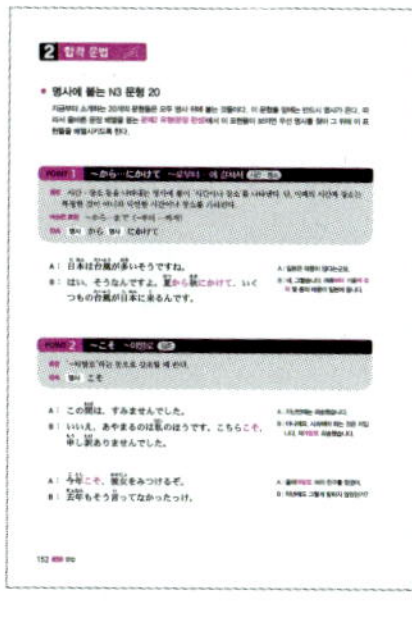 

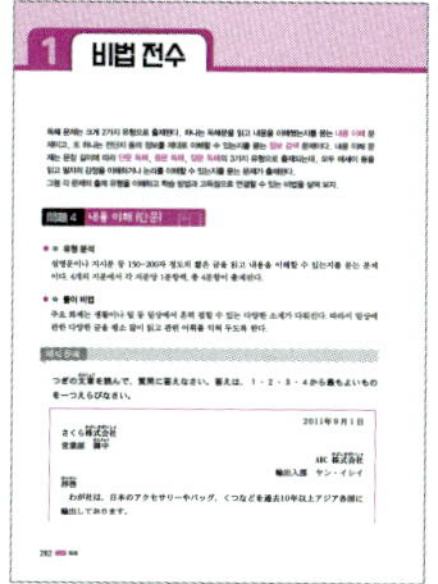 

독해

각 문제별로 상세하게 유형을 분석하고 각 유형마다 [독해] 학습에 도움이 될 수 있는 학습 팁을 함께 제시하였습니다. N3 [독해] 지문에 자주 나오는 어휘들을 각 주제별로 정리하여 자칫 어렵게만 느껴질 수 있는 [독해]에 쉽게 적응할 수 있도록 하였습니다.

청해

각 문제별로 상세하게 유형을 분석하고 시험에 자주 나오는 어휘와 축약·구어체 표현을 주제별로 정리하여 실전에 대비할 수 있도록 하였습니다. 실전 연습 문제에는 풍부한 양의 연습 문제를 수록하여 워밍업에서 제시되었던 풀이 요령을 실제 문제 풀이에 적용하면서 자신만의 청해 학습 전략을 세워볼 수 있습니다.

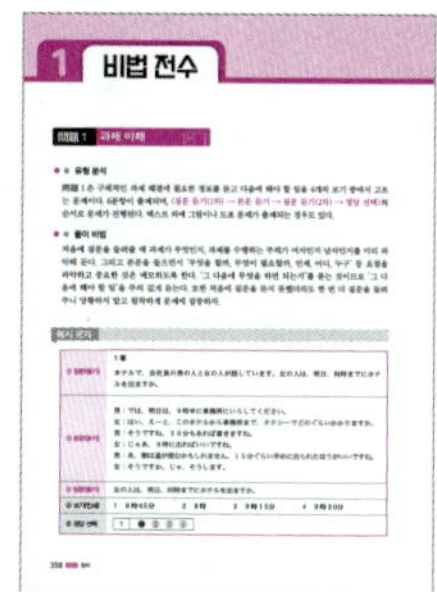 

JLPT(일본어 능력시험)란?

❶ JLPT에 대해서

JLPT(Japanese-Language Proficiency Test)는 일본어를 모국어로 하지 않는 사람의 일본어 능력을 측정하고 인정하는 시험으로, 국제교류기금과 재단법인 일본국제교육지원협회가 주최하고 있습니다. 1984년부터 실시되고 있으며 다양화된 수험자와 수험 목적의 변화에 발맞춰 2010년부터 새로워진 일본어 능력시험이 연 2회(7월, 12월) 실시되고 있습니다.

❷ JLPT 레벨과 인정 기준

레벨	과목별 시간		인정 기준
	유형별	시간	
N1	언어지식(문자 · 어휘 · 문법) 독해	110분	**기존시험 1급보다 다소 높은 레벨까지 측정** [읽기] 논리적으로 약간 복잡하고 추상도가 높은 문장 등을 읽고, 문장의 구성과 내용을 이해할 수 있으며 다양한 화제의 글을 읽고, 이야기의 흐름이나 상세한 표현의도를 이해할 수 있다.
	청해	60분	[듣기] 자연스러운 속도의 체계적 내용의 회화나 뉴스, 강의를 듣고, 내용의 흐름 및 등장인물의 관계나 내용의 논리구성 등을 상세히 이해하거나, 요지를 파악할 수 있다.
	계	170분	
N2	언어지식(문자 · 어휘 · 문법) 독해	105분	**기존시험의 2급과 거의 같은 레벨** [읽기] 신문이나 잡지의 기사나 해설, 평이한 평론 등, 논지가 명쾌한 문장을 읽고 문장의 내용을 이해할 수 있으며, 일반적인 화제에 관한 글을 읽고, 이야기의 흐름이나 표현의도를 이해할 수 있다.
	청해	55분	[듣기] 자연스러운 속도의 체계적 내용의 회화나 뉴스를 듣고, 내용의 흐름 및 등장인물의 관계를 이해하거나, 요지를 파악할 수 있다.
	계	160분	
N3	언어지식(문자 · 어휘)	105분	**기존시험의 2급과 3급 사이에 해당하는 레벨(신설)**
	언어지식(문법) · 독해		[읽기] 일상적인 화제에 구체적인 내용을 나타내는 문장을 읽고 이해할 수 있으며, 신문의 기사 제목 등에서 정보의 개요를 파악할 수 있다. 일상적인 장면에서 난이도가 약간 높은 문장을 바꿔 제시하며 요지를 이해할 수 있다.
	청해	45분	[듣기] 자연스러운 속도의 체계적 내용의 회화를 듣고, 이야기의 구체적인 내용을 등장인물의 관계 등과 함께 거의 이해할 수 있다.
	계	150분	
N4	언어지식(문자 · 어휘)	85분	**기존시험 3급과 거의 같은 레벨**
	언어지식(문법) · 독해		[읽기] 기본적인 어휘나 한자로 쓰여진, 일상생활에서 흔하게 일어나는 화제의 문장을 읽고 이해할 수 있다.
	청해	40분	[듣기] 일상적인 장면에서 다소 느린 속도의 회화라면 거의 내용을 이해할 수 있다.
	계	125분	
N5	언어지식(문자 · 어휘)	65분	**기존시험 4급과 거의 같은 레벨**
	언어지식(문법) · 독해		[읽기] 히라가나나 가타카나, 일상생활에서 사용되는 기본적인 한자로 쓰여진 정형화된 어구나 문장을 읽고 이해할 수 있다.
	청해	35분	[듣기] 일상생활에서 자주 접하는 장면에서 느리고 짧은 회화로부터 필요한 정보를 얻어낼 수 있다.
	계	100분	

레벨	득점 구분	인정 기준
N1	언어지식(문자 · 어휘 · 문법)	0~60
	독해	0~60
	청해	0~60
	종합득점	0~180
N2	언어지식(문자 · 어휘 · 문법)	0~60
	독해	0~60
	청해	0~60
	종합득점	0~180
N3	언어지식(문자 · 어휘 · 문법)	0~60
	독해	0~60
	청해	0~60
	종합득점	0~180
N4	언어지식(문자 · 어휘 · 문법) · 독해	0~120
	청해	0~60
	종합득점	0~180
N5	언어지식(문자 · 어휘 · 문법) · 독해	0~120
	청해	0~60
	종합득점	0~180

❹ 시험 결과 통지의 예

다음 예와 같이 ① '득점구분별 득점'과 득점구분별 득점을 합계한 ② '종합득점', 앞으로의 일본어 학습을 위한 ③ '참고정보'를 통지합니다. ③ '참고정보'는 합격/불합격 판정 대상이 아닙니다.

*예 N3을 수험한 Y씨의 '합격/불합격 통지서'의 일부 성적 정보(실제 서식은 변경될 수 있습니다.)

① 득점 구분별 득점			② 종합 득점
언어지식 (문자 · 어휘 · 문법)	독해	청해	120/180
50/60	30/60	40/60	

③ 참고 정보	
문자 · 어휘	문법
A	C

A 매우 잘했음 (정답률 67% 이상)
B 잘했음 (정답률 34%이상 67% 미만)
C 그다지 잘하지 못했음 (정답률 34% 미만)

목차

머리말 3

이 책의 구성과 활용법 4

JLPT(일본어 능력시험)란? 6

1교시 언어지식(문자 · 어휘 · 문법) / 독해

● ● 문자 어휘 12

PART 1 워밍업 14

비법 전수 16

비법 어휘 – 기출 어휘 21

비법 어휘 – 합격 어휘 / 합격 어휘 확인 문제 36

PART 2 유형별 집중 공략 90

한자 읽기 실전 연습 92

한자 표기 실전 연습 100

문맥 규정 실전 연습 108

유의어 실전 연습 116

용법 실전 연습 124

● ● 문법 132

PART 1 워밍업 134

비법 전수 136

비법 문법 – 기출 문법 140

비법 문법 – 합격 문법(명사 접속) / 합격 문법 확인 문제 152

비법 문법 – 합격 문법(동사 접속) / 합격 문법 확인 문제 169

비법 문법 – 합격 문법(명사 수식형 접속) / 합격 문법 확인 문제 180

비법 문법 – 합격 문법(여러 가지 접속) / 합격 문법 확인 문제 197

비법 문법 – 합격 문법(경어) / 경어 확인 문제 212

비법 문법 – 합격 문법(부사) / 부사 확인 문제 224

비법 문법 – 합격 문법(접속사) / 접속사 확인 문제 232

PART 2 유형별 집중 공략 242

문법 형식 판단 실전 연습 244

문장 완성 실전 연습 254

문맥 이해 실전 연습 264

● ● **독해** 278

PART 1 워밍업 280

비법 전수 282

비법 어휘– 주제별 독해 필수 어휘 292

PART 2 유형별 집중 공략 304

내용 이해(단문) 실전 연습 306

내용 이해(중문) 실전 연습 312

내용 이해(장문) 실전 연습 324

정보 검색 실전 연습 332

2교시 청 해

● ● **청해** 352

PART 1 워밍업 356

비법 전수 358

비법 어휘– 주제별 청해 필수 어휘 363

청해 유형 확인 문제 376

PART 2 유형별 집중 공략 380

과제 이해 실전 연습 382

포인트 이해 실전 연습 386

개요 이해 실전 연습 389

발화 표현 실전 연습 390

즉시 응답 실전 연습 427

부록 파이널 합격 체크북

1교시

1교시 시험시간 13：30 ~ 15：15

언어지식
(문자·어휘·문법)
독해

1교시

문자·어휘

問題 1 한자 읽기
問題 2 한자 표기
問題 3 문맥 규정
問題 4 유의어
問題 5 용법

문자 · 어휘 완전 정복을 위한 꿀팁!

문자 · 어휘 파트는 한 번에 완벽하게 정리하려고 하지 말고
몇 번이고 반복하겠다는 마음가짐으로 편안하게 진행하시기 바랍니다.

●問題 1 한자 읽기
훈독과 음독, 장음, 탁음 등에 유의하여 학습하고, 소리 내어 읽어 보며
학습하는 것이 중요합니다.

●問題 2 한자 표기
음독의 경우, 모양이 닮은 한자의 형태를 꼼꼼하게 분석해 가며 단어를
학습하도록 합니다.

●問題 3 문맥 규정
고득점을 위해서는 동사와 부사 학습이 특히 중요합니다. 또한 문장을
많이 읽어서 사전적 의미 이외의 다양한 뉘앙스를 익히도록 합니다.

●問題 4 유의어
문맥 규정을 확장한 응용 유형으로, 기존의 문장을 보다 쉬운 말로 풀어서
표현하는 연습을 해 보면 좋습니다.

●問題 5 용법
가능한 한 많은 문장을 읽어서, 문장 속에서 각 단어가 어떻게 쓰이는지
자연스럽게 익히는 것이 중요합니다.

PART 1

워밍업

1. 비법 전수
2. 비법 어휘

비법 전수

問題 1　한자 읽기

●● 유형 분석

問題 1은 '한자 읽기' 문제로, 밑줄이 있는 한자의 정확한 히라가나 표기를 보기에서 고르는 문제이다. 8문항이 출제된다.

●● 풀이 비법

음독 한자인지 훈독 한자인지, 탁음이 있는지 없는지, 장음이 있는지 없는지, 촉음이 있는지 없는지 등에 주의해서 정답을 고르도록 한다. 평소에 단어를 학습할 때 입으로 읽어 보는 습관을 들이는 것이 매우 중요하다.

❶ 장음　う 발음이 들어가는지 확인한다.
　㉑ 動物　ど <u>う</u> ぶつ　　　どぶつ

❷ 촉음　「つ」가 아니라「っ」가 들어가는지 확인한다.
　㉑ 発見　はつけん　　　はっけん

❸ 탁음　「が、ぎ、ぐ、げ、ご」「だ、ぢ、づ、で、ど」와 같은 탁음이 들어가는지 확인한다.
　㉑ 数学　すうかく　　　すう <u>が</u> く

예시 문제

問題 1　＿＿＿＿のことばの読み方として最もよいものを、1・2・3・4から
　　　　一つえらびなさい。

1　山本さんはクラスの <u>代表</u>に選ばれた。
　　1　たいひょう　　2　だいひょ　　　3　だいひょう　　4　たいひょ

2　3日前から雨が <u>続いて</u>いる。
　　1　ういて　　　　2　うごいて　　　3　ついて　　　　4　つづいて

| 해석 | **1** 야마모토 씨는 학급 대표로 선출되었다.

　　　　2 3일 전부터 비가 계속되고 있다.

問題2 한자 표기

●● 유형 분석

問題2는 '한자 표기' 문제로, 밑줄이 있는 히라가나의 한자 표기로 알맞은 것을 고르는 문제이다. 6문항이 출제된다.

●● 풀이 비법

모양이 닮은 한자의 경우, 부수나 획의 위치 등을 주의해서 살피도록 한다. 다음 문제를 통해 유형과 출제 의도를 좀 더 구체적으로 분석해 보자.

<u>けつえき</u>検査を受けた。

1　血液　　　2　血圧　　　3　決益　　　4　身体

정답은 1번이다. 2번은 비슷한 모습의 한자나 같은 한자로 구성된 단어를 제시하여 혼란을 유도하고, 3번은 決(けつ), 益(えき)와 같이 발음이 같은 가상의 단어를 만들어 혼란을 유도한다. 그리고 4번은 けつえき(혈액)의 뜻을 몰라서 문맥으로 막연히 추측하는 경우를 노려서, '신체검사'를 연상시키는 함정이다.

예시 문제

問題2　______のことばを漢字で書くとき、最もよいものを、1・2・3・4から一つえらびなさい。

1　アルバイトの<u>めんせつ</u>は来週の土曜日だ。

　1　面接　　　　2　面投　　　　3　両接　　　　4　両投

2　困っているときに、先生に<u>たすけて</u>いただきました。

　1　助けて　　　2　守いて　　　3　支けて　　　4　協けて

| 해석 |　1　아르바이트 면접은 다음 주 토요일이다.

　　　　2　곤란해하고 있을 때, 선생님께서 도와주셨습니다.

● ● 유형 분석

問題3은 '문맥 규정' 문제로, 문장의 흐름에 맞는 어휘를 고르는 문제이다. 11문항이 출제된다.

● ● 풀이 비법

다른 유형에 비해 부사의 출제 빈도가 높은 유형이다. 이 유형에 효과적으로 대응하려면 평소 학습할 때, 단어를 하나하나 외우는 데 머무르지 않고 문장으로 이해하고 기억해 두는 노력이 필요하다.

예시 문제

問題3　（　　）に入れるのに最もよいものを、1・2・3・4から一つえらびなさい。

1　（　　　）寝たので、気持ちがいい。

　　1　すっかり　　　　2　ぐっすり　　　　3　はっきり　　　　4　ぴったり

2　ここのパソコンは誰（だれ）でも使えますが、コピーは（　　　）です。

　　1　会費　　　　　2　費用　　　　　3　有料　　　　　4　料金

| 해석 | 1 | 푹 자서 기분이 좋다. |

　　　　2　여기 컴퓨터는 누구나 쓸 수 있습니다만, 복사는 유료입니다.

問題4 유의어

●● 유형 분석

問題4는 '유의어' 문제로, 제시된 어휘와 뜻이 비슷한 어휘를 보기에서 고르는 문제이다. 즉, 제시된 단어와 바꿔 사용하더라도 같은 의미를 나타내는 단어를 선택하는 문제이다. 5문항이 출제된다.

●● 풀이 비법

이 유형은 문제에 제시된 단어와 그것을 대체할 수 있는 보기의 단어를 동시에 알아야 풀 수 있기 때문에 어휘력과 문장력이 동시에 요구된다. 그러므로 평소 단어를 외울 때 그 단어의 뜻만 외우지 말고 「がんばる(열심히 하다)＝努力する(노력하다)」와 같이 유사 표현도 함께 연계해서 학습하도록 한다.

예시 문제

問題4 ______に意味が最も近いものを、1・2・3・4から一つえらびなさい。

1 次々に新しいゲームが作られる。

1 だんだん　　　2 これから　　　3 いつでも　　　4 どんどん

2 明日の飛行機の予約を確認してください。

1 変えて　　　2 調べて　　　3 行って　　　4 頼んで

| 해석 |　**1** 잇따라 새로운 게임이 만들어진다.

　　↘ 次々に(차례로, 잇따라)＝どんどん(잇따라, 계속해서)

　　2 내일 비행기 예약을 확인해 주세요.

　　↘ 確認する(확인하다)＝調べる(조사하다, 점검하다)

● ● 유형 분석

問題5는 '용법' 문제로, 제시된 어휘가 문장 안에서 알맞은 의미로 쓰이고 있는지를 묻는 문제이다. 5문항이 출제된다.

● ● 풀이 비법

결론부터 말하자면, 문장을 많이 외워 두어야 한다. 실제로 앞에 제시된 예제들을 풀 때, 그 단어가 어떻게 쓰이는지 일일이 분석하면서 학습하는 것은 시간적으로도 효율적이지 못하다. 그러므로 단어 하나가 지닌 의미도 중요하지만, 평소에 문장을 많이 익혀 두어 문장 속에서의 의미를 파악하는 능력을 키워야 한다. 또한 평소 단어를 외울 때 하나의 뜻만 외우지 말고 다른 의미로 쓰이는 경우도 함께 외워 두도록 한다.

예시 문제

問題5 つぎのことばの使い方として最もよいものを、1・2・3・4から一つえらびなさい。

1 今ごろ
1 それでは、今ごろテストを始めます。
2 今ごろ東京では桜が咲いているでしょう。
3 今ごろ現金で支払うことが少なくなった。
4 今ごろ雨が降りそうな天気だ。

2 かわいがる
1 山田さんは子どもをとてもかわいがっています。
2 あの人は親をとてもかわいがっています。
3 田中さんは、いただいた時計をとてもかわいがっています。
4 あの人は自分の家をとてもかわいがっています。

| 解석 | 1 今ごろ(지금쯤, 이맘때)　지금쯤 도쿄에서는 벚꽃이 피어 있겠지요.
2 かわいがる(귀여워하다)　야마다 씨는 아이를 매우 귀여워합니다.

1 기출 어휘

● **問題 1** 한자 읽기

2010년

□ 岩 (いわ) 바위	□ 息 (いき) 숨
□ ～件(会議の件) (けん・かいぎ・けん) ～건(회의 건)	□ 空席 (くうせき) 공석, 빈자리
□ 通勤 (つうきん) 통근	□ 失業 (しつぎょう) 실업
□ 努力 (どりょく) 노력	□ 夫婦 (ふうふ) 부부
□ 発見 (はっけん) 발견	□ 移す (うつ) 옮기다
□ 得意な (とくい) 자신 있는, 잘하는	□ 組む (く) 짜다, 맞추다
□ 表す (あらわ) 나타내다	□ 順番 (じゅんばん) 순서, 순번
□ 包む (つつ) 포장하다	□ 苦労 (くろう) 고생

2011년

□ 応募 (おうぼ) 응모	□ 過去 (かこ) 과거
□ 首都 (しゅと) 수도	□ 到着 (とうちゃく) 도착
□ 単語 (たんご) 단어	□ 折る (お) 접다, 굽히다
□ 地球 (ちきゅう) 지구	□ 情報 (じょうほう) 정보
□ 発表 (はっぴょう) 발표	□ 値段 (ねだん) 가격
□ 遅れる (おく) 늦다	□ 深い (ふか) 깊다
□ 協力 (きょうりょく) 협력	□ 返す (かえ) 돌려주다
□ 疑問 (ぎもん) 의문, 질문	□ 表面 (ひょうめん) 표면

- ☐ 汗 (あせ) 땀
- ☐ 短い (みじか) 짧다
- ☐ 配る (くば) 나누어 주다
- ☐ 他人 (たにん) 타인
- ☐ 完成 (かんせい) 완성
- ☐ 示す (しめ) 나타내다
- ☐ 島 (しま) 섬
- ☐ 外科 (げか) 외과
- ☐ 困る (こま) 곤란하다
- ☐ 笑顔 (えがお) 웃는 얼굴, 미소
- ☐ 平日 (へいじつ) 평일
- ☐ 以降 (いこう) 이후
- ☐ 卒業 (そつぎょう) 졸업
- ☐ 横断 (おうだん) 횡단
- ☐ 固い (かた) 딱딱하다
- ☐ 合図 (あいず) 신호

- ☐ 苦しい (くる) 괴롭다
- ☐ 生える (は) 나다, 돋아나다
- ☐ 出張 (しゅっちょう) 출장
- ☐ 各地 (かくち) 각지
- ☐ 席 (せき) 좌석
- ☐ 貯金 (ちょきん) 저금
- ☐ 根 (ね) 뿌리
- ☐ 留守 (るす) 부재
- ☐ 事情 (じじょう) 사정
- ☐ 浅い (あさ) 얕다
- ☐ 通知 (つうち) 통지
- ☐ 文章 (ぶんしょう) 문장
- ☐ 選手 (せんしゅ) 선수
- ☐ 改札 (かいさつ) 개찰
- ☐ 実力 (じつりょく) 실력
- ☐ 笑う (わら) 웃다

- ☐ 商業 (しょうぎょう) 상업
- ☐ 横 (よこ) 옆, 가로
- ☐ 覚える (おぼ) 외우다, 기억하다
- ☐ 自然 (しぜん) 자연
- ☐ 広告 (こうこく) 광고
- ☐ 替える (か) 교체하다
- ☐ 相手 (あいて) 상대
- ☐ 応用 (おうよう) 응용
- ☐ 大会 (たいかい) 대회
- ☐ 一般的な (いっぱんてき) 일반적인
- ☐ 割れる (わ) 깨지다, 나누어지다
- ☐ 検査 (けんさ) 검사

□ 集中 집중　　□ 厚い 두껍다
□ 食器 식기　　□ 呼吸 호흡

2015년

□ 美しい 아름답다　　□ 血液型 혈액형
□ 創造 창조　　□ 湖 호수
□ 汚れる 더러워지다　　□ 変化 변화
□ 朝食 조식, 아침 식사　　□ 伝える 전달하다
□ 首 목　　□ 荷物 짐
□ 経営学 경영학　　□ 平均 평균
□ 分類 분류　　□ 支給する 지급하다
□ 干す (널어)말리다, (잔)비우다　　□ 表す 나타내다, 표현하다

2016년

□ 丸い 둥글다　　□ 観客 관객
□ 個人 개인　　□ 払う 지불하다
□ 方向 방향　　□ 到着 도착
□ 申し込み 신청　　□ 加える 추가하다
□ はかる 재다, 측정하다　　□ 訓練 훈련
□ 独立 독립　　□ 豆 콩
□ 折れる 부러지다, 꺾이다　　□ 共通 공통
□ 努力 노력　　□ 税金 세금

2017년

□ 汚い 더럽다　　□ 商品 상품
□ 冷える 차가워지다, 식다　　□ 早退 조퇴
□ 下線 밑줄　　□ 転ぶ 구르다

□ 主要 주요　　　□ 直接 직접

□ 燃える 타다, 불타다　　　□ 位置 위치

□ 計算 계산　　　□ 回す 돌리다

□ 禁煙 금연　　　□ 結ぶ 잇다, 묶다

□ 手術 수술

● 問題2 한자 표기

2010년

□ 正常 정상　　　□ 成績 성적

□ 血液 혈액　　　□ 楽器 악기

□ 追う 뒤쫓다　　　□ 専門家 전문가

□ 降りる 내리다　　　□ 制服 제복, 교복

□ 身長 신장, 키　　　□ 内側 안쪽

□ 物語 이야기　　　□ 過ごす 지내다, 보내다

2011년

□ 案内 안내　　　□ 現在 현재

□ 解決 해결　　　□ 自由 자유

□ 気温 기온　　　□ 法律 법률

□ 健康 건강　　　□ 観光 관광

□ 大量 대량　　　□ ～券(入場券) ～권(입장권)

□ 痛い 아프다　　　□ 涙 눈물

2012년

□ 守る 지키다　　　□ 帰宅 귀가

□ 週刊誌 주간지　　　□ 育てる 키우다, 기르다

□ 相談 상담　　　□ 記録 기록

□ 自信 자신(자신감)	□ 歯 이, 치아
□ 温める 따뜻하게 하다	□ 結ぶ 연결하다, 묶다
□ 原料 원료	□ 復習 복습

2013년

□ 信じる 믿다	□ ～倍(2倍) ～배(2배)
□ 遅い 느리다, 늦다	□ 停電 정전
□ 容器 용기(그릇)	□ 包む 포장하다
□ 疲れる 피로하다	□ 独身 독신
□ 重ねる 거듭하다	□ 貸す 빌려주다
□ 残業 잔업	□ 逃げる 달아나다, 도망치다

2014년

□ 消す 끄다, 지우다	□ 駐車 주차
□ 欠席 결석	□ 移る 옮기다
□ 細かい 자세하다, 작다	□ 温泉 온천
□ 若い 젊다	□ 雑誌 잡지
□ 複数 복수(여러 개)	□ 恋しい 그립다
□ 減少 감소	□ 仮定する 가정하다

2015년

□ 正解 정답	□ 楽器 악기
□ 関心 관심	□ 借りる 빌리다
□ 投げる 던지다	□ 欠点 결점
□ 原因 원인	□ 現在 현재
□ 勤める 근무하다	□ 緑 초록, 녹색
□ 規則 규칙	□ 願う 바라다, 부탁하다

- □ 逃げる 도망치다
- □ 成績 성적
- □ 焼く 굽다, 태우다
- □ 回す 돌리다
- □ 記録 기록
- □ 乗車 승차
- □ 波 파도
- □ 速い 빠르다
- □ 満足 만족
- □ 組む 짜다, 맞추다
- □ 輸出 수출
- □ 眠る 자다, 잠들다

- □ 困る 곤란하다
- □ 頭痛 두통
- □ 期待 기대
- □ 経由 경유
- □ 飛ぶ 날다
- □ 違う 다르다, 틀리다
- □ 教師 교사
- □ 応募 응모
- □ 葉 잎, 이파리
- □ 預ける 맡기다, 위임하다
- □ 秒 초(시간)
- □ 坂道 언덕길, 비탈길
- □ 関係 관계

● 問題 3 문맥 규정

- □ カタログ 카탈로그
- □ 感じる 느끼다
- □ 家賃 집세
- □ しまう 치우다, 안에 넣다
- □ 最新 최신
- □ しばる 묶다
- □ キャンセル 취소
- □ ～向き(南向き) ～향(남향), ～쪽
- □ 早めに 일찌감치
- □ あわ 거품
- □ ノック 노크
- □ 半日 반나절
- □ 扱う 다루다, 취급하다
- □ 全～(全人口) 전～(전 인구)
- □ 希望 희망
- □ 迷う 헤매다, 망설이다

□ 感動かんどう 감동　　□ しばらく 잠시

□ うっかり 깜빡, 무심코(실수하는 모습)　　□ 体力たいりょく 체력

□ りっぱな 훌륭한　　□ どきどき 두근두근

2011년

□ 不満ふまん 불만　　□ かかる 걸리다

□ ぶらぶら 어슬렁어슬렁, 천천히　　□ 清潔せいけつな 청결한

□ 申込書もうしこみしょ 신청서　　□ あわせる 합치다

□ 複雑ふくざつな 복잡한　　□ 出張しゅっちょう 출장

□ 流ながれる 흐르다　　□ 冗談じょうだん 농담

□ 〜産さん(アメリカ産さん) 〜산(미국산)　　□ さっそく 즉시

□ インタビュー 인터뷰　　□ カーブ 곡선, 커브

□ 主張しゅちょう 주장　　□ 両替りょうがえ 환전

□ 整理せいり 정리　　□ 前後ぜんご 전후, 앞뒤

□ からから 바싹바싹(몹시 건조한 모습)　　□ 影響えいきょう 영향

□ ためる 모으다, 담다　　□ しっかり 단단히, 꽉, 제대로

2012년

□ ながれ 흐름　　□ 想像そうぞう 상상

□ 外食がいしょく 외식　　□ むく (껍질을) 벗기다

□ 差さ 차이, 차　　□ かれる 시들다

□ セット 세트　　□ 期待きたい 기대

□ 意志いし 의지　　□ がっかりする 낙심하다

□ 別わかれる 헤어지다, 작별하다　　□ ヒント 힌트

□ 起おきる 일어나다　　□ なつかしい 그립다

□ 応援おうえん 응원　　□ 代金だいきん 대금(비용)

□ のばす 연장하다, 연기하다　　□ しつこい 끈질기다

| □ ふる 흔들다 | □ 自動的な 자동적인 |
| □ カバー 커버, 덮개 | □ 片方 한쪽 |

□ かわく 마르다	□ 調子 상태
□ 渋滞 정체(밀리는 상태)	□ 緩い 느슨하다, 완만하다
□ おかしい 이상하다	□ 経つ 지나다, 경과하다
□ 交換 교환	□ 突然 돌연, 갑자기
□ リサイクル 리사이클, 재활용	□ 物価 물가
□ うわさ 소문	□ 追いつく 따라잡다
□ 主に 주로	□ おぼれる 물에 빠지다
□ 不安 불안	□ 材料 재료
□ なるべく 가급적	□ 別々に 따로따로
□ とじる 닫다, (눈을)감다	□ 引き受ける 받아들이다
□ たたむ 접다, 개다	□ 自慢する 자랑하다

□ 分ける 나누다, 구분하다	□ 目標 목표
□ お祝い 축하	□ 覚める (잠) 깨다, 정신 들다
□ 方法 방법	□ テーマ 주제, 테마
□ 積極的な 적극적인	□ 穴 구멍, 구덩이
□ 資源 자원	□ 合計 합계
□ 印象 인상	□ 悔しい 분하다, 억울하다
□ 我慢する 참다	□ ぶつける 부딪다, 들이받다
□ 記念 기념	□ 感覚 감각
□ 使用(料) 사용(료)	□ くせ 버릇
□ あきる 질리다, 식상하다	□ ふらふら 비틀비틀, 휘청휘청

- □ パンフレット 팸플릿, 소책자
- □ 当日 당일

2015년

- □ 発表 발표
- □ 破れる 찢어지다, 파손되다
- □ 守る 지키다
- □ 料金 요금
- □ 順番 순번, 차례
- □ 編む 짜다, 뜨개질하다
- □ 文句 불평, 잔소리
- □ 戦う 싸우다
- □ キャンセル 취소
- □ 興味 흥미
- □ 代表的な 대표적인
- □ 香り 향기
- □ 栄養 영양
- □ 演奏 연주
- □ 隠す 숨기다
- □ 防ぐ 막다, 방지하다
- □ 割合 비율
- □ ぴったり 딱(밀착함, 어울림)
- □ そっくり 똑같이 생김
- □ リサイクル 리사이클, 재활용
- □ 観察 관찰
- □ 盛んな 왕성한, 활발한

2016년

- □ アドバイス 어드바이스, 충고
- □ 特長 특징
- □ うまい 능숙하다
- □ イメージ 이미지
- □ 自信 자신(자신감)
- □ 囲む 포위하다
- □ 検査 검사
- □ がらがら 텅텅(텅 빈 모습)
- □ チャレンジ 챌린지, 도전
- □ うわさ 소문
- □ 流行 유행
- □ 許す 용서하다, 허락하다
- □ 断る 거절하다
- □ 姿勢 자세
- □ 惜しい 아깝다, 아쉽다
- □ 確かめる 확인하다
- □ 傷 상처
- □ 農業 농업
- □ 頼る 의지하다
- □ 沈む 가라앉다
- □ うっかり 깜박, 무심코(실수하는 모습)
- □ 内緒 비밀

□ 底 바닥 (そこ)	□ 比較 비교 (ひかく)
□ 平均 평균 (へいきん)	□ マナー 매너
□ 呼びかける 부르다 (よ)	□ 目的 목적 (もくてき)
□ 床 바닥, 마루 (ゆか)	□ 完成 완성 (かんせい)
□ 列 줄 (れつ)	□ 苦しい 괴롭다 (くる)
□ 登場 등장 (とうじょう)	□ ずいぶん 상당히
□ 落ち着く 자리잡다, 안정되다 (お・つ)	□ 申請 신청 (しんせい)
□ 染み 얼룩 (し)	

● 問題 4 유의어

□ きつい 힘들다	≒	□ 大変だ 큰일이다, 힘들다 (たいへん)
□ くたびれる 지치다	≒	□ つかれる 피로하다
□ 明ける 날이 새다, 끝나다 (あ)	≒	□ おわる 끝나다
□ 混雑している 혼잡하다 (こんざつ)	≒	□ 客がたくさんいる 손님이 많이 있다 (きゃく)
□ 単純だ 단순하다 (たんじゅん)	≒	□ わかりやすい 알기 쉽다
□ まご 손자	≒	□ 娘の息子 딸의 아들 (むすめ・むすこ)
□ たまる 쌓이다	≒	□ たくさん残る 많이 남다 (のこ)
□ 短気だ 성미가 급하다 (たんき)	≒	□ すぐ怒る 바로 화를 내다 (おこ)
□ 暗記する 암기하다 (あんき)	≒	□ 覚える 외우다, 기억하다 (おぼ)
□ きまり 규칙	≒	□ 規則 규칙 (きそく)

□ 通勤する 통근하다 (つうきん)	≒	□ 仕事に行く 일하러 가다 (しごと・い)
□ おそろしい 무섭다	≒	□ こわい 무섭다
□ わけ 이유	≒	□ 理由 이유 (りゆう)

□ 減る 줄어들다	≒	□ 少なくなる 적어지다	
□ やり直す 다시 하다	≒	□ もう一度やる 한번 더 하다	
□ 欠点 결점	≒	□ 悪いところ 나쁜 점	
□ 翌年 이듬해	≒	□ 次の年 다음 해	
□ スケジュール 스케줄	≒	□ 予定 예정	
□ らくな 편한	≒	□ かんたんな 간단한	
□ さっき 조금 전에	≒	□ 少し前に 조금 전에	

□ 共通点 공통점	≒	□ 同じところ 같은 점	
□ 整理する 정리하다	≒	□ 片付ける 치우다, 정리하다	
□ ぜったいに 절대로	≒	□ かならず 반드시	
□ ないしょにする 비밀로 하다	≒	□ だれにも話さない 누구에게도 이야기하지 않는다	
□ 気に入っている 마음에 들어하다	≒	□ すきだ 좋아하다	
□ あきらめる 포기하다	≒	□ やめる 그만두다	
□ 年中 일 년 내내	≒	□ いつも 항상	
□ うばう	≒	□ 取る 잡다, 빼앗다	
□ そっと 살짝	≒	□ 静かに 조용하게	
□ まぶしい 눈부시다	≒	□ 明るすぎる 너무 밝다	

□ サイズ 사이즈	≒	□ 大きさ 크기	
□ 注文する 주문하다	≒	□ 頼む 부탁하다, 주문하다	
□ たしかめる 확인하다	≒	□ チェックする 체크하다	
□ このごろ 요즈음	≒	□ さいきん 최근	
□ しゃべる 말하다	≒	□ 話す 이야기하다	
□ キッチン 키친	≒	□ 台所 부엌	

□ 位置 위치	≒	□ 場所 장소
□ 売り切れる 매진되다	≒	□ 全部売れる 전부 팔리다
□ わけ 이유	≒	□ 理由 이유
□ 回収する 회수하다	≒	□ あつめる 모으다

□ さっき 아까, 조금 전	≒	□ 少し前に 조금 전에
□ おかしな 이상한	≒	□ 変な 이상한
□ 経つ 지나다	≒	□ 過ぎる 지나다
□ あわてて 허둥대며, 황급하게	≒	□ 急いだようすで 서두르는 모습으로
□ カーブしている 굽어 있다	≒	□ 曲がっている 굽어 있다
□ きつい (1) 꼭 끼다 (2) 힘들다	≒	□ 大変だ 힘들다, 큰일이다
□ 案 안, 방안	≒	□ アイデア 아이디어
□ くたびれる 지치다	≒	□ 疲れる 피로하다
□ 約 약	≒	□ だいたい 대략
□ 指導する 지도하다	≒	□ 教える 가르치다

□ すべて 모두	≒	□ 全部 전부
□ 手段 수단	≒	□ やり方 방식
□ 配達する 배달하다	≒	□ 届ける (1) 전달하다 (2) 신고하다
□ 黙って 아무 말 없이	≒	□ 何も言わずに 아무 말 없이
□ 次第に 점차	≒	□ 少しずつ 조금씩
□ 得意な 잘하는, 자신 있는	≒	□ 上手にできる 능숙하게 할 수 있는
□ 短気な 성급한	≒	□ すぐ怒る 바로 화를 내는
□ 疑う 의심하다	≒	□ 本当ではないと思う 사실이 아니라고 생각하다
□ 機会 기회	≒	□ チャンス 기회, 찬스

□ 相変わらず 여전히　≒　□ 前と同じで 예전과 같이

□ きまり 규칙　≒　□ 規則 규칙

□ 不安だ 불안하다　≒　□ 心配だ 걱정이 되다

□ 学ぶ 배우다　≒　□ 勉強する 공부하다

□ まったく 전혀　≒　□ ぜんぜん 전혀

□ 延期する 연기하다　≒　□ 後の別の日にやる 나중에 다른 날에 하다

□ かがやく 빛나다　≒　□ 光る 빛나다

□ がっかりする 낙심하다　≒　□ 残念だと思う 유감스럽다고 생각하다

□ 当然 당연히　≒　□ もちろん 물론

□ あまる 남다　≒　□ 多すぎて残る 너무 많아서 남다

□ 横断禁止です 횡단금지입니다　≒　□ 渡ってはいけないです 건너서는 안 됩니다

□ 協力する 협력하다　≒　□ 手伝う 도와주다

□ スケジュール 스케줄　≒　□ 予定 예정

□ 約 약　≒　□ だいたい 대체, 대략

□ あらゆる 모든, 온갖　≒　□ すべての 모든

□ どなる 호통치다　≒　□ 大声で怒る 큰 소리로 화내다

● 問題5 용법

□ 未来 미래　　□ 回収 회수

□ 落ち着く 안정되다, 차분하다　　□ 修理 수리

□ はかる 재다, 측정하다　　□ まずしい 가난하다

□ そっくり 꼭 닮은 모습　　□ なだらかな 완만한

□ ユーモア 유머　　□ 区切る 구분하다

2011년

□ ころぶ 넘어지다　　□ 断る 거절하다
□ 指示 지시　　□ ゆるい 느슨하다, 완만하다
□ 見送る 배웅하다　　□ 性格 성격
□ 植える 심다　　□ 受け入れる 받아들이다
□ 正直な 정직한　　□ そろそろ 슬슬

2012년

□ 緊張 긴장　　□ 募集 모집
□ 暗記 암기　　□ 空 빈 상태
□ 通り過ぎる 지나가다　　□ 活動 활동
□ 訪問 방문　　□ 行き先 목적지, 행선지
□ 翻訳 번역　　□ 経由 경유

2013년

□ 建設 건설　　□ 早退 조퇴
□ 身につける 익히다, 터득하다　　□ 進歩 진보
□ 発生 발생　　□ 余る 남다
□ にぎる 움켜쥐다　　□ 効果 효과
□ だるい 나른하다　　□ こぼす 쏟다, 엎지르다

2014년

□ 内容 내용　　□ たまる 쌓이다
□ 発展 발전　　□ 縮小 축소
□ 伝わる 전달되다　　□ 制限 제한

| □ どなる 고함을 지르다 | □ 話しかける 말을 걸다 |
| □ 期限 기한 | □ 離す 떼어내다, 분리하다 |

2015년

□ 移動 이동	□ 修理 수리
□ 預ける 맡기다	□ 親しい 친하다
□ 新鮮な 신선한	□ 締め切り 마감
□ 清潔な 깨끗한	□ ゆでる 삶다
□ 混ぜる 섞다	□ 渋滞 정체(밀리는 상태)

2016년

□ 性格 성격	□ 急に 갑자기
□ 募集 모집	□ 沸騰 비등
□ 似合う 어울리다	□ まげる 구부리다, 굽히다
□ 消費 소비	□ 出張 출장
□ 空 빈 상태	□ 慰める 위로하다

2017년

□ 分類 분류	□ 引き受ける 떠맡다, 인수하다
□ 滞在 체재	□ どきどき 두근두근
□ かれる 시들다	□ 減少 감소
□ 身につける 몸에 걸치다, 몸에 익히다	□ 中古 중고
□ 断る 거절하다	□ 受け取る 받다, 수취하다

あ 행 ·

□ 相手 (あいて)	상대, 상대방	
□ 愛用 (あいよう)	애용	
□ 握手 (あくしゅ)	악수	
□ 汗 (あせ)	땀	
□ 当たり前 (あたりまえ)	당연함	
□ 油 (あぶら)	기름	
□ 泡 (あわ)	거품	
□ 暗記 (あんき)	암기	
□ 安全 (あんぜん)	안전	
□ 案内 (あんない)	안내	
□ 医学 (いがく)	의학	
□ 息 (いき)	숨, 호흡	
□ 意義 (いぎ)	의의	
□ 生き物 (いきもの)	생물	
□ 意見 (いけん)	의견	
□ 以後 (いご)	이후	
□ 医師 (いし)	의사	
□ 以上 (いじょう)	이상	
□ 以前 (いぜん)	이전	
□ 板 (いた)	널빤지, 판자	
□ いたずら	장난	
□ 痛み (いた)	통증	

□ 一部 (いちぶ)	일부	
□ いとこ	사촌	
□ 一生 (いっしょう)	일생, 평생	
□ 田舎 (いなか)	시골	
□ 居眠り (いねむり)	앉아서 졺	
□ 命 (いのち)	목숨, 생명	
□ 違反 (いはん)	위반	
□ 居間 (いま)	거실	
□ 岩 (いわ)	바위	
□ 印象 (いんしょう)	인상	
□ 受付 (うけつけ)	접수	
□ うそ	거짓말	
□ 内側 (うちがわ)	안쪽	
□ 腕 (うで)	팔	
□ 裏 (うら)	뒤쪽, 안쪽	
□ 売り上げ (うりあげ)	매상	
□ 売り場 (うりば)	매장	
□ 上着 (うわぎ)	윗옷	
□ うわさ	소문	
□ 運 (うん)	운	
□ 運転 (うんてん)	운전	
□ 栄養 (えいよう)	영양	
□ 遠足 (えんそく)	소풍	

遠慮	사양, 거리낌
応援	응원
横断歩道	횡단보도
往復	왕복
応募	응모
応用	응용
大通り	대로, 큰길
大家	집주인
お菓子	과자
おかず	반찬
お金持ち	부자
おかわり	리필, 음식 추가
奥	속, 안쪽
贈り物	선물
押入れ	벽장
おしゃべり	수다
おしゃれ	멋부림, 세련됨
お互い	서로
おつり	거스름돈
お手洗い	화장실
落し物	분실물
お見舞い	문병
お土産	기념품, 선물
思い出	추억
お湯	뜨거운 물

表	겉, 표면
お礼	사례
音楽	음악
温室	온실
温泉	온천
温度	온도
おんぶ	업음, 어부바

か 행

貝	조개
会員	회원
絵画	회화, 그림
海外	해외
海岸	해안
解決	해결
改札口	개찰구
回収	회수
外出	외출
外食	외식
解説	해설
会費	회비
外部	외부
買い物	쇼핑
画家	화가
価格	가격
科学	과학

□ 鍵（かぎ）	열쇠	□ 環境（かんきょう）	환경
□ 家具（かぐ）	가구	□ 関係（かんけい）	관계
□ 学者（がくしゃ）	학자	□ 歓迎（かんげい）	환영
□ 学習（がくしゅう）	학습	□ 観光（かんこう）	관광
□ 確認（かくにん）	확인	□ 感謝（かんしゃ）	감사
□ 学費（がくひ）	학비	□ 患者（かんじゃ）	환자
□ 学問（がくもん）	학문	□ 関心（かんしん）	관심
□ 貸し出し（かしだし）	대출	□ 完成（かんせい）	완성
□ 歌手（かしゅ）	가수	□ 完全（かんぜん）	완전
□ 課題（かだい）	과제	□ 感想（かんそう）	감상
□ 形（かたち）	모양, 형태	□ 感動（かんどう）	감동
□ 片道（かたみち）	편도	□ 乾杯（かんぱい）	건배
□ 価値（かち）	가치	□ 完了（かんりょう）	완료
□ 楽器（がっき）	악기	□ 気温（きおん）	기온
□ 活動（かつどう）	활동	□ 機会（きかい）	기회
□ 家庭（かてい）	가정	□ 期間（きかん）	기간
□ 角（かど）	모퉁이	□ 帰国（きこく）	귀국
□ 家内（かない）	아내	□ 記事（きじ）	기사
□ 壁（かべ）	벽	□ 記者（きしゃ）	기자
□ 我慢（がまん）	참음, 인내	□ 技術（ぎじゅつ）	기술
□ 髪（かみ）	머리카락	□ 傷（きず）	상처
□ 画面（がめん）	화면	□ 季節（きせつ）	계절
□ 科目（かもく）	과목	□ 規則（きそく）	규칙
□ 皮（かわ）	가죽, 껍질	□ 期待（きたい）	기대
□ 感覚（かんかく）	감각	□ 帰宅（きたく）	귀가

□ 喫煙（きつえん）	흡연	□ 禁煙（きんえん）	금연
□ 切手（きって）	우표	□ 禁止（きんし）	금지
□ 切符（きっぷ）	표, 티켓	□ 近所（きんじょ）	근처
□ 記入（きにゅう）	기입	□ 勤務（きんむ）	근무
□ 記念（きねん）	기념	□ 具合（ぐあい）	사정, 형편
□ 気分（きぶん）	기분	□ 区域（くいき）	구역
□ 希望（きぼう）	희망	□ 空港（くうこう）	공항
□ 決まり（きまり）	결정, 규칙	□ 空席（くうせき）	빈자리, 공석
□ 疑問（ぎもん）	의문	□ 草（くさ）	풀
□ 休業（きゅうぎょう）	휴업	□ くせ	버릇, 습관
□ 急行（きゅうこう）	급행	□ 靴下（くつした）	양말
□ 休日（きゅうじつ）	휴일	□ 苦悩（くのう）	고뇌
□ 給料（きゅうりょう）	급료	□ 区別（くべつ）	구별
□ 教育（きょういく）	교육	□ 雲（くも）	구름
□ 強化（きょうか）	강화	□ 苦労（くろう）	고생, 수고
□ 教科書（きょうかしょ）	교과서	□ 経営（けいえい）	경영
□ 教師（きょうし）	교사	□ 計画（けいかく）	계획
□ 行事（ぎょうじ）	행사	□ 経験（けいけん）	경험
□ 競争（きょうそう）	경쟁	□ 経済（けいざい）	경제
□ 強調（きょうちょう）	강조	□ 警察（けいさつ）	경찰
□ 共通（きょうつう）	공통	□ 計算（けいさん）	계산
□ 興味（きょうみ）	흥미	□ 芸術（げいじゅつ）	예술
□ 協力（きょうりょく）	협력	□ 携帯（けいたい）	휴대, 휴대전화
□ 許可（きょか）	허가	□ 怪我（けが）	상처
□ 記録（きろく）	기록	□ 景色（けしき）	경치

□ 下宿 _{げしゅく}	하숙	□ 恋 _{こい}	사랑, 연애
□ 化粧 _{けしょう}	화장	□ 恋人 _{こいびと}	연인, 애인
□ 血液 _{けつえき}	혈액	□ 効果 _{こうか}	효과
□ 結果 _{けっか}	결과	□ 郊外 _{こうがい}	교외
□ 決定 _{けってい}	결정	□ 合格 _{ごうかく}	합격
□ 欠点 _{けってん}	결점	□ 講義 _{こうぎ}	강의
□ 決心 _{けっしん}	결심	□ 工業 _{こうぎょう}	공업
□ 欠席 _{けっせき}	결석	□ 合計 _{ごうけい}	합계
□ 月末 _{げつまつ}	월말	□ 広告 _{こうこく}	광고
□ 結論 _{けつろん}	결론	□ 交差点 _{こうさてん}	교차로
□ 欠席 _{けっせき}	결석	□ 工事 _{こうじ}	공사
□ 煙 _{けむり}	연기	□ 交通 _{こうつう}	교통
□ ～件(会議の件) _{けんかいぎけん}	～건(회의 건)	□ 講堂 _{こうどう}	강당
□ 原因 _{げんいん}	원인	□ 合同 _{ごうどう}	합동
□ けんか	싸움	□ 行動 _{こうどう}	행동
□ 見学 _{けんがく}	견학	□ 後輩 _{こうはい}	후배
□ 玄関 _{げんかん}	현관	□ 後半 _{こうはん}	후반
□ 研究 _{けんきゅう}	연구	□ 交番 _{こうばん}	파출소
□ 現金 _{げんきん}	현금	□ 幸福 _{こうふく}	행복
□ 健康 _{けんこう}	건강	□ 公務員 _{こうむいん}	공무원
□ 検査 _{けんさ}	검사	□ 紅葉 _{こうよう}	단풍
□ 現在 _{げんざい}	현재	□ 公立 _{こうりつ}	공립
□ 現実 _{げんじつ}	현실	□ 氷 _{こおり}	얼음
□ 建設 _{けんせつ}	건설	□ 誤解 _{ごかい}	오해
□ 現代 _{げんだい}	현대	□ 故郷 _{こきょう}	고향

□ 国語 (こくご)	국어	□ 作品 (さくひん)	작품
□ 国際 (こくさい)	국제	□ 酒 (さけ)	술
□ 黒板 (こくばん)	칠판	□ 座席 (ざせき)	좌석
□ 国民 (こくみん)	국민	□ 作家 (さっか)	작가
□ 国立 (こくりつ)	국립	□ 作曲 (さっきょく)	작곡
□ 故障 (こしょう)	고장	□ 皿 (さら)	접시
□ 子育て (こそだて)	육아	□ ～産(アメリカ産) (さん/さん)	～산(미국산)
□ 国会 (こっかい)	국회	□ 参加 (さんか)	참가
□ 小包 (こづつみ)	소포	□ 三角 (さんかく)	삼각
□ 好み (この)	기호, 취향	□ 産業 (さんぎょう)	산업
□ 混雑 (こんざつ)	혼잡	□ 残業 (ざんぎょう)	야근, 잔업
□ 混乱 (こんらん)	곤란	□ 参考書 (さんこうしょ)	참고서

さ 행

□ 最近 (さいきん)	최근	□ 賛成 (さんせい)	찬성
□ 最高 (さいこう)	최고	□ 散歩 (さんぽ)	산책
□ 最初 (さいしょ)	최초	□ 試合 (しあい)	시합
□ 最新 (さいしん)	최신	□ 司会 (しかい)	사회
□ 最大 (さいだい)	최대	□ 四角 (しかく)	사각
□ 最中 (さいちゅう)	한창	□ 試験 (しけん)	시험
□ 最低 (さいてい)	최저	□ 事故 (じこ)	사고
□ 才能 (さいのう)	재능	□ 時刻 (じこく)	시각
□ 材料 (ざいりょう)	재료	□ 自習 (じしゅう)	자습
□ 坂 (さか)	언덕	□ 事情 (じじょう)	사정
□ 作業 (さぎょう)	작업	□ 自信 (じしん)	자신
□ 昨年 (さくねん)	작년	□ 地震 (じしん)	지진
		□ 自然 (しぜん)	자연

□ 時代（じだい）	시대	□ 事務所（じむしょ）	사무소
□ 下着（したぎ）	속옷	□ 締め切り（しめきり）	마감
□ 支度（したく）	준비, 채비	□ 市役所（しやくしょ）	시청
□ 自宅（じたく）	자택	□ 車庫（しゃこ）	차고
□ 失業（しつぎょう）	실업	□ 社長（しゃちょう）	사장
□ 湿気（しっけ）	습기	□ 車道（しゃどう）	차도, 찻길
□ 実現（じつげん）	실현	□ 邪魔（じゃま）	방해
□ 実行（じっこう）	실행	□ 車輪（しゃりん）	바퀴
□ 湿度（しつど）	습도	□ 自由（じゆう）	자유
□ 失敗（しっぱい）	실패	□ 周囲（しゅうい）	주위
□ 実力（じつりょく）	실력	□ 習慣（しゅうかん）	습관
□ 失礼（しつれい）	실례	□ 住所（じゅうしょ）	주소
□ 失恋（しつれん）	실연	□ 就職（しゅうしょく）	취직
□ 指定（してい）	지정	□ 住宅（じゅうたく）	주택
□ 支店（してん）	지점	□ 収入（しゅうにゅう）	수입
□ 辞典（じてん）	사전	□ 周辺（しゅうへん）	주변
□ 自動販売機（じどうはんばいき）	자동판매기	□ 週末（しゅうまつ）	주말
□ 品物（しなもの）	물건	□ 住民（じゅうみん）	주민
□ 次男（じなん）	차남	□ 修理（しゅうり）	수리
□ 死亡（しぼう）	사망	□ 授業料（じゅぎょうりょう）	수업료
□ しまい	끝, 마지막	□ 祝日（しゅくじつ）	공휴일
□ 姉妹（しまい）	자매	□ 受験（じゅけん）	수험
□ 自慢（じまん）	자랑	□ 主人（しゅじん）	남편
□ しみ	얼룩	□ 手段（しゅだん）	수단
□ 市民（しみん）	시민	□ 主張（しゅちょう）	주장

☐ 出勤（しゅっきん）	출근		☐ 商店（しょうてん）	상점
☐ 出場（しゅつじょう）	출장, 출전		☐ 商人（しょうにん）	상인
☐ 出身（しゅっしん）	출신		☐ 少年（しょうねん）	소년
☐ 出席（しゅっせき）	출석		☐ 商売（しょうばい）	장사, 상업
☐ 出張（しゅっちょう）	출장		☐ 消費（しょうひ）	소비
☐ 出版（しゅっぱん）	출판		☐ 商品（しょうひん）	상품
☐ 首都（しゅと）	수도		☐ 情報（じょうほう）	정보
☐ 主婦（しゅふ）	주부		☐ 証明書（しょうめいしょ）	증명서
☐ 趣味（しゅみ）	취미		☐ 正面（しょうめん）	정면
☐ 寿命（じゅみょう）	수명		☐ 将来（しょうらい）	장래
☐ 種類（しゅるい）	종류		☐ 職業（しょくぎょう）	직업
☐ 順番（じゅんばん）	순서, 차례		☐ 食後（しょくご）	식후
☐ 準備（じゅんび）	준비		☐ 職場（しょくば）	직장
☐ 使用（しよう）	사용		☐ 食品（しょくひん）	식품
☐ 消化（しょうか）	소화		☐ 植物（しょくぶつ）	식물
☐ 紹介（しょうかい）	소개		☐ 食欲（しょくよく）	식욕
☐ 上級（じょうきゅう）	상급		☐ 食料品（しょくりょうひん）	식료품
☐ 上下（じょうげ）	상하		☐ 初心者（しょしんしゃ）	초심자, 초보자
☐ 条件（じょうけん）	조건		☐ 女性（じょせい）	여성
☐ 上司（じょうし）	상사		☐ 書店（しょてん）	서점
☐ 常識（じょうしき）	상식		☐ 女優（じょゆう）	여배우
☐ 乗車券（じょうしゃけん）	승차권		☐ 書類（しょるい）	서류
☐ 少女（しょうじょ）	소녀		☐ 知らせ（し）	공지, 알림
☐ 小説（しょうせつ）	소설		☐ 知り合い（しあ）	지인, 아는 사이
☐ 冗談（じょうだん）	농담		☐ 資料（しりょう）	자료

□ 進学 (しんがく)	진학		□ 性質 (せいしつ)	성질
□ 信号 (しんごう)	신호		□ 成人 (せいじん)	성인
□ 人口 (じんこう)	인구		□ 成績 (せいせき)	성적
□ 診察 (しんさつ)	진찰		□ 清掃 (せいそう)	청소
□ 申請 (しんせい)	신청		□ 成長 (せいちょう)	성장
□ 人生 (じんせい)	인생		□ 生年月日 (せいねんがっぴ)	생년월일
□ 身長 (しんちょう)	신장, 키		□ 製品 (せいひん)	제품
□ 進歩 (しんぽ)	진보		□ 制服 (せいふく)	교복, 제복
□ 深夜 (しんや)	심야		□ 正門 (せいもん)	정문
□ 親友 (しんゆう)	친구		□ 西洋 (せいよう)	서양
□ 心理 (しんり)	심리		□ 整理 (せいり)	정리
□ 水泳 (すいえい)	수영		□ 世界 (せかい)	세계
□ 水道 (すいどう)	수도		□ 責任 (せきにん)	책임
□ 数学 (すうがく)	수학		□ 説明 (せつめい)	설명
□ 末っ子 (すえっこ)	막내		□ 節約 (せつやく)	절약
□ 砂 (すな)	모래		□ 背中 (せなか)	등(사람의 몸)
□ 住まい (すまい)	사는 곳		□ 世話 (せわ)	돌봄, 보살핌
□ 隅 (すみ)	구석		□ 全～(全世界) (ぜん・ぜんせかい)	전～(전 세계)
□ 性格 (せいかく)	성격		□ 全員 (ぜんいん)	전원
□ 生活費 (せいかつひ)	생활비		□ 選挙 (せんきょ)	선거
□ 請求書 (せいきゅうしょ)	청구서		□ 専攻 (せんこう)	전공
□ 税金 (ぜいきん)	세금		□ 全国 (ぜんこく)	전국
□ 成功 (せいこう)	성공		□ 先日 (せんじつ)	일전에, 요전(날)
□ 生産 (せいさん)	생산		□ 選手 (せんしゅ)	선수
□ 政治 (せいじ)	정치		□ 洗面所 (せんめんじょ)	세면장

□ 全身 (ぜんしん)	전신	□ 祖母 (そぼ)	할머니
□ 戦争 (せんそう)	전쟁	**た 行**	
□ 全体 (ぜんたい)	전체	□ 体育 (たいいく)	체육
□ 選択 (せんたく)	선택	□ 退院 (たいいん)	퇴원
□ 洗濯物 (せんたくもの)	세탁물	□ 体温 (たいおん)	체온
□ 先輩 (せんぱい)	선배	□ 大会 (たいかい)	대회
□ 専門家 (せんもんか)	전문가	□ 大学院 (だいがくいん)	대학원
□ 線路 (せんろ)	선로	□ 代金 (だいきん)	대금
□ 騒音 (そうおん)	소음	□ 対策 (たいさく)	대책
□ 送金 (そうきん)	송금	□ 体重 (たいじゅう)	체중
□ 相互 (そうご)	상호, 서로	□ 退職 (たいしょく)	퇴직
□ 掃除 (そうじ)	청소	□ 態度 (たいど)	태도
□ 送信 (そうしん)	송신	□ 大統領 (だいとうりょう)	대통령
□ 想像 (そうぞう)	상상	□ 台所 (だいどころ)	부엌
□ 相続 (そうぞく)	상속	□ 代表 (だいひょう)	대표
□ 相談 (そうだん)	상담	□ 台風 (たいふう)	태풍
□ 送別会 (そうべつかい)	송별회	□ 代理 (だいり)	대리
□ 送料 (そうりょう)	운송료, 송료	□ 大量 (たいりょう)	대량
□ 速達 (そくたつ)	속달	□ 体力 (たいりょく)	체력
□ 速度 (そくど)	속도	□ 竹 (たけ)	대나무
□ 底 (そこ)	바닥	□ 畳 (たたみ)	다다미(방에 까는 바닥재)
□ 卒業式 (そつぎょうしき)	졸업식	□ 棚 (たな)	선반
□ そで	소매	□ 種 (たね)	씨앗, 종자
□ 外側 (そとがわ)	바깥쪽	□ 旅 (たび)	여행
□ 祖父 (そふ)	할아버지	□ ため息 (いき)	한숨

□ 単語 (たんご)	단어		□ 注文 (ちゅうもん)	주문
□ 誕生 (たんじょう)	탄생		□ 調査 (ちょうさ)	조사
□ 断水 (だんすい)	단수(급수 중단)		□ 調子 (ちょうし)	몸 상태, 컨디션
□ 男性 (だんせい)	남성		□ 長所 (ちょうしょ)	장점
□ 団体 (だんたい)	단체		□ 長女 (ちょうじょ)	장녀
□ 暖房 (だんぼう)	난방		□ 長男 (ちょうなん)	장남
□ 血 (ち)	피		□ 貯金 (ちょきん)	저금
□ 違い (ちがい)	차이		□ 直後 (ちょくご)	직후
□ 近道 (ちかみち)	지름길		□ 直線 (ちょくせん)	직선
□ 地球 (ちきゅう)	지구		□ 直前 (ちょくぜん)	직전
□ 遅刻 (ちこく)	지각		□ 地理 (ちり)	지리
□ 知人 (ちじん)	지인		□ 治療 (ちりょう)	치료
□ 父親 (ちちおや)	부친, 아버지		□ 通過 (つうか)	통과
□ 地方 (ちほう)	지방		□ 通学 (つうがく)	통학
□ 地名 (ちめい)	지명		□ 通勤 (つうきん)	통근
□ 注意 (ちゅうい)	주의		□ 通行 (つうこう)	통행
□ 中間 (ちゅうかん)	중간		□ 通信 (つうしん)	통신
□ 中古 (ちゅうこ)	중고		□ 通帳 (つうちょう)	통장
□ 中止 (ちゅうし)	중지		□ 通訳 (つうやく)	통역
□ 注射 (ちゅうしゃ)	주사		□ 都合 (つごう)	형편, 사정
□ 昼食 (ちゅうしょく)	점심 식사		□ 妻 (つま)	아내
□ 駐車 (ちゅうしゃ)	주차		□ 梅雨 (つゆ)	장마
□ 中心 (ちゅうしん)	중심		□ 提案 (ていあん)	제안
□ 中年 (ちゅうねん)	중년		□ 定員 (ていいん)	정원(정해진 인원)
□ 注目 (ちゅうもく)	주목		□ 定期 (ていき)	정기

□ 停車 (ていしゃ)	정차	□ 都市 (とし)	도시
□ 提出 (ていしゅつ)	제출	□ 年上 (としうえ)	연상
□ 停電 (ていでん)	정전	□ 年寄り (としより)	노인
□ 出入口 (でいりぐち)	출입구	□ 土地 (とち)	토지
□ 出来事 (できごと)	사건	□ 途中 (とちゅう)	도중
□ 鉄道 (てつどう)	철도	□ 特急 (とっきゅう)	특급
□ 寺 (てら)	절	□ 努力 (どりょく)	노력
□ 店員 (てんいん)	점원	□ 泥 (どろ)	진흙
□ 電球 (でんきゅう)	전구	□ 泥棒 (どろぼう)	도둑
□ 電子レンジ (でんし)	전자레인지		

□ 電灯 (でんとう)	전등	□ 内容 (ないよう)	내용
□ 展覧会 (てんらんかい)	전람회	□ 仲 (なか)	사이, 관계
□ 問い合わせ (といあわせ)	문의	□ 仲直り (なかなおり)	화해
□ 道具 (どうぐ)	도구	□ ななめ	비스듬함, 경사짐
□ 登場 (とうじょう)	등장	□ 生 (なま)	날것, 생~
□ 到着 (とうちゃく)	도착	□ 波 (なみ)	파도
□ 動物園 (どうぶつえん)	동물원	□ 涙 (なみだ)	눈물
□ 道路 (どうろ)	도로	□ 並木 (なみき)	가로수
□ 遠回り (とおまわり)	먼 길을 돌아감	□ におい	냄새
□ 毒 (どく)	독	□ にせ物 (にせもの)	가짜, 위조품
□ 読書 (どくしょ)	독서	□ 日程 (にってい)	일정
□ 特色 (とくしょく)	특색	□ 入社 (にゅうしゃ)	입사
□ 独身 (どくしん)	독신	□ 入場料 (にゅうじょうりょう)	입장료
□ 独立 (どくりつ)	독립	□ 入力 (にゅうりょく)	입력
□ 登山 (とざん)	등산	□ 人気 (にんき)	인기

□ 人形 (にんぎょう)	인형	
□ 人間 (にんげん)	인간	
□ 値段 (ねだん)	값, 가격	
□ 寝坊 (ねぼう)	늦잠	
□ 年賀状 (ねんがじょう)	연하장	
□ 年中 (ねんじゅう)	연중(일 년 동안)	
□ 年末 (ねんまつ)	연말	
□ 野 (の)	들, 들판	
□ 能力 (のうりょく)	능력	
□ 飲み会 (のみかい)	회식	
□ 乗り換え (のりかえ)	환승	
□ 乗り物 (のりもの)	탈것, 교통수단	
□ 喉 (のど)	목구멍	

は 행

□ 場合 (ばあい)	경우
□ ～倍（２倍）(ばい にばい)	～배(2배)
□ 灰色 (はいいろ)	회색
□ 歯医者 (はいしゃ)	치과 의사
□ 配達 (はいたつ)	배달
□ 売店 (ばいてん)	매점
□ 売買 (ばいばい)	매매
□ 葉書 (はがき)	엽서
□ 拍手 (はくしゅ)	박수
□ 博物館 (はくぶつかん)	박물관
□ 箸 (はし)	젓가락

□ 場所 (ばしょ)	장소
□ バス停 (てい)	버스 정류장
□ 畑 (はたけ)	밭
□ 発音 (はつおん)	발음
□ 発見 (はっけん)	발견
□ 発車 (はっしゃ)	발차
□ 発展 (はってん)	발전
□ 発電 (はつでん)	발전(전기를 일으킴)
□ 発表 (はっぴょう)	발표
□ 発明 (はつめい)	발명
□ 花火 (はなび)	불꽃놀이
□ 花見 (はなみ)	꽃구경
□ 羽 (はね)	날개
□ 幅 (はば)	폭
□ 母親 (ははおや)	모친, 어머니
□ 場面 (ばめん)	장면
□ 範囲 (はんい)	범위
□ 番組 (ばんぐみ)	프로그램(방송편성표)
□ 反省 (はんせい)	반성
□ 販売 (はんばい)	판매
□ 反対 (はんたい)	반대
□ 半日 (はんにち)	반일, 한나절
□ 犯人 (はんにん)	범인
□ 日当たり (ひあたり)	양지
□ 被害 (ひがい)	피해

日帰り	당일치기	舞台	무대
ひげ	수염	普段	평소
飛行場	비행장	普通	보통
美術	미술	物価	물가
美人	미인	筆	붓
日付	날짜	布団	이불
引っ越し	이사	船便	배 편
必要	필요	船	배
ひも	끈	部品	부품
秘密	비밀	部分	부분
費用	비용	不満	불만
美容	미용	雰囲気	분위기
表現	표현	文化	문화
表情	표정	文学	문학
表面	표면	文法	문법
昼寝	낮잠	文房具	문구점
昼休み	점심시간	平均	평균
風景	풍경	平行	평행
夫婦	부부	平日	평일
部下	부하	平和	평화
復習	복습	変化	변화
不合格	불합격	勉強	공부
夫妻	부부, 부처	変更	변경
不足	부족	返事	답장, 답변
ふた	뚜껑	編集	편집

□ 返信（へんしん）	답신			□ 孫（まご）	손주	
□ 弁当（べんとう）	도시락			□ 街（まち）	거리	
□ 貿易（ぼうえき）	무역			□ 待ち合わせ（まちあわせ）	만날 약속을 함	
□ 報告（ほうこく）	보고			□ 間違い（まちがい）	실수, 착각	
□ 帽子（ぼうし）	모자			□ 街角（まちかど）	길 모퉁이	
□ 宝石（ほうせき）	보석			□ 祭り（まつり）	제사, 축제	
□ 放送（ほうそう）	방송			□ 窓ガラス（まど）	창유리	
□ 法則（ほうそく）	법칙			□ 窓側（まどがわ）	창쪽	
□ 包丁（ほうちょう）	식칼			□ 窓口（まどぐち）	창구	
□ 方法（ほうほう）	방법			□ 真似（まね）	흉내	
□ 方面（ほうめん）	방면			□ 周り（まわ）	주변	
□ 法律（ほうりつ）	법률			□ 回り道（まわりみち）	우회로	
□ ほこり	먼지			□ 満員（まんいん）	만원	
□ 保存（ほぞん）	보존			□ 満点（まんてん）	만점	
□ 歩道（ほどう）	보도			□ 真ん中（まなか）	한가운데	
□ 骨（ほね）	뼈			□ 湖（みずうみ）	호수	
□ 本日（ほんじつ）	오늘			□ 皆（みな）	모두	
□ 本店（ほんてん）	본점			□ 港（みなと）	항구	
□ 本人（ほんにん）	본인			□ 未来（みらい）	미래	
□ 本部（ほんぶ）	본부			□ 向かい（むかい）	맞은편	
□ 本物（ほんもの）	진짜			□ 昔（むかし）	옛날	
□ 翻訳（ほんやく）	번역			□ ～向き（むき）（南向き（みなみむき））	～향(남향), ～쪽	

ま 행

□ 迷子（まいご）	미아			□ 虫（むし）	벌레	
□ 毎度（まいど）	매번			□ 無視（むし）	무시	
				□ 虫歯（むしば）	충치	

息子 (むすこ)	아들	約束 (やくそく)	약속
娘 (むすめ)	딸	家賃 (やちん)	집세
胸 (むね)	가슴	薬局 (やっきょく)	약국
無理 (むり)	무리	やり方 (かた)	하는 방법
夢中 (むちゅう)	열중함, 몰두함	勇気 (ゆうき)	용기
無料 (むりょう)	무료	有効 (ゆうこう)	유효
名作 (めいさく)	명작	友情 (ゆうじょう)	우정
名刺 (めいし)	명함	夕食 (ゆうしょく)	저녁 식사
名人 (めいじん)	명인	友人 (ゆうじん)	친구
命令 (めいれい)	명령	郵送 (ゆうそう)	우송
迷惑 (めいわく)	폐	夕日 (ゆうひ)	석양
目上 (めうえ)	손윗사람	有料 (ゆうりょう)	유료
目下 (めした)	손아랫사람	床 (ゆか)	바닥, 마루
めまい	현기증	～行き (東京行き) (ゆ, とうきょう ゆ)	～행(도쿄행)
免許 (めんきょ)	면허	輸出 (ゆしゅつ)	수출
面接 (めんせつ)	면접	輸入 (ゆにゅう)	수입
申込書 (もうしこみしょ)	신청서	指輪 (ゆびわ)	반지
毛布 (もうふ)	담요	郵便 (ゆうびん)	우편
目的 (もくてき)	목적	夢 (ゆめ)	꿈
目標 (もくひょう)	목표	夜明け (よあけ)	새벽
物語 (ものがたり)	이야기	用意 (ようい)	준비
文句 (もんく)	불평, 불만	用事 (ようじ)	볼일, 용무
		幼児 (ようじ)	유아

や 행

| 夜間 (やかん) | 야간 | 幼稚園 (ようちえん) | 유치원 |
| 火傷 (やけど) | 화상 | 翌週 (よくしゅう) | 다음 주 |

☐ 欲張り	욕심쟁이, 욕심을 부림		☐ 冷房	냉방
☐ 予算	예산		☐ 冷凍	냉동
☐ 予習	예습		☐ 歴史	역사
☐ 予想	예상		☐ 列	줄
☐ 予定	예정		☐ 列車	열차
☐ 夜中	한밤중		☐ 連絡	연락
☐ 世の中	세상		☐ 老人	노인
☐ 予防	예방			
☐ 予約	예약			

ら 행

☐ 理科	이과
☐ 理解	이해
☐ 離婚	이혼
☐ 理想	이상
☐ 理由	이유
☐ 留学	유학
☐ 流行	유행
☐ 利用	이용
☐ 両替	환전
☐ 料金	요금
☐ 領収書	영수증
☐ 両方	양쪽
☐ 旅館	여관
☐ 留守番	빈집을 지킴
☐ 例外	예외

わ 행

☐ わがまま	제멋대로 굶
☐ 若者	젊은이
☐ 訳	이유, 사정
☐ 忘れ物	분실물
☐ 話題	화제
☐ 割合	비율
☐ 割引	할인

あ 행

□ あきらめる	단념하다, 체념하다	
□ 飽きる	질리다, 싫증나다	
□ 空ける	비우다, 비워두다	
□ 明ける	(날이) 새다, (기간이) 끝나다	
□ 預ける	맡기다, 위임하다	
□ 与える	주다	
□ 扱う	다루다, 취급하다	
□ 集まる	모이다, 모여들다	
□ 集める	모으다, 집합시키다	
□ 浴びる	끼얹다, 쐬다	
□ あふれる	흘러넘치다	
□ 編む	뜨다, 편집하다	
□ 謝る	사과하다	
□ 表す	나타내다, 드러내다	
□ 表れる	나타나다, 표현되다	
□ あわてる	당황하다, 허둥거리다	
□ いじめる	괴롭히다	
□ 急ぐ	서두르다	
□ 祈る	빌다, 기원하다	
□ いやがる	싫어하다	
□ 祝う	축하하다	
□ 植える	심다	

□ 受かる	합격하다
□ 浮く	뜨다, 떠오르다
□ 受け取る	수취하다, 받다
□ 受ける	받다, 받아들이다
□ 動かす	움직이다, 옮기다
□ 疑う	의심하다
□ 打つ	치다, 때리다
□ 移す	옮기다
□ 写す	베끼다, 묘사하다
□ 生まれる	태어나다
□ 埋める	묻다, 메우다
□ 売れる	팔리다, 인기가 있다
□ 得る	얻다, 획득하다
□ 追う	따르다, 뒤쫓아가다
□ 終える	끝마치다, 끝내다
□ 遅れる	늦다, 지각하다
□ 行う	행동하다, 실시하다
□ 起こる	일어나다, 발생하다
□ 怒る	화내다
□ おごる	한턱내다
□ 教わる	배우다, 가르침을 받다
□ 落ち着く	안정되다, 차분하다
□ 落とす	떨어뜨리다

□ 踊る	춤추다	□ 通う	다니다, 왕래하다
□ 驚く	놀라다	□ 枯れる	마르다, 시들다
□ 覚える	외우다, 기억하다	□ 乾かす	말리다, 건조시키다
□ 思い出す	생각해 내다, 상기하다	□ 乾く	마르다, 건조되다
□ 思いつく	생각이 떠오르다	□ 変わる	변하다, 바뀌다
□ 降りる	내리다	□ 感じる	느끼다
□ 折る	꺾다, 접다	□ 頑張る	분발하다, 노력하다
□ 折れる	꺾이다, 접히다	□ 着替える	옷을 갈아입다
□ 降ろす	내리다, 내려놓다	□ 効く	효력이 있다, 듣다

か 행

□ 飼う	기르다, 사육하다	□ 気付く	눈치채다, 정신이 들다
□ 返す	돌려주다	□ 切る	끊다, 자르다
□ 返る	돌아오다	□ 切れる	끊어지다, 베이다
□ 書き直す	다시 쓰다, 고쳐 쓰다	□ 気を付ける	조심하다, 주의하다
□ 隠す	숨기다, 감추다	□ 区切る	구분짓다
□ 隠れる	숨다	□ くさる	썩다, 부패하다
□ 囲む	둘러싸다	□ くたびれる	지치다, 무기력해지다
□ 重なる	포개지다, 거듭되다	□ 配る	나누어 주다, 배분하다
□ 重ねる	겹치다, 반복하다	□ 組む	짜다, 엮다
□ 飾る	꾸미다, 치장하다	□ 暮らす	살다, 지내다
□ 数える	세다, 계산하다	□ 比べる	비교하다
□ 片づける	정돈하다, 결말짓다	□ くり返す	되풀이하다
□ 勝つ	이기다	□ 苦しむ	괴로워하다, 고민하다
□ 悲しむ	슬퍼하다	□ 暮れる	저물다, 끝나다
□ 噛む	물다, 씹다	□ 加える	더하다
		□ 加わる	늘어나다, 추가되다

□ ける	차다, 일축하다
□ 超<ruby>こ</ruby>える	넘다
□ 断<ruby>ことわ</ruby>る	거절하다
□ こぼす	흘리다, 엎지르다
□ こぼれる	흘러내리다, 새어 나오다
□ 込<ruby>こ</ruby>む	붐비다, 복작거리다
□ 転<ruby>ころ</ruby>がる	구르다, 넘어지다
□ 殺<ruby>ころ</ruby>す	죽이다
□ 転<ruby>ころ</ruby>ぶ	구르다, 넘어지다
□ 壊<ruby>こわ</ruby>す	부수다, 깨뜨리다
□ 壊<ruby>こわ</ruby>れる	깨지다, 고장나다

さ 행

□ 探<ruby>さが</ruby>す	찾다
□ 叫<ruby>さけ</ruby>ぶ	외치다, 주장하다
□ 避<ruby>さ</ruby>ける	피하다, 삼가다
□ 誘<ruby>さそ</ruby>う	권하다, 유혹하다
□ サボる	게을리하다, 수업을 빼먹다
□ 冷<ruby>さ</ruby>ます	식히다
□ 冷<ruby>さ</ruby>める	식다
□ 覚<ruby>さ</ruby>ます	깨우다, 깨우치다
□ 覚<ruby>さ</ruby>める	잠이 깨다, 정신을 차리다
□ 騒<ruby>さわ</ruby>ぐ	떠들다, 떠들썩거리다
□ 触<ruby>さわ</ruby>る	만지다, 손을 대다
□ 沈<ruby>しず</ruby>む	가라앉다
□ しかる	꾸짖다, 나무라다

□ 支払<ruby>しはら</ruby>う	지급하다, 지불하다
□ しばる	묶다, 붙들어 매다
□ しまう	끝내다, 안에 넣다
□ 示<ruby>しめ</ruby>す	보이다, 가리키다
□ 調<ruby>しら</ruby>べる	조사하다
□ 過<ruby>す</ruby>ごす	지내다, 생활하다
□ 進<ruby>すす</ruby>む	나아가다, 전진하다
□ 進<ruby>すす</ruby>める	진행시키다
□ 捨<ruby>す</ruby>てる	버리다
□ 滑<ruby>すべ</ruby>る	미끄러지다
□ 済<ruby>す</ruby>ませる	끝내다, 마치다
□ 済<ruby>す</ruby>む	끝나다, 해결되다
□ 注<ruby>そそ</ruby>ぐ	(물 등을) 붓다, 따르다
□ 育<ruby>そだ</ruby>つ	자라다, 성장하다
□ 育<ruby>そだ</ruby>てる	기르다, 양육하다
□ そろう	갖추어지다, 구비되다
□ そろえる	고루 갖추다

た 행

□ 倒<ruby>たお</ruby>す	쓰러뜨리다, 무너뜨리다
□ 倒<ruby>たお</ruby>れる	쓰러지다, 도산하다
□ 抱<ruby>だ</ruby>く	안다, 품다
□ 確<ruby>たし</ruby>かめる	확인하다
□ 足<ruby>た</ruby>す	더하다, 채우다
□ 助<ruby>たす</ruby>かる	살아나다, 도움을 받다
□ 助<ruby>たす</ruby>ける	구하다, 돕다

□ 訪ねる	방문하다	□ 伝える	전하다, 알리다
□ 尋ねる	묻다	□ 伝わる	전해지다, 전달되다
□ 戦う	싸우다	□ 続く	이어지다, 계속되다
□ 叩く	때리다, 두드리다	□ 続ける	잇다, 계속하다
□ たたむ	개다, 접다	□ 包む	싸다, 포장하다
□ 立ち止まる	멈추어 서다	□ 勤める	근무하다
□ 立つ	서다, 일어서다	□ つながる	이어지다, 관련되다
□ 建つ	지어지다, 건설되다	□ つぶす	부수다, 으깨다
□ 建てる	짓다	□ つぶれる	부서지다, 깨지다
□ 立てる	세우다	□ 積む	쌓다
□ 楽しむ	즐기다	□ 積もる	쌓이다
□ 頼む	부탁하다, 의지하다	□ 強まる	세지다, 강해지다
□ だます	속이다	□ 強める	강화하다, 세게 하다
□ 貯まる	돈이 모이다	□ 連れる	데리고 가다, 동반하다
□ 貯める	돈을 모으다	□ 出会う	우연히 만나다
□ 足りる	충분하다, 족하다	□ 出来上がる	완성되다
□ 近づく	접근하다, 다가가다	□ 出来る	생기다, 할 수 있다
□ 散らかる	흩어지다, 널브러지다	□ 通る	지나다, 통과하다
□ 散る	(꽃, 잎이) 지다, 흩어지다	□ 通り過ぎる	지나가다
□ 通じる	통하다	□ 溶ける	녹다
□ 捕まえる	잡다, 붙들다	□ 閉じる	닫다
□ 捕まる	잡히다, 붙잡히다	□ 届く	도달하다
□ 捕む	움켜쥐다, 잡다	□ 届ける	전달하다, 신고하다
□ 疲れる	지치다, 피로해지다	□ 飛び出す	뛰어나오다
□ 付き合う	교제하다, 행동을 같이 하다	□ 飛ぶ	날다

泊まる（と）	묵다, 숙박하다	逃げる（に）	도망치다, 물러나다
取り替える（と・か）	바꾸다, 갈다	似る（に）	닮다, 비슷하다
取り出す（と・だ）	꺼내다	煮る（に）	삶다, 조리다
取れる（と）	떨어지다, 없어지다	抜く（ぬ）	뽑다, 골라내다

な 행

		抜ける（ぬ）	빠지다
直す（なお）	고치다, 바로잡다	盗む（ぬす）	훔치다, 도둑질하다
治す（なお）	고치다	塗る（ぬ）	칠하다
直る（なお）	고쳐지다, 바로잡히다	濡れる（ぬ）	젖다
治る（なお）	낫다	願う（ねが）	원하다, 기원하다
流す（なが）	흘리다, 흐르게 하다	眠る（ねむ）	자다, 잠들다
眺める（なが）	응시하다, 조망하다	残す（のこ）	남기다, 후세에 전하다
流れる（なが）	흐르다, 떠내려가다	残る（のこ）	남다
泣く（な）	울다	のせる	싣다, 게재하다
亡くす（な）	여의다, 사별하다	除く（のぞ）	없애다, 제외하다
無くす（な）	없애다, 분실하다	伸ばす（の）	늘이다
亡くなる（な）	돌아가시다, 죽다	延ばす（の）	연장하다, 연기하다
無くなる（な）	없어지다, 분실되다	伸びる（の）	자라다, 펴지다
投げる（な）	던지다	乗り遅れる（の・おく）	놓치다
なまける	게으름 피우다	載る（の）	실리다, 게재되다
悩む（なや）	괴로워하다, 고민하다		

は 행

鳴らす（な）	울리다, 떨치다	はかる	달다, 재다
鳴る（な）	울리다	掃く（は）	쓸다, 비질하다
慣れる（な）	익숙해지다	運ぶ（はこ）	옮기다, 운반하다
似合う（に・あ）	어울리다, 잘 맞다	始まる（はじ）	시작되다
握る（にぎ）	쥐다, 잡다	始める（はじ）	시작하다

外<ruby>す<rt>はず</rt></ruby>	떼어내다, 벗기다	
外<ruby>れる<rt>はず</rt></ruby>	빗나가다, 벗겨지다	
働<ruby>く<rt>はたら</rt></ruby>	일하다	
話<ruby>し合う<rt>はな あ</rt></ruby>	이야기하다, 의논하다	
払<ruby>う<rt>はら</rt></ruby>	지불하다, 치르다	
払<ruby>い戻す<rt>はら もど</rt></ruby>	환불하다	
冷<ruby>える<rt>ひ</rt></ruby>	식다, 냉담해지다	
引<ruby>き出す<rt>ひ だ</rt></ruby>	꺼내다, 끌어내다	
引<ruby>く<rt>ひ</rt></ruby>	끌다, 당기다	
びっくりする	깜짝 놀라다	
冷<ruby>やす<rt>ひ</rt></ruby>	식히다, 냉정해지다	
拾<ruby>う<rt>ひろ</rt></ruby>	줍다, 습득하다	
広<ruby>がる<rt>ひろ</rt></ruby>	넓어지다, 퍼지다	
広<ruby>げる<rt>ひろ</rt></ruby>	넓히다, 확대하다	
増<ruby>える<rt>ふ</rt></ruby>	늘다, 늘어나다	
深<ruby>める<rt>ふか</rt></ruby>	깊게 하다	
含<ruby>む<rt>ふく</rt></ruby>	포함하다	
ぶつかる	부딪치다	
太<ruby>る<rt>ふと</rt></ruby>	살찌다	
踏<ruby>む<rt>ふ</rt></ruby>	밟다	
増<ruby>やす<rt>ふ</rt></ruby>	늘리다, 불리다	
降<ruby>る<rt>ふ</rt></ruby>	(눈·비 등이) 내리다	
震<ruby>える<rt>ふる</rt></ruby>	흔들리다, 떨리다	
減<ruby>らす<rt>へ</rt></ruby>	줄이다, 덜다	
減<ruby>る<rt>へ</rt></ruby>	줄다, 적어지다	

ほほえむ	미소짓다	
ほめる	칭찬하다	

ま 행

任<ruby>せる<rt>まか</rt></ruby>	맡기다	
曲<ruby>がる<rt>ま</rt></ruby>	구부러지다, 돌다(방향을 바꾸다)	
巻<ruby>く<rt>ま</rt></ruby>	말다, 감다	
負<ruby>ける<rt>ま</rt></ruby>	지다	
曲<ruby>げる<rt>ま</rt></ruby>	구부리다, 기울이다	
まぜる	섞다, 혼합하다	
間<ruby>違える<rt>ま ちが</rt></ruby>	착각하다	
まとめる	한데 모으다, 정리하다	
学<ruby>ぶ<rt>まな</rt></ruby>	배우다, 경험하여 알다	
間<ruby>に合う<rt>ま あ</rt></ruby>	제시간에 대다	
招<ruby>く<rt>まね</rt></ruby>	부르다, 초대하다	
守<ruby>る<rt>まも</rt></ruby>	지키다	
迷<ruby>う<rt>まよ</rt></ruby>	헤매다, 망설이다	
見<ruby>える<rt>み</rt></ruby>	보이다	
見<ruby>送る<rt>み おく</rt></ruby>	배웅하다	
見<ruby>かける<rt>み</rt></ruby>	언뜻보다, 눈에 띄다	
見<ruby>つかる<rt>み</rt></ruby>	들키다, 발견되다	
見<ruby>つける<rt>み</rt></ruby>	발견하다, 찾다	
見<ruby>直す<rt>み なお</rt></ruby>	다시 보다, 재검토하다	
診<ruby>る<rt>み</rt></ruby>	진찰하다	
迎<ruby>える<rt>むか</rt></ruby>	맞다, 맞이하다	
蒸<ruby>す<rt>む</rt></ruby>	찌다	

□ 結ぶ（むす）	매다, 묶다	□ 揺れる（ゆ）	흔들리다, 요동하다
□ 召し上がる（め・あ）	드시다, 잡수시다	□ 酔う（よ）	술에 취하다, 멀미하다
□ 目立つ（め・だ）	눈에 띄다, 두드러지다	□ 汚す（よご）	더럽히다
□ 申し込む（もう・こ）	신청하다, 제의하다	□ 汚れる（よご）	더러워지다
□ 燃える（も）	타다		

わ 행

□ 戻す（もど）	되돌리다, 돌려주다	□ 沸かす（わ）	끓이다, 데우다
□ 戻る（もど）	되돌아가다, 되돌아오다	□ 別れる（わか）	헤어지다, 이별하다
□ 燃やす（も）	태우다	□ 分かれる（わ）	분리되다, 갈라지다
□ 盛る（も）	쌓아 올리다	□ 沸く（わ）	끓다, 뜨거워지다

や 행

□ 焼く（や）	태우다, 굽다	□ 分ける（わ）	나누다, 분할하다
□ 役に立つ（やく・た）	도움이 되다, 유용하다	□ 渡す（わた）	건네다, 넘기다
□ 焼ける（や）	타다, 구워지다	□ 笑う（わら）	웃다
□ やせる	마르다	□ 割る（わ）	깨다, 쪼개다
□ 破る（やぶ）	찢다, 부수다	□ 割れる（わ）	깨지다, 쪼개지다
□ 破れる（やぶ）	찢어지다, 부서지다		
□ やむ	멎다, 중지하다		
□ やめる	그만두다, 중지하다		
□ やり直す（なお）	다시 시작하다		
□ 呼ぶ（よ）	부르다		
□ 寄る（よ）	접근하다, 들르다		
□ 喜ぶ（よろこ）	기뻐하다, 좋아하다		
□ 譲る（ゆず）	물려주다, 양도하다		
□ ゆでる	데치다, 삶다		
□ 許す（ゆる）	허가하다, 허락하다		

あ 행

□ 青白い（あおじろ）　푸르스름하다, 창백하다

□ 浅い（あさ）　얕다

□ あやしい　수상하다, 이상하다

□ 痛い（いた）　아프다

□ 薄い（うす）　얇다, 연하다

□ 薄暗い（うすぐら）　조금 어둡다, 침침하다

□ 美しい（うつく）　아름답다

□ うまい　맛있다, 훌륭하다

□ うらやましい　부럽다

□ うるさい　시끄럽다

□ うれしい　기쁘다

□ おかしい　이상하다

□ 幼い（おさな）　어리다

□ 恐ろしい（おそ）　무섭다, 두렵다

□ おとなしい　얌전하다, 온순하다

か 행

□ 賢い（かしこ）　영리하다, 약삭빠르다

□ 固い（かた）　단단하다, 견고하다

□ かっこいい　멋지다

□ 悲しい（かな）　슬프다

□ かゆい　가렵다

□ かわいらしい　귀엽다, 사랑스럽다

□ 汚い（きたな）　더럽다

□ きつい　꼭 끼다, 심하다

□ 厳しい（きび）　엄하다, 엄격하다

□ 臭い（くさ）　고약한 냄새가 나다

□ くだらない　시시하다, 하찮다

□ 悔しい（くや）　분하다

□ 苦しい（くる）　괴롭다

□ 詳しい（くわ）　자세하다, 상세하다

□ 険しい（けわ）　위급하다, 험하다

□ 濃い（こ）　진하다

□ 細かい（こま）　잘다, 상세하다

□ 怖い（こわ）　무섭다, 두렵다

さ 행

□ 寂しい（さび）　쓸쓸하다, 적적하다

□ 塩辛い（しおから）　짜다

□ 親^{した}しい	친하다
□ しつこい	장황하다, 집요하다
□ ずうずうしい	뻔뻔스럽다, 넉살좋다
□ すごい	굉장하다, 대단하다
□ 素^す晴^ばらしい	뛰어나다, 훌륭하다
□ 鋭^{するど}い	예리하다
□ そそっかしい	조심성이 없다, 덜렁대다

た 행

□ 正^{ただ}しい	옳다, 바르다
□ 楽^{たの}しい	즐겁다
□ つらい	괴롭다
□ とんでもない	당치도 않다, 터무니없다

な 행

□ 苦^{にが}い	(맛이) 쓰다
□ 憎^{にく}い	밉다, 얄밉다
□ 眠^{ねむ}い	졸리다

は 행

□ 激^{はげ}しい	격렬하다, 과격하다
□ 恥^はずかしい	부끄럽다
□ ひどい	심하다, 지독하다
□ 深^{ふか}い	깊다

ま 행

□ 貧^{まず}しい	가난하다, 빈약하다
□ まぶしい	눈부시다
□ 蒸^むし暑^{あつ}い	무덥다
□ 珍^{めずら}しい	희귀하다, 신기하다
□ もったいない	아깝다, 과분하다

や 행

□ やかましい	떠들썩하다, 성가시다
□ 優^{やさ}しい	상냥하다, 온화하다
□ やむを得^えない	어쩔 수 없다, 부득이하다
□ 柔^{やわ}らかい	부드럽다
□ 緩^{ゆる}い	느슨하다, 헐겁다

わ 행

| □ 若^{わか}い | 젊다 |

あ행

☐ 意外（い がい）な　　　의외인

☐ 意地悪（い じ わる）な　　　심술궂은

か행

☐ 可能（か のう）な　　　가능한

☐ かわいそうな　　　가엾은, 불쌍한

☐ 簡単（かん たん）な　　　간단한

☐ 危険（き けん）な　　　위험한

☐ 基本的（き ほん てき）な　　　기본적인

☐ 気楽（き らく）な　　　속 편한, 홀가분한

☐ けちな　　　인색한

☐ 下品（げ ひん）な　　　품위 없는, 천한

さ행

☐ 盛（さか）んな　　　왕성한, 활발한

☐ 様々（さま ざま）な　　　다양한

☐ 残念（ざん ねん）な　　　유감스러운

☐ 地味（じ み）な　　　소박한, 수수한

☐ 重大（じゅう だい）な　　　중대한

☐ 重要（じゅう よう）な　　　중요한

☐ 消極的（しょう きょく てき）な　　　소극적인

☐ 正直（しょう じき）な　　　정직한

☐ 上品（じょう ひん）な　　　고상한, 품위 있는

☐ 親切（しん せつ）な　　　친절한

☐ 新鮮（しん せん）な　　　신선한

☐ 素敵（す てき）な　　　멋진

☐ 素直（す なお）な　　　솔직한

☐ 正確（せい かく）な　　　정확한

☐ 正常（せい じょう）な　　　정상적인

☐ 積極的（せっ きょく てき）な　　　적극적인

た행

☐ 大事（だい じ）な　　　소중한

☐ 大変（たい へん）な　　　대단한, 엄청난

☐ 確（たし）かな　　　확실한

☐ 短気（たん き）な　　　성격이 급한

☐ 単純（たん じゅん）な　　　단순한

☐ 適当（てき とう）な　　　적당한

☐ 当然（とう ぜん）な　　　당연한

☐ 得意（とく い）な　　　잘하는, 특기인

□ 特別な	특별한	□ 真っ黒な	새까만

な 행

□ なだらかな	완만한, 온화한	□ 真っ青な	새파란
□ 苦手な	서툰	□ 真っ白な	새하얀
□ にぎやかな	활기찬	□ 満足な	만족스러운
□ 熱心な	열심인	□ むだな	쓸데없는, 헛된
		□ 明確な	명확한
		□ 面倒な	귀찮은, 번거로운

は 행

□ 派手な	화려한
□ 不安な	불안한
□ 不可能な	불가능한
□ 複雑な	복잡한
□ 不思議な	이상한
□ 不自由な	부자유스러운
□ 不便な	불편한
□ 平気な	태연한
□ 平凡な	평범한
□ 変な	이상한

や 행

□ 豊かな	풍부한, 부유한

ら 행

□ 楽な	편안한, 안락한
□ 利口な	영리한, 똑똑한
□ 立派な	훌륭한
□ 冷静な	냉정한

ま 행

□ まじめな	성실한
□ 真っ赤な	새빨간
□ 真っ暗な	아주 캄캄한

あ 행

□ あっという間に	눈 깜짝할 사이에
□ いきいき	생기있는 모양, 싱싱한 모양
□ いつか	언젠가
□ 一気に	단숨에, 한번에
□ いつの間にか	어느샌가
□ いらいら	안절부절
□ うっかり	깜빡, 무심코
□ うろうろ	어슬렁어슬렁, 허둥지둥
□ 大いに	대단히, 매우
□ 思わず	무의식중에, 엉겁결에
□ およそ	대강, 대체로

か 행

□ がっかり	실망, 낙심하는 모양
□ かなり	꽤, 제법
□ からから	바싹 마른 모양
□ がらがら	텅텅 빈 모습
□ きちんと	말끔히, 말쑥히
□ ぎっしり	가득, 꽉, 빽빽이
□ 急に	갑자기
□ ぎりぎり	아슬아슬, 빠듯한 모양
□ ぐっすり	푹, 깊은 잠을 자는 모양
□ ぐらぐら	펄펄, 부글부글
□ 結局	결국

□ 決して	결코
□ 今後	앞으로, 이후
□ 今度	이번, 다음 번

さ 행

□ さっさと	냉큼, 후딱
□ ざっと	대강, 대충
□ さっぱり	후련하게, 산뜻하게
□ しいんと	쥐죽은 듯이
□ しっかり	단단히, 꽉
□ じっと	가만히, 꾹, 지그시
□ 実は	실은, 사실은
□ しばらく	잠깐, 잠시
□ しみじみ	곰곰이, 절실히
□ 少々	약간, 조금
□ 徐々に	서서히
□ ずいぶん	몹시, 아주, 대단히
□ 少なくとも	적어도
□ すっかり	죄다, 완전히
□ ずっと	쭉, 훨씬
□ 絶対に	절대로
□ 全然	전혀
□ 続々	잇달아, 끊임없이
□ そっくり	꼭 닮은 모양, 모조리
□ そろそろ	슬슬, 이제 곧

た 행

□ 大体(だいたい)	대체, 대략
□ たいてい	대부분, 대체로
□ だいぶ	상당히, 꽤
□ 互いに(たがいに)	서로, 다 함께
□ 多少(たしょう)	다소
□ たっぷり	잔뜩, 충분히
□ 例えば(たとえば)	예를 들면, 가령
□ たまたま	마침, 우연히
□ たまに	간혹, 이따금
□ 単に(たんに)	단순히, 단지, 그저
□ ちかちか	반짝반짝, 따끔따끔
□ ちっとも	조금도, 전혀
□ ちゃんと	착실하게, 틀림없이
□ 次々と(つぎつぎと)	잇달아, 계속해서
□ 常に(つねに)	늘, 항상
□ 同時に(どうじに)	동시에
□ どきどき	두근두근
□ 特に(とくに)	특히
□ 突然(とつぜん)	갑자기, 돌연
□ どんどん	착착, 잇따라, 자꾸자꾸

な 행

□ なかなか	(1) 꽤, 상당히, (2) 좀처럼
□ なるべく	가능한 한, 되도록
□ にこにこ	생글생글, 싱글벙글
□ にっこり	생긋, 방긋
□ のろのろ	느릿느릿, 꾸물꾸물

は 행

□ のんびり	한가로이, 유유히
□ はきはき	시원시원, 또랑또랑
□ はっきり	분명히, 틀림없이
□ ばったり	딱(우연히 마주치는 모양), 털썩
□ 早めに(はやめに)	일찌감치
□ ばらばら	뿔뿔이(흩어지는 모양)
□ 久しぶりに(ひさしぶりに)	오랜만에
□ 非常に(ひじょうに)	매우, 몹시
□ ぴったり	딱, 착 (꼭 들어맞음)
□ ぶつぶつ	중얼중얼, 투덜투덜
□ ふらふら	휘청휘청, 비틀비틀
□ ぶらぶら	흔들흔들, 어슬렁어슬렁
□ ぺこぺこ	몹시 배가 고픈 모양
□ 別に(べつに)	별로, 특별히
□ 別々(べつべつ)	따로따로, 제각각
□ ぺらぺら	술술, 나불나불
□ ほとんど	거의, 대부분
□ ほぼ	거의, 대략

ま 행

□ まごまご	우물쭈물, 갈팡질팡
□ まさか	설마
□ 最も(もっとも)	가장, 제일
□ もともと	원래, 본디

や 행

□ やはり	역시, 결국

あ 행

□ アイディア	아이디어
□ アドバイス	어드바이스(충고, 조언)
□ アナウンサー	아나운서
□ アニメ	애니메이션(만화영화)
□ アマチュア	아마추어
□ アルバイト	아르바이트
□ アルバム	앨범
□ アンケート	앙케트, 설문
□ イメージ	이미지
□ イヤリング	이어링(귀고리)
□ インク	잉크
□ インスタント	인스턴트
□ インターネット	인터넷
□ インタビュー	인터뷰
□ ウイルス	바이러스
□ エネルギー	에너지
□ エンジン	엔진
□ オーダー	오더(주문, 명령)
□ オフィス	오피스(사무실)
□ オペラ	오페라

か 행

□ カーテン	커튼
□ カード	카드
□ カーブ	커브
□ カーペット	카펫
□ カタログ	카탈로그
□ カット	컷, 삭제
□ カップ	컵
□ カメラマン	카메라맨
□ カラー	컬러
□ ガラス	유리
□ カロリー	칼로리
□ カンニング	커닝(부정 행위)
□ キッチン	키친(부엌)
□ キャンセル	캔슬(취소)
□ キャンパス	캠퍼스
□ クイズ	퀴즈
□ クーラー	쿨러(냉방 장치)
□ グラス	유리잔
□ クラスメート	클래스메이트(동급생)
□ クリーニング	세탁

□ グループ	그룹		□ スクリーン	스크린
□ ケース	케이스(상자)		□ スケジュール	스케줄
□ コート	코트		□ スタート	스타트, 출발
□ コミュニケーション	커뮤니케이션		□ ステーキ	스테이크
□ コンサート	콘서트		□ ストーリー	스토리
□ コンビニ	편의점		□ ストレス	스트레스

さ행

□ サービス	서비스		□ スピーチ	스피치(연설)
□ サイズ	사이즈		□ スピード	스피드
□ サイン	사인		□ セール	세일
□ サラダ	샐러드		□ セット	세트
□ サラリーマン	샐러리맨		□ ソース	소스
□ サンダル	샌들		□ ソファー	소파
□ サンドイッチ	샌드위치			
□ サンプル	샘플			

た행

□ シャツ	셔츠		□ ダイエット	다이어트
□ シャワー	샤워		□ ダイヤモンド	다이아몬드
□ ジュース	주스		□ ダイヤル	다이얼
□ ショップ	숍, 점포		□ タオル	타월
□ スイッチ	스위치		□ ダンス	댄스
□ スーツ	슈트, 정장		□ チーズ	치즈
□ スープ	스프		□ チェック	체크
□ スカーフ	스카프		□ チケット	티켓
			□ チップ	팁, 칩
			□ チャンス	찬스

□ データ	데이터
□ デート	데이트
□ テキスト	텍스트
□ デザート	디저트
□ デジカメ	디지털카메라
□ トップ	톱, 선두
□ ドライブ	드라이브
□ ドライヤー	드라이어
□ トラック	트럭
□ ドラマ	드라마
□ トレーニング	트레이닝
□ ドレス	드레스
□ トンネル	터널

な 行

□ ニュース	뉴스
□ ネット	네트(그물, 망), 인터넷
□ ノック	노크

は 行

□ パーセント	퍼센트(%)
□ パート	파트타임(아르바이트)
□ ハイキング	하이킹
□ バイク	바이크
□ バイト	바이트(아르바이트)

□ バケツ	양동이
□ パソコン	퍼스널컴퓨터(개인용 컴퓨터)
□ バック	뒤, 배후
□ バランス	밸런스(균형)
□ ハンバーグ	햄버그스테이크
□ ピクニック	피크닉(소풍)
□ ビタミン	비타민
□ ビル	빌딩
□ ピンク	핑크(분홍색)
□ ファイル	파일
□ ファスナー	파스너(지퍼)
□ ファックス	팩스
□ フォーク	포크
□ ブラウス	블라우스
□ ブラシ	브러시(솔)
□ プラス	플러스
□ プラン	플랜(계획)
□ プリント	프린트
□ ブレーキ	브레이크
□ ベルト	벨트
□ ボート	보트
□ ボーナス	보너스
□ ホームページ	홈페이지

□ ボール	볼(공)
□ ポスター	포스터

ま 행

□ マイナス	마이너스
□ マスク	마스크
□ マフラー	머플러
□ マラソン	마라톤
□ ミス	미스(미혼 여성, 실수)
□ メール	메일
□ メッセージ	메시지
□ メニュー	메뉴
□ メモ	메모
□ メンバー	멤버

や 행

□ ユーモア	유머
□ ヨーロッパ	유럽

ら 행

□ ライト	라이트(빛, 광선)
□ ランチ	런치(점심)
□ ランニング	러닝(달리기)
□ リーダー	리더
□ リサイクル	리사이클(재활용)
□ リットル	리터

□ リボン	리본
□ ルール	룰(규칙)
□ レインコート	레인코트(우비)
□ レジ	레지스터(금전등록기)
□ レシート	레시트(영수증)
□ レベル	레벨
□ レポート	리포트
□ レンズ	렌즈
□ ロビー	로비
□ ロボット	로봇

問題　＿＿＿のことばの読み方を書きなさい。

1　年をとったら、田舎で暮らしたい。
　　　　　（　　　　　　）

2　お湯を沸かして、お茶をいれます。
　（　　　　　　）

3　パーティーの司会を頼まれた。
　　　　　（　　　　）

4　駅の中は禁煙ですから、タバコは吸えません。
　　　　　（　　　　）

5　昨日は部屋の鍵をなくして大変だった。
　　　　　（　　　　　）

6　体の具合が悪かったので、昨日は会社を休みました。
　（　　　　）

7　彼は人とあまり話さないので、冷たい人だと誤解されることが多い。
　　　　　　　　　　　（　　　　　）

8　田中さんに事情を説明したら分かってくれた。
　　　　　（　　　　）

9　インターネットで、さまざまな情報を手に入れることができます。
　　　　　　　　　（　　　　　）

10　日本では、畳の部屋を和室（わしつ）と呼んでいます。
　　　　　（　　　　）

정답　**1** いなか　**2** おゆ　**3** しかい　**4** きんえん　**5** かぎ　**6** ぐあい　**7** ごかい　**8** じじょう　**9** じょうほう　**10** たたみ　　　해석 **별책** p.2

問題　______のことばの読み方を書きなさい。

1　会議の日程が決まったら、メールで知らせてください。
（　　　　　）

2　電車の発車を知らせるアナウンスが流れた。
（　　　　　）

3　今日母から小包が届いた。
（　　　　　）

4　あの人は自分の卒業した大学をいつも自慢している。
（　　　　　）

5　デパートの入り口で、友達と待ち合わせをしました。
（　　　　　）

6　なかなかよさそうな絵の展覧会があるんだけど、明日いっしょに行ってみようよ。
（　　　　　）

7　日曜日の朝はいつも部屋の掃除をします。
（　　　　　）

8　科学技術はどんどん進歩している。
（　　　　　）

9　子供の成長をビデオに記録しています。
（　　　　　）

10　山田君は、私の高校の後輩です。
（　　　　　）

問題　______のことばの読み方を書きなさい。

1 書類には、必ず日付を書いてください。
（　　　　　）

2 友達といっしょにサッカーの試合を見に行きました。
（　　　　　）

3 田中先生のお宅は東京の郊外です。
（　　　　　）

4 拾った落し物を交番にとどけた。
（　　　　　）

5 駅の改札口を出て、右に曲がってください。
（　　　　　）

6 父は出張に行くと、家族にお土産を買ってきます。
（　　　　　）

7 切符売り場はどちらですか。
（　　　　　）

8 今年に入ってから、デパートの売り上げがのびている。
（　　　　　）

9 押入れの中から昔のアルバムが出てきた。
（　　　　　）

10 国際連合の本部はニューヨークにある。
（　　　　　）

정답 1 しょるい 2 しあい 3 こうがい 4 おとしもの 5 かいさつぐち 6 おみやげ 7 うりば 8 うりあげ 9 おしいれ 10 ほんぶ　　　　**해석** 별책 p.2

問題　______のことばの読み方を書きなさい。

1　この時計は古くてもう部品がないので、修理できないそうだ。
　　　　　　　　　（　　　　　）

2　目上の人には敬語を使わなければならない。
　（　　　　　）

3　会議で決まったことは実行しなければなりません。
　　　　　　　　　（　　　　　）

4　授業中に居眠りをしてしまった。
　　　　　　（　　　　　）

5　郵便局に行って、葉書と切手を買いました。
　　　　　　　　（　　　　　）

6　家族で温泉旅行に行ってきました。
　　　　　（　　　　　）

7　お弁当を食べようとしたら、箸を忘れたことに気付いた。
　　　　　　　　　　（　　　　　）

8　この電車は各駅に停車します。
　　　　　　（　　　　　）

9　同じかぜ薬でもいろいろな種類がある。
　　　　　　　　　（　　　　　）

10　参考書を読んでもわからないところは先生に聞きます。
　（　　　　　）

問題　＿＿＿のことばを漢字で書きなさい。

1　スミスさんは大学で日本の歴史を<u>けんきゅう</u>している。
（　　　　　）

2　娘にかわいい<u>にんぎょう</u>を買ってあげた。
（　　　　　）

3　本を借りるときは、「図書館カード」を<u>うけつけ</u>に出してください。
（　　　　　）

4　家の<u>きんじょ</u>に大きな公園があります。
（　　　　　）

5　彼の絵は人々に強い<u>いんしょう</u>を与えた。
（　　　　　）

6　6歳<u>いじょう</u>の子供は、子供料金を払わなければなりません。
（　　　　　）

7　父と母はとても<u>なか</u>がいいです。
（　　　　　）

8　<u>あいて</u>の気持ちを理解することはむずかしいです。
（　　　　　）

9　酒を飲んで車を<u>うんてん</u>してはいけません。
（　　　　　）

10　地震対策をもっと<u>きょうか</u>しなければならない。
（　　　　　）

問題 ＿＿＿＿のことばを漢字で書きなさい。

1 暑くて座っているだけであせが出てくる。
（　　　　　　）

2 小学校のときは、えんそくで近くの山や海に行きました。
（　　　　　　）

3 日本の場合、車は左側つうこうです。
（　　　　　　）

4 だれでもこのクラブのかいいんになれます。
（　　　　　　）

5 子どもたちのあんぜんを守るために、大人の関心が必要と思う。
（　　　　　　）

6 僕の兄は大学でいがくを勉強している。
（　　　　　　）

7 みなさん、こうどうに集まってください。
（　　　　　　）

8 鳥ははねを広げ、空へ飛んでいった。
（　　　　　　）

9 試験は受けたが、合格するじしんがない。
（　　　　　　）

10 日本の道ははばが狭いので、走りにくいです。
（　　　　　　）

問題　＿＿＿のことばを漢字で書きなさい。

1　スピードいはんで警察に捕まってしまった。
　　　（　　　　　）

2　ボーナスをもらって、全部ちょきんしました。
　　　　　　（　　　　　）

3　中西君がスピーチ大会の学校だいひょうに選ばれました。
（なかにし）
　　　　　　（　　　　　）

4　会議の時間がへんこうになりました。
　　　　　　（　　　　　）

5　美術館に行ったら、小学生たちが先生とけんがくに来ていた。
　　　　　　　　　（　　　　　）

6　日本語のはつおんはそんなに難しくありません。
　　　　（　　　　　）

7　日本語ののうりょくを測るために毎月テストをする。
（はか）
　　　　（　　　　　）

8　まもなく三番線にきゅうこう電車がまいります。
　　　　　（　　　　　）

9　あのかどを右に曲がると、大きなマンションがあります。
　　　（　　　　）

10　毎日ざんぎょうが続いて、夫は疲れた顔で帰ってきた。
　　　（　　　　）

정답　**1** 違反　**2** 貯金　**3** 代表　**4** 変更　**5** 見学　**6** 発音　**7** 能力　**8** 急行　**9** 角　**10** 残業　　　해석 **별책** p.3

問題　＿＿＿＿のことばを漢字で書きなさい。

1　駐車きんし区域には絶対に駐車しないように、ご協力をお願いします。
　　（　　　　　　）

2　兄は大学を卒業した後、大学院にしんがくしました。
　　　　　　　　　　　　（　　　　　　）

3　こいびとに誕生日のプレゼントをあげた。
　　（　　　　　　）

4　映画の前半はつまらなかったが、こうはんはおもしろかった。
　　　　　　　　　　　　（　　　　　　）

5　昨日からくもひとつないいい天気が続いています。
　　（　　　　　　）

6　彼とは友人のしょうかいで知り合った。
　　　　　　　　　（　　　　　　）

7　テレビの歌ばんぐみをよく見る。
　　　　　　　（　　　　　　）

8　この参考書はだれにでもわかるように、やさしくかいせつしてある。
　　　　　　　　　　　　　　（　　　　　　）

9　彼は大学を卒業し、中学校のきょうしになった。
　　　　　　　　　　　（　　　　　　）

10　お金を拾ったので、こうばんに届けました。
　　　　　　　　　（　　　　　　）

問題 ＿＿＿のことばの読み方を書きなさい。

1　シャワーを浴びて、乾いたタオルで体をふいた。
（　　　　　）

2　台風でたくさんの木が倒れた。
（　　　　　）

3　みんなで話し合って、旅行先を決めた。
（　　　　　）

4　会社の帰りに書店に寄って本を買った。
（　　　　　）

5　この道は人がたくさん通る。
（　　　　　）

6　先月元気な男の子が生まれた。
（　　　　　）

7　毎朝、電車に乗って会社に通っている。
（　　　　　）

8　ぬれた髪をドライヤーで乾かした。
（　　　　　）

9　友達に子供を預けて、お見舞いに行ってきた。
（　　　　　）

10　燃えるごみは週2回、決まった曜日に捨てる。
（　　　　　）

정답　1 あびて　2 たおれた　3 はなしあって　4 よって　5 とおる　6 うまれた　7 かよって　8 かわかした　9 あずけて　10 すてる　　해석 별책 p.4

問題　______のことばの読み方を書きなさい。

1　仕事の手伝いを頼まれたが、時間がなくて断った。
　　　　　　　　　　　　（　　　　　）

2　父と母は付き合って３年目に結婚したそうだ。
　　　　　　　（　　　　　）

3　このマンションでは、犬や猫を飼ってはいけないことになっている。
　　　　　　　　　　　　（　　　　　）

4　彼は大学を卒業して、大学院に進むことにした。
　　　　　　　　　　　（　　　　　）

5　このクラスの数学の平均点は70点を超えた。
　　　　　　　　　　　　（　　　　　）

6　交番で警官に図書館までの道を尋ねた。
　　　　　　　　　　（　　　　　）

7　たかこさんからケーキの作り方を教わりました。
　　　　　　　　　　　　（　　　　　）

8　1から10まで数字を数えてみましょう。
　　　　　　　　（　　　　　）

9　一冊の本との出会いが彼の人生を変えたという。
　　　　　　　　（　　　　　）

10　祝日が日曜日と重なった場合は次の月曜日が休みになります。
　　　　　　　　（　　　　　）

問題　（　　）に入れるのに最もよいものを、１・２から一つえらびなさい。

1　英語の発音がなかなか（１ 直らなくて　２ 迷わなくて）こまっている。

2　電池が（１ おれて　２ きれて）、時計が動かなくなった。

3　自分にこの仕事が（１ できる　２ かよう）かどうか、とても不安です。

4　子供のころは、よくけんかをして先生に（１ 怒られた　２ ほめられた）。

5　洗濯物を（１ たたんで　２ かこんで）、たんすにしまっておく。

6　ガラスの花瓶を倒して、（１ 割って　２ 分けて）しまった。

7　この町には、豊かな自然がたくさん（１ ふえて　２ のこって）いる。

8　（１ さげて　２ 逃げて）いた犯人が、警察につかまった。

9　名前を（１ 呼ばれたら　２ かぞえたら）、大きい声で返事してください。

10　ビールはよく（１ 冷えて　２ こえて）いないと、おいしくありません。

問題　（　　）に入れるのに最もよいものを、１・２から一つえらびなさい。

1　では、明日の各地の天気をお（１ 使い　２ 伝え）します。

2　昨日の大雨で川が（１ かわいて　２ あふれて）しまった。

3　友達を（１ サボって　２ さそって）映画を見にいった。

4　試験まではまだ時間があるので、（１ あきらめないで　２ おもいださないで）
がんばってください。

5　音楽に合わせて、みんな楽しそうに手を（１ たたく　２ だく）。

6　（１ かれた　２ くさった）ものを食べてしまって、おなかが痛いです。

7　彼女は泥棒を見て大きな声で（１ だまった　２ さけんだ）。

8　この川は海に（１ つもって　２ つながって）いる。

9　彼は怒ると、物を投げたり（１ けったり　２ まなんだり）するから怖い。

10　コップを倒してジュースを（１ こぼれて　２ こぼして）しまった。

정답　**1**②　**2**②　**3**②　**4**①　**5**①　**6**②　**7**②　**8**②　**9**①　**10**②　해석 **별책** p.4

問題 ＿＿＿のことばの読み方を書きなさい。

1 コーヒーは苦いので、あまり好きではありません。
　　　（　　　　　）

2 汚い手を水できれいに洗った。
（　　　　　）

3 私は子供の頃から高いところは怖いです。
　　　　　　（　　　　　）

4 本当に正しいかどうか、もう一度調べることにした。
　（　　　　　）

5 京都は、秋の紅葉が本当に美しい。
　　　　　　（　　　　　）

6 この学校は、校則が厳しい。
　　　　　　（　　　　　）

7 険しい山道を2時間も歩いた。
　（　　　　　）

8 人生には、苦しいことも楽しいこともあります。
　　　　（　　　　　）

9 眠いのをがまんして勉強した。
（　　　　　）

10 台風のため、東京では激しい雨が降っていた。
　　　　　（　　　　　）

問題　（　　）に入れるのに最もよいものを、１・２から一つえらびなさい。

1　（1　あおじろい　2　まぶしい）顔をして、どうしたんですか。調子でも悪いんですか。

2　この会社は、他の会社よりも休みが少ないし、仕事が（1　にがい　2　きつい）。

3　夏の太陽は特に（1　まぶしい　2　まずしい）。

4　（1　ゆるい　2　のろい）カーブを右に曲がったところに花屋がある。

5　まわりが（1　かしこい　2　うるさい）ので、ちっとも勉強が進まない。

6　そんな（1　うすぐらい　2　くだらない）ことを私が言うわけがないだろう。

7　使えるものを捨てるのは（1　もったいない　2　やかましい）。

8　試合に負けてしまって、本当に（1　うれしい　2　くやしい）。

9　親しい友だちといっしょに旅行するのは、とても（1　たのしい　2　くるしい）
　　ことです。

10　（1　鋭い　2　濃い）コーヒーを一杯飲んだ。

問題 　_____のことばの読み方を書きなさい。

1 日本では秋になると、各地で様々な行事が行われる。
　　　　　　　　　　　（　　　　　　）

2 家に帰る途中、雨に降られて大変だった。
　　　　　　　　　　　（　　　　　　）

3 お客様に素敵なプレゼントをさしあげます。
　　　　　（　　　　　　）

4 作文では自分の考えが明確になるように書く必要がある。
　　　　　　　　　　　（　　　　　　）

5 不可能な計画ならはじめから立てないほうがいい。
　　（　　　　　　）

6 部屋を借りるとき、何が大事ですか。
　　　　　　　　　　　（　　　　　　）

7 息子は勉強もしないで、毎日気楽に友達と遊んでいる。
　　　　　　　　　　　（　　　　　　）

8 夜一人でこの辺を歩くのは危険だ。
　　　　　　　　　　　（　　　　　　）

9 あの人は平気でうそをつく。
　　　　　（　　　　　　）

10 子供の前でそんな下品な言葉は使わないでください。
　　　　　　　　　　　（　　　　　　）

問題　（　　）に入れるのに最もよいものを、1・2から一つえらびなさい。

1　彼女の長所は明るくて（1 消極的　2 積極的）なところです。

2　バスよりも電車のほうが時間に（1 正確　2 正常）だ。

3　この店は値段も安いし、店員もみんな（1 意地悪　2 親切）だ。

4　これからこのような（1 新鮮　2 単純）なミスはしてはいけない。

5　お金を借りたら、返すのが（1 当然　2 特別）だ。

6　ようこさんは性格がよくて（1 上品な　2 短気な）話し方をします。

7　パソコンが苦手で、メールも（1 不便に　2 満足に）打てない。

8　川田さんは毎回予習をやってくる（1 まじめな　2 にがてな）学生だ。

9　あの人は金を使わない（1 けちな　2 はでな）人だ。

10　この仕事は（1 むだ　2 らく）ですが、その分、給料が安いですよ。

問題　（　　）に入れるのに最もよいものを、１・２から一つえらびなさい。

1　夏は（１ 別に　２ やはり）くつよりサンダルの方がすずしいですね。

2　ただ今、係の者に代わりますので、（１ 少なくとも　２ 少々）お待ちください。

3　田中（たなか）さんにはずいぶんお世話になったことを（１ 必ず　２ 決して）忘れてはいけないと思う。

4　昨日の夜、地震が起こり、家が（１ いつか　２ かなり）揺れました。

5　（１ うっかり　２ しっかり）して、切手をはらずに、ポストに入れてしまった。

6　昨夜のパーティーではみんな（１ おおいに　２ およそ）楽しんだ。

7　楽しみにしていた旅行に行けなくなって（１ がっかり　２ のんびり）した。

8　私の好きな歌手が雑誌に出ていたので、（１ きゅうに　２ おもわず）買ってしまった。

9　パソコンの画面を（１ ざっと　２ ずっと）見ていると、目が疲れる。

10　これはよく使う単語だから、（１ しっかり　２ がっかり）覚えておいてくださいね。

問題　（　）に入れるのに最もよいものを、１・２から一つえらびなさい。

1　（１　しみじみ　２　たまたま）通りかかった店でこのくつを見つけました。

2　だんだん暗くなってきましたね。（１　そろそろ　２　ぞくぞく）帰りましょう。

3　野田（のだ）さんは病気をしてから、（１　だいぶ　２　たいてい）やせました。

4　お酒は（１　たまに　２　しばらく）しか飲みません。

5　道路が込んで、車は（１　どんどん　２　のろのろ）と動いている。

6　さっきの服はちょっと大きかったけど、これだと、（１　ぴったり　２　たっぷり）だわ。

7　長い時間歩いたので、足が（１　ふらふら　２　いらいら）だ。

8　あなたの言いたいことは（１　ぺらぺら　２　だいたい）わかりました。

9　体育の授業の後、のどが渇いていたので、水を（１　単に　２　一気に）飲んでしまった。

10　子どもは（１　いつの間にか　２　さっそく）、私より背が高くなっていた。

問題　（　　）に入れるのに最もよいものを、１・２から一つえらびなさい。

1　写真を撮るのが好きだった友達は、プロの（１ アナウンサー　２ カメラマン）になった。

2　うちの子どもはロボットの（１ アニメ　２ ウイルス）が好きだ。

3　平日は大学に通って、週末は（１ アマチュア　２ アルバイト）をしています。

4　試験の前に、先生は学生に（１ アルバイト　２ カンニング）をしてはいけないと注意した。

5　アクセサリー売り場で（１ イヤリング　２ カーペット）を買いました。

6　（１ インタビュー　２ インターネット）で本を注文したら、２日後に届きました。

7　この工場では、自動車の（１ エンジン　２ プリント）を生産している。

8　この道路は、急（１ カーブ　２ オーダー）が多く、あまりスピードは出せません。

9　東京の都心にある（１ キッチン　２ オフィス）の家賃はとても高いそうです。

10　ワイシャツはうちで洗濯しないで、（１ クリーニング　２ トレーニング）に出します。

問題　（　　）に入れるのに最もよいものを、１・２から一つえらびなさい。

1　電話で人気歌手の（１ コンサート　２ コミュニケーション）を予約しました。

2　マラソンで石田選手が（１ ショップ　２ トップ）でゴールした。

3　新しい商品の（１ ストーリー　２ サンプル）を送ってもらった。

4　間違えて大きい（１ セール　２ サイズ）のズボンを買ってしまった。

5　「成人の日」には着物や（１ セット　２ スーツ）でおしゃれをした若者が多い。

6　営業部にご用のある方は、内線35番に（１ ダイヤル　２ ダイエット）してください。

7　（１ データ　２ ルール）がいっぱいになったので、いらないファイルを消した。

8　（１ トラック　２ ポスター）に荷物を載せて運ぶ。

9　当店では、ただいまから一時間だけのタイム（１ パーセント　２ セール）を行います。

10　栄養の（１ パーセント　２ バランス）がとれた食事をしたほうがいい。

정답　**1**① **2**② **3**② **4**② **5**② **6**① **7**① **8**① **9**② **10**②　　　　　해석 별책 p.6

문자 · 어휘 완전 정복을 위한 꿀팁!

문제를 풀어 본 후에는 반드시 복습을 해야 합니다. 본서에 제시된 예문들을 충실하게 학습해 두면 어떤 문제든 풀 수 있을 겁니다.

● 問題 1 한자 읽기

음독과 훈독, 장음, 촉음을 구분하여 풉니다. 비슷한 형태의 한자는 같은 발음인 경우가 많습니다.

● 問題 2 한자 표기

음독인 경우, 비슷한 모양의 한자는 구성 요소를 분석·비교하여 함정에 빠지지 않도록 합시다.

● 問題 3 문맥 규정

다양한 품사가 출제되는데, 동사나 い형용사는 사전형을 떠올려 보고, 부사는 호응하는 단어를 찾아내면 확실하게 답을 구할 수 있습니다.

● 問題 4 유의어

사전적인 의미가 완전히 같지 않더라도 문장의 의미가 손상되지 않는 경우에는 답이 될 수 있다는 것을 명심하세요.

● 問題 5 용법

단어를 원래의 의미대로 사용한 것을 찾는 한편, 해당 단어가 원래의 품사대로 사용되고 있는지도 확인해 봅니다.

PART 2

유형별 집중 공략

- **한자 읽기** 실전 연습 ………… p.92
- **한자 표기** 실전 연습 ………… p.100
- **문맥 규정** 실전 연습 ………… p.108
- **유의어** 실전 연습 ……………… p.116
- **용법** 실전 연습 ………………… p.124

한자 읽기 실전 연습 ❶ [/ 8]

問題 1　＿＿＿のことばの読み方として最もよいものを、1・2・3・4から一つえらびなさい。

1　日本のニュースを読みながら<u>単語</u>を覚えます。
　　1　げんご　　　　2　けんご　　　　3　だんご　　　　4　たんご

2　油は水に<u>浮く</u>性質がある。
　　1　あく　　　　　2　うく　　　　　3　ふく　　　　　4　まく

3　学生証は、かならず<u>本人</u>が取りに来なければなりません。
　　1　はんじん　　　2　はんにん　　　3　ほんじん　　　4　ほんにん

4　<u>失業</u>していた友人が新しい仕事を見つけた。
　　1　しつぎょう　　2　じぎょう　　　3　そつぎょう　　4　ざんぎょう

5　彼は、<u>幼い</u>とき両親をなくした。
　　1　ちいさい　　　2　おさない　　　3　きたない　　　4　よわい

6　<u>地球</u>は太陽の周りを回ります。
　　1　じきゅう　　　2　じきゅ　　　　3　ちきゅう　　　4　ちきゅ

7　本の表紙が<u>破れて</u>しまったので、テープではった。
　　1　よごれて　　　2　はずれれ　　　3　やぶれて　　　4　ゆれて

8　今から10分間、<u>割引</u>セールを行います。
　　1　わりひき　　　2　わりびき　　　3　とりひき　　　4　とりびき

정답　1④　2②　3④　4①　5②　6③　7③　8②　　　　　　　해석 **별책** p.7

問題1 ______のことばの読み方として最もよいものを、1・2・3・4から一つえらびなさい。

1 日本では、5月5日のこどもの日は、祝日です。

   1 しゅくび   2 しゅくにち   3 しゅくじつ   4 しゅっぴ

2 この本には、作家の考えがよく表れている。

   1 あふれて   2 かくれて   3 あらわれて   4 はずれて

3 昨日試験の成績が発表された。

   1 はちひょう   2 はっぴょう   3 はちびょう   4 はつよう

4 国際会議で英語の通訳ができる人を探している。

   1 とおわけ   2 つうやく   3 ほんやく   4 かいせき

5 この奨学金に応募するためにはどうすればいいでしょうか。

   1 おうも   2 おうもう   3 おうぼ   4 おうぼう

6 彼の話はうそではないかと疑っている。

   1 あやまって   2 まよって   3 おこなって   4 うたがって

7 部長は急な出張で今日は出社しません。

   1 しゅちょう   2 しゅっちょう   3 しょうちょう   4 しょっちゅう

8 社長の今週のスケジュールを確認したいんですが。

   1 かくにん   2 かくいん   3 けいけん   4 かいいん

정답 1③ 2③ 3② 4② 5③ 6④ 7② 8①　　　해석 별책 p.7

問題1 _____のことばの読み方として最もよいものを、1・2・3・4から一つえらびなさい。

1 新入社員のための歓迎会を開いた。
1 かんこう　　　2 かんけい　　　3 かんげい　　　4 かんしん

2 眠っている間に、楽しい夢を見ました。
1 はなし　　　2 ゆめ　　　3 そら　　　4 つき

3 このグラフは売り上げの変化を表しています。
1 なくして　　　2 あらわして　　　3 しめして　　　4 ふやして

4 今年の売り上げは、去年の倍になっています。
1 すう　　　2 かず　　　3 ばい　　　4 はん

5 イタリアの首都はどこですか。
1 しゅとう　　　2 しゅと　　　3 しょうとう　　　4 しょうと

6 説明を聞いて疑問があったら質問してください。
1 ぎもん　　　2 しもん　　　3 しつもん　　　4 くもん

7 がんばって働いているのに、ぜんぜんお金がたまらない。
1 うごいて　　　2 まねいて　　　3 はたらいて　　　4 つづいて

8 この特急電車はその駅には止まりません。
1 とうきょう　　　2 ときゅう　　　3 とくべつ　　　4 とっきゅう

정답 **1**③ **2**② **3**② **4**③ **5**② **6**① **7**③ **8**④　　　해석 **별책** p.7

問題 1　_____のことばの読み方として最もよいものを、1・2・3・4から一つえらびなさい。

1　電車の中の冷房が強すぎて寒いぐらいだ。
　　1　れいぼう　　　　2　れいほう　　　　3　れいとう　　　　4　れいぞう

2　砂糖はお湯に溶けやすい。
　　1　やけ　　　　　　2　かけ　　　　　　3　とけ　　　　　　4　まけ

3　部屋の中は、常にきれいにしておきなさい。
　　1　ともに　　　　　2　すぐに　　　　　3　つねに　　　　　4　とくに

4　出張の結果を部長に報告した。
　　1　ほうこ　　　　　2　ほこく　　　　　3　ほうこう　　　　4　ほうこく

5　自分の順番になるまで1時間ぐらい待ちました。
　　1　じゅんばん　　　2　しゅんばん　　　3　じゅんじょ　　　4　しゅんかん

6　他人のことも考えられる人間になりなさい。
　　1　にんかん　　　　2　じんかん　　　　3　にんげん　　　　4　じんけん

7　この映画は多くの人に感動を与えた。
　　1　おしえた　　　　2　あたえた　　　　3　かぞえた　　　　4　おぼえた

8　美しい風景を写真に写した。
　　1　けしき　　　　　2　けいき　　　　　3　ふうけい　　　　4　ほうこう

정답　1①　2③　3③　4④　5①　6③　7②　8③　　　　　　　　　　　해석 별책 p.7

問題1 ＿＿＿のことばの読み方として最もよいものを、1・2・3・4から一つえらびなさい。

1 彼は試験に合格するために大変な努力をした。
   1　とりょく　　　　2　どりょく　　　　3　とうりょく　　　　4 どうりょく

2 あの時計は遅れています。
   1　おくれて　　　　2　こわれて　　　　3　たおれて　　　　4　はずれて

3 となりの奥さんはブランド品や宝石が大好きです。
   1　ほせき　　　　2　ほうせき　　　　3　ほうしき　　　　4　たからせき

4 田中先生は優しい先生で、いつもにこにこしています。
   1　めずらしい　　　　2　うれしい　　　　3　やさしい　　　　4　まずしい

5 ゆっくり大きく息を吸ってください。
   1　いけ　　　　2　いき　　　　3　しき　　　　4　あき

6 学生時代の友達は、一生の友達です。
   1　いちせい　　　　2　いっせい　　　　3　いちしょう　　　　4　いっしょう

7 私は約束を守ることは大切だと思う。
   1　かわる　　　　2　くもる　　　　3　まわる　　　　4　まもる

8 昨日、夜中に国の父から電話がかかってきました。
   1　よちゅう　　　　2　やちゅう　　　　3　よなか　　　　4　やなか

정답 1② 2① 3② 4③ 5② 6④ 7④ 8③   **해석 별책** p.7

問題1 ______のことばの読み方として最もよいものを、1・2・3・4から一つえらびなさい。

1 よく休んで早く風邪を治してください。
1　ながして　　　2　なおして　　　3　なくして　　　4　ならして

2 家から会社まで往復3時間かかります。
1　つうこう　　　2　つうきん　　　3　かたみち　　　4　おうふく

3 レポートが完成しました。あした、提出します。
1　がんせい　　　2　かんせい　　　3　がんしょう　　　4　かんじょう

4 次々と新しい化石が発見された。
1　はけん　　　2　はっけん　　　3　はつけん　　　4　はつげん

5 買ったばかりのケイタイに傷がついてしまった。
1　きず　　　2　たび　　　3　あわ　　　4　けが

6 電車の中で年寄りに席を譲った。
1　ことわった　　　2　ゆずった　　　3　すわった　　　4　おごった

7 先週、近所の神社でお祭りがありました。
1　おいのり　　　2　おまいり　　　3　おまつり　　　4　おかわり

8 山の下にきれいな湖があります。
1　かわ　　　2　うみ　　　3　みずうみ　　　4　いけ

정답　1② 2④ 3② 4② 5① 6② 7③ 8③　　　해석 별책 p.8

問題1　＿＿＿のことばの読み方として最もよいものを、1・2・3・4から一つえらびなさい。

1　今度の発表会の<u>件</u>でお話ししたいことがあります。
　　1　あん　　　　　2　けん　　　　　3　せん　　　　　4　ろん

2　何があったのか、<u>娘</u>は黙って家を出て行った。
　　1　むすめ　　　　2　いもうと　　　3　むすこ　　　　4　おとうと

3　今日は天気が良かったので、洗濯物がすぐ<u>乾</u>く。
　　1　かわく　　　　2　おどろく　　　3　のぞく　　　　4　たたく

4　夏休みに<u>夫婦</u>で旅行に行ってきた。
　　1　ふふ　　　　　2　ふうふ　　　　3　ふふう　　　　4　ふうふう

5　私の学校は<u>坂</u>の上にあります。
　　1　そこ　　　　　2　はし　　　　　3　さか　　　　　4　みち

6　この家の一階に<u>大家</u>さんが住んでいます。
　　1　おおいえ　　　2　だいか　　　　3　だいや　　　　4　おおや

7　来月、家族で<u>海外</u>旅行に行く予定です。
　　1　かいかい　　　2　かいがい　　　3　こくない　　　4　こくがい

8　毎日、満員電車で<u>通勤</u>しています。
　　1　つうがく　　　2　つうしん　　　3　つうきん　　　4　つうやく

정답　**1**②　**2**①　**3**①　**4**②　**5**③　**6**④　**7**②　**8**③　　　　　해석 **별책** p.8

問題 1　_______のことばの読み方として最もよいものを、1・2・3・4から一つえらびなさい。

1　あした入学試験の<u>結果</u>が発表される。
　　1　けんか　　　　　2　けが　　　　　3　けっか　　　　　4　けつか

2　父は中古車の<u>売買</u>の仕事をしています。
　　1　こうばい　　　　2　ばいばい　　　3　こうはい　　　　4　かいうり

3　この会社は去年、本社を東京に<u>移した</u>。
　　1　わたした　　　　2　かえした　　　3　うつした　　　　4　こわした

4　電車に<u>空席</u>がなかったので降りる駅までたったままだった。
　　1　くしき　　　　　2　こうしき　　　3　くうせき　　　　4　こせき

5　彼は日本の北から南まで、<u>旅</u>を続けた。
　　1　ふね　　　　　　2　たび　　　　　3　ゆめ　　　　　　4　あし

6　10年ぶりに高校のクラス会に<u>参加</u>することにした。
　　1　さんか　　　　　2　さんが　　　　3　しんか　　　　　4　しんが

7　この町では、秋になると、さまざまな<u>行事</u>が行われます。
　　1　こうし　　　　　2　かいし　　　　3　けいじ　　　　　4　ぎょうじ

8　田中先生は、だれからも尊敬される<u>立派</u>な方です。
　　1　けちな　　　　　2　きけんな　　　3　さかんな　　　　4　りっぱな

정답 **1** ③　**2** ②　**3** ③　**4** ③　**5** ②　**6** ①　**7** ④　**8** ④　　　　　　　　해석 **별책** p.8

한자 표기 실전 연습 ❶　　　　　　　　　　　　　　　　　[　　 / 8]

問題 2　＿＿＿＿のことばを漢字で書くとき、最もよいものを、1・2・3・4から一つえらびなさい。

1　このカップラーメンはお湯をそそいで3分待てば食べられる。
　　1　沸いで　　　　　2　注いで　　　　　3　差いで　　　　　4　入いで

2　けんこうのために毎日運動しています。
　　1　元気　　　　　2　健気　　　　　3　元康　　　　　4　健康

3　今年のもくひょうは試験に合格することです。
　　1　目表　　　　　2　目標　　　　　3　目的　　　　　4　目票

4　田中さんは私に東京をあんないしてくれました。
　　1　家内　　　　　2　室内　　　　　3　案内　　　　　4　以内

5　3年前に夫をなくしてから、一人暮らしをしています。
　　1　無くしてから　　　2　亡くしてから　　　3　鳴くしてから　　　4　死くしてから

6　ケイタイでもさいしんのニュースがチェックできる時代になった。
　　1　最新　　　　　2　最中　　　　　3　最短　　　　　4　最近

7　物価が上がって、生活がくるしい。
　　1　貧しい　　　　　2　寂しい　　　　　3　苦しい　　　　　4　険しい

8　事故を防ぐために、いろいろなたいさくを考える。
　　1　代責　　　　　2　対策　　　　　3　低責　　　　　4　方策

정답　1② 2④ 3② 4③ 5② 6① 7③ 8②　　　　　　　　　　　　　　해석 별책 p.8

問題 2 ______のことばを漢字で書くとき、最もよいものを、1・2・3・4から一つえらびなさい。

1 あの人は自分の気持ちや考えをあまりおもてに出さない。
　　1　顔　　　　　　2　表　　　　　　3　裏　　　　　　4　形

2 広い部屋を二つにくぎって使っている。
　　1　急切って　　　2　区切って　　　3　下って　　　　4　預って

3 自転車の前のしゃりんがパンクした。
　　1　写輪　　　　　2　車輪　　　　　3　輪軸　　　　　4　車輪

4 上着のうちがわにポケットがあります。
　　1　中側　　　　　2　外測　　　　　3　内側　　　　　4　表測

5 一度にたくさんは持てないから、何回かに分けてはこびましょう。
　　1　運びましょう　2　進びましょう　3　呼びましょう　4　連びましょう

6 スポーツ大会にしゅつじょうした。
　　1　出揚　　　　　2　出張　　　　　3　出場　　　　　4　出長

7 うちの前の道は、桜のなみきになっています。
　　1　波木　　　　　2　波枝　　　　　3　並枝　　　　　4　並木

8 めんせつのときは、髪や服装はきちんとしたほうがいい。
　　1　見節　　　　　2　免切　　　　　3　面接　　　　　4　観設

정답　1②　2②　3④　4③　5①　6③　7④　8③　　　　　　　　　해석 별책 p.9

問題 2 ＿＿＿のことばを漢字で書くとき、最もよいものを、1・2・3・4から一つえらびなさい。

1 この学校の生徒はせいふくを着なければならない。

1　祭服　　　　　2　制服　　　　　3　征服　　　　　4　洋服

2 山本先輩にはいろいろとたすけていただきました。
（やまもと）

1　助けて　　　　2　預けて　　　　3　救けて　　　　4　協けて

3 なくなったと思っていたゆびわが、ソファーの下で見つかった。

1　指輪　　　　　2　指輪　　　　　3　拾輪　　　　　4　拾輪

4 この写真を見ると、むかしのことを思い出します。

1　港　　　　　　2　習　　　　　　3　借　　　　　　4　昔

5 休みはどこへも行かず家ですごした。

1　通ごした　　　2　過ごした　　　3　起ごした　　　4　経ごした

6 今、大学院に進学するか、会社にしゅうしょくするか、迷っています。

1　主職　　　　　2　就職　　　　　3　勤務　　　　　4　職務

7 来年は大学をじゅけんしなければならない。

1　試験　　　　　2　主検　　　　　3　受験　　　　　4　集検

8 相手に自分のめいしを渡す。

1　命刺　　　　　2　命士　　　　　3　名刺　　　　　4　名士

정답　1②　2①　3②　4④　5②　6②　7③　8③　　　　　　　　　해석 별책 p.9

問題 2　＿＿＿＿のことばを漢字で書くとき、最もよいものを、1・2・3・4から一つえらびなさい。

1　明日の最高きおんは今日より10度も高くなるでしょう。
　　1　体温　　　　　2　保温　　　　　3　低温　　　　　4　気温

2　駅で電車をおりて、バスに乗り換えた。
　　1　借りて　　　　2　降りて　　　　3　足りて　　　　4　移りて

3　道路を渡るときは、横断ほどうを渡りましょう。
　　1　歩道　　　　　2　走道　　　　　3　歩路　　　　　4　走路

4　ひっこしをしたばかりなので、片づけが大変です。
　　1　引っ超し　　　2　引っ越し　　　3　弘っ超し　　　4　弘っ越し

5　村木さんは腕をくんで立っています。
　　1　嚙んで　　　　2　組んで　　　　3　踏んで　　　　4　並んで

6　今日は満席ですが、明日ならまだくうせきがあります。
　　1　座席　　　　　2　相席　　　　　3　空席　　　　　4　公席

7　学校のうらに公園があります。
　　1　裏　　　　　　2　表　　　　　　3　通　　　　　　4　坂

8　窓から赤い夕日をながめた。
　　1　望めた　　　　2　現めた　　　　3　眺めた　　　　4　視めた

정답　1④　2②　3①　4②　5②　6③　7①　8③　　　　　　　　해석 별책 p.9

問題 2　＿＿＿のことばを漢字で書くとき、最もよいものを、1・2・3・4から一つえらびなさい。

1　今まで一度も海外に行く<u>きかい</u>がなかった。
　　1　気会　　　　2　機会　　　　3　期会　　　　4　奇会

2　警察は、逃げた犯人の行方を<u>おって</u>いる。
　　1　折って　　　2　後って　　　3　追って　　　4　送って

3　うちの<u>だいどころ</u>は、ちょっと狭くて使いにくいです。
　　1　居間　　　　2　食堂　　　　3　台所　　　　4　場所

4　この<u>ものがたり</u>は子供に読ませてもいいでしょう。
　　1　物著　　　　2　物語　　　　3　物話　　　　4　物事

5　みんなで話し合って問題を<u>かいけつ</u>した。
　　1　回析　　　　2　回決　　　　3　解析　　　　4　解決

6　ファックスが届いたかどうか、電話して<u>たしかめて</u>ください。
　　1　認かめて　　2　確かめて　　3　任かめて　　4　送かめて

7　荷物は<u>たな</u>の上に置いてください。
　　1　棚　　　　　2　種　　　　　3　墨　　　　　4　底

8　質問の意味が<u>ぜんぜん</u>わかりませんでした。
　　1　全然　　　　2　千前　　　　3　先然　　　　4　全前

정답　**1**②　**2**③　**3**③　**4**②　**5**④　**6**②　**7**①　**8**①　　　　　해석 **별책** p.9

問題 2 ______のことばを漢字で書くとき、最もよいものを、1・2・3・4から一つえらびなさい。

1 メールを出して１週間になるのに、まだへんじが来ない。

   1　反事　　　　　2　反仕　　　　　3　返事　　　　　4　返仕

2 駅に着いたら電話してください。すぐにむかえに行きますから。

   1　対え　　　　　2　向え　　　　　3　発え　　　　　4　迎え

3 彼女は自分は何もしないくせに、人のすることにはもんくを言う。

   1　門句　　　　　2　門区　　　　　3　文句　　　　　4　文区

4 今年でにゅうしゃして３年目になります。

   1　会社　　　　　2　入会　　　　　3　社員　　　　　4　入社

5 けつえき検査をすると、体の状態がよく分かる。

   1　活力　　　　　2　血液　　　　　3　公益　　　　　4　風邪

6 この薬はかぜによくききます。

   1　効きます　　　2　聞きます　　　3　聴きます　　　4　能きます

7 兄は大学でれきしを勉強している。

   1　役史　　　　　2　絡志　　　　　3　歴史　　　　　4　役詩

8 この店は、テレビでしょうかいされて有名になった。

   1　紹介　　　　　2　紹界　　　　　3　招介　　　　　4　招界

정답 1③ 2④ 3③ 4④ 5② 6① 7③ 8①　　　　해석 별책 p.9

問題 2 ______のことばを漢字で書くとき、最もよいものを、1・2・3・4から一つえらびなさい。

1 受付で名札を受け取って、むねにつけました。

    1 背　　　　　　　2 胸　　　　　　　3 腹　　　　　　　4 腕

2 この工場では自動車のエンジンをたいりょう生産しています。

    1 大量　　　　　　2 太料　　　　　　3 多量　　　　　　4 太量

3 家族旅行のときは、いつも旅館にとまる。

    1 止まる　　　　　2 泊まる　　　　　3 途まる　　　　　4 宿まる

4 夫婦はおたがいに理解しあうことが必要だ。

    1 お供いに　　　　2 お協いに　　　　3 お互いに　　　　4 お多いに

5 せんぱいに昼ごはんをおごってもらった。

    1 後輩　　　　　　2 後非　　　　　　3 先輩　　　　　　4 先非

6 彼は銀行からお金を借りて、新しいしょうばいを始めた。

    1 商業　　　　　　2 商売　　　　　　3 売買　　　　　　4 売場

7 水と電気をせつやくして使いましょう。

    1 質役　　　　　　2 切訳　　　　　　3 設薬　　　　　　4 節約

8 かべに絵をかけました。

    1 板　　　　　　　2 壁　　　　　　　3 床　　　　　　　4 門

정답 1② 2① 3② 4③ 5③ 6② 7④ 8②　　　　　　　　해석 별책 p.10

問題 2 ＿＿＿のことばを漢字で書くとき、最もよいものを、1・2・3・4から一つえらびなさい。

1 目の前に広がる美しい景色を見て<u>かんどう</u>した。

    1 応援　　　　　2 感動　　　　　3 期待　　　　　4 苦労

2 この図書館の本の<u>かしだし</u>期間は２週間です。

    1 借し出し　　　2 返し出し　　　3 貸し出し　　　4 課し出し

3 友達の家を<u>たずねたら</u>、出かけてしまって家にいなかった。

    1 問ねたら　　　2 尋ねたら　　　3 来ねたら　　　4 訪ねたら

4 テストの<u>せいせき</u>が悪くて困っています。

    1 成績　　　　　2 成式　　　　　3 正績　　　　　4 正式

5 頭が<u>いたかった</u>ので、薬を飲んで寝ました。

    1 怖かった　　　2 痛かった　　　3 寒かった　　　4 熱かった

6 <ruby>木村<rt>き むら</rt></ruby>先生は、地震研究の<u>せんもんか</u>である。

    1 全問家　　　　2 専攻家　　　　3 全門家　　　　4 専門家

7 <u>こおり</u>は溶けて水になる。

    1 涼　　　　　　2 凍　　　　　　3 冷　　　　　　4 氷

8 あなたは、どこの大学の<u>ごしゅっしん</u>ですか。

    1 卒新　　　　　2 卒進　　　　　3 出身　　　　　4 出進

問題 3 （　　）に入れるのに最もよいものを、1・2・3・4から一つえらびなさい。

1 今月の給料（　　　）は来週の金曜日です。

　1　日　　　　　　　2　後　　　　　　　3　時　　　　　　　4　金

2 彼女は夫からの贈^{おく}り物^{もの}を大事に引き出しに（　　　）おいた。

　1　とじて　　　　　2　わたして　　　　3　しまって　　　　4　わって

3 部屋に入るときは、ドアを（　　　）してください。

　1　カット　　　　　2　セット　　　　　3　ノック　　　　　4　ネット

4 食事と睡眠だけは（　　　）とらないと、体を壊すことになります。

　1　はやく　　　　　2　たまに　　　　　3　きちんと　　　　4　ぎりぎり

5 手が（　　　）コップを落としてしまった。

　1　すべって　　　　2　ころんで　　　　3　さけて　　　　　4　にげて

6 何度も同じことを（　　　）質問されていやになった。

　1　かしこく　　　　2　しつこく　　　　3　ただしく　　　　4　たのしく

7 毎日、運動をしていながら、（　　　）やせません。

　1　たとえば　　　　2　たまに　　　　　3　かならず　　　　4　ちっとも

8 バスから地下鉄への（　　　）には少し時間がかかる。

　1　引っ越し　　　　2　乗り換え　　　　3　貸し出し　　　　4　回り道

정답　**1**①　**2**③　**3**③　**4**③　**5**①　**6**②　**7**④　**8**②　　　　　　　　해석 **별책** p.10

問題 3 （　　）に入れるのに最もよいものを、1・2・3・4から一つえらびなさい。

1 友達だから、助け合うのは（　　）です。
1 おしゃべり 　　2 出来事 　　　3 お見舞い 　　4 当たり前

2 A：「お体の具合はどうですか、」
B：「（　　）よくなりましたが、まだ運動はできません」
1 しいんと 　　2 さっさと 　　3 ずいぶん 　　4 ぴったり

3 旅行に行く友達を空港で（　　）。
1 みおくった 　　2 むかえた 　　3 あずけた 　　4 くらした

4 コーヒーをこぼして、シャツに（　　）をつけてしまった。
1 しみ 　　2 つぶ 　　3 こな 　　4 ほこり

5 試合に勝ったチームの選手に（　　）をして、記事を書いた。
1 スピーチ 　　2 インタビュー 　　3 キーボード 　　4 プリンタ

6 自然は大切にしないと、（　　）なくなっていきます。
1 なるべく 　　2 どんどん 　　3 はきはき 　　4 けっして

7 最近（　　）がなくて、すぐに疲れてしまいます。
1 学力 　　2 実力 　　3 体力 　　4 協力

8 会議でみんなの意見を（　　）、結論を出しました。
1 ことわって 　　2 ながめて 　　3 ゆれて 　　4 まとめて

정답 **1**④ **2**③ **3**① **4**① **5**② **6**② **7**③ **8**④ 　　　해석 별책 p.10

問題3 （　　）に入れるのに最もよいものを、1・2・3・4から一つえらびなさい。

1 家のすぐそばの道路で（　　　）をしていて、うるさくて眠れない。

 1　計画   2　工事   3　交通   4　禁煙

2 夏休みも、あと一週間を（　　　）だけだ。

 1　はずす   2　やりなおす   3　のばす   4　のこす

3 レポートの（　　　）を一週間延ばしてもらった。

 1　わりあい   2　のりかえ   3　しめきり   4　しなぎれ

4 暑い日に、何も飲まずにテニスの練習をしたので、のどが（　　　）になった。

 1　ふらふら   2　ぺこぺこ   3　からから   4　ぴかぴか

5 学校へ行く途中、止まっている自転車に（　　　）転びました。

 1　ぶつかって   2　ぶつけて   3　のって   4　のせて

6 高速道路は速くて便利ですが、（　　　）が高いです。

 1　速度   2　料金   3　利用   4　通行

7 日本人の友達に作文の（　　　）を頼みました。

 1　チェック   2　ダイヤル   3　ランニング   4　チャンス

8 彼はとても疲れているのか、（　　　）寝ている。

 1　ぎっしり   2　がっかり   3　ぐっすり   4　うっかり

정답 1② 2④ 3③ 4③ 5① 6② 7① 8③   해석 별책 p.11

問題 3　（　　）に入れるのに最もよいものを、1・2・3・4から一つえらびなさい。

1　森の中の空気はさわやかな（　　　）がする。

　　1　意味　　　　　　2　考え　　　　　　3　感じ　　　　　4　形

2　今年の売り上げは、前の年に比べて減少して、（　　　）5％となった。

　　1　プラス　　　　　2　ミス　　　　　　3　メニュー　　　4　マイナス

3　このレポートを書くのに（　　　）かかった。

　　1　来月　　　　　　2　今週　　　　　　3　半日　　　　　4　去年

4　小麦粉（こむぎこ）にバターとミルクを（　　　）、ケーキを作りました。

　　1　かくして　　　　2　まぜて　　　　　3　ゆでて　　　　4　むずんで

5　彼女のような（　　　）な人がうそをつくはずがない。

　　1　しょうじき　　　2　せいかく　　　　3　せいちょく　　4　りこう

6　新しいカメラを買おうかどうか（　　　）いる。

　　1　まよって　　　　2　いわって　　　　3　さがって　　　4　ねがって

7　商店街を（　　　）歩いていたとき、林さんに会った。

　　1　ばらばら　　　　2　ぶらぶら　　　　3　ぐらぐら　　　4　きらきら

8　親にうそをついたことを（　　　）した。

　　1　反対　　　　　　2　反論　　　　　　3　反省　　　　　4　反応

정답　**1**③　**2**④　**3**③　**4**②　**5**①　**6**①　**7**②　**8**③　　　　　　　해석 **별책** p.11

問題 3 （   ）に入れるのに最もよいものを、1・2・3・4から一つえらびなさい。

1 去年買ったズボンをはいてみたら、（   ）はけなかった。

   1　きつくて　　　　2　くわしくて　　　　3　かしこくて　　　4　こくて

2 子供が（   ）飛び出してきたので、急ブレーキーをかけた。

   1　常に　　　　　　2　突然　　　　　　　3　少々　　　　　4　徐々に

3 このガラスの花瓶はわれやすいので、十分気をつけて（   ）ください。

   1　あつかって　　2　おって　　　　　　3　たすかって　　　4　ひろって

4 留守番電話に、友達からの（   ）が入っていた。

   1　ポスター　　　2　プリント　　　　　3　メッセージ　　　4　スピーチ

5 夏は食べ物が腐りやすいから、（   ）に気をつけてください。

   1　季節　　　　　2　保存　　　　　　　3　本物　　　　　4　飲み物

6 あの成績のいい山田君が、（   ）大学に落ちるとは思わなかった。

   1　もっとも　　　2　しいんと　　　　　3　たまに　　　　4　まさか

7 問題を解決するために、みんなの（   ）を集めている。

   1　連絡　　　　　2　秘密　　　　　　　3　意見　　　　　4　解説

8 パーティーのために料理を作ったのに、人があまり来なくてたくさん（   ）しまった。

   1　のこって　　　2　ふえて　　　　　　3　あふれて　　　4　こぼれて

정답　**1**①　**2**②　**3**①　**4**③　**5**②　**6**④　**7**③　**8**①　　　　해석 별책 p.11

問題 3　（　　　）に入れるのに最もよいものを、1・2・3・4から一つえらびなさい。

1　フランス（　　　）のワインを二本買いました。
　1　作　　　　　　2　品　　　　　　3　産　　　　　　4　地

2　私の学生時代はとても（　　　）、毎日働かなければならなかった。
　1　さびしくて　　2　まずしくて　　3　たのしくて　　4　かなしくて

3　靴は脱いだらきちんと（　　　）おきなさい。
　1　しはらって　　2　そろえて　　　3　すませて　　　4　あつまって

4　正直な彼がうそをついて人を（　　　）はずがない。
　1　だます　　　　2　あやまる　　　3　たすける　　　4　つたえる

5　平日は学校に通いながら、週末は（　　　）をしています。
　1　データ　　　　2　バランス　　　3　バイト　　　　4　ボーナス

6　給料は少ないし、残業は多いし、私はこの会社に（　　　）がたくさんある。
　1　目標　　　　　2　期待　　　　　3　指示　　　　　4　不満

7　面接では質問に（　　　）と答えましょう。
　1　そろそろ　　　2　のろのろ　　　3　はきはき　　　4　まごまご

8　この食べ物は、冷蔵庫で（　　　）食べたほうがおいしいらしい。
　1　なおして　　　2　あたためて　　3　ふやして　　　4　ひやして

問題 3 （　　　）に入れるのに最もよいものを、1・2・3・4から一つえらびなさい。

1 勉強部屋は北（　　　）の部屋がいいという。
　　1　ぎみ　　　　　　2　むき　　　　　　3　ずき　　　　　　4　がち

2 人の性格は（　　　）には変わりません。
　　1　新鮮　　　　　　2　簡単　　　　　　3　残念　　　　　　4　重要

3 壊れた自転車を友達に（　　　）もらった。
　　1　なおして　　　　2　なおって　　　　3　なくして　　　　4　なくなって

4 （　　　）テーブルの上を片づけなさい。
　　1　さっき　　　　　2　たとえば　　　　3　ぐっすり　　　　4　さっさと

5 2に3を（　　　）と、5になります。
　　1　かける　　　　　2　たす　　　　　　3　ひく　　　　　　4　わる

6 姉は、薄いピンクの（　　　）を着て、出かけました。
　　1　ベルト　　　　　2　マスク　　　　　3　ブラウス　　　　4　スカート

7 試験に一度落ちたぐらいでそんなに（　　　）しないでください。
　　1　うっかり　　　　2　しっかり　　　　3　がっかり　　　　4　すっかり

8 この道は、両側に木が（　　　）あって、とても気持ちがいいです。
　　1　のこして　　　　2　うめて　　　　　3　かぞえて　　　　4　うえて

정답　**1**②　**2**②　**3**①　**4**④　**5**②　**6**③　**7**③　**8**④　　　　해석 **별책** p.11

問題 3　（　　　）に入れるのに最もよいものを、1・2・3・4から一つえらびなさい。

1　3,000円の買い物をして5,000円出しました。2,000円の（　　　）が戻ってきました。
　　1　おみまい　　　　2　おつり　　　　　3　おかわり　　　　4　おしゃれ

2　階段で（　　　）、足に怪我をした。
　　1　おもいついて　　2　ながれて　　　　3　ころんで　　　　4　やすんで

3　私は朝起きると、新聞を（　　　）見て、おもしろそうな記事だけ読みます。
　　1　ざっと　　　　　2　じょじょに　　　3　ぞくぞく　　　　4　きっぱり

4　新しい車を買うためにお金を（　　　）いる。
　　1　あげて　　　　　2　ためて　　　　　3　くわえて　　　　4　のせて

5　この計算はとても（　　　）で、かなり時間がかかります。
　　1　簡単　　　　　　2　安全　　　　　　3　複雑　　　　　　4　正常

6　田中さんと木村さんが結婚するという（　　　）はやはり本当だった。
　　1　わけ　　　　　　2　うわさ　　　　　3　くせ　　　　　　4　かたち

7　（　　　）を入れても機械（きかい）が動かない。
　　1　ショップ　　　　2　ストーリー　　　3　サイン　　　　　4　スイッチ

8　彼は、山のように（　　　）書類を次々に片づけていった。
　　1　うまれた　　　　2　つまれた　　　　3　つつまれた　　　4　はさまれた

問題 4 ＿＿＿に意味が最も近いものを、1・2・3・4から一つえらびなさい。

1　ケイタイが<u>故障して</u>、修理してもらった。
　　1　こわれて　　　　2　なおして　　　　3　うごいて　　　　4　くらべて

2　雑誌を買って<u>領収書</u>をもらいました。
　　1　チケット　　　　2　ポスター　　　　3　レシート　　　　4　テキスト

3　昨日、<u>たまたま</u>駅で高校の友達に会った。
　　1　続々（ぞくぞく）　　2　偶然（ぐうぜん）　　3　多少（たしょう）　　4　全然（ぜんぜん）

4　お正月休みが<u>明けたら</u>、また仕事が忙しくなる。
　　1　とれたら　　　　2　きまったら　　　　3　おわったら　　　　4　はじまったら

5　うちに帰って、食事の<u>用意</u>をする。
　　1　片づけ　　　　2　準備　　　　3　買い物　　　　4　用事

6　運動は毎日続けていくことが<u>もっとも</u>大切です。
　　1　べつに　　　　2　じょじょに　　　　3　ほとんど　　　　4　いちばん

7　人生には、楽しいことも<u>つらい</u>こともあります。
　　1　ただしい　　　　2　しつこい　　　　3　くるしい　　　　4　めずらしい

8　車のクラクションは、<u>危険な</u>ときだけ鳴らします。
　　1　かゆい　　　　2　あぶない　　　　3　ゆるい　　　　4　やわらかい

정답　**1** ①　**2** ③　**3** ②　**4** ③　**5** ②　**6** ④　**7** ③　**8** ②　　　　　해석 **별책** p.12

問題 4　＿＿＿に意味が最も近いものを、1・2・3・4から一つえらびなさい。

1 運転する時は交通規則を守りましょう。
　　1　スピード　　　　2　オーダー　　　　3　ルール　　　　4　アドバイス

2 市では、いらなくなった電気製品や家具などを回収して再利用する。
　　1　エネルギー　　　2　リサイクル　　　3　インスタント　　4　サンプル

3 景気が悪いので、たくさんの会社が倒産している。
　　1　つよまって　　　2　のびて　　　　　3　たすかって　　　4　つぶれて

4 トップを走っている選手が徐々にゴールに近づいている。
　　1　速いスピードで　2　少しずつ　　　　3　うれしそうに　　4　急に

5 上司は部下に報告書を書き直すように指示した。
　　1　命令　　　　　　2　質問　　　　　　3　説明　　　　　　4　反対

6 授業をサボっていたので、勉強の内容がわからない。
　　1　ゆずって　　　　2　おぼえて　　　　3　おしえて　　　　4　なまけて

7 お店の外で、店員さんがチラシを配っている。
　　1　もらって　　　　2　わけて　　　　　3　さがして　　　　4　わたして

8 最近、一人暮らしの年寄りが増えている。
　　1　老人　　　　　　2　夫婦　　　　　　3　若者　　　　　　4　子供

정답　1③　2②　3④　4②　5①　6④　7④　8①　　　　해석 **별책** p.12

問題 4　＿＿＿＿に意味が最も近いものを、1・2・3・4から一つえらびなさい。

1 お腹がすいていたので、ごはんをおかわりしました。
　　1　配達　　　　2　販売　　　　3　割引　　　　4　追加

2 車に荷物を載せて運ぶ。
　　1　ひろげて　　2　つんで　　　3　おろして　　4　さそって

3 パンにジャムをたっぷり塗って食べました。
　　1　多少　　　　2　ときどき　　3　たくさん　　4　ちっとも

4 わたしは車で通勤しています。
　　1　散歩に行って　2　遊びに行って　3　買い物に行って　4　仕事に行って

5 試合でいい成績を残すために、トレーニングを続ける。
　　1　仕事　　　　2　練習　　　　3　旅行　　　　4　行動

6 寝坊をして、いつもの電車に乗り遅れた。
　　1　乗ることができた　　　　　　2　間に合わなかった
　　3　逃げてしまった　　　　　　　4　間違えた

7 大雨で列車は多少遅れています。
　　1　すこし　　　2　すべて　　　3　かなり　　　4　いつも

8 彼女は、半年くらい前からダンスに夢中になっている。
　　1　笑い　　　　2　走り　　　　3　踊り　　　　4　泳ぎ

정답　1④　2②　3③　4④　5②　6②　7①　8③　　　　해석 별책 p.12

問題 4 ＿＿＿＿に意味が最も近いものを、1・2・3・4から一つえらびなさい。

1 卒業のとき、クラスを代表して木下君が今村先生にお礼の言葉を言った。
　　1　報告　　　　　　2　証明　　　　　　3　関心　　　　　　4　感謝

2 2回も試験に落ちて、自身をなくしてしまった。
　　1　うたがって　　2　なおして　　　　3　うしなって　　　4　かえして

3 今日の電車はめずらしくがらがらだった。
　　1　すいていた　　2　人がたくさんいた　3　こんでいた　　4　遅れてきた

4 コンサートのチケットは一週間前に売り切れた。
　　1　人形　　　　　　2　切手　　　　　　3　切符　　　　　　4　入場料

5 大学の学費は年々高くなり、払うのが大変です。
　　1　医療費　　　　　2　授業料　　　　　3　給料　　　　　　4　電車代

6 このスーツ、あなたにぴったりですね。
　　1　ちょっと大きいです　　　　　　　2　よく似合います
　　3　よく似ています　　　　　　　　　4　小さすぎます

7 子供の泣き声がやかましい。
　　1　ずうずうしい　　2　うるさい　　　　3　やむをえない　　4　はずかしい

8 食事を減らすよりスポーツをしてやせるほうがいいらしい。
　　1　背が伸びる　　　　　　　　　　　2　体重が増える
　　3　体が細くなる　　　　　　　　　　4　よく休む

정답　1 ④　2 ③　3 ①　4 ③　5 ②　6 ②　7 ②　8 ③　　　　　해석 **별책** p.13

問題 4 ＿＿＿に意味が最も近いものを、1・2・3・4から一つえらびなさい。

1 とつぜん近くで大きな音がして、びっくりした。

1 驚いた　　　2 笑った　　　3 走った　　　4 安心した

2 母への贈り物は、明日届けられるよう頼んでおきました。

1 バースデー　　2 プレゼント　　3 サンプル　　4 コミュニケーション

3 注文した服ができあがったので、取りに行きました。

1 完成した　　2 売り切れた　　3 遅れた　　4 着いた

4 昨日は何もしないで家でのんびりしていた。

1 はっきり　　2 ふらふら　　3 ゆっくり　　4 うろうろ

5 勉強もしないで、試験に合格するはずがない。

1 あがる　　2 うかる　　3 すべる　　4 おちる

6 吉田さんは本当にギターがうまい。

1 おいしい　　2 高い　　3 上手だ　　4 かっこいい

7 今年の夏は天気が非常によかった。

1 だいたい　　2 ほとんど　　3 ちょっと　　4 とても

8 7歳未満のお子さんの入場は無料になります。

1 かち　　2 たから　　3 まけ　　4 ただ

정답 **1** ①　**2** ②　**3** ①　**4** ③　**5** ②　**6** ③　**7** ④　**8** ④　　　해석 **별책** p.13

問題 4 ______に意味が最も近いものを、1・2・3・4から一つえらびなさい。

1 早く仕事を<u>済ませて</u>家に帰りたい。

1 かたづいて　　　2 やめて　　　　3 しらせて　　　4 おわらせて

2 昨日の地震は生まれて初めての<u>おそろしい</u>経験でした。

1 たのしい　　　2 こわい　　　　3 はずかしい　　　4 やさしい

3 私の<u>孫</u>は郵便局で働いています。

1 父の弟　　　　2 父の父　　　　3 娘のむすこ　　　4 姉のむすこ

4 子供はすくすくと<u>育った</u>。

1 成績がよくなった　　　　　　2 大きくなった
3 明るくなった　　　　　　　　4 忙しくなった

5 この駅は他の電車に乗り換えることができるので、<u>混雑している</u>。

1 人があまりいない　　　　　　2 とてもしずかだ
3 人がたくさんいる　　　　　　4 バスがたくさんある

6 大学で経済学を<u>まなんで</u>います。

1 勉強して　　　2 教えて　　　　3 書いて　　　　4 招いて

7 うちの子供は<u>落ち着きがない</u>ので、心配です。

1 そそっかしい　　2 かっこいい　　3 うらやましい　　4 うれしい

8 <u>いとこ</u>と公園で遊びました。

1 姉の子供　　　　2 学校の友達　　　3 となりの人　　　4 おじの息子

정답 **1** ④　**2** ②　**3** ③　**4** ②　**5** ③　**6** ①　**7** ①　**8** ④　　　해석 별책 p.13

問題 4 ＿＿＿に意味が最も近いものを、1・2・3・4から一つえらびなさい。

1 風邪を引いたら、なるべく早く寝るなど体を休めるようにしてください。
　　1　ぱったり　　　　2　できるだけ　　　3　けっして　　　4　ひさしぶりに

2 この時計はちょっと進んでいる。
　　1　時間が早い　　　2　デザインがいい　　3　値段が高い　　4　大きくて重い

3 会社にはたくさんのきまりがあります。
　　1　計画　　　　　　2　規則　　　　　　3　事務　　　　　4　説明

4 この町で生まれる子供が減っているという。
　　1　多くなって　　　2　少なくなって　　3　強くなって　　4　弱くなって

5 ここは信号がないので、道を横断するときは、気をつけましょう。
　　1　まがる　　　　　2　さがす　　　　　3　わたる　　　　4　はしる

6 準備は完了しました。いつでも出発できます。
　　1　知らせました　　2　送りました　　　3　買いました　　4　済みました

7 明日から新しい一年がスタートする。
　　1　おわる　　　　　2　つづく　　　　　3　はじまる　　　4　ならぶ

8 先週本を注文しましたが、まだ来ません。
　　1　オーダー　　　　2　カタログ　　　　3　オープン　　　4　テキスト

정답　1②　2①　3②　4②　5③　6④　7③　8①　　　　　　　　　해석 별책 p.13

問題 4 ______に意味が最も近いものを、1・2・3・4から一つえらびなさい。

1 散歩しているときに、突然雨が降り出した。
　1　つねに　　　　　2　急に　　　　　　3　もうすぐ　　　　4　だんだん

2 データの入力ミスがあり、計算をやりなおした。
　1　おわらせた　　　2　もう一度やった　3　やめてしまった　4　ほかの人に頼んだ

3 新しい言葉をたくさん暗記した。
　1　書いた　　　　　2　話した　　　　　3　覚えた　　　　　4　教えた

4 慣れない仕事でほんとうにくたびれてた。
　1　いそがしかった　2　こまった　　　　3　はずかしかった　4　つかれた

5 彼は高橋さんと仲がいい。
　1　くわしい　　　　2　したしい　　　　3　きびしい　　　　4　おとなしい

6 意外な事実が明らかになった。
　1　予想しなかった　　　　　　　　　　2　思ったとおりの
　3　みんな知っている　　　　　　　　　4　心配していた

7 机の上をざっと片づけて帰る。
　1　きれいにして　　2　終わらせて　　　3　つつんで　　　　4　書きなおして

8 彼の周辺には優秀な人材が多い。
　1　町　　　　　　　2　家　　　　　　　3　中心　　　　　　4　近く

정답 **1**② **2**② **3**③ **4**④ **5**② **6**① **7**① **8**④　　　　해석 별책 p.13

용법 실전 연습 ❶ [／ 5]

問題 5　つぎのことばの使い方として最もよいものを、1・2・3・4から一つえらびなさい。

1　自信

1　彼は働きながら、自信のやりたい勉強も続けている。
2　母親はみんなに有名大学に入った息子を自信している。
3　英語は、話すことなら自信があります。
4　健康は自信で守らなくてはいけない。

2　やぶる

1　みんなで決めたことだから、かならずやぶってください。
2　急な用事ができて、予約をやぶった。
3　みんな賛成したが、私はその提案にやぶった。
4　約束をやぶったので、謝らなければならない。

3　うっかり

1　走った後はそのまま5分ぐらいうっかり歩いてください。
2　うっかりして、切手をはらずに、ポストに入れてしまった。
3　ここのカレーはお肉がうっかり入っているので、人気がある。
4　楽しみにしていた旅行に行けなくなってうっかりした。

4　おとなしい

1　夜おそく暗い道を歩くのはおとなしいことです。
2　あの犬は、体は大きいけれどおとなしいから、怖がらないでね。
3　むかしいっしょに遊んだ友だちが、今でもおとなしい。
4　友だちとけんかをして、ついおとなしいことを言ってしまった。

5　プラン

1　コーチは毎日、選手にプランをさせる。
2　スポーツクラブのプランになった。
3　仕事で大きなプランをして上司に怒られた。
4　旅行のプランが決まったから正式に予約をした。

정답　1③　2④　3②　4②　5④　　　　해석 별책 p.14

問題 5　つぎのことばの使い方として最もよいものを、1・2・3・4から一つえらびなさい。

1　落ち着く

1　電車が東京におちついたらすぐ電話してください。
2　本屋にたくさんの雑誌がおちついている。
3　今回もまた試験におちついてしまった。
4　地震のときおちついて行動しましょう。

2　手段

1　インターネットや携帯電話はコミュニケーションの手段である。
2　短期間で日本語が上手になる手段はありませんか。
3　今度の旅行の手段はどこですか。
4　あなたがアメリカに留学する手段は何ですか。

3　重要

1　地球環境の問題は、ひじょうに重要する問題だ。
2　明日は午前から重要な会議がある。
3　毎日練習を続けたので、とても重要になりました。
4　肉と野菜は重要な大きさにきってください。

4　発明

1　新しい植物が発明された。
2　いなくなった犬が発明された。
3　金曜日までにレポートを発明してください。
4　コンピューターの発明は世界を変えた。

5　しみじみ

1　バスはしみじみスピードを上げた。
2　母からの手紙を読んで、親のありがたみをしみじみ思った。
3　明日から出張でしみじみ留守にします。
4　もう７時ですからしみじみ帰ろうと思います。

정답　**1**④　**2**①　**3**②　**4**④　**5**②　　　　　　　　　해석 **별책** p.14

問題 5　つぎのことばの使い方として最もよいものを、1・2・3・4から一つえらびなさい。

1　決まる
　1　店の人が駅の前でちらしを<u>決まって</u>いる。
　2　みんなで<u>決まった</u>ことだから、守らなければならない
　3　この学校の入学試験は数学で合格が<u>決まる</u>。
　4　もう遅刻はしないと心に<u>決まった</u>。

2　実現
　1　<u>実現</u>に会ってみなければ、どんな人かわからない。
　2　工業は豊かで、便利な生活を<u>実現</u>になる。
　3　<u>実現</u>から逃げてはいけない。
　4　自分の家を持つという夢が<u>実現</u>した。

3　かなり
　1　友達との約束を<u>かなり</u>忘れていた。
　2　走れば9時の電車に<u>かなり</u>間に合うだろう。
　3　風邪薬を飲んだら、<u>かなり</u>よくなった。
　4　もしこられない場合は、<u>かなり</u>連絡します。

4　きつい
　1　この仕事を一人でやるのはとても<u>きつい</u>。
　2　私は料理が<u>きつくて</u>、簡単な料理しか作れません。
　3　つまらない会議ばかりしていては、時間が<u>きつい</u>。
　4　この本、とても<u>きつかった</u>ので、一晩で全部読んでしまいました。

5　ユーモア
　1　英語の先生は、<u>ユーモア</u>があって、毎回宿題を出す。
　2　彼はまだ若いのに、本当にいい<u>ユーモア</u>をしている。
　3　彼は、<u>ユーモア</u>があって、いっしょにいるととても楽しい。
　4　昨日見た映画はとても<u>ユーモア</u>だった。

問題 5　つぎのことばの使い方として最もよいものを、1・2・3・4から一つえらびなさい。

1　くわしい
1　うちのクラスで一番パソコンにくわしいのは橋本さんだ。
2　電車の切符を買う場合には、くわしいお金を用意してください。
3　この村は米の生産がくわしいです。
4　彼には画家としてのくわしい才能がある。

2　せわ
1　お腹がすいていたので、ご飯をおせわした。
2　入学のおせわに、万年筆をあげた。
3　今度の仕事で、水野さんに大変おせわになった。
4　友達がけがをして入院したので、おせわに行った。

3　修理
1　作文の間違ったところを、先生に修理してもらった。
2　時計がこわれたので、修理に出した。
3　問題が多くて、計画を修理しなければならない。
4　自分のつくえの上をきれいに修理できない子供が多いという。

4　実は
1　彼はやさしそうにみえるが、実は親切な男だ。
2　理想と実は違うということを感じて、ようやく社会人となるという。
3　実はあなたにいいたいことがあります。
4　実は、このようなミスがないよう気をつけます 。

5　はかる
1　レモンの数をはかってみたら、12個あった。
2　引っ越した家から駅までの時間をはかってみた。
3　将来は東京の郊外に家を持ちたいとはかっています。
4　このコンビニでは電話代や電気代もはかることができる。

정답　1 ①　2 ③　3 ②　4 ③　5 ②　　　　　　　　　　　　　　해석 **별책** p.14

問題 5　つぎのことばの使い方として最もよいものを、1・2・3・4から一つえらびなさい。

1　不満
　　1　彼女は、彼が忙しくてなかなか会えないことを不満に思っているらしい。
　　2　体の調子が悪くて、病気ではないかと不満している。
　　3　最近忙しいので、ご飯を作るのが不満になった。
　　4　必要のないものを買って、お金を不満に使ってしまった。

2　正確
　　1　山田さんは時間に正確で、1分も遅れたことはない。
　　2　会議の正確する日時を教えてください。
　　3　木村さんはだれにでも正確ですから、人気があります。
　　4　ここは交通が正確だから、あまり人がこない。

3　こぼれる
　　1　コップが倒れて、中のコーヒーがこぼれてしまった。
　　2　床にだれかの財布がこぼれている。
　　3　今、パソコンがこぼれていて使えません。
　　4　川は町を南北にこぼれている

4　そっくり
　　1　もっとそっくり話していただけませんか。
　　2　うちの子供は夫にそっくりです。
　　3　私と父の誕生日はそっくりです。
　　4　このネクタイはあなたのシャツにそっくりですよ。

5　応援
　　1　今忙しいから、ちょっと応援してくださいませんか。
　　2　昨日は友達の宿題を応援した。
　　3　土曜日と日曜日は父の店を応援しています。
　　4　好きなチームを応援したが、負けてしまった。

정답　1①　2①　3①　4②　5④　　　　　　　　　　　해석 **별책** p.14

問題 5　つぎのことばの使い方として最もよいものを、1・2・3・4から一つえらびなさい。

1　なれる

1　通勤の電車は大変込むのでなれる。
2　地震で家がはげしくなれた。
3　ドライヤーでなれた髪を乾かした。
4　新しい環境にだんだんなれてきた。

2　未来

1　台風で、未来の遠足はキャンセルとなりました。
2　私は未来、小学校の先生になりたいと思っています。
3　社長の未来の都合を教えてください。
4　子供たちの未来のために、環境を大切にしていきましょう。

3　最中

1　パンを最中に切って、二人で分けた。
2　今朝、学校に行く最中で財布をひろった。
3　勉強している最中に電話がかかってきた。
4　部屋の最中に小さいテーブルがあります。

4　なだらか

1　なだらかな坂道を登ったところにお寺があります。
2　新しい仕事はなだらかにいっていますか。
3　外はなだらかな風が吹いています。
4　祖父はなだらかした性格なので、怒ったりしません。

5　はっきり

1　晴れているので富士山がはっきり見える。
2　子供がはっきり眠っている。
3　この書類は明日はっきり出してください。
4　最後まではっきりあきらめてはならない。

정답　1④　2④　3③　4①　5①　　　　　　　　　　해석 **별책** p.15

問題 5　つぎのことばの使い方として最もよいものを、1・2・3・4から一つえらびなさい。

1　範囲
1　セールの範囲は、来週の月曜日から水曜日までです。
2　試験の範囲は、２５ページから５０ページまでです。
3　今度引っ越すアパートは、範囲に色々な店があって便利だ。
4　明日の午後３時に、この範囲で会いましょう。

2　熱心
1　寒い季節になると熱心なスープがほしくなる。
2　母の病気が心配で、勉強に熱心できない。
3　教授は、学生一人一人の発表を熱心して聞いていた。
4　数学の先生はとても熱心に教えてくれます。

3　ふくむ
1　あの日のことは、はっきりふくんでいます。
2　この果物はたくさんのビタミンＣをふくんでいる。
3　バナナの皮をふくんで、すべってしまいました。
4　田中さんに会議の時間をふくみました。

4　やけど
1　階段から落ちて、やけどをしてしまった。
2　火事で家がやけどしてしまった。
3　運転ミスで、車にやけどをつけてしまった。
4　お湯をこぼしてしまい、やけどをした。

5　ぶつぶつ
1　試験が近づいて、ぶつぶつ不安になってきた。
2　今日は暇だったので、商店街をぶつぶつ歩いてみた。
3　彼女は、小さい声でぶつぶつ言いながら仕事をしている。
4　いきなり先生に質問されて、ぶつぶつしてしまった。

問題5 つぎのことばの使い方として最もよいものを、1・2・3・4から一つえらびなさい。

1 思い出
1 この写真は私には大切な思い出です。
2 父と母は思い出が違うので、よくけんかをする。
3 来週、友達と映画に行く思い出です。
4 家族でハワイへ旅行して、いい思い出をした。

2 まかせる
1 たばこと酒をまかせるように医者に言われた。
2 パソコンのことなら彼にまかせておけばいいよ。
3 合格したことを早く母にまかせたい。
4 うちは次の信号を左にまかせてすぐの家です。

3 はで
1 この町は自動車工業がはでだ。
2 経済が発展すると、人々の生活もはでになる。
3 山のはでな空気を胸いっぱい吸い込んだ。
4 彼女ははでな服を着ているので目立つ。

4 平行
1 新しい種類の動物が平行された。
2 川と平行して道路が走っている。
3 駅の周辺には、いろいろな店が平行している。
4 会社に行くときは、電車を平行する。

5 ぺらぺら
1 お母さんはぺらぺらしながら子供を見ている。
2 先生の質問にぺらぺらと答えた。
3 彼女はぺらぺら文句を言う。
4 内田さんは英語がぺらぺら話せる。

N3

1교시

문법

問題 1 문법 형식 판단
問題 2 문장 완성
問題 3 문맥 이해

문법 완전 정복을 위한 꿀팁!

N3 레벨뿐 아니라 기초 레벨까지 다양한 수준의 문제를 통해 문법 실력을 확인합니다. 따라서 고난도의 선택지가 문제의 답이라고 단정하는 것은 금물입니다.

●問題 1 문법 형식 판단

반드시 문장 전체를 읽어 보고 답을 골라야 합니다. 선택지 앞뒤의 요소만으로 판단하여 답을 고르면 함정에 빠지기 쉽습니다.

●問題 2 문장 완성

제일 먼저 문법 포인트(기능어)를 찾아낸 후 앞뒤에 다른 요소를 배치해 나가는 것이 기본입니다.

●問題 3 문맥 이해

こ・そ・あ・ど와 같은 지시어가 가리키는 내용에 주목합니다. 또한, 각 문장을 마무리하는 부분의 표현 형식을 주의 깊게 살펴야 합니다.

PART 1

워밍업

1. 비법 전수
2. 비법 문법

비법 전수

問題 1 문법 형식 판단

● ● 유형 분석

問題 1은 '문법 형식 판단' 문제로, 빈칸에 들어갈 알맞은 문법 기능어를 1~4의 보기 중에서 고르는 문제이다. 총 13문항이 출제된다.

● ● 풀이 비법

N3 문법은 초급 후반의 문법, 즉 수동문, 사역문, 조건 표현, 추량 표현, 경어 등이 중심이 되므로 이에 대한 접속 방법과 용법 등을 확실히 익혀 두어야 한다. 또한 중급 초반에 학습하는 표현과 기능어들도 예문과 함께 의미와 용법을 확실히 내것으로 만들어 두도록 한다.

예시 문제

問題1　つぎの文の（　　）に入れるのに最もよいものを、1・2・3・4か
　　　　ら一つえらびなさい。

1　父が短気なの（　　　）、母の方は気が長い。
　　1　において　　　2　に対して　　　3　について　　　4　によって

2　A　「時間ありますか。」
　　B　「ええ、1時間（　　　）ありますよ。」
　　1　ごろなら　　　2　ごろでも　　　3　ぐらいでも　　　4　ぐらいなら

| 해석 | 1 아버지가 성격이 급한 데 대해 어머니는 느긋하다.
2 A : 시간 있습니까?
　 B : 네, 1시간 정도라면 있습니다.

問題 2 문장 완성

●● 유형 분석

問題 2는 '문장 완성' 문제로, 통어적으로 옳고 의미가 통하는 문장을 만들 수 있는지를 묻는다. 보기에 주어진 네 개의 표현을 문맥에 맞게 순서대로 나열해 전체 문장을 완성하고, ★표시가 붙어 있는 빈칸에 들어갈 말을 골라 정답시트에 체크하면 된다. 총 5문항이 출제된다.

●● 풀이 비법

이 문제는 문법 지식은 물론, 독해력과 작문 능력을 종합적으로 발휘해야 하는 문제이다. 각 기능어의 접속 방법을 잘 기억해 두었다가 기능어 앞뒤에 오는 표현을 고르는 데 활용하면 문장을 완성하는 시간과 고민을 덜 수 있다.

예시 문제

問題2　つぎの文の＿★＿に入る最もよいものを、１・２・３・４から一つえらびなさい。

3　先週 ＿＿＿ ＿＿＿ ＿★＿ ＿＿＿ から、行ってみませんか。

1　ばかりの　　　2　レストランが　　　3　オープンした　　　4　ある

4　A　「田中さんはダンスが上手ですよね。」
　　B　「そうですね。どうやったら ＿＿＿ ＿＿＿ ＿★＿ ＿＿＿ 不思議に思います。」

1　できるのか　　　2　動きが　　　3　とても　　　4　あんな

| 解석 | 3 지난주에 막 오픈한 레스토랑이 있으니까 가볼래요?

　↘　オープンした　ばかりの　レストランが　ある
　　　　　　　　　　　　　　　★

4　A : 다나카 씨는 춤을 잘추는군요.
　B : 그러게요, 어떻게 하면 저런 동작이 가능한지 아주 신기해요.
　↘　あんな　動きが　できるのか　とても
　　　　　　　　　　　★

● ● 유형 분석

問題 3은 '문맥 이해' 문제로, 글의 흐름에 맞는 문장인지 판단할 수 있는지를 묻는다. 즉 글의 내용과 흐름에 맞는 단어를 빈칸에 넣는 문제로, 5문항이 출제된다.

● ● 풀이 비법

問題 1에서 간단한 기능어 고르기 문제를 풀고 問題2에서 간단한 독해력을 요구하는 문제를 풀었다면, 問題3에서는 조금은 길어진 문법 중심의 독해 문제를 푸는 것과 같다고 보면 된다. 빈칸에는 접속사나 지시어, 그리고 그 지시어가 가리키는 내용 등을 묻는 경우가 많다. 평소 일본어 문장을 읽을 때 문장 사이를 이어주는 접속사의 역할과 지시어가 가리키는 내용이 무엇인지 등을 생각하면서 글을 읽는 연습을 하도록 하자.

예시 문제

問題3　つぎの文章を読んで文章全体の内容を考えて、　5　から　9　の中に入る最もよいものを、　1・2・3・4から一つえらびなさい。

富士山の思い出

ヒエン

　今年の夏休みに、初めて富士山に登りました。富士山は日本でいちばん高い山で、3776メートルもあります。　5　はわたしの国にはありません。それで、留学したら、ぜひ登ってみたいと思っていました。
　富士山の途中までバスで行って、夜10時ごろから登り始めました。山の上で朝日を見るために夜中も歩かなければなりませんでした。登山の途中で、　6　と思いました。なぜかというと、夏でも富士山の上のほうは本当に寒かったし、予想よりも山の道を歩くのは大変で、足も痛かったからです。　7　、山の上に着いて朝日を見たら、それまでの疲れが消えてしまいました。突然、目の前に広がる雲の間から朝日が　8　。今まで見た中でいちばん美しい朝日でした。一生忘れないだろうと思います。とてもすばらしい　9　。

5

1 このいちばん高い富士山　　　2 こんな富士山

3 こんなに高い山　　　4 このいちばん高い山

6

1 いつか行こう　　　2 とうとう来なかった

3 やっと帰った　　　4 もう帰りたい

7

1 そのうえ　　　2 しかし　　　3 実は　　　4 それに

8

1 現れたのです　　　2 現れるはずです

3 現れたのでしょう　　　4 現れるはずでした

9

1 思い出を作りたいです　　　2 思い出もあります

3 思い出になりました　　　4 思い出がほしいです

| 해석 | 후지산의 추억

올 여름 방학에 처음 후지산에 올라갔습니다. 후지산은 일본에서 가장 높은 산으로, 3,776미터나 됩니다. **5** 이렇게 높은 산은 나의 고향에는 없습니다. 그래서 유학하면 꼭 올라가 보고 싶다고 생각했습니다.

후지산 도중까지 버스로 가서, 밤 10시쯤부터 오르기 시작했습니다. 산 위에서 아침 해를 보기 위해 한밤 중에도 걷지 않으면 안 되었습니다. 등산 도중에 **6** 이제 돌아가고 싶다고 생각했습니다. 왜냐하면 여름이라도 후지산 위는 정말로 추웠고, 예상보다도 산길을 걷는 것은 큰일이고 다리도 아팠기 때문입니다. **7** 그러나 산 위에 도착해서 아침 해를 보니 그때까지의 피곤이 사라져 버렸습니다. 갑자기 눈앞에 펼쳐진 구름 사이에서 아침 해가 **8** 나타난 것입니다. 지금까지 본 중에서 가장 아름다운 아침 해였습니다. 평생 잊을 수 없을 것 같습니다. 아주 멋진 **9** 추억이 되었습니다.

● 問題 1 문법 형식 판단

2010년

□ 〜って(＝と) ~라고　　　　　　□ いつのまにか 어느새

□ 〜ように ~하도록　　　　　　□ ござる 있다 〈ある의 정중〉

□ 〜ようになる ~하게 되다 〈변화〉　　□ 〜すぎる 지나치게 ~하다

□ 〜ばいい ~하면 된다　　　　　□ 〜ために ~때문에 〈원인〉

□ とうとう 드디어　　　　　　　□ 〜ないうちに ~하기 전에

□ 〜ように ~하도록　　　　　　□ 〜だろうけど ~하겠지만

□ 〜てほしい ~했으면 좋겠다　　　□ 〜たびに ~할 때마다

□ 〜ことになっている ~하기로 되어 있다　□ あいだ ~하는 동안

□ 〜にする ~으로 하다 〈결정〉　　□ 〜かどうか/〜について ~인지 어떤지 / ~에 대하여

□ 〜させないでください ~하게 하지 마세요　□ いまにも〜そうだ 금세라도 ~할 것 같다

□ お〜いたす ~하다 〈겸손〉　　　□ 〜あいだ ~하는 동안

□ 〜はずがない ~할 리가 없다　　□ 〜てあげる ~해 주다

□ 〜させるつもりだ ~시킬 작정이다

- □ ～ように ～하도록
- □ いつか 언젠가
- □ ～たらどうでしょう ～하면 어떨까요?
- □ ～そうだ ～할 것 같다
- □ ～なら ～라면
- □ ～な ～하지 마
- □ お目にかかる 만나뵙다〈会う의 겸손〉
- □ ～って(＝というのは) ～은, ～라는 것은
- □ うかがう 찾아뵙다〈겸손〉
- □ ～ようなら ～할 것 같으면
- □ ～など ～등〈나열〉
- □ ～させてください ～하게 해 주세요
- □ ～だけでよければ ～만으로 좋다면

- □ ～のことで ～에 관한 일로
- □ ～ほしがる ～을 원하다
- □ ～までには ～까지는
- □ ～形をしている ～모습을 하다
- □ ～たところだ 막 ～한 참이다
- □ ～ような ～와 같은
- □ ～そうもない ～할 것 같지도 않다
- □ ～なんか ～같은 것
- □ ～だけで ～만으로
- □ ～として ～로서
- □ ～にくらべて ～과 비교해서
- □ さしあげる 드리다〈あげる의 겸손〉
- □ ～ようになる ～하게 되다

- □ ～にとって ～에게 있어서
- □ こんなに 이렇게
- □ ～られる ～할 수 있다〈가능〉
- □ ～するところだ ～하려는 참이다
- □ どうしたらいいのか 어떻게 하면 좋을지

- □ ～だろうと思う ～할 것이라 생각하다
- □ ～ば～ほど ～하면 할수록
- □ ～たり～たり ～하기도 하고 ～하기도 하고
- □ たしかに 분명히, 확실하게
- □ ～だけ ～뿐

□ ご覧になる　보시다〈見るの尊敬〉　　□ ～ためにも　～하기 위해서도

□ ～かもしれない　～할 지도 모른다　　□ ～でも　～라도〈예시〉

□ ～としても　～라고 할지라도　　□ AにBにC　A에 B에 C〈첨가, 나열〉

□ ～なくて　～하지 않아서〈원인〉　　□ ～にまで　～에까지

□ ～前に　～하기 전에　　□ ～を中心に　～을 중심으로

□ まだ～ている　아직 ～하고 있다　　□ ～てほしい　～했으면 좋겠다

□ ～ていただく　～해 받다〈～てもらうの 겸손〉　　□ ～たばかりだ　막 ～한 참이다

□ ～てもらえませんか　～해 주시겠습니까?　　□ ～はずだ　(틀림없이) ～할 것이다

2013년

□ ～という　～라는〈인용, 설명〉　　□ ～と比べて　～과 비교해서

□ ～のだから　～한 것이니까　　□ ～がる　～해하다

□ 近くに　근처에, 가까이에　　□ ～には　～하려면〈목적〉

□ ～てもいいんじゃない　～해도 좋지않을까?　　□ 必ず　반드시

□ ～にとって　～에게 있어서　　□ ～(さ)せてあげる　～하게 해 주다

□ うかがう　여쭙다〈겸손〉　　□ ～にくい　～하기 어렵다

□ ～てくる　～해 오다〈이동의 방향〉　　□ ～への　～로의

□ ～たら　～했더니〈발견〉　　□ あんなに～のに　그렇게나 ～데도

□ ～させていただけませんか　～하게해주실수없겠습니까?　　□ ～なくなってから　～하지 않게 되고 나서

□ ～てもおかしくない　～해도 이상하지 않다　　□ ～を　～을, ～를

□ あの　저　　□ ～たら　～하면〈조건〉

□ ～ないといけない ～하지 않으면 안 된다　　□ どこからでも 어디서든

□ ～ないうちに ～하기 전에　　□ ～すぎる 너무 ～하다

□ ～によって ～에 따라서 〈차이, 구별〉　　□ ～たりする ～하기도 한다

□ ～らしい ～답다　　□ ～でございます ～입니다 〈です의 정중〉

□ ～ためなら ～을 위해서라면　　□ ～される 억지로 ～하게 되다〈사역수동의 축약〉

□ ～ないように ～하지 않도록　　□ ～に比べて ～과 비교해서

□ ああ 저렇게　　□ ～んじゃなくて ～한 것이 아니라

□ ～てほしい ～해 주었으면 좋겠다　　□ ～でも何でも ～이든 무엇이든

□ ～すぎる 너무 ～하다　　□ もちろん 물론

□ ～ろ ～해 〈명령〉　　□ もう～ない 이미 ～하지 않는다

□ ご～いたす ～합니다 〈겸손〉　　□ ～ぐらい ～정도

□ ～でなくてもよければ ～아니라도 좋다면　　□ ～をしている ～를 하고 있다 〈상태〉

□ ～たばかりだ 막 ～한 참이다　　□ 次第に 점차, 점점

□ ご存じだ 아시다, 알고 계시다 〈知る의 존경〉　　□ ～ずつしかない ～씩밖에 없다

□ ～か ～할지　　□ ～てあげる ～해 주다

□ ～には ～에게는
□ ～により ～에 의해서 〈원인〉
□ ～(よ)うとする ～하려고 하다
□ ～(さ)せてください ～하게 해 주세요
□ ～になら ～에게라면
□ ～のか ～인 것인지
□ ～たまま ～한 채
□ ～って(＝という) ～라는
□ ～せいで ～탓에
□ ～はじめる ～하기 시작하다
□ ～ないように ～하지 않도록
□ ～になるまで ～가 될 때까지
□ ～つもりだ ～할 작정이다
□ ついに 끝내, 마침내
□ ～うちに ～하는 사이에
□ ～てくれ ～해 줘
□ ～いらっしゃる ～계시다 〈いる의 존경〉
□ ～ように ～하도록
□ ～たこともある ～한 적도 있다
□ ～ほかに ～외에
□ どれだけ～か 얼마나 ～한지
□ ～のだったら ～하는 것이라면
□ ～ござる ～있다 〈ある의 정중〉
□ ～ぐらい/～しか～ない ～정도 / ～밖에 ～않는다
□ 誰^{だれ}からも 누구로부터든
□ ～てしまう/そうだ ～해 버리다 / ～할 것 같다 〈양태〉

□ ～てほしい ～했으면 좋겠다
□ 少^{すこ}しも～ない 조금도 ～않는다
□ ～なおす 다시 ～하다
□ おっしゃる 말씀하시다 〈言^いう의 존경〉
□ ～しか ～밖에
□ ～ば ～하면
□ ～てくれる ～해 주다
□ ～としたら ～한다고 하면
□ ～だけだ ～뿐이다
□ お～ください ～해 주십시오 〈존경〉

□ ～ことになっている ～하기로 되어 있다　　□ ～たくても ～하고 싶어도

□ ～してもよさそうだ ～해도 될 것 같다 〈양태〉　　□ ～に対して ～에 대해서, ～를 상대로

□ そう 그렇게　　□ ～ても不思議ではない ～해도 이상하지 않다

□ ～(さ)せていただきます ～하겠습니다 〈겸손〉　　□ ～ことができる ～할 수 있다

□ ～やすい ～하기 쉽다　　□ ～として ～로서

□ どうしても～たい 무슨 일이 있어도 ～하고 싶다　　□ ～れる/られる ～하게 되다 〈수동〉

□ 申す 말하다 〈言う의 겸손〉　　□ ～ないと ～하지 않으면

□ ～ておく ～해 두다　　□ ～ましょうか ～할까요?

□ ～ばかり ～뿐　　□ ～に従って ～에 따라

□ ～たがる ～하고 싶어 하다　　□ ～そうにない ～할 것 같지 않다

□ ～だけでも ～만이라도　　□ ～てから ～하고 나서

□ ～てしまいたい ～해 버리고 싶다　　□ ようやく 마침내

□ ～てしまう ～해 버리다　　□ なんて～だろう 얼마나 ～란 말인가

□ ～ため ～때문에　　□ あと+시간 표현 앞으로

□ ～てみる ～해 보다　　□ いただく 받다 〈겸손〉

□ ～でいらっしゃいます ～입니다 〈겸손〉　　□ ～しか～ない ～밖에 ～않는다

● 問題2 문장 완성

2010년

□ ～ても ～해도 〈역접〉

□ ～だろうと思う ～할 것이라 생각하다

□ ～というような ～라는 것 같은

□ ～ことで ～것 때문에 〈원인〉

□ ～など ～등 〈나열〉

□ いらっしゃる 계시다 〈いる의 존경〉

□ ～たばかりだ 막 ～한 참이다

□ ～てもらう ～해 받다(상대로부터 받다)

□ ～と比べて ～과 비교해서

□ ～だって ～라도 〈でも의 회화체〉

2011년

□ ちっとも～ない 조금도 ～않는다

□ どんなに～ことか 얼마나 ～한 일인지

□ やらせてやる 시켜 주다

□ ～によって ～에 의해서 〈수동의 동작의 주체〉

□ ～という ～라는 〈인용, 설명〉

□ ～によって ～에 따라서 〈차이, 구별〉

□ ～にする ～로 하다 〈선택〉

□ ～ほど～ない ～만큼 ～않는다

□ ～ないうちに ～하기 전에

□ ～おかげだ ～덕분이다

2012년

□ 多分 아마

□ ～するまで ～할 때까지

□ ～方がいい ～하는 편이 좋다

□ ～について/～(さ)せられる ～에 대하여 / 하게 된다

□ ～だけでなく ～뿐만 아니라

□ ～の一つに ～중의 하나로

□ 言われると 말을 들으면 〈수동〉

□ ～聞いたことがある ～한 적이 있다

□ ～そうだ ～할 것 같다 〈양태〉

□ ～まで ～까지

- [ ] お〜になる ~하시다 〈존경〉
- [ ] 〜ないように ~하지 않도록
- [ ] 〜という ~라는
- [ ] 最も 가장, 제일
- [ ] ようやく 마침내
- [ ] 〜だけは ~만은
- [ ] 〜ほど〜ない ~만큼 ~않는다
- [ ] 〜そうだ ~해보인다,~할것같다 〈양태〉
- [ ] 〜よりも ~보다도
- [ ] 〜られる ~할 수 있다 〈가능〉

- [ ] 〜てやる ~해 주다
- [ ] 〜たまま ~한 채
- [ ] 〜するところだ ~하려는 참이다
- [ ] 〜なくてはいけない ~하지않으면 안된다
- [ ] 〜たら ~했더니 〈발견〉
- [ ] 〜かもしれない ~일지도 모른다
- [ ] 〜てもおかしくない ~해도 이상하지 않다
- [ ] 〜で ~중에서 〈범위의 한정〉
- [ ] 〜と ~하면
- [ ] 音がする 소리가 나다

- [ ] 〜のに ~인데도
- [ ] 〜ことから ~것으로부터
- [ ] 〜の 연체수식절의 の
- [ ] 〜そうだ ~라고 한다 〈전문〉
- [ ] 〜ぴったり ~꼭, 딱(꼭 들어맞거나 잘 어울림)
- [ ] あまりに 너무나
- [ ] だれも〜ない 아무도 ~않는다
- [ ] 〜てもおかしくない ~해도 이상하지 않다
- [ ] 〜ながら ~하면서
- [ ] どうしてかというと〜からだ 어째서인가 하면~때문이다

□ ～で ～이 함께 〈범위의 한정〉	□ ～のを ～것을
□ これまでに 지금까지	□ ～にしかできない ～만이 할 수 있다
□ ～かもしれない ～할지도 모른다	□ ～ほど～ない ～만큼 ～하지 않는다
□ ～でも/なかなか～ない ～라도 / 좀처럼 ～않는다	

□ ～のを ～것을	□ ～にしかできない ～만이 할 수 있다
□ ～までで ～까지면, ～까지라도	□ ～てほしい ～해 주었으면 한다
□ どうしても ～できない 아무리 해도 ～할 수 없다	□ ～てくれない ～해 주지 않는다
□ ～には ～에게는	□ さらに 게다가, 더욱이
□ ～というわけだ ～인 것이다	□ それには 그렇게 하기 위해서는

● 問題3 문맥 이해

□ ところが～のだ 그렇지만 ～것이다	□ ～と言っている ～라고 말하고 있다
□ ～かもしれない ～할지도 모른다	□ ～のだ ～인 것이다
□ つまり 즉, 결국	□ この 이
□ ですから 그러므로	□ ～というのは ～라는 것은
□ ～なら ～라면	□ ～ようにする ～하도록 하다

- □ ～てくる ～하기 시작하다
- □ こういう 이러한
- □ ～なるのでしょうか ～인 걸까요?
- □ ～からだ ～때문이다
- □ ～ことができる ～할 수 있다
- □ それから 그리고
- □ なぜなのか 왜 그런지
- □ そこで 그래서
- □ 同じ～ 같은～
- □ ～のだと思う ～한 것이라고 생각한다

- □ それとも 그렇지 않으면
- □ 気がつく 알아차리다, 깨닫다
- □ 知りました 알았습니다
- □ 思った 생각했다
- □ しかし 그러나
- □ ～と言われる ～라는 말을 듣다
- □ その～ 그～
- □ それ 그것
- □ ～のだそうだ ～인 것이라고 한다
- □ ～ができる ～을 할 수 있다

- □ ～てくださる ～해 주시다
- □ ～ようになる ～하게 되다
- □ ～てあげたい ～해 주고 싶다
- □ こんなに 이렇게나
- □ ～ようにする/～つもりだ ～하도록 하다 / ～할 작정이다
- □ ところが 그렇지만
- □ そういう 그러한
- □ お世話になりました 신세 많이 졌습니다
- □ でも 그렇지만 〈접속사〉
- □ ～てくださいませんか ～해 주시지 않겠습니까?

□ 〜でした ~이었습니다
□ そういう 그러한
□ 〜ている ~하고 있다
□ 〜てくれる ~해 주다
□ 〜みたいだ ~한 것 같다
□ ところが 그렇지만
□ 〜てくれる ~해 주다
□ それ 그것
□ すると 그러자, 그랬더니
□ 〜ようと思っている ~하려고 생각하고 있다

□ 〜ている ~하고 있다
□ 〜のだ ~인 것이다
□ ところが 그렇지만
□ 〜ようにする ~하도록 하다
□ そのころ 그 무렵
□ 〜てしまう/〜のだ ~해 버리다 / ~한 것이다
□ 〜も ~도
□ 気がする 느낌이 들다

□ こんなこと 이런 것
□ すると 그러자, 그랬더니
□ 言いました 말했습니다
□ 〜の方が ~쪽이
□ 〜ようになる ~하게 되다
□ けれども 그렇지만
□ 〜てしまう ~해 버리다
□ 広がって 넓어져서
□ 〜かもしれない ~할지도 모른다
□ 〜ようになる ~하게 되다

□ 〜かどうか 〜인지 어떤지

□ 〜たことがない 〜한 적이 없다

□ 〜(さ)せる 〜시키다, 〜하게 하다

□ それでも 그렇지만

□ 思^{おも}っていたからです 생각하고 있었기 때문입니다

□ 行^いってみることにしました 가 보기로 했습니다

□ 〜でも 〜라도 〈예시〉

● 명사에 붙는 N3 문형 20

지금부터 소개하는 20개의 문형들은 모두 명사 뒤에 붙는 것들이다. 이 문형들 앞에는 반드시 명사가 온다. 따라서 올바른 문장 배열을 묻는 문제2 유형(문장 완성)에서 이 표현들이 보이면 우선 명사를 찾아 그 뒤에 이 표현들을 배열시키도록 한다.

POINT 1　～から…にかけて　～로부터 …에 걸쳐서　시간 · 장소

용법　시간 · 장소 등을 나타내는 명사에 붙어 '시간이나 장소'를 나타낸다. 단, 이때의 시간과 장소는 특정한 것이 아니라 막연한 시간이나 장소를 가리킨다.

비슷한 표현　～から…まで（~부터 …까지）

접속　명사　から　명사　にかけて

A：日本は台風が多いそうですね。

B：はい、そうなんですよ。夏から秋にかけて、いくつもの台風が日本に来るんです。

A : 일본은 태풍이 많다는군요.

B : 네, 그렇습니다. 여름부터 가을에 걸쳐 몇 종의 태풍이 일본에 옵니다.

POINT 2　～こそ　～야말로　강조

용법　'~야말로'라는 뜻으로 강조할 때 쓴다.

접속　명사　こそ

A：この間は、すみませんでした。

B：いいえ、あやまるのは私のほうです。こちらこそ、申し訳ありませんでした。

A : 지난번에는 죄송했습니다.

B : 아니에요. 사과해야 하는 것은 저입니다. 저야말로 죄송했습니다.

A：今年こそ、彼女をみつけるぞ。

B：去年もそう言ってなかったっけ。

A : 올해야말로 여자 친구를 찾겠어.

B : 작년에도 그렇게 말하지 않았던가?

용법 '~투성이'라는 뜻으로 좋지 않은 일이나 사물이 많이 있음을 나타낸다.

비슷한 표현　〜ばかり / 〜ばっか (~뿐, ~만)

접속　명사　だらけ

A：　どうしたの、その手。傷だらけじゃん。

B：　うん、ちょっと……。ネコを洗ってやろうとしたら……。

A : 그 손, 왜 그래? 상처투성이잖아.

B : 응, 조금……. 고양이를 씻겨 주려다가…….

A：　汚い部屋ね。ゴミだらけ……。

B：　ああ……。ちょっと忙しくてね。1週間、ゴミを捨ててないんだよ。

A : 방이 더럽네. 쓰레기투성이야…….

B : 아……. 좀 바빠서 말이지. 일주일 동안 쓰레기를 못 버렸어.

용법 어떤 말을 듣고 바로 연상되는 것에 대해서 말할 때 쓴다.

비슷한 표현　〜っていうと / 〜っていえば / 〜っていったら (~라고 하면)

접속　명사　というと / 명사　といえば / 명사　といったら

A：　来週、ニューヨークに出張するんだよ。

B：　うらやましいな。ニューヨークといえば、ミュージカルだよね。

A : 다음 주에 뉴욕에 출장 가.

B : 부럽다. 뉴욕하면 뮤지컬이지.

男：　「美しい山」といえば、富士山にきまってるよな。

女：　そうかな……。「美しい山」といったら、モンブランじゃないの？

남 : '아름다운 산' 하면 당연히 후지산이지.

여 : 그런가……. '아름다운 산' 하면 몽블랑 아냐?

용법　입장이나 자격에 대해서 말할 때 쓴다.

접속　[명사] として

A：今度の社長は、山田さんだって。

B：へえ、山田さんは経済学者として、たくさん本を
　　書いている人だよね。

A : 이번 사장은 야마다 씨래.

B : 허, 야마다 씨는 경제학자로서 책을
　　많이 쓰는 사람이지?

A：すみません。試合に負けてしまって。

B：いいや、君はリーダーとしてよく頑張ったよ。

A : 죄송합니다. 시합에 져서.

B : 아니야, 너는 리더로서 열심히 했어.

용법　강조할 때 쓴다.

접속　[명사] に限って

A：鈴木さん、首になるらしいよ。

B：えー。あんなにがんばって働いている鈴木さんに
　　限って、首になることなんてないでしょう。

A : 스즈키 씨, 해고될 것 같아.

B : 네? 그렇게 열심히 일하는 스즈키 씨
　　만은 해고되는 일 같은 건 없겠지요.

先生：これから、復習テストをします。

学生：いやだ〜。勉強しなかったときに限って、テスト
　　　があるんだから。

선생님 : 지금부터 복습 테스트를 하겠
　　　　습니다.

학　생 : 안 돼요〜. 공부 안 했을 때만
　　　　시험이 있다니까.

용법　대리, 대용, 상황이 바뀌는 것 등을 나타낼 때 쓴다.

접속　명사　にかわって / 명사　にかわり

A：　この電車、運転手がいないんだよ。

B：　人間にかわって、コンピュータが電車を動かしているんだね。

A : 이 전철, 기관사가 없어.

B : 사람을 대신해서 컴퓨터가 전철을 움직이고 있는 거군.

A：　社長が出張なさっているそうですが、明日の会議はどうなるんでしょう。

B：　ああ、社長にかわり、副社長が出席なさるそうですよ。

A : 사장님이 출장 중이시라던데, 내일 회의는 어떻게 되는 거죠?

B : 아, 사장님 대신 부사장님이 참석하신대요.

용법　'〜에 관계가 있는'이라는 뜻으로, 이야기하거나 생각하는 것에 대해 말할 때 쓴다.

비슷한 표현　〜について(〜에 관해서)

접속　명사　に関して / 명사　に関する

A：　日本に留学して、どんなことがしたいですか。

B：　そうですね……。言葉だけでなく、文化に関しても学びたいと思っています。

A : 일본에 유학 가서 어떤 일을 하고 싶습니까?

B : 글쎄요……. 말뿐만 아니라 문화에 관해서도 배우고 싶습니다.

A：　この不況は、いったいいつまで続くんだろうね。

B：　う〜ん。俺、あんまり経済に関しては詳しくないから、わかんないな。

A : 이 불황은 도대체 언제까지 계속될까?

B : 음. 난 경제에 관해서는 별로 밝지 못해서 모르겠어.

<table>
<tr><td>POINT 9</td><td>～にくらべ・～にくらべて・～にくらべると （比較）
～에 비해 · ～에 비해서 · ～에 비하면</td></tr>
</table>

용법 복수의 사람이나 사물을 비교해서 말할 때 쓴다.

비슷한 표현 ～より(~보다)

접속 명사 に比べ / 명사 に比べて / 명사 に比べると

A：昨日、また地震があったね。

B：うん。今年は去年に比べ、2倍近く地震が起こっているそうだよ。

A：어제 또 지진이 났네.

B：응. 올해는 작년에 비해 2배 가까이 지진이 일어나고 있대.

A：うちの息子たちは、同じ兄弟なのに、ずいぶん性格が違うんです。

B：そうですね。2人ともいい性格ですが、お兄さんに比べて、弟さんはとても活発ですね。

A：우리 집 아들들은 같은 형제인데도 성격이 아주 달라요.

B：그렇군요. 둘 다 좋은 성격이지만, 형에 비해서 동생이 아주 활발하네요.

<table>
<tr><td>POINT 10</td><td>～にくわえ・～にくわえて　～만 아니라 · ～에 더해 （추가）</td></tr>
</table>

용법 하나의 사태에 다른 사태가 더해지는 것을 나타낸다.

비슷한 표현 そのうえに(게다가)

접속 명사 に加え / 명사 に加えて

A：この地域は、環境の破壊が進んでいますね。

B：ダム工事に加え、新しい道路の建設で、すっかり森林がなくなってしまいましたよ。

A：이 지역은 환경 파괴가 진행되고 있군요.

B：댐 공사에다 새로운 도로 건설로 삼림이 완전히 사라져 버렸어요.

A：へー。この店、すっかり雰囲気が変わりましたね。

B：ええ。店内のリフォームに加え、店員の制服も変わりましたから。

A：와~. 이 가게, 분위기가 완전히 달라졌네요.

B：네. 내부 리모델링에다 점원 제복도 바뀌었으니까요.

용법　행위나 감정의 대상이나 상대를 나타낼 때 쓴다.

비슷한 표현　〜について(~에 관해서)

접속　명사　に対して / 명사　に対する

A： 山田君って、ハンサムなのに彼女がいないんですって。

B： そうなんだよ。彼は、女性に対して冷たいっていう噂だよ。

A : 야마다 군은 잘생겼는데 여자 친구가 없대요.

B : 맞아. 그는 여성에게 냉담하다는 소문이야.

A： 蛇にさわれるなんて、あなたの娘さん、本当に動物が好きね。

B： ええ。どんな動物に対しても、すごく興味を持っているのよ。

A : 뱀을 만지다니, 댁의 따님 정말로 동물을 좋아하는군요.

B : 네. 어떤 동물에 대해서도 아주 흥미를 가지고 있어요.

용법　대상이나 상대를 나타낼 때 쓴다.

비슷한 표현　〜に関して(~에 관해서), 〜に関しての(~에 관한)

접속　명사　について / 명사　についての

A： 先生、今度のスピーチ大会のテーマはなんですか。

B： えー、日本の習慣について、皆さんに話してもらいたいと思っています。

A : 선생님, 이번 말하기 대회 주제는 뭐예요?

B : 음~, 일본의 습관에 관해서 여러분이 이야기해 주었으면 좋겠어요.

A： この大事故の責任は、あなたの会社にあるんじゃないですか。

B： 今回の事故の原因についてのご説明は、よく調査してからさせていただきます。

A : 이 큰 사고의 책임은 당신 회사에 있는 게 아닙니까?

B : 이번 사고의 원인에 관한 설명은 잘 조사하고 나서 해 드리겠습니다.

～にとって・～にとっては・～にとっても （입장）
～에 있어서・～에 있어서는・～에 있어서도

용법 그 입장에서 보았을 때 어떠어떠하다는 것을 나타낼 때 쓴다.

비슷한 표현 ～には(~에게는)

접속 명사 にとって / 명사 にとっては / 명사 にとっても

A： 地球の温暖化をくい止めることは、できるんでしょうか。

B： さあ、どうでしょう。でも、全人類にとって、解決しなければならない大問題ですからね。何とかしなければ……。

A： 지구 온난화를 막는 일은 가능할까요?

B： 글쎄요, 어떨까요. 하지만 전 인류에게 있어서 해결하지 않으면 안 되는 큰 문제니까요. 뭔가 하지 않으면…….

A： 木村さん、いつもそのネックレスをしてるのね。

B： ええ。父が20歳の誕生日にくれた、私にとってはすごく大切な物なの。

A： 기무라 씨, 항상 그 목걸이를 하고 있네요.

B： 네. 아버지가 스무살 생일에 주신, 저에게는 아주 소중한 물건이에요.

～によって　～때문에, ～에 의해, ～로 （원인·수단·방법）

용법 '～로, ～방법으로'라는 뜻으로, 원인이나 수단, 방법을 나타내며, 수동문의 동작주를 나타낼 때도 쓴다.

접속 명사 によって, 수동문의 동작주 によって

A： もう企画書が完成したのか。ずいぶん速かったな。

B： はい。チームの皆さんの協力によって、速くできました。

A： 벌써 기획서가 완성된 거야? 아주 빠르네.

B： 네. 팀 모두의 협력으로 빨리 완성됐습니다.

A： あー、また太っちゃった。もっとやせるダイエットないかな。

B： 激しいダイエットによって健康を害することもあるって聞いたから、気を付けてよ。

A： 아, 또 살쪘어. 좀 더 살 빠지는 다이어트는 없을까?

B： 심한 다이어트로 건강을 해치는 경우도 있다니까 조심해.

용법 원인이나 수단, 방법, 근거, 수동문의 동작주 등을 나타낸다.

접속　명사　により,　수동문의 동작주　により

A：対立するＡ国とＢ国の首相が、直接会談を行うそうですね。

B：ええ。話し合いにより、問題が解決することを願いましょう。

A：대립하는 Ａ국과 Ｂ국의 수상이 직접 회담을 연다고 하는군요.

B：네, 대화로 문제가 해결되기를 바랍시다.

A：部長、本日、新しいコンピュータウィルスの対策システムが導入されました。

B：システムの導入により、ウィルス対策がうまくいくといいが。

A：부장님, 오늘 새로운 컴퓨터 바이러스 대책 시스템이 도입되었습니다.

B：시스템 도입으로 바이러스 대책이 잘 되면 좋겠는데.

용법 정보원을 나타낼 때 쓴다.

비슷한 표현　～では(~에서는), ～に従えば(~에 따르면)

접속　명사　によれば /　명사　によると

A：次のテストは、いつあるのかな。

B：先生の話によれば、二週間後ぐらいだって。

A：다음 시험은 언제 있으려나?

B：선생님 말씀에 따르면 2주쯤 뒤래.

A：明日から北海道へ出張なんだけど、あっちの天気はどうかな。

B：ええと、インターネットの天気予報によると、あっちは晴れが続くらしいよ。

A：내일부터 홋카이도에 출장가는데, 그쪽 날씨는 어떠려나?

B：그러니까, 인터넷 일기예보에 따르면 그쪽은 맑은 날이 계속되는 것 같아.

용법　무언가가 없는 상태에서 어떤 일을 하는 것을 나타낸다.
접속　명사　はぬきにして ／ 명사　をぬきにして（は）

A： 課長、個人的なことで、ちょっとご相談があるん
　　 ですが。
B： そうか。じゃあ、仕事の話はぬきにして、飲みに
　　 でも行こうか。

A：과장님, 개인적인 일로 잠시 상담
　 드릴 게 있는데요.
B：그래? 그럼 일 이야기는 제쳐 두고
　 한잔이라도 하러 갈까?

A： 来週の土曜日に予定しているクラス会、先生が会
　　 議があるから出られないって。
B： えー。やっぱり、先生をぬきにしてはできないよ
　　 な。延期しようか。

A：다음 주 토요일로 예정되어 있는
　 학급 모임, 선생님이 회의가 있어서
　 못 나오신대.
B：흠～. 역시 선생님을 빼고는 할 수
　 없지. 연기할까?

용법　어떤 것이 당연하고, 그 외 다른 것도 마찬가지임을 나타낸다.
비슷한 표현　～は当たり前(~은 당연함), ～は言うまでもなく(~은 말할 것도 없이)
접속　명사　はもちろん

A： 最近は、ほとんどの人が携帯電話を持っています
　　 ね。
B： ええ。大人はもちろん、子供まで持っていますか
　　 らね。

A：요즘은 대부분의 사람이 휴대전화
　 를 가지고 있네요.
B：네. 어른은 물론, 아이까지 가지고
　 있으니까요.

A： ジムさんは、日本料理がとっても好きなんだって。
B： うん。すき焼きやてんぷらはもちろん、さしみや
　　 納豆だって食べられるよ。

A：짐 씨는 일본 요리를 아주 좋아한대.
B：응. 전골이나 튀김은 물론이고 생선
　 회나 낫토도 먹을 수 있어.

용법 어떤 사람이나 사물을 중심으로 다른 것이 움직이고 있음을 나타낸다.

접속 명사 を中心に / 명사 を中心にして / 명사 を中心として

A：山田君、この報告書、よく書けているよ。

B：ありがとうございます、部長。昨日、小林課長を中心に、我々のチームでまとめたものなんです。

A : 야마다 군, 이 보고서 잘 썼어.

B : 감사합니다, 부장님. 어제, 고바야시 과장을 중심으로 저희 팀에서 정리한 겁니다.

A：東京には、大きな会社の本社がみんな集まっているんですか。

B：そうですね。何しろ日本の経済は東京を中心として発展していますからね。

A : 도쿄에는 큰 회사의 본사가 모두 모여 있습니까?

B : 글쎄요. 어쨌든 일본의 경제는 도쿄를 중심으로 해서 발전하고 있으니까요.

용법 처음에 가장 대표적인 예를 들고 그 외에 다른 것도 있음을 나타낸다.

비슷한 표현 〜はもちろん(〜은 물론)

접속 명사 をはじめ / 명사 をはじめとする

A：日本料理の作り方を習いたいんですが。

B：こちらの料理教室では、すき焼きをはじめ、てんぷらやトンカツなど、代表的な日本料理を習うことができますよ。

A : 일본 요리 만드는 법을 배우고 싶은데요.

B : 저희 요리 교실에서는 전골을 비롯해 튀김이나 돈가스 등, 대표적인 일본 요리를 배울 수 있어요.

A：今回の国際会議には、世界の主な国々が出席するんですよね。

B：ああ。アメリカをはじめとする10カ国が集まることになっているそうだよ。

A : 이번 국제 회의에는 세계의 주요 국가들이 참석하지요?

B : 어. 미국을 비롯한 10개국이 모이기로 되어 있대.

問題 1 つぎの文の（　　　）に入れるのに最もよいものを1・2から一つえらびなさい。

1　A：　最近、よく地震がありますね。

　　　B：　ええ。昨日も関東地方から東北地方にかけて（1　広い範囲で　　2　ここに
　　　　　　だけで）3度もあったそうですよ。

2　A：　あなた、ちょっと失礼じゃありませんか。

　　　B：　あなたこそ（1　失礼ですよ　　2　失礼いたしました）。

3　A：　彼は真面目だな。

　　　B：　ああ。いつも汗だらけで（1　働いているね　　2　働こうとしないね）。

4　A：　おいしい日本料理が食べたいな。

　　　B：　日本料理というと、やっぱり（1　ステーキ　　2　すし）だろう。

5　A：　君、秋葉原って知ってる？

　　　B：　うん。秋葉原は、電気製品の町として（1　有名なんだよ　　2　行ってみたいよ）。

6　A：　お母さん、警察から電話があって、ヒロシが万引きをして捕まったって。

　　　B：　そんな……何かの間違いでしょ。真面目なあの子に限って、そんなこと
　　　　　　（1　するべきじゃないでしょ　　2　するはずないでしょ）。

7　A：　お母さん、病気なんでしょう。大変ですね。

　　　B：　ええ。でも、姉が母にかわって（1　家事をしています　　2　病気になりました）
　　　　　　から、なんとか、大丈夫です。

정답　**1**①　**2**①　**3**①　**4**②　**5**①　**6**②　**7**①　　　　　해석 별책 p.16

問題 1 つぎの文の（　　）に入れるのに最もよいものを 1・2 から一つえらびなさい。

1 A： 地球の環境を守るために、私たちは何をしなければならないのでしょうか。

B： その問題に関して、（1 難しい問題ですね　2 何かご意見がありますか）。

2 A： この店のサービスは、とてもいいですね。

B： ええ、この店は、他の店に比べて（1 がんばりましょう　2 がんばっています）ね。

3 山田： 鈴木さん、田舎は大丈夫ですか。

鈴木： 台風の被害に加え、地震まで起きて（1 深刻な状況なんです　2 心配はありません）。

4 A： 佐藤さんは、どうして首になったんですか。

B： よく知りませんが、社長の意見に対して、（1 文句を言った　2 仕事をしなかった）らしいですよ。

5 A： スミスさんが日本にいらっしゃった目的はなんですか。

B： 一番の目的は、日本の歴史について（1 見物すること　2 研究すること）ですね。

6 A： 来年の大学受験、合格できるといいですね。

B： ええ。大学に合格することは、僕にとって（1 まじめなことです　2 重要なことです）から、がんばります。

7 A： 全ての木が切られてしまった森のあとに、また木を植えているんですか。

B： ええ。この活動はすべてボランティアによって（1 行われているんです　2 必要なんです）よ。

정답 1② 2② 3① 4① 5② 6② 7①　　　　　해석 별책 p.16

問題 1 つぎの文の（　　　）に入れるのに最もよいものを 1・2 から一つえらびなさい。

1　A：　先ほど 8 時 40 分に、太平洋海底でマグニチュード 7 の地震が起きました。
　　 B：　この地震により、（1　太平洋沿岸での津波　　2　台湾沖の台風）が心配され
　　　　　ます。

2　A：　インフルエンザはまだ流行しているんだよね。
　　 B：　うん。テレビのニュースによると、（1　昨日また患者が出たそうだよ　2　よく分
　　　　　からなかったよ）。

3　A：　木村さんの絵って、すごいよね。
　　 B：　本当だね。お世辞をぬきにして（1　上手だよね　　2　ひどいよね）。

4　A：　このお店、年中無休ですって。
　　 B：　はい。平日はもちろん、土日祭日も（1　お休みがあります　　2　営業して
　　　　　おります）。

5　A：　先生、「惑星」って何ですか。
　　 B：　それはね、簡単に言えば、太陽を中心に（1　その周りを回っている
　　　　　2　見えている）星のことだよ。

6　A：　日本で、いろいろな所に旅行したいんですが、どんな所がいいでしょうか。
　　 B：　そうですね。日本には京都をはじめ、お勧めしたい所が（1　あまりありません
　　　　　2　たくさんあります）よ。

정답　1①　2①　3①　4②　5①　6②

해석 별책 p.17

問題 2 つぎの文の＿★＿に入る最もよいものを、1・2・3・4から一つえらびなさい。

1 A： 込んでますね。

B： ええ、この道はいつも新宿 ＿＿＿ ＿＿＿ ＿★＿ ＿＿＿ いるんです。

1 渋滞して　　　　2 から　　　　3 赤坂　　　　4 にかけて

2 こんなにがんばって勉強したんだし、＿＿＿ ＿＿＿ ＿★＿ ＿＿＿ と思う。

1 こそ　　　　2 今度　　　　3 できる　　　　4 パス

3 学生： 先生、忙しそうですね。

先生： ええ。学生の ＿＿＿ ＿＿＿ ＿★＿ ＿＿＿ 、直すのが大変なんです。

1 間違い　　　　2 なので　　　　3 だらけ　　　　4 作文が

4 A： 最近、松本さんに会いませんね。

B： 松本さん ＿＿＿ ＿＿＿ ＿★＿ ＿＿＿ 決まったそうですよ。

1 来月　　　　2 結婚する　　　　3 ことが　　　　4 といえば

5 A： イタリアの有名な教会に、落書きをした人がいるんだって。確か君の国の人じゃなかったかな。

B： ええ。私は ＿＿＿ ＿＿＿ ＿★＿ ＿＿＿ ですよ。

1 として　　　　2 恥ずかしい　　　　3 国民　　　　4 同じ

問題 2　つぎの文の__★__に入る最もよいものを、1・2・3・4から一つえらびなさい。

1　A：台風が接近してきているらしいよ。

　　B：本当に。＿＿＿＿　＿＿＿＿　__★__　＿＿＿＿ 、いつも天気が悪くなるんだ。

　　　　1　に限って　　　　2　時　　　　　3　旅行に　　　　4　行こうとする

2　A：コピー機が、とうとう壊れちゃったんだって。

　　B：ええ。明日、＿＿＿＿　＿＿＿＿　__★__　＿＿＿＿ 、最新のものが入るそうですよ。

　　　　1　使ってた　　　　2　にかわって　　　3　5年前から　　　4　古いコピー機

3　A：きのう会社で、鈴木さんと佐藤さんがけんかしたそうだね。

　　B：ああ。今朝、部長から ＿＿＿＿　＿＿＿＿　__★__　＿＿＿＿ よ。

　　　　1　困った　　　　　2　に関して　　　3　その件　　　　4　聞かれて

4　A：今回の岩田君のレポート、よく書けていますね。

　　B：ええ。彼のは、他の ＿＿＿＿　＿＿＿＿　__★__　＿＿＿＿ 、データがそろって
　　いますね。

　　　　1　もの　　　　　　2　書いた　　　　3　に比べ　　　　4　学生が

5　A：いや～。ヤナ選手の演技、ほんとうに素晴らしかったですね。

　　B：ええ。＿＿＿＿　＿＿＿＿　__★__　＿＿＿＿ 、練習量もすごいですからね。努力
　　の結果ですよ。

　　　　1　持っている　　　2　に加え　　　　3　才能　　　　　4　もともと

정답　1②　2④　3④　4①　5③

해석 별책 p.17

問題 2 つぎの文の__★__に入る最もよいものを、1・2・3・4から一つえらびなさい。

1 A： まだストライキは続くのかな。

B： ああ、社長が、組合の ＿＿＿ ＿＿＿ __★__ ＿＿＿ くれるまではね。

1 会社　　　　2 要求を　　　　3 に対する　　　4 受け入れて

2 A： シロウさん、モデルのマミさんとお付き合いしてるそうですね。

B： すみません。＿＿＿ ＿＿＿ __★__ ＿＿＿ できません。

1 ご質問には　　2 についての　　3 その件　　　4 お答え

3 A： 駅前に大型スーパーができるんだって。よかったね。

B： うん。でも、＿＿＿ ＿＿＿ __★__ ＿＿＿ 困った問題でしょうね。

1 にとっては　　2 商店　　　　3 あの　　　　4 周りの

4 子： あーあ。もう受験勉強なんてやりたくないよ。

母： あきらめちゃだめよ。＿＿＿ ＿＿＿ __★__ ＿＿＿ 、あなたの将来が変わってくるんだから。

1 によって　　　2 どうか　　　3 がんばるか　　4 今

5 A： 世界的な不況は、まだ続くようですね。

B： まあ、＿＿＿ ＿＿＿ __★__ ＿＿＿ 、いっそう悪化することも考えられます。

1 石油の　　　　2 により　　　3 今回の　　　4 値上げ

問題 2 つぎの文の___★___に入る最もよいものを、1・2・3・4から一つえらびなさい。

1　A：この世界的な不景気は、いつになったらよくなるんだろう。

　　B：G社が ＿＿＿＿ ＿＿＿＿ ＿★＿ ＿＿＿＿、景気はじょじょに回復しているという
　　ことだがな。

　　1　出した　　　　　2　によれば　　　　3　レポート　　　　4　先週

2　A：ダム建設に反対の人たちは、説明会に参加しないと言っています。

　　B：困ったな。＿＿＿＿ ＿＿＿＿ ＿★＿ ＿＿＿＿ 説明会をしても意味がないからな。

　　1　反対している　　2　この計画に　　　3　人々　　　　　4　をぬきにして

3　A：新人賞、おめでとうございます。今後は、どんな歌手になりたいですか。

　　B：えー、これからは、＿＿＿＿ ＿＿＿＿ ＿★＿ ＿＿＿＿ 歌手になりたいですね。

　　1　世界中で　　　　2　はもちろん　　　3　活躍する　　　4　日本

4　A：昨日の夜中、君んちの近所で火事があったんだって。原因は何なの。

　　B：ああ。＿＿＿＿ ＿＿＿＿ ＿★＿ ＿＿＿＿ から、ご主人が寝ながらタバコを
　　吸っていたんじゃないかって。

　　1　を中心に　　　　2　燃えている　　　3　ベッド　　　　4　ご主人の

5　A：今度、オーストラリアに旅行するんだけど、いろいろな動物を見て来たいな。

　　B：いいね。あの国には、＿＿＿＿ ＿＿＿＿ ＿★＿ ＿＿＿＿ たくさんいるからね。

　　1　をはじめ　　　　2　珍しい　　　　　3　コアラ　　　　4　動物が

해석 별책 p.18

정답　1③　2③　3①　4①　5②

● 동사에 붙는 N3 문형 13

지금부터 소개하는 13개의 문형들은 모두 동사에 붙는 것들이다. 「**ます**형」「**사전**형」「**て**형」「**た**형」에 붙는 것 순서대로 정리해 두었으니 각 문형이 어떤 형태 뒤에 붙는지 기억해 두었다가 올바른 문장 배열을 묻는 문제2 유형(문장 완성)에서 활용해 보자.

POINT 21　〜たいものだ　〜하고 싶다　[희망]

용법 '정말 ~하고 싶다'라는 뜻으로, 일반적으로 실현이 어려운 일에 대한 희망을 나타낸다.

비슷한 표현　〜たいなあ(~하고 싶구나), 〜た方がいい(~하는 게 좋다)

접속　[동사 ます형]　たいものだ

いつか自分の船で世界一周をしたいものだなあ。

언젠가 나의 배로 세계 일주를 하고 싶구나.

みんなで力を合わせて、豊かで美しい自然を守り、残したいものです。

다 같이 힘을 합쳐 풍요롭고 아름다운 자연을 지켜서 후세에 남기고 싶습니다.

POINT 22　〜ながら　〜하면서　[동시 동작]

용법 '~하면서 동시에'라는 뜻으로, 두 가지 동작이 동시에 진행되고 있음을 나타낸다. 또한 행위가 오랫동안 지속되고 있음을 나타내기도 한다.

접속　[동사 ます형]　ながら

A：新聞を読みながら食事をするの、やめてよ。

B：ごめん、ごめん。

A : 신문 보면서 식사하는 거, 하지마요.

B : 미안, 미안.

母は看護師をしながら、1人で5人の子供を育てた。

엄마는 간호사를 하면서 혼자서 다섯 명의 아이를 기르셨다.

용법 「〜ながら」는 동시 동작 외에 '〜지만, 실제로는 〜'이라는 뜻으로 예상과 반대되는 일이 일어났음을 나타내는 용법도 있다. 이때는 여러 품사에 붙는다.

비슷한 표현 〜けれど（〜지만）, 〜けれども（〜지만）, 〜のに（〜인데）, しかし（그러나）, 〜にもかかわらず（〜임에도 불구하고）

접속 동사 ます형 ┃ 동사 ない형 ┃ い형용사 사전형 ┃ な형용사 어간 ┃ 명사 ながら（も）

妻は料理学校に通っていながら、料理が全く上手にならないんですよ。

아내는 요리 학원에 다니고 있는데도 요리가 전혀 능숙해지지 않아요.

A：そこの角にある店、どうしてあんなに人気があるの？

B：それはね、小さいながらも、品数が揃っているからだよ。

A：저기 모퉁이에 있는 가게, 왜 저렇게 인기가 있는 거야?

B：그건 말이야, 작은데도 물건 종류가 잘 구비되어 있기 때문이야.

용법 '간단히 〜할 수 있다, 곧 그렇게 될 경향이 강하다'는 뜻으로, 그 동작을 간단하게 할 수 있음을 나타낸다.

비슷한 표현 〜がち（자주 〜하다, 〜하기 십상이다）, 〜いい（〜하기 좋다）

접속 동사 ます형 やすい

A：今日のプレゼンテーション、よかったよね。

B：うん、図やグラフを使って、わかりやすく説明してたからね。

A：오늘 프레젠테이션, 괜찮았지?

B：응, 그림이랑 그래프를 써서 알기 쉽게 설명했으니까.

A：雨の日は交通事故が起きやすいから、気をつけて運転しなさいよ。

B：うん、わかってるってば。心配しすぎだよ。

A：비 오는 날은 교통사고가 일어나기 쉬우니까 조심해서 운전해요.

B：응, 알고 있다니까. 걱정이 지나쳐.

용법 '～하기가 어렵다, 그렇게 될 경향이 약하다, 좀처럼 ~되지 않다'라는 뜻으로, 곤란한 상태를 나타낸다.

비슷한 표현 ～づらい(~하기 곤란하다, ~하기 거북하다)

접속 [동사 ます형] にくい

A： この携帯電話、落としても、壊れにくいんだって。
B： へ〜、すごい携帯電話だね。

A : 이 휴대 전화, 떨어뜨려도 잘 안 망가진대.
B : 와〜, 굉장한 휴대 전화네.

A： サプリメントって、何？
B： 毎日の食事ではとりにくい栄養を補うための食品のことだよ。

A : 건강보조식품이란 게 뭐야?
B : 매일 하는 식사로는 섭취하기 어려운 영양을 보충하기 위한 식품을 말하는 거야.

용법 '완전히 ~할 수 없다, 그 이상은 불가능하다'는 뜻으로 한계를 나타낼 때 쓴다.

비슷한 표현 ～できない(~할 수 없다)

접속 [동사 ます형] きれない

A： この荷物、持ってくれない？
B： えー、そんなに買ったの。持ちきれないよ。

A : 이 짐 좀 들어 줄래?
B : 뭐, 그렇게나 샀어? 다 못 들어.

A： 遅れてごめん。あれ、山田君は？
B： 「もう待ちきれない」って言って先に行っちゃったよ。

A : 늦어서 미안해. 어, 야마다 군은?
B : '더는 못 기다려'라고 말하고 먼저 가 버렸어.

용법　'~하면 바로'라는 뜻으로 어떤 동작 직후 바로 이어서 다음 행동을 하겠다는 의지를 나타낸다.
접속　[동사 ます형] 次第（しだい）

A： 駅前（えきまえ）に止（と）めておいた自転車（じてんしゃ）がなくなっちゃったんです。

B： わかりました。じゃ、見（み）つかり次第（しだい）、連絡（れんらく）しますから、ここに名前（なまえ）と連絡先（れんらくさき）を書（か）いてください。

A : 역 앞에 세워 둔 자전거가 없어졌어요.

B : 알겠습니다. 그럼 찾는 대로 연락 드릴 테니 여기에 이름과 연락처를 적어 주세요.

このバスツアーの受付（うけつけ）は、定員（ていいん）になり次第（しだい）、終了（しゅうりょう）させていただきます。

이 버스 투어 접수는 정원이 차는 대로 종료하겠습니다.

용법　불가능하다고 판단할 때 쓰는 회화체 표현이다.
비슷한 표현　〜はずがない(~리 없다), 〜わけがない(~수 없다), 絶対（ぜったい）に〜ない(절대로 ~지 않다)
접속　[동사 ます형] っこない

A： 彼女（かのじょ）も映画（えいが）に誘（さそ）う？

B： いや、誘（さそ）っても、行（い）きっこないよ。だって、映画（えいが）嫌（きら）いって言（い）ってたから。

A : 그녀도 영화 보러 가자고 할까?

B : 아니, 권해도 갈 리가 없어. 그게, 영화 싫어한다고 했거든.

A： こんな大（おお）きい家（いえ）がほしいな。

B： うーん、死（し）ぬまで働（はたら）いても、買（か）えっこないだろうなあ。

A : 이런 큰 집을 갖고 싶어.

B : 음, 죽을 때까지 일해도 못 살 거야.

용법　방법이나 수단이 없어서 이루기 불가능하다고 할 때 쓴다.

접속　[동사 ます형]　ようがない

A：さあ、乾杯しよう。あれ、栓抜きがない。

B：ビールあっても、栓抜きがなければ、開けようがないよ〜。

A : 자, 건배하자. 어머, 병따개가 없어.

B : 맥주가 있어도 병따개가 없으면 열 수가 없어.

A：事故だって、大丈夫だった？

B：うん、なんとかね。トラックが突然ぶつかって来て、避けようがなかったんだよ。

A : 사고났다며 괜찮아?

B : 응, 그럭저럭. 트럭이 갑자기 부딪쳐 와서 피할 수가 없었어.

용법　주로 나쁜 변화나 경향이 계속되는 것을 나타낸다.

비슷한 표현　〜ていく (〜해지다), 〜ばかりだ (〜만하다)

접속　[동사 사전형]　一方だ

A：あー、痛い。虫歯、ひどくなる一方だよ。

B：だったら、早く歯医者へ行きなさいよ。

A : 아〜, 아야. 충치, 점점 더 심해지기만 해.

B : 그러면 빨리 치과에 가.

A：外国語って全然使わないと、忘れる一方だよね。

B：うん。だから、忘れないように努力をしないと。

A : 외국어라는 게 전혀 쓰지 않으면 점점 더 잊어버리게 되지.

B : 응. 그래서 잊어버리지 않도록 노력해야 돼.

용법 ‘~하지 않는 게 좋다, ~하는 것은 좋지 않다’라는 뜻으로 일반적인 상식을 나타낼 때 쓴다.
「～べきだ」(~해야 한다)의 부정형이다.

접속 동사 사전형 べきでは(じゃ)ない

Tip　1. 「～じゃべき」라는 표현은 없다.
　　　2. 「～するべきではない」는 「～すべきではない」라고 해도 된다.

A :　あ、田中先生に電話しなきゃ。

B :　え、もう11時だよ。こんな遅くに電話するべきじゃ
　　ないよ。もっと早くするべきじゃないか。

A : 아, 다나카 선생님께 전화해야 돼.

B : 뭐? 벌써 11시야. 이렇게 늦게 전화 하면 안 돼. 좀 더 일찍 했어야지.

教師は学生の長所を伸ばすべきで、短所ばかりを注意
するべきではないと思うんですが。

교사는 학생의 장점을 향상시켜야 하고, 단점만을 주의 주어서는 안 된다고 생각합니다만.

용법 ‘~하고 나서 쭉’이라는 뜻으로 상태가 계속되는 것을 나타낸다.

접속 동사 て형 以来

A :　うわ～、久しぶり。

B :　そうだね。会うのは、大学を卒業して以来だね。

A : 우와~, 오랜만이야.

B : 그러게. 만나는 건 대학 졸업하고 나서 처음이네.

A :　世界の経済はなかなか良くならないね。

B :　うん、大きい銀行が次々に倒産して以来、不景気
　　が続いてるよね。

A : 세계 경제는 좀처럼 나아지지 않네.

B : 응, 대형 은행이 잇달아 도산한 이후로 불경기가 계속되고 있지.

용법　'~뒤에 바로 …이 일어나다'라는 뜻으로, 의외의 상황이 갑자기 일어났을 때 많이 쓴다.

비슷한 표현　～とすぐ(~하자 곧), ～といきなり(~하자 갑자기), ～た瞬間(~한 순간)

접속　동사 た형　とたん

A：泥棒を捕まえたんだって。すごいね。

B：「泥棒」って叫んだとたん、勇気が出たんだ。どうしてかな。

A : 도둑을 잡았다며? 굉장하네.

B : '도둑이야'라고 외친 순간, 용기가 났어. 왜지?

A：昨日、傘持ってなかったでしょ。雨、大丈夫だった？

B：うん、大丈夫だった。家に着いたとたん、降って来たんだ。

A : 어제 우산 안 가지고 있었잖아. 비, 괜찮았어?

B : 응, 괜찮았어. 집에 도착하자마자 비가 내리기 시작했거든.

問題 1 つぎの文の（　　　）に入れるのに最もよいものを 1・2 から一つえらびなさい。

1 一度でいいから、（1　スーパー　　2　宇宙）へ行ってみたいものですね。

2 弟は（1　音楽を聞き　　2　いすに座り）ながら、勉強している。

3 A：映画が大好きなんだって。

B：うん。だから、アメリカへ行った時、内容がよくわからないながらも、

（1　全然見なかった　　2　たくさん見た）よ。

4 A：旅行に便利なかばんがほしいな。

B：これはどう？（1　軽くて　　2　重くて）運びやすいし、ポケットも多いよ。

5 A：この魚、食べにくくて、（1　おいしい　　2　いらいらする）。

B：そうだよね。小さい骨がいっぱいあるし。

6 A：これ、食べて。

B：え。ケーキ（1　1個だけ　　2　5個も）くれるの。1人じゃ食べきれないよ。

7 この仕事が終わり次第、（1　電話がかかってきました　　2　電話いたします）。

정답 1② 2① 3② 4① 5② 6② 7②　　　　　　　　　　　　　해석 별책 p.18

問題 1 つぎの文の（　　　）に入れるのに最もよいものを 1・2 から一つえらびなさい。

1　当たりっこないけど、宝くじ、（1　買ってみようっと　　2　当たった）。

2　A：鈴木さんはガンの末期だって。治しようがないって。
　　B：若いのにかわいそうだね。（1　治るんだね　　2　治らないんだね）。

3　A：最近、試験の成績はどうなの。
　　B：うーん、あまり勉強していないから、（1　落第する　　2　下がる）一方だよ。

4　課長：部長の許可を（1　得て　　2　得ずに）契約にサインするべきじゃないよ。
　　部下：そうでした。部長の許可をもらうべきでした。今度から気をつけます。

5　（1　5年前に日本へ　　2　今朝、学校へ）来て以来、国にいる家族に一度も会っていません。

6　A：どうしたの。顔、真っ青だよ。
　　B：飛行機に乗ったとたん、（1　ゆっくり　　2　急に）気持ち悪くなって……。

問題 2　つぎの文の___★___に入る最もよいものを、1・2・3・4から一つえらびなさい。

1　未来の子供達が安心して生活できるような ＿＿＿＿　＿＿＿＿　＿★＿　＿＿＿＿ ですね。

　　　　1　もの　　　　　2　平和な　　　　　3　作りたい　　　　4　社会を

2　A：　運転代わろうか。眠いんじゃない？

　　　B：　大丈夫。眠くならないように、＿＿＿＿　＿＿＿＿　＿★＿　＿＿＿＿ いるから。

　　　　1　運転して　　　　2　かみ　　　　　3　ながら　　　　　4　ガムを

3　先週の選挙では、田中氏が ＿＿＿＿　＿＿＿＿　＿★＿　＿＿＿＿、見事に当選した。

　　　　1　し　　　　　　　2　戦いを　　　　3　ながらも　　　　4　苦しい

4　A：　操作が簡単で、＿＿＿＿　＿＿＿＿　＿★＿　＿＿＿＿ デジカメってありませんか。

　　　B：　それなら、こちらはいかがですか。

　　　　1　でも　　　　　　2　やすい　　　　3　お年寄り　　　　4　使い

5　冬は乾燥しているのに、＿＿＿＿　＿＿＿＿　＿★＿　＿＿＿＿ どうしてですか。

　　　　1　乾き　　　　　　2　にくい　　　　3　のは　　　　　　4　洗濯物が

6　大統領の演説を聞くために、＿＿＿＿　＿＿＿＿　＿★＿　＿＿＿＿ 会場に集まった。

　　　　1　きれない　　　　2　人々が　　　　3　ほどの　　　　　4　数え

7　A：　来週、一緒に晩御飯でも食べない？

　　　B：　う〜ん、まだわからないなあ。　でも、＿＿＿＿　＿＿＿＿　＿★＿　＿＿＿＿、 知らせるね。

　　　　1　予定が　　　　　2　次第　　　　　3　わかり　　　　　4　来週の

정답　**1**③　**2**③　**3**①　**4**④　**5**②　**6**③　**7**③　　　　　　해석 **별책** p.19

問題 2 つぎの文の＿★＿に入る最もよいものを、1・2・3・4から一つえらびなさい。

1　A：休みを取って、海外旅行でも行きたいね。

　　B：うん。でも、今仕事すごく忙しいから、＿＿＿ ＿＿＿ ＿★＿ ＿＿＿ よ。

　　　　1　っこない　　　　2　休ませて　　　　3　一日も　　　　4　もらえ

2　私は、パソコンのことは全然わからないので、＿＿＿ ＿＿＿ ＿★＿ ＿＿＿ んです。すみません。

　　　　1　と　　　　　　　2　教え　　　　　　3　思う　　　　　　4　ようがない

3　安い給料、長い残業時間、こんな仕事を続けて ＿＿＿ ＿＿＿ ＿★＿ ＿＿＿ よ。

　　　　1　たまる　　　　　2　一方だ　　　　　3　ストレスが　　　4　いると

4　酒を ＿＿＿ ＿＿＿ ＿★＿ ＿＿＿ のに、またたくさん飲んでしまった。

　　　　1　わかっている　　　　　　　　　　2　そんなに

　　　　3　飲む　　　　　　　　　　　　　　4　べきじゃないと

5　A：え、この島には去年まで病院がなかったの？

　　B：そうだよ。だから、島の住民は ＿＿＿ ＿＿＿ ＿★＿ ＿＿＿ 安心して 生活しているんだ。

　　　　1　以来　　　　　　2　ずっと　　　　　3　できて　　　　　4　病院が

6　終点の駅で ＿＿＿ ＿＿＿ ＿★＿ ＿＿＿ 、疲れた顔をしたサラリーマンが 大勢降りてきた。

　　　　1　電車の　　　　　2　とたん　　　　　3　開いた　　　　　4　ドアが

정답　1④　2①　3①　4④　5①　6③　　　　　　　　　　해석 별책 p.19

● 명사 수식형에 붙는 N3 문형 22

지금부터 소개하는 문형 22개는 모두 '형식명사'를 이용한 것들이다. 따라서 이 문형들 앞에는 반드시 '명사 수식형'이 온다. 잘 기억해 두었다가 올바른 문장 배열을 묻는 문제2 유형(문장 완성)에서 이 표현이 보이면 우선 명사 수식형을 찾아 그 뒤에 이 표현들을 붙이면 된다.

POINT 34　～(た)ことがある・～(た)ことがない　～한 적이 있다·～한 적이 없다 경험

용법 '~한 적이 있다 / 없다'라는 뜻으로 과거의 경험을 나타낸다.

접속　동사 た형　ことがある / 동사 た형　ことがない

> **Tip** 가까운 과거를 나타내는 말과는 함께 쓸 수 없다.
> ✕ 昨日行ったことがある。
> ○ 昨日行った。

A : 上手ですね。スケートは初めてじゃないでしょう。
B : ええ、学生の時、習ったことがあるんです。

A : 잘 타시네요. 스케이트는 처음이 아니시죠?
B : 네, 학생 때 배운 적이 있어요.

A : 先生、これは何という魚ですか。
B : さあ、私も今まで見たことがないので、わかりません。

A : 선생님, 이것은 무슨 물고기예요?
B : 글쎄, 나도 지금까지 본 적이 없어서 모르겠어요.

POINT 35　～ことにする　～기로 하다 결정

용법 타인의 명령이 아니라 자기 의지로 결정할 때 쓰는 표현이다.

비슷한 표현　～ことに決めた(~하기로 결정했다)

접속　동사 사전형　동사 ない형　ことにする

A : 今年の冬休みはどうするんですか。
B : 家族に会いたいので、国に帰ることにしたんです。

A : 올해 겨울 방학은 어떻게 할 거예요?
B : 가족을 만나고 싶어서 고향에 돌아가기로 했어요.

A : 結婚式に何を着て行くか、決めた？
B : やっぱり洋服を着て行くことにするんだ。きれいだけど、着物は大変だもんね。

A : 결혼식에 뭘 입고 갈지 정했어?
B : 역시 정장을 입고 가기로 했어. 예쁘긴 한데 기모노는 불편하잖아.

용법　'~하기로 되어 있다'라는 뜻으로 예정이나 규칙, 허가를 나타낼 때 쓴다.

접속　［동사 사전형］［동사 ない형］［い형용사 사전형］ことになっている

Tip　규칙의 의미일 때는 「〜てはいけない」「〜てもいい」 등의 표현이 앞에 온다.

A：新しくできたホテル、大きくて立派だね。

B：ああ、来月あそこで国際会議が開かれる**ことになっている**んだよ。

A：새로 생긴 호텔, 크고 멋지네.

B：아, 다음 달에 거기에서 국제회의가 열리**기로 되어 있어**.

親　：いつもお世話になっています。これ、どうぞ。

先生：学生のご家族からは何もいただいてはいけない**ことになっております**して……。

학부모：항상 신세 지고 있습니다. 이거 받으세요.

선생님：학생 가족한테는 아무것도 받으면 안 되게 **되어 있어서요**….

용법　'지금부터 ~할 예정이다'라는 뜻으로, 이제부터 무언가가 시작될 것임을 나타낸다.

접속　［동사 사전형］ところだ

夫：ただいま、スポーツニュース、始まっちゃったかな。

妻：ううん、大丈夫。これから始まる**ところだ**よ。

남편：다녀왔어, 스포츠 뉴스, 시작했으려나.

아내：아니, 괜찮아요. 이제 시작**하려는 참이에요**.

A：もしもし、ちょっとご相談したいことがあるんですが。

B：すみません。今から会議に出る**ところ**なんです。終わったらこちらから電話します。

A：여보세요, 잠시 상담하고 싶은 게 있는데요.

B：죄송합니다. 지금부터 회의에 **가려는 중이에요**. 끝나면 이쪽에서 전화 드리겠습니다.

용법　장소가 아니라 때를 나타내며, 지금 무언가를 하고 있음을 나타낸다.

접속　동사 ている형　ところだ

> **Tip**　동작을 나타내는 동사를 사용하며,「住む」(살다),「立つ」(서다),「行く」(가다) 등의 동사와 함께 쓰이면 시간이 아니라 '장소'를 뜻한다.
> 住んでいるところ → 살고 있는 장소, 주소
> 立っているところ → 서 있는 장소

A：　すみませ〜ん。私の頼んだ料理、まだですか。
B：　今作っているところです。もう少々お待ちください。

A：여기요, 제가 부탁한 요리, 아직인가요?
B：지금 만들고 있는 중입니다. 조금만 더 기다려 주십시오.

A：　山田さん。速達です。はんこ、お願いします。
B：　うるさいな。ちょうどドラマの大切なシーンをっているところなのに。

A：야마다 씨, 속달입니다. 도장 부탁드립니다.
B：시끄럽네. 마침 드라마의 중요한 장면을 하고 있는 중인데.

용법　'방금 ～했다'라는 뜻으로 동작이 끝난 지 얼마 지나지 않았음을 나타낸다.

접속　동사 た형　ところだ

A：　次のバス、すぐ来るかな。
B：　しばらく来ないと思うよ。今、行ったところだもん。

A：다음 버스, 곧 오려나.
B：한동안 오지 않을 거야. 지금 막 떠났는걸.

夫：　一郎、起きてる？　あいつがほしがっていたおもちゃを買って来たんだよ。
妻：　たった今寝たところだから、起こさないでよ。

남편：이치로, 아직 안 자? 그 녀석이 갖고 싶어하던 장난감 사왔는데.
아내：방금 막 잠들었으니까 깨우지 말아요.

용법　'어떤 일을 한 결과, 그런 상황이 되었다, 새로운 사실을 알게 되었다'는 뜻으로 무언가를 한 뒤의 결과를 나타낸다.

접속　동사 た형　ところ、…た

A：　このソフト、どうやって手に入れたの？

B：　メーカーに直接聞いたところ、一つだけ残っていたんだ。

A : 이 소프트웨어, 어떻게 구했어?

B : 제조사에 직접 물어봤더니 1개만 남아 있었어.

A：　休みの予定、決まった？

B：　うん、旅行社に問い合わせたところ、いい温泉がみつかったよ。

A : 휴가 일정 정했어?

B : 응, 여행사에 문의해 봤더니 좋은 온천을 찾았어.

용법　'어떠한 때, 어떠한 장소에 그 상황을 변화시킬 어떤 일이 일어났다'는 뜻으로, 결과를 나타낸다.

접속　동사 보통형　ところへ / 동사 보통형　ところに

Tip　뒤에「来た」가 올 때가 많다.

A：　ちょうど事務所を出るところへお客さんが来てね。

B：　それで、約束に遅れたわけね。

A : 마침 사무실을 나오려던 참에 손님이 와서 말이야.

B : 그래서 약속에 늦은 거군.

A：　バスが来ないから、もうタクシーに乗ろうと思ったところにバスが来た。

B：　タクシーに乗ってからじゃなくてよかったじゃない。

A : 버스가 안 와서 이제 택시를 타야지 하던 참에 버스가 왔어.

B : 택시를 타고 나서가 아니라 다행이잖아.

용법　'~을 위해'라는 뜻으로 목적의 실현을 나타낸다.

접속　[동사 사전형] [동사 ない형] [명사 の]　ため / ために

本番で失敗しないために、よく練習しておかなくちゃね。

실전에서 실패하지 않기 위해서 잘 연습해 두지 않으면 안 돼.

A：まだ終わらないんですか。遅くまで大変ですね。
B：ええ、明日の会議で発表するための資料を作っているんです。

A : 아직 안 끝났어요? 늦게까지 고생이 많군요.
B : 네, 내일 회의에서 발표하기 위한 자료를 만들고 있습니다.

A：健康のために何かしてる？
B：うん、毎朝ジョギングをね。

A : 건강을 위해서 뭔가 하고 있어?
B : 응, 매일 아침 조깅을 하고 있어.

용법　'~때문에'라는 뜻으로 원인과 결과를 나타낸다.

비슷한 표현　〜ので(~해서, ~므로)

접속　[동사 보통형] [い형용사 보통형] [な형용사 な] [명사 の]　ため / ために

A：どうして電車遅れているんだろう？
B：「人身事故のため遅れています」って放送してるよ。

A : 왜 전철이 지연되고 있는 거지?
B : '인명 사고 때문에 지연되고 있습니다'라고 방송하고 있어.

予習しなかったために、クラスで先生に怒られちゃった。

예습을 안 했기 때문에 교실에서 선생님께 꾸중을 들었다.

용법　진리, 상식이라고 생각되는 것에 대해 말할 때 쓴다. 회화에서는 「もん」을 쓴다.

비슷한 표현　〜べきだ(〜해야 한다), 〜は当然だ(〜는 당연하다)

접속　동사 사전형　동사 ない형　ものだ / もんだ

A：あ、あそこが空いてる、座ろうよ。

B：あそこはお年寄りなんかの席だよ。若い人は優先席には座らないものだよ。

A：아, 저기가 비어 있어. 앉자.

B：저기는 노약자석이야. 젊은 사람은 노약자석에는 앉지 않는 법이야.

A：夕べの地震すごかったね、びっくりしたよ。どうしていいかわからなかった。

B：うん、僕も。あわてると、何もできないもんだよね。

A：어젯밤 지진 굉장했지. 깜짝 놀랐어. 어떻게 하면 좋을지 모르겠더라고

B：응, 나도. 당황하면 아무것도 못하는 법이야.

용법　이유나 변명, 자신을 정당화할 때 쓰며, 미안하다는 심정을 나타내는 경우가 많다. 회화에서는 「もん」이라고 한다.

비슷한 표현　〜から(〜니까), 〜ので(〜므로)

접속　동사 보통형　い형용사 보통형　な 형용사 な　명사 の　もの / もん

A：さっき、携帯切れちゃいましたね。どうしたんでしょうね。

B：すみません、地下鉄の中だったもんで。

A：아까 휴대 전화가 끊어졌지요. 왜 그랬을까요?

B：죄송해요. 지하철 안이었거든요.

A：場所わかる。

B：うん、大丈夫、ナビあるもの。

A：장소 알아?

B：응, 괜찮아, 내비게이션 있는걸.

용법 '〜하는 것은 당연하다'라는 뜻으로 당연한 결과를 나타낸다.

비슷한 표현　それで〜だ(그래서 ~다), 当たり前だ(당연하다), 道理で〜だ(어쩐지, 과연 ~다)

접속　동사 보통형　い형용사 보통형　な형용사 な　명사 の　わけだ

A：冷房の温度18℃になっているよ。

B：わあ、だから寒いわけだよ。

A：냉방 온도가 18도로 되어 있어.

B：우와, 그러니까 추운 게 당연하지.

A：田中さんって帰国子女だって。

B：だからあんなに発音がきれいなわけなんだ。

A：다나카 씨는 귀국 자녀래.

B：그러니까 저렇게 발음이 좋은 거구나.

용법　부분 부정을 나타내며, 회화에서는 「〜わけじゃない」라고 한다. 「ではない」보다는 부정의 의미가 약하다.

비슷한 표현　〜のではない(~인 것은 아니다)

접속　동사 보통형　い형용사 보통형　な형용사 な　명사 の　わけではない

ハワイか。行きたくないわけじゃないけど……。仕事が忙しくて……。

하와이인가. 가고 싶지 않은 건 아니지만……. 일이 바빠서…….

A：ケーキ嫌いなの？

B：嫌いなわけではないけど、今ダイエット中。

A：케이크 싫어해?

B：싫어하는 건 아닌데, 지금 다이어트 중이라서.

용법　목적을 나타내는 표현이다.

접속　[동사 사전형]　[동사 ない형]　[동사 가능형]　ように

A： 早く着くように新幹線で行こうよ。

B： そうだね。

A : 빨리 도착하게 신칸센으로 가자.

B : 그러자.

A： 能力試験に合格できるように勉強するよ。

B： 頑張ってね。

A : 능력시험에 합격할 수 있도록 공부할 거야.

B : 열심히 해.

용법　예나 비슷한 것을 들 때 쓰는 표현이다.

비슷한 표현　〜みたいな(〜같은), 〜みたいに(〜같이)

접속　[명사 の]　ような / [명사 の]　ように

A： 山田さんって太陽のような人だよね。

B： うん、いつも明るいよね。

A : 야마다 씨는 태양 같은 사람이네.

B : 응, 항상 밝아.

A： どんな所に行きたい？

B： そうだね、暖かいところ、たとえばハワイのようなね。

A : 어떤 곳에 가고 싶어?

B : 글쎄, 따뜻한 곳, 예를 들면 하와이 같은 데 말야.

용법　대리, 대용을 나타낼 때 쓴다.
비슷한 표현　〜をしないで(~을 하지 않고), (すること)をやめて(~하는 것을 그만두고)
접속　동사 보통형　명사 の　かわりに

A：つごうが悪いなら、山本さんのかわりに私が行きますよ。
B：すみません、お願いします。

A：사정이 여의치 않으면 야마모토 씨 대신에 제가 가겠습니다.
B：감사합니다, 부탁드립니다.

店の人：すみません、ワインはないのですが……。
客　　：じゃ、ワインのかわりにビールをお願いします。

점원：죄송합니다, 와인은 없습니다만…….
손님：그럼, 와인 대신에 맥주를 주세요.

용법　당연히 그렇게 될 것이라고 예상할 때 쓴다. 반대로 '~할 리가 없다'고 할 때는 「〜はずがない」라고 한다.
접속　동사 보통형　い형용사 보통형　な형용사 な　명사 の　はずだ
　　　あんな・こんな・そんな　はずだ

A：今日、田中君来るはずだよね。
B：うん、「来る」って言っていたからね。

A：오늘 다나카 군 당연히 오겠지.
B：응, 온다고 했으니까.

A：このブランドのバッグたった1,000円よ。
B：本物がそんなに安いはずがないよ。また、だまされたんだよ。

A：이 브랜드 가방 겨우 1,000엔이야.
B：진짜가 그렇게 쌀 리가 없어. 또 속은 거야.

용법　'~와 같이, ~대로'라는 뜻으로 주로 예상, 예측, 기대, 희망을 나타내는 말과 함께 쓰인다.

접속　동사 보통형　명사 の　とおり（に）/　명사　どおり（に）

Tip　부정형에는 붙지 않는다.

A：あ、雨が降り出した。
B：天気予報で言ってたとおりだ。

A：아, 비가 오기 시작했어.
B：일기예보에서 말한 대로야.

夫：このカレー、いつもの味と違うね。
妻：レシピのとおりに作ったんだけど。

남편：이 카레, 평소 맛과 다르네.
아내：레시피대로 만들었는데.

용법　'~할 생각이다'라는 뜻으로, 말하는 사람의 예정이나 계획을 나타낸다. '~할 생각이 없다'고
　　　할 때는 「～つもりはない」라고 한다.

비슷한 표현　～の予定だ(~할 예정이다)

접속　동사 보통형　동사 ない형　つもりだ

A：今度の日曜日何するの？
B：映画見に行くつもり。

A：이번 일요일에 뭐할 거야?
B：영화 보러 갈 생각이야.

A：一年後には会社を辞めるつもりなんだ。君は。
B：僕は定年まで辞めないつもりだよ。

A：1년 뒤에는 회사를 그만둘 생각이
　　야. 넌?
B：난 정년까지 그만두지 않을 생각이야.

용법　'～하다고 생각하고'라는 뜻으로 현실과는 다른 것을 생각하거나 가정할 때 쓴다.

접속　동사 た형　동사 ている형　い형용사 사전형　な형용사 な　명사 の　つもり

A：テストどうだった？
B：うん、できたつもりだったんだけど、悪かったよ。

A：시험 어땠어?
B：응, 잘 본 줄 알았는데, 못 봤어.

A：けがしちゃったんだって。
B：うん。若いつもりで階段を駆けおりて、ころんじゃったんだよ。

A：다쳤다며?
B：응. 젊은 줄 알고 계단을 뛰어내려가다 굴렀어.

용법　때를 나타내는 표현이다. 「とき」 앞에 '동사의 사전형'이 오면 '동작이 이루어지기 직전'을 나타내고, 「ている」형이 오면 '동작이 한창 진행 중일 때', 「た형」이 오면 '동작이 완료된 직후'를 나타낸다.

접속　동사 사전형　동사 ている형　동사 た형　とき

母：ご飯食べてるときは、テレビを見ちゃだめですよ。
子：え～、つまんないの。

엄마：밥 먹을 때는 텔레비전을 보면 안 돼.
아이：싫어～, 심심한걸.

A：そのサングラスかっこいいね。
B：ハワイに行ったとき、ワイキキ・ビーチで買ったんだ。

A：그 선글라스 멋지네.
B：하와이에 갔을 때 와이키키 해변에서 산 거야.

問題 1 つぎの文の（　　　）に入れるのに最もよいものを 1・2 から一つえらびなさい。

1　A：富士山に登ったことがある？

　　B：うん、（1　昨日　　2　5年ぐらい前）ね。

2　今のアパートは狭いので、（1　引っ越したい　　2　引っ越す）ことにした。

3　A：今度の日曜日、テニスの試合を見に行かない？

　　B：ごめん。友だちとドライブに（1　行きたい　　2　行く）ことになっているんだ。

4　A：宿題、もうやった？

　　B：ううん。今から（1　やろう　　2　やる）ところだよ。

5　A：事故の原因はもうわかりましたか。

　　B：いいえ、現在警察が調べている（1　こと　　2　ところ）だそうです。

6　A：何見てるの。サッカーか。どっちが勝ってるの。

　　B：マリーナズよ。今、2点目が入った（1　ところ　　2　わけ）だけど、勝負は
　　　　まだまだこれからよ。

7　A：新製品の評判はどう？

　　B：テレビと雑誌に宣伝を出した（1　ところ　　2　ように）、かなり売り上げが
　　　　伸びたよ。

정답　**1**②　**2**②　**3**②　**4**②　**5**②　**6**①　**7**①　　　　　　　　해석 **별책** p.20

問題 1 つぎの文の（　　　）に入れるのに最もよいものを 1・2 から一つえらびなさい。

1　A：　さっきの話、社長に聞かれちゃったかな。

　　　B：　うん。でも、社長の悪口を言っている（1　ところに　　2　ところで）社長が
　　　　　　来るなんてなあ。

2　A：　将来、世界中の恵まれない子供たちを救うために働きたいです。

　　　B：　（1　感心だね　　2　まあまあだね）。

3　今日の授業は教授が学会に参加したために（1　休講だったよ　　2　休講ではな
　　　いな）。

4　先生：　一日の勉強時間は（1　1時間だけ　　2　1時間も）ですか。大学生は
　　　　　　　もっと勉強するものですよ。

5　A：　それでレポートはどうしたんですか。

　　　B：　忙しかったもので……。ちょっと……（1　できたんです　　2　できなかった
　　　　　　んです）。

6　A：　テスト100点だった。昨日、偶然、同じ問題をやったんだ。

　　　B：　それでできたってわけだ。（1　すごいね　　2　当然だよね）。

7　A：　昨日の試合、負けた原因は彼だけにあるわけではないよ。

　　　B：　そうだよね。（1　他の選手が悪いよ　　2　他の選手も悪いよ）。

問題 1 つぎの文の（　　）に入れるのに最もよいものを 1・2 から一つえらびなさい。

1　A：明日、出発は6時だからね。寝坊しないようにね。

　　B：（1　いいえ　　2　わかった）。

2　A：うそのような本当の話なんですよ。

　　B：（1　うそなんですね　　2　本当なんだ）。

3　A：海のかわりにプールへ行こう。

　　B：そうだね。今日は（1　プールだね　　2　海だね）。

4　A：今日は水曜日だから、すし屋やってるはずだよ。

　　B：（1　じゃ、今日はすしだ　　2　残念、食べたかったのに）。

5　A：私が説明するとおりに、パソコンのキーを押してください。

　　B：はい、（1　説明しました　　2　押しました）。

6　A：来年国に帰るつもりなんだ。

　　B：そう、（1　もう帰ったんだ　　2　さびしくなるね）。

7　A：「結婚する」なんて言ったつもりないけど。

　　B：「する」って、たしかに（1　言ったよ　　2　言わなかったよ）。

8　食べるときに（1　ごちそうさま　　2　いただきます）と言います。

問題 2 つぎの文の＿★＿に入る最もよいものを、1・2・3・4から一つえらびなさい。

1 子どもの時、＿＿＿＿ ＿＿＿＿ ＿★＿ ＿＿＿＿ んですよ。

    1 何か月も   2 ことがある   3 病気で   4 入院した

2 雨が降っているから、どこにも ＿＿＿＿ ＿＿＿＿ ＿★＿ ＿＿＿＿ んだけど、退屈だな。

    1 うちに   2 ことにした   3 いる   4 出掛けないで

3 友達の結婚式で ＿＿＿＿ ＿＿＿＿ ＿★＿ ＿＿＿＿ ので、今からドキドキしているんだ。

    1 スピーチを   2 ことになっている

    3 する   4 お祝いの

4 ＿＿＿＿ ＿＿＿＿ ＿★＿ ＿＿＿＿ ですから、一緒に食べませんか。

    1 ところ   2 食べる   3 今から   4 晩ごはんを

5 これ、いいでしょう。＿＿＿＿ ＿＿＿＿ ＿★＿ ＿＿＿＿ 写真なんですよ。

    1 撮った   2 ところを   3 みんなで   4 歌っている

6 もしもし、＿＿＿＿ ＿＿＿＿ ＿★＿ ＿＿＿＿ から、あと20分くらいでそっちに着くよ。

    1 今   2 ところだ   3 降りた   4 電車を

7 胃の調子が悪いので ＿＿＿＿ ＿＿＿＿ ＿★＿ ＿＿＿＿、食べすぎだと言われた。

    1 ところ   2 病院で   3 もらった   4 検査して

8 友だちに ＿＿＿＿ ＿＿＿＿ ＿★＿ ＿＿＿＿ 電話がかかってきた。

    1 ところへ   2 かけようとした

    3 友だちから   4 電話を

정답 1④ 2③ 3③ 4② 5② 6③ 7③ 8①   해석 별책 p.21

問題 2 つぎの文の__★__に入る最もよいものを、1・2・3・4から一つえらびなさい。

1　_____　_____　_★_　_____や道路の整備をしなければならない。

　　1　競技場の　　　2　オリンピックの　3　建設　　　4　ために

2　松本さんは _____　_____　_★_　_____、どうも卒業できそうもないらしいよ。

　　1　点が　　　　2　ために　　　3　英語の　　　4　悪かった

3　常識のある人は _____　_____　_★_　_____。

　　1　ことは　　　　2　しない　　　3　ものだ　　　4　そんな

4　明日は _____　_____　_★_　_____……。準備しなければならないので、
まだ帰れないんですよ。

　　1　会議が　　　2　もので　　　3　重要な　　　4　ある

5　大地震があったんだ。それで _____　_____　_★_　_____。

　　1　特別番組が　　　　　　2　各局で

　　3　わけだ　　　　　　　　4　放送されている

6　携帯は持っていますが、_____　_____　_★_　_____。

　　1　機能が　　　2　使える　　　3　すべての　　　4　わけではありません

7　このコンサートホールは、どの席 _____　_____　_★_　_____ 設計されて
います。

　　1　楽しめる　　　2　きれいな音が　　3　からでも　　　4　ように

問題 2　つぎの文の___★___に入る最もよいものを、1・2・3・4から一つえらびなさい。

1　あの山は ___　___ ___　___ ___★___ ___　___、「船山」とよばれているんですよ。

　　　1　しているので　　2　ような　　　　3　形を　　　　　4　船の

2　僕は歌が下手だから、___　___ ___　___ ___★___ ___　___。

　　　1　かわりに　　　　2　手品を　　　　3　歌う　　　　　4　します

3　このコンピューターソフトには ___　___ ___　___ ___★___ ___　___。

　　　1　追加されている　　　　　　　　2　新しい

　　　3　はずだ　　　　　　　　　　　　4　機能が

4　悪天候の影響で、___　___ ___　___ ___★___ ___　___。

　　　1　進まなかった　　　　　2　予定

　　　3　その工事は　　　　　　4　どおりに

5　この絵は祖母が大切にしていたものなので、___　___ ___　___ ___★___ ___　___ あり
ません。

　　　1　つもりは　　　2　いくら　　　3　売る　　　4　高くても

6　彼はその事件に ___　___ ___　___ ___★___ ___　___ いたが、実は何も知らなかっ
たんだ。

　　　1　すべてを　　　2　つもりで　　　3　ついて　　　4　知っている

7　この ___　___ ___　___ ___★___ ___　___ は、管理組合の許可をもらわなければな
りません。

　　　1　ペットを　　　2　とき　　　3　飼う　　　4　マンションでは

정답　1③　2②　3①　4④　5③　6④　7③　　　　　　　　　　해석 별책 p.21

지금부터 소개하는 19개의 문형들은 특정 활용형이 아니라 두 개 이상의 활용형에 접속하는 것들이다. 잘 기억해 두었다가 올바른 문장 배열을 묻는 문제2 유형(문장 완성)에서 활용해 보자.

POINT 56 ～うちに ～하는 사이에, ～하는 중에

용법 '～하는 사이에 …되었다'라는 뜻으로 변화를 나타낼 때 쓴다.

접속 동사 사전형   동사 ている형   동사 ない형   うちに

A： 運転しているうちに、眠くなってきちゃったよ。
B： じゃ、今度は私が運転するから、交替して。

A : 운전하는 중에 졸음이 오기 시작했어.
B : 그럼 이번에는 내가 운전할 테니까 교대해.

A： スノボー、何回やっても転んでばかりで、うまく滑れないよ。
B： 大丈夫。そうやって転んでいるうちに、上手になるんだよ。

A : 스노보드, 몇 번을 타도 넘어지기만 하고 잘 못 타겠어.
B : 괜찮아. 그렇게 넘어지는 사이에 잘 타게 되는 거야.

POINT 57 ～うちに ～하기 전에 (～하다), ～일 때 (～하다)

용법 '～하기 전에 …하다, 그 기간 중에 …하다'라는 뜻으로, 상황이 바뀌기 전에 무언가를 한다는 표현이다.

접속 동사 사전형   동사 ている형   동사 ない형   い형용사 사전형   な 형용사 な   명사 の   うちに

Tip 과거형에는 붙지 않는다.

A： 雨が降りそうだね。
B： うん。雨が降らないうちに、早く帰ろうよ。

A : 비가 올 것 같네.
B : 응. 비가 오기 전에 빨리 돌아가자.

妻：子供が寝ているうちに、家事をやってしまわないと。
夫：そうだね。起きてしまったら、子供の世話で大変だからなあ。

아내 : 아이가 자고 있을 때 집안일을 해치워야 해요.
남편 : 그렇지. 깨면 아이 돌보느라 힘드니까.

용법　〜의 도움이 있어서 좋은 결과가 되었다'는 뜻으로 좋은 결과가 된 이유를 나타낸다. 나쁜 결과를 나타낼 때도 쓰는데, 이때는 '〜때문에'라는 뜻이다.

비슷한 표현　〜ので(〜해서), 〜から(〜니까)

접속　동사 보통형　い형용사 보통형　な 형용사 な　명사 の　おかげで / おかげだ

A：塾の先生の教え方が良かったおかげで、子供の成績が上がったの。

B：じゃ、うちの子も行かせようかな。

A : 학원 선생님의 교수법이 좋은 덕분에 아이 성적이 올랐어.

B : 그럼 우리 애도 보내볼까?

A：この地方の食べ物、おいしいね。

B：ここでおいしい米や野菜がとれるのは、水が豊富なおかげだよ。

A : 이 지방 음식, 맛있네.

B : 여기서 맛있는 쌀과 채소를 수확할 수 있는 것은 물이 풍부한 덕분이야.

용법　'〜하는 나쁜 경향이 있다, 자주 〜된다'라는 뜻으로, 나쁜 상태가 되는 경향이 있음을 나타낸다.

비슷한 표현　〜っぽい(〜의 경향이 강하다), 〜やすい(〜하기 쉽다)

접속　동사 ます형　명사　がち

A：最近、野菜が不足しがちなんだよね。

B：外食ばかりしてると、どうしてもそうなるね。

A : 요즘 채소가 자주 부족해지는 것 같아.

B : 외식만 하면 아무래도 그렇게 되지.

息子：僕、子供の頃はどんな子供だったの？

父　：体が弱くて病気がちだったよ。よく病院に行ってたなあ。

아들 : 저, 어렸을 때는 어떤 아이였어요?

아빠 : 몸이 약해서 툭하면 아팠어. 자주 병원에 다녔지.

용법　'~인 주제에'라는 뜻으로 비난이나 비판, 경멸할 때 쓰는 표현이다. 불만스러운 심정을 나타낸다.

비슷한 표현　～のに(~인데)

접속　동사 보통형　い형용사 보통형　な 형용사 な　명사 の　くせに

A：風邪、悪くなっちゃったよ。

B：熱があるくせに、サーフィンなんかするからよ。

A : 감기, 더 심해졌어.

B : 열이 있는데도 서핑 같은 걸 하니까 그렇지.

A：会社の先輩、暇なくせに、全然仕事を手伝ってくれないんだよ。

B：それはひどいね。

A : 회사 선배, 한가한데도 전혀 일을 도와주지 않아.

B : 그건 좀 심하네.

용법　어떤 조건만 충족되면 다른 것이 완전해진다는 표현이다.

접속　동사 ます형　い형용사 く　な형용사 に　명사　さえ…ば
な형용사 어간　명사　でさえあれば / 동사 て형　さえいれば

患者：私、どこか悪いんですか。

医者：ただの疲れです。薬を飲んでゆっくり休みさえすれば、よくなりますよ。

환자 : 저, 어딘가 안 좋은가요?

의사 : 단순한 피로예요. 약 먹고 푹 쉬기만 하면 좋아질 겁니다.

子供：今日、友達と映画を見に行ってもいい？

母親：あまり遅くさえならなければ、いいよ。

아이 : 오늘, 친구랑 영화 보러 가도 돼요?

엄마 : 너무 늦지만 않는다면 괜찮아.

용법 '~하게 하다, ~시키다'라는 뜻으로, 다른 사람에게 행위를 강제하거나 허가할 때 쓴다.

접속 〈Aは…を〉＋ [1그룹동사 a단] せる・[2그룹동사 어간] させる
〈AはBに…を〉＋ [1그룹동사 a단] せる・[2그룹동사 어간] させる

妻：ねえ、たけしの成績、どんどん悪くなってるの。
夫：困ったなあ。じゃ、嫌がっても、あの子を塾に
　　行かせるか。〈강제〉

아내 : 여보, 다케시 성적, 점점 나빠지고 있어요.
남편 : 곤란하군. 그럼 싫어하더라도 쟤를 학원에 가게 할까?

客　：あのう、部屋にタオルがないんですが。
受付：申し訳ございません。ただ今、係の者にタオル
　　　を持って行かせます。

손님　 : 저, 방에 수건이 없는데요.
프런트 : 죄송합니다. 지금 바로 담당자에게 수건을 가져가게 하겠습니다.

용법 '억지로 ~하다, 어쩔 수 없이 ~하다, ~를 당하다'라는 뜻으로, 자의가 아니라 타인의 명령 등으로 강제적으로 무언가를 해야 하는 것을 나타낸다.

접속 〈AはBに～せる・させる〉→〈BはAに～せられる・させられる〉
〈AはBに…を～せる・させる〉→〈BはAに…を～せられる・させられる〉

Tip 「～せられる」는「される」로 쓸 수 있다.

客　　：あのう、部屋にタオルがないんですが。
受付　：申し訳ございません。ただ今、係の者にタオ
　　　　ルを持って行かせます。
係の人：また、部屋にタオルを持って行かされるんだ。
　　　　これで、3回目だぞ。

손님　 : 저, 방에 수건이 없는데요.
프런트 : 죄송합니다. 지금 바로 담당자에게 수건을 가져가게 하겠습니다.
담당자 : 또 방에 수건을 가져가란다. 이걸로 세 번째야.

A：山田さんの会社、経営が困難になって、社員が
　　何人も辞めさせられたそうだよ。
B：大変だね。山田さんは大丈夫かなあ。

A : 야마다 씨네 회사, 경영이 곤란해져서 사원이 몇 명이나 그만두게 됐대.
B : 큰일이네. 야마다 씨는 괜찮을까?

용법 '～하고 싶습니다, ～하게 해 주세요'라는 뜻으로, 부탁하거나 허가를 구할 때 쓰는 공손 표현이다.

비슷한 표현　사역동사 て형 てもらえますか,　사역동사 て형 てくれますか
　　사역동사 て형 てくださいますか

A：あのー、ちょっと体の調子が悪いので、早退させていただけませんか。

B：もちろんいいけど、大丈夫？ お大事にね。

A：저, 몸이 좀 안 좋아서요. 조퇴하고 싶은데요.

B：물론 되는데, 괜찮아? 몸조심해.

A：その仕事、ぜひ私にさせていただきたいんですが……。

B：うーん、でも、もう担当者が決まってるんだよ。悪いね。

A：그 일, 꼭 제가 하고 싶습니다만…….

B：음～, 하지만 이미 담당자가 정해졌어. 미안하네.

용법 '～이 원인으로 나쁜 결과가 되었다'는 뜻으로, 나쁜 결과가 된 이유를 나타낸다. 책임 전가의 의미도 있다.

비슷한 표현　～ので(～므로), ～から(～니까)

접속　동사 보통형　い형용사 보통형　な 형용사 な　명사 の　せいで

A：最近、仕事が忙しいせいで、ずっと彼に会ってないし、電話もしてないの。

B：それって、やばいよ、今すぐ電話しなよ。

A：요즘 일이 바빠서 줄곧 그를 만나지 못하고 전화도 못하고 있어.

B：그거 위험해, 지금 당장 전화해.

A：夫の収入が不安定なせいで、将来の生活が心配なんだよね……。

B：じゃ、パートでも始めてみたら。

A：남편 수입이 불안정하기 때문에 장래 생활이 걱정이야…….

B：그럼 아르바이트라도 시작해 보는 게 어때?

용법　'〜라고 한다'는 뜻으로, 듣거나 읽은 정보를 다른 사람에게 있는 그대로 전달할 때 쓴다.

접속　동사 보통형　い형용사 보통형　な형용사 보통형　명사 보통형　そうだ

A：本で読んだんだけど、毎日30分ぐらいのウォーキングは体にいいそうだよ。

B：そうなんだ。じゃ、私も始めてみようかな。

A : 책에서 읽은 건데, 매일 30분 정도 걷는 것은 몸에 좋대.

B : 그렇구나. 그럼 나도 시작해 볼까?

A：今朝のニュースによると、会社の近くで火事があったそうだけど、けが人は一人もいなかったそうだよ。

B：へえ。全然知らなかったよ。

A : 오늘 아침 뉴스에 따르면, 회사 근처에서 화재가 났다는데, 다친 사람은 한 명도 없었대.

B : 저런. 전혀 몰랐어.

용법　① (동사에 붙어) 변화가 일어나기 직전의 상태나 장래를 예측할 때 쓴다.
　　　② (형용사에 붙어) 겉모습으로 상태나 인상을 판단할 때 쓴다.

비슷한 표현　〜ようだ(〜것 같다), 〜らしい(〜것 같다)

접속　동사 ます형　い형용사 어간　な형용사 어간　そうだ

Tip　1. 「ない」에 붙을 때는 「なさそうだ」, 「いい・よい」에 붙을 때는 「よさそうだ」가 된다.
　　　2. 명사는 「日本人のようだ」, 「日本人らしい」 형태만 쓴다.

A：あ、そこの電球が切れそうだから、新しいのと取り替えて。

B：うん、わかった。

A : 아, 거기 전구가 나갈 것 같으니까 새걸로 바꿔 줘요.

B : 응, 알았어.

A：わあ、おいしそうなケーキ。

B：食べてみて。これ、本当においしいのよ。

A : 우와, 맛있어 보이는 케이크.

B : 먹어 봐. 이거, 정말 맛있는 거야.

용법　'~은 전부, ~라는 범위는 모두'라는 뜻으로 정도를 강조하는 표현이다.

비슷한 표현　～限^{かぎ}り (~한)

접속　동사 보통형　い형용사 보통형　な형용사 な　だけ

Tip　명사나 부정형에는 붙지 않는다.

A：ホテルのランチバイキングはどうだった？

B：よかったよ。好^すきなだけ食^たべて、たったの1,500円^{えん}だったから。

A : 호텔 점심 뷔페는 어땠어?

B : 좋았어. 원하는 만큼 먹고 겨우 1,500엔이었으니까.

A：環境^{かんきょう}のことを考^{かんが}えて、何^{なに}かしてる？

B：うん。できるだけリサイクル活動^{かつどう}に協力^{きょうりょく}するようにしてるよ。

A : 환경을 생각해서 뭔가 하고 있어?

B : 응. 가능한 한 재활용 활동에 협력하도록 하고 있어.

용법　'만약 ~라도 …다, 이러한 경우라도 …다'라는 뜻으로, 가정한 조건에서 어떤 일이 결정적, 절대적인 것을 나타낸다.

접속　たとえ　동사 て형　い형용사 て형　ても
たとえ　な형용사 어간　명사　でも

A：彼^{かれ}って、授業時間^{じゅぎょうじかん}に間^まに合^あったことないよね。

B：うん。たとえ大学^{だいがく}の近^{ちか}くに住^すんでいても、彼^{かれ}は授業^{じゅぎょう}に遅刻^{ちこく}するよ。

A : 그는 수업 시간에 제때 온 적 없지?

B : 응. 설령 대학 근처에 살더라도 그는 수업에 지각할 거야.

A：この子^こは頭^{あたま}がいいね。

B：うん。たとえ大学生^{だいがくせい}レベルの問題^{もんだい}でも、簡単^{かんたん}に解^とけるんじゃないかな。

A : 이 아이는 머리가 좋네.

B : 응. 설령 대학생 수준의 문제라도 간단히 풀 수 있지 않을까?

용법　'~일 때는 언제나'라는 뜻으로 매회를 나타낸다.

비슷한 표현　〜ごとに（~마다）, 〜たんび（に）（~때마다）

접속　[동사 사전형]　[명사 の]　たび（に）

A ： あの二人、本当に仲が悪いね。

B ： うん、顔を合わせるたびに、喧嘩をしているよ。

A : 저 두 사람, 진짜로 사이가 안 좋네.

B : 응, 얼굴을 마주칠 때마다 싸워.

両親は海外旅行のたびに、各地でお土産を買ってきてくれるんだ。

부모님은 해외여행을 할 때마다 각지에서 기념품을 사다 주신다.

용법　'~하는 기회에 다른 ~도 한다'라는 뜻으로 예정한 일 이외의 다른 것도 한다는 표현이다.

접속　[동사 사전형]　[동사 た형]　[명사 の]　ついでに

A ： 大阪へ出張したついでに、おじさんの家に寄ってみたんだ。

B ： そう。みんな、元気だった？

A : 오사카에 출장 간 김에 삼촌 댁에 들러 봤어.

B : 그래. 다들 잘 계셔?

A ： 今から買い物に行ってくるよ。

B ： じゃ、買い物のついでに、クリーニング屋でワイシャツを取って来て。

A : 지금부터 장 보러 갔다 올게.

B : 그럼, 장 보는 김에 세탁소에서 와이셔츠 좀 찾아와.

용법 '~는 않고 오히려 …다'라는 뜻으로, 사실이 예상했던 것과 다름을 나타낸다.

비슷한 표현   〜どころではなく (~할 상황이 아니라),

　　　　　　　　〜ではなく、ほんとうは… (~가 아니라 사실은…)

접속 [동사 보통형] [い형용사 보통형] [な 형용사 な] [명사] どころか

A：山田さんの病気、手術したから、よくなったんでしょう。

B：いや。よくなる**どころか**、どんどん悪くなってる
　　らしいよ。

A : 야마다 씨 병, 수술했으니까 좋아졌
　　겠지?

B : 아니. 좋아지기**는커녕**, 점점 더 나
　　빠지고 있대.

A：この前買った本、面白かった？

B：いや、面白い**どころか**、くだらなすぎて途中で読
　　むのを止めちゃったよ。

A : 지난번에 산 책, 재미있었어?

B : 아니, 재밌기**는커녕** 너무 지루해서
　　도중에 읽다 말았어.

용법 '~은 물론, 더 대단한 정도의 …도'라는 뜻으로, 예상보다 사실이 더 정도가 높음을 나타낸다.

비슷한 표현   〜どころではなく (~할 상황이 아니라)

접속 [동사 보통형] [い형용사 보통형] [な 형용사 어간] [명사] どころか

A：世界には貧しい子供達が大勢いるよね。

B：うん、そうだよ。学校に行く**どころか**、食べる物
　　もなくて、亡くなってしまう子供もいるんだよ。

A : 세계에는 가난한 아이들이 많이 있
　　네.

B : 응, 맞아. 학교에 가는 **건 물론이거
　　니와** 먹을 것도 없어서 죽어 버리
　　는 아이도 있어.

A：田中さんって、もう彼いるのかな。

B：何言ってるの。彼**どころか**、ご主人と３人の子供
　　までいるよ。

A : 다나카 씨는 이제 남자 친구 있으
　　려나?

B : 무슨 소리 하는 거야. 남자 친구**는
　　물론이거니와** 남편과 세 아이까지
　　있다고.

용법　'~하는 게 당연하다'는 뜻으로 강하게 확신하거나 예측할 때 쓰는 단정 표현이다.

비슷한 표현　～に違いない(~임에 틀림없다), 絶対そうだ(절대 그렇다)

접속　동사 보통형　い형용사 보통형　な형용사 어간　명사　に決まっている

A： 彼、まだ来ないね。ここの地図、書いてあげたん
だけど。

B： また、どこかで迷ったに決まっているよ。あいつ、
方向音痴だから。

A : 그 사람 아직 안 오네. 여기 지도 그려 주긴 했는데.

B : 또 어디선가 틀림없이 헤매고 있을 거야. 그 녀석, 방향치니까.

A： 友達に教えてもらったレストランの料理、おいし
いかなあ。

B： おいしいに決まっているよ。

A : 친구가 가르쳐 준 레스토랑의 요리, 맛있으려나?

B : 당연히 맛있겠지.

問題 1 つぎの文の（　　　）に入れるのに最もよいものを 1・2 から一つえらびなさい。

1 日本料理はあまりおいしいとは思わなかったけど、（1　何度も　　2　一度）食べているうちに、好きになってきた。

2 スーパーが閉まらないうちに、急いで（1　買い物しよう　　2　家へ帰ろう）。

3 A：毎日練習したおかげで、サッカーの試合に（1　勝てた　　2　勝ちたい）よ。
B：本当によく頑張ったね。

4 朝晩のラッシュ時は道路が（1　すいている　　2　込んでいる）ため、バスが遅れがちになる。

5 （1　私　　2　彼）はお金もないくせに、海外旅行に行きたがる。

6 あいつさえいなければ、（1　こまるのに　　2　いいのに）。

7 宿題をしたがらない娘に宿題を（1　してもらい　　2　させ）ました。

8 昨日は休みだったのに、（1　私　2　上司）に出勤させられて、仕事を手伝わされた。

9 A：そのパソコン、ちょっと（1　使って　　2　使わせて）いただけませんか。
B：ええ、どうぞ。

10 A：眠そうだね。
B：うん。寝る前にコーヒーを飲んだせいで、（1　よく眠れた　　2　全然眠れなかった）んだ。

정답 1① 2① 3① 4② 5② 6② 7② 8② 9② 10②

해석 별책 p.22

問題 1 つぎの文の（　　　）に入れるのに最もよいものを 1・2 から一つえらびなさい。

1 先生から聞いたんですが、明日の試合は（1　中止だ　　2　中止）そうですよ。

2 あの人は（1　きれい　　2　頭がよさ）そうです。

3 母親： あの子に、もうお金やらない方がいいわね。
　　父親： うん。お金を持っていたら、持っているだけ（1　少しずつ　　2　全部）
　　　　　使ってしまうからなあ。

4 たとえ給料が（1　高く　　2　安く）ても、興味が持てない仕事はしたくない。

5 A： 山田先生って、親切でいいよね。
　　B： うん。学生から質問があるたびに、（1　たまに　　2　いつも）丁寧にわかり
　　　　やすく答えてくれるからね。

6 自分の部屋を掃除するついでに、（1　妹の部屋を掃除してやった　　2　掃除機を持っ
て来た）。

7 A： 週末はゆっくり休めた？
　　B： ううん。子供の世話をさせられて休むどころか、（1　とてもリラックスでき
　　　　た　　2　すごく忙しくて疲れちゃった）よ。

8 A： 台風で電車遅れたでしょう。
　　B： 遅れるどころか、（1　遅れ気味でした　　2　止まっちゃったんです）。

9 彼女が山田さんの妹に決まってるよ。（1　顔がとても似ている　　2　妹かもしれな
い）から。

問題 2 つぎの文の＿★＿に入る最もよいものを、1・2・3・4から一つえらびなさい。

1 妻： 遅かったわね。どうしたの？

夫： ＿＿＿＿ ＿＿＿＿ ＿★＿ ＿＿＿＿ 、寝ちゃって乗り過ごしちゃったんだよ。

　　　1 いる　　　　　2 電車に　　　　　3 うちに　　　　　4 乗って

2 大切な ＿＿＿＿ ＿＿＿＿ ＿★＿ ＿＿＿＿ 、今日の会議は終了してしまった。

　　　1 決まらない　　　2 何も　　　　　3 うちに　　　　　4 ことが

3 世界中の人と簡単に ＿＿＿＿ ＿＿＿＿ ＿★＿ ＿＿＿＿ 、仕事が楽になった。

　　　1 インターネットの　　　　　2 できる

　　　3 交流　　　　　　　　　　　4 おかげで

4 A： 山田さんって、初めて会った ＿＿＿＿ ＿＿＿＿ ＿★＿ ＿＿＿＿ がちだよね。

B： うん。でも、実はとても優しいよね。

　　　1 人だと　　　　　2 怖い　　　　　3 思われ　　　　　4 人に

5 ＿＿＿＿ ＿＿＿＿ ＿★＿ ＿＿＿＿ 、兄は仕事もせずに毎日遊んでばかりいる。

　　　1 くせに　　　　　2 の　　　　　3 30歳　　　　　4 もう

6 親は子供が ＿＿＿＿ ＿＿＿＿ ＿★＿ ＿＿＿＿ 、他には何も望まないものだよね。

　　　1 育てば　　　　　2 元気で　　　　　3 さえ　　　　　4 丈夫に

7 部下： 部長、山田さんが病気で休んで、会議に出られなくなりました。

部長： じゃ、彼の ＿＿＿＿ ＿＿＿＿ ＿★＿ ＿＿＿＿ 。

　　　1 出席させ　　　　2 田中君を　　　　3 なさい　　　　4 代わりに

정답　1①　2①　3①　4①　5②　6③　7①　　　　　　　　해석 별책 p.22

問題 2 つぎの文の＿★＿に入る最もよいものを、1・2・3・4から一つえらびなさい。

1 A： 先日、売り場の店員に必要 ＿＿＿ ＿＿＿ ＿★＿ ＿＿＿ の。

　　B： えー、そうなんだ。店員って客に商品を買わせようと必死だからね。

　　　　1 物まで　　　　　2 しまった　　　　3 買わされて　　　4 じゃない

2 A： 先日お願いした仕事、やってもらえますか。

　　B： あのー、そのことなんですが、もう＿＿＿ ＿＿＿ ＿★＿ ＿＿＿ んですが。

　　　　1 少し　　　　　　2 いただき　　　　3 たい　　　　　　4 考えさせて

3 昨日の晩、＿＿＿ ＿＿＿ ＿★＿ ＿＿＿ 、ぜんぜん試験勉強ができなかっ

　　たんだ。

　　　　1 来られた　　　　2 とつぜん　　　　3 友達に　　　　　4 せいで

4 A： 松本さんが ＿＿＿ ＿＿＿ ＿★＿ ＿＿＿ そうですよ。

　　B： やっぱり、うそだったんだね。

　　　　1 という　　　　　2 結婚する　　　　3 本当じゃない　　4 話は

5 A： うわ〜、すごい渋滞。

　　B： 今日は家に着くまでかなり ＿＿＿ ＿＿＿ ＿★＿ ＿＿＿ するよ。

　　　　1 かかり　　　　　2 気が　　　　　　3 そうな　　　　　4 時間が

6 A： 昨日、授業に間に合ったの？

　　B： うん。自転車に飛び乗って、自転車の ＿＿＿ ＿＿＿ ＿★＿ ＿＿＿ 、

　　大急ぎで行ったから。

　　　　1 だけ　　　　　　2 出して　　　　　3 スピードを　　　4 出せる

問題 2　つぎの文の＿★＿に入る最もよいものを、1・2・3・4から一つえらびなさい。

1　A：飛行機なら、東京から大阪まで1時間で行けるかなあ。
　　B：羽田空港まで行く時間もあるから、＿＿＿＿　＿＿＿＿　＿★＿　＿＿＿＿だと
　　　　思うよ。

　　　　　1　無理　　　　　2　飛行機　　　　3　たとえ　　　　4　でも

2　＿＿＿＿　＿＿＿＿　＿★＿　＿＿＿＿子供に買わされるから、大変なんだよ。

　　　　　1　ゲームソフトが　　　　　　　　2　新しい

　　　　　3　たびに　　　　　　　　　　　　4　発売される

3　美容院で　＿＿＿＿　＿＿＿＿　＿★＿　＿＿＿＿、シャンプーを買った。

　　　　　1　もらった　　　　2　切って　　　　3　ついでに　　　　4　髪を

4　彼は　＿＿＿＿　＿＿＿＿　＿★＿　＿＿＿＿、失敗をくりかえしても平気な顔をして
　　いるんだよ。

　　　　　1　失敗を　　　　2　自分の　　　　3　どころか　　　　4　反省する

5　A：彼女、英語話せたっけ。
　　B：仕事でいろいろな所に住んでたから、＿＿＿＿　＿＿＿＿　＿★＿　＿＿＿＿
　　　　なんかも話せるんだよ。

　　　　　1　英語　　　　　2　タイ語や　　　3　どころか　　　　4　ロシア語

6　A：あの二人、今すぐにでも結婚したいらしいよ。
　　B：でも、まだ学生だから、＿＿＿＿　＿＿＿＿　＿★＿　＿＿＿＿よ。

　　　　　1　決まってる　　2　されるに　　　3　親に　　　　　　4　反対

일본어의 경어는 행동의 주체와 대상에 따라 존경 표현과 겸양 표현, 정중 표현으로 나뉜다.

1. 존경 표현

존경어는 윗사람(직장 상사나 다른 회사 사람, 선생님, 연장자 등)이나 잘 모르는 사람 등이 하는 행위에 대해 말할 때 쓴다. 따라서 이 문장의 주어는 '윗사람'이다.

(1) 존경 동사

다음과 같은 방법으로 동사를 존경형으로 만들 수 있다.

★ **동사의 존경형** (수동형 만들기와 같다.)

동사 종류	만드는 법	예	존경형 만들기
1그룹동사 (5단동사)	어미 あ단+れる	書く 読む	書か+れる ⇒ 書かれる 読ま+れる ⇒ 読まれる
2그룹동사 (1단동사)	어미 る 떼고+られる	教える とめる	教える+られる ⇒ 教えられる とめる+られる ⇒ とめられる
3그룹동사 (불규칙동사)	불규칙 활용	来る する	来られる される

(2) お+동사 ます형+になります　～하십니다

윗사람의 행위를 높여 말할 때 쓴다.

先生は毎月、本を何冊もお読みになるそうです。

선생님은 매달 책을 몇 권이나 읽으신다고 합니다.

> **Tip**
> ます 앞이 히라가나 한 글자로 된 동사일 때는 이 형태를 쓸 수 없다.
>
> 見ます： × お見になります　→　○ ごらんになります
> 寝ます： × お寝になります　→　○ お休みになります
> 来ます： × お来になります　→　○ いらっしゃいます
> します： × おしになります　→　○ なさいます

(3) お+동사 ます형+ください　～해 주세요

윗사람에게 공손하게 부탁할 때 쓴다.

ここで、しばらく<ruby>お待<rt>ま</rt></ruby>ちください。 여기서 잠시 기다려 주세요.

どうぞ、こちらにおかけください。 어서 이쪽에 앉으세요.

(4) ～てくださいます　～해 주십니다

「～てくれます」의 존경 표현이다.

<ruby>先生<rt>せんせい</rt></ruby>が<ruby>資料<rt>しりょう</rt></ruby>を<ruby>送<rt>おく</rt></ruby>ってくださいました。 선생님께서 자료를 보내 주셨습니다.

(5) ～(さ)せてくださいます　～하게 해 주십니다

「～(さ)せてくれます」의 존경 표현이다.

<ruby>課長<rt>か ちょう</rt></ruby>が１<ruby>週間<rt>しゅうかんやす</rt></ruby>休ませてくださいましたので、すっかり<ruby>元気<rt>げん き</rt></ruby>になりました。
과장님이 일주일간 쉬게 해 주셔서 완전히 건강해졌습니다.

2. 겸양 표현

겸양어는 자기 자신이나 자기 그룹의 사람(가족, 동료 등)이 하는 행위에 대해 말할 때 쓰며, 자신(자기 그룹)이 아래라는 인상을 준다. 따라서 이 문장의 주어는 '자기 자신'이나 '자신의 그룹 사람'이다.

(1) お/ご+동사 ます형+します/いたします　～해 드리겠습니다, (제가) ～하겠습니다

「します」의 겸양 표현이다.

<ruby>重<rt>おも</rt></ruby>い<ruby>荷物<rt>に もつ</rt></ruby>は<ruby>私<rt>わたし</rt></ruby>が<ruby>お持<rt>も</rt></ruby>ちします。 무거운 짐은 제가 들어 드리겠습니다.

コートはこちらでおあずかりいたします。 코트는 이쪽에서 맡아 드리겠습니다.

Tip

1. ます 앞이 히라가나나 한 글자로 된 동사일 때는 이 형태를 쓰지 못하는 경우가 많다.

   <ruby>見<rt>み</rt></ruby>ます： ✕ お見します　→　〇 <ruby>拝見<rt>はいけん</rt></ruby>します

   します： ✕ おしします　→　〇 いたします

   <ruby>来<rt>き</rt></ruby>ます： ✕ お来します　→　〇 まいります

2. 「します」앞이 する동사 일 때는「お」가 아니라「ご」를 쓴다.

   <ruby>明日<rt>あす</rt></ruby><ruby>ご連絡<rt>れんらく</rt></ruby>いたします。 내일 연락드리겠습니다.
   <ruby>結果<rt>けっ か</rt></ruby>はすぐに<ruby>ご報告<rt>ほうこく</rt></ruby>します。 결과는 바로 보고드리겠습니다.

(2) 동사 て형+ていただきます　~해 받습니다, (다른 사람이) ~해 줍니다

「~てもらいます」의 겸양 표현이다.

先輩にレポートの書き方を教えていただきました。
선배한테 리포트 작성법을 배웠습니다.

先生に辞書を貸していただきました。
선생님께서 사전을 빌려 주셨습니다.

(3) ~(さ)せていただきます　(제가) ~하겠습니다

「~(さ)せてもらいます」의 겸양 표현이다.

風邪を引いたようなので、今日は帰らせていただきます。
감기에 걸린 것 같으니 오늘은 돌아가겠습니다.

この部屋を使わせていただいてもよろしいですか。
이 방을 써도 될까요?

(4) 동사의 て형+ております　~하고 있습니다

「~ています」의 겸양 표현이다.

先月から大阪で仕事をしております。　지난달부터 오사카에서 일을 하고 있습니다.

大学で研究を続けております。　대학에서 연구를 계속하고 있습니다.

3. 정중 표현

정중어는 위, 아래에 관계없이 공손하게 표현할 때 쓴다.

(1) ~がございます　~이 있습니다

「~があります」의 공손한 표현이다.

こちらに新しい商品がございますので、ごらんください。
이쪽에 새로운 상품이 있으니 봐 주십시오.

(2) ~でございます　~입니다

「~です」의 공손한 표현이다.

私がこの店の店長でございます。
제가 이 가게의 점장입니다.

4. 특별 경어 동사　단어 자체에 존경이나 겸양의 의미가 들어 있는 동사를 말한다.

기본 표현	존경 표현	겸양 표현
行きます(갑니다)	いらっしゃいます おいでになります (가십니다)	まいります (갑니다)
来ます(옵니다)	いらっしゃいます おいでになります お越しになります (오십니다)	まいります (옵니다)
います(있습니다)	いらっしゃいます (계십니다)	おります (있습니다)
します(합니다)	なさいます(하십니다)	いたします(합니다)
見ます(봅니다)	ごらんになります(보십니다)	拝見します(봅니다)
言います (말합니다)	おっしゃいます (말씀하십니다)	申し上げます(말씀 올립니다) 申します(말합니다)
食べます(먹습니다) 飲みます(마십니다)	召し上がります (드십니다)	いただきます (먹습니다)
知っています (알고 있습니다)	ご存じです (알고 계십니다)	存じております 存じ上げています (알고 있습니다)
くれます(줍니다)	くださいます(주십니다)	
もらいます (받습니다)		ちょうだいします いただきます (받습니다)
あげます(줍니다)		さしあげます(드립니다)
訪ねます (방문합니다)		うかがいます(찾아뵙습니다)
聞きます (묻습니다)		うかがいます うけたまわります (여쭙습니다)
会います(만납니다)		お目にかかります(뵙습니다)

5. お와 ご

사람의 동작이나 사물을 나타내는 말 앞에 「お」나 「ご」를 붙이면 존경이나 겸양 표현이 된다.

(1) 존경의 お・ご

윗사람의 동작이나 사물을 나타내는 말 앞에 붙이면 존경의 의미가 된다.

どうぞ、お体に気をつけてください。 부디 몸조심하세요.

課長はお忙しいそうです。 과장님은 바쁘시다고 합니다.

先生にご意見をうかがいました。 선생님께 의견을 여쭈었습니다.

(2) 겸양의 お・ご

윗사람에게 영향을 미치는 자신의 동작이나 사물에 붙이면 겸양의 의미가 된다.

お手紙をさしあげます。 편지를 드리겠습니다.

お礼を申し上げます。 감사드립니다.

私が東京をご案内しましょう。 제가 도쿄를 안내해 드리지요.

(3) お・ご가 붙는 말

① 「お」: 훈독어, 즉 뜻으로 읽는 글자에 붙는다.

お手紙(편지), お礼(감사 인사), お体(몸), お手伝い(도움), お荷物(짐), お忙しい(바쁘심) 등

② 「ご」: 음독어, 즉 소리로 읽는 글자에 붙는다.

ご相談(상담), ご案内(안내), ご意見(의견), ご連絡(연락), ご旅行(여행), ご親切(친절함) 등

③ 외래어나 동식물명, 공공시설이나 조직, 고유명사 등에는 「お・ご」를 붙일 수 없다.

외래어 : コンサート(콘서트), クラス(클래스), カメラ(카메라), ガソリン(휘발유) 등

동물이나 식물명 : 犬(개), 猫(고양이), 桜(벚꽃), 竹(대나무) 등

공공시설이나 조직 : 大使館(대사관), 図書館(도서관), 区役所(구청) 등

고유명사 : 中山花子(나카야마 하나코), 京都(교토), 富士山(후지산) 등

問題　（ ⓐ ）（ ⓑ ）に入る最もいいものはどれですか。1・2・3・4から一つえらびなさい。

1　部下：　部長は毎朝1時間ほど（ ⓐ ）そうですね。

　　　部長：　健康のためにね。

　　　部下：　父も、犬を連れて毎朝（ ⓑ ）ので、体の調子がいいようです。

　　　　　1　ⓐ　歩かれる　　　　　　　　ⓑ　歩かれています
　　　　　2　ⓐ　お歩きする　　　　　　　ⓑ　歩いています
　　　　　3　ⓐ　歩かれる　　　　　　　　ⓑ　歩いております
　　　　　4　ⓐ　お歩きする　　　　　　　ⓑ　歩かれております

2　学生：　先生はいつも朝早く学校に（ ⓐ ）ね。何時ごろお宅を（ ⓑ ）んですか。

　　　　　1　ⓐ　まいります　　　　　　　ⓑ　お出になる
　　　　　2　ⓐ　おいでになります　　　　ⓑ　出られる
　　　　　3　ⓐ　来ます　　　　　　　　　ⓑ　出る
　　　　　4　ⓐ　来られます　　　　　　　ⓑ　出る

3　A：　お母様はお元気ですか。

　　　B：　はい。一人暮らしですが、となりの方に親切に（ ⓐ ）いるようなので、私も安心（ ⓑ ）。

　　　　　1　ⓐ　してもらって　　　　　　ⓑ　していただきます
　　　　　2　ⓐ　してくれて　　　　　　　ⓑ　しています
　　　　　3　ⓐ　して　　　　　　　　　　ⓑ　させていただきます
　　　　　4　ⓐ　していただいて　　　　　ⓑ　しております

정답　**1**③　**2**②　**3**④　　　　　　　　　해석 **별책** p.23

4 学生： 先生、また論文を（ ⓐ ）んですね。

先生： そうなんだ。ずいぶん時間がかかったよ。

学生： （ ⓑ ）いただきました。

   1 ⓐ お書きした   ⓑ お読みになって

   2 ⓐ 書かれた   ⓑ 読んで

   3 ⓐ お書きになった   ⓑ 読ませて

   4 ⓐ 書いた   ⓑ お読みして

5 客 ： チケットはどこで買えばいいんですか。

係り： チケットを（ ⓐ ）かたは、こちらに（ ⓑ ）ください。

   1 ⓐ お買いになる   ⓑ おならびして

   2 ⓐ お買いする   ⓑ おならび

   3 ⓐ お買いになる   ⓑ おならびに

   4 ⓐ 買われる   ⓑ おならび

6 A： 大使館の場所はすぐ（ ⓐ ）か。

B： はい。地図を（ ⓑ ）ので、すぐわかりました。

   1 ⓐ おわかりしました   ⓑ かいた

   2 ⓐ おわかりになりました ⓑ かいていただいた

   3 ⓐ わかっておりました   ⓑ おかきした

   4 ⓐ わかりました   ⓑ おかきした

해석 별책 p.24

問題　（ ⓐ ）（ ⓑ ）に入る最もいいものはどれですか。1・2・3・4から一つえらびなさい。

1　A：田中先生は今どちらに（ 　ⓐ　 ）。1時にお約束しているんですが。

　　B：研究室だと思います。

　　A：では研究室に（ 　ⓑ　 ）。

　　1　ⓐ　おりますか　　　　　　ⓑ　いらっしゃいます

　　2　ⓐ　いらっしゃいますか　　ⓑ　うかがいます

　　3　ⓐ　いらっしゃいますか　　ⓑ　いらっしゃいます

　　4　ⓐ　まいりますか　　　　　ⓑ　うかがいます

2　A：めずらしいお茶碗ですね。ちょっと（ 　ⓐ　 ）よろしいですか。

　　B：どうぞ（ 　ⓑ　 ）。

　　1　ⓐ　拝見して　　　　　　ⓑ　拝見してください

　　2　ⓐ　拝見して　　　　　　ⓑ　ごらんください

　　3　ⓐ　ごらんになって　　　ⓑ　ごらんください

　　4　ⓐ　見て　　　　　　　　ⓑ　拝見してください

3　A：これは浅草の浅草寺の写真ですね。

　　B：そうです。よく（ 　ⓐ　 ）ね。

　　A：ええ。先生に東京名所の本を（ 　ⓑ　 ）のですが、その中に写真がありましたから。

　　1　ⓐ　存じております　　　ⓑ　いただいた

　　2　ⓐ　ご存じです　　　　　ⓑ　いただいた

　　3　ⓐ　存じ上げています　　ⓑ　ちょうだいした

　　4　ⓐ　ご存じです　　　　　ⓑ　くださった

4 A：来週、（ ⓐ ）のですが、ご都合はいかがでしょうか。

B：水曜日の午後でしたら会社に（ ⓑ ）ので、どうぞ。

1　ⓐ　会いたい　　　　　　　ⓑ　おります

2　ⓐ　ごらんになりたい　　　ⓑ　います

3　ⓐ　お目にかかりたい　　　ⓑ　おります

4　ⓐ　お目にかかりたい　　　ⓑ　いらっしゃいます

5 A：すみません。ちょっと（ ⓐ ）ことがあるのですが。

B：はい。何でしょうか。私が（ ⓑ ）。

1　ⓐ　うかがいたい　　　　　ⓑ　うけたまわります

2　ⓐ　うけたまわりたい　　　ⓑ　うけたまわります

3　ⓐ　うかがいたい　　　　　ⓑ　ききます

4　ⓐ　うけたまわりたい　　　ⓑ　うかがいます

6 A：お茶をどうぞ（ ⓐ ）ください。

B：ありがとうございます。では（ ⓑ ）。

1　ⓐ　いただいて　　　　　　ⓑ　いただきます

2　ⓐ　いただいて　　　　　　ⓑ　めしあがります

3　ⓐ　めしあがって　　　　　ⓑ　いただきます

4　ⓐ　めしあがって　　　　　ⓑ　めしあがります

問題1　（　　）の中に「お」または「ご」を入れなさい。どちらも付けないものには
「×」を入れなさい。

1　（　　）旅行

2　（　　）手伝い

3　（　　）北海道

4　（　　）親切

5　（　　）出張

6　（　　）スプーン

7　（　　）名前

8　（　　）忙しい

9　（　　）家族

10　（　　）アイスクリーム

問題2　（　ⓐ　）（　ⓑ　）（　ⓒ　）に入る最もいいものはどれですか。1・2・3・4
から一つ選びなさい。何も入れないところには「×」を入れなさい。

11　A：（　ⓐ　）ひさしぶりです。（　ⓑ　）元気そうですね。

　　　B：はい、おかげさまで。

　　　A：今（　ⓒ　）住まいはどちらですか。

　　　B：大阪に住んでおります。

	ⓐ		ⓑ		ⓒ	
1	ⓐ お		ⓑ ご		ⓒ ×	
2	ⓐ ×		ⓑ お		ⓒ ご	
3	ⓐ お		ⓑ お		ⓒ お	
4	ⓐ ×		ⓑ ご		ⓒ ×	

12 客　　：このTシャツ、ちがう色のがありますか。

店員：はい、青と赤が（　　ⓐ　　）。

客　　：どっちがいいかなあ。

店員：そうですね。（　　ⓑ　　）客さまの（　　ⓒ　　）洋服には青がいいと思いますが。

   1　ⓐ　あります　　　　ⓑ　お　　　　ⓒ　×

   2　ⓐ　ございます　　　ⓑ　お　　　　ⓒ　お

   3　ⓐ　ございます　　　ⓑ　ご　　　　ⓒ　ご

   4　ⓐ　あります　　　　ⓑ　ご　　　　ⓒ　×

13 受付：はい。ビッグノート（　　ⓐ　　）。

客　　：あのう、セールはいつからですか。

受付：今週の土曜日から（　　ⓑ　　）。

客　　：車で行ってもだいじょうぶですか。

受付：駐車場がございますので（　　ⓒ　　）車でもだいじょうぶです。

   1　ⓐ　でございます　　ⓑ　あります　　　ⓒ　ご

   2　ⓐ　です　　　　　　ⓑ　がございます　　ⓒ　ご

   3　ⓐ　でございます　　ⓑ　でございます　ⓒ　お

   4　ⓐ　がございます　　ⓑ　でございます　ⓒ　お

14 山下：山下（　　ⓐ　　）。いつもお世話になっております。

田中：田中（　　ⓑ　　）。こちらこそお世話になっております。

山下：来週の会議の時間について（　　ⓒ　　）相談させていただきたいと思いまして。

   1　ⓐ　です　　　　　　ⓑ　です　　　　　ⓒ　お

   2　ⓐ　でございます　　ⓑ　がございます　ⓒ　×

   3　ⓐ　がございます　　ⓑ　でございます　ⓒ　ご

   4　ⓐ　でございます　　ⓑ　でございます　ⓒ　ご

정답　12 ②　13 ③　14 ④

해석 별책 p.24

정답 p.215 참고

問題　空欄に敬語の特別な言い方を入れなさい。

	존경 표현	겸양 표현
行きます		
来ます		
います		
します		
見ます		
言います		
食べます		
飲みます		
知っています		
くれます		
もらいます		
あげます		
訪ねます		
聞きます		
会います		

부사는 동사나 형용사, 또 다른 부사를 수식하여 동작이나 상태의 모양, 정도, 말하는 사람의 기분 등을 나타낸다.

1. 겨우 · 마침내

오랜 시간 뒤에 기대한 일이 이루어진 것을 나타내는 부사 5	
やっと 겨우, 가까스로	오랫동안 열심히 해서 좋은 결과가 나왔을 때 주로 쓴다. 初級の文法を勉強し、漢字を覚えて**やっと**日本語が話せるようになった。 초급 문법을 공부하고 한자를 외워서 겨우 일본어를 말할 수 있게 되었다.
ようやく 겨우, 간신히	노력해서 좋은 결과가 나왔거나 기다렸던 일이 실현된 것을 강조할 때 많이 쓴다. 駅まで走って、電車に飛び乗り、**ようやく**会社に間にあった。 역까지 달려가서 전철에 뛰어올라 타서 간신히 회사에 늦지 않았다.
ついに 마침내, 드디어, 결국	결과를 강조할 때 쓴다. 人類は**ついに**月に立ったのだ。 인류는 마침내 달에 선 것이다.
いよいよ 드디어, 마침내	어떤 일이 시작된다는 내용의 문장과 함께 쓸 때가 많다. **いよいよ**明日は宇宙に出発だ。 드디어 내일은 우주로 출발이다.
とうとう 끝내, 결국 드디어, 마침내	과거나 완료를 나타내는 말에 붙어 결과를 강조할 때 쓴다. 부정문에도 쓸 수 있다. 迷子になった猫をさがしまわったが、**とうとう**見つけられなかった。 길 잃은 고양이를 찾아다녔지만 끝내 찾지 못했다.

2. 몰래 · 살짝

そっと 살짝, 가만히	소리를 내지 않고 조용히 무언가를 할 때 쓴다. 子供を起こさないように、そっと布団をかけた。 아이를 깨우지 않도록 살짝 이불을 덮었다.
こっそり 남몰래, 살짝	아무도 모르게 뭔가를 할 때 쓴다. 会議中にこっそり抜けてきた。 회의 중에 몰래 빠져나왔다.

3. 일부러, 애써

せっかく 일부러, 모처럼, 애써, 힘껏	기회를 충분히 살린다는 뜻으로도 쓰고, 어떤 일을 한 것에 대해 유감이라는 뜻으로도 쓴다. せっかく日本にいるんだから、日本語を勉強しよう。〈기회〉 모처럼 일본에 있으니까 일본어를 공부해야지. せっかく重いカメラを持って出かけたのに、一枚も写真を撮らなかった。〈유감〉 애써 무거운 카메라를 들고 나갔는데, 사진을 한 장도 찍지 않았다.
わざわざ 일부러, 굳이	다른 사람을 위해 특별히 시간이나 비용 등을 들여 어떤 일을 하는 것으로, 굳이 하지 않아도 될 일을 하는 것을 뜻한다. わざわざ迎えに来てくれてありがとう。 일부러 마중 나와 줘서 고마워요.
わざと 일부러	상대에게 좋지 않은 일이라는 것을 알고서 고의로 그러한 행동을 하는 것을 뜻한다. いっしょに歩きたくないので、わざとゆっくり歩いた。 함께 걷고 싶지 않아서 일부러 천천히 걸었다.

4. 아까 · 지난번

さっき 아까, 조금 전	하루 중에서 조금 전의 일을 나타낼 때 쓴다. **さっき**電話があって、リーさん少し遅れるって。 아까 전화가 왔는데, 리 씨 조금 늦는대.
この間 지난번, 요전, 일전	그다지 멀지 않은 과거의 어느 날을 가리킨다. **この間**行ったレストラン、駅の向こうに引っ越したんだって。 지난번에 갔던 레스토랑, 역 맞은편으로 이전했대.

5. 머지않아 · 이윽고

そのうち 일간, 머지않아, 가까운 시일 안에	언제라고 확실히 특정할 수 없는 가까운 미래를 나타낼 때 쓴다. **そのうち**、君んちに遊びに行くね。 조만간 너희 집에 놀러 갈게.
まもなく 곧, 이윽고, 머지않아,	현재를 기준으로 지금부터 잠시 후를 나타낸다. 社長は**まもなく**到着されます。 사장님은 곧 도착하십니다.
やがて 이윽고, 머지않아, 얼마 안 있어	과거에도 쓸 수 있으며「そのうち」「まもなく」보다 긴 시간을 나타낸다. 현재 상태가 계속되고, 그 후에 어떤 변화가 일어나는 것을 뜻한다. このままこの開発が続けば、**やがて**このあたりから動物はいなくなってしまうだろう。 이대로 이 개발이 계속된다면, 머지않아 이 주변에서 동물은 사라져 버릴 것이다. × やがて、3番線に電車がまいります。 ○ **まもなく**3番線に電車がまいります。 곧 3번 홈으로 열차가 옵니다.

6. 무심코 · 깜박

つい 그만, 어느덧, 무심코	평소의 습관으로 몸이 저절로 움직일 때 쓴다. ダイエット中、「いけない、いけない」と思いながらも、ついチョコレートを食べてしまうんです。 다이어트 중에 '안 돼, 안 돼'라고 생각하면서도 무심코 초콜릿을 먹고 맙니다.
うっかり 깜박, 멍청히, 무심코	부주의로 어떤 일을 했을 때 쓴다. そうじをしていて、うっかり母の大切な鏡を割ってしまった。 청소를 하다가 그만 엄마의 소중한 거울을 깨고 말았다.

7. 곧 · 당장

すぐ 곧, 즉시, 금방	아주 짧은 시간 뒤를 나타낸다. 私は風邪を引くと、すぐのどが痛くなって困るんです。 나는 감기에 걸리면 금방 목이 아파져서 곤란합니다.
ただちに 곧, 즉시, 당장	무언가를 끝낸 뒤 바로 다음 일을 한다는 뜻이다. 火災が発生しました。ただちにホテルの外へ避難してください。 화재가 발생했습니다. 즉시 호텔 밖으로 피난하십시오.
さっそく 곧, 즉시, 이내, 재빨리, 당장	당장 어떤 일을 하고 싶어서 한다는 뜻이다. 뒤에는 주로 기쁜 일이나 좋은 일이 온다. 注文しておいた服が届いた。さっそく着てみよう。 주문한 옷이 도착했다. 당장 입어 봐야지.
至急 지급, 매우 급함	사안이 매우 급함을 뜻한다. 事故です。至急、救急車をお願いします。 사고입니다. 속히 구급차를 부탁합니다.

8. 기껏해야 · 적어도

せいぜい 기껏해야, 고작(해서)	'좋아봤자 ~정도'라는 뜻으로, 도달할 수 있는 상한을 나타낸다. 夏休みは２週間ほしいけど、せいぜい五日くらいしかないだろうな。 여름 휴가는 2주 필요한데, 기껏해야 5일 정도밖에 없겠지.
せめて 최소한, 하다못해, 적어도, 그나마	'적어도 ~이상은'이라는 뜻으로 최저 조건을 나타낸다. いくら忙しくても、せめて日曜日くらいは休みたいよ。 아무리 바빠도 최소한 일요일 정도는 쉬고 싶어.

9. 꼭 · 틀림없이

ぜひ 꼭, 반드시	부탁이나 희망을 나타내며,「～てほしい」「～てください」「～たい」 등과 함께 사용한다. 今度ぜひ私の家に遊びに来てください。 다음에는 꼭 저희 집에 놀러 오세요. 大学にぜひ合格したい。 대학에 꼭 합격하고 싶다.
かならず 틀림없이, 반드시	예외없이 100% 그렇게 될 것이라고 강하게 확신할 때 쓴다. 必ず成功してみせる。 반드시 성공해 보이겠다. 安全速度を必ず守りましょう。 안전 속도를 반드시 지킵시다.
きっと 틀림없이, 반드시	「きっと」는 결심이나 단정에 가까운 추측을 나타낸다.「かならず」보다 는 정도가 약한 느낌을 준다. 彼ならきっと成功するだろう。 그러면 반드시 성공할 것이다. 明日はきっと晴れるだろう。 내일은 틀림없이 맑을 것이다.

10. 갑자기 · 느닷없이

단시간에 어떤 일이 일어났을 때 쓰는 부사 3

急に (きゅう) 갑자기	생각지도 못한 일이 일어났을 때 쓴다. 11月になり、急に寒くなったので、風邪を引いてしまった。 11월이 되어 갑자기 추워져서 감기에 걸리고 말았다.
いきなり 돌연, 갑자기, 느닷없이	당연하게 예상되는 순서대로가 아닐 때 쓴다. 私は泳げないのに、いきなりプールに入れられて、クロールの練習をさせられた。 나는 수영을 못하는데 갑자기 수영장에 들여 보내져 자유형 연습을 하게 되었다.
いっせいに 일제히	전체가 동시에 일어났을 때 쓴다. 大きな音に驚いて、湖の白鳥がいっせいに飛び立った。 큰 소리에 놀라서 호수의 백조가 일제히 날아올랐다.

問題　つぎの文の（　　）に入る正しい副詞を1・2からえらびなさい。

1　A：田中さん、まだ来ないんだけど、どうする、先に行っちゃおうか。
　　B：あっ、来た、来た、（1　ようやく　　2　いよいよ）来たね。
　　　　いつも遅いんだから、いやになるよ。

2　大切なお皿なので、壊さないように（1　そっと　　2　こっそり）持ってください。

3　ぼんやりしていて、（1　つい　　2　うっかり）降りる人と一緒に5階でエレベーターを降りてしまった。僕は10階で降りるはずだったのに。

4　（1　さっき　　2　この間）の地震で家を失った人に、必要な物を送ってあげた。

5　（1　まもなく　　2　やがて）電車がまいります。危ないですから白線の内側までお下がりください。

6　「英語教師（1　さっそく　　2　至急）求む」って紙が駅に置いてあったけど、連絡してみようかな。

7　あんなに元気だった愛犬が（1　いっせいに　　2　急に）死んでしまうなんて、信じられません。

8　父にもらった大切なカメラが（1　ようやく　　2　ついに）壊れてしまった。残念だな。大切にしていたのに。

9　部屋でかくれて（1　そっと　　2　こっそり）たばこをすっていたら、親にみつかっちゃった。

10　お忙しいのに（1　わざわざ　　2　せっかく）来ていただいてありがとうございます。

11　A：インドから日本に来たばかりで、寒くて仕方がないんです。
　　B：大変ですね。でも、（1　そのうち　　2　やがて）慣れますよ。心配ないですよ。

해석 별책 p.25

問題　つぎの文の（　　）に入る正しい副詞を1・2からえらびなさい。

1　一生懸命に看病したのに、猫は（1　とうとう　　2　やっと）死んでしまった。

2　この部屋の大きさなら、（1　せいぜい　　2　せめて）50人くらいしか入らないん
じゃないかな。

3　たばこをやめようと思うんですが、仕事でイライラしたりすると、（1　つい
2　うっかり）吸ってしまうんですよ。

4　（1　わざわざ　　2　せっかく）コンサートの切符が2枚あるのに、一緒に行く人が
いない。

5　彼が、荒れ地に植えた木々が（1　そのうち　　2　やがて）成長し、そのあたりは
緑の森となって、人々の目を楽しませた。

6　（1　さっき　　2　この間）帰ってきたばかりで、まだ服も着替えてないんだ。

7　新しい家は無理だとしても（1　せめて　　2　せいぜい）自分の部屋くらいはほしいよな。

8　日本語の勉強を始めたばかりなのに、チョウさん（1　いっせいに　　2　いきな
り）日本語能力試験のＮ１に受かったんだよ。信じられないよね。

9　地震が起こっても（1　すぐ　　2　さっそく）には動かないで、しばらく様子を見
てください。

10　今日習った言葉を（1　ただちに　　2　さっそく）使ってみたんだけど、笑われちゃ
った。使い方が違ったのかな。

11　首相が入ってくると、記者たちはみんな（1　いきなり　　2　いっせいに）立ち
上がった。

접속사는 단어와 단어, 문장과 문장 등을 이어 주는 역할을 하는 말이다.

1. 그래서 · 왜냐 하면

원인이나 이유를 나타내는 접속사 7	
だから 그러니까, 그래서, 때문에	私は中国に長い間住んでいました。だから、中国語がわかります。 나는 중국에 오랫동안 살았습니다. 그래서 중국어를 압니다.
それで 그러므로, 그래서, 그런 까닭으로	前の駅で人身事故がありました。それで、電車が止まっているんです。 역 앞에서 인명사고가 났습니다. 그래서 전철이 멈춰 있는 것입니다.
そのため 그 때문에	台風が接近しています。そのため、明日の旅行は中止となりました。 태풍이 접근하고 있습니다. 그 때문에 내일 여행은 취소되었습니다.
したがって 따라서, 그러므로	ダム建設に賛成23票。反対11票。したがって、ダム建設は承認されました。 댐 건설에 찬성 23표. 반대 11표. 따라서 댐 건설은 승인되었습니다.
なぜなら 왜냐하면	彼は肉は食べません。なぜなら、アレルギーがあるからです。 그는 고기는 먹지 않습니다. 왜냐하면 알레르기가 있기 때문입니다.
だって 그게 그러니까	A：どうして食べないの？ 왜 안 먹어? B：だって、おいしくないんだもん。 그게 그러니까 맛이 없는 걸.
というのは 왜냐하면	どうしても、来週の同窓会に参加できません。というのは、海外に転勤することになったので、いそいで準備をしなければならないんです。 아무리 해도 다음 주 동창회에 참석할 수 없습니다. 왜냐하면 해외로 전근하게 되었기 때문에 서둘러 준비를 하지 않으면 안 됩니다.

2. 그러고 나서 · 그렇다면

それから 그러고 나서, 그리고	友達とレストランで食事をしました。それから、映画を見ました。 친구와 레스토랑에서 식사를 했습니다. 그러고 나서 영화를 보았습니다.
すると 그랬더니, 그러자, 그렇다면, 그러면	동작 뒤의 동작을 나타내는 객관적인 표현이다. 말하는 사람 등이 의지로 컨트롤할 수 없는 결과가 뒤에 오는 경우가 많다. ドアをたたく音がしたので開けた。すると、知らない女の人が立っていた。 문을 두드리는 소리가 나서 열었다. 그랬더니 모르는 여자가 서 있었다.
そこで 그래서, 그런 까닭으로, 그런데, 그러면	앞에 서술한 상황에 대해서 사람의 의지로 행하는 행동이 뒤에 온다. 뒤에는 주로 '동사 과거형'이 온다. 最近は悪性の風邪が流行っています。そこで、わが社は新しいタイプの風邪薬を開発いたしました。 요즘 악성 감기가 유행하고 있습니다. 그래서 우리 회사는 새로운 타입의 감기약을 개발했습니다.
では / じゃ 그럼	今日の授業はここまでです。では、終わりにしましょう。 오늘 수업은 여기까지입니다. 그럼 끝내기로 합시다.
それでは / それじゃ 그렇다면, 그러면	A：このスカートはちょっと……。 B：それでは、こちらはいかがですか。 A : 이 스커트는 좀……. B : 그럼 이쪽은 어떠십니까? それじゃ、また明日な。 그럼, 내일 또 봐.
それなら 그렇다면, 그러면, 그럼	A：温泉に行きたいんですが……。 B：それなら、箱根がいいですよ。 A : 온천에 가고 싶은데요. B : 그렇다면 하코네가 좋아요.

3. 그래서 · 그러니까

<table>
<tr><td colspan="2">이야기를 진행시킬 때 쓰는 접속사 2</td></tr>
<tr>
<td>**それで**

그런 다음, 그리하여,
그래서</td>
<td>A : わたし、会社を辞めます。
B : えっ、それで、これからどうするんですか。
A : 저, 회사 그만두겠습니다.
B : 뭐? 그래서 앞으로 어떻게 할 건데요?</td>
</tr>
<tr>
<td>**で**

그래서, 그러니까,
그러고 나서</td>
<td>상대방에게 다음 말을 재촉할 때 쓴다.
A : わたし、結婚するの。 나, 결혼해.
B : で、相手はどんな人なの？ 그래서 상대는 어떤 사람이야?</td>
</tr>
</table>

4. 게다가 · 그리고

<table>
<tr><td colspan="2">앞의 단어나 문장에 또 다른 단어나 문장을 첨가할 때 쓰는 접속사 4</td></tr>
<tr>
<td>**それに**

게다가, 더욱이</td>
<td>せきも出るし、鼻水も出る。それに、熱もある。
기침도 나고 콧물도 난다. 게다가 열도 있다.</td>
</tr>
<tr>
<td>**そのうえ**

게다가, 또한, 더욱
（＝さらに）</td>
<td>風邪をひいて頭が痛い。そのうえ、熱まで出てきた。
감기에 걸려서 머리가 아프다. 게다가 열까지 났다.</td>
</tr>
<tr>
<td>**それから**

게다가, 또</td>
<td>彼はピアノが弾けます。それから、バイオリンも弾けます。
그는 피아노를 칠 수 있습니다. 게다가 바이올린도 켤 수 있습니다.</td>
</tr>
<tr>
<td>**あと**

그리고</td>
<td>卵を買ってきてください。あと、牛乳もお願いします。
계란을 사다 주세요. 그리고 우유도 부탁합니다.</td>
</tr>
</table>

5. 게다가 · 또한

<table>
<tr><td colspan="2">여러 가지를 나열할 때 쓰는 접속사 3</td></tr>
<tr>
<td>**そして**

그리고, 그러고 나서,
그 다음에（＝それから）</td>
<td>日本の地下鉄はとてもきれいです。そして、便利です。
일본 지하철은 매우 깨끗합니다. 그리고 편리합니다.</td>
</tr>
<tr>
<td>**それに**

게다가, 더욱이</td>
<td>木村さんは親切だし、まじめだし、それにハンサムです。
기무라 씨는 친절하지 성실하지, 게다가 잘 생겼어요.</td>
</tr>
<tr>
<td>**また**

또, 또한, ～도 역시</td>
<td>彼女は妻であり、母親であり、また芸術家でもある。
그녀는 아내이자 엄마이자, 또한 예술가이기도 하다.</td>
</tr>
</table>

6. 그러나 · 하지만

しかし 그러나, 하지만, 그렇지만	彼女は美しくて勉強もできる。しかし、性格があまりよくない。 그녀는 예쁘고 공부도 잘한다. 그러나 성격은 별로 좋지 않다.
けれども 하지만, 그렇지만	アカギのスーツはかなり安い。けれども、あまり丈夫ではない。 아카기의 옷은 상당히 싸다. 하지만 별로 튼튼하지 않다.
だが 그러나, 그렇지만, 하지만 (=しかし、けれども)	彼女はダイエットした。だが、ちっともやせなかったそうだ。 그녀는 다이어트를 했다. 하지만 살이 조금도 빠지지 않았다고 한다.
でも 그럴지라도, 그래도, 그러나, 하지만 (=けれども、だけど)	映画も見たいし、美術館へも行きたい。でも、時間がなくて、無理。 영화도 보고 싶고, 미술관에도 가고 싶다. 하지만 시간이 없어서 무리다.
それなのに 그런데도, 그럼에도 불구하고	彼は必ず来ると約束した。それなのに、いくら待っても来なかった。ひどい。 그는 반드시 오겠다고 약속했다. 그런데도 아무리 기다려도 오지 않았다. 너무하다.
それでも 그럼에도 불구하고, 그런데도	医者にタバコを止めるように言われた。それでも、タバコは止められない。 의사가 담배를 끊으라고 했다. 그럼에도 불구하고 담배는 끊을 수 없다.

7. 또는 · 아니면

それとも 그렇지 않으면, 아니면	コーヒーがいいですか。それとも、紅茶がいいですか。 커피가 좋습니까, 아니면 홍차가 좋습니까?
あるいは 또는, 혹은, 더러는, 때로는 (=または、もしくは)	奈良へは新幹線、あるいは高速バスで行くことができます。 나라에는 신칸센, 또는 고속버스로 갈 수 있습니다.
または 또는, 혹은 (=あるいは、もしくは)	黒、または青のボールペンで記入してください。 검정색, 또는 파란색 볼펜으로 기입해 주세요.

8. 단 · 다만

ただし 단, 다만	ここは駐車禁止です。ただし、事前に許可を取ってある場合は別です。 여기는 주차금지입니다. 단, 사전에 허가를 받은 경우는 예외입니다.
もっとも 그렇다고는 하지만, 하기는, 다만 (=ただし, しかし)	明日の会議には全員出席すること。もっとも、インフルエンザの場合は別ですが。 내일 회의에는 전원 출석할 것. 단, 감기 걸린 경우는 예외입니다만.
なお 덧붙여(말하면), 또한	製品に関する説明は以上です。なお、詳細は説明書をご覧ください。 제품에 관한 설명은 이상입니다. 또한 자세한 것은 설명서를 봐 주십시오.
ただ 단, 다만, 그러나	彼は頭が良くて、ハンサムで、その上性格もいいんです。ただ、貧乏なんです。 그는 머리가 좋고 잘 생긴 데다가 성격도 좋습니다. 다만, 가난합니다.

9. 그런데 · 그건 그렇고

ところで 그런데, 그건 그렇고	もうすぐ冬休みだね。ところで、君、今年で何歳になるんだったっけ。 이제 곧 겨울 방학이야. 그런데 너, 올해 몇 살이 된다고 했지?
さて 그런데, 한데, 그건 그렇고, 각설하고, 한편	やっと仕事が終わった。さて、今日の晩御飯は何にしようかな。 겨우 일이 끝났다. 그런데 오늘 저녁은 뭘로 하지.
そういえば 그러고 보니	あ、いけない、そういえば今日は妻の誕生日だった。 아, 안 돼. 그러고 보니 오늘은 아내 생일이었어.

10. 그런데

ところが 그런데, 그러나	A：彼、国へ帰ってお父さんの会社に入ったかな。 B：ところが、あの会社、倒産しちゃったんだって。 A：그는 고향에 돌아가서 아버지 회사에 들어갔으려나. B：그런데 그 회사 도산했대.

問題　つぎの文の　1　から　6　の中に入る正しい接続詞を1・2・3・4から一つえらびなさい。

1.

　　妻は掃除をしない。自分ではハウスダスト・アレルギーだからだという。ほこりを吸うと咳がでるし、ほこりに触れると肌がかゆくなるという。　1　、掃除機も使えない。　2　、私が毎週休みの日に家の掃除をすることになる。私だってあんまりほこりがたまっていたら気になるから、しかたがないと思ってやっているんだ。　3　、妻はアレルギー体質と診断されたことは一度もない。

1	1　さて	2　すると	3　しかし	4　だから
2	1　それで	2　それでも	3　ただし	4　ところで
3	1　また	2　しかし	3　で	4　そこで

2.

　学生：先生、今よろしいでしょうか。レポートのことでお願いがあるんですが……。
　先生：ああ、斉藤君。レポートは「選挙と投票率について」だったね。　4　？
　学生：あのう、あと3枚で完成するんで。　5　あのう、締め切りが今日の5時までなので……間に合いそうもないんです。　6　、あと1日あれば、必ず出せます。
　先生：あと3枚か。わかった。明日の午前9時までに必ずここに持ってきなさい。

4	1　また	2　ただし	3　それで	4　それでも
5	1　でも	2　なお	3　そこで	4　それに
6	1　そのうえ	2　ところが	3　で	4　それなのに

정답　1④　2①　3②　4③　5①　6③　　　　　　　　해석 **별책** p.26

問題　つぎの文の　 1 　から　 10 　の中に入る正しい接続詞を１・２・３・４から一つえらび
なさい。

1.

友人の紹介で、出版関係に顔が広いという人を訪ねた。　 1 　僕は出版社に就
職したいと思っているから、就職活動というわけだ。友人が書いてくれた地図
を見ながら、やっと目的の家に着き、少し緊張してドアホンを押した。　 2 　、
まもなくドアが開き、そこには真っ白な髪の身長が2mはありそうな大男がマス
クをして立っていた。僕は思わず「ど、どろぼう」と叫んでしまった。これで僕
の出版社就職の夢は消えた。

| 1 | 1　あるいは | 2　なぜなら | 3　ただし | 4　それなら |
| 2 | 1　ところが | 2　ところで | 3　あと | 4　すると |

2.

そろそろ木枯らしがふく季節です。日本の冬は空気が乾燥して、のどや鼻が乾
いて、インフルエンザなどウイルスが入り込みやすくなります。　 3 　、皆様に
はこの加湿器「シメール」をおすすめしたいと思います。「シメール」は自動的
に室内の湿度を調節します。　 4 　、空気をきれいにし、マイナスイオンをだし
て、皆様の生活を快適にしてくれます。年末のボーナスで家族の健康のためにぜ
ひ一台お求めください。

| 3 | 1　それとも | 2　そこで | 3　それに | 4　それから |
| 4 | 1　ところが | 2　それなのに | 3　そのうえ | 4　あるいは |

3.

　　メールのやり取りをはじめて1年も経ったなんて信じられません。「一度会いませんか」という話に、この3日間悩みました。

　　正直に言うと、私も会ってみたいです。　5　、一方で会うのが恐いという気持ちもあります。　6　会ってがっかりされるのが恐いんです。　7　このままネット上のお付き合いだけでいたいなと思うんです。

5	1　でも	2　その上	3　それなら	4　それから
6	1　それなのに	2　そして	3　しかし	4　なぜなら
7	1　それとも	2　それなら	3　それから	4　もっとも

4.

　　小学生の娘が、「クラスのみんなが持っているから、携帯が欲しい」と言い出した。　8　、私も妻も子供に携帯を持たせるのに反対である。できれば中学を卒業するまでは与えたくないと考えている。　9　、娘は歩いて3分の小学校に通い、友だちも近所に住んでいる。遠くへ出かける時は家族と一緒だ。そんな娘になぜ携帯が必要なのか。何度も「だめだ」と返事をした。　10　、娘は「みんなが持っている」と繰り返している。娘の言う「みんな」は、クラスの4、5人なのだが。

8	1　それで	2　けれども	3　また	4　それなのに
9	1　それに	2　それで	3　それでも	4　そして
10	1　そういえば	2　それでも	3　その上	4　それとも

問題　つぎの文の　1　から　11　の中に入る正しい接続詞を１・２・３・４から一つえらび
なさい。

1.

> 私の母国は日本とは習慣や文化がかなり違います。　1　、去年日本に来て隣
> の部屋の鈴木さんに挨拶した時、「僕がなにか間違ったことをしたら注意してく
> ださい」と頼みました。　2　、鈴木さんはゴミを出す日を僕が間違えると、僕
> の部屋の前にゴミを置きます。　3　、友達が来ておしゃべりしていると、隣の部
> 屋で壁を叩き続けるんです。あらかじめ言ってあるんです。「今日は友達が集ま
> ります」って。　4　、鈴木さんは話し合いもしないで、ただ仕返しだけ。これ
> って、日本の文化なんですか。

1	1　したがって	2　だから	3　というのは	4　すると
2	1　それなら	2　それなのに	3　なお	4　それでは
3	1　もっとも	2　それから	3　ただし	4　ところで
4	1　でも	2　だから	3　それに	4　また

2.

> 東京近代美術館は、日本で初めての国立の美術館として1952年に建てられまし
> た。ここには明治時代から現代まで約100年間の作品が展示されています。美術館
> に入ったら、　5　4階へ行って、　6　3階、2階へと見て行くことをおすすめ
> します。日本の近代美術の歴史がよくわかるでしょう。　7　、同じ時代に描かれ
> た日本画と洋画を見ることができるのも、この美術館の特徴です。

5	1　さて	2　その上	3　それから	4　まず
6	1　それから	2　すると	3　それでも	4　まず
7	1　したがって	2　または	3　しかし	4　また

정답　1② 2② 3② 4① 5④ 6① 7④

해석 별책 p.28

3.

> 　あなたは「日本」という漢字のふりがなを、どう書きますか。「にほん」ですか。
> 　8 「にっぽん」ですか。
> 　会社名として使う時や、オリンピックの応援では、「にっぽん」と言うことが多いようです。 9 、「いつ日本にきましたか」のように「にほん」と読むことも多いような気がします。
> 　2009年、国会で「日本」の読み方を「にほん」「にっぽん」のどちらかに統一する必要はない、とされましたから、どちらでもいいということでしょうか。

8 　1　それとも　　　2　それから　　　3　そして　　　4　そういえば
9 　1　ところで　　　2　それじゃ　　　3　それなのに　　　4　けれども

4.

> 　授業の最終日に試験を行います。今年は３月９日です。はじめの20分が聴解試験です。聴解試験が終わったら、すぐ筆記試験をします。試験範囲は教科書の10課から25課までです。 10 、54ページの「辞書の引き方」は除きます。以上です。なにか質問がありますか。
> 　11 この試験は、遅刻したら受けることができませんから、遅刻しないよう注意してください。

10 　1　ところが　　　2　なぜなら　　　3　ただし　　　4　それとも
11 　1　そこで　　　　2　それに　　　　3　そのため　　　4　なお

문법 완전 정복을 위한 꿀팁!

N3 문법에서는 다양한 수준의 문법 실력을 테스트합니다. PART 2의 실전 연습에 나오는 표현들을 내 것으로 만든다면 시험에서 좋은 결과를 얻을 수 있을 것입니다.

- **問題 1 문법 형식 판단**
  단순 문법이 아닌 다양한 변형 문제가 출제됩니다. 선택지 하나하나의 뜻을 살펴본 뒤 답을 고르도록 합니다.

- **問題 2 문장 완성**
  문법을 아는 것뿐 아니라 문장을 제대로 구성하는 것이 중요합니다. 자칫 순서를 착각해서 답을 놓칠 수 있으므로 반드시 공란에 번호를 적어 가면서 풀도록 합니다.

- **問題 3 문맥 이해**
  전체 내용 이해가 중요합니다. 독해 파트를 풀 때처럼 단락을 나누면서 공란에 내용을 요약하면 지문을 읽는 시간을 절약할 수 있습니다.

PART 2

유형별 집중 공략

- **문법 형식 판단** 실전 연습 ······ p.244
- **문장 완성** 실전 연습 ············ p.254
- **문맥 이해** 실전 연습 ············ p.264

문법 형식 판단 실전 연습 ❶ [　　／ 7]

問題　つぎの文の（　　　　）に入れるのに最もよいものを 1・2・3・4 から一つえらびなさい。

1　私にできることがあれば、何か（　　　　）。
1　お手伝いしていただけませんか　　　　2　手伝わせていただきませんか
3　お手伝いさせていただけませんか　　　4　手伝っていただけませんか

2　今日残業がないので、私は早く家へ（　　　　）。
1　帰りそうだ　　　2　帰れそうだ　　　3　帰るそうだ　　　4　帰らせるそうだ

3　私はみんなの前で歌いたくないと言ったのに、無理に先輩に（　　　　）、恥ずかしかった。
1　歌って　　　2　歌われて　　　3　歌わせて　　　4　歌わされて

4　無理に子供にピアノを（　　　　）たら、すぐに止めてしまった。
1　習っ　　　2　習わせ　　　3　習われ　　　4　習わされ

5　子供のとき、無理にピアノを（　　　　）ので、今でもピアノがきらいです。
1　習った　　　2　習われた　　　3　習えた　　　4　習わされた

6　天気予報によると、今日から明日にかけて台風が沖縄に（　　　　）。
1　近づくそうです　　　　　　　　　　2　近づいたそうです
3　近づけそうです　　　　　　　　　　4　近づいているそうです

7　私は今、日本の祭り（　　　　）、いろいろ調べているんです。
1　に関して　　　2　にそって　　　3　にとって　　　4　に比べて

정답　1③　2②　3④　4②　5④　6①　7①　　　　　　해석 별책 p.30

問題　つぎの文の（　　　　）に入れるのに最もよいものを 1・2・3・4 から一つえらびなさい。

1 簡単そうな問題（　　　　）間違えたりするから、よく注意してくださいね。
　　1　に比べて　　　　2　にかけては　　　　3　に限って　　　　4　にとって

2 メンバー全員から信用されている彼（　　　　）がリーダーになるべきだ。
　　1　こそ　　　　2　しか　　　　3　だけ　　　　4　ばかり

3 漢字（　　　　）、難しいと思う外国人が多いようです。
　　1　として　　　　2　にわたって　　　　3　にかけては　　　　4　というと

4 爆発した建物から助け出された人々は、みんな血（　　　　）になっていました。
　　1　しか　　　　2　について　　　　3　はもちろん　　　　4　だらけ

5 京都は、日本の代表的な観光地（　　　　）外国にも知られている。
　　1　について　　　　2　として　　　　3　において　　　　4　からして

6 テニスをしすぎて、肩から背中（　　　　）、とても痛いんです。
　　1　に関して　　　　2　に対して　　　　3　にかけて　　　　4　について

7 首相は今夜8時から、新政府の経済政策（　　　　）、大臣たちと話し合うようです。
　　1　にそって　　　　2　にかけて　　　　3　について　　　　4　にとって

問題　つぎの文の（　　　　）に入れるのに最もよいものを 1・2・3・4から一つえらびなさい。

1　授業料の値上げ（　　　　）、円高の影響で、留学生の数は減っているそうですよ。
　1　にそって　　　　2　に加え　　　　3　に比べ　　　　4　に関して

2　私の学校は、ほかの学校（　　　　）規則が厳しいので、大変です。
　1　に関して　　　　2　に反して　　　　3　に比べて　　　　4　に加えて

3　この問題（　　　　）、国民の意見は賛成と反対に大きく分かれています。
　1　に対して　　　　2　にかけて　　　　3　にとって　　　　4　に比べて

4　環境のことを考えて、レジ袋（　　　　）エコバックが使われるようになってきた。
　1　によって　　　　2　に反して　　　　3　に対して　　　　4　にかわって

5　どんなことに関しても自分（　　　　）考える人は、「自己中」と呼ばれています。
　1　によって　　　　2　として　　　　3　を中心に　　　　4　に比べて

6　初めての飛行機がライト兄弟（　　　　）発明されたことは、子供でも知ってるよ。
　1　によって　　　　2　に関して　　　　3　にとって　　　　4　に対して

7　今朝の新聞の記事（　　　　）、海外旅行に行く人が増えているんだって。
　1　からして　　　　2　によると　　　　3　はもちろん　　　　4　として

8　私たち人間は、これまで戦争（　　　　）どれほど大切なものを失ってきたのだろうか。
　1　に対し　　　　2　に関し　　　　3　に反し　　　　4　により

정답　1② 2③ 3① 4④ 5③ 6① 7② 8④　　　　　　　　　　해석 별책 p.30

問題　つぎの文の（　　　）に入れるのに最もよいものを 1・2・3・4 から一つえらびなさい。

1 通訳になるためには、その国の言葉（　　　）、文化や歴史などについての知識も必要だ。

　　1　について　　　　2　を中心に　　　　3　からして　　　　4　はもちろん

2 日本語の助詞の使い方は、どんな外国人（　　　）難しいものです。

　　1　に比べても　　　2　についても　　　3　にとっても　　　4　に関しても

3 ヨーロッパの近代化は、イギリスの産業革命（　　　）考えられませんね。

　　1　にかぎって　　　2　からいうと　　　3　はもちろん　　　4　をぬきにしては

4 私は本日で退職いたします。部長（　　　）、営業部の皆様には大変お世話になりました。

　　1　に比べて　　　　2　をはじめ　　　　3　について　　　　4　に反して

5 A：あの人はほとんど笑わないし、いつも暗いから、話しかけ（　　　）よね。
　　B：うん。友達も少ないと思うよ。

　　1　にくい　　　　　2　やすい　　　　　3　っこない　　　　4　きれない

6 いつまでもこの村の自然を守っていきたい（　　　）。

　　1　べきだ　　　　　2　ものだ　　　　　3　おそれがある　　4　きりだ

7 夫は文句を（　　　）、家事や子育てを手伝ってくれるので、助かる。

　　1　言いながらも　　2　言ったとたん　　3　言ったついでに　4　言ううちに

8 忙しすぎて、昼食は仕事を（　　　）食べることが多い。

　　1　しないで　　　　2　するたびに　　　3　して以来　　　　4　しながら

정답　1④　2③　3④　4②　5①　6②　7①　8④　　　　　　해석 별책 p.31

問題　つぎの文の（　　　　）に入れるのに最もよいものを 1・2・3・4から一つえらびなさい。

1 出産後も仕事をしたいと考えている人が増えて、女性が働き（　　　　）会社も多くなった。

1　すぎる　　　　　2　やすい　　　　　3　がちな　　　　　4　ながら

2 親が元気で健康なうちに、できるだけ親孝行しておきたい（　　　　）ね。

1　ものだ　　　　　2　一方　　　　　3　こと　　　　　4　べき

3 飛行機を降りて、これから荷物を調べる（　　　　）から、出口で待っていて。30分ぐらいで会える。

1　ところだ　　　　　2　どころか　　　　　3　ところで　　　　　4　ところ

4 部長が出張から（　　　　）、会議を始めよう。

1　戻った瞬間　　　　　2　戻ったとたん　　　　　3　戻り次第　　　　　4　戻って以来

5 部屋があまりに散らかっていて（　　　　）。

1　片付けようがない　2　片付けなさい　　　　　3　片付けよう　　　　　4　片付けない

6 一流ホテルの料理人が作ったみたいな、あんなおいしい料理、君には（　　　　）っこないよ。

1　作れ　　　　　2　作り　　　　　3　作ってもらい　　　　　4　作ってくれ

7 A：ねえ、君、年はいくつ？

B：おまえ、失礼だなあ。女の人に年を聞く（　　　　）じゃないよ。

1　はず　　　　　2　べき　　　　　3　こと　　　　　4　ほど

8 朝の電車は混んでいるため、電車に乗り（　　　　）乗客は次の電車を待たなければならない。

1　きれて　　　　　2　すぎて　　　　　3　きれない　　　　　4　にくくて

정답　**1**②　**2**①　**3**①　**4**③　**5**①　**6**①　**7**②　**8**③　　　　　해석 별책 p.31

問題　つぎの文の（　　　　）に入れるのに最もよいものを 1・2・3・4 から一つえらびなさい。

1 たった今、エアコンをつけた（　　　　　　）なので、まだ部屋の中は暑いんです。

  1　とき　　　　　　2　ところ　　　　　　3　もの　　　　　　4　こと

2 遅くなったから、今日はタクシーで（　　　　　）ことにしよう。

  1　行きたい　　　　2　行った　　　　　　3　行こう　　　　　4　行く

3 この国の全人口に占める老人の割合は増える＿＿＿＿＿ので、国の将来が心配されている。

  1　せいな　　　　　2　べきな　　　　　　3　ついでな　　　　4　一方な

4 日本では、20歳になるまで煙草を吸ってはいけない（　　　　）なっています。

  1　ように　　　　　2　ことに　　　　　　3　ものに　　　　　4　わけに

5 彼は今度の選挙に立候補する（　　　　　）でしたが、断念しました。

  1　とおり　　　　　2　もの　　　　　　　3　こと　　　　　　4　つもり

6 この道は一度（　　　　　）ことがあります。

  1　通る　　　　　　2　通らない　　　　　3　通り　　　　　　4　通った

7 今日は入学試験なのですが、昨夜は隣がうるさかった（　　　　　）、ぜんぜん眠れませんでした。

  1　ものの　　　　　2　ものなら　　　　　3　もので　　　　　4　ものに

8 ぐっすり寝ている（　　　　　）、間違い電話がかかってきてさ、腹が立つったらない。

  1　どころか　　　　2　ところに　　　　　3　ところは　　　　4　ところが

정답　**1**② 　**2**④ 　**3**④ 　**4**② 　**5**④ 　**6**④ 　**7**③ 　**8**②　　　　　　　해석 별책 p.31

問題　つぎの文の（　　　　）に入れるのに最もよいものを 1・2・3・4 から一つえらびなさい。

1　インフルエンザの（　　　　　）学校を欠席しなければならなかった。

　　1　かわりに　　　　　2　ような　　　　　3　ために　　　　　4　とおりに

2　夏になったら、新しい水着を買う（　　　　　）です。

　　1　こと　　　　　2　ため　　　　　3　がち　　　　　4　つもり

3　平日は忙しいんだから、週末くらいはゆっくりする（　　　　　）。

　　1　にすぎない　　　2　ものだ　　　　3　ほどだ　　　　4　くらいだ

4　ものすごい音がしたので、外を見た（　　　　　）、車が家にぶつかっていた。

　　1　ばかりに　　　　2　わけで　　　　3　ところ　　　　4　ことから

5　映画館へ行く（　　　　　）DVDを買って家で見よう。

　　1　ところに　　　　2　ようで　　　　3　かわりに　　　　4　とおりに

6　お酒が飲めない（　　　　　）んですが、今日は車なので、飲みません。

　　1　わけにはいかない　　　　　　　　2　わけではない
　　3　わけにはいけない　　　　　　　　4　わけがいく

7　芝生に入らない（　　　　　）「立ち入り禁止」の看板がたててあります。

　　1　ように　　　　2　から　　　　3　ためで　　　　4　わけに

8　彼の（　　　　　）冷たい人は好きではありません。

　　1　とおりに　　　　2　とおりの　　　　3　ようで　　　　4　ような

問題　つぎの文の（　　　　）に入れるのに最もよいものを 1・2・3・4から一つえらびなさい。

1 子供にもわかる（　　　　）やさしく説明してくださいますか。

1　ためで　　　　2　から　　　　3　ように　　　　4　わけに

2 各国の首脳が、あのホテルに泊まっている。どうりで警備が厳しい（　　　　）。

1　ことだ　　　　2　わけだ　　　　3　ものだ　　　　4　ものがある

3 スピード違反を（　　　　）ときは、必ず罰金を払ってください。

1　する　　　　2　した　　　　3　している　　　　4　出す

4 人生はいろいろなことがあって、なかなか思い（　　　　）にはならないものだ。

1　つもり　　　　2　はず　　　　3　どおり　　　　4　わけ

5 危ないよ。今てんぷらを作っている（　　　　）だから、そばに来ちゃだめよ。

1　場所　　　　2　もの　　　　3　ところ　　　　4　場合

6 円が高くなった（　　　　）、海外旅行する人が増えた。

1　ように　　　　2　ものの　　　　3　とおりに　　　　4　ため

7 日本人はよく、「死んだ（　　　　）になれば何でもできる」というけど、どういう意味かな。

1　つもり　　　　2　とおり　　　　3　はず　　　　4　わけ

8 景気が順調に回復すれば失業率は下がる（　　　　）だ。

1　とおり　　　　2　まま　　　　3　はず　　　　4　つもり

정답　1③　2②　3②　4③　5③　6④　7①　8③　　　　해석 별책 p.32

問題　つぎの文の（　　　）に入れるのに最もよいものを 1・2・3・4から一つえらびなさい。

1 このビデオカメラは操作がとても簡単で、ここを（　　　）すれば、撮れるんですよ。

　　1　押しさえ　　　　　2　押しながら　　　　3　押すたびに　　　　4　押すうちに

2 学生の（　　　）、世界中の国々を旅行したいと思っている。

　　1　たびに　　　　　　2　おかげで　　　　　3　ついでに　　　　　4　うちに

3 今週は曇り（　　　）天気が続いていて、すっきり晴れない日が多かった。

　　1　がちの　　　　　　2　だらけの　　　　　3　そうな　　　　　　4　にくい

4 医療技術が進歩した（　　　）で、ガンや心臓病が今では治せる病気になった。

　　1　せい　　　　　　　2　わけ　　　　　　　3　おかげ　　　　　　4　とたん

5 A：頭痛いし、気持ちも悪いよ。

　　B：お酒が飲めない（　　　）、無理して飲むから、そうなるんだよ。

　　1　せいで　　　　　　2　くせに　　　　　　3　ために　　　　　　4　うちに

6 A：財布、いつ無くなったの。

　　B：わかんない。知らない（　　　）、盗まれていたの。

　　1　あいだ　　　　　　2　くせに　　　　　　3　うちに　　　　　　4　ところに

7 駅前のコンビニで新聞を（　　　）、マンガを立ち読みして来た。

　　1　買うために　　　　2　買ったとたん　　　3　買いながら　　　　4　買うついでに

8 休みの日は起きる時間を決めないで、寝たい（　　　）寝ています。

　　1　たびに　　　　　　2　くせに　　　　　　3　だけ　　　　　　　4　せいで

정답　1① 　2④ 　3① 　4③ 　5② 　6③ 　7④ 　8③ 　　　　　　해석 별책 p.32

問題　つぎの文の（　　　　）に入れるのに最もよいものを 1・2・3・4から一つえらびなさい。

1 その子供は生まれた（　　　　）、元気な声で泣きだした。

1　とたん　　　　　　2　しだい　　　　　　3　うちに　　　　　4　たびに

2 A：今の仕事を辞めて、自分の会社をつくるんだって？

B：うん。長年の夢だから、たとえ（　　　　）、後悔はしないよ。

1　失敗しながら　　2　失敗しても　　　3　失敗したら　　4　失敗するどころか

3 昔のアルバムの写真を見る（　　　　）、子供のころのことを思い出すんですよ。

1　たびに　　　　　2　あいだ　　　　　3　うちに　　　　　4　ついでに

4 今朝、寝坊して時間がなかった（　　　　）、食事ができなかった。

1　せいで　　　　　2　くせに　　　　　3　どころか　　　4　とたん

5 A：ジョンさんは外国の人だから、さしみは嫌いでしょう。

B：いいえ、嫌い（　　　　）、大好きなんですよ。

1　ところ　　　　　2　ところで　　　　3　ところが　　　4　どころか

6 A：山田、また試験に落ちたんだって。

B：そうなんだ。今すごく落ち込んでる（　　　　）よ。なぐさめに行かないか。

1　一方だ　　　　　2　べきだ　　　　　3　に決まっている　　4　せいだ

7 A：のどが痛いんだって。

B：うん。すごく痛くて、ご飯を食べるどころか、（　　　　）よ。

1　病院へ行った方がいい　　　　　　2　まったく治らないんだ
3　軟らかい物なら食べられる　　　　4　水さえ飲めないんだ

8 父は大きい病気をして以来、（　　　　）。

1　もう一度病院へ行った　　　　　　2　酒もタバコもやめている
3　病院で手術をした　　　　　　　　4　食事に気をつけようと思う

문장 완성 실전 연습 ❶ [/ 7]

問題　つぎの文の　★　に入れるのに最もよいものを、1・2・3・4から一つえらびなさい。

1　A：先生のお宅の庭、本当にきれいだよね。

　　B：うん、そうだね。写真を ＿＿＿ ＿＿＿ ★ ＿＿＿ みてよ。

　　1　ないか　　　　2　いただけ　　　　3　聞いて　　　　4　撮らせて

2　日本の子供達は塾へ行ったり遅くまで勉強したりして、自由に ＿＿＿ ＿＿＿ ★ ＿＿＿ 見えます。

　　1　そうに　　　　2　時間が　　　　3　遊ぶ　　　　4　なさ

3　A：病院っていつも込んでいるよね。

　　B：うん、昨日はお医者さんに診て ＿＿＿ ＿＿＿ ★ ＿＿＿ んだよ。

　　1　待たされた　　　2　まで　　　　3　2時間も　　　4　もらう

4　A：子供が家事を手伝うことは大事だよね。

　　B：うん。でも、危ないからって ＿＿＿ ＿＿＿ ★ ＿＿＿ いるみたいだよ。

　　1　料理を　　　　2　子供に　　　　3　親も　　　　4　させない

5　あのチームの選手は ＿＿＿ ＿＿＿ ★ ＿＿＿ 、へとへとになっていますよ。

　　1　監督　　　　　　　　　　2　に

　　3　厳しい　　　　　　　　　4　何キロも走らされて

6　国の調査によると、働く男性が育児休暇を ＿＿＿ ＿＿＿ ★ ＿＿＿ そうです。

　　1　1パーセント　　2　割合は　　　　3　ぐらいだ　　　4　取る

7　＿＿＿ ＿＿＿ ★ ＿＿＿ 、子供が熱を出すんだから……。

　　1　とき　　　　2　忙しい　　　　3　に限って　　　　4　仕事が

問題　つぎの文の＿＿★＿＿に入れるのに最もよいものを、1・2・3・4から一つえらびなさい。

1　A：アイドルだったあなたが、こんな平凡な生活で、退屈じゃありませんか。

　　B：＿＿＿＿　＿＿＿＿　＿★＿＿　＿＿＿＿　が、私が長い間望んでいたものなのです。

　　1　生活　　　　　　2　こそ　　　　　　3　この　　　　　　4　平凡な

2　旅行＿＿＿＿＿　＿＿＿＿＿　＿＿★＿＿　＿＿＿＿＿　が、国内にも素晴らしい所がたくさんあるのに。

　　1　人が多い　　　2　海外に　　　　　3　というと　　　　4　行きたがる

3　A：都心は便利だけど、子供を育てるなら、やっぱり郊外のほうがいいよね。

　　B：うん。郊外は、＿＿＿＿　＿＿＿＿　＿★＿＿　＿＿＿＿、空気もきれいだしね。

　　1　多い　　　　　　2　に比べて　　　　3　都心　　　　　　4　車が

4　A：山田博士が、今回ノーベル賞を受賞することになりましたよ。

　　B：それはよかった。彼は、＿＿＿＿　＿＿＿＿　＿★＿＿　＿＿＿＿　認められたんですね。

　　1　発見をした　　　2　素晴らしい　　　3　として　　　　　4　科学者

5　A：盲導犬って、ほんとうにすごいよね。

　　B：うん。＿＿＿＿　＿＿＿＿　＿★＿＿　＿＿＿＿、安全を確認するんだからね。

　　1　見えない　　　　2　主人　　　　　　3　にかわって　　　4　目が

6　昨晩遅く＿＿＿＿　＿＿＿＿　＿★＿＿　＿＿＿＿　が降ったそうですよ。

　　1　大雨　　　　　　2　今朝　　　　　　3　にかけて　　　　4　から

7　A：最近の若者は、とってもおしゃれになったね。

　　B：うん。＿＿＿＿　＿＿＿＿　＿★＿＿　＿＿＿＿　も、たくさんあるね。

　　1　ファッション　　2　流行の　　　　　3　に関する　　　　4　本

정답　1 ①　2 ④　3 ③　4 ④　5 ②　6 ③　7 ③　　　　　　　　　　해석 별책 p.33

問題　つぎの文の　★　に入れるのに最もよいものを、1・2・3・4から一つえらびなさい。

1　A：この家は、1年以上だれも住んでいないんだって。

　　B：それで、＿＿＿＿　＿＿＿＿　★　＿＿＿＿　んだ。

　　1　ほこり　　　　　2　なっている　　　　3　こんなに　　　　4　だらけに

2　A：あの大爆発の原因は、タバコの投げ捨てなんだって。

　　B：えー。あんな大事故が、そんな＿＿＿＿　＿＿＿＿　★　＿＿＿＿　なんて、こわいな。

　　1　不注意　　　　　2　起きた　　　　　3　によって　　　　4　ちょっとした

3　A：最近、お年寄りに電車やバスの席をゆずる人が少なくなりましたね。

　　B：そうですね。＿＿＿＿　＿＿＿＿　★　＿＿＿＿、当たり前のことなのにね。

　　1　に対して　　　　2　するのは　　　　3　お年寄り　　　　4　優しく

4　A：この鉄道博物館、ほんとうに面白いね。

　　B：だけど、＿＿＿＿　＿＿＿＿　★　＿＿＿＿、退屈な所なんじゃないかな。

　　1　興味がない　　　2　人たち　　　　　3　にとっては　　　4　電車に

5　A：このデジタルカメラ、使い方がよくわからない。

　　B：最初に、カメラの＿＿＿＿　＿＿＿＿　★　＿＿＿＿　読んだほうがいいんじゃないの。

　　1　説明書を　　　　2　使い方　　　　　3　の　　　　　　　4　について

6　A：山田さん、とってもペットをかわいがっているんですね。

　　B：そうですね。私＿＿＿＿　＿＿＿＿　★　＿＿＿＿　からね。

　　1　ペットは　　　　2　にとっては　　　3　です　　　　　　4　家族

7　A：相変わらず、世界の経済状況はよくなっていないよな。

　　B：ああ。うちの会社なんか、厳しい＿＿＿＿　＿＿＿＿　★　＿＿＿＿　なんだよ。

　　1　ボーナスまで　　2　リストラ　　　　3　カット　　　　　4　に加えて

8　A：昨日の台風はすごかったね。

　　B：うん。＿＿＿＿　＿＿＿＿　★　＿＿＿＿　がストップしちゃったね。

　　1　交通機関　　　　2　電車　　　　　　3　全ての　　　　　4　をはじめとする

정답　**1**④　**2**③　**3**④　**4**②　**5**③　**6**④　**7**①　**8**③　　　　　　해석 별책 p.33

問題　つぎの文の　★　に入れるのに最もよいものを、1・2・3・4から一つえらびなさい。

1　A：最近、駅前にきれいなレストランができたでしょ。今度、行ってみない？

　　B：でもね、＿＿＿　＿＿＿　★＿＿＿　＿＿＿、あの店はあまりおいしくないらしいよ。

　　1　によると　　　　　　2　聞いた　　　　　　3　友達から　　　　4　話

2　A：テレビのニュースでよく「永田町」って言っているけど、そんな町、知ってる？

　　B：うん。＿＿＿　＿＿＿　★＿＿＿　＿＿＿が行われているんだよ。

　　1　政治　　　　　　　　2　日本の　　　　　　3　を中心にして　　4　その町

3　A：今年の学校のクリスマスパーティーで、カラオケ大会があるそうですね。

　　B：ええ。＿＿＿　＿＿＿　★＿＿＿　＿＿＿学生も、参加できるんですよ。

　　1　他校の　　　　　　　2　学生　　　　　　　3　本校の　　　　　4　はもちろん

4　A：日本のマンガは、世界中で人気がありますね。

　　B：ええ。現代の日本文化は＿＿＿　＿＿＿　★＿＿＿　＿＿＿になりましたね。

　　1　ほど　　　　　　　　2　マンガ　　　　　　3　考えられない　　4　をぬきにしては

5　A：社長、今後の我が社の経営はどうなるのでしょうか。

　　B：リストラと＿＿＿　＿＿＿　★＿＿＿　＿＿＿、改善するしかないだろう。

　　1　減らすこと　　　　　2　経費を　　　　　　3　により　　　　　4　無駄な

6　都会にある川は、工場や家庭から流される汚い水で汚れて、＿＿＿　＿＿＿　★＿＿＿

　　＿＿＿しまった。

　　1　すみ　　　　　　　　2　魚が　　　　　　　3　なって　　　　　4　にくく

7　限りある資源を守るために、一人一人が＿＿＿　＿＿＿　★＿＿＿　＿＿＿。

　　1　行動したい　　　　　2　できることを　　　3　考えて　　　　　4　ものだ

8　A：彼は株を始めた＿＿＿　＿＿＿　★＿＿＿　＿＿＿、たった1日で300万円も儲け

　　　たんだよ。

　　B：へえ、それはすごいねえ。

　　1　株の　　　　　　　　2　初心者　　　　　　3　ながら　　　　　4　ばかりの

정답　1④　2②　3④　4③　5①　6④　7①　8②　　　　　　　　　　해석 별책 p.34

問題　つぎの文の＿＿★＿＿に入れるのに最もよいものを、1・2・3・4から一つえらびなさい。

1 A：ワーキングホリデーって何？

B：海外で＿＿＿　＿＿＿　＿★＿　＿＿＿ 生活体験が楽しめる制度のことだよ。

1　その国の　　　　　2　ながら　　　　　3　文化や　　　　　4　働き

2 体が疲れてストレスがたまると、＿＿＿　＿＿＿　＿★＿　＿＿＿ そうです。

1　なる　　　　　　　2　ひき　　　　　　3　風邪を　　　　　4　やすく

3 A：自然環境を守るために、何かしないと……。

B：そうだね。特に、＿＿＿　＿＿＿　＿★＿　＿＿＿ だし、それが地球温暖化の原因

にもなってるからね。

1　森林は　　　　　　2　一方　　　　　　3　急速に　　　　　4　減る

4 あれ、コンピュータがおかしいよ。最新の ＿＿＿　＿＿＿　＿★＿　＿＿＿ 、直ちに
削除してくれるはずなんだけど。

1　ウイルスを　　　　2　次第　　　　　　3　見つけ　　　　　4　対策ソフトが

5 あのテロは ＿＿＿　＿＿＿　＿★＿　＿＿＿ 事件だ。世の中からテロなどなくなればい
いのに。

1　ようが　　　　　　2　忘れ　　　　　　3　ない　　　　　　4　悲しい

6 A：山田さん、会社を辞めて、田舎で農業を始めるんだって。

B：でも、田舎の生活に慣れてないし、農業の経験もないから、＿＿＿　＿＿＿
＿★＿　＿＿＿ けど。

1　いき　　　　　　　2　っこない　　　　3　うまく　　　　　4　と思う

7 A：困ったなあ。山田さん、ぜんぜんお金返してくれないんだ。

B：だから、「信用 ＿＿＿　＿＿＿　＿★＿　＿＿＿ べきじゃない」って言っただろう。

1　貸す　　　　　　　2　頼まれても　　　3　できない　　　　4　人に

8 一生 ＿＿＿　＿＿＿　＿★＿　＿＿＿ 大金が手に入った。

1　きれない　　　　　2　かかっても　　　3　ぐらいの　　　　4　使い

정답　**1**①　**2**④　**3**④　**4**③　**5**③　**6**②　**7**②　**8**①　　　　　해석 별책 p.34

問題　つぎの文の＿★＿に入れるのに最もよいものを、1・2・3・4から一つえらびなさい。

1　気をつけて。＿＿＿　＿＿＿　＿★＿　＿＿＿ だから、すごく熱いよ。
　1　ところ　　　　　　2　アイロンを　　　　3　たった今　　　　4　消した

2　健康のために毎朝 ＿＿＿　＿＿＿　＿★＿　＿＿＿ んですって。
　1　30分　　　　　　2　ことにしている　　3　歩く　　　　　　4　くらい

3　どうしよう。これから ＿＿＿　＿＿＿　＿★＿　＿＿＿ なのに、急にお腹が痛くなっちゃった。
　1　ところ　　　　　　2　面接を　　　　　　3　大切な　　　　　4　受ける

4　この動物園では、だれでも動物に ＿＿＿　＿＿＿　＿★＿　＿＿＿。
　1　いい　　　　　　　　　　　　　　　　2　餌を
　3　ことになっている　　　　　　　　　　4　あげても

5　うーん。まだケーキを ＿＿＿　＿＿＿　＿★＿　＿＿＿ なの。
　1　やめようか　　　　2　迷っている　　　　3　ところ　　　　　4　買おうか

6　彼女とは ＿＿＿　＿＿＿　＿★＿　＿＿＿ ような気がする。
　1　一度　　　　　　　2　ことがある　　　　3　会った　　　　　4　どこかで

7　パソコンで、うっかり ＿＿＿　＿＿＿　＿★＿　＿＿＿、苦労して書いたファイルが全部消えちゃった。
　1　押してしまった　　2　違う　　　　　　　3　キーを　　　　　4　ために

8　お風呂に ＿＿＿　＿＿＿　＿★＿　＿＿＿ ものだから、もうびっくりして……。
　1　起きた　　　　　　2　ところに　　　　　3　入っている　　　4　地震が

정답　1④　2③　3④　4①　5②　6③　7①　8④　　　　　해석 별책 p.35

問題　つぎの文の　__★__　に入れるのに最もよいものを、1・2・3・4から一つえらびなさい。

1　彼は _____ _____ __★__ _____ 、ペンシルベニア大学ウォートンＭＢＡへ留学した。

1　ため　　　　　　2　研究する　　　　　3　経済を　　　　　　4　アメリカの

2　10年前、彼女は _____ _____ __★__ _____ 、すばらしい恋をあきらめたんだって。本当かな。

1　続ける　　　　　2　今の　　　　　　　3　仕事を　　　　　　4　ために

3　_____ _____ __★__ _____ 、銀行に口座を作りました。

1　メンバーに　　　　　　　　　　　2　なる

3　スポーツクラブの　　　　　　　　4　ために

4　旅行中 _____ _____ __★__ _____ 、親切な人がホテルまで案内してくれて助かった。

1　迷って　　　　　2　道に　　　　　　　3　ところ　　　　　　4　困っていた

5　_____ _____ __★__ _____ 、仕事を見つけるのが難しい。

1　不安定な　　　　2　ような　　　　　　3　時代には　　　　　4　今の

6　私は _____ _____ __★__ _____ から、頭が痛くても薬は飲まないんです。

1　ものです　　　　2　薬を　　　　　　　3　嫌いな　　　　　　4　飲むのが

7　法律を学んでいる学生が _____ _____ __★__ _____ ようですね。

1　みんな　　　　　2　なる　　　　　　　3　わけではない　　　4　法律家に

8　Ａ：大臣になると大きい力が持てるらしいよ。

　　Ｂ：そうなんだ。_____ _____ __★__ _____ 。

1　だから　　　　　2　大臣に　　　　　　3　わけだ　　　　　　4　なりたがる

問題　つぎの文の　★　に入れるのに最もよいものを、1・2・3・4から一つえらびなさい。

1　＿＿＿＿　＿＿＿＿　★　＿＿＿＿　を受けてください。
　　1　予防接種　　　　　　　　　　　　2　インフルエンザに
　　3　ように　　　　　　　　　　　　　4　かからない

2　食品を買う時は　＿＿＿＿　＿＿＿＿　★　＿＿＿＿　。
　　1　見て　　　　　2　買う　　　　　3　賞味期限を　　　　4　ものだ

3　この間、映画館で静かで　＿＿＿＿　＿＿＿＿　★　＿＿＿＿　、携帯電話がなってしまって、大あわてしました。
　　1　映画を　　　　　2　とき　　　　　3　ロマンチックな　　4　見ている

4　今、話題の　＿＿＿＿　＿＿＿＿　★　＿＿＿＿　ですから、ぜひ見に行ってください。
　　1　はず　　　　　　　　　　　　　　2　その展覧会は
　　3　開催されている　　　　　　　　　4　月末まで

5　明日から、ダイエットを始めて、＿＿＿＿　＿＿＿＿　★　＿＿＿＿　なんです。
　　1　やせる　　　　　2　つもり　　　　3　必ず　　　　4　10キロは

6　＿＿＿＿　＿＿＿＿　★　＿＿＿＿　着くなんて、便利になったものです。
　　1　とおりに　　　　2　目的地に　　　3　カーナビの　　　4　運転すれば

7　＿＿＿＿　＿＿＿＿　★　＿＿＿＿　、人を傷つけることもある。
　　1　つもりで　　　　2　言った　　　　3　親切な　　　　4　ことでも

8　A：私たちの暮らしは豊かになったね。
　　B：でも、＿＿＿＿　＿＿＿＿　★　＿＿＿＿　しまったね。
　　1　環境破壊が　　　2　進んで　　　　3　かわりに　　　4　その

問題　つぎの文の＿＿★＿＿に入れるのに最もよいものを、1・2・3・4から一つえらびなさい。

1　A：田中さん、まだ怒ってるの？

B：そうらしい。＿＿＿＿　＿＿＿＿　＿★＿　＿＿＿＿、誤解だってわかってもらえるのに……。

1　くれれば　　　　2　私の　　　　3　話さえ　　　　4　聞いて

2　A：野菜や魚など、産地直送の商品に人気があるよね。

B：うん。産地の＿＿＿＿　＿＿＿＿　＿★＿　＿＿＿＿、宅急便で家まで届くからね。

1　新鮮な　　　　2　魚が　　　　3　野菜や　　　　4　うちに

3　A：もう絶対時間に＿＿＿＿　＿＿＿＿　＿★＿　＿＿＿＿、どうしてまた遅刻したの？

B：仕方がないよ。電車の事故があったんだから。

1　遅れない　　　　2　約束した　　　　3　って　　　　4　くせに

4　最近の＿＿＿＿　＿＿＿＿　＿★＿　＿＿＿＿機械が苦手な人にでも使いやすい。

1　使い方が　　　　2　おかげで　　　　3　やさしい　　　　4　電気製品は

5　A：泥棒ってどんな家に入るの？

B：ポストに新聞や郵便物がたくさん＿＿＿＿　＿＿＿＿　＿★＿　＿＿＿＿を狙うんだってさ。

1　家　　　　2　がちの　　　　3　たまっている　　　　4　留守

6　A：＿＿＿＿　＿＿＿＿　＿★＿　＿＿＿＿、すっかり暗くなっちゃったね。

B：うん。じゃ、そろそろ帰ろうか。

1　うちに　　　　2　夢中に　　　　3　話に　　　　4　なっている

7　A：北海道に住んでいる友達の＿＿＿＿　＿＿＿＿　＿★＿　＿＿＿＿、旅行も楽しもうと思ってるんだ。

B：それはうらやましいなあ。

1　出席　　　　2　する　　　　3　結婚式に　　　　4　ついでに

8　A：その箱、全部捨てちゃうんですか。もったいない。

B：そんなに欲しければ、＿＿＿＿　＿＿＿＿　＿★＿　＿＿＿＿いいよ。

1　行っても　　　　2　だけ　　　　3　欲しい　　　　4　持って

정답　1④　2①　3②　4③　5②　6④　7②　8④　　　　　　　　해석 **별책** p.36

問題　つぎの文の＿＿＿★＿＿＿に入れるのに最もよいものを、1・2・3・4から一つえらびなさい。

1　もう寝ようと、＿＿＿＿　＿＿＿＿　＿★＿＿　＿＿＿＿、忘れていた仕事があることを思い出した。

1　着替えて　　　　2　とたん　　　　3　入った　　　　4　ベッドに

2　たとえ突然＿＿＿＿　＿＿＿＿　＿★＿＿　＿＿＿＿、1週間ぐらい生活できる非常食を用意しておいた方がいい。

1　ように　　　　2　大丈夫な　　　　3　大地震が　　　　4　起きても

3　A：あ、それって、エコバッグでしょう。
　　B：うん、レジ袋を減らすために、＿＿＿＿　＿＿＿＿　＿★＿＿　＿＿＿＿　ようにしてるんだ。

1　たびに　　　　2　行く　　　　3　持って　　　　4　買い物の

4　彼は自分が犯罪者になったのは、＿＿＿＿　＿＿＿＿　＿★＿＿　＿＿＿＿　と言っている。

1　会社に　　　　2　リストラ　　　　3　せいだ　　　　4　された

5　A：昨日、奥さんにプレゼントあげたんでしょう。どうだった。奥さん大喜びでしょう。
　　B：それがね、＿＿＿＿　＿＿＿＿　＿★＿＿　＿＿＿＿、叱られちゃったよ。お金がもったいないって。

1　くれる　　　　2　大喜び　　　　3　して　　　　4　どころか

6　A社は、＿＿＿＿　＿＿＿＿　＿★＿＿　＿＿＿＿、世界中に進出している大企業だ。

1　どころか　　　　2　ある　　　　3　日本中に　　　　4　支社が

7　A：部長がさ、月の売り上げを2割上げろって。
　　B：＿＿＿＿　＿＿＿＿　＿★＿＿　＿＿＿＿　いるのに、どうしてそう言うのかな。

1　こと　　　　2　決まって　　　　3　そんな　　　　4　無理に

8　＿＿＿＿　＿＿＿＿　＿★＿＿　＿＿＿＿、建物の安全性に対する国民の関心が高くなってきた。

1　以来　　　　2　起きて　　　　3　数年前に　　　　4　大地震が

정답　1③　2②　3③　4④　5①　6②　7④　8②　　　　　　　　해석 별책 p.36

問題　つぎの文章を読んで、文章全体の内容を考えて　1　から　5　の中に入る最もよいものを、1・2・3・4から一つえらびなさい。

　このたびは、おいしいりんごをたくさん送っていただきまして、本当にありがとうございました。とても甘くて、香りもよく、さすがに青森のりんごですね。

　　1　一番おいしいりんごです。たくさんいただいたので、娘がアップルパイを作ってみようと言っております。家内はジャムを　2　。りんごが大好きな私は、家内と娘の腕に期待しているところです。

　ご家族で青森を旅行されたとのこと、東北の秋を十分楽しまれたことでしょうね。私たちも来年あたり行ってみたいと思っています。そのときは、景色のきれいな所やおいしい食べ物などを　3　うれしいです。

　新しいお仕事を始められて何かとお忙しいでしょうが、近いうちに一度、我が家へ遊びにいらっしゃいませんか。　4　庭を少し作り直しました。花壇を広くして花を植えました。小さな池も作りましたし、前よりはきれいになりました。今まで　5　庭の手入れなどしませんでしたが、これから少しずつやろうかと思っています。ぜひ見に来てください。

　まずは、お礼とお誘いまで。

1

1　今まで食べなかったので　　2　まだ食べていないので

3　まだ食べたことがない中で　　4　今まで食べたものの中で

2

1　作ってみるものです　　2　作ってみたいです

3　作ってみるそうです　　4　作りたかったです

3

1　教えてくれれば　　2　教えてあげれば

3　教えていただければ　　4　教えてやったら

4

1　じつは　　2　しかし

3　それに　　4　それから

5

1　やっと　　2　めったに

3　きっと　　4　かならず

問題　つぎの文章を読んで、文章全体の内容を考えて　1　から　5　の中に入る最もよいものを、1・2・3・4から一つえらびなさい。

あなたのバッグには何が入っていますか。

持ち物は、男性と女性では違うでしょうし、年齢や職業によっても違うでしょう。　1　周りの人に聞いてみました。

ほとんどの人が持っていたのは財布、鍵、携帯電話で、女性はハンカチ、ティッシュを全員が持っていました。それにティッシュ　2　、ウエットティッシュも持っている人が多いことがわかりました。

赤ちゃんのものが詰まったバッグや、道具があふれるように入っていてずっしり重いバッグ、必要なものをきちんと整理して入れてあるバッグなど、　3　ありました。中には、会社に行くときに電車が止まって、駅で数時間待たされるという経験を何回かしたという人のバッグに、お菓子、ピクニック用シート、輪ゴム、便せんなどが入っていて、こんなものまで持ち歩くのかと　4　。

バッグの中身には、その人の　5　があらわれていて、その人らしさが伝わってくるような気がしました。

1

1 どんな色のバッグを持っているか 　 2 バッグの大きさはどのくらいか

3 どんなものを持ち歩いているのか 　 4 何を買いたいのか

2

1 だけでも 　 2 だけが 　 3 だけと 　 4 だけでなく

3

1 はっきり 　 2 わりあいに 　 3 なかなか 　 4 いろいろ

4

1 驚いたものもありました 　 2 驚いていることです

3 驚かせたことがありました 　 4 驚いたものでしょう

5

1 仕事の仕方 　 2 生活スタイル

3 通勤方法 　 4 ティッシュの好み

問題　つぎの文章を読んで、文章全体の内容を考えて　1　から　6　の中に入る最もよいものを、1・2・3・4から一つえらびなさい。

　　おもちゃのメーカーがボランティアでおもちゃの病院を開いています。最近は、こわれたおもちゃを直す人は少なくなって、　1　時代と言われています。けれども、物を大切にする気持ちをもっと大事にしようと思っている人も、　2　。

　　大好きなおもちゃがこわれてしまった子どもにとっては、それを直してくれるおもちゃの専門家が、　3　見えるようです。おもちゃの修理がきっかけで物を大事にする気持ちを持ってくれるなら、　4　うれしいことはありません。

　　　5　切れた電気の線や折れたネジをちょっと直す昔のおもちゃと違って、今のおもちゃは直すのが難しくなりました。新しい技術を使っているからです。また、電子部品の値段が高く、修理にお金もかかります。それでも、おもちゃが直ったときに子どもたちのうれしそうな顔を見たり、「ありがとう」という明るい声を聞いたりすると、　6　と思うそうです。

1

1 買ったらすぐ捨てる　　　　　2 こわれたら捨てる
3 捨てずに買う　　　　　　　　4 直さず使う

2

1 多くないのです　　　　　　　2 いないのです
3 減りました　　　　　　　　　4 少なくないのです

3

1 神様だそう　　2 神様みたいで　　3 神様のように　　4 神様らしく

4

1 こんなに　　2 とても　　3 もっと　　4 どんなに

5

1 なぜなら　　2 もっとも　　3 そこで　　4 それに

6

1 直らなくて残念だ　　　　　　2 直すのが大変だ
3 直せてよかった　　　　　　　4 直せばよかった

問題　つぎの文章を読んで、文章全体の内容を考えて　1　から　5　の中に入る最もよいものを、1・2・3・4から一つえらびなさい。

　図書館で本を借りて読みたいと思っても、図書館から遠いところに住んでいるひとり暮らしのお年寄りには難しい。特に地方では人口が少なくなったため、電車やバスの本数が減って利用しにくくなっている。それで、家にずっと　1　人が増えている。

　そんな人のために注文に　2　郵便局員が図書館の本を届けてくれるサービスが本田市で始まった。サービスを希望すると、月に2回、その人のところを郵便局員が訪問してくれる。リストを見せて読みたい本の希望を聞く。　3　、郵便で届けるというやり方だ。もちろん、郵送料はサービスを受ける人が払うことになる。本が読みたくても　4　人にとっては安い料金だろう。こんなサービスを自分が住む町でも始めてほしいと思う人は　5　多いに違いない。

1

1 いるしかない

2 いることができない

3 いてもいい

4 いなくてもいい

2

1 とって　　2 応じて　　3 際して　　4 通じて

3

1 それでは　　2 すると　　3 そして　　4 さて

4

1 図書館に行く

2 図書館に行けない

3 図書館に行った

4 図書館に行ける

5

1 とっくに　　2 かえって　　3 ほとんど　　4 きっと

問題　つぎの文章を読んで、文章全体の内容を考えて 1 から 5 の中に入る最もよいものを、1・2・3・4から一つえらびなさい。

新入生のみなさん、 1 大学生活が始まりましたね。サークルはのぞいてみましたか。気に入ったサークル、入ってみたいなと思うサークルはありましたか。近くのカフェやレストランも、もうチェックしましたか。

松下大学では１０００人以上の留学生が勉強しています。そう、そうなんです。あなたさえ 2 、大学内で 3 友だちになれるんです。いろいろな国の人と楽しく話してみませんか。 4 いろんな文化が体験できちゃうんですよ。

でも、留学生はどこに?

そんなあなたを「サークルわいわい」にご招待。１１号館の２０１号室で毎週水曜・金曜の５時から２時間、国籍や学年に関係なく楽しく 5 しています。日本語も英語もＯＫです。留学生と友だちになりたいあなた、留学を考えている君、一度見に来ませんか。

1

1 そろそろ　　　　2 いよいよ　　　　3 わくわく　　　　4 どきどき

2

1 その気に入れば　　　　　　　2 その気がつけば
3 その気がなければ　　　　　　4 その気になれば

3

1 日本中の人と　　　　　　　　2 世界中の人と
3 大学の先輩と　　　　　　　　4 学生寮の人と

4

1 日本にいなくても　　　　　　2 日本に帰らなくても
3 外国に行かなくても　　　　　4 大学に行かなくても

5

1 交流　　　　　2 試験　　　　　3 交際　　　　　4 試合

問題　つぎの文章を読んで、文章全体の内容を考えて 1 から 5 の中に入る最もよいものを、1・2・3・4から一つえらびなさい。

　　最近、働きながら資格を取るための勉強をしている人が増えているそうです。不景気が続いていて、毎日のように社員のリストラのニュースを耳にします。大企業に勤めているからといって、安心は 1 。そのため、将来に不安を感じる人や、独立しようと考える人が、資格を 2 ようです。

　　しかし、働きながら勉強するのは 3 。勉強の時間を作るために、皆さん、いろいろな工夫や努力をしていることがわかりました。

　　 4 、毎朝4時に起きて勉強している人や、 5 まで会社の近くの喫茶店で勉強するなど、朝の時間を活用している人もたくさんいました。また、通勤の時間を勉強の時間にしたり、グループで勉強会を開いて、お互いに励まし合いながら勉強をしたりしている人もいました。

해석 별책 p.42

1

1 できたのでしょう

2 できるはずです

3 できないのです

4 できるはずでした

2

1 取ろうとしている

2 取るためだった

3 取ろうとしていない

4 取るためになっている

3

1 簡単なことでした

2 簡単になるでしょう

3 簡単にはなりません

4 簡単なことではありません

4

1 つまり　　　2 たとえば　　　3 あるいは　　　4 そのうえ

5

1 出勤時間　　　2 昼休み　　　3 仕事後　　　4 帰宅時

問題　つぎの文章を読んで、文章全体の内容を考えて　1　から　4　の中に入る最もよいものを、1・2・3・4から一つえらびなさい。

　「馬鹿は死ななきゃ治らない」と、よく世間で言われているが、「親ばか」もここで言う、「ばか」の仲間に入るのだろうか。

　「親ばか」というのは、子どもを　1　、子どものこととなると何も考えられなくなり、ただ子どものためだけを思って、他人から見れば「　2　」というようなことをしてしまう親のことである。

　浜さん夫婦には中学2年生になる息子がいる。1人息子だけに「目に入れても痛くない」と思うほどかわいがっている。先日この息子がスーパーでＤＶＤを　3　警察に捕まった。ビデオにもその様子が映っていたし、見ていた人も何人かいたが、浜さん夫婦は「うちの子に限ってそんなことはしない。何かの間違いだ」と言い続けたそうだ。

　浜さん夫婦は常識のあるごく普通の夫婦で、決して　4　ではない。が、その人たちがこのようになってしまうのである。

　親とは本当に不思議なものである。

1

1 かわいがりすぎて 　　　2 にくむあまり

3 かわいすぎて 　　　　　4 自慢しすぎて

2

1 こうしてあんなことを 　　2 そうしてこんなことを

3 ああしてどんなことを 　　4 どうしてそんなことを

3

1 あげて 　　　　　　　　2 もらって

3 買って 　　　　　　　　4 盗んで

4

1 文句を言わない人 　　　2 賛成をしない人

3 無理を言う人 　　　　　4 無理を言わない人

N3

1교시

독해

問題4 내용 이해(단문)
問題5 내용 이해(중문)
問題6 내용 이해(장문)
問題7 정보 검색

독해 완전 정복을 위한 꿀팁!

독해는 번역과는 다릅니다. 보물찾기처럼 힌트를 찾아서 정답과 관련된 문장만 해석하여 푸는 것이 효율적인 독해 접근 방법입니다. 정답을 고를 때에는 오답을 하나씩 지워 나가는 연습을 하는 것이 좋습니다.

● 問題4 내용 이해(단문)
단문 독해는 마지막 1~2줄에 필자의 주장이 있으니 그 부분에 주의하여 읽는 연습을 합니다.

● 問題5 내용 이해(중문)
중문 독해는 단문이 2개라는 생각으로 접근합니다. 밑줄 문제는 90% 이상 앞뒤 문장에 힌트가 있다고 보면 됩니다.

● 問題6 내용 이해(장문)
긴 지문에 당황하지 말고 지시어가 가리키는 것이 무엇인지 파악하면서 읽도록 합니다.

● 問題7 정보 검색
정보 검색에서는 문제에 나오는 조건을 지문에 표시하며 풉니다. 그리고 예외적 사항과 관련된 부분에는 항상 조심해야 합니다.

PART 1

워밍업

1. 비법 전수
2. 비법 어휘

독해 문제는 크게 2가지 유형으로 출제된다. 하나는 독해문을 읽고 내용을 이해했는지를 묻는 내용 이해 문제이고, 또 하나는 전단지 등의 정보를 제대로 이해할 수 있는지를 묻는 정보 검색 문제이다. 내용 이해 문제는 문장 길이에 따라 단문 독해, 중문 독해, 장문 독해의 3가지 유형으로 출제되는데, 모두 에세이 등을 읽고 필자의 감정을 이해하거나 논리를 이해할 수 있는지를 묻는 문제가 출제된다.

그럼 각 문제의 출제 유형을 이해하고 학습 방법과 고득점으로 연결할 수 있는 비법을 살펴 보자.

問題 4 내용 이해 (단문) 

●● 유형 분석

설명문이나 지시문 등 150~200자 정도의 짧은 글을 읽고 내용을 이해할 수 있는지를 묻는 문제이다. 4개의 지문에서 각 지문당 1문항씩, 총 4문항이 출제된다.

●● 풀이 비법

주요 화제는 생활이나 일 등 일상에서 흔히 접할 수 있는 다양한 소재가 다뤄진다. 따라서 일상에 관한 다양한 글을 평소 많이 읽고 관련 어휘를 익혀 두도록 한다.

예시 문제

つぎの文章を読んで、質問に答えなさい。答えは、1・2・3・4から最もよいものを一つえらびなさい。

2011年9月1日

さくら株式会社
営業部　御中

ABC 株式会社
輸出入部　ヤン・イシイ

拝啓
　わが社は、日本のアクセサリーやバッグ、くつなどを過去10年以上アジア各国に輸出しております。

先日、さくら株式会社様のホームページ上にて新しいバッグのカタログを拝見しました。ぜひ輸出を検討したく思いますので、最新のバッグのカタログと価格表を今月中に送っていただけないでしょうか。

よろしくお願いいたします。

1　この手紙の中の会社について、正しいのはどれか。

1　「さくら株式会社」は、各国から輸入したバッグを日本で10年以上売っている。

2　「さくら株式会社」は、バッグを輸出するかどうか検討し、今月中に返事をする。

3　「ABC株式会社」は、アジア各国の最新バッグをホームページで紹介している。

4　「ABC株式会社」は、「さくら株式会社」にバッグのカタログと価格表を頼んだ。

해석 및 해설

2011년 9월 1일

사쿠라 주식회사
영업부 귀중

ABC주식회사
수출입부　얀·이시이

배계

　저희 회사는 일본의 액세서리와 가방, 구두 등을 과거 10년 이상 아시아 각국에 수출하고 있습니다.

　요전에 사쿠라 주식회사의 홈페이지상에서 새로운 가방 카탈로그를 보았습니다. 꼭 수출을 검토하고 싶다고 생각하오니, 최신 가방 카탈로그와 가격표를 이달 중으로 보내 주시지 않겠습니까?

　잘 부탁드립니다.

---

1 이 편지 속 회사에 대해 맞는 것은 어느 것인가?

1　'사쿠라 주식회사'는 각국에서 수입한 가방을 일본에서 10년 이상 팔고 있다.

2　'사쿠라 주식회사'는 가방을 수출할지 여부를 검토해서 이달 중으로 답변을 한다.

3　'ABC 주식회사'는 아시아 각국의 최신 가방을 홈페이지에서 소개하고 있다.

4　'ABC 주식회사'는 '사쿠라 주식회사'에 가방 카탈로그와 가격표를 부탁했다.

↳ 단문 내용을 이해하고 있는지 묻는 문제이다. 이 글은 'ABC 주식회사'가 '사쿠라 주식회사'에 보낸 카탈로그와 가격표 요청서이다. '사쿠라 주식회사'는 가방을 제작하는 일본 내 회사이고, 'ABC 주식회사'는 일본 국내의 가방 등을 아시아 각국에 수출하는 회사이다. 따라서 정답은 4번이다.

● ● **유형 분석**

설명문이나 수필 등 350자 정도의 글을 읽고 키워드와 인과 관계 등을 이해할 수 있는지 묻는 문제이다. 2개의 지문에서 각 지문당 3문항씩, 총 6문항이 출제된다.

● ● **풀이 비법**

내용을 이해하고 키워드 등 포인트를 파악하는 게 중요하다. 평소 글을 읽을 때 그 글의 키워드가 무엇인지, 글쓴이가 말하고자 하는 것이 무엇인지 등 포인트를 파악하면서 읽는 연습을 하자. 해당되는 문장이나 키워드에 밑줄을 쳐 가며 연습을 하는 것도 도움이 될 것이다.

예시 문제

つぎの文章を読んで、質問に答えなさい。答えは、 1・2・3・4から最もよいものを一つえらびなさい。

> 　　海外旅行をするときの一般的な方法には、ガイドと一緒の「パック旅行」があるが、フリーツアー (※1) というものもある。
> 　　パック旅行は、目的地までの往復の交通や宿泊、観光などがパッケージ (※2) になっているので、その名がある。すべてが決められているので、大変便利だが、団体行動をしなければならない。もっとゆっくり見たいなと思うような場所でも、決められたスケジュールにしばられる。
> 　　その点、フリーツアーは往復の交通手段と宿泊先が決められているだけで、それ以外は自由＝フリーだ。目的地での行動を自由に決めて、移動に必要な鉄道やバスなどの切符もいっしょに申し込むことができる。ただ、フリーツアーでも注意しなければならない点がある。一度ツアー料金を払ってしまったら、往復の飛行機やホテルは変えられないし、キャンセルする場合は出発日の3週間も前からキャンセル料を取られてしまう。自分なりの計画をきちんと立てて、自由な旅を楽しもう。
>
> （※1）ツアー：旅行のこと
> （※2）パッケージ：関係あるものを一つにまとめたもの

1 　ガイドと一緒の「パック旅行」のいい点はどんなところだと言っているか。

　　1　交通手段、宿泊先、予定などを自分で決めなくてもいいこと
　　2　他の旅行客と一緒に見て回れるので、友人が作れること
　　3　ガイドが一緒に行ってくれるので、くわしい説明が聞けること
　　4　ゆっくり見たいときには時間をのばしてゆっくり見られること

2　「フリーツアー」のいい点はどんなところだと言っているか。

1　団体で行動して他の旅行客と一緒に楽しく旅行できること
2　宿泊先が決まっているので、ホテルをさがす必要がないこと
3　時間にしばられないで、行きたい場所を自由に見て回れること
4　決められたスケジュールにしたがってゆっくり観光できること

3　「フリーツアー」で注意しなければならない点はどんなことだと言っているか。

1　料金を支払った後は、往復の交通手段と宿泊先は変えられないこと
2　鉄道やバスなどの切符は、目的地で自分で買わなければならないこと
3　ガイドがいないから、観光するときに道に迷うかもしれないこと
4　宿泊先が決まっていないので、ホテルをさがさなければならないこと

해석 및 해설

해외여행을 할 때의 일반적인 방법에는 가이드와 함께하는 '패키지 여행'이 있는데, 자유 여행이라는 것도 있다.

패키지 여행은 목적지까지의 왕복 교통과 숙박, 관광 등이 패키지로 되어 있기 때문에 그런 명칭이 있다. 모든 것이 정해져 있기 때문에 대단히 편리하지만 단체 행동을 해야만 한다. 좀 더 느긋하게 보고 싶다고 생각하는 장소에서도 정해진 스케줄에 얽매인다.

그 점이 자유 여행은 왕복 교통 수단과 숙박지가 정해져 있을 뿐이고, 그 이외는 자유=프리이다. 목적지에서의 행동을 자유롭게 정하고, 이동에 필요한 철도나 버스 등의 표도 함께 신청할 수 있다. 단, 자유 여행에서도 주의해야만 하는 점이 있다. 한번 여행 요금을 지불하면 왕복 비행기와 호텔은 변경할 수 없고, 취소하는 경우는 출발일 3주나 전부터 취소료를 뜯긴다. 자기 나름의 계획을 제대로 세워서 자유로운 여행을 즐기자.

(※1) 투어 : 여행
(※2) 패키지 : 관계있는 것을 하나로 모은 것

1　가이드와 함께하는 '패키지 여행'의 장점은 어떤 점이라고 말하고 있는가?

1　교통 수단, 숙박지, 예정 등을 자신이 정하지 않아도 되는 것
2　다른 여행객과 함께 보고 돌아다닐 수 있으므로 친구를 만들 수 있는 것
3　가이드가 함께 가 주기 때문에 자세한 설명을 들을 수 있는 것
4　느긋하게 보고 싶을 때에는 시간을 늘여서 느긋하게 볼 수 있는 것

↘　글쓴이는 패키지 여행의 장점으로는 교통과 숙박, 관광 등 모든 것이 정해져 있는 것을, 단점으로는 단체 행동과 정해진 스케줄에 따라 행동해야 하는 것을 들고 있다. 따라서 정답은 1번이다.

2　'자유 여행'의 장점은 어떤 점이라고 말하고 있는가?

1　단체로 행동해서 다른 여행객과 함께 즐겁게 여행할 수 있는 것
2　숙박지가 정해져 있으므로 호텔을 찾을 필요가 없는 것
3　시간에 얽매이지 않고 가고 싶은 장소를 자유롭게 보고 돌아다닐 수 있는 것
4　정해진 스케줄에 따라서 느긋하게 관광할 수 있는 것

↘　글쓴이는 패키지 여행의 단점을 자유 여행의 장점이라고 말하고 있다. 즉 시간에 얽매이지 않고, 목적지에서의 행동을 자유롭게 정할 수 있다는 것을 자유 여행의 장점이라고 말하고 있다. 따라서 정답은 3번이다.

  '자유 여행'에서 주의해야 하는 점은 어떤 것이라고 말하고 있는가?

1   요금을 지불한 후에는 왕복 교통 수단과 숙박지는 바꿀 수 없는 것
2   철도와 버스 등의 표는 목적지에서 직접 사야만 하는 것
3   가이드가 없으므로 관광할 때에는 길을 잃을지도 모르는 것
4   숙박지가 정해져 있지 않으므로 호텔을 찾아야만 하는 것

↘ 글 후반부에서 자유 여행의 주의사항에 대해 말하고 있다. 일단 결제하고 난 뒤에는 비행기 표나 숙소를 바꾸기 힘들고, 취소하게 되면 아무리 오래 전에 취소를 하더라도 별도의 취소 수수료를 내야 한다는 점을 주의해야 한다고 말하고 있다. 따라서 정답은 1번이다.

問題 6   내용 이해 (장문)

●● 유형 분석

해설문이나 수필, 편지 등 550자 정도의 긴 글을 읽고 개요와 논리의 전개 등을 이해할 수 있는지 묻는 문제가 출제된다. 1개의 지문에서 총 4문항이 출제된다.

●● 풀이 비법

문장은 길지만 지시어가 가리키는 것이 구체적으로 무엇인지 등, 그 문장이 전달하고자 하는 요점을 묻는 문제가 출제된다. 따라서 평소 글을 읽을 때 넓게는 전체적인 내용을 파악하고, 세부적으로는 지시어 등이 가리키는 내용이 무엇인지에 대해서도 생각하면서 글을 읽는 연습을 하도록 한다.

예시 문제

つぎの文章を読んで、質問に答えなさい。答えは、１・２・３・４から最もよいものを一つえらびなさい。

玉ねぎ（※1）を切るとき、涙が出て困った経験はだれにでもあるだろう。①涙が出る原因は、玉ねぎの中に入っている「アリシン」である。アリシンは、常温（※2）で空気中に出ていく性質（※3）があり、玉ねぎを切るときに飛び出す。そして、呼吸したりするときに体の中に入ってきて、涙を出させるのである。
　では、これを防ぐにはどうしたらいいだろうか。以下のような方法がある。
　　A　台所の換気扇をつける。
　　B　鼻にティッシュペーパーをつめる。
　　C　玉ねぎをいくつかに切って水につけておく。
　　D　玉ねぎを冷蔵庫に入れて冷やしておく。
　　E　包丁に熱湯をかけてから切る。
　　F　玉ねぎを電子レンジで温めておく。

　これらの方法は二つのタイプに分けられる。一つは、②空気中に出たアリシンが体に入るのを防ぐタイプである。もう一つは、アリシンが空気中に出るのを防ぐタイプで、こちらはアリシンの性質を利用する方法だ。アリシンには、水に溶けやすい、冷たいと外に出にくい、熱で壊れやすい、という性質がある。玉ねぎを冷やしたり、熱い包丁を使ったりするのは、少し時間が経つと効果がなくなる。これに対して、玉ねぎを水につけておいたり、③レンジで温めたりするやり方は、効果が高いようだ。

　しかし、実はアリシンは体にいいものなのだ。それが水に流れ出たり、熱で壊れたりしてしまう。このため、涙は出にくくなるが、アリシンが減ってしまうという欠点がある。これらのことを考えて、④一番いいと思う方法を選ぶといいだろう。

（※１）玉ねぎ：野菜の名前
（※２）常温：15度から25度ぐらいの気温
（※３）性質：物がもっている性格や特徴

---

1 ①涙が出る原因は、玉ねぎの中に入っている「アリシン」であるとあるが、玉ねぎを切っているとき、涙が出てくるのはどうしてか。

1　目から「アリシン」が少しずつ体の中に入ってきて、目が痛くなってくるから。
2　「アリシン」が流れ出た空気を吸っていると、だんだん呼吸がしにくくなるから。
3　「アリシン」が体に入ってきて、体の中の悪いものを涙で外に出そうとするから。
4　息を吸うことで空気中の「アリシン」が体の中に入り、それが涙を出させるから。

2 ②空気中に出たアリシンが体に入るのを防ぐタイプとあるが、これは文章の中のどの方法か。

1　A
2　AとB
3　AとBとC
4　AとBとCとD

3 ③レンジで温めたりするやり方とあるが、この方法の特徴について正しく説明しているのはどれか。

1　涙は出にくくなるが、アリシンが壊されるという欠点がある。
2　アリシンが熱で少なくなるので、この方法はやらない方がいい。
3　効果はとても高いが、アリシンが水の中に流れ出る心配がある。
4　アリシンの熱に弱い性質を利用していて、一番いい方法である。

4 ④一番いいと思う方法を選ぶといいだろうとあるが、ここで言いたいことはどんなことか。

  1 涙を完全に出なくする方法はまだない。いい方法を知っていたら教えてほしい。

  2 6つの方法の中には一つだけいい方法があるので、自分で実験して調べてほしい。

  3 最後に紹介した方法が一番効果があるので、一度その方法をやってみてほしい。

  4 紹介した方法にはいい点も悪い点もある。自分に合う方法を見つけてほしい。

해석 및 해설

양파를 자를 때, 눈물이 나서 곤란했던 경험은 누구에게나 있을 것이다.

①눈물이 나는 원인은 양파 속에 들어 있는 '알리신'이다. 알리신은 상온에서 공기 중으로 나가는 성질이 있어, 양파를 자를 때 튀어나온다. 그리고 호흡하거나 할 때에 몸속으로 들어와서 눈물이 나게 하는 것이다.

그럼 이것을 막기 위해서는 어떻게 하면 될까? 다음과 같은 방법이 있다.

  A 부엌의 환기팬을 켠다.

  B 코에 티슈를 틀어막는다.

  C 양파를 몇 개로 잘라 물에 담가 둔다.

  D 양파를 냉장고에 넣어 차게 해 둔다.

  E 부엌칼에 뜨거운 물을 끼얹은 후 자른다.

  F 양파를 전자레인지로 데워 둔다.

이들 방법은 두 가지 타입으로 나뉜다. 하나는, ②공기 중에 나온 알리신이 몸에 들어가는 것을 막는 타입이다. 다른 하나는, 알리신이 공기 중에 나오는 것을 막는 타입으로, 이것은 알리신의 성질을 이용하는 방법이다. 알리신에는, 물에 녹기 쉽다, 차가우면 밖으로 나오기 힘들다, 열에 파괴되기 쉽다, 라는 성질이 있다. 양파를 차게 하거나 뜨거운 부엌칼을 사용하거나 하는 것은, 시간이 조금 지나면 효과가 사라진다. 이에 반해, 양파를 물에 담가 두거나 ③레인지로 데우거나 하는 방법은 효과가 높은 것 같다.

그러나 사실은 알리신은 몸에 좋은 물질이다. 그것이 물에 녹아나오거나 열에 파괴되고 만다. 이 때문에 눈물은 잘 나오지 않게 되지만, 알리신이 감소해 버린다는 결점이 있다. 이런 것들을 고려해서 ④가장 좋다고 생각하는 방법을 고르면 좋을 것이다.

(※1) 양파 : 야채 이름

(※2) 상온 : 15도에서 25도 정도의 기온

(※3) 성질 : 물건이 갖고 있는 성격이나 특징

---

1 ① 눈물이 나는 원인은 양파 속에 들어 있는 '알리신'이다 라고 쓰여 있는데, 양파를 자를 때 눈물이 나는 것은 어째서인가?

  1 눈을 통해 '알리신'이 조금씩 몸속에 들어와서 눈이 아파져 오므로

  2 '알리신'이 흘러나온 공기를 들이마시면 점점 호흡이 하기 힘들어지므로

  3 '알리신'이 몸에 들어와서 몸속의 나쁜 것을 눈물로 밖으로 내보내려고 하므로

  4 숨을 쉬면 공기 중의 '알리신'이 몸속에 들어가고, 그것이 눈물을 나게 하므로

  ↘ 상온에서 공기 중에 녹은 알리신을 사람이 호흡을 하면서 들이마시기 때문이다. 따라서 정답은 4번이다.

2 ② 공기 중에 나온 알리신이 몸에 들어가는 것을 막는 타입이라고 쓰여 있는데, 이것은 글 속의 어느 방법인가?

  1 A   2 A와 B   3 A와 B와 C   4 A와 B와 C와 D

  ↘ 알리신을 들이마시기 전에 환기를 시키거나 코를 막아 호흡할 때 알리신이 들어가는 것을 막는 타입을 찾으면 된다. 따라서 정답은 2번.

3 ③ 레인지로 데우거나 하는 방법이라고 쓰여 있는데, 이 방법의 특징에 대해 옳게 설명하고 있는 것은 어느 것인가?

1　눈물은 잘 나오지 않게 되지만 알리신이 파괴된다는 결점이 있다.

2　알리신이 열로 감소하므로 이 방법은 쓰지 않는 것이 좋다.

3　효과는 매우 높지만 알리신이 물속으로 흘러나올 염려가 있다.

4　알리신이 열에 약한 성질을 이용하고 있으므로 가장 좋은 방법이다.

↳ 알리신은 열에 파괴되기 쉬운 성질이 있기 때문에 레인지로 데우면 눈물은 나지 않게 되지만, 몸에 좋은 성분인 알리신이 파괴된다는 결점이 있다. 따라서 정답은 1번이다.

4 ④ 가장 좋다고 생각하는 방법을 고르면 좋을 것이라고 쓰여 있는데, 여기에서 말하고 싶은 것은 어떤 것인가?

1　눈물을 완전히 나지 않게 하는 방법은 아직 없다. 좋은 방법을 알고 있으면 가르쳐 주기 바란다.

2　여섯 가지 방법 중에는 좋은 방법이 하나만 있으므로 직접 실험해서 찾기 바란다.

3　마지막으로 소개한 방법이 가장 효과가 있으니, 그 방법을 한번 해 보기 바란다.

4　소개한 방법에는 좋은 점도 나쁜 점도 있다. 자신에게 맞는 방법을 찾기 바란다.

↳ 알리신은 눈물이 나게 하는 단점이 있지만, 몸에 좋은 성분이라는 장점도 있으므로, 이런 부분들을 잘 판단해서 최선의 방법을 고르라는 의미이다. 따라서 정답은 4번이다.

問題 7　정보 검색 

● ● 유형 분석

600자 정도의 광고나 팸플릿 등 실생활에서 흔히 접하는 안내문 등을 읽고 필요한 정보를 찾아낼 수 있는지를 묻는 문제가 출제된다. 1개의 지문에서 총 2문항이 출제된다.

● ● 풀이 비법

긴 글이 아니므로 깊이 있게 읽을 필요는 없지만 한자와 어휘 지식이 없으면 어렵게 느껴질 것이다. 일본어를 일상생활에서 얼마나 쓸 수 있는지를 알아보는 문제라고 할 수 있다. 평소에 광고지나 팸플릿 등을 보면서 중요하다고 생각하는 부분에 밑줄을 치는 등, 많은 정보 중에서 필요한 것을 골라내는 연습을 하는 게 도움이 될 것이다.

예시 문제

つぎの文章（ぶんしょう）は、クラスで日本語を学ぶ人を募集するための案内である。下の質問に答えなさい。答えは、１・２・３・４から最もよいものを一つえらびなさい。

> 　ユリナさんは、市民センターで日本語を勉強したいと考えています。できれば漢字も勉強したいと思っています。
> 　ユリナさんの仕事は８時から５時までで、お休みは毎週水曜日と日曜日です。

1 ユリナさんが、とることのできるクラスはどれか。

1　（1）と（6）

2　（2）と（5）

3　（3）と（6）

4　（4）と（5）

2 ユリナさんは、何月何日までに申し込まなければならないか。

1　4月5日

2　4月8日

3　4月10日

4　9月14日

外国人のみなさん、日本語を勉強しませんか

- 場所　　　市民センター
- 先生　　　国際交流しよう市民の会
- 申込方法　3月1日から4月5日までの間に、申込書に必要なことを書いて、市民センターに出してください。申込書は、市民センターにおいてあります。
- 説明会　　4月8日(日)の午前11時から市民センターで、説明会をします。
- 期間　　　授業は4月10日(火)〜9月14日(金)です。
- 費用　　　テキスト代だけ払ってください。
- 時間割

クラス名	曜日	午前 (10時〜11時30分)	午後 (13時〜14時30分)	夜 (19時〜20時30分)
(1) 会話 A	火			○
(2) 会話 B	水		○	
(3) 日本語 A	木			○
(4) 日本語 B	金	○		
(5) 漢字 A	土		○	
(6) 漢字 B	日	○		

［注意］

・AとBの内容は同じです。

・「漢字」のクラスをとる人は、「日本語」のクラスもとってください。

유리나 씨는 시민센터에서 일본어를 공부하고 싶다고 생각하고 있습니다. 가능하면 한자도 공부하고 싶다고 생각하고 있습니다.

유리나 씨의 일은 8시부터 5시까지로, 휴일은 매주 수요일과 일요일입니다.

1 유리나 씨가 선택할 수 있는 클래스는 어느 것인가?

1 (1)과 (6)

2 (2)와 (5)

3 (3)과 (6)

4 (4)와 (5)

↘ 유리나 씨가 공부하고 싶어하는 것은 일본어와 한자이며, 공부를 할 수 있는 시간은 평일 오전 8시 이전과 오후 5시 이후, 그리고 휴일인 수요일과 일요일이다. 따라서 정답은 3번이다.

2 유리나 씨는 몇 월 며칠까지 신청해야 하는가?

1 4월 5일

2 4월 8일

3 4월 10일

4 9월 14일

↘ 신청 기간은 3월 1일부터 4월 5일까지이다. 따라서 정답은 1번이다.

외국인 여러분, 일본어를 공부하지 않겠습니까?

- 장소 ··· 시민센터
- 교사 ··· 국제교류합시다 시민모임
- 신청 방법 ··· 3월 1일부터 4월 5일까지 사이에, 신청서에 필요한 것을 써서 시민센터에 제출해 주세요. 신청서는, 시민센터에 비치되어 있습니다.
- 설명회 ··· 4월 8일(일) 오전 11시부터 시민센터에서 설명회를 합니다.
- 기간 ··· 수업은 4월 10일(화)~9월 14일(금)입니다.
- 비용 ··· 교재값만 내주세요.
- 시간표

클래스명	요일	오전 (10시~11시 30분)	오후 (13시~14시 30분)	밤 (19시~20시 30분)
(1) 회화 A	화			○
(2) 회화 B	수		○	
(3) 일본어 A	목			○
(4) 일본어 B	금	○		
(5) 한자 A	토		○	
(6) 한자 B	일	○		

[주의]

· A와 B의 내용은 같습니다.

· '한자' 클래스를 선택하는 사람은 '일본어' 클래스도 선택해 주세요.

1 주제별 독해 필수 어휘

① 지시문

えらぶ	고르다
質問に答える	질문에 답하다
つぎ	다음
文章を読む	문장을 읽다
最も	가장
よいもの	알맞은 것

② 자연현상

雨・雪が降る	비/눈이 내리다
雨・雪が止む	비/눈이 그치다
大雨 / 洪水	폭우/홍수
温度が下がる	온도가 내려가다
火災	화재
風が吹く・止む	바람이 불다/멎다
災害	재해
地震が起こる	지진이 발생하다
湿度が低い・高い	습도가 낮다/높다
台風が近づく・来る	태풍이 접근하다/오다
大地震・大震災	대지진
津波	쓰나미
土砂災害	산사태
霜が降りる	서리가 내리다
霧が晴れる・出る	안개가 걷히다/피다
雪崩	눈사태
雪が溶ける	눈이 녹다
光がさす	빛이 비치다
揺れる	흔들리다

③ 일상생활

愛情	애정
預ける	맡기다
洗う / 水洗いする	씻다/헹구다
アレルギーが起こる	알레르기가 일어나다
案内	안내
犬嫌い	개를 싫어하는 사람
犬・猫を愛する	개/고양이를 좋아하다
いやになる	싫어지다
運転する	운전하다
追い越す	추월하다, 앞지르다

大怪我をさせる	큰 상처를 입히다	しつける	예의범절을 가르치다
回収	회수	自転車に乗る	자전거를 타다
快適	쾌적	締める	매다, 묶다
飼い主	주인	地面に倒れる	땅에 넘어지다
確認票	확인표	省エネ	에너지 절약
勝手に行動する	제멋대로 행동하다	捨てる	버리다
可燃ごみ	타는 쓰레기	スピードを出す	속도를 내다
我慢する	참다	座り込む	주저 앉다
紙くず	휴지, 종이 부스러기	粗大ごみ	대형 쓰레기
体を守る	몸을 지키다	ぞっとする	오싹하다
危険を予測する	위험을 예측하다	町内会	반상회
規則を守る	규칙을 지키다	～点	～점
キャップを外す	뚜껑을 제거하다	透明の袋	투명 봉투
気をつける / 注意する	주의하다	道路が狭い	도로가 좁다
暮らす	생활하다, 살다	通り過ぎる	지나가다
車にはねられる	차에 치이다	投げ出される	내던져지다
玄関前に出す	현관 앞에 내놓다	生ごみ	음식물 쓰레기
公園	공원	走る	달리다
ごみ処理券	쓰레기 처리권	貼る	붙이다
ごみの収集	쓰레기 수거	半透明の袋	반투명 봉투
ごみの仕分け方	쓰레기 분리 방법	ハンドルを切る	핸들을 꺾다
散歩する	산책하다	被害を与える・受ける	피해를 주다/입다
資源ごみ	재활용 쓰레기	引っ張る	팽팽하게 당기다
資源プラスチック	재활용 플라스틱	ひもで縛る	끈으로 묶다
事故にあう	사고를 당하다	不注意	부주의

□ ぶつかる	부딪치다	□ 選び方	고르는 방법
□ 不燃ごみ	안 타는 쓰레기	□ かぼちゃ	호박
□ 不要になる	필요 없어지다	□ 体にいい・よい	몸에 좋다
□ プラマーク	플라스틱 회수 기호	□ カロリーが高い	칼로리가 높다
□ ブレーキをかける	브레이크를 밟다	□ 換気扇をつける	환풍기를 켜다
□ 分別	분별, 분리	□ 牛乳	우유
□ ペット	애완동물	□ きゅうり	오이
□ ペットボトルを出す	페트병을 내놓다	□ 細かく切る	잘게 썰다
□ 別に出す	따로 내놓다	□ さっぱりした味	개운한 맛
□ 歩行者	보행자	□ さつまいも / じゃがいも	고구마/감자
□ 歩道	보도	□ 砂糖・酒を入れる	설탕/술을 넣다
□ 迷惑をかける	폐를 끼치다	□ 皿にしく・のせる	접시에 깔다/담다
□ 面倒を見る	보살피다, 돌보다	□ しいたけ / まいたけ	표고버섯/잎새버섯
□ 持ち込む	갖고 들어오다, 반입하다	□ 塩 / こしょうをかける	소금/후추를 치다
□ 容器	용기	□ 時間が経つ	시간이 지나다
□ ラベルを取る	라벨을 제거하다	□ 常温	상온
□ リサイクル	재활용	□ 専門家	전문가
□ ルールを守る	규칙을 지키다	□ そろう	구비하다, 갖추다

④ 요리

□ あげる	튀기다	□ 大根	무
□ 味わう	맛보다	□ 台所	부엌
□ 油っこい味	느끼한 맛	□ たっぷり取る	충분히 섭취하다
□ 油でいためる	기름에 볶다	□ たまご	계란
□ うす味	담백한 맛	□ 玉ねぎ / ねぎ	양파/파
□ 栄養不足	영양 부족	□ 調味料	조미료
		□ 次々と	차례대로, 잇따라

☐ 作り方／レシピ	만드는 법／레시피
☐ 手作り	손으로 만듦
☐ 電子レンジで温める	전자레인지에 데우다
☐ トマト	토마토
☐ ナイフで手を切る	칼에 손을 베다
☐ 煮る	삶다, 끓이다, 조리다
☐ にんじん	당근
☐ 熱で壊れる	열에 파괴되다
☐ 熱湯をかける	열을 가하다
☐ バランスがいい	밸런스가 좋다
☐ バランスが取れる	밸런스가 맞다
☐ バランスを取る	밸런스를 맞추다
☐ 冷やす	식히다, 차게 하다
☐ 太る／やせる	살찌다／마르다
☐ フライパンで焼く	프라이팬에 굽다
☐ ブロッコリー	브로콜리
☐ 包丁を使う	칼을 쓰다
☐ ほうれん草	시금치
☐ まぜる	섞다
☐ 丸い形・しかくにする	둥근 모양／사각으로 하다
☐ 水につける	물에 담그다
☐ 水に溶ける	물에 녹다
☐ むす	찌다
☐ もやし	콩나물
☐ やわらかくなる	부드러워지다

☐ 夕飯を作る	저녁밥을 짓다
☐ ゆでる	데치다, 삶다
☐ 冷蔵庫に入れる	냉장고에 넣다
☐ レタス／きゃべつ	양상추／양배추
☐ レモン汁をかける	레몬즙을 뿌리다

❺ 스포츠

☐ 合気道	합기도
☐ 足が速い	발이 빠르다
☐ 〜位	〜위
☐ 打つ	치다
☐ 応援	응원
☐ 勝ち進む	진출하다
☐ 勝つ／負ける	이기다／지다
☐ 〜が得意だ	〜을 잘하다〜이 특기이다
☐ 観戦	관전
☐ がんばる	힘내다, 열심히 하다
☐ 競技場	경기장
☐ 競争する	경쟁하다
☐ ゲーム	게임
☐ 決勝	결승
☐ 蹴る	차다
☐ 剣道	검도
☐ 国籍	국적
☐ ゴルフ	골프
☐ 転ぶ	구르다

□ サッカー	축구	□ 野球	야구
□ 試合	시합	□ 野球場	야구장
□ 指導者を育てる	지도자를 기르다	□ 優勝する	우승하다
□ 柔道	유도		

⑥ 여가 생활

□ 出場する	출전하다	□ インターネットで調べる	인터넷으로 조사하다
□ 上手 / 下手	잘함 / 못함	□ 映画 / 演劇	영화 / 연극
□ 水泳	수영	□ お土産 / お土産物屋	기념품 / 기념품점
□ セット	세트	□ ガイド	가이드
□ 大会を行う	대회를 실시하다	□ 観覧する / 見る	관람하다 / 보다
□ 対象とする	대상으로 하다	□ 計画を立てる	계획을 세우다
□ 倒れる	넘어지다	□ 時間にしばられる	시간에 얽매이다
□ 卓球	탁구	□ 時間をのばす	시간을 늘리다
□ 男女	남녀	□ 写真を撮る / 撮影する	사진을 찍다 / 촬영하다
□ 調子が悪い	컨디션이 나쁘다	□ 集合 / 解散	집합 / 해산
□ テニス	테니스	□ 自由時間	자유 시간
□ トーナメント	토너먼트	□ 渋滞 / 道が込む	정체 / 길이 막히다
□ 取る / 取られる	뺏다 / 빼앗기다	□ 宿泊 / 宿泊先	숙박 / 숙박지
□ 投げる	던지다	□ 出発 / 到着	출발 / 도착
□ 入場する	입장하다	□ 団体旅行	단체 여행
□ 入場料金を払う	입장료를 지불하다	□ パック旅行(パッケージ)	단체 여행(패키지 여행)
□ 走しる	달리다	□ 団体割引	단체 할인
□ バスケット	농구	□ チケットを買う	티켓을 사다
□ ファン	팬	□ 昼食 / お昼	점심 식사
□ まず / 続いて / 最後に	우선 / 이어서 / 마지막으로	□ 乗り遅れる	(차를) 놓치다
□ マラソン	마라톤	□ 人込み	인파

□ フリーツアー	자유 여행
□ ホテルを探す	호텔을 찾다
□ 枚数	매수, 장수
□ 前売り / 予約	예매/예약
□ 目的地 / 旅先	목적지/여행지
□ 旅行 / 旅 / 観光	여행, 관광

❼ 비즈니스

□ あきらめる	포기하다
□ 頭を下げる	고개를 숙이다
□ Eメールを送る	이메일을 보내다
□ 受け付ける	접수하다
□ 営業部	영업부
□ 影響を与える	영향을 주다
□ 応募	응모
□ オープンする	오픈하다
□ お知らせ	공지, 소식
□ お勤め	근무지, 직업
□ 御社	귀사
□ 御中	귀중
□ 会議室	회의실
□ 下記のとおり	아래와 같이
□ 各位	여러분
□ 拡大 / 縮小	확대/축소
□ 画質	화질
□ カタログ	카탈로그

□ 株式会社	주식회사
□ 関心が高い	관심이 높다
□ 完成する	완성하다
□ 技術	기술
□ 喫煙所	흡연실
□ キャンセルする	취소하다
□ 興味を持つ	관심을 갖다
□ 検討する	검토하다
□ 濃い / 薄い	진하다/흐리다
□ 広告	광고
□ 後日	훗날
□ コピー機	복사기
□ 今回	금회, 이번
□ 最新型	최신형
□ 採用	채용
□ 参加する / 不参加となる	참가하다/불참하다
□ 〜次第	〜하는 대로
□ 指定日	지정일
□ 社員そろって	사원 모두
□ 写真付き	사진 부착
□ 修理する / 直す	수리하다/고치다
□ 私用	사적인 볼일, 사사로이 씀
□ 条件	조건
□ 情報	정보
□ 証明書	증명서

□ 書類に記入する	서류에 기입하다		□ 拝啓	삼가 아룀
□ 新製品	신제품		□ 拝見する	보다
□ スケジュール	스케줄		□ 販売する	판매하다
□ 制限	제한		□ 筆記用具	필기 용구
□ 相談に乗る	상담에 응하다		□ 評判がいい	평판이 좋다
□ 総務部	총무부		□ 部品	부품
□ 代金を振り込む	대금을 입금하다		□ 変更 / 変える	변경/바꾸다
□ 遅刻する	지각하다		□ 返事	답장
□ 追加	추가		□ ホームページ	홈페이지
□ 通勤	통근		□ 募集する	모집하다
□ 都合がいい・悪い	사정이 좋다/나쁘다		□ 本年	올해
□ 停止	정지		□ 間に合う	제시간에 대다
□ 〜ております	〜고 있습니다		□ メーカー	메이커, 제조사
□ 手伝う	돕다		□ 問題になる	문제가 되다
□ 点検する	점검하다		□ 問題を解決する	문제를 해결하다
□ ドアを叩く	문을 두드리다		□ 休みの日	휴일
□ 問い合わせ	문의		□ 休む	쉬다
□ 当日	당일		□ 輸入 / 輸出	수입/수출
□ 取引	거래		□ 用紙	용지
□ 内線	내선		□ 予定	예정
□ 日時変更	일시 변경		□ 来日	일본에 옴
□ 日程	일정		□ 履歴書	이력서
□ 人数	인원 수		□ 連絡する	연락하다
□ 年末年始	연말연시		□ わが社 / 当社	저희 회사/당사
□ 〜の代わりに	〜대신에			

❽ 학교/문화센터

□ アルバイトを探す	아르바이트를 찾다
□ 学生課	학생과
□ 学部/学科/専攻	학부/학과/전공
□ 通う	다니다
□ 期間	기간
□ 期末試験	기말시험
□ キャンパス	캠퍼스
□ ～教室	～교실, ～강습(회)
□ 区民/お住まいの方	구민/거주자
□ クラス	클래스, 반
□ 結果が出る	결과가 나오다
□ 研修	연수
□ 講義	강의
□ 講師	강사
□ 国際交流	국제 교류
□ 参考にする	참고로 하다
□ 時間割	시간표
□ 試験範囲	시험 범위
□ 締め切り	마감
□ 授業を受ける	수업을 받다
□ 奨学金	장학금
□ 初級/中級/上級	초급/중급/상급
□ 大学祭	대학 축제
□ 定員になる	정원이 차다
□ 提出する/出す	제출하다, 내다
□ 手書き	손으로 씀
□ テキスト/テキスト代	교재/교재비
□ 手続きの仕方	수속 방법
□ 問い合わせる	문의하다
□ 習う/学ぶ	배우다, 익히다
□ 筆記試験	필기시험
□ 費用	비용
□ 開く	열다, 개최하다
□ プログラム	프로그램
□ 文化センター	문화센터
□ ボランティア	자원봉사
□ 毎週	매주
□ 身につける	몸에 익히다
□ 申込書	신청서
□ 申し込み方	신청 방법
□ 申し込み順	신청순
□ 申し込む	신청하다
□ 寮に入る	기숙사에 들어가다
□ 寮費	기숙사비
□ レベル	레벨
□ レポート	리포트
□ 休み	휴일, 방학

❾ 건물/장소

【～館^{かん}】

【～館】

☐ 映画館 (えいがかん)	영화관
☐ 写真館 (しゃしんかん)	사진관
☐ 体育館 (たいいくかん)	체육관
☐ 大使館 (たいしかん)	대사관
☐ 図書館 (としょかん)	도서관
☐ 博物館 (はくぶつかん)	박물관
☐ 美術館 (びじゅつかん)	미술관
☐ 旅館 (りょかん)	여관

【～所^{しょ}】

☐ 研究所 (けんきゅうしょ)	연구소
☐ 児童相談所 (じどうそうだんじょ)	아동상담소
☐ 事務所 (じむしょ)	사무소, 사무실
☐ 市役所 (しやくしょ)	시청
☐ 診察所 (しんさつじょ)	진료소
☐ 発電所 (はつでんしょ)	발전소
☐ 保育所 (ほいくじょ)	보육원, 탁아소
☐ 役所 (やくしょ)	관청, 관공서

❿ 자·타동사 표현

☐ ～が折れる (お) / を折る (お)	～이 부러지다 / ～을 부러뜨리다
☐ ～が切れる (き) / を切る (き)	～이 끊어지다 / ～을 끊다
☐ ～が壊れる (こわ) / を壊す (こわ)	～이 고장 나다 / ～을 고장 내다
☐ ～が破れる (やぶ) / を破る (やぶ)	～이 찢어지다 / ～을 찢다
☐ ～が割れる (わ) / を割る (わ)	～이 깨지다 / ～을 깨다

【～不^ふ】

☐ 不運 (ふうん)	불운
☐ 不快 (ふかい)	불쾌
☐ 不規則 (ふきそく)	불규칙
☐ 不況 (ふきょう)	불황
☐ 不自由 (ふじゆう)	부자유
☐ 不十分 (ふじゅうぶん)	불충분
☐ 不親切 (ふしんせつ)	불친절
☐ 不足 (ふそく)	부족

⓫ 돈

【～金^{きん}・代^{だい}】

☐ 敷金 (しききん)	보증금
☐ 料金 (りょうきん)	요금
☐ 礼金 (れいきん)	사례금
☐ ガス代 (だい) / ガス料金 (りょうきん)	가스 요금
☐ 水道代 (すいどうだい) / 水道料金 (すいどうりょうきん)	수도 요금
☐ 電気代 (でんきだい) / 電気料金 (でんきりょうきん)	전기 요금
☐ 電話代 (でんわだい) / 電話料金 (でんわりょうきん)	전화 요금
☐ タクシー代 (だい)	택시비
☐ バス代 (だい)	버스비
☐ 薬代 (やくだい)	약값

【～料^{りょう}】

☐ 給料 (きゅうりょう)	급료
☐ 無料 (むりょう) / 有料 (ゆうりょう)	무료/유료
☐ 使用料 (しようりょう)	사용료

□ 授業料	수업료	□ 商人	상인
□ 手数料	수수료	□ 職人	장인
【～費】		□ 通行人	통행인
□ 交通費	교통비	□ 犯人	범인
□ 参加費	참가비	□ 保証人	보증인
【～賃】		□ 役人	공무원
□ 運賃	운임	【～員】	
□ 船賃	뱃삯	□ 委員	위원
□ 家賃	집세	□ 駅員	역무원

⑫ 사람

【～者】		□ 会員	회원
□ 医者 / 患者	의사/환자	□ 会社員	회사원
□ 加害者 / 被害者	가해자/피해자	□ 係員	담당자
□ 記者	기자	□ 議員	의원
□ 技術者	기술자	□ 銀行員	은행원
□ 希望者	희망자	□ 公務員	공무원
□ 経営者 / 労働者	경영자/노동자	□ 従業員	종업원
□ 作者 / 読者	작자/독자	□ 乗務員	승무원
□ 失業者	실업자	□ 職員	직원
□ 初心者	초보자	□ 部員	부원
□ 生産者 / 消費者	생산자/소비자	□ 役員	임원
【～人】		【～士】	
□ 管理人	관리인	□ 栄養士	영양사
□ 芸人	연예인, 예능인	□ 会計士	회계사
□ 証人	증인	□ 弁護士	변호사
		□ 力士	장사, 씨름 선수

【〜手】

□ 運転手	운전사
□ 歌手	가수
□ 投手	투수

⓭ 복합 표현

【気〜】

□ 気が大きい・小さい	마음이 넓다/속이 좁다
□ 気がつく	정신이 나다
□ 気が強い・弱い	기가 세다/소심하다, 온순하다
□ 気が長い・短い	성질이 느긋하다/급하다
□ 気になる	걱정하다
□ 気に入る	마음에 들다

【〜がする】

□ 味がする	맛이 나다
□ 音がする	소리가 나다
□ 気がする	생각(느낌)이 들다
□ 声がする	소리가 나다
□ 匂いがする	냄새가 나다

【〜にする】

□ 口にする	먹다
□ 手にする	잡다
□ 耳にする	듣다
□ 目にする	보다

【〜合う】

□ 言い合う	말을 주고받다, 말다툼하다
□ 語り合う	서로 이야기를 주고받다
□ 助け合う	서로 돕다
□ 取り合う	손을 맞잡다, 다투다
□ 話し合う	서로 의논하다

【軽い〜】

□ 軽い運動	가벼운 운동
□ 軽い音楽	가벼운 음악
□ 軽い気持ちで〜する	가벼운 마음으로 〜하다
□ 軽いけが	가벼운 상처
□ 軽い食事	가벼운 식사
□ 軽い罪	가벼운 죄
□ 軽い病気	가벼운 병
□ 軽く見る	가볍게 보다
□ 口が軽い	입이 가볍다
□ 財布が軽い	지갑이 가볍다

【〜力】

□ 圧力	압력
□ 引力	인력
□ 火力	화력
□ 気力	기력
□ 原子力	원자력
□ 水力	수력
□ 全力	전력, 온 힘
□ 電力	전력
□ 能力	능력

| □ 風力 | 풍력 |
| □ 魅力 | 매력 |

【～談】

□ 経験談	경험담
□ 雑談	잡담
□ 失敗談	실패담
□ 商談	상담(거래를 위한 협의)
□ 冗談	농담
□ 相談	상담
□ 体験談	체험담
□ 対談	대담
□ 面談	면담

【～先】

□ 相手先	상대방
□ アルバイト先	아르바이트 하는 곳
□ 送り先	보내는 곳
□ 仕事先	직장
□ 宿泊先	숙박지
□ 出張先	출장지
□ 旅先・旅行先	여행지
□ 訪問先	방문지
□ 留学先	유학지

【～業】

| □ 営業 | 영업 |
| □ 企業 | 기업 |

□ 漁業	어업
□ 工業	공업
□ 作業	작업
□ 産業	산업
□ 事業	사업
□ 失業	실업
□ 商業	상업
□ 農業	농업

【～学】

□ 医学	의학
□ 機械工学	기계공학
□ 教育学	교육학
□ 経営学	경영학
□ 経済学	경제학
□ 言語学	언어학
□ 心理学	심리학
□ 数学	수학
□ 政治学	정치학
□ 生物工学	생물공학
□ 電気工学	전기공학
□ 法学	법학
□ 薬学	약학

독해 완전 정복을 위한 꿀팁!

문단을 잘 요약하는 것이 점수를 높이는 비결입니다. 한번에 전체 내용을 파악하려고 하기보다 문단별로 나누어 요약한 내용을 간단히 메모하면서 풀어 보세요.

● 問題4 내용 이해(단문)

주제를 찾는 것이 가장 중요합니다. 문단의 뒷부분에 중심 내용이 오는 경우가 많으므로 마지막 1~2줄을 완벽하게 해석하며 풀도록 합니다.

● 問題5 내용 이해(중문)

문제를 먼저 본 후에 본문을 2~3단락으로 나누어 풉니다. 밑줄 친 문제는 앞뒤 문장을, 필자의 주장 문제는 마지막 1~2줄을 파악하는 것이 중요합니다.

● 問題6 내용 이해(장문)

문제를 먼저 보고 본문을 단락으로 구분합니다. 난이도 높은 문제도 출제되므로, 시간 배분을 위해 한 번에 풀지 못한 문제는 해당하는 단락과 함께 체크해 두었다가 나중에 푸는 것도 요령입니다.

● 問題7 정보 검색

문제의 조건부터 눈에 잘 띄게 표시를 해 둡시다. 주로 앞부분에서 1문제, 뒷부분에서 1문제가 출제됩니다. 문제와 본문을 왔다 갔다 하면서 문제를 푼다고 생각해도 좋습니다.

PART 2

유형별 집중 공략

- **내용 이해(단문) 실전 연습** ········· p.306
- **내용 이해(중문) 실전 연습** ········· p.312
- **내용 이해(장문) 실전 연습** ········· p.324
- **정보 검색 실전 연습** ················ p.332

내용 이해(단문) 실전 연습 ❶　　　　　　　　　　　　[　 / 3]

問題4　つぎの(1)から(3)の文章を読んで、質問に答えなさい。答えは、1・2・3・4から最も
　　　　よいものを一つえらびなさい。

(1)

> 　私は運動嫌いで、休みの日でも家でごろごろしていることが多いのです。友人が
> テニスや水泳に誘ってくれてもいつも断ってばかりいます。
> 　両親は、私が小さいころからずっと仕事をしていたので、祖父母が妹と私の面倒
> をみてくれました。祖父母は、私たちが外で遊んでけがをするのを心配したためで
> しょうか、家の中で遊ばされることが多かったのです。近所に友達もいましたが、
> その子は体が弱かったので、いっしょに遊ぶときもあまり外に出ないで家の中で遊
> んでいました。そんなことから、運動嫌いになったような気がします。

1　筆者が運動嫌いになった理由について、正しいものはどれか。

　　1　体が弱かったので家の中ばかりで遊んでいたから
　　2　祖父母に家の中で遊ぶように言われていたから
　　3　友達をテニスや水泳に誘ったが、断られてばかりだったから
　　4　外で遊ぶとけがをすることが多かったから

(2)

> 　火を使わず、温風も出さずに部屋を暖める話題の遠赤外線ヒーター。中でも最新型の「アッタメール」は、ほかの製品より暖かく、消費電力500Wと省エネ。室内に温度差ができないように暖めるので、顔だけ暖かく足元が寒いというようなことはありません。また空気も汚れません。電気代は9時間使って99円と経済的です。今なら申し込み順に100台までは35,000円とお得です。お早めにどうぞ。「アッタメール」で快適な冬を過ごしませんか。

2　「アッタメール」について、正しいのはどれか。

1　暖かさはほかの製品と変わらないが、空気が汚れない。

2　ほかの製品より暖かくなり、特に顔の部分が暖かくなる。

3　ほかの製品より暖かく、部屋全体を同じ温度にする。

4　新製品なので100台だけ販売することになっている。

(3)

> 　期末試験の代わりにレポートを提出してください。テーマは自由ですが、この講義に関係のあるものに限ります。A4用紙で5枚、読みにくいので手書きは受け付けません。締め切りは来週の金曜日午後5時です。事務に直接出してください。遅れたものは受け取りません。しかし理由がある場合に限り、受け取らないこともありません。

3　レポートについて、正しいものはどれか。

1　テーマはなんでもよい。

2　理由があれば締め切りの後に出してもよい。

3　手書きでもよい。

4　先生に出してもよい。

내용 이해(단문) 실전 연습 ❷　　　　　　　　　　　[　 / 3]

問題4　つぎの(1)から(3)の文章を読んで、質問に答えなさい。答えは、1・2・3・4から最も
よいものを一つえらびなさい。

(1)

春の栄養相談のお知らせ
＜バランスの取れた食事／何でも相談してください＞

　健康な体でいるためにはバランスの取れた食事が大切です。食品の選び方、食事
の量、食品の組み合わせ、運動量などによっては、気づかないうちに病気になって
いることがあります。専門家が皆さんの相談に乗り、バランスのよい食生活のため
のお手伝いをします。簡単に作れるレシピの紹介もあります。

相談日時　平日　10：00〜12：00
申し込み　１回30分予約制　保健所窓口に申し込んでください。
料　　金　無料

1　この相談会はどんな人のためのものか。

　　1　相談してみたいが、平日に時間がなくて、行けない人のため
　　2　運動不足で太ってきたので、やせる運動を知りたい人のため
　　3　体によい食事を考えたい人のため
　　4　時間を決めずに、いつでも自由に相談を受けたい人のため

(2)

　お辞儀には、３つのパターンがあります。

　まず、体を15度ぐらい前に倒す軽いお辞儀です。これは、一般に「会釈」と言われるものです。社内で人とすれちがうときや、人の前を通るときに使います。

　次に、体を30度ぐらい前に倒すお辞儀があります。お客様をお迎えしたり、お見送りしたりするとき、また、訪問先でもこのお辞儀をするといいでしょう。

　そして、体を45度ぐらい前に倒す最も丁寧なお辞儀があります。相手に感謝の気持ちを伝えたり、謝るときなどに使います。

　いずれも、頭だけを下げるのではなく、背中を伸ばして上半身を倒すようにするときれいに見えます。

2　お辞儀について、正しいのはどれか。

1　廊下で部長に会ったときは、最も丁寧なお辞儀をしたほうがいい。

2　お客様を待たせてしまったときは、45度のお辞儀がいい。

3　会釈は軽いお辞儀なので、頭だけ下げるときれいに見える。

4　お客様が帰るときは、15度のお辞儀でもかまわない。

(3)

アルバイトのみなさんへ

- 遅刻するときや休む場合は、Eメールではなく必ず電話で連絡してください。
- 自転車、バイクでの通勤は禁止です。
- ユニフォームに着替えたら、連絡ノートに目を通し、それから仕事を始めてください。
- 電話やパソコンを私用で使わないでください。また、仕事中は、携帯電話の電源を切ってください。
- 会社の物を家へ持ち帰らないでください。
- 喫煙所以外では、たばこをすわないでください。

3　アルバイトの人がしてはいけないことは、どんなことだと言っているか。

1　携帯電話を持って来ること

2　喫煙所でたばこをすうこと

3　仕事の前に連絡ノートを見ること

4　休むときにEメールで連絡すること

問題5　つぎの(1)から(3)の文章を読んで、質問に答えなさい。答えは、1・2・3・4から最も
　　　　よいものを一つえらびなさい。

(1)

　　自然の中でほっと心が落ち着いたことはありませんか。

　　旅先であなたが撮った忘れられない風景写真、あるいは、毎日の生活の中に見る
美しい自然の写真を1枚送ってください。自然が写っている物に限ります。カラー
でも白黒でもいいですが、人物が入っている物は認められません。

　　採用された方の写真はパネルにして文化センターのロビーにて展示されます。写
真展終了後、写真パネルは撮影された方にプレゼントいたします。なお、写真展の
全写真を1冊にまとめたカタログ集を、希望者に700円にてお分けいたします。

　　応募写真はお1人さま3枚まで受け付けます。Lサイズ写真の裏にそれぞれ住所
氏名を書き、封筒に入れ、文化センターまでお送りください。みなさまからの心温
まる写真をお待ちしております。

[1] 写真展の写真として送るには、次のどの写真がいいか。

1 夕日が当たった山をバックに、男性がかっこよく馬に乗っている写真

2 庭に咲いている名前も分からない小さな花が、今にも開きそうな様子の写真

3 深夜、真っ暗な川を越えていく夜行列車の車内の様子の写真

4 青い空を目指して競争するように伸びている近代的な美しいビルの写真

[2] 写真を送るときの注意点は何か。

1 封筒の中に送りたい写真を必ず3枚入れなければならない。

2 1枚ずつ封筒に入れて送らなければならない。

3 写真の裏に住所と名前を書かなければならない。

4 写真の裏に写真を撮った日時、地名を書かなければならない。

[3] 写真展に写真が採用された人は何ができるか。

1 700円払って写真パネルとカタログを買うことができる。

2 無料で写真パネルとカタログをもらうことができる。

3 写真パネルはもらえるが、カタログはもらえない。

4 700円で写真パネルを買って、カタログはもらうことができる。

(2)

　　ファーストフードの店が日本に登場したのは、約40年前だ。多くの人々は、おしゃれで都会的な西洋の食文化にあこがれたそうだ。楽しく食事ができることと、注文してから手渡されるまでの時間が短いことなどの理由で人気が高まり、次々と店がオープンした。

　　最近ではファーストフード店を利用している人が多い一方で、「子どもには絶対に食べさせない」という家庭もある。ファーストフードは、油を使っているものが多くてカロリーが高いし、使われている食品の数も少なく、栄養が十分に取れない。その上、野菜も不足しがちになるという親の心配からなのだろう。

　　もちろん、いつもファーストフードだけで食事をすませてしまうのはよくないが、ファーストフードを食べたらそのあと油の多いものをやめて野菜をたっぷり取るようにして、バランスのよい食生活をすれば、それほど問題はないのではないだろうか。

　　つまり、冷静に食生活を考えることが大切なのだ。

4 「ファーストフード」に人気があるのはなぜか。

1 日本的でおしゃれだから

2 カロリーが高いし、安いから

3 待たずに食べられて、便利だから

4 バランスがとれた食事だから

5 「ファーストフード」を子どもに食べさせない家庭があるのはなぜか。

1 子どもが油っこい西洋の食事になれて、日本の食事をしなくなるから

2 カロリーが高く、食品の数が少ないので栄養が十分に取れないから

3 多くの人がファストフード店を利用して、楽しいから

4 できるまでの時間が短くて、ゆっくりできないから

6 筆者は「ファーストフード」について、どのように考えているか。

1 ファーストフードの食事は絶対にするべきではない。

2 日本のファーストフードならいいが、西洋のものはやめたほうがいい。

3 油も野菜もたっぷり取れるから、ときどき食べたほうがいい。

4 バランスを考えていれば、ファーストフードの食事をしてもいい。

(3)

　現在、大都市では、夏の水不足が問題になっている。また、農村部でも年によっては、雨不足が米や野菜など農産物に大きな影響を与えている。そこで、水不足問題を解決するために、人工的に雨を降らせる研究が進められている。

　雨をどうやって降らせるのか。ごく小さい水や氷の粒が集まって空気中に浮かんでいるものが雲である。水分の多い厚い雲に飛行機を使ってドライアイスをまく。そうすると、空気の温度が下がり、雨が降るというわけだ。厚い雲の多い冬にダムの近くで<u>それ</u>を行うと効果的であるという結果も出た。また、台風などが近づいてきたとき、まだ雲が海の上にあるうちに雨を降らせて、大雨による洪水の被害を小さくしようという研究も進んでいる。

　この人工的に雨を降らせる方法が実現すれば、都市の水不足や農業問題ばかりでなく、台風の被害などさまざまな対策に活用できるだろうと、各方面から期待が寄せられている。

7 人工雨を効果的に降らせるにはどの方法が最もよいか。

1 秋に、台風の大雨を利用する方法

2 冬、農村部で、厚い雲を利用する方法

3 冬、ダムの近くで厚い雲を利用する方法

4 夏、大都市の近くで海の上の雲を利用する方法

8 「ダムの近くでそれを行う」とあるが、「それ」とは何か。

1 厚い雲をよく観察すること

2 厚い雲にドライアイスをまき、温度を下げること

3 ダムの近くで飛行機を飛ばすこと

4 ダムに小さい氷の粒やドライアイスをまくこと

9 何のために人工的に雨を降らせる研究をしているか。

1 1年中、水不足に困っている大都市の人のために

2 台風の水を利用して、農産物を育てるために

3 毎年水不足の被害を受ける農村部のために

4 水不足や 洪水の被害を解決するために

問題5　つぎの(1)から(3)の文章を読んで、質問に答えなさい。答えは、1・2・3・4から最も
　　　　よいものを一つえらびなさい。

(1)

　　私は毎日自転車に乗っているが、怖い思いをしたことが何度もある。狭い道路を
自転車で走っていたときのことだ。車が私のそばぎりぎりの所をスピードを出して
通り過ぎていき、私は倒されそうになった。とても恐ろしかった。その反対に、私
の自転車が、もう少しで、歩行者とぶつかりそうになり、あわててブレーキをかけ
たこともある。もし、ぶつかっていたら、大怪我をさせたかもしれないと思うとぞ
っとする。

　　自転車が車とぶつかった場合、自転車に乗っている人が受ける被害はとても大き
い。車を運転する人はしっかりした車体で守られるが、自転車の人は、自分の体を
守るものが何もないからである。車にはねられると、自転車に乗っている人は道路
に投げ出されてしまうのである。

　　逆に、自転車が歩行者に被害を与える可能性があるということも考えなければな
らない。ゆっくり走っていても、ちょっとした不注意で、歩行者を強い力で地面に
倒してしまうことがあるのだ。自転車に乗る人は規則を守って乗るべきである。携
帯で話しながら乗ったり、歩道の真ん中を走ったりしてはいけない。

　　つまり、車、自転車、歩行者は、それぞれが具体的な被害を想像できる力を持つ
ことが望まれる。特に、車を運転する人、自転車に乗る人はいつも危険を予測する
ことが求められるのである。

1 筆者が自転車に乗っていて怖い思いをしたのは、どんなときか。

1 ブレーキをかけたが、歩行者とぶつかってしまったとき
2 車がそばを通ったときに、はねられて道路に投げ出されたとき
3 車に倒されそうになったときと、歩行者とぶつかりそうになったとき
4 歩道を走っていて歩行者を倒してしまったとき

2 筆者は自転車をどのようなものだと言っているか。

1 乗る人の体を守るものがないから、規則を守らなくてもいいもの
2 車との事故では被害を受けるが、歩行者には被害を与える可能性があるもの
3 歩行者にだけ気をつけて、注意して走らなければならないもの
4 車や歩行者と比べると、具体的な被害を与えないもの

3 自転車に乗る人が求められることは何だと言っているか。

1 車に追い越されるときはブレーキをかけること
2 大怪我をするので、あわててブレーキをかけないこと
3 歩行者に被害を与えるので歩道を走らないこと
4 いつも危険であることを考えながら乗ること

(2)

　社会人が大学のキャンパスで学べる「区民大学」を本年も開きます。この区民大学は１８歳以上で区内にお住まいの方か、お勤めの方ならどなたでも参加できます。これは区内さくら大学のご協力で３年前から開いているもので、さくら大学のキャンパスをはじめ、図書館や学生食堂なども利用できるので、社会人の方からとてもいい評判をいただいています。

　本年度のテーマは「環境教育学」です。区民の皆さんの関心の高い「環境」をテーマに、必要な知識や技術などを身につけていく教育活動型のプログラムです。今回は「社会における環境教育」から「ボランティア論」を中心に行っていきます。講義中心ですが、屋外での研修も予定されています。屋外研修は期間中の週末に１度実施します。本年度の講師は本学の里山先生です。里山先生は「環境教育学」の分野で有名な方で、これまで多くの指導者を育ててこられました。詳しくは区学習センターまでお問い合わせください。

　なお、人気のあるテーマの場合、すぐ定員になってしまうこともありますので、お早めにお申し込みください。

4 区民大学について、正しいものはどれか。

1 18歳以上なら誰でも参加できる。

2 さくら大学の学生と一緒に授業を受けることができる。

3 区学習センターで行われる。

4 すぐ定員になってしまう場合もある。

5 どうして社会人に評判がいいか。

1 区内のどの大学のキャンパスでででも、勉強できるから

2 さくら大学の図書館や学生食堂などが使えるから

3 ボランティアができるから

4 3年間学べるから

6 本年度の「区民大学」について、正しいものはどれか。

1 講義が中心である。

2 屋外の研修が中心である。

3 講師はほかの大学の先生である。

4 講師は「ボランティア論」で有名な先生である。

(3)

平成〇〇年10月5日
総務部

社員各位

社員旅行のお知らせ

　今年も社員旅行の日程が下記のとおり決まりましたので、お知らせいたします。日頃の疲れを温泉でとり、紅葉の美しい箱根で、社員そろってゆっくりとすごしたいと思います。多くの皆さんのご参加をお待ちしております。

記

1　日時　　　　11月12日（土）～ 11月13日（日）　一泊二日
2　宿泊先　　　箱根温泉・松本館(0×5−×××−3939)
3　日程　　　　11月12日（土）
　　　　　　　　　午前9時　本社正面玄関前にて集合、バス乗車
　　　　　　　　　　（雨天の場合は、2階大会議室集合）
　　　　　　　　　箱根観光の後、午後5時　箱根温泉・松本館到着予定
　　　　　　　　11月13日（日）
　　　　　　　　　出発時間まで自由行動
　　　　　　　　　　ゴルフ（ふじゴルフクラブ　1人9,000円）、テニス大会など
　　　　　　　　　午後6時　本社正面玄関前に到着予定
4　申し込み　　各部の参加人数を10月31日までに、総務部山田までEメールにてご連絡ください。
　　　　　　　　(yamada@xxx.co.jp)

　なお、申し込み後の変更は、内線305(総務部山田)に、当日不参加となった場合は、山田の携帯(000−8×87−5656)にご連絡をお願いします。バスは定刻に出発しますので、出発時間に間に合わなかった場合は、松本館に直接お越しください。

以上

7 社員旅行の当日に行けなくなった場合、どうしたらいいか。

1 山田さんにＥメールを送る。

2 総務部の内線に電話をする。

3 箱根温泉・松本館に電話をする。

4 山田さんの携帯に連絡する。

8 当日バスに乗り遅れた場合は、どうしたらいいか。

1 ２階大会議室で待つ。

2 箱根温泉・松本館に行く。

3 箱根観光センターに電話する。

4 ふじゴルフクラブに行く。

9 社員旅行について、正しいのはどれか。

1 箱根では、温泉に入ったり観光をしたりすることができる。

2 箱根では、テニスかゴルフをしなければならない。

3 社員旅行の２日目は、自由に家に帰ってもいい。

4 社員旅行に参加する人の名前を、Ｅメールで連絡する。

問題6 つぎの文章を読んで、質問に答えなさい。答えは、1・2・3・4から最もよいものを一つえらびなさい。

東京にはいろいろな種類の美術館、博物館が数多くあり、どこへ行ったらいいのか迷うほどだ。

①そんなときに人々が参考にするのは新聞やテレビでの広告だ。ヨーロッパの有名な〇〇美術館の名作が東京に来ることになると、新聞に大きい広告が出たり、テレビではそれに関連する番組を流したりする。そういった情報を耳にすると、「ではさっそく行ってみよう」となる。だから、そういう特別な展覧会はチケットを買うところから行列、行列である。目的の名作は長い間待たされたあげく、人込みの間からちらっと見られるという②残念な結果になることが少なくない。

ところが、実は多くの美術館がそれぞれよい作品を持っていて、いつでもわりに安い料金で見ることができるのだ。それが③案外知られていない。特別展で名作を見るのに疲れた客は、たいていこれを知らずに通り過ぎてしまうことが多く、なんとももったいない。

インターネットで調べれば、どんな作品がどこの美術館にあるのかは、ちゃんと調べられる。ゆっくり鑑賞できる普通の展示品をもっと大切にしたいものだ。込んでいる満員電車のようなところで名作を味わうのは、ちょっと悲しい。

1 ①そんなときとあるが、どんなときか。

1 テレビ広告を作るとき

2 ヨーロッパの名作を探すとき

3 どこに美術館、博物館があるか道に迷ったとき

4 美術館、博物館で何かを見たいと思ったとき

2 ②残念な結果になるとあるが、「残念な結果」とはどんなことか。

1 見に来た作品を十分見ることができないこと

2 チケットを買うのに行列して長く待たされること

3 見るためにとても高い入場料金を払わされること

4 見に来た作品がどこにあるか分からないまま、見ないで帰ること

3 ③案外知られていないとあるが、何が知られていないのか。

1 特別展を見に行くのは大変だということ

2 美術館の普通の展示会でよい作品が見られること

3 特別展で疲れた人がよい作品を見ずに帰ること

4 インターネットでいい美術館が探せること

4 筆者がこの文章で一番言いたいことは何か。

1 テレビや新聞広告よりインターネット情報が速くて確かだ。

2 特別展よりかえって普通の展示品のほうがよい作品がある。

3 何か見に行くときは必ず自分で調べてから行かなければならない。

4 いつでも見られる普通の展示品をゆっくり楽しみたい。

問題6　つぎの文章を読んで、質問に答えなさい。答えは、1・2・3・4から最もよいものを一つえらびなさい。

　今や、どこの大学でもキャンパスを歩くと、よく外国人学生を見かけるようになりました。また、大学の学部によっては4年の間に一度は留学しなければならないというところもあります。それだけ①留学することは珍しくないことになっています。しかし、自分が留学するとなると、どうすればいいかわからず、結局あきらめてしまう人も少なくはないと思います。

　「留学はしたいが、手続きの仕方がわからない」といった学生を対象に親切に相談に乗ってくれるところに「留学相談室」があります。「奨学金の申し込み方がわからない」「行きたい国はあるが、大学が決められない」「ホームステイ先の家族とうまくやっていくにはどうすればいいか」など、相談の内容はさまざまですが、共通するのは「不安」ではないでしょうか。

　ゆう子さんも2年前に不安を持って相談室のドアを叩きました。そのとき、ゆう子さんは相談員の体験談を聞き、最初はみんな不安なんだと知って、少しほっとしたそうです。また、ここで同じ大学に留学を希望している良子さんとも知り合えました。仲間をみつけたゆう子さんは、無事留学、毎日が本当に楽しく留学してよかったと心から思ったそうです。

　ゆう子さんは今「留学相談室」でアルバイトをしていますが、迷っている学生を見ると②思わず「ガンバレ」と言いたくなるそうです。

1 ①留学することは珍しくないことになっていますとあるが、ここではどういう意味か。

1　町を歩くと、外国人をよく見かけるようになったという意味

2　留学したいと思えば、簡単にできる時代になったという意味

3　大学生は、皆一度は留学することが義務付けられているという意味

4　留学したいと思うが、手続きの仕方のわからない人が多いという意味

2 ②思わず「ガンバレ」と言いたくなるとあるが、どうしてそう思うのか。

1　迷うのはいい経験だと思っているから

2　「ガンバレ」と大声を出すのは気持ちがいいと思っているから

3　アルバイトが見つかってよかったと思っているから

4　留学してよかったと思っているから

3 「留学相談室」について、正しいものはどれか。

1　海外に行きたい学生の相談に乗ってくれるところ

2　留学ツアーを組んでくれるところ

3　留学したい学生の相談に乗ってくれるところ

4　留学後のアルバイトを探してくれるところ

4 「留学相談室」に来る学生について、一般的に言えることは何か。

1　皆、いろいろな不安を抱えている。

2　家族に反対されて悩んでいる。

3　ホームステイ先の家族と仲良くなれないと悩んでいる。

4　一緒に行ける仲間を見つけたいと思っている。

問題6 つぎの文章を読んで、質問に答えなさい。答えは、1・2・3・4から最もよいものを一つえらびなさい。

　先日、犬に引っ張られながら散歩している人を見かけた。きちんと教えれば飼い主に合わせて歩くようになるものだが、あの犬は教えられていないのだろう。

　犬は教えなければ勝手に行動する。散歩のとき、行きたい方向へ自由に行かせていると、①飼い主は自分の思い通りになると思い込んで、力いっぱい引っ張ってしまう。また、歩くのがいやになると途中で座り込んでしまったり、ほかの犬と出会ったとき、散歩していることを忘れて遊びたがったりする。②こんなことがないように、しつける必要がある。

　かわいいという気持ちは飼い主の自然の感情であり、いつもそばにいて面倒をみたいと思うものだ。だが、だれかそばにいないと落ち着けないとなると、犬もかわいそうだ。自立させることが必要だ。

　静かに留守番ができるようにしつけることにより、飼い主がどうしても出かけなければならないときに、安心してペット・ホテルに預けることもできる。どんな環境になっても自立できるようにしつけよう。③それが愛情であろう。

　人間と暮らすためには、我慢することが必要だということを教え、また、飼い主も社会のルールを守って犬と生活をしなければならない。

　犬が嫌いな人もいれば、アレルギーが起こる人もいる。他人に迷惑をかけないように心がけよう。④人間も犬も上手に暮らしていく方法を身につけてこそ、楽しく過ごせるのである。

1 ①飼い主は自分の思い通りになるとあるが、どういう意味か。

1　飼い主は、飼い主自身が望む通りに行動するという意味

2　飼い主は、犬が望む通りに行動するという意味

3　犬は、飼い主が望む通りに行動するという意味

4　飼い主も犬も、思い通りに行動するという意味

2 ②こんなことがないようにとあるが、どんなことか。

1　散歩の途中でほかの犬に出会うこと

2　犬が飼い主に合わせて歩くこと

3　散歩中に座り込んだり飼い主を引っ張ったりすること

4　散歩のとき、犬の行きたい方向へ行かせないこと

3 ③それが愛情であろうとあるが、ここで言いたいことはどんなことか。

1　いつもだれかが犬のそばにいて、面倒を見ることが愛情である。

2　飼い主が出かけるとき、安心できるペット・ホテルに預けることが愛情である。

3　飼い主が出かける用事を作って、留守番させることが愛情である。

4　どんなときでも、落ち着いていられるようにしつけることが愛情である。

4 ④人間も犬も上手に暮らしていく方法を身につけてとあるが、どういう意味か。

1　飼い主は我慢しながら社会のルールを守り、犬を自由に行動させる。

2　犬は勝手に行動し、飼い主は犬嫌いやアレルギーのある人のことを考える。

3　犬は我慢することを覚え、飼い主は社会のルールを守る。

4　飼い主は、犬を愛する気持ちを忘れず、いつもそばで見ている。

問題6　つぎの文章を読んで、質問に答えなさい。答えは、1・2・3・4から最もよいものを一つえらびなさい。

　　私は、日本語の「頑張れ」という言葉があまり好きではありません。別に頑張るということ自体(※1)を否定するわけではありませんが、私が留学していたときに会社の友だちが手紙をくれると、必ず　①「僕も頑張るから、君も頑張ってください」と書いてある。その言葉のなかには、ある種の(※2)波長(※3)を合わせるという意味がこめられています。②考えすぎかもしれませんが、「頑張れ」のなかには一緒に「頑張ろうね」というのが入っていて、同時にそこには「頑張っておれより先にいっちゃいけない」という意味もあるような気がします。

　　ついでにもう一つ言うと、頑張りさえすれば体力(※4)や知力(※5)がなくても何でもできるという一種の精神主義もある。③H2ロケットを打ち上げた(※6)技術者も「頑張れ」という言葉は嫌いだと言っていました。「頑張れ」と言うだけではロケットは上がらないからです。

　　私は、「ユウ・キャン・ドゥ・イット」(※7)という、突き放した(※8)ドライさみたいなもののほうが好きですね。

(阿川尚之・竹中平蔵『世界標準で生きられますか』徳間書店)

（※１）自体：そのもの

（※２）ある種の：一種の

（※３）波長：お互いの気持ちや調子

（※４）体力：身体の力

（※５）知力：知識を働かせる力

（※６）打ち上げる：上げる

（※７）ユウ・キャン・ドゥ・イット：You can do it.

（※８）突き放す：特別な感情を含めない、冷たい

1　①「僕も頑張るから、君も頑張ってください」とあるが、「僕」と「君」とはだれのことか。

　　1　「僕」は「筆者」で「君」は「留学生」
　　2　「僕」は「筆者」で「君」は「会社の友だち」
　　3　「僕」は「会社の友だち」で「君」は「筆者」
　　4　「僕」は「留学生」で「君」は「会社の友だち」

2　②考えすぎかもしれませんが、とあるが、筆者はどんなことを「考えすぎかもしれない」と思っているか。

　　1　友達が「頑張っても、ロケットが上げられない」と考えること
　　2　友達が「頑張っちゃいけない」と考えていること
　　3　友達が「頑張って、おれより先に行くな」と言っていると考えること
　　4　友達が「頑張って、おれより先に行け」と言っていると考えること

3　③H2ロケットを打ち上げた技術者も「頑張れ」という言葉は嫌いだと言っていました。とあるが、なぜそう言ったのか。

　　1　精神力だけではロケットが上がらないから
　　2　精神力があれば何でもできるのにロケットは上がらないから
　　3　頑張れば体力や知力がなくてもロケットが上がるから
　　4　頑張ることはロケットを上げるために意味がないことだから

4　筆者はなぜ「頑張れ」という言葉が嫌いなのか。

　　1　体力や知力がないと頑張れと言っても意味がないから
　　2　お互いに波長を合わせようという意味や、頑張りさえすれば何でもできるという精神主義が含まれていないから
　　3　頑張れという言葉には友だちと波長を合わせず競争するという意味があるから
　　4　お互いに波長を合わせようという意味や、頑張りさえすれば何でもできるという精神主義が含まれているから

問題7　つぎの文章は大学祭でするインドのイベントの紹介である。下の質問に答えなさい。
　　　　答えは、1・2・3・4から最もよいものを一つえらびなさい。

　　大学祭でインドからの留学生がインド紹介のイベントをするそうです。田中さんは
ガールフレンドのマリさんと一緒に参加しようと思いましたが、時間が合わないので、
別々に行くことにしました。田中さんはその日の午後から夕方までほかのイベントを
手伝うことになっています。田中さんはインド映画が大好きです。また、インドの言
葉を生で聞きたいとも思っています。マリさんは一日中忙しいので、時間が空いたと
きに短い時間だけでも自由に参加できるところがいいなと思っています。

1　田中さんはどのイベントに参加するか。

　　1　「おいしい紅茶のいれ方をお教えします」に参加する。

　　2　「サリーを着ませんか」に参加する。

　　3　「インド映画の紹介」に参加する。

　　4　「講演会『インドを知る』」に参加する。

2　マリさんはどのイベントに参加するか。

　　1　「おいしい紅茶のいれ方をお教えします」に参加する。

　　2　「サリーを着ませんか」に参加する。

　　3　「インド映画の紹介」に参加する。

　　4　「講演会『インドを知る』」に参加する。

インドへようこそ

みなさん、カレーは好きですか。インド料理は日本でもとても人気がありますね。でもインドはカレーだけではありません。今や IT大国として世界で注目されているんですよ。そんなインドの新しい魅力を私たち留学生がたっぷりご紹介します。イベントは4つありますのでお好きなところへどうぞ！！

日　時　　20××年11月3日(火)
時　間　　10：00～17：00（イベントにより異なる）
会　場　　学生会館

おいしい紅茶のいれ方をお教えします	サリーを着ませんか
時　間：10：00～17：00 場　所：学生会館入り口ホール 参加費：100円 内　容：インドのミルクティーのいれ方をお教えします。お菓子つき。 その他：10～15分くらいでおいしい紅茶がはいります。忙しい方もどうぞ。	時　間：10：00～12：00 対　象：女性のみ 場　所：102号室 内　容：留学生のシャナさんがサリーの着方を教えます。好きなサリーを選んでください。後で記念写真を撮ります。 その他：5、6人集まったら始めます。1グループ1時間くらいかかります。
インド映画の紹介	講演会「インドを知る」
時　間：3：00～5：00 場　所：101号室 内　容：インドで若者に人気がある映画を見ます。 映画の前に留学生のマナさんが説明をします。 その他：途中からは入れません。	時　間：10：00～11：30 場　所：203号室 内　容：インドの歴史や地理、文化、観光などの紹介です。 その他：インド大使館員によるヒンディー語（インド語）での講演です。 留学生のアトラさんが通訳します。

 つぎの文章は料理の作り方を書いたものである。下の質問に答えなさい。答えは、
1・2・3・4から最もよいものを一つえらびなさい。

まり子さんは家族の夕飯を作ろうと思っています。これから買い物に行きます。お父さんとお母さんは、肉より魚のほうが好きですが、お兄さんは肉が大好きです。今日は、お兄さんの好きなものを作ろうと思っています。お兄さんは仕事が忙しくて、あまり家で食事をしません。野菜をもっとたくさん食べたほうが体にいいので、野菜をたくさん使った料理を作ろうと思っています。じゃがいも、にんじん、玉ねぎ、たまごはあります。調味料もそろっています。

3 まり子さんは、どの料理を作るか。

1 レシピ1
2 レシピ2
3 レシピ3
4 レシピ4

4 まり子さんは、何を買わなければならないか。

1 魚、レモン、塩、きゃべつ
2 もやし、たまご、ブロッコリー、トマト
3 肉、ブロッコリー、トマト、レタス
4 肉、ブロッコリー、じゃがいも、レタス

レシピ 1

1. 肉をいためてから煮る。
2. 肉がやわらかくなったら、じゃがいも、玉ねぎを入れる。
3. 砂糖、しょうゆ、塩、酒を入れて、じゃがいもと玉ねぎがやわらかくなる
   まで煮る。

レシピ 2

1. 魚に塩をふる。30分ぐらいそのままにしておく。
2. 焼いて、レモン汁をかける。

レシピ 3

1. にんじん、きゃべつ、もやし、ブロッコリーをそれぞれ同じぐらいの大き
   さに切って、油でいためて、塩、こしょうをする。
2. レタスとトマトを切って別の皿にのせ、塩をふる。

レシピ 4

1. 肉を細かくして、たまねぎ、たまご、塩、こしょうをまぜて丸い形にして
   フライパンで焼く。
2. じゃがいも、にんじん、ブロッコリーをゆでる。トマトを切る。
3. レタスを皿にしいて、その上に1と2をおく。

問題7　つぎの文章は学生寮の案内である。下の質問に答えなさい。答えは1・2・3・4から最もよいものを一つえらびなさい。

> 　チンさんは大学の学生課で学生寮を紹介してもらいました。寮に入るには学生課で書類に記入して写真と保証人の書類・寮費を一緒に出さなければなりません。チンさんは決める前に、まず保証人と部屋を見に行くつもりです。チンさんの希望は駅からあまり遠くないこと、寮に食堂があるか、少なくとも近くに食べるところがあることです。寮費は奨学金があるので高くてもなんとかなると思っています。

5　チンさんはどの寮に決めるか。

1　第一寮

2　第二寮

3　第三寮

4　第四寮

6　寮に入る前に、チンさんが最初にすることは何か。

1　保証人を見つけること

2　書類を書くこと

3　部屋を見に行くこと

4　奨学金を取ること

○○大学学生寮

第一寮 場　所：××駅から歩いて５分 寮　費：85,000円 その他：寮に食堂なし 　　　　図書室あり 　　　　近くにレストランなし 　　　　住宅街で静か	**第二寮** 場　所：△△駅からバスで15分 　　　　バス停から歩いて３分 寮　費：45,000円 その他：寮に食堂あり 　　　　近くにレストランあり
第三寮 場　所：××駅から歩いて３０分 寮　費：30,000円 その他：寮に食堂あり 　　　　近くにレストランなし 　　　　病院あり	**第四寮** 場　所：□□駅から歩いて8分 寮　費：65,000円 その他：寮に食堂なし 　　　　近くにレストランあり 　　　　近くにカラオケあり

なお、くわしいことは直接電話して各寮にきいてください。

 つぎの文章はごみの収集についてのお知らせである。下の質問に答えなさい。答え
は、1・2・3・4から最もよいものを一つえらびなさい。

リンさんは引越しするため、不要になった粗大ごみを3点(机、本だな、いす)
を捨てたいと思っています。2月4日に取りに来てもらいたいので、電話で申し込
もうと思っています。

7 いつまでに申し込めばいいか。

1　いつでも申し込める。

2　2月4日の午前9時から午後4時までに申し込む。

3　2月1日の午前8時までに申し込む。

4　2月1日の午後7時までに申し込む。

8 申し込んだあとリンさんは何をしなければならないか。

1　□△区役所で粗大ごみ処理券を買う。

2　コンビニかスーパーで粗大ごみ処理券をもらう。

3　コンビニかスーパーで粗大ごみ処理券を買う。

4　コンビニかスーパーで粗大ごみ確認票を買う。

□△区粗大ごみ申し込み案内

申し込みは電話、Fax、インターネットからできます。

受付時間：毎日（年末年始は除く）午前8時〜午後7時。Fax、インターネットからは24時間いつでもできます。

収集の場合	持ち込む場合
申し込み：収集希望日の3日前まで。その際、収集料金をお知らせします。	申し込み：まず、申し込みをしてください。後で確認票を郵送します。
収集日：土日祝も可能です。（年末年始は除く）	手数料：すべて1点、300円。
収集料金：コンビニやスーパーで粗大ごみ処理券を買ってください。	申し込み制限：1回、5点まで（年6回まで）
その他：指定日の午前8時までに処理券を粗大ごみに貼って、自宅の玄関前に出してください。（アパートの場合は1階入口付近）	持ち込み受付時間：午前9時から午後4時まで。
	その他：確認票を必ず持参してください。

 つぎの文章は小学校の5、6年生を対象としたミニ・トライアスロン大会に参加する人を募集する案内である。下の質問に答えなさい。答えは、1・2・3・4から最もよいものを一つえらびなさい。

　去年、東京都から千葉県に引っ越したジョンさんの息子は東京都内の小学校に通う6年生です。水泳やマラソンが得意で、自転車も大好きです。将来はトライアスロンの選手になりたいと考えています。

　小学生のための大会があれば出場してみたいと言っているので、ジョンさんは息子が出場できる大会を探しています。

---

9 この大会にジョンさんの息子は出場することができるか。

1　東京都内に住んでいないので、出場できない。

2　東京都内の小学校に通っているから、出場できる。

3　現在東京都に住んでいるから、出場できる。

4　外国人であるから、出場できない。

10 インターネットで申し込みをする場合、何月何日までに申し込まなければならないか。

1　7月1日

2　8月15日

3　8月16日

4　8月23日

東京こどもトライアスロン大会

小学校5、6年生を対象としたミニ・トライアスロン大会を行います。
1人の選手がまず水泳で200m、続いて自転車で5km、最後にマラソンを3km連続して行います。

- □ 場　　所　　夢の山公園
- □ 日　　時　　8月23日（日）午前9時出場受付開始、午前11時スタート
- □ 出場条件　　現在、① 東京都内に住んでいる、または、
　　　　　　　　　　　　② 東京都内の小学校に通っている小学校5年生6年生
　　　　　　　　　　　　　　男女、国籍は問いません。
- □ 出場費用　　500円
- □ 申し込み締め切り

　　　　　　　8月15日（土）
　　　　　　　（インターネットの場合、翌日日曜まで）

- □ 申し込み方法

　　　　　　　夢の山スポーツセンターで7月1日から申し込み書を配り、受け付けを開始します。
　　　　　　　インターネットでも同日以降、受け付けを行います。
　　　　　　　詳しいことはホームページをご覧ください。
　　　　　　　ホームページアドレス http://www.xxx.co.jp

- □ 問い合わせ

　　　　　　　夢の山スポーツセンター
　　　　　　　（電話 03-○×○× - △▲△▲）

정보 검색 실전 연습 ❷   [/ 10]

問題7 つぎの文章は地区センターの合気道教室のお知らせである。下の質問に答えなさい。答えは、1・2・3・4から最もよいものを一つえらびなさい。

地区のスポーツセンターで合気道教室が始まります。以前から合気道を習ってみたいと思っていた佐藤さんは、ぜひ参加したいと思っています。今までに合気道をやったことがないので、いちばんやさしいレベルがいいと思っています。佐藤さんは平日の昼間は忙しいので、夜のコース、週末は午後のコースを希望しています。

---

1 佐藤さんが参加するコースはどれか。

1　月曜日　19：00～20：00

2　水曜日　11：00～12：00

3　火曜日　19：00～20：00

4　日曜日　　9：00～10：00

2 佐藤さんはどうやって申し込めばいいか。

1　スポーツセンターに電話をして申し込む。

2　直接スポーツセンターに行って申し込む。

3　ハガキに必要なことを記入して申し込む。

4　電話をしてからハガキに必要なことを記入して申し込む。

合気道で身を守りましょう！

　合気道は自然との調和を大切にし、世界平和を願う武道です。相手を攻撃せずに、自分の身を守ることを学びます。合気道で健康な体と心を作りましょう。

教室案内

月	火	水
10：00〜11：00　初　級 11：00〜11：50　中　級 19：00〜20：00　上　級	10：00〜11：50　中　級 12：00〜13：00　上　級 19：00〜20：00　初　級	10：00〜11：00　上　級 11：00〜12：00　初　級 19：30〜20：30　中　級
木	**金**	**土**
10：00〜11：00　初　級 11：00〜11：50　中　級 19：00〜20：00　上　級	10：00〜11：00　上　級 11：00〜12：00　初　級 19：30〜20：30　中　級	11：00〜12：00　中　級 13：00〜14：00　中　級 15：00〜16：00　上　級
日		
9：00〜10：00　初　級 10：30〜11：30　中　級 13：30〜14：30　上　級		

申し込み方法	「往復はがき」に曜日・時間・住所・氏名・年齢をご記入の上、郵送してください。
申し込み期限	1月10日まで
結果発表	返信用はがきでお知らせします。
その他	定員にならない場合は追加のお知らせをしますので、直接スポーツセンターまでおいでください。
送り先	港区新橋5〜30港区スポーツセンター

教室の空き状況および不明な点は下記へ問い合わせてください。

03-1234-5678

イチロウさんは、さくら食品の会社説明会に参加したいと考えています。
　イチロウさんは、毎週月曜日と木曜日の午前、火曜日と金曜日の午後は大学で授業があります。土曜日と日曜日の午後はアルバイトをしています。

3　イチロウさんは、まず何をしなければならないか。

1　Ｅメールで予約する。

2　電話で申し込む。

3　ホームページから予約する。

4　Ｅメールで予約票を送る。

4　イチロウさんは、何月何日までに予約しなければならないか。

1　5月16日

2　5月19日

3　5月21日

4　5月30日

会社説明会のご案内

さくら食品では、下記のとおり会社説明会を開きます。

会社説明会に参加される場合、予約が必要です。

当社ホームページの説明会予約画面から、ご希望の日をご予約ください。後日、

Eメールにて、入場予約票をお送りいたします。

なお、ご予約後の日時変更についても、ホームページ画面からお願いいたします。

電話、Eメールでのお申し込み・変更等は、ご遠慮願います。

【第1回説明会】
- 日時　　　　　5月25日（日）13：00〜15：00
- ご予約受付日　5月12日（月）〜5月16日（金）18：00まで

【第2回説明会】
- 日時　　　　　5月28日（水）10：00〜12：00
- ご予約受付日　5月14日（水）〜5月19日（月）18：00まで

【第3回説明会】
- 日時　　　　　5月30日（金）14：00〜16：00
- ご予約受付日　5月16日（金）〜5月21日（水）18：00まで

開始時間の20分前までに会場にお越しください。

入場予約票、筆記用具、履歴書、ご本人が確認できる写真付きの証明書をお持ちください。

問題7　つぎの文章は箱山グリーンパークの「お正月　カイトフェスティバル　凧作り教室」の案内である。下の質問に答えなさい。答えは、1・2・3・4から最もよいものを一つえらびなさい。

　大学生のヤンさんは、日本の遊びを知りたいと思っています。自分で何かを作ることも好きです。日本の凧に興味を持っていて、国から出張で日本に来たお兄さんと一緒に行きたいと考えています。お兄さんは、外で運動するのは好きですが、何かを手作りするのはあまり好きではありません。

5 ヤンさんが凧作りと凧あげにお兄さんと参加する場合、どうすればいいか。

1　1月15日までに申し込む。

2　1月15日、午前中に青空広場に行く。

3　1月15日14時頃青空広場に行く。

4　親子でないので申し込めない。

6 お兄さんは凧を作らず、凧あげだけをする場合、「カイトフェスティバル」に参加するのに、ヤンさんたちはいくら払うか。

1　800円

2　600円

3　500円

4　300円

「カイトフェスティバル」―凧を作って遊ぼう―

　和紙と竹を使って凧を作りませんか。係員による「ナイフの使い方指導」もあります。完成するまで丁寧に指導いたしますので、初めての方も、どうぞご参加ください。ナイフを使うので、小学生のお子様の場合は必ず親子一緒にご参加ください。

　青空広場でボランティアによる凧あげのデモンストレーションとともに、凧のあげ方の説明もあります。作品完成後、青空広場で楽しみましょう。

日　時　　１月15日（日）　　10時から14時まで
場　所　　青空広場内イベントホール
定　員　　当日自由参加　　　　＊材料がなくなり次第　終了
参加費　　300円（凧の材料費）　　＊入園料は別

＊暖かい服でご参加ください。

箱山グリーンパーク

　　　交通：地下鉄「箱山」駅　下車　徒歩５分

　　　入園料：大人200円（65歳以上　100円　）

　　　　　高校生・大学生　100円

　　　　　小学生・中学生　　50円

　　　問い合わせ：箱山グリーンパーク　　電話　〇×〇×ー△▲△▲

 つぎの文章は映画のお知らせである。下の質問に答えなさい。答えは、1・2・3・4から最もよいものを一つえらびなさい。

> まり子さんは、クラスの友だちと相談して映画特別上映会に行くことにしました。行くのは、まり子さんも入れて4人です。4人の都合がいい日は、4月26日の午後です。なるべく安いチケットを買いたいと思っています。今日は4月12日です。

7 まり子さんは、どうやってチケットを買うか。

1　銀座会にファックスで申し込んで、チケットを送ってもらう。

2　銀座会に電話で申し込んで、チケットをもらいに行く。

3　リーソン店で申し込んで、銀座会からチケットを送ってもらう。

4　リーソン店内のリーポートで直接買う。

8 まり子さんが買うチケットは次のうちどれか。

1　4月26日11時、2,800円のを4枚

2　4月26日11時、2,500円のを4枚

3　4月26日3時、2,800円のを4枚

4　4月26日3時、2,500円のを4枚

銀座会「チャンスをねらえ！」特別上映会のお知らせ

日　　時：２０××年　４月23日（水）／26日（土）

　　　　　　　　①11時　　　　②3時

　　　　　　＊チケットは時間指定

　　　　　　（指定時間以外は入場できません。）

入場料金：前売り　2,800円

　　　　　団体割引　2,500円

　　　　　＊団体割引は５名以上です。

チケットのお求めは

1　〈ファックスで〉

　　住所・氏名・電話番号・ご希望の日時と枚数を書いて、銀座会までお送りください。

　　締め切り４月10日（木）

2　〈電話で〉

　銀座会に申し込んでください。

　　TEL ０３-１２３４-５６７８　締め切り４月11日（金）

　＊１、２の場合、郵便振込用紙を送りますので、代金を振り込んでください。

　　入金確認後チケットを送ります。

3　〈コンビニで〉

　リーソン店内にある申し込み機械リーポートで直接買うことができます。

　コード番号：９８７６５

■　各回とも定員（600名様）になり次第、締め切ります。

 つぎの文章は、マンションのお知らせである。下の質問に答えなさい。答えは、1・
2・3・4から最もよいものを一つえらびなさい。

> トムさんは大学生です。グリーンマンションB−308号室に住んでいます。
> 　平日は毎日、午前中授業です。月曜日から水曜日までは午後1時から5時まで
> アルバイトです。週末も、土曜日は3時から8時まで、日曜日は1日中アルバイ
> トです。

9 トムさんは、どうすればいいか。

1　7月24日までに管理室に電話する。
2　8月2日までに管理室に電話する。
3　7月24日までにクリテックに電話する。
4　8月2日までにクリテックに電話する。

10 トムさんが、点検してもらうのに都合のいい日時はどれか。

1　7月28日の午前
2　8月1日の午前
3　8月2日の午後
4　8月9日の午後

グリーンマンションにお住まいのみなさまへ

６月10日　グリーンマンション管理室

火災報知機点検のお知らせ

火災報知機の点検を行いますので、ご協力をお願いいたします。作業は9：00～17：00の間に行います。

実施日程表

7月27日（月）		8月1日（土）	
午　前	A 101～110	午　前	B 101～110
午　後	A 201～210	午　後	B 201～210
7月28日（火）		8月2日（日）	
午　前	A 301～310	午　前	B 301～310
午　後	A 401～410	午　後	B 401～410
7月29日（水）		8月3日（月）	
午　前	A 501～510	午　前	B 501～510
午　後	A 601～610	午　後	B 601～610

＊予備日 8 月 9 日（日）9：00～17：00

＊上記の日以外は作業ができません。

1. 実施に関するお願い

   都合が悪い方は、7月24日（金）までに下記の会社までご連絡ください。

   （受付　平日 8：00～17：00）

2. 点検実施会社

   クリテック株式会社　担当：田中　TEL　０３-１１１１-１２３４

2교시

2교시 시험시간 15：35 ~ 16：20

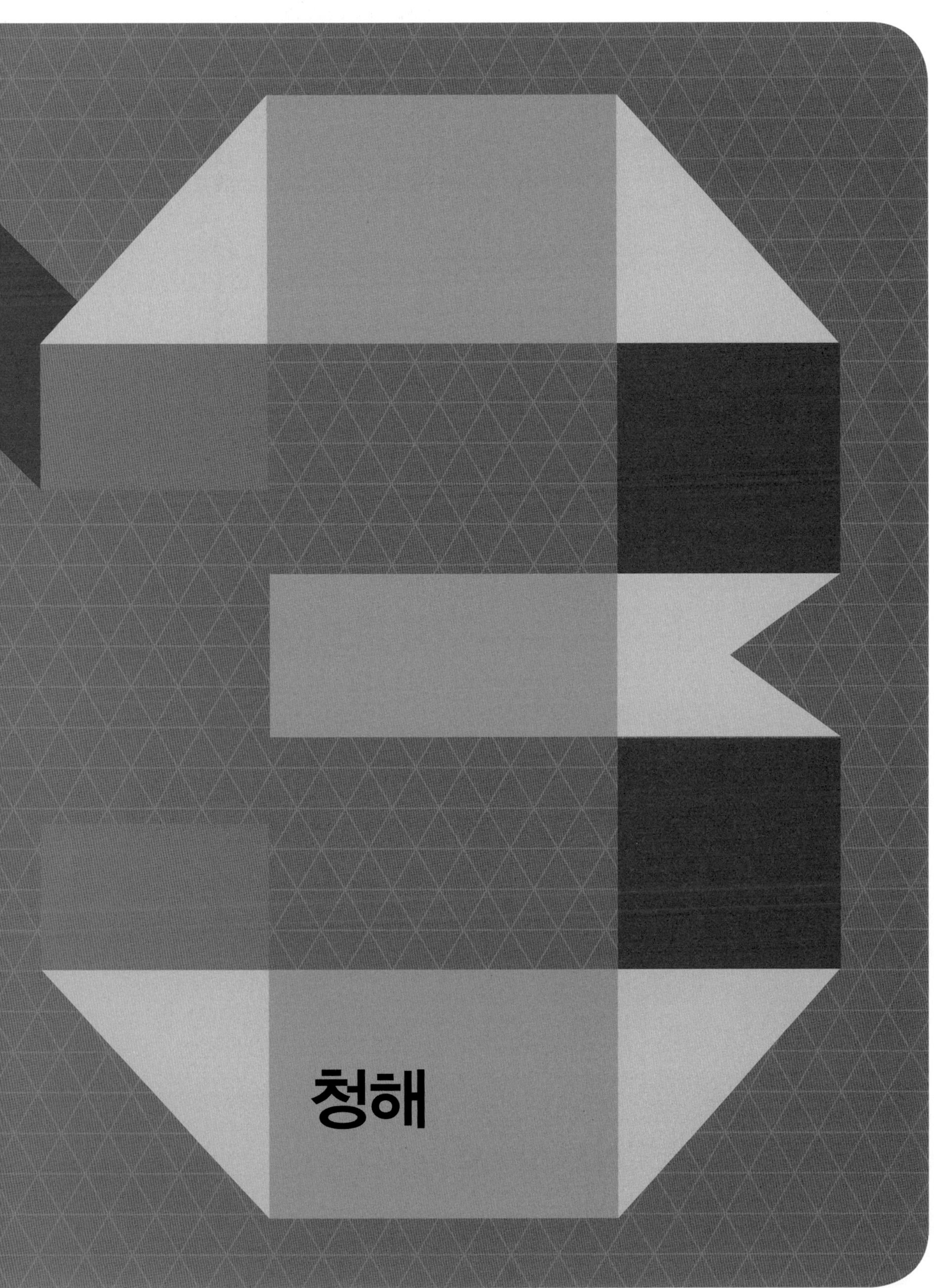

청해

N3

2교시

청해

問題 1 과제 이해
問題 2 포인트 이해
問題 3 개요 이해
問題 4 발화 표현
問題 5 즉시 응답

청해 완전 정복을 위한 꿀팁!

선택지 1번부터 순차적으로 힌트가 언급되므로, 청해 점수를 높이기 위해서는 조건에 맞지 않는 선택지를 하나씩 제거해 나가는 방식인 소거법으로 문제를 푸는 것이 가장 좋습니다.

● 問題 1 과제 이해
남자 또는 여자가, 이후에 가장 먼저 해야 할 과제를 찾는 문제 형식이 많습니다. 과제를 수행하는 주체를 미리 파악하고 요점을 빠르게 메모하면서 듣도록 합니다.

● 問題 2 포인트 이해
본문을 듣기 전에 선택지를 읽을 시간이 주어집니다. 미리 선택지 내용을 침착히 파악하고 질문 포인트에 집중해 필요한 정보를 중심으로 듣도록 합니다.

● 問題 3 개요 이해
미리 질문을 들려 주지 않기 때문에 전체 흐름을 이해하는 것이 포인트입니다. 평소 메모하면서 듣는 습관을 기르는 것이 중요합니다.

● 問題 4 발화 표현
그림이 제시되므로 그림의 상황을 예측해 봅니다. 일상적 내용이 주로 나오므로 평소 다양한 회화 표현을 익히도록 합니다.

● 問題 5 즉시 응답
대화 내용은 짧지만 순식간에 답글을 골라야 하기 때문에 답이 아닌 것을 빠르게 지워나가며 푸는 연습을 해 두는 것이 좋습니다.

PART 1

워밍업

1. 비법 전수
2. 비법 어휘

問題 1 과제 이해 

●● 유형 분석

問題 1은 구체적인 과제 해결에 필요한 정보를 듣고 다음에 해야 할 일을 4개의 보기 중에서 고르는 문제이다. 6문항이 출제되며, 〈질문 듣기(1차) → 본문 듣기 → 질문 듣기(2차) → 정답 선택〉의 순서로 문제가 진행된다. 텍스트 외에 그림이나 도표 문제가 출제되는 경우도 있다.

●● 풀이 비법

처음에 질문을 들려줄 때 과제가 무엇인지, 과제를 수행하는 주체가 여자인지 남자인지를 미리 파악해 둔다. 그리고 본문을 들으면서 '무엇을 할까, 무엇이 필요할까, 언제, 어디, 누구' 등 요점을 파악하고 중요한 것은 메모하도록 한다. '그 다음에 무엇을 하면 되는지'를 묻는 것이므로 '그 다음에 해야 할 일'을 주의 깊게 듣는다. 또한 처음에 질문을 듣지 못했더라도 한 번 더 질문을 들려주니 당황하지 말고 침착하게 문제에 집중하자.

예시 문제

① 질문(듣기)	**1番** ホテルで、会社員の男の人と女の人が話しています。女の人は、明日、何時までにホテルを出ますか。
② 본문(듣기)	男：では、明日は、9時半に事務所にいらしてください。 女：はい、えーと、このホテルから事務所まで、タクシーでどのぐらいかかりますか。 男：そうですね、30分もあれば着きますね。 女：じゃあ、9時に出ればいいですね。 男：あ、朝は道が混むかもしれません。15分ぐらい早めに出られたほうがいいですね。 女：そうですか。じゃ、そうします。
③ 질문(듣기)	女の人は、明日、何時までにホテルを出ますか。
④ 보기(인쇄)	1　8時45分　　　2　9時　　　3　9時15分　　　4　9時30分
⑤ 정답 선택	1　❶　②　③　④

問題 2　포인트 이해 

●● 유형 분석

問題 2는 들어야 할 것을 미리 보여 주고, 그것을 근거로 포인트를 파악하는 문제이다. 6문항이 출제되며, 〈상황 설명 및 질문 듣기(1차) → 보기 읽기 → 본문 듣기 → 질문 듣기(2차) → 정답 선택〉의 순서로 문제가 진행된다.

●● 풀이 비법

이 문제의 특징은 질문을 들은 뒤, 본문을 듣기 전에 먼저 보기를 읽을 수 있는 시간이 별도로 주어진다는 것이다. 보기 4개를 읽는 시간은 대략 20초 정도로 충분하니 침착하게 읽고 내용을 기억해 두자. 問題 2의 듣기 포인트는 말하는 사람의 기분이나 일이 발생한 이유 등으로 좀 더 복잡한 내용이다. 따라서 질문 형태도 「なぜ(왜)/ どうして(어째서)/ どんな理由(어떤 이유)」 등이 많다. 질문을 들을 때부터 질문 포인트가 무엇인지 파악하고 필요한 정보만 집중해서 듣도록 한다. 보기에 없는 내용은 흘려들어도 된다. 또 말하는 사람의 말투에는 그 사람의 감정이나 진심이 담겨 있으므로 말투만 잘 체크해도 단서를 잡을 수 있다.

예시 문제

① 상황 설명 및 질문(듣기)	**1 番** 男の人と女の人がスーパーで話しています。男の人が自分で料理をしないのはどうしてですか。
② 보기(인쇄)	1　いそがしくて時間がないから 2　料理がにがてだから 3　ざいりょうがあまってしまうから 4　いっしょに食べる人がいないから
③ 본문(듣기)	女：あら、田中くん、お買い物？ 男：うん、夕飯を買いにね。 女：お弁当にサンドイッチ？う～ん……、自分で作らないの？　時間ないか……。 男：いや、そういうわけじゃないんだけど……。 女：材料が余っちゃう？ 男：ん～、まぁ、それはいいんだけど、一生懸命作っても一人で食べるだけじゃ、なんか寂しくて。 女：う～ん、それもそうか。
④ 질문(듣기)	男の人が自分で料理をしないのはどうしてですか。
⑤ 정답 선택	1　　①　②　③　❹

●● 유형 분석

問題3은 본문을 듣고 말하는 사람의 의도나 주장 등을 이해하고 있는지를 묻는 문제이다. 특정 정보나 세부적인 포인트를 듣는 것이 아니라 전체적인 개요를 파악해야 한다. 3문항이 출제되며, 〈상황 설명 듣기 → 본문 듣기 → 질문 듣기 → 보기 듣기 → 정답 선택〉의 순서로 문제가 진행된다.

●● 풀이 비법

이 문제는 問題1, 2와 달리 질문을 먼저 들려 주지 않는다. 따라서 특정 포인트를 듣는 것이 아니라 요점을 파악하면서 전체적인 흐름을 이해하는 것이 중요하다. 질문 형태도「何について(무엇에 대해서)/何のために(무엇을 위해서)」가 많다. 이 문제는 본문 서두에서 어디서, 누가 누구와 대화하는 장면인지 간단한 설명을 해준다. 보기가 제시되어 있지 않고 질문 또한 한번밖에 들려주지 않기 때문에 오로지 듣기 실력과 상황 추측 능력이 요구된다. 내용을 제대로 이해하지 못하면 풀기 어려운 문제이니 중요한 포인트는 메모를 해가며 듣도록 한다.

예시 문제

① 상황 설명 (듣기)	**1 番** 女の人が友達の家に来て、話しています。
② 본문(듣기)	女1：田中で～す。 女2：あ、は～い。昨日友達が泊まりに来てたんで、片付いてないけど、入って。 女1：あ、でもここで。すぐ帰るから。あの～、この前借りた本なんでけど、ちょっと破れちゃって。 女2：え？本当？ 女1：うん、このページなんだけど……。 女2：あっ、うん、このくらいなら大丈夫、読めるし……。 女1：ほんと、ごめん。これからは気をつけるから。 女2：うん、いいよ。ねえ、入ってコーヒーでも飲んでいかない？ 女1：ありがとう。
③ 질문(듣기)	女の人は友達のうちへ何をしに来ましたか。
④ 보기(듣기)	1　謝りに来た 2　本を借りに来た 3　泊まりに来た 4　コーヒーを飲みに来た
⑤ 정답 선택	1　❶　②　③　④

●● 유형 분석

問題4는 그림을 보면서 상황에 대한 설명을 듣고 그 상황에 알맞은 회화 표현을 고르는 문제이다. 총 4문항이 출제되며, 〈그림 보기 → 상황 설명 및 질문 듣기 → 보기 듣기 → 정답 선택〉의 순서로 문제가 진행된다.

●● 풀이 비법

問題4의 질문 형태는「何と言いますか」(뭐라고 합니까?)로, 그림에 표시된 화살표(←)가 가리키는 인물의 대사로 알맞은 것을 고르면 된다. 대화 형식의 지문이 아니라, 어떤 상황에서 뭐라고 말하면 되는지를 묻는 단순한 형식이지만, 그림밖에 주어지지 않기 때문에 부담이 될 것이다.

문제를 푸는 요령은 먼저 제시된 그림을 보고 어떤 상황인지, 이야기를 나누고 있는 사람들은 어떤 사람들인지 미리 예측해 보고 질문을 듣는 것이다. 이 유형의 문제를 풀기 위해서는 평소에 일상에서 자주 사용되는 회화 표현 등을 익혀 두고, 표현이 사용되는 장면이나 상황, 상대방과의 관계(상하, 동료, 친구 등) 등을 이해해 두는 것도 도움이 된다.

예시 문제

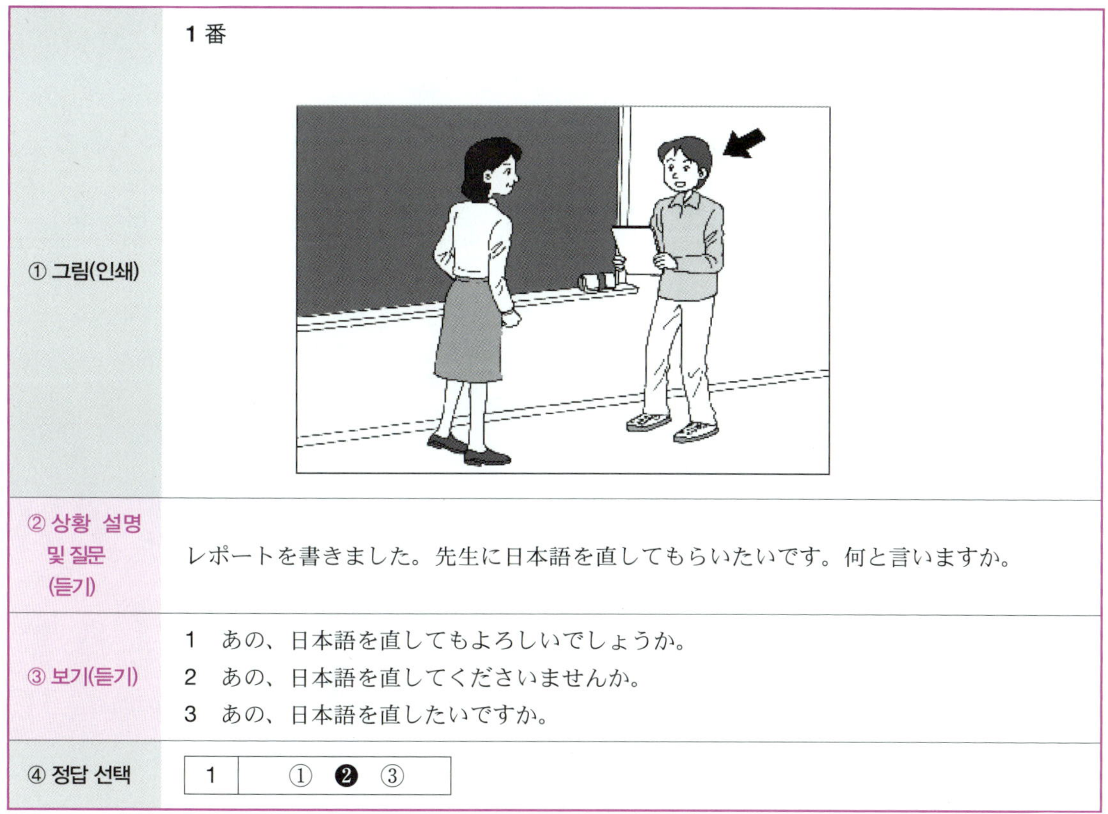

1番

① 그림(인쇄)	
② 상황 설명 및 질문 (듣기)	レポートを書きました。先生に日本語を直してもらいたいです。何と言いますか。
③ 보기(듣기)	1　あの、日本語を直してもよろしいでしょうか。 2　あの、日本語を直してくださいませんか。 3　あの、日本語を直したいですか。
④ 정답 선택	1　　　① ❷ ③

●● 유형 분석

問題5는 짧은 문장을 듣고 그에 맞는 대답을, 들려 주는 3개의 보기 중에서 고르는 문제이다. 問題4와 같이 회화 능력과 커뮤니케이션 능력을 묻는 문제이다. 9문항이 출제되며, 〈본문 듣기 → 보기 듣기 → 정답 선택〉의 순서로 진행된다.

●● 풀이 비법

이 문제는 A, B 두 사람의 대화를 기본으로 하며, 먼저 A의 말을 들려 주고, 그에 대한 B의 대답으로 알맞은 것을 고르는 문제이다. 문제 용지에는 아무것도 인쇄되어 있지 않으며, 보기도 들려 준다. 어떤 장소, 상황에서 누가 무엇에 대해 말하고 있는지를 순식간에 이해하고 답을 골라야 한다. 회화가 짧아서 알아듣기 어렵지 않으나, 순식간에 다음 문제로 넘어가기 때문에 메모를 활용하는 게 좋다. 또한 문제를 놓쳤을 때는 미련을 두지 말고 과감히 다음 문제에 집중하도록 한다.

예시 문제

① 본문(듣기)	**1番** 女：わたし、試験勉強、あまりやってないんだ……今から、頑張らなきゃ。
② 보기(듣기)	男：1　うん、頑張るつもり。 　　2　そう、よく頑張ったね。 　　3　これから頑張ればいいよ。
③ 정답 선택	1　　　① 　② 　❸

1 회화체 표현(축약형)

기본 표현	축약 표현	뜻
☐ ～かもしれない	～かも	～일지도 모른다
☐ けれども	けれど・けど	하지만
☐ このあいだ	こないだ	요전 날, 일전에
☐ では	じゃ	그럼
☐ ～ではありません	～じゃありません	～이 아닙니다
☐ ～じゃない	～じゃん	～잖아
☐ すみません	すいません	죄송합니다
☐ そうか	そっか	그런가
☐ それは	そりゃ	그것은
☐ ～ても・でも	～たって・だって	～라고 해도
☐ ～だろう	～だろ	～일 것이다, ～겠지
☐ ～でしょう	～でしょ	～겠지요
☐ ～ては・では	～ちゃ・じゃ	～(해)서는

□ 〜てしまう・でしまう	〜ちゃう・じゃう	〜해 버리다
□ 〜は・とは・という	〜って	〜는, 〜란, 〜라고 하는
□ 〜ていく・でいく	〜てく・でく	〜하고 가다
□ 〜ている・でいる／ているの	〜てる・でる／てんの	〜고 있다/〜고 있는 거야
□ 〜ておいで・でおいで	〜といで・どいで	〜고 와
□ 〜ておく・でおく	〜とく・どく	〜해 두다
□ ところ	とこ	곳, 장소
□ 〜なければ	〜なきゃ	〜지 않으면
□ なんといっても	なんてったって	뭐라고 해도
□ ほんとう	ほんと	정말, 진짜
□ 〜ましょう	〜ましょ	〜합시다
□ やっぱり	やっぱ	역시
□ 〜(な)のだ・(な)のです(か)	〜(な)んだ・(な)んです(か)	〜ㄴ 것이다, 겁니다(까)
□ 〜ので	〜んで	〜해서
□ 〜らない	〜んない	〜지 않다

❶ 청해 지시문

□ 印刷 인쇄

□ 選ぶ 고르다

□ 絵を見る 그림을 보다

□ 答え 정답

□ 質問を聞く 질문을 듣다

□ それから 그러고 나서

□ 正しい 올바른

□ 何も 아무것도

□ 話を聞く 이야기를 듣다

□ 文 글, 문장

□ 返事を聞く 대답을 듣다

□ まず 우선

□ 問題用紙 문제 용지

❷ 교통

□ 集める 모으다

□ 移す 옮기다

□ 運賃不足 운임 부족

□ 運転手 운전기사

□ 駅 역

□ 駅前 역 앞

□ 駅員 역무원

□ 横断歩道を渡る 횡단보도를 건너다

□ ～置きに ～간격으로

□ 音がする 소리가 나다

□ 落し物 유실물

□ お年寄り 노인

□ お忘れ物センター 분실물 센터

□ 改札口 개찰구

□ 改札を出る 개찰구를 나오다

□ 聞く 묻다

□ 切符を入れる 표를 넣다

□ 急行 급행

□ 午前 / 午後 오전/오후

□ ～ごとに ～마다

□ 探す 찾다

□ 30分 / 半 30분/반

□ 時刻表 시간표

□ ～時ちょうど ～시 정각

□ 始発 시발

□ 終点 종점

□ 終電 막차

□ 乗客（じょうきゃく） 승객

□ 座る（すわる） 앉다

□ 席を譲る（せきをゆずる） 자리를 양보하다

□ タクシー乗り場（のりば） 택시 승차장

□ 遅刻する（ちこくする） 지각하다

□ 出口（でぐち） 출구

□ 電車（でんしゃ） 전철

□ 電車が止まる（でんしゃがとまる） 전철이 멈추다

□ 電車がまいる（でんしゃがまいる） 전철이 오다

□ 電車に乗る（でんしゃにのる） 전철을 타다

□ 電車を降りる（でんしゃをおりる） 전철을 내리다

□ 届ける（とどける） 신고하다

□ 何時 / いつ（なんじ） 몇 시/언제

□ 何番線（なんばんせん） 몇 번 플랫폼

□ 何番出口（なんばんでぐち） 몇 번 출구

□ 〜に乗る（のる） 〜을 타다

□ 乗り換える（のりかえる） 갈아타다

□ バスが出る（でる） 버스가 출발하다

□ バス停・バス乗り場（てい・のりば） 버스 정류장

□ 早い / 遅い（はやい / おそい） 빠르다, 이르다/늦다

□ 〜番目（ばんめ） 〜번째

□ 保管する（ほかんする） 보관하다

□ 〜分前（ふんまえ） 〜분 전

□ 間に合う（まにあう） 시간 안에 도착하다

□ 道が込む / 渋滞（みちがこむ / じゅうたい） 길이 막히다/정체

□ 道に迷う（みちにまよう） 길을 잃다, 헤매다

□ 〜行き（ゆき） 〜행

□ 忘れ物をする（わすれものをする） 물건을 두고 내리다

□ （忘れ物が）出てくる（わすれものがでてくる） 분실물이 나오다

□ （忘れ物が）届く（わすれものがとどく） 분실물이 도착하다

□ （忘れ物が）見つかる（わすれものがみつかる） 분실물이 발견되다

❸ 사건·사고

□ お金を奪われる（おかねをうばわれる） 돈을 빼앗기다

□ 救急車（きゅうきゅうしゃ） 구급차

□ 緊急（きんきゅう） 긴급

□ 車にぶつかる（くるまにぶつかる） 자동차에 부딪치다

□ 警察官・警官・お巡りさん（けいさつかん・けいかん・おまわりさん） 경찰관

□ 強盗にあう・やられる（ごうとうにあう・やられる） 강도를 만나다/당하다

□ 交番（こうばん） 파출소

□ 事故にあう（じこにあう） 사고를 당하다

□ 調べる（しらべる） 조사하다

□ すりにすられる 소매치기를 당하다

□ 間違える（まちがえる） 잘못 알다

□ 道を教える（みちをおしえる） 길을 가르쳐 주다

□ 道を聞く（みちをきく） 길을 묻다

□ 相手（あいて） 상대방
□ 意見（いけん） 의견
□ Eメール 이메일
□ 伺う（うかがう） 방문하다
□ 受付の人（うけつけのひと） 접수 담당자
□ お約束の時間（おやくそくのじかん） 약속 시간
□ 奥さん（おくさん） 사모님
□ お世話になる（おせわになる） 신세 지다
□ 折り返す（おりかえす） 곧 회신하다
□ 会議室（かいぎしつ） 회의실
□ 会社を出る（かいしゃをでる） 회사를 나오다
□ 外出中（がいしゅつちゅう） 외출 중
□ かしこまる 이해하다
□ 技術（ぎじゅつ） 기술
□ 件（けん） 건
□ コピー 복사
□ コンピュータ(ー) 컴퓨터
□ 賛成する / 反対する（さんせいする / はんたいする） 찬성하다/반대하다
□ 仕事を頼む（しごとをたのむ） 일을 부탁하다
□ 事務室（じむしつ） 사무실
□ 就職する / 退職する（しゅうしょくする / たいしょくする） 취직하다/퇴직하다
□ 上司（じょうし） 상사

□ 書類（しょるい） 서류
□ 進む（すすむ） 진행하다
□ すばらしい 훌륭하다
□ ストレスがたまる 스트레스가 쌓이다
□ ストレスが解消できる（ストレスがかいしょうできる） 스트레스가 해소되다
□ 送別会 / 歓迎会（そうべつかい / かんげいかい） 송별회/환영회
□ 伝える（つたえる） 전달하다
□ 手がはなせない / 忙しい（てがはなせない / いそがしい） 바쁘다
□ 手伝う（てつだう） 돕다
□ 電池・バッテリーが切れる（でんち・バッテリーがきれる） 배터리가 떨어지다
□ 電話がかかる（でんわがかかる） 전화가 걸려 오다
□ 電話が遠い（でんわがとおい） 전화감이 멀다
□ 電話に出る / 電話を受ける（でんわにでる / でんわをうける） 전화를 받다
□ 電話をかける（でんわをかける） 전화를 걸다
□ 同僚（どうりょう） 동료
□ 取引先（とりひきさき） 거래처
□ 値段 / 価格（ねだん / かかく） 가격
□ 発言する（はつげんする） 발언하다
□ 引き受ける（ひきうける） 인수하다
□ 秘書（ひしょ） 비서
□ ファックス 팩스
□ プレゼン 프레젠테이션
□ 忘年会 / 新年会（ぼうねんかい / しんねんかい） 망년회/신년회

□ ホームページ 홈페이지

□ 回る 돌다

□ メッセージ 메시지

□ 申し訳ございません 죄송합니다

□ 戻る 돌아오다

□ 用事がある 용무가 있다, 볼일이 있다

□ よく聞こえる 잘 들리다

□ 予定 예정

❺ 학교

□ いい / 悪い 좋다 / 나쁘다

□ 居眠り 앉아서 졺

□ 受かる / 合格する 합격하다

□ 学食 / 学生食堂 학생식당

□ 学生会館 학생회관

□ 課題 / リポート 과제 / 리포트

□ カフェテリア 카페

□ 頑張る 노력하다, 힘쓰다

□ 掲示板 게시판

□ 研究室 연구실

□ 講義 강의

□ 講堂 강당

□ 作文 작문

□ 就職 취직

□ 就職活動 취직 활동

□ 授業中 수업 중

□ 専攻 / 学部 / 学科 전공 / 학부 / 학과

□ 成績 / 点数 / 結果 성적 / 점수 / 결과

□ ゼミ / セミナー 세미나

□ 先輩 / 後輩 선배 / 후배

□ 相談 상담

□ 卒業 졸업

□ 大変だ 힘들다

□ 遅刻する 지각하다

□ 疲れる 피곤하다, 지치다

□ 強い / 弱い 잘하다 / 못하다, 약하다

□ テスト / 試験 테스트, 시험

□ 同級生 동급생

□ 内定 내정

□ 売店 매점

□ バイト / アルバイト 아르바이트

□ ボランティア 자원봉사

□ 留学 / 留学先 유학 / 유학지

□ 寮 기숙사

□ 廊下 복도

□ 論文を書く 논문을 쓰다

☐ お代わり 리필

☐ お酒 술

☐ お茶 / 紅茶 녹차/홍차

☐ お腹がすく / 腹がへる 배가 고프다

☐ お昼 점심 식사

☐ お弁当 도시락

☐ お水 / お湯 찬물/더운물

☐ 会計 계산

☐ カウンター 카운터

☐ かぼちゃ 호박

☐ カレーライス 카레라이스

☐ キュウリ 오이

☐ 結構だ 괜찮다

☐ コーヒー 커피

☐ コーラ 콜라

☐ こしょう 후추

☐ 材料 재료

☐ 魚 생선

☐ 砂糖 설탕

☐ 皿 접시

☐ サラダ 샐러드

☐ 塩 소금

☐ 支払う 지불하다

☐ ジュース 주스

☐ 使用する / 入る / 入れる 사용하다/들어가다/넣다

☐ しょう油 간장

☐ 酢 식초

☐ すし 초밥

☐ すし屋 초밥집

☐ 請求書 청구서

☐ そば屋 메밀국수집

☐ 大根 무

☐ 注文する 주문하다

☐ チラシ 전단지

☐ デザート 디저트

☐ とり肉 닭고기

☐ とんかつ 돈가스

☐ なし 배

☐ なす 가지

☐ 並ぶ / 行列する 줄을 서다

☐ ねぎ / たまねぎ 파/양파

☐ 飲み放題 마시고 싶은 대로 마심

☐ 白菜 배추

☐ 箸 젓가락

☐ ハンバーガー 햄버거

☐ ビール 맥주	☐ シーツ 시트
☐ ファーストフード 패스트푸드	☐ 宿泊 숙박
☐ ぶた肉 / 牛肉 돼지고기/쇠고기	☐ シングルルーム 싱글룸
☐ ぶどう 포도	☐ タオル 타월, 수건
☐ ブロッコリー 브로콜리	☐ ドアノブにかける 손잡이에 걸다
☐ ほうれん草 시금치	☐ 荷物 짐
☐ 味噌 된장	☐ 札 표, 푯말
☐ みりん 맛술	☐ フロント 프런트
☐ ミルク・牛乳 우유	☐ ベッドメーキング 침대 정리
☐ 召し上がる 드시다	☐ ホテル 호텔
☐ 持ち帰る 가지고 가다	**⑧ 병원**
☐ ラーメン 라면	☐ 足が痛い 다리가 아프다
☐ 領収書 영수증	☐ 足をくじく 발을 삐다
☐ りんご 사과	☐ 頭が痛い 머리가 아프다
☐ レストラン 레스토랑	☐ 受付 접수
☐ レタス 양배추	☐ おかけになる 앉다
☐ 野菜 채소	☐ お大事にしてください 몸조심하세요
☐ 予約する / キャンセルする 예약하다/취소하다	☐ お手洗い・トイレ 화장실
⑦ 숙박	☐ おなかをこわす 배탈 나다
☐ インターネット 인터넷	☐ お見舞い 문병
☐ お部屋の掃除 방 청소	☐ 外来 외래
☐ 空室 / 空き部屋 공실, 빈방	☐ 係の人 담당자
☐ 交換 교환	☐ 風邪を引く 감기에 걸리다

☐ 体の具合 몸의 상태, 건강 상태

☐ 看護師 간호사

☐ 血圧 혈압

☐ 検査 검사

☐ 転ぶ 구르다

☐ 手術 수술

☐ 診察券 진찰권

☐ 診察室に入る 진찰실에 들어가다

☐ 体温計 체온계

☐ 倒れる 쓰러지다

☐ 出す 내다, 제출하다

☐ 注射を打つ 주사를 놓다

☐ 治療 치료

☐ 手を切る 손을 베다

☐ 点滴をする 링거를 놓다, 링거를 맞다

☐ 名前を呼ぶ 호명하다

☐ 入院する 입원하다

☐ 熱がある 열이 있다

☐ 熱を測る 열을 재다

☐ 歯医者 치과 의사

☐ 病気になる 병이 나다

☐ 骨が折れる 골절되다

☐ 待合室 대합실

☐ レントゲン室 X선실

❾ 공공시설

☐ 暗証番号 비밀번호

☐ 印鑑 / はんこ 인감, 도장

☐ 運動苦手だ 운동이 서툴다

☐ 英会話 영어회화

☐ 映画館 영화관

☐ エレベーターに乗る 엘리베이터를 타다

☐ お住まい 거주지

☐ オンライン 온라인

☐ 開館 개관

☐ 外国人登録 외국인 등록

☐ 回数 횟수

☐ 確認する 확인하다

☐ 貸出中 대출 중

☐ 貸す 빌려주다

☐ 通う 다니다

☐ 借りる 빌리다

☐ 休館 휴관

☐ 銀行 은행

☐ 銀行員 은행원

☐ 区役所 / 市役所 구청/시청

☐ 口座を作る 계좌를 만들다

☐ 戸籍（こせき） 호적	☐ 入会金（にゅうかいきん） 입회비, 가입비
☐ 小包（こづつみ）を送（おく）る 소포를 보내다	☐ 人数（にんずう） 인원수
☐ 込（こ）む 붐비다	☐ パスポートを持（も）つ 여권을 지참하다
☐ 茶道（さどう） 다도	☐ パソコン教室（きょうしつ） 컴퓨터 교실
☐ 自動振（じどうふ）り込（こ）み 자동 이체	☐ 引（ひ）き落（お）とす 자동 이체하다
☐ 支払（しはら）う 지불하다	☐ 引（ひ）き出（だ）す 인출하다
☐ 市民（しみん）センター 시민 센터	☐ 開（ひら）く / 閉（と）じる 열리다/닫히다
☐ 授業料（じゅぎょうりょう） 수업료	☐ 振（ふ）り込（こ）み 입금, 송금
☐ 出席（しゅっせき） 출석	☐ 閉館（へいかん） 폐관
☐ 証明書（しょうめいしょ） 증명서	☐ 返却（へんきゃく） 반납
☐ 初心者向（しょしんしゃむ）け 초보자용	☐ ボタンを押（お）す 버튼을 누르다
☐ 申請書（しんせいしょ）を書（か）く / 記入（きにゅう）する 신청서를 쓰다/기입하다	☐ ～枚（まい） ～매, ～장
☐ スピード写真（しゃしん）を撮（と）る 속성 사진을 찍다	☐ 窓口（まどぐち） 창구
☐ スポーツ 스포츠	☐ 郵便局（ゆうびんきょく） 우체국
☐ 宅配便（たくはいびん） 택배	☐ 用意（ようい）する 준비하다
☐ チケット 티켓	☐ ヨガ 요가
☐ 貯金（ちょきん）する 저금하다	☐ 預金通帳（よきんつうちょう） 예금 통장
☐ 着（つ）く / 届（とど）く 도착하다	☐ 預金（よきん）する 예금하다
☐ 図書館（としょかん） 도서관	☐ 利用（りよう）カード 이용 카드
☐ 届（とど）け 신고, 신고서	☐ 両替（りょうがえ） 환전
☐ 取（と）りに来（く）る 가지러 오다	**⑩ 쇼핑**
☐ 習（なら）う 배우다, 익히다	☐ 上（うえ）に行（い）く 위로 가다
☐ 荷物（にもつ） 짐	☐ 大安売（おおやすう）り 파격 할인

□ お買い上げ年月日 구입연월일

□ ～階 ～층

□ かご 장바구니

□ 期限切れ 만기가 지남

□ 奇数階 / 偶数階 홀수층/짝수층

□ 靴下 / 靴をはく 양말/구두를 신다

□ コーナー 코너

□ 故障する 고장나다

□ 下に降りる 아래로 내려가다

□ シャツ / 上着 셔츠/상의

□ 修理代 수리비

□ 商品 상품

□ スーツ 정장

□ スーパー 슈퍼마켓

□ ズボン / スカートをはく 바지/치마를 입다

□ 洗濯 세탁

□ そろう 갖추다, 구비하다

□ 男性用 / 女性用 남성용/여성용

□ チラシ 전단지

□ デパート 백화점

□ 点検 점검

□ トイレ 화장실

□ 特売品 / セール品 특매품/세일 상품

□ 取り扱い説明書 취급 설명서

□ 直す 고치다

□ ネクタイをしめる 넥타이를 매다

□ 値引き 가격 인하

□ 配達する 배달하다

□ 販売店 판매점

□ 服を着る 옷을 입다

□ 帽子をかぶる 모자를 쓰다

□ 保障期間 보장 기간

□ 保証書 보증서

□ 見つかる 발견하다

□ 割引 할인

⑪ 날짜/때

□ いちがつ / しちがつ 1월/7월

□ ふつか / はつか 2일/20일

□ よっか / ようか 4일/8일

□ おととし / 去年・昨年 재작년/작년

□ 今年 / 来年 올해/내년

□ 先月 / 今月 / 来月 지난달/이달/다음 달

□ おととい / 昨日 그저께/어제

□ 今日・本日 / 明日 / あさって 오늘/내일/모레

□ さっき / この間・先日 아까, 방금/지난번에, 일전에

□ 今度 이번, 다음번

□ 以前 / 以後 이전/이후

□ 先週 / 今週 / 来週 지난주/이번 주/다음 주

⑫ 의문사

□ いくつ 몇 개/몇 살

□ いくら 얼마나, 어느 정도

□ いつ / いつか 언제/언젠가

□ だれ / だれか 누구/누군가

□ どう / いかが 어떠함/어떠하심

□ どうして / なぜ / なぜか 어째서/왜/왠지

□ どうやって 어떻게

□ どこ / どこか 어디/어딘가

□ どの 어느

□ どのぐらい / どのくらい 얼마나, 어느 정도

□ どのような 어떠한

□ どのように 어떻게

□ どれ 어느 것

□ どんな 어떤

□ 何 / 何か 무엇/무언가

□ 何と 뭐라고

□ 何の 무슨

□ 何色 무슨 색

□ 何階 몇 층

□ 何ヶ月 몇 개월

□ 何時間 몇 시간

□ 何度・何回 몇 번

□ 何人・何名 몇 명

⑬ 접속 표현

□ あ、そうだ 아, 맞다

□ 一方 한편

□ それなのに 그런데도, 그럼에도 불구하고

□ それに 게다가

□ そのうえ 게다가, 또한

□ ただ / しかし / ところで 다만/그러나/그런데

□ たとえば 예를 들면

□ ですから 그래서, 그러니까

□ でも 하지만

□ ところが 그런데

□ なぜなら 왜냐하면

☐ またいらっしゃってください 또 오세요

☐ ～によろしくお伝えください ～에게 안부 전해 주세요

☐ いただきます / ごちそうさまでした 잘 먹겠습니다 / 잘 먹었습니다

☐ よろしいでしょうか 괜찮으세요?

☐ けっこうです 괜찮습니다

☐ かまいません 상관 없습니다

☐ おじゃまします 실례합니다

☐ そろそろ失礼いたします 슬슬 실례하겠습니다

☐ 気をつけてください 조심하세요

☐ お大事に 몸조심하세요

☐ 明けまして、おめでとうございます 새해 복 많이 받으세요

☐ 今年もよろしくお願いいたします 올해도 잘 부탁드립니다

☐ よいお年を 좋은 한 해 보내세요

☐ それはちょっと…… 그건 좀 (곤란합니다)

☐ おかまいなく 개의치 마세요

☐ 今日はおめでとう。お幸せに 오늘은 축하합니다. 행복하세요

☐ おめでとうございます 축하합니다

☐ このたびは、ご愁傷さまでございました 이번에는 얼마나 애통하십니까

☐ 悔やみ申し上げます 조의를 표합니다

☐ このたびは、突然のことで大変でしたね 이번에는 갑작스러운 일을 당해서 큰일이었네요

☐ どんなお仕事をしていらっしゃるんですか 어떤 일을 하고 계십니까?

☐ どちらにお勤めですか 어디에 근무하세요?

☐ お先に失礼します 먼저 실례하겠습니다

☐ お疲れ様です / ご苦労さん 수고하셨습니다 / 수고했어요

실전과 같은 형식의 문제를 통해 실전 대비 연습을 해 봅시다.

問題1 

問題1では、まず質問を聞いてください。それから話を聞いて、問題用紙の1から4の中から、最もよいものを一つえらんでください。

1 ばん

1 大急ぎで仕事をする
2 ほかの人に、銀行に行くように頼む
3 すぐ、銀行に行く
4 ほかの人に仕事を頼む

1	① ② ③ ④

問題2 Track 03

問題2では、まず質問を聞いてください。そのあと、問題用紙を見てください。読む時間があります。それから話を聞いて、問題用紙の1から4の中から、最もよいものを一つえらんでください。

1ばん

1　小説と古い雑誌
2　小説と新しい雑誌
3　辞書と小説
4　雑誌と辞書

1	① ② ③ ④

問題3 Track 04

問題3では、問題用紙に何も印刷されていません。この問題はぜんたいとして、どんな内容かを聞く問題です。話の前に質問はありません。まず話を聞いてください。それから、質問とせんたくしを聞いて、1から4の中から、最もよいものを一つえらんでください。

―メモ―

1	① ② ③ ④

問題4では、えを見ながら質問を聞いてください。矢印(→)の人は何と言いますか。1から3の中から最もよいものを一つえらんでください。

1 ばん

1	①　②　③

問題５では、問題用紙に何もいんさつされていません。まず、文を聞いてくださ
い。それから、そのへんじを聞いて、１から３の中から、最もよいものを一つえ
らんでください。

ーメモー

1	① ② ③

청해 완전 정복을 위한 꿀팁!

일본어 능력시험의 청해 실력을 올리기 위해서 다음 2가지 방법을 연습하자.
– 선택지가 인쇄되어 있는 문제는 선택지를 미리 보고 압축하기
– 선택지가 인쇄되어 있지 않은 문제는 최대한 내용을 메모하기

● 問題 1 과제 이해

과제의 내용과 과제를 수행하는 주체를 정확히 파악하는 것이 중요하다. 첫 질문을 놓치더라도 마지막에 한 번 더 들을 수 있으니 당황하지 않도록 한다.

● 問題 2 포인트 이해

실제 시험에서 약 20초간 선택지를 읽을 시간이 주어지므로, 침착하게 읽고 내용을 기억해 두자. 問題1보다 내용이 복잡하지만 질문의 포인트만 기억한다면 어렵지 않게 해결할 수 있다.

● 問題 3 개요 이해

질문은 마지막에 딱 한 번만 들려 주므로 놓치지 않도록 주의한다. 전체 내용을 듣지 못하면 풀기 어려우므로 요점을 빠르게 메모해 가며 듣도록 한다.

● 問題 4 발화 표현

그림을 먼저 보고 대략적인 상황을 추측해 본다. 선택지가 주어지지 않아 부담스러울 수 있지만 일상적인 회화 표현이 주로 나오므로 너무 부담을 갖지 않도록 한다.

● 問題 5 종합 이해

대화 내용이 짧은 만큼 빠른 시간에 정답을 골라야 한다. 순간적으로 내용을 이해해야 하므로 X와 △등을 활용해 실수를 최소화하도록 한다.

PART 2

유형별 집중 공략

- **과제 이해** 실전 연습 ·················· p.382
- **포인트 이해** 실전 연습 ·············· p.386
- **개요 이해** 실전 연습 ················· p.389
- **발화 표현** 실전 연습 ················· p.390
- **즉시 응답** 실전 연습 ················· p.427

もんだい
問題 1

問題1では、まず質問を聞いてください。それから話を聞いて、問題用紙の1から4の中から、最もよいものを一つえらんでください。

1ばん　Track 07

1　会議室を2時からに予約し直す
2　会議室を3時からに予約し直す
3　会議室を3時半からに予約し直す
4　3時半からの予約を取り消す

2ばん　Track 08

1　サービスセンターに電話する
2　修理の人にお願いする
3　山田さんに話をする
4　川上さんに連絡する

3ばん　Track 09

1　キャップをよく洗って出す
2　キャップをきちんと締めて出す
3　キャップは別に出す
4　ラベルもキャップもよく洗って出す

4 ばん Track 10

1　そば屋に12時に集まる
2　神社の前に1時40分に集まる
3　バス乗り場に1時30分に集まる
4　バスを降りたところに1時半に集まる

5 ばん Track 11

1　壁に漢字を貼って見る
2　声を出しながら漢字を書く
3　漢字カードを作って読む
4　漢字を聞きながら読む

6 ばん Track 12

1　日本のお菓子
2　電子辞書
3　日本人形
4　日本のゲーム

7 ばん　Track 13

1　終点の駅から電話がかかってくるのを待つ
2　4日以内に「お客様お忘れ物センター」に電話をする
3　4日以内に警察の「落とし物センター」に電話をする
4　すぐ警察の「落とし物センター」に行く

8 ばん　Track 14

1　食事6人分と飲み物6人分
2　食事6人分と飲み物5人分
3　食事5人分と飲み物6人分
4　食事5人分と飲み物5人分

9 ばん　Track 15

1　パスポートの写真を撮る
2　すぐに区役所の窓口に行く
3　日本人の友達に手伝いを頼む
4　パスポートサイズの写真を撮る

10 ばん　Track 16

1　熱を測っておく
2　トイレに行く
3　紙に記入する
4　診察室に入る

11 ばん　Track 17

1　この駅から歩いて行く
2　電車で隣の駅へ行って歩く
3　この駅から3番のバスに乗る
4　この駅から4番のバスに乗る

12 ばん　Track 18

1　英語がかなり話せて、3日後から働ける人
2　英語があまり話せなくても、次の日から働ける人
3　英語があまり話せなくても、この日の夕方から働ける人
4　英語ができる、英語学専攻の人で3日以上働ける人

13 ばん　Track 19

1　料理の材料と箸と皿
2　料理の材料と折りたたみいす
3　折りたたみいすと箸
4　箸とコンロと料理の材料

14 ばん　Track 20

1　3,300円
2　3,000円
3　2,300円
4　6,000円

もんだい
問題 2

　問題2では、まず質問を聞いてください。そのあと、問題用紙を見てください。読む時間があります。それから話を聞いて、問題用紙の1から4の中から、最もよいものを一つえらんでください。

1ばん　Track 21

1　花子さんが出かけているから
2　花子さんが男の人とけんかしたから
3　女の人が電話番号をまちがえたから
4　男の人が名前をまちがえたから

2ばん　Track 22

1　お茶を飲みながら、虫の声が聞けるから
2　花の写真が撮りたいから
3　ビールが飲みたいから
4　夜の「秋の草花ウォッチング」の最終日だから

3ばん　Track 23

1　このごろそんなに地震がないから
2　お知らせメールが来ても意味がないから
3　ケータイ電話を買いかえるから
4　パソコンで仕事をしていないから

4 ばん `Track 24`

1 買い物をしなおしたから
2 スーパーが込んでいたから
3 ほしい品物がなかったから
4 スーパーが大きいから

5 ばん `Track 25`

1 途中から入って習うのが嫌だから
2 ヨガをすると体が痛くなりそうだから
3 服を脱いだり着たりするのが、大変だから
4 ヨガをやっている男の人の数が少ないから

6 ばん `Track 26`

1 予約していなかったから
2 外国人登録をしていないから
3 日本に6か月以上住んでいないから
4 印鑑を持っていないから

7 ばん　Track 27

1 他の人がオンラインで予約をしていたから
2 図書館利用カードを持っていないから
3 だれかが借りているから
4 火曜日だから

8 ばん　Track 28

1 山の頂上にあるロープウェー駅
2 温泉の前のバス乗り場
3 山の下にあるロープウェー乗り場
4 山の頂上駅のバス乗り場

9 ばん　Track 29

1 発売されたばかりなので
2 まだ入荷していないので
3 もう見てしまったものなので
4 全部借りられてしまったので

もんだい
問題 3　Track 30 ~ Track 39

問題3では、問題用紙に何も印刷されていません。この問題は全体として、どんな内容かを聞く問題です。話の前に質問はありません。まず話を聞いてください。それから、質問と選択肢を聞いて、1から4の中から、最もよいものを一つえらんでください。

－メモ－

정답　1④　2②　3④　4③　5②　6③　7③　8④　9③　10③　　　　　스크립트 및 해설 별책 p.114

발화 표현 실전 연습　　　　　　　　　　　　　　　[　 / 73]

問題 4

問題 4 では、絵を見ながら質問を聞いてください。矢印（→）の人は何と言いますか。1から 3 の中から最もよいものを一つえらんでください。

1 ばん　Track 40

2 ばん `Track 41`

3 ばん `Track 42`

4 ばん Track 43

5 ばん Track 44

6 ばん Track 45

7 ばん Track 46

8 ばん　Track 47

9 ばん　Track 48

10 ばん　Track 49

11 ばん　Track 50

12 ばん　Track 51

13 ばん　Track 52

14 ばん Track 53

15 ばん Track 54

16 ばん　Track 55

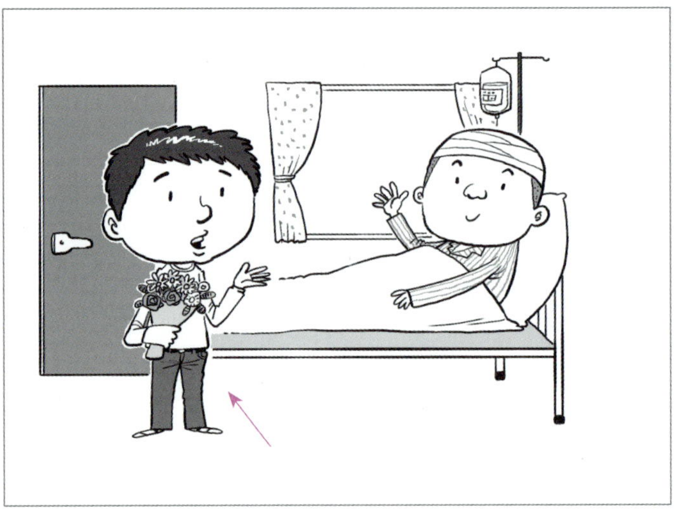

17 ばん　Track 56

18 ばん Track 57

19 ばん Track 58

20 ばん　Track 59

21 ばん　Track 60

22 ばん Track 61

23 ばん Track 62

24 ばん　Track 63

25 ばん　Track 64

26 ばん　Track 65

27 ばん　Track 66

정답　24 ①　25 ①　26 ③　27 ③　　　　스크립트 및 해설 별책 p.131

28 ばん　Track 67

29 ばん　Track 68

30 ばん Track 69

31 ばん Track 70

32 ばん　Track 71

33 ばん　Track 72

34 ばん　Track 73

35 ばん　Track 74

36 ばん Track 75

37 ばん Track 76

38 ばん

39 ばん

---

40 ばん　Track 79

41 ばん　Track 80

42 ばん `Track 81`

43 ばん `Track 82`

44 ばん

45 ばん

46 ばん Track 85

47 ばん Track 86

48 ばん

49 ばん

50 ばん Track 89

51 ばん Track 90

52 ばん　Track 91

53 ばん　Track 92

54 ばん Track 93

55 ばん Track 94

정답 52 ③ 53 ① 54 ② 55 ②

56 ばん　Track 95

57 ばん　Track 96

58 ばん　Track 97

59 ばん　Track 98

60 ばん Track 99

61 ばん Track 100

62 ばん Track 101

63 ばん Track 102

64 ばん　Track 103

65 ばん　Track 104

66 ばん　Track 105

67 ばん　Track 106

68 ばん Track 107

69 ばん Track 108

70 ばん Track 109

71 ばん Track 110

72 ばん　Track 111

73 ばん　Track 112

問題 5

즉시 응답 실전 연습

<ruby>問題<rt>もんだい</rt></ruby> 5

　<ruby>問題<rt>もんだい</rt></ruby> 5 では、<ruby>問題用紙<rt>もんだいようし</rt></ruby>に<ruby>何<rt>なに</rt></ruby>もいんさつされていません。まず、<ruby>文<rt>ぶん</rt></ruby>を<ruby>聞<rt>き</rt></ruby>いてください。それから、そのへんじを<ruby>聞<rt>き</rt></ruby>いて、1から3の<ruby>中<rt>なか</rt></ruby>から、<ruby>最<rt>もっと</rt></ruby>もよいものを<ruby>一<rt>ひと</rt></ruby>つえらんでください。

－メモ－

스크립트 및 해설 별책 p.144

유형별 집중 공략 해답 용지

일본어능력시험 N3 해답 용지 샘플

문자·어휘

N3　げんごちしき(もじ・ごい)　かいとうようし

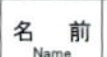

受 験 番 号　Examinee Registration Number

名 前　Name

< ちゅうい　Notes >

1. くろいえんぴつ (HB、No.2) で かいてください。
   Use a black medium soft (HB or No.2) pencil.

2. かきなおすときは、けしゴムで きれいにけしてください。
   Erase any unintended marks completely.

3. きたなくしたり、おったりしないで ください。
   Do not soil or bend this sheet.

4. マークれい　Marking examples

よい Correct	わるい Incorrect

問　題　1				
1	①	②	③	④
2	①	②	③	④

問　題　2				
9	①	②	③	④
10	①	②	③	④

問　題　3				
15	①	②	③	④
16	①	②	③	④

問　題　4				
26	①	②	③	④
27	①	②	③	④

問　題　5				
31	①	②	③	④
32	①	②	③	④

문법·독해

N3　げんごちしき(ぶんぽう)・どっかい　かいとうようし

受 験 番 号　Examinee Registration Number

名 前　Name

< ちゅうい　Notes >

1. くろいえんぴつ (HB、No.2) で かいてください。
   Use a black medium soft (HB or No.2) pencil.

2. かきなおすときは、けしゴムで きれいにけしてください。
   Erase any unintended marks completely.

3. きたなくしたり、おったりしないで ください。
   Do not soil or bend this sheet.

4. マークれい　Marking examples

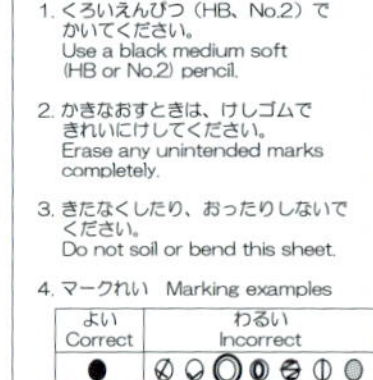

よい Correct	わるい Incorrect

問　題　1				
1	①	②	③	④
2	①	②	③	④

問　題　2				
14	①	②	③	④
15	①	②	③	④

問　題　3				
19	①	②	③	④
20	①	②	③	④
21	①	②	③	④
22	①	②	③	④
23	①	②	③	④

問　題　4				
24	①	②	③	④
25	①	②	③	④

問　題　5				
28	①	②	③	④
29	①	②	③	④
30	①	②	③	④

問　題　6				
34	①	②	③	④
35	①	②	③	④
36	①	②	③	④
37	①	②	③	④

問　題　7				
38	①	②	③	④
39	①	②	③	④

청해

N3　ちょうかい　かいとうようし

受 験 番 号　Examinee Registration Number

名 前　Name

< ちゅうい　Notes >

1. くろいえんぴつ (HB、No.2) で かいてください。
   Use a black medium soft (HB or No.2) pencil.

2. かきなおすときは、けしゴムで きれいにけしてください。
   Erase any unintended marks completely.

3. きたなくしたり、おったりしないで ください。
   Do not soil or bend this sheet.

4. マークれい　Marking examples

よい Correct	わるい Incorrect

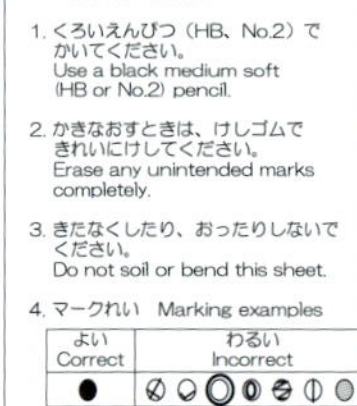

問　題　1				
1	①	②	③	④

問　題　2				
1	①	②	③	④
2	①	②	③	④

問　題　3				
1	①	②	③	④

問　題　4				
1	①	②	③	④

問　題　5				
1	①	②	③	
2	①	②	③	

N3　げんごちしき（もじ・ごい）　かいとうようし

問　題　1

01	1	① ② ③ ④
	2	① ② ③ ④
	3	① ② ③ ④
	4	① ② ③ ④
	5	① ② ③ ④
	6	① ② ③ ④
	7	① ② ③ ④
	8	① ② ③ ④
02	1	① ② ③ ④
	2	① ② ③ ④
	3	① ② ③ ④
	4	① ② ③ ④
	5	① ② ③ ④
	6	① ② ③ ④
	7	① ② ③ ④
	8	① ② ③ ④
03	1	① ② ③ ④
	2	① ② ③ ④
	3	① ② ③ ④
	4	① ② ③ ④
	5	① ② ③ ④
	6	① ② ③ ④
	7	① ② ③ ④
	8	① ② ③ ④
04	1	① ② ③ ④
	2	① ② ③ ④
	3	① ② ③ ④
	4	① ② ③ ④
	5	① ② ③ ④
	6	① ② ③ ④
	7	① ② ③ ④
	8	① ② ③ ④

05	1	① ② ③ ④
	2	① ② ③ ④
	3	① ② ③ ④
	4	① ② ③ ④
	5	① ② ③ ④
	6	① ② ③ ④
	7	① ② ③ ④
	8	① ② ③ ④
06	1	① ② ③ ④
	2	① ② ③ ④
	3	① ② ③ ④
	4	① ② ③ ④
	5	① ② ③ ④
	6	① ② ③ ④
	7	① ② ③ ④
	8	① ② ③ ④
07	1	① ② ③ ④
	2	① ② ③ ④
	3	① ② ③ ④
	4	① ② ③ ④
	5	① ② ③ ④
	6	① ② ③ ④
	7	① ② ③ ④
	8	① ② ③ ④
08	1	① ② ③ ④
	2	① ② ③ ④
	3	① ② ③ ④
	4	① ② ③ ④
	5	① ② ③ ④
	6	① ② ③ ④
	7	① ② ③ ④
	8	① ② ③ ④

問　題　2

01	1	① ② ③ ④
	2	① ② ③ ④
	3	① ② ③ ④
	4	① ② ③ ④
	5	① ② ③ ④
	6	① ② ③ ④
	7	① ② ③ ④
	8	① ② ③ ④
02	1	① ② ③ ④
	2	① ② ③ ④
	3	① ② ③ ④
	4	① ② ③ ④
	5	① ② ③ ④
	6	① ② ③ ④
	7	① ② ③ ④
	8	① ② ③ ④
03	1	① ② ③ ④
	2	① ② ③ ④
	3	① ② ③ ④
	4	① ② ③ ④
	5	① ② ③ ④
	6	① ② ③ ④
	7	① ② ③ ④
	8	① ② ③ ④
04	1	① ② ③ ④
	2	① ② ③ ④
	3	① ② ③ ④
	4	① ② ③ ④
	5	① ② ③ ④
	6	① ② ③ ④
	7	① ② ③ ④
	8	① ② ③ ④

N3 げんごちしき（もじ・ごい） かいとうようし

左

05				
1	①	②	③	④
2	①	②	③	④
3	①	②	③	④
4	①	②	③	④
5	①	②	③	④
6	①	②	③	④
7	①	②	③	④
8	①	②	③	④

06				
1	①	②	③	④
2	①	②	③	④
3	①	②	③	④
4	①	②	③	④
5	①	②	③	④
6	①	②	③	④
7	①	②	③	④
8	①	②	③	④

07				
1	①	②	③	④
2	①	②	③	④
3	①	②	③	④
4	①	②	③	④
5	①	②	③	④
6	①	②	③	④
7	①	②	③	④
8	①	②	③	④

08				
1	①	②	③	④
2	①	②	③	④
3	①	②	③	④
4	①	②	③	④
5	①	②	③	④
6	①	②	③	④
7	①	②	③	④
8	①	②	③	④

中央　問　題　3

01				
1	①	②	③	④
2	①	②	③	④
3	①	②	③	④
4	①	②	③	④
5	①	②	③	④
6	①	②	③	④
7	①	②	③	④
8	①	②	③	④

02				
1	①	②	③	④
2	①	②	③	④
3	①	②	③	④
4	①	②	③	④
5	①	②	③	④
6	①	②	③	④
7	①	②	③	④
8	①	②	③	④

03				
1	①	②	③	④
2	①	②	③	④
3	①	②	③	④
4	①	②	③	④
5	①	②	③	④
6	①	②	③	④
7	①	②	③	④
8	①	②	③	④

04				
1	①	②	③	④
2	①	②	③	④
3	①	②	③	④
4	①	②	③	④
5	①	②	③	④
6	①	②	③	④
7	①	②	③	④
8	①	②	③	④

右

05				
1	①	②	③	④
2	①	②	③	④
3	①	②	③	④
4	①	②	③	④
5	①	②	③	④
6	①	②	③	④
7	①	②	③	④
8	①	②	③	④

06				
1	①	②	③	④
2	①	②	③	④
3	①	②	③	④
4	①	②	③	④
5	①	②	③	④
6	①	②	③	④
7	①	②	③	④
8	①	②	③	④

07				
1	①	②	③	④
2	①	②	③	④
3	①	②	③	④
4	①	②	③	④
5	①	②	③	④
6	①	②	③	④
7	①	②	③	④
8	①	②	③	④

08				
1	①	②	③	④
2	①	②	③	④
3	①	②	③	④
4	①	②	③	④
5	①	②	③	④
6	①	②	③	④
7	①	②	③	④
8	①	②	③	④

問　題　4

01					
	1	①	②	③	④
	2	①	②	③	④
	3	①	②	③	④
	4	①	②	③	④
	5	①	②	③	④
	6	①	②	③	④
	7	①	②	③	④
	8	①	②	③	④

02					
	1	①	②	③	④
	2	①	②	③	④
	3	①	②	③	④
	4	①	②	③	④
	5	①	②	③	④
	6	①	②	③	④
	7	①	②	③	④
	8	①	②	③	④

03					
	1	①	②	③	④
	2	①	②	③	④
	3	①	②	③	④
	4	①	②	③	④
	5	①	②	③	④
	6	①	②	③	④
	7	①	②	③	④
	8	①	②	③	④

04					
	1	①	②	③	④
	2	①	②	③	④
	3	①	②	③	④
	4	①	②	③	④
	5	①	②	③	④
	6	①	②	③	④
	7	①	②	③	④
	8	①	②	③	④

05					
	1	①	②	③	④
	2	①	②	③	④
	3	①	②	③	④
	4	①	②	③	④
	5	①	②	③	④
	6	①	②	③	④
	7	①	②	③	④
	8	①	②	③	④

06					
	1	①	②	③	④
	2	①	②	③	④
	3	①	②	③	④
	4	①	②	③	④
	5	①	②	③	④
	6	①	②	③	④
	7	①	②	③	④
	8	①	②	③	④

07					
	1	①	②	③	④
	2	①	②	③	④
	3	①	②	③	④
	4	①	②	③	④
	5	①	②	③	④
	6	①	②	③	④
	7	①	②	③	④
	8	①	②	③	④

08					
	1	①	②	③	④
	2	①	②	③	④
	3	①	②	③	④
	4	①	②	③	④
	5	①	②	③	④
	6	①	②	③	④
	7	①	②	③	④
	8	①	②	③	④

問　題　5

01					
	1	①	②	③	④
	2	①	②	③	④
	3	①	②	③	④
	4	①	②	③	④
	5	①	②	③	④

02					
	1	①	②	③	④
	2	①	②	③	④
	3	①	②	③	④
	4	①	②	③	④
	5	①	②	③	④

03					
	1	①	②	③	④
	2	①	②	③	④
	3	①	②	③	④
	4	①	②	③	④
	5	①	②	③	④

04					
	1	①	②	③	④
	2	①	②	③	④
	3	①	②	③	④
	4	①	②	③	④
	5	①	②	③	④

05					
	1	①	②	③	④
	2	①	②	③	④
	3	①	②	③	④
	4	①	②	③	④
	5	①	②	③	④

06					
	1	①	②	③	④
	2	①	②	③	④
	3	①	②	③	④
	4	①	②	③	④
	5	①	②	③	④

07					
	1	①	②	③	④
	2	①	②	③	④
	3	①	②	③	④
	4	①	②	③	④
	5	①	②	③	④

08					
	1	①	②	③	④
	2	①	②	③	④
	3	①	②	③	④
	4	①	②	③	④
	5	①	②	③	④

N3　げんごちしき(ぶんぽう)　かいとうようし

問　題　1

		①	②	③	④
01	1	①	②	③	④
	2	①	②	③	④
	3	①	②	③	④
	4	①	②	③	④
	5	①	②	③	④
	6	①	②	③	④
	7	①	②	③	④
02	1	①	②	③	④
	2	①	②	③	④
	3	①	②	③	④
	4	①	②	③	④
	5	①	②	③	④
	6	①	②	③	④
	7	①	②	③	④
03	1	①	②	③	④
	2	①	②	③	④
	3	①	②	③	④
	4	①	②	③	④
	5	①	②	③	④
	6	①	②	③	④
	7	①	②	③	④
	8	①	②	③	④
04	1	①	②	③	④
	2	①	②	③	④
	3	①	②	③	④
	4	①	②	③	④
	5	①	②	③	④
	6	①	②	③	④
	7	①	②	③	④
	8	①	②	③	④
05	1	①	②	③	④
	2	①	②	③	④
	3	①	②	③	④
	4	①	②	③	④
	5	①	②	③	④
	6	①	②	③	④
	7	①	②	③	④
	8	①	②	③	④

		①	②	③	④
06	1	①	②	③	④
	2	①	②	③	④
	3	①	②	③	④
	4	①	②	③	④
	5	①	②	③	④
	6	①	②	③	④
	7	①	②	③	④
	8	①	②	③	④
07	1	①	②	③	④
	2	①	②	③	④
	3	①	②	③	④
	4	①	②	③	④
	5	①	②	③	④
	6	①	②	③	④
	7	①	②	③	④
	8	①	②	③	④
08	1	①	②	③	④
	2	①	②	③	④
	3	①	②	③	④
	4	①	②	③	④
	5	①	②	③	④
	6	①	②	③	④
	7	①	②	③	④
	8	①	②	③	④
09	1	①	②	③	④
	2	①	②	③	④
	3	①	②	③	④
	4	①	②	③	④
	5	①	②	③	④
	6	①	②	③	④
	7	①	②	③	④
	8	①	②	③	④
10	1	①	②	③	④
	2	①	②	③	④
	3	①	②	③	④
	4	①	②	③	④
	5	①	②	③	④
	6	①	②	③	④
	7	①	②	③	④
	8	①	②	③	④

問　題　2

		①	②	③	④
01	1	①	②	③	④
	2	①	②	③	④
	3	①	②	③	④
	4	①	②	③	④
	5	①	②	③	④
	6	①	②	③	④
02	1	①	②	③	④
	2	①	②	③	④
	3	①	②	③	④
	4	①	②	③	④
	5	①	②	③	④
	6	①	②	③	④
	7	①	②	③	④
	8	①	②	③	④
03	1	①	②	③	④
	2	①	②	③	④
	3	①	②	③	④
	4	①	②	③	④
	5	①	②	③	④
	6	①	②	③	④
	7	①	②	③	④
	8	①	②	③	④
04	1	①	②	③	④
	2	①	②	③	④
	3	①	②	③	④
	4	①	②	③	④
	5	①	②	③	④
	6	①	②	③	④
	7	①	②	③	④
	8	①	②	③	④

N3　げんごちしき（ぶんぽう）　かいとうようし

05	1	①	②	③	④
	2	①	②	③	④
	3	①	②	③	④
	4	①	②	③	④
	5	①	②	③	④
	6	①	②	③	④
	7	①	②	③	④
	8	①	②	③	④
06	1	①	②	③	④
	2	①	②	③	④
	3	①	②	③	④
	4	①	②	③	④
	5	①	②	③	④
	6	①	②	③	④
	7	①	②	③	④
	8	①	②	③	④
07	1	①	②	③	④
	2	①	②	③	④
	3	①	②	③	④
	4	①	②	③	④
	5	①	②	③	④
	6	①	②	③	④
	7	①	②	③	④
	8	①	②	③	④
08	1	①	②	③	④
	2	①	②	③	④
	3	①	②	③	④
	4	①	②	③	④
	5	①	②	③	④
	6	①	②	③	④
	7	①	②	③	④
	8	①	②	③	④

09	1	①	②	③	④
	2	①	②	③	④
	3	①	②	③	④
	4	①	②	③	④
	5	①	②	③	④
	6	①	②	③	④
	7	①	②	③	④
	8	①	②	③	④
10	1	①	②	③	④
	2	①	②	③	④
	3	①	②	③	④
	4	①	②	③	④
	5	①	②	③	④
	6	①	②	③	④
	7	①	②	③	④
	8	①	②	③	④

問　題　3					
01	1	①	②	③	④
	2	①	②	③	④
	3	①	②	③	④
	4	①	②	③	④
	5	①	②	③	④
02	1	①	②	③	④
	2	①	②	③	④
	3	①	②	③	④
	4	①	②	③	④
	5	①	②	③	④
03	1	①	②	③	④
	2	①	②	③	④
	3	①	②	③	④
	4	①	②	③	④
	5	①	②	③	④
	6	①	②	③	④
04	1	①	②	③	④
	2	①	②	③	④
	3	①	②	③	④
	4	①	②	③	④
	5	①	②	③	④
05	1	①	②	③	④
	2	①	②	③	④
	3	①	②	③	④
	4	①	②	③	④
	5	①	②	③	④
06	1	①	②	③	④
	2	①	②	③	④
	3	①	②	③	④
	4	①	②	③	④
	5	①	②	③	④
07	1	①	②	③	④
	2	①	②	③	④
	3	①	②	③	④
	4	①	②	③	④

N3 どっかい かいとうようし

問題 4				
1	①	②	③	④
2	①	②	③	④
3	①	②	③	④
4	①	②	③	④
5	①	②	③	④
6	①	②	③	④

問題 5				
1	①	②	③	④
2	①	②	③	④
3	①	②	③	④
4	①	②	③	④
5	①	②	③	④
6	①	②	③	④
7	①	②	③	④
8	①	②	③	④
9	①	②	③	④
10	①	②	③	④
11	①	②	③	④
12	①	②	③	④
13	①	②	③	④
14	①	②	③	④
15	①	②	③	④
16	①	②	③	④
17	①	②	③	④
18	①	②	③	④

問題 6				
1	①	②	③	④
2	①	②	③	④
3	①	②	③	④
4	①	②	③	④
5	①	②	③	④
6	①	②	③	④
7	①	②	③	④
8	①	②	③	④
9	①	②	③	④
10	①	②	③	④
11	①	②	③	④
12	①	②	③	④
13	①	②	③	④
14	①	②	③	④
15	①	②	③	④
16	①	②	③	④

問題 7				
1	①	②	③	④
2	①	②	③	④
3	①	②	③	④
4	①	②	③	④
5	①	②	③	④
6	①	②	③	④
7	①	②	③	④
8	①	②	③	④
9	①	②	③	④
10	①	②	③	④
11	①	②	③	④
12	①	②	③	④
13	①	②	③	④
14	①	②	③	④
15	①	②	③	④
16	①	②	③	④
17	①	②	③	④
18	①	②	③	④
19	①	②	③	④
20	①	②	③	④

N3　ちょうかい　かいとうようし

問　題　1				
1	①	②	③	④
2	①	②	③	④
3	①	②	③	④
4	①	②	③	④
5	①	②	③	④
6	①	②	③	④
7	①	②	③	④
8	①	②	③	④
9	①	②	③	④
10	①	②	③	④
11	①	②	③	④
12	①	②	③	④
13	①	②	③	④
14	①	②	③	④

問　題　2				
1	①	②	③	④
2	①	②	③	④
3	①	②	③	④
4	①	②	③	④
5	①	②	③	④
6	①	②	③	④
7	①	②	③	④
8	①	②	③	④
9	①	②	③	④

問　題　3				
1	①	②	③	④
2	①	②	③	④
3	①	②	③	④
4	①	②	③	④
5	①	②	③	④
6	①	②	③	④
7	①	②	③	④
8	①	②	③	④
9	①	②	③	④
10	①	②	③	④

問　題　4			
1	①	②	③
2	①	②	③
3	①	②	③
4	①	②	③
5	①	②	③
6	①	②	③
7	①	②	③
8	①	②	③
9	①	②	③
10	①	②	③
11	①	②	③
12	①	②	③
13	①	②	③
14	①	②	③
15	①	②	③
16	①	②	③
17	①	②	③
18	①	②	③
19	①	②	③
20	①	②	③

21	①	②	③
22	①	②	③
23	①	②	③
24	①	②	③
25	①	②	③
26	①	②	③
27	①	②	③
28	①	②	③
29	①	②	③
30	①	②	③
31	①	②	③
32	①	②	③
33	①	②	③
34	①	②	③
35	①	②	③
36	①	②	③
37	①	②	③
38	①	②	③
39	①	②	③
40	①	②	③
41	①	②	③
42	①	②	③
43	①	②	③
44	①	②	③
45	①	②	③
46	①	②	③
47	①	②	③
48	①	②	③
49	①	②	③
50	①	②	③

N3　げんごちしき（ぶんぽう）　かいとうようし

51	①	②	③
52	①	②	③
53	①	②	③
54	①	②	③
55	①	②	③
56	①	②	③
57	①	②	③
58	①	②	③
59	①	②	③
60	①	②	③
61	①	②	③
62	①	②	③
63	①	②	③
64	①	②	③
65	①	②	③
66	①	②	③
67	①	②	③
68	①	②	③
69	①	②	③
70	①	②	③
71	①	②	③
72	①	②	③
73	①	②	③

問　題　5			
1	①	②	③
2	①	②	③
3	①	②	③
4	①	②	③
5	①	②	③
6	①	②	③
7	①	②	③
8	①	②	③
9	①	②	③
10	①	②	③
11	①	②	③
12	①	②	③
13	①	②	③
14	①	②	③
15	①	②	③
16	①	②	③
17	①	②	③
18	①	②	③
19	①	②	③
20	①	②	③
21	①	②	③
22	①	②	③
23	①	②	③

24	①	②	③
25	①	②	③
26	①	②	③
27	①	②	③
28	①	②	③
29	①	②	③
30	①	②	③
31	①	②	③
32	①	②	③
33	①	②	③
34	①	②	③
35	①	②	③
36	①	②	③
37	①	②	③

새로운 일본어능력시험은 종합득점과 각 과목별 득점의 두 가지 기준에 따라 합격 여부를 판정합니다. 즉, 종합득점이 합격에 필요한 점수(합격점) 이상이며, 각 과목별 득점이 과목별로 부여된 합격에 필요한 최저점(기준점) 이상일 경우 합격입니다.

❶ N1~N3의 경우

구분	합격점	기준점		
		언어지식	독해	청해
N1	100	19	19	19
N2	90	19	19	19
N3	95	19	19	19

❷ N4~N5의 경우

구분	합격점	기준점		청해
		언어지식	독해	
N4	90	38		19
N5	80	38		19

JLPT 성적 결과 통지서

❶ N1~N3의 경우

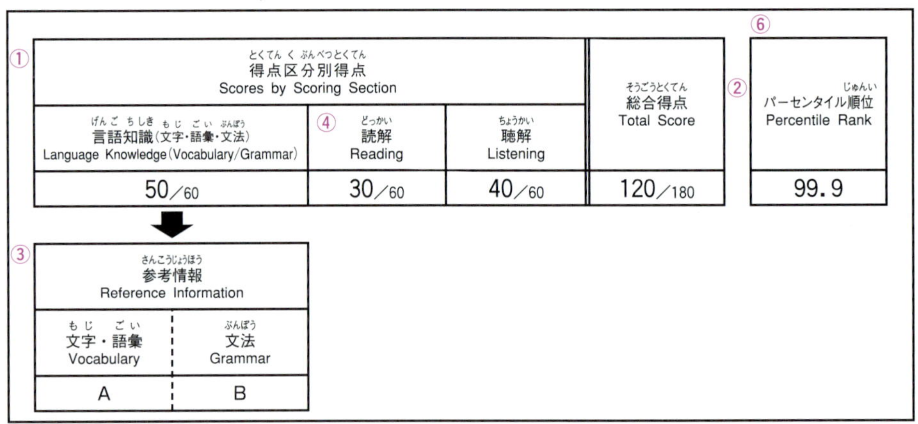

❷ N4~N5의 경우

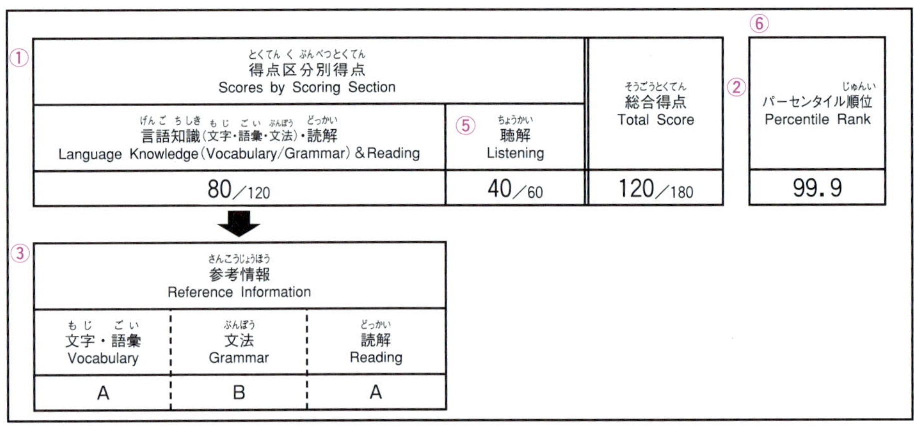

① 척도득점입니다. 합격판정의 대상이 됩니다.

② 득점구분별득점의 합계점수입니다. 합격판정의 대상이 됩니다.

③ 각 분야별로 각각 몇 문제를 맞혔는지 나타내는 정보입니다. 척도점수와는 다르며, 합격판정의 대상이 되지 않습니다. 이것에 따라 어느 분야에서 어느 정도 풀어냈는지를 알 수 있고 앞으로의 일본어 학습에 참고할 수 있습니다.

A 매우 잘했음(정답률 67% 이상)

B 잘했음(정답률 34%이상 67% 미만)

C 그다지 잘하지 못했음(정답률 34% 미만)

④ [독해]와 [청해]에서는 단독으로 척도점수가 표시되기 때문에 참고 정보는 없습니다.

⑤ [청해]에서는 단독으로 척도점수가 표시되기 때문에 참고 정보는 없습니다.

⑥ 백분위 순위는 해외에서 수험한 합격자에게만 표시됩니다.

Memo

Memo

JLPT 일본어 능력시험

JLPT 일본어 능력시험

정답 & 해설집

N3

동양북스

1교시 문자·어휘 해석과 해설

PART 1 워밍업

합격 어휘 확인 문제 ❶ p.70

1	2	3	4	5
いなか	おゆ	しかい	きんえん	かぎ
6	**7**	**8**	**9**	**10**
ぐあい	ごかい	じじょう	じょうほう	たたみ

문제 밑줄 친 단어의 읽는 법을 쓰시오.

1 나이가 들면 시골에서 살고 싶다.

2 뜨거운 물을 끓여 차를 탑니다.

3 파티의 사회를 부탁받았다.

4 역 안은 금연이므로 담배는 피울 수 없습니다.

5 어제는 방 열쇠를 분실해서 곤란했다.

6 몸 상태가 좋지 않아서 어제는 회사를 쉬었습니다.

7 그는 다른 사람과 별로 이야기하지 않기 때문에, 차가운 사람이라고 오해받는 경우가 많다.

8 다나카 씨에게 사정을 설명했더니 이해해 주었다.

9 인터넷으로 다양한 정보를 손에 넣을 수가 있습니다.

10 일본에서는 다다미가 깔린 방을 '와시쓰'라고 부르고 있습니다.

합격 어휘 확인 문제 ❷ p.71

1	2	3	4	5
にってい	はっしゃ	こづつみ	じまん	まちあわせ
6	**7**	**8**	**9**	**10**
てんらんかい	そうじ	しんぽ	きろく	こうはい

문제 밑줄 친 단어의 읽는 법을 쓰시오.

1 회의 일정이 정해지면 메일로 알려 주세요.

2 전철의 출발(발차)을 알리는 안내 방송이 흘러나왔다.

3 오늘 어머니로부터 소포가 도착했다.

4 저 사람은 자신이 졸업한 대학을 언제나 자랑한다.

5 백화점 입구에서 친구와 만날 약속을 했습니다.

6 꽤 괜찮아 보이는 그림 전람회가 있는데, 내일 같이 가 보자.

7 일요일 아침은 언제나 방 청소를 합니다.

8 과학 기술은 점차 진보하고 있다.

9 아이의 성장을 비디오에 기록하고 있습니다.

10 야마다 군은 내 고등학교 후배입니다.

합격 어휘 확인 문제 ❸ p.72

1	2	3	4	5
しょるい	しあい	こうがい	おとしもの	かいさつぐち
6	**7**	**8**	**9**	**10**
おみやげ	うりば	うりあげ	おしいれ	ほんぶ

문제 밑줄 친 단어의 읽는 법을 쓰시오.

1 서류에는 반드시 날짜를 써 주세요.

2 친구와 함께 축구 시합을 보러 갔습니다.

3 다나카 선생님 댁은 도쿄 교외입니다.

4 주운 분실물을 파출소에 신고했다.

5 역의 개찰구를 나와서 오른쪽으로 돌아 주세요.

6 아버지는 출장을 가면 가족들에게 선물을 사 옵니다.

7 표 판매소는 어느 쪽입니까?

8 올해 들어 백화점 매출이 늘고 있다.

9 벽장 안에서 옛날 앨범이 나왔다.

10 국제연합 본부는 뉴욕에 있다.

합격 어휘 확인 문제 ❹ p.73

1	2	3	4	5
ぶひん	めうえ	じっこう	いねむり	はがき
6	**7**	**8**	**9**	**10**
おんせん	はし	ていしゃ	しゅるい	さんこうしょ

문제 밑줄 친 단어의 읽는 법을 쓰시오.

1 이 시계는 오래된 것이라서 이제 부품이 없기 때문에 수리할 수 없다고 한다.

2 손윗사람에게는 경어를 사용하지 않으면 안 된다.

3 회의에서 정해진 것은 실행하지 않으면 안 됩니다.

4 수업 중에 앉아서 졸아 버렸다.

5 우체국에 가서 엽서와 우표를 샀습니다.

6 가족끼리 온천 여행을 다녀왔습니다.

7 도시락을 먹으려고 하다가 젓가락을 두고 온 것을 깨달았다.

8 이 전철은 각 역에 정차합니다.

9 같은 감기약일지라도 여러 가지 종류가 있다.

10 참고서를 읽어도 모르는 부분은 선생님께 물어 봅니다.

1	2	3	4	5
研究	人形	受付	近所	印象
6	7	8	9	10
以上	仲	相手	運転	強化

문제 밑줄 친 단어를 한자로 쓰시오.

1. 스미스 씨는 대학에서 일본 역사를 연구하고 있다.

2. 딸에게 귀여운 인형을 사 주었다.

3. 책을 빌릴 때는 「도서관 카드」를 접수처에 내 주세요.

4. 집 근처에 큰 공원이 있습니다.

5. 그의 그림은 사람들에게 강한 인상을 주었다.

6. 6세 이상인 어린이는 어린이 요금을 지불하지 않으면 안 됩니다.

7. 아버지와 어머니는 매우 사이가 좋습니다.

8. 상대방의 기분을 이해하는 것은 어렵습니다.

9. 술을 마시고 차를 운전해서는 안 됩니다.

10. 지진 대책을 좀 더 강화해야 한다.

1	2	3	4	5
違反	貯金	代表	変更	見学
6	7	8	9	10
発音	能力	急行	角	残業

문제 밑줄 친 단어를 한자로 쓰시오.

1. 속도위반으로 경찰에 잡히고 말았다.

2. 보너스를 받아 전부 저금했습니다.

3. 나카니시 군이 스피치 대회의 학교 대표로 뽑혔습니다.

4. 회의 시간이 변경되었습니다.

5. 미술관에 갔더니 초등학생들이 선생님과 견학을 하러 와 있었다.

6. 일본어의 발음은 그렇게 어렵지 않습니다.

7. 일본어 능력을 측정하기 위해서 매달 테스트를 한다.

8. 이제 곧 3번선에 급행 전철이 옵니다.

9. 저 모퉁이를 오른쪽으로 돌면, 커다란 맨션이 있습니다.

10. 매일 야근이 계속되어 남편은 지친 얼굴로 돌아왔다.

1	2	3	4	5
汗	遠足	通行	会員	安全
6	7	8	9	10
医学	講堂	羽	自信	幅

문제 밑줄 친 단어를 한자로 쓰시오.

1. 더워서 앉아 있는 것만으로 땀이 난다.

2. 초등학교 때는 소풍으로 근처의 산이나 바다에 갔습니다.

3. 일본의 경우, 자동차는 좌측통행입니다.

4. 누구라도 이 클럽의 회원이 될 수 있습니다.

5. 아이들의 안전을 지키기 위해서 어른들의 관심이 필요하다고 생각한다.

6. 우리 형은 대학에서 의학을 공부하고 있다.

7. 여러분, 강당에 모여 주세요.

8. 새는 날개를 펼쳐 하늘로 날아갔다.

9. 시험은 치렀지만 합격할 자신이 없다.

10. 일본의 길은 폭이 좁기 때문에 달리기 어렵습니다.

1	2	3	4	5
禁止	進学	恋人	後半	雲
6	7	8	9	10
紹介	番組	解説	教師	交番

문제 밑줄 친 단어를 한자로 쓰시오.

1. 주차 금지 구역에는 절대로 주차하지 않도록 협력을 부탁드립니다.

2. 형은 대학을 졸업한 후, 대학원에 진학했습니다.

3. 애인에게 생일 선물을 주었다.

4. 영화 전반부는 시시했지만, 후반부는 재미있었다.

5. 어제부터 구름 한 점 없는 좋은 날씨가 계속되고 있습니다.

6. 그와는 친구 소개로 알게 되었다.

7. 텔레비전의 노래 프로그램을 자주 본다.

8. 이 참고서는 누구라도 이해할 수 있도록 쉽게 해설되어 있다.

9. 그는 대학을 졸업하고 중학교 교사가 되었다.

10. 돈을 주워서 파출소에 신고했습니다.

1	2	3	4	5
あびて	たおれた	はなしあって	よって	とおる
6	7	8	9	10
うまれた	かよって	かわかした	あずけて	すてる

문제 밑줄 친 단어의 읽는 법을 쓰시오.

1 샤워를 하고 마른 수건으로 몸을 닦았다.

2 태풍으로 많은 나무가 쓰러졌다.

3 모두와 의논해서 여행지를 결정했다.

4 회사에서 돌아가는 길에 서점에 들러 책을 샀다.

5 이 길은 사람들이 많이 지나다닌다.

6 지난달에 건강한 남자아이가 태어났다.

7 매일 아침 전철을 타고 회사에 다니고 있다.

8 젖은 머리카락을 드라이어로 말렸다.

9 친구에게 아이를 맡기고 병문안을 다녀왔다.

10 타는 쓰레기는 주 2회, 정해진 요일에 버린다.

1	2	3	4	5
①	②	①	①	①
6	7	8	9	10
①	②	②	①	①

문제 (　)에 들어갈 가장 알맞은 것을 1·2 중에서 하나 고르시오.

1 영어 발음이 좀처럼 고쳐지지 않아서 곤란해 하고 있다.

2 전지가 소모되어 시계가 움직이지 않게 되었다.

3 자신이 이 일을 할 수 있을지 어떨지 매우 불안합니다.

4 어린 시절에는 자주 싸움을 해서 선생님께 꾸중을 들었다.

5 빨래를 개서 옷장에 넣어 둔다.

6 유리 꽃병을 넘어뜨려서 깨뜨려 버렸다.

7 이 마을에는 풍부한 자연이 많이 남아 있다.

8 도망다니던 범인이 경찰에 붙잡혔다.

9 이름이 불리면 큰 소리로 대답하세요.

10 맥주는 아주 차갑지 않으면 맛이 없습니다.

1	2	3	4	5
ことわった	つきあって	かっては	すすむ	こえた
6	7	8	9	10
たずねた	おそわりました	かぞえて	であい	かさなった

문제 밑줄 친 단어의 읽는 법을 쓰시오.

1 일을 도와 달라는 부탁을 받았지만 시간이 없어서 거절했다.

2 아버지와 어머니는 교제해서 3년째 되는 해에 결혼했다고 한다.

3 이 아파트에서는 개나 고양이를 길러서는 안 되게 되어 있다.

4 그는 대학을 졸업하고 대학원에 진학하기로 했다.

5 이 반의 수학 평균 점수는 70점을 넘었다.

6 파출소에서 경찰에게 도서관까지 가는 길을 물었다.

7 다카코 씨한테 케이크 만드는 법을 배웠습니다.

8 1부터 10까지 숫자를 세어 봅시다.

9 한 권의 책과의 만남이 그의 인생을 바꿨다고 한다.

10 공휴일이 일요일과 겹친 경우에는 다음 월요일이 휴일입니다.

1	2	3	4	5
②	②	②	①	①
6	7	8	9	10
②	②	②	①	②

문제 (　)에 들어갈 가장 알맞은 것을 1·2 중에서 하나 고르시오.

1 그럼, 내일 각 지역의 날씨를 전해 드리겠습니다.

2 어제 폭우로 강이 범람하고 말았다.

3 친구를 꾀어서 영화를 보러 갔다.

4 시험까지 아직 시간이 있으니까 포기하지 말고 열심히 하세요.

5 음악에 맞춰 모두 즐거운 듯이 손뼉을 친다.

6 상한 것을 먹어서 배가 아픕니다.

7 그녀는 도둑을 보고 큰 소리로 외쳤다.

8 이 강은 바다로 이어져 있다.

9 그는 화가 나면 물건을 던지거나 발로 차거나 하기 때문에 무섭다.

10 컵을 넘어뜨려서 주스를 엎질러 버렸다.

1	2	3	4	5
にがい	きたない	こわい	ただしい	うつくしい
6	7	8	9	10
きびしい	けわしい	くるしい	ねむい	はげしい

문제 밑줄 친 단어의 읽는 법을 쓰시오.

1 커피는 써서 별로 좋아하지 않습니다.

2 더러운 손을 물로 깨끗하게 씻었다.

3 나는 어릴 때부터 높은 곳은 무섭습니다.

4 정말 맞는지 어떤지 다시 한번 조사하기로 했다.

5 교토는 가을 단풍이 정말 아름답다.

6 이 학교는 교칙이 엄격하다.

7 험한 산길을 2시간이나 걸었다.

8 인생에는 괴로운 일도 즐거운 일도 있습니다.

9 졸린 것을 참고 공부했다.

10 태풍 때문에 도쿄에서는 세찬 비가 내렸다.

1	2	3	4	5
さまざま	たいへん	すてき	めいかく	ふかのう
6	7	8	9	10
だいじ	きらく	きけん	へいき	げひん

문제 밑줄 친 단어의 읽는 법을 쓰시오.

1 일본에서는 가을이 되면, 각지에서 다양한 행사가 열린다.

2 집에 가는 도중에 비를 맞아서 큰일이었다.

3 손님에게 멋진 선물을 드립니다.

4 작문에서는 자기 생각이 명확해지도록 쓸 필요가 있다.

5 불가능한 계획이라면 처음부터 세우지 않는 게 좋다.

6 방을 빌릴 때, 무엇이 중요합니까?

7 아들은 공부도 하지 않고, 매일 속 편하게 친구와 놀고 있다.

8 밤에 혼자서 이 주변을 걷는 것은 위험하다.

9 저 사람은 태연하게 거짓말을 한다.

10 아이 앞에서 그런 품위 없는 말은 쓰지 마세요.

1	2	3	4	5
①	②	①	①	②
6	7	8	9	10
②	①	②	①	②

문제 (　　　)에 들어갈 가장 알맞은 것을 1·2 중에서 하나 고르시오.

1 얼굴이 창백한데 어디 아프세요? 몸이라도 안 좋으세요?

2 이 회사는 다른 회사보다도 휴가가 적고 일이 고되다.

3 여름의 태양은 특히 눈부시다.

4 완만한 커브를 오른쪽으로 돈 곳에 꽃집이 있다.

5 주변이 시끄러워서 조금도 공부 진도가 나가지 않는다.

6 그런 시시한 것을 내가 말할 리가 없잖아.

7 쓸 수 있는 것을 버리는 것은 아깝다.

8 시합에 져서 정말 분하다.

9 친한 친구들과 함께 여행하는 것은 매우 즐거운 일입니다.

10 진한 커피를 한 잔 마셨다.

1	2	3	4	5
②	①	②	②	①
6	7	8	9	10
①	②	①	①	②

문제 (　　　)에 들어갈 가장 알맞은 것을 1·2 중에서 하나 고르시오.

1 그녀의 장점은 밝고 적극적인 점입니다.

2 버스보다도 전철이 시간에 정확하다.

3 이 가게는 가격도 싸고, 점원도 모두 친절하다.

4 앞으로 이러한 단순한 실수는 해서는 안 된다.

5 돈을 빌리면 갚는 것이 당연하다.

6 요코 씨는 성격이 좋고 품위 있는 말투를 씁니다.

7 컴퓨터가 서툴러서 메일도 만족스럽게 보내지 못한다.

8 가와타 씨는 매번 예습을 해 오는 성실한 학생이다.

9 저 사람은 돈을 쓰지 않는 인색한 사람이다.

10 이 일은 편하지만, 그만큼 급료가 싸요.

1	2	3	4	5
②	②	②	②	①
6	**7**	**8**	**9**	**10**
①	①	②	②	①

문제 (　)에 들어갈 가장 알맞은 것을 1·2 중에서 하나 고르시오.

1 여름은 역시 구두보다 샌들이 시원하군요.

2 지금 담당자를 바꿔 드릴 테니 잠시만 기다려 주세요.

3 다나카 씨에게는 아주 많이 신세 진 것을 결코 잊어서는 안 된다고 생각한다.

4 어젯밤, 지진이 발생해서 집이 상당히 흔들렸습니다.

5 깜박하고 우표를 붙이지 않고 우체통에 넣어 버렸다.

6 어젯밤 파티에서는 모두 매우 즐겼다.

7 기대했던 여행을 못 가게 되어서 실망했다.

8 내가 좋아하는 가수가 잡지에 나와서 무심코 사 버렸다.

9 컴퓨터 화면을 줄곧 보고 있으면 눈이 피곤해진다.

10 이것은 자주 쓰는 단어니까 확실히 외워 두세요.

1	2	3	4	5
②	①	②	②	①
6	**7**	**8**	**9**	**10**
②	①	①	②	①

문제 (　)에 들어갈 가장 알맞은 것을 1·2 중에서 하나 고르시오.

1 사진 찍는 걸 좋아했던 친구는 프로 카메라맨이 되었다.

2 우리 아이는 로봇이 나오는 만화영화를 좋아한다.

3 평일은 대학교에 다니고, 주말에는 아르바이트를 하고 있습니다.

4 시험 전에 선생님은 학생에게 커닝을 해서는 안 된다고 주의를 주었다.

5 액세서리 매장에서 귀고리를 샀습니다.

6 인터넷으로 책을 주문했더니 이틀 후에 도착했습니다.

7 이 공장에서는 자동차 엔진을 생산하고 있다.

8 이 도로는 급커브가 많아서 별로 속도는 낼 수 없습니다.

9 도쿄 도심에 있는 사무실 임대료는 매우 비싸다고 합니다.

10 와이셔츠는 집에서 세탁하지 않고 세탁소에 보냅니다.

1	2	3	4	5
②	①	①	①	②
6	**7**	**8**	**9**	**10**
①	①	②	②	①

문제 (　)에 들어갈 가장 알맞은 것을 1·2 중에서 하나 고르시오.

1 우연히 지나치던 가게에서 이 구두를 발견했습니다.

2 점점 어두워지네요. 슬슬 돌아갑시다.

3 노다 씨는 앓고 나서 꽤 살이 빠졌습니다.

4 술은 이따금밖에 마시지 않습니다.

5 도로가 붐벼서 차는 느릿느릿 움직이고 있다.

6 아까 옷은 조금 컸는데, 이거라면 딱이야.

7 오랜 시간 걸어서 다리가 후들거린다.

8 당신이 말하고 싶은 것은 대충 알겠습니다.

9 체육 수업 후에 목이 말라서 물을 단숨에 마셔 버렸다.

10 아이는 어느샌가 나보다 키가 커져 있었다.

1	2	3	4	5
①	②	②	②	②
6	**7**	**8**	**9**	**10**
①	①	①	②	②

문제 (　)에 들어갈 가장 알맞은 것을 1·2 중에서 하나 고르시오.

1 전화로 인기 가수의 콘서트를 예약했습니다.

2 마라톤에서 이시다 선수가 선두로 골인했다.

3 새 상품의 샘플을 받았다.

4 실수로 큰 사이즈의 바지를 사 버렸다.

5 '성인의 날'에는 기모노나 정장으로 멋을 부린 젊은 사람이 많다.

6 영업부에 용무가 있으신 분은 내선 35번으로 전화해 주세요.

7 데이터가 꽉 차서 필요 없는 파일을 지웠다.

8 트럭에 짐을 싣고 운반한다.

9 당점에서는 지금부터 1시간만 타임세일을 실시하겠습니다.

10 영양 밸런스가 맞는 식사를 하는 게 좋다.

問題 1

한자 읽기 실전 연습 ❶ p.92

1	2	3	4
④	②	④	①
5	6	7	8
②	③	③	②

문제 1 ＿＿의 단어 읽기로 가장 알맞은 것을 1·2·3·4에서 하나 고르시오.

1 일본 뉴스를 읽으면서 단어를 외웁니다.

2 기름은 물에 뜨는 성질이 있다.

3 학생증은 반드시 본인이 가지러 와야 합니다.

4 실직 중이었던 친구가 새로운 일을 찾았다.

5 그는 어릴 때 부모님을 잃었다.

6 지구는 태양 주위를 돕니다.

7 책 표지가 찢어져서 테이프로 붙였다.

8 지금부터 10분 동안 할인 판매를 실시하겠습니다.

한자 읽기 실전 연습 ❷ p.93

1	2	3	4
③	③	②	②
5	6	7	8
③	④	②	①

1 일본에서는 5월 5일 어린이날은 공휴일입니다.

2 이 책에는 작가의 생각이 잘 나타나 있다.

3 어제 시험 성적이 발표되었다.

4 국제회의에서 영어 통역이 가능한 사람을 찾고 있다.

5 이 장학금에 응모하기 위해서는 어떻게 하면 될까요?

6 그의 이야기는 거짓말이 아닐까 하고 의심하고 있다.

7 부장님은 갑작스러운 출장으로 오늘은 출근하지 않습니다.

8 사장님의 이번 주 스케줄을 확인하고 싶습니다만.

한자 읽기 실전 연습 ❸ p.94

1	2	3	4
③	②	②	③
5	6	7	8
②	①	③	④

1 신입 사원을 위한 환영회를 열었다.

2 자고 있는 동안, 즐거운 꿈을 꾸었습니다.

3 이 그래프는 매출의 변화를 나타냅니다.

4 올해 매출은 지난해의 배입니다.

5 이탈리아의 수도는 어디입니까?

6 설명을 듣고 의문이 있으면 질문하십시오.

7 열심히 일하고 있는데 전혀 돈이 모이지 않는다.

8 이 특급 열차는 그 역에는 정차하지 않습니다.

한자 읽기 실전 연습 ❹ p.95

1	2	3	4
①	③	③	④
5	6	7	8
①	③	②	③

1 전철 안의 냉방이 너무 강해서 추울 정도이다.

2 설탕은 물에 잘 녹는다.

3 방 안은 항상 깨끗하게 해 두세요.

4 출장 결과를 부장님께 보고했다.

5 제 순서가 될 때까지 1시간 정도 기다렸습니다.

6 다른 사람도 생각할 수 있는 인간이 되렴.

7 이 영화는 많은 사람들에게 감동을 주었다.

8 아름다운 풍경을 사진으로 찍었다.

한자 읽기 실전 연습 ❺ p.96

1	2	3	4
②	①	②	③
5	6	7	8
②	④	④	③

1 그는 시험에 합격하기 위해 대단한 노력을 했다.

2 그 시계는 늦습니다.

[3] 이웃집 부인은 명품과 보석을 매우 좋아합니다.

[4] 다나카 선생님은 상냥한 선생님으로, 언제나 싱글벙글 웃고 있습니다.

[5] 천천히 크게 숨을 들이마시세요.

[6] 학창 시절의 친구는 평생의 친구입니다.

[7] 나는 약속을 지키는 것은 중요하다고 생각한다.

[8] 어제 한밤중에 고향에 있는 아버지로부터 전화가 걸려 왔습니다.

한자 읽기 실전 연습 ❻ p.97

1	2	3	4
②	④	②	②
5	6	7	8
①	②	③	③

[1] 푹 쉬어서 빨리 감기를 치료하세요.

[2] 집에서 회사까지 왕복 3시간 걸립니다.

[3] 보고서가 완성되었습니다. 내일 제출하겠습니다.

[4] 계속해서 새로운 화석이 발견되었다.

[5] 산 지 얼마 안 된 휴대폰에 흠집이 나 버렸다.

[6] 전철 안에서 노인에게 자리를 양보했다.

[7] 지난주 집 근처에 있는 신사에서 축제가 있었습니다.

[8] 산 밑에 아름다운 호수가 있습니다.

한자 읽기 실전 연습 ❼ p.98

1	2	3	4
②	①	①	②
5	6	7	8
③	④	②	③

[1] 이번 발표회 건으로 이야기하고 싶은 것이 있습니다.

[2] 무슨 일이 있었는지 딸은 말없이 집을 나갔다.

[3] 오늘은 날씨가 좋아서 빨래가 금세 마른다.

[4] 여름휴가 때 부부가 함께 여행을 다녀왔다.

[5] 우리 학교는 언덕 위에 있습니다.

[6] 이 집 1층에 집주인이 살고 있습니다.

[7] 다음 달 가족끼리 해외여행을 갈 예정입니다.

[8] 매일 만원 전철로 통근하고 있습니다.

한자 읽기 실전 연습 ❽ p.99

1	2	3	4
③	②	③	③
5	6	7	8
②	①	④	④

[1] 내일 입학시험의 결과가 발표된다.

[2] 아버지는 중고차 매매업을 하고 있습니다.

[3] 이 회사는 지난해 본사를 도쿄로 옮겼다.

[4] 전철에 빈자리가 없었기 때문에 내릴 역까지 선 채로 갔다.

[5] 그는 일본 북쪽에서 남쪽까지 여행을 계속했다.

[6] 10년 만에 고등학교 반창회에 참가하기로 했다.

[7] 이 마을에서는 가을이 되면 다양한 행사가 열립니다.

[8] 다나카 선생님은 모두에게 존경받는 훌륭한 분입니다.

問題 2

한자 표기 실전 연습 ❶ p.100

1	2	3	4
②	④	②	③
5	6	7	8
②	①	③	②

문제 2 ______의 단어를 한자로 쓸 때, 가장 알맞은 것을 1·2·3·4에서 하나 고르시오.

[1] 이 컵라면은 뜨거운 물을 붓고 3분 기다리면 먹을 수 있다.

[2] 건강을 위해 매일 운동하고 있습니다.

[3] 올해 목표는 시험에 합격하는 것입니다.

[4] 다나카 씨는 나에게 도쿄를 안내해 주었습니다.

[5] 3년 전에 남편을 잃고 나서부터 혼자 살고 있습니다.

[6] 휴대폰으로도 최신 뉴스를 체크할 수 있는 시대가 되었다.

[7] 물가가 올라 생활이 힘들다.

[8] 사고를 방지하기 위해 다양한 대책을 생각한다.

한자 표기 실전 연습 ❷ p.101

1	2	3	4
②	②	④	③
5	6	7	8
①	③	④	③

1 저 사람은 자신의 감정이나 생각을 별로 밖으로 드러내지 않는다.

2 넓은 방을 두 개로 나누어 사용하고 있다.

3 자전거 앞바퀴가 펑크 났다.

4 상의 안쪽에 주머니가 있습니다.

5 한번에 많이는 들 수 없으니 여러 번으로 나누어 옮깁시다.

6 스포츠 대회에 출전했다.

7 집 앞의 길은 벚꽃 가로수길입니다.

8 면접 때는 머리나 복장은 단정한 편이 좋다.

한자 표기 실전 연습 ❸ p.102

1	2	3	4
②	①	②	④
5	6	7	8
②	②	③	③

1 이 학교 학생은 교복을 입어야 한다.

2 야마모토 선배에게는 여러 가지로 도움을 받았습니다.

3 없어졌다고 생각했던 반지가 소파 밑에서 발견되었다.

4 이 사진을 보면 옛날 일들이 떠오릅니다.

5 휴일에는 어디에도 가지 않고 집에서 보냈다.

6 지금 대학원에 진학할지 회사에 취직할지 망설이고 있습니다.

7 내년에는 대학을 수험해야 한다.

8 상대에게 자신의 명함을 건넨다.

한자 표기 실전 연습 ❹ p.103

1	2	3	4
④	②	①	②
5	6	7	8
②	③	①	③

1 내일 최고 기온은 오늘보다 10도나 높아지겠지요.

2 역에서 전철을 내려 버스로 갈아탔다.

3 도로를 건널 때는 횡단보도를 건넙시다.

4 막 이사한 참이라서 정리가 힘이 듭니다.

5 무라키 씨는 팔짱을 끼고 서 있습니다.

6 오늘은 만석입니다만, 내일이라면 아직 빈자리가 있습니다.

7 학교 뒤쪽에 공원이 있습니다.

8 창문에서 붉은 석양을 바라보았다.

한자 표기 실전 연습 ❺ p.104

1	2	3	4
②	③	③	②
5	6	7	8
④	②	①	①

1 지금까지 한번도 해외에 나갈 기회가 없었다.

2 경찰은 달아난 범인의 행방을 뒤쫓고 있다.

3 우리 집 부엌은 좀 좁아서 사용하기 불편합니다.

4 이 이야기는 아이들에게 읽게 해도 좋을 것입니다.

5 모두 함께 의논하여 문제를 해결했다.

6 팩스가 도착했는지 어떤지 전화해서 확인하세요.

7 짐은 선반 위에 놓으세요.

8 질문의 의미를 전혀 몰랐습니다.

한자 표기 실전 연습 ❻ p.105

1	2	3	4
③	④	③	④
5	6	7	8
②	①	③	①

1 메일을 보낸 지 일주일이 되는데 아직 답장이 오지 않는다.

2 역에 도착하면 전화해 주세요. 바로 마중하러 갈 테니까요.

3 그녀는 자신은 아무것도 하지 않는 주제에 남이 하는 일에는 잔소리를 한다.

4 올해로 입사한 지 3년째가 됩니다.

5 혈액 검사를 하면 몸의 상태를 잘 알 수 있다.

6 이 약은 감기에 잘 듣습니다.

7 형은 대학에서 역사를 공부하고 있다.

8 이 가게는 TV에 소개되어 유명해졌다.

1	2	3	4
②	①	②	③
5	6	7	8
③	②	④	②

1 접수처에서 이름표를 받고 가슴에 달았습니다.

2 이 공장에서는 자동차의 엔진을 대량 생산하고 있습니다.

3 가족 여행을 갈 때는 항상 여관에 묵는다.

4 부부는 서로 이해하는 것이 필요하다.

5 선배에게 점심을 대접받았다.

6 그는 은행에서 돈을 빌려 새로운 장사를 시작했다.

7 물과 전기를 절약하여 사용합시다.

8 벽에 그림을 걸었습니다.

한자 표기 **실전 연습 ❽** p.107

1	2	3	4
②	③	④	①
5	6	7	8
②	④	④	③

1 눈앞에 펼쳐진 아름다운 경치를 보고 감동했다.

2 이 도서관의 도서 대출 기간은 2주일입니다.

3 친구 집을 방문했더니 나가 버리고 집에 없었다.

4 시험 성적이 나빠서 곤란해하고 있습니다.

5 머리가 아파서 약을 먹고 잤습니다.

6 기무라 선생님은 지진 연구 전문가이다.

7 얼음은 녹아서 물이 된다.

8 당신은 어느 대학 출신입니까?

問題 3

문맥 규정 **실전 연습 ❶** p.108

1	2	3	4
①	③	③	③
5	6	7	8
①	②	④	②

문제 3 (　　　)에 넣기에 가장 알맞은 것을 1·2·3·4에서 하나 고르시오.

1 이달 월급날은 다음 주 금요일입니다.

2 그녀는 남편에게서 받은 선물을 소중히 서랍에 넣어 두었다.

3 방에 들어갈 때는 문을 노크하세요.

4 식사와 수면만은 제대로 취하지 않으면 몸을 망가뜨리게 됩니다.

5 손이 미끄러져서 컵을 떨어뜨려 버렸다.

6 몇 번이나 같은 것을 끈질기게 질문 받아서 짜증이 났다.

7 매일 운동을 하고 있지만 조금도 살이 빠지지 않습니다.

8 버스에서 지하철로의 환승에는 조금 시간이 걸린다.

문맥 규정 **실전 연습 ❷** p.109

1	2	3	4
④	③	①	①
5	6	7	8
②	②	③	④

1 친구니까 돕는 것은 당연합니다.

2 A : 몸은 어떻습니까?

　　B : 많이 좋아졌습니다만, 아직 운동은 할 수 없습니다.

3 여행 가는 친구를 공항에서 배웅했다.

4 커피를 쏟아서 셔츠에 얼룩이 생겨 버렸다.

5 시합에 이긴 팀 선수에게 인터뷰를 해서 기사를 썼다.

6 자연은 소중히 하지 않으면 점점 사라져 갑니다.

7 요즘 체력이 없어서 금세 지쳐 버립니다.

8 회의에서 모두의 의견을 정리하여 결론을 냈습니다.

1	2	3	4
②	④	③	③
5	6	7	8
①	②	①	③

1 집 바로 옆 도로에서 공사를 하고 있어서 시끄러워서 잘 수 없다.

2 여름 방학도 앞으로 일주일을 남겨 뒀을 뿐이다.

3 리포트 마감을 일주일 연장해 달라고 했다(연장해 받았다).

4 더운 날에 아무것도 마시지 않고 테니스 연습을 했기 때문에 목이 말라졌다.

5 학교에 가는 도중에 세워져 있는 자전거에 부딪쳐서 넘어졌습니다.

6 고속도로는 빠르고 편리하지만 요금이 비쌉니다.

7 일본인 친구에게 작문 체크를 부탁했습니다.

8 그는 매우 피곤한지 곤히 자고 있다.

1	2	3	4
③	④	③	②
5	6	7	8
①	①	②	③

1 숲 속 공기는 상쾌한 느낌이 든다.

2 올해 매출은 전년도에 비해 감소하여 마이너스 5%가 되었다.

3 이 보고서를 쓰는 데 한나절 걸렸다.

4 밀가루에 버터와 우유를 섞어서 케이크를 만들었습니다.

5 그녀처럼 정직한 사람이 거짓말을 할 리가 없다.

6 새 카메라를 살지 말지 망설이고 있다.

7 상가를 어슬렁거리고 있을 때 하야시 씨를 만났다.

8 부모님께 거짓말을 한 것을 반성했다.

1	2	3	4
①	②	①	③
5	6	7	8
②	④	③	①

1 작년에 산 바지를 입어 보니 꼭 껴서 입을 수 없었다.

2 아이가 갑자기 뛰쳐나와서 급브레이크를 밟았다.

3 이 유리 화병은 깨지기 쉬우니 충분히 주의해서 다루어 주세요.

4 자동 응답기에 친구의 메시지가 들어 있었다.

5 여름에는 음식이 상하기 쉬우니 보존에 주의하십시오.

6 그 성적이 우수한 야마다 군이 설마 대학에 떨어지리라고는 생각하지 않았다.

7 문제를 해결하기 위해 모두의 의견을 모으고 있다.

8 파티를 위해 요리를 만들었는데 사람이 별로 오지 않아서 많이 남아 버렸다.

1	2	3	4
③	②	②	①
5	6	7	8
③	④	③	④

1 프랑스산 와인을 두 병 샀습니다.

2 내 학창 시절은 매우 가난해서 매일 일을 해야 했다.

3 신발은 벗었으면 말끔하게 가지런히 놓도록 하세요.

4 정직한 그가 거짓말을 해서 사람을 속일 리가 없다.

5 평일에는 학교에 다니면서 주말에는 아르바이트를 하고 있습니다.

6 월급은 적고 야근은 많고 나는 이 회사에 불만이 많다.

7 면접에서는 질문에 분명하게 대답합시다.

8 이 음식은 냉장고에서 차게 해서 먹는 편이 맛있다는 것 같다.

1	2	3	4
②	②	①	④
5	6	7	8
②	③	③	④

1 공부방은 북향인 방이 좋다고 한다.

2 사람의 성격은 간단히는 변하지 않습니다.

3 고장 난 자전거를 친구가 고쳐 주었다.

4 어서 테이블 위를 정리하렴.

5 2에 3을 더하면 5가 됩니다.

6 언니(누나)는 연분홍 블라우스를 입고 나갔습니다.

7 시험에 한 번 떨어진 정도로 그렇게 낙심하지 마세요.

8 이 길은 양쪽에 나무가 심겨 있어서 매우 기분이 좋습니다.

문맥 규정 실전 연습 ❽ p.115

1	2	3	4
②	③	①	②
5	6	7	8
③	②	④	②

1 3,000엔어치 쇼핑을 하고 5,000엔을 냈습니다. 2,000엔의 잔돈이 돌아왔습니다.

2 계단에서 넘어져서 다리를 다쳤다.

3 나는 아침에 일어나면 신문을 대충 훑어보고 재미있을 것 같은 기사만 읽습니다.

4 새 차를 사기 위해 돈을 모으고 있다.

5 이 계산은 매우 복잡해서 상당히 시간이 걸립니다.

6 다나카 씨와 기무라 씨가 결혼한다는 소문은 역시 사실이었다.

7 스위치를 넣어도 기계가 움직이지 않는다.

8 그는 산더미처럼 쌓인 서류를 차례차례로 정리해 갔다.

問題 4

유의어 실전 연습 ❶ p.116

1	2	3	4
①	③	②	③
5	6	7	8
②	④	③	②

문제 4 ____에 의미가 가장 가까운 것을 1·2·3·4에서 하나 고르시오.

1 휴대 전화가 고장 나서 수리해 받았다(수리를 부탁했다).

2 잡지를 사고 영수증을 받았습니다.

3 어제 우연히 역에서 고등학교 친구를 만났다.

4 설날 휴가가 끝나면 또 일이 바빠진다.

5 집으로 돌아가서 식사 준비를 한다.

6 운동은 매일 계속하는 것이 가장 중요합니다.

7 인생은 즐거운 일도 괴로운 일도 있습니다.

8 자동차 경적은 위험한 때에만 울립니다.

유의어 실전 연습 ❷ p.117

1	2	3	4
③	②	④	②
5	6	7	8
①	④	④	①

1 운전할 때에는 교통 규칙을 지킵시다.

2 시에서는 불필요해진 전자 제품과 가구 등을 회수하여 재이용하고 있다.

3 경기가 나빠서 많은 회사가 도산하고 있다.

4 선두를 달리고 있는 선수가 서서히 골인 지점에 접근하고 있다.

5 상사는 부하에게 보고서를 다시 작성하도록 지시했다.

6 수업을 땡땡이쳐서 공부 내용을 모르겠다.

7 가게 밖에서 점원이 전단지를 나눠 주고 있다.

8 최근 혼자 사는 노인이 늘고 있다.

유의어 실전 연습 ❸ p.118

1	2	3	4
④	②	③	④
5	6	7	8
②	②	①	③

1 배가 고팠기 때문에 밥을 추가했습니다.

2 차에 짐을 싣고 나른다.

3 빵에 잼을 듬뿍 발라 먹었습니다.

4 저는 차로 통근하고 있습니다.

5 경기에서 좋은 성적을 남기기 위하여 훈련을 계속한다.

6 늦잠을 자서 평소에 타는 전철을 놓쳤다.

7 폭우로 열차는 다소 지연되고 있습니다.

8 그녀는 반년 정도 전부터 댄스에 열중하고 있다.

1	2	3	4
④	③	①	③
5	6	7	8
②	②	②	③

1 졸업 때 반을 대표하여 기노시타 군이 이마무라 선생님께 감사의 말을 했다.

2 두 번이나 시험에 떨어져서 자신을 잃고 말았다.

3 오늘 전철은 드물게 한산했다.

4 콘서트 티켓은 일주일 전에 매진됐다.

5 대학 학비는 해마다 비싸져서 지불하는 것이 큰일입니다.

6 이 정장, 당신에게 딱이군요.

7 아이의 울음소리가 시끄럽다.

8 식사를 줄이기보다 운동을 해서 살을 빼는 게 좋다는 것 같다.

1	2	3	4
①	②	①	③
5	6	7	8
②	③	④	④

1 갑자기 근처에서 큰 소리가 나서 깜짝 놀랐다.

2 어머니에게 줄 선물은 내일 도착할 수 있도록 부탁해 두었습니다.

3 주문한 옷이 완성되었기 때문에 가지러 갔습니다.

4 어제는 아무것도 하지 않고 집에서 푹 쉬고 있었다.

5 공부도 하지 않고 시험에 합격할 리가 없다.

6 요시다 씨는 정말로 기타를 잘 친다.

7 올여름은 날씨가 매우 좋았다.

8 7세 미만 자녀분의 입장은 무료입니다.

1	2	3	4
④	②	③	②
5	6	7	8
③	①	①	④

1 빨리 일을 끝내고 집에 돌아가고 싶다.

2 어제 지진은 난생처음 하는 무서운 경험이었습니다.

3 내 손자는 우체국에서 일하고 있습니다.

4 아이는 무럭무럭 자랐다.

5 이 역은 다른 전철로 갈아탈 수 있기 때문에 혼잡하다.

6 대학에서 경제학을 공부하고 있습니다.

7 우리 아이는 차분하지 못해서 걱정입니다.

8 사촌과 공원에서 놀았습니다.

1	2	3	4
②	①	②	②
5	6	7	8
③	④	③	①

1 감기에 걸리면 가능한 한 일찍 자는 등, 휴식을 취하도록 하십시오.

2 이 시계는 조금 빠르다.

3 회사에는 많은 규칙이 있습니다.

4 이 마을에서 태어나는 아이들이 줄고 있다고 한다.

5 여기는 신호가 없기 때문에 도로를 횡단할 때는 조심합시다.

6 준비는 완료되었습니다. 언제든지 출발할 수 있습니다.

7 내일부터 새로운 한 해가 시작된다.

8 지난주에 책을 주문했지만 아직 오지 않습니다.

1	2	3	4
②	②	③	④
5	6	7	8
②	①	①	④

1 산책하고 있을 때 갑자기 비가 내리기 시작했다.

2 데이터 입력에 실수가 있어서 다시 계산했다.

3 새로운 단어를 많이 암기했다.

4 익숙하지 않은 일이라서 정말로 힘이 들었다.

5 그는 다카하시 씨와 사이가 좋다.

6 의외의 사실이 밝혀졌다.

7 책상 위를 대충 정리하고 돌아간다.

8 그의 주변에는 우수한 인재가 많다.

問題 5

용법 실전 연습 ❶ p.124

1	2	3	4	5
③	④	②	②	④

문제 5 다음 단어의 용법으로 가장 알맞은 것을 1·2·3·4 에서 하나 고르시오.

1 自信(じしん) 자신(감)
영어는 말하는 것이라면 자신이 있습니다.

2 破る(やぶる) 찢다, 부수다
약속을 어겼기 때문에 사과하지 않으면 안 된다.

3 うっかり 깜박, 무심코
깜박해서 우표를 붙이지 않고 우체통에 넣어 버렸다.

4 おとなしい 얌전하다, 온순하다
그 개는 몸집은 크지만 온순하니까 무서워하지 마.

5 プラン 플랜, 계획
여행 계획(플랜)이 정해졌기 때문에 정식으로 예약을 했다.

용법 실전 연습 ❷ p.125

1	2	3	4	5
④	①	②	④	②

1 落ち着く(おちつく) 안정되다, 차분하다
지진이 발생했을 때는 차분하게 행동합시다.

2 手段(しゅだん) 수단
인터넷이나 휴대 전화는 커뮤니케이션 수단이다.

3 重要(じゅうよう) 중요한
내일은 오전부터 중요한 회의가 있다.

4 発明(はつめい) 발명
컴퓨터의 발명은 세계를 바꾸었다.

5 しみじみ 곰곰이, 절실히
어머니께 온 편지를 읽고 부모의 고마움을 절실히 느꼈다.

용법 실전 연습 ❸ p.126

1	2	3	4	5
③	④	③	①	③

1 決まる(きまる) 결정되다
이 학교의 입학시험은 수학으로 합격이 결정된다.

2 実現(じつげん) 실현
내 집을 갖는다는 꿈이 실현되었다.

3 かなり 꽤, 제법
감기약을 먹었더니 상당히 좋아졌다.

4 きつい (1) (옷, 신발이) 꼭 끼다 (2) 심하다, 고되다
이 일을 혼자서 하는 것은 매우 힘들다.

5 ユーモア 유머, 유머 감각
그는 유머가 있어서 함께 있으면 매우 즐겁다.

용법 실전 연습 ❹ p.127

1	2	3	4	5
①	③	②	③	②

1 くわしい 자세하다, 상세하다
우리 반에서 가장 컴퓨터를 잘 아는 사람은 하시모토이다.

2 世話(せわ) 돌봄, 보살핌
이번 일로 미즈노 씨에게 큰 신세를 졌다.

3 修理(しゅうり) 수리
시계가 고장 나서 수리를 맡겼다.

4 実は(じつは) 실은, 사실은
실은 당신에게 말하고 싶은 것이 있습니다.

5 はかる 달다, 재다, 가늠하다
이사한 집에서 역까지의 시간을 재 보았다.

용법 실전 연습 ❺ p.128

1	2	3	4	5
①	①	①	②	④

1 不満(ふまん) 불만
그녀는 그가 바빠서 좀처럼 만날 수 없는 것을 불만스럽게 생각하고 있는 것 같다.

2 正確(せいかく) 정확한
야마다 씨는 시간에 정확해서 1분도 늦은 적이 없다.

3 こぼれる 흘러내리다, 새어 나오다
컵이 쓰러져서 안의 커피가 쏟아져 버렸다.

4 そっくり (1) 꼭 닮은 모양 (2) 전부, 모조리
우리 아이는 남편과 똑같이 생겼습니다.

5 応援(おうえん) 응원
좋아하는 팀을 응원했지만 져 버렸다.

용법 실전 연습 ❻ p.129

1	2	3	4	5
④	④	③	①	①

1 慣れる(なれる) 익숙해지다
새로운 환경에 점점 익숙해졌다.

2 未来(みらい) 미래
아이들의 미래를 위해서 환경을 소중히 해 나갑시다.

3 最中(さいちゅう) 한창, 진행중
한창 공부하고 있을 때 전화가 걸려 왔다.

4 なだらかな 완만한, 온화한
완만한 비탈길을 올라간 곳에 절이 있습니다.

5 はっきり 분명히, 틀림없이, 뚜렷이
날씨가 좋아서 후지산이 뚜렷이 보인다.

용법 실전 연습 ❼ p.130

1	2	3	4	5
②	④	②	④	③

1 範囲(はんい) 범위
시험 범위는 25페이지부터 50페이지까지입니다.

2 熱心(ねっしん) 열심인
수학 선생님은 매우 열심히 가르쳐 줍니다.

3 含む(ふくむ) 포함하다
이 과일은 많은 비타민 C를 포함하고 있다.

4 火傷(やけど) 화상
뜨거운 물을 쏟아 버려서 화상을 입었다.

5 ぶつぶつ 중얼중얼, 투덜투덜
그녀는 작은 소리로 투덜거리면서 일을 하고 있다.

용법 실전 연습 ❽ p.131

1	2	3	4	5
①	②	④	②	④

1 思い出(おもいで) 추억
이 사진은 나에게는 소중한 추억입니다.

2 任せる(まかせる) 맡기다
컴퓨터에 관한 것이라면 그에게 맡겨 두면 돼.

3 派手(はで) 화려한
그녀는 화려한 옷을 입고 있기 때문에 눈에 띈다.

4 平行(へいこう) 평행
강과 평행하게(나란히) 도로가 뻗어 있다.

5 ぺらぺら 술술, 나불나불(말을 많이 하는 모습)
우치다 씨는 영어를 술술(유창하게) 말할 수 있다.

1교시 문법 해석과 해설

PART 1 워밍업

합격 문법 확인 문제 ❶ p.162

1	2	3	4	5
①	①	①	②	①
6	**7**			
②	①			

문제 1 다음 문장의 (　)에 들어갈 가장 알맞은 것을 1·2에서 하나 고르시오.

1 A : 요즘 지진이 자주 일어나는군요.
B : 네. 어제도 간토 지방부터 도호쿠 지방에 걸쳐서 (1 광범위하게　2 여기에서만) 3번이나 있었대요.
↘「～から…かけて」는 막연한 시간이나 장소를 나타낸다.

2 A : 당신, 좀 실례 아네요?
B : 당신이야말로 (1 실례예요　2 실례했습니다).

3 A : 그는 성실하구나.
B : 응. 항상 땀투성이로 (1 일하고 있지　2 일하려고 하지 않아).
↘ 앞에 '땀투성이로'라는 표현이 있으므로 뒤에는 긍정적인 표현이 온다.

4 A : 맛있는 일본 요리 먹고 싶어.
B : 일본 요리라고 하면 역시 (1 스테이크　2 초밥)이지.
↘ '일본 요리' 하면 떠오르는 것이므로 2번 '초밥'이 정답이다.

5 A : 너, 아키하바라라고 알아?
B : 응. 아키하바라는 전자제품 거리로 (1 유명해　2 가보고 싶어).
↘「～として」는 무언가를 평가할 때의 입장이나 자격을 나타낸다.

6 A : 엄마, 경찰에서 전화가 왔는데, 히로시가 물건을 훔쳐서 잡혔대요.
B : 그런…… 뭔가 오해일 거야. 성실한 그 아이만은 그런 짓을 (1 해서는 안 되지　2 할 리 없어).

7 A : 어머니 편찮으시죠? 힘들겠네요.
B : 네. 하지만 누나가 어머니를 대신해서 (1 집안일을 하고 있어서　2 병에 걸려서) 그럭저럭 괜찮습니다.

합격 문법 확인 문제 ❷ p.163

1	2	3	4	5
②	②	①	①	②
6	**7**			
②	①			

문제 1 다음 문장의 (　)에 들어갈 가장 알맞은 것을 1·2에서 하나 고르시오.

1 A : 지구 환경을 지키기 위해서 우리들은 무엇을 해야만 할까요?
B : 그 문제에 관해서 (1 어려운 문제군요　2 뭔가 의견이 있습니까?)

2 A : 이 가게의 서비스는 정말 좋군요.
B : 네, 이 가게는 다른 가게에 비해서 (1 열심히 합시다　2 열심히 하고 있네요).
↘「がんばりましょう」의 대상에는 '자신'도 포함된다.

3 야마다 : 스즈키 씨, 고향은 괜찮습니까?
스즈키 : 태풍 피해에다 지진까지 일어나서 (1 심각한 상황이에요　2 걱정은 없어요).

4 A : 사토 씨는 왜 해고된 겁니까?
B : 잘 모르지만, 사장님 의견에 대해서 (1 불평을 한 것　2 일을 하지 않은 것) 같아요.

5 A : 스미스 씨가 일본에 오신 목적은 무엇입니까?
B : 제일 큰 목적은 일본 역사에 관해서 (1 구경하는 것　2 연구하는 것)이지요.

6 A : 내년 대학 입시, 합격할 수 있으면 좋겠네요.
B : 네. 대학에 합격하는 것은 저에게 (1 진지한 일이니까　2 중요한 일이니까) 열심히 하겠습니다.

7 A : 모든 나무가 잘려버린 숲 자리에 또 나무를 심고 있는 겁니까?
B : 네. 이 활동은 모두 자원봉사자에 의해서 (1 이루어지고 있어요　2 필요해요).

1	2	3	4	5
①	①	①	②	①

6
②

문제 1 다음 문장의 ( )에 들어갈 가장 알맞은 것을 1·2에서 하나 고르시오.

1 A : 조금 전 8시 40분에 태평양 해저에서 진도 7의 지진이 발생했습니다.

　B : 이 지진으로 (1 태평양 연안에서의 쓰나미　2 타이완 앞바다의 태풍)가 우려됩니다.

2 A : 인플루엔자는 아직 유행하고 있는 거지?

　B : 응. TV 뉴스에 따르면 (1 어제 환자가 또 나왔대　2 잘 몰랐어).

3 A : 기무라 씨 그림, 대단하지?

　B : 정말이야. 걸치렛말은 빼고 (1 잘 그리네　2 심하네).

4 A : 이 가게, 연중무휴라면서요?

　B : 네. 평일은 물론 토, 일, 공휴일도 (1 휴가가 있습니다　2 영업하고 있습니다).

5 A : 선생님, '혹성'이 뭐예요?

　B : 그건 말이지, 간단히 말하면, 태양을 중심으로 (1 그 주위를 돌고 있는　2 보이고 있는) 별을 말하는 거야.

6 A : 일본에서 여러 곳을 여행하고 싶은데요, 어떤 곳이 좋을까요?

　B : 글쎄요. 일본에는 교토를 비롯해, 추천해 드리고 싶은 곳이 (1 별로 없어요　2 많이 있어요).

1	2	3	4	5
④	④	③	②	①

문제 2 다음 문장의 ★ 에 들어갈 가장 알맞은 것을 1·2·3·4에서 하나 고르시오.

1 から　赤坂　**にかけて**　渋滞して

　A : 막히는군요.

　B : 네, 이 길은 항상 신주쿠부터 아카사카에 걸쳐서 정체돼요.

2 今度　こそ　**パス**　できる

　이렇게 열심히 공부했으니 이번에야말로 패스할 수 있을 거야.

3 作文が　間違い　**だらけ**　なので

　학생 　: 선생님, 바쁘신 것 같네요.

　선생님 : 응. 학생 작문이 오류투성이라서 고치는 게 큰일이네.

4 といえば　来月　**結婚する**　ことが

　A : 요즘 마쓰모토 씨가 안 보여요.

　B : 마쓰모토 씨라고 하면 다음 달 결혼하는 게 정해졌대요.

5 同じ　国民　**として**　恥ずかしい

　A : 이탈리아의 유명한 교회에 낙서를 한 사람이 있대. 필시 자네 나라 사람 아니었던가?

　B : 네. 저는 같은 국민으로서 부끄러워요.

1	2	3	4	5
②	④	④	①	③

문제 2 다음 문장의 ★ 에 들어갈 가장 알맞은 것을 1·2·3·4에서 하나 고르시오.

1 旅行に　行こうとする　**時**　に限って

　A : 태풍이 접근해 오고 있는 것 같아.

　B : 정말이지. 여행 가려고 할 때만 항상 날씨가 나빠져.

2 5年前から　使ってた　**古いコピー機**　にかわって

　A : 복사기가 드디어 고장 났대.

　B : 네. 내일 5년 전부터 썼던 낡은 복사기를 대신해 최신 것이 들어온다고 해요.

3 その件　に関して　**聞かれて**　困った

　A : 어제 회사에서 스즈키 씨와 사토 씨가 싸웠다는군.

　B : 아. 오늘 아침에 부장님께 그 건에 관해서 듣고 난감했어.

4 学生が　書いた　**もの**　に比べ

　A : 이번 이와타 군의 리포트, 잘 썼군요.

　B : 네. 그의 것은 다른 학생이 쓴 것에 비해 데이터가 잘 갖추어져 있네요.

5 もともと　持っている　**才能**　に加え

A : 이야~. 야나 선수의 연기, 정말로 훌륭했네요.

B : 네. 원래 가지고 있던 재능에다 연습량도 굉장하니까요. 노력의 결과지요.

1	2	3	4	5
②	①	②	②	④

문제 2 다음 문장의 ★ 에 들어갈 가장 알맞은 것을 1·2·3·4에서 하나 고르시오.

1 会社　に対する　**要求を**　受け入れて
A : 파업은 아직도 계속되는 건가?
B : 응, 사장님이 노동조합의 회사에 대한 요구를 받아들여 줄 때까지는요.

2 その件　についての　**ご質問には**　お答え
A : 시로 씨, 모델인 마미 씨와 사귀신다지요.
B : 죄송합니다. 그 건에 관한 질문에는 대답할 수 없습니다.

3 あの　周りの　**商店**　にとっては
A : 역 앞에 대형 슈퍼가 생긴대. 잘됐네.
B : 응. 하지만 그 주변 상점에게는 곤란한 문제겠네요.

4 今　がんばるか　**どうか**　によって
아들 : 아~. 이제 시험 공부 따위 하고 싶지 않아요.
엄마 : 포기하면 안 돼. 지금 열심히 하느냐 어떠냐에 따라서 네 장래가 달라지니까.

5 今回の　石油の　**値上げ**　により
A : 세계적인 불황은 아직 계속되는 것 같군요.
B : 뭐. 이번 석유 가격 인상으로 인해 한층 악화되는 사태도 예상됩니다.

1	2	3	4	5
③	③	①	①	②

문제 2 다음 문장의 ★ 에 들어갈 가장 알맞은 것을 1·2·3·4에서 하나 고르시오.

1 先週　出した　**レポート**　によれば
A : 이 세계적인 불경기는 언제가 되면 좋아지려나?
B : G사가 지난주에 제출한 리포트에 따르면, 경기는 서서히 회복하고 있다고 하지만.

2 この計画に　反対している　**人々**　をぬきにして
A : 댐 건설에 반대하는 사람들은 설명회에 참가하지 않겠다고 합니다.
B : 난감하군. 이 계획에 반대하고 있는 사람들을 빼고 설명회를 해도 의미가 없으니까 말야.

3 日本　はもちろん　**世界中で**　活躍する
A : 신인상, 축하드립니다. 앞으로 어떤 가수가 되고 싶습니까?

B : 음, 앞으로는 일본은 물론 전 세계에서 활약하는 가수가 되고 싶어요.

4 ご主人の　　ベッド　を中心に　燃えている
A : 어제 밤중에 너희 집 근처에서 화재가 났었다며? 원인이 뭐야?
B : 응. 남편 침대를 중심으로 타고 있었으니까 남편이 자면서 담배를 피운 게 아니었을까 한다.

5 コアラ　をはじめ　**珍しい**　動物が
A : 이번에 호주로 여행을 가는데, 다양한 동물을 보고 오고 싶어.
B : 좋겠다. 그 나라에는 코알라를 비롯해 희귀한 동물이 많이 있으니까.

1	2	3	4	5
②	①	②	①	②

6	7
②	②

문제 1 다음 문장의 (　)에 들어갈 가장 알맞은 것을 1·2에서 하나 고르시오.

1 한 번이라도 좋으니까 (1 슈퍼마켓　2 우주)에 가 보고 싶습니다.

2 남동생은 (1 음악을 들으면서　2 의자에 앉으면서) 공부하고 있다.

3 A : 영화를 아주 좋아한다며?
B : 응. 그래서 미국에 갔을 때, 내용을 잘 알지도 못하면서도 (1 전혀 못 봤어　2 많이 봤어).

4 A : 여행에 편리한 가방이 있었으면 좋겠어.
B : 이건 어때? (1 가벼워서　2 무거워서) 운반하기 쉽고, 주머니도 많아.

5 A : 이 생선, 먹기 힘들어서 (1 맛있어　2 짜증 나).
B : 그래. 작은 가시가 잔뜩 있고.

6 A : 이거 먹어.
B : 어. 케이크를 (1 1개만　2 5개나) 주는 거야? 혼자서는 다 못 먹어.

7 이 일이 끝나는 대로 (1 전화가 걸려 왔습니다　2 전화드리겠습니다).

1	2	3	4	5
①	②	②	②	①

6
②

문제 1 다음 문장의 (   )에 들어갈 가장 알맞은 것을 1·2에서 하나 고르시오.

1 맞을 리가 없겠지만, 복권 (1 사 보려고 2 맞았다).

2 A : 스즈키 씨 암 말기래. 고칠 방법이 없대.

  B : 젊은데 가엾어라. (1 낫는구나 2 낫지 못하는구나).

3 A : 요즘 시험 성적은 어때?

  B : 음~, 별로 공부하지 않아서 (1 낙제하기만 2 떨어지기만) 할 뿐이야.

4 과장 : 부장님 허가를 (1 얻고 2 얻지 않고) 계약에 사인해서는 안 돼.

  부하 : 그렇습니다. 부장님 허가를 받아야 했습니다. 앞으로는 주의하겠습니다.

5 (1 5년 전에 일본에 2 오늘 아침, 학교에) 온 이후로 고국에 있는 가족을 한 번도 만나지 못했습니다.

6 A : 어디 아파? 얼굴이 새파래.

  B : 비행기를 탄 순간, (1 천천히 2 갑자기) 속이 안 좋아져서…….

1	2	3	4	5
③	③	①	④	②

6	7
③	③

문제 2 다음 문장의 ★ 에 들어갈 가장 알맞은 것을 1·2·3·4에서 하나 고르시오.

1 平和な　社会を　作りたい　もの

미래의 아이들이 안심하고 생활할 수 있는 평화로운 사회를 만들고 싶습니다.

2 ガムを　かみ　ながら　運転して

A : 운전 바꿀까? 졸린 거 아냐?

B : 괜찮아. 졸리지 않도록 껌을 씹으면서 운전하고 있으니까.

3 苦しい　戦いを　し　ながらも

지난주 선거에서는 다나카 씨가 힘든 싸움을 하면서도 멋지게 당선되었다.

4 お年寄り　でも　使い　やすい

A : 조작이 간단하고, 노인도 쓰기 쉬운 디지털카메라는 없나요?

  B : 그렇다면 이 상품은 어떠세요?

5 洗濯物が　乾き　にくい　のは

겨울은 건조한데 빨래가 잘 마르지 않는 건 왜죠?

6 数え　きれない　ほどの　人々が

대통령의 연설을 듣기 위해 셀 수 없을 만큼의 사람들이 회장에 모였다.

7 来週の　予定が　わかり　次第

A : 다음 주, 함께 저녁 식사라도 하지 않을래?

  B : 음~, 아직 모르겠어. 하지만 다음 주 일정을 알게 되는 대로 알려줄게.

1	2	3	4	5
④	①	①	④	①

6
③

문제 2 다음 문장의 ★ 에 들어갈 가장 알맞은 것을 1·2·3·4에서 하나 고르시오.

1 一日も　休ませて　もらえ　っこない

A : 휴가를 받아서 해외여행이라도 가고 싶군.

  B : 응. 하지만 지금 일 엄청 바빠서 하루도 쉴 수 없어.

2 教え　ようがない　と　思う

나는 컴퓨터는 전혀 몰라서 가르쳐 줄 수가 없을 것 같습니다. 죄송합니다.

3 いると　ストレスが　たまる　一方だ

적은 월급, 긴 야근 시간, 이런 일을 계속하고 있으면 스트레스가 쌓이기만 할 뿐이야.

4 そんなに　飲む　べきじゃないと　わかっている

술을 그렇게 마셔서는 안 된다고 알고 있는데, 또 많이 마셔 버렸다.

5 病院が　できて　以来　ずっと

A : 어, 이 섬에는 작년까지 병원이 없었어?

  B : 그래. 그래서 섬의 주민들은 병원이 생긴 이후로 쭉 안심하고 생활하고 있어.

6 電車の　ドアが　開いた　とたん

종착역에서 전철 문이 열린 순간, 피곤한 얼굴을 한 샐러리맨이 많이 내렸다.

1	2	3	4	5
②	②	②	②	②

6	7
①	①

문제 1 다음 문장의 (　)에 들어갈 가장 알맞은 것을 1 · 2에서 하나 고르시오.

1 A : 후지산에 올라가 본 적 있어?
B : 응, (1 어제　2 5년쯤 전에).

2 지금의 아파트는 좁아서 (1 이사하고 싶기로 했다　2 이사하기로 했다).

3 A : 이번 주 일요일, 테니스 시합 보러 안 갈래?
B : 미안. 친구랑 드라이브하러 (1 가고 싶어서　2 가기로) 되어 있어.

4 A : 숙제 벌써 했니?
B : 아니. 지금부터 (1 하자　2 할) 참이야.
↳ 이제 막 시작되는 행위를 나타낼 때는 「～ところ」 앞에 동사의 사전형이 온다.

5 A : 사고 원인은 이미 알아냈습니까?
B : 아니요, 현재 경찰이 조사하고 있는 (1 것　2 중)이라고 합니다.
↳ 현재 행위가 이루어지고 있음을 나타낼 때는 「～ている＋ところ」를 쓴다.

6 A : 뭘 보고 있어? 축구인가? 어느 쪽이 이기고 있어?
B : 마리너즈야. 지금 막 2점째 골이 들어간 (1 참　2 것)인데, 승부는 아직 지금부터야.

7 A : 신제품의 평판은 어때?
B : TV와 잡지에 광고를 냈(1 더니　2 도록), 매출이 상당히 늘었어.
↳ '～했더니 ～다'는 「동사의 과거형(た)＋ところ」를 사용한다.

1	2	3	4	5
①	①	①	①	②

6	7
②	②

문제 1 다음 문장의 (　)에 들어갈 가장 알맞은 것을 1 · 2에서 하나 고르시오.

1 A : 방금 한 말, 사장님이 들었을까?
B : 응. 하지만 사장 욕을 하고 있는 (1 중에　2 중에서) 사장이 오다니.
↳ 동작이 진행 중인 시점을 나타낼 때는 「～ている＋ところに」를 쓴다.

2 A : 장래에 전 세계의 가엾은 아이들을 구하기 위해 일하고 싶습니다.
B : (1 감동스럽군요　2 그저 그렇네).

3 오늘 수업은 교수님이 학회에 참가했기 때문에 (1 휴강이었어　2 휴강이 아니구나)

4 선생님: 하루의 공부 시간은 (1 1시간뿐　2 1시간이나)입니까? 대학생은 더 공부해야 하는 거예요.

5 A : 그래서 리포트는 어떻게 됐어요?
B : 바빠서…… 조금…… (1 썼습니다　2 못 썼습니다).

6 A : 시험 100점 맞았어. 어제 우연히 같은 문제를 풀었거든.
B : 그래서 풀 수 있었던 거구나. (1 대단해　2 당연하네).

7 A : 어제 시합, 진 원인은 그한테만 있는 건 아니야.
B : 맞아. (1 딴 선수들이 잘못했어　2 딴 선수들도 잘못했어).

1	2	3	4	5
②	②	①	①	②

6	7	8
②	①	②

문제 1 다음 문장의 (　)에 들어갈 가장 알맞은 것을 1 · 2에서 하나 고르시오.

1 A : 내일, 출발은 6시니까. 늦잠 자지 않도록 해.
B : (1 아니요　2 알았어).

2 A : 거짓말 같은 진짜 이야기예요.
B : (1 거짓말이군요　2 진짜구나).

3 A : 바다 대신에 수영장에 가자.
B : 그러자. 오늘은 (1 수영장이네　2 바다네).

4 A : 오늘은 수요일이니까 초밥집 당연히 열었을 거야.
B : (1 그림, 오늘은 초밥이다　2 유감이네, 먹고 싶었는데).

5 A : 제가 설명하는 대로 컴퓨터 키를 누르세요.
B : 네, (1 설명했습니다　2 눌렀습니다).

6 A : 내년에 고국에 돌아갈 생각이야.
B : 그래, (1 벌써 돌아갔구나　2 쓸쓸해지겠네).

7 A : '결혼한다'고 말한 게 아닌데.
B : '한다'고, 확실히 (1 말했어　2 말하지 않았어).

8 먹을 때에 (1 잘 먹었습니다　2 잘 먹겠습니다)라고 말합니다.

1	2	3	4	5
④	③	③	②	②
6	7	8		
③	③	①		

문제 2 다음 문장의 ★ 에 들어갈 가장 알맞은 것을 1·2·3·4에서 하나 고르시오.

1 病気で　何か月も　**入院した**　ことがある
어린 시절에 병으로 몇 달이나 입원한 적이 있어요.

2 出掛けないで　うちに　**いる**　ことにした
비가 와서 아무데도 나가지 않고 집에 있기로 했는데, 지루해.

3 お祝いの　スピーチを　**する**　ことになっている
친구 결혼식에서 축하 연설을 하기로 되어 있어서 지금부터 심장이 두근두근해.

4 今から　晩ごはんを　**食べる**　ところ
지금부터 저녁밥을 먹으려는 참인데 같이 드실래요?

5 みんなで　歌っている　**ところを**　撮った
이거, 괜찮죠? 다 같이 노래 부르고 있는 장면을 찍은 사진이에요.

6 今　電車を　**降りた**　ところだ
여보세요, 지금 막 전철을 내린 참이니까 앞으로 20분 정도면 그쪽에 도착할 거야.

7 病院で　**検査して**　もらった　ところ
속이 안 좋아서 병원에서 검사를 받아 봤더니, 과식이래.

8 電話を　かけようとした　**ところへ**　友だちから
친구에게 전화를 걸려던 참에 친구에게서 전화가 걸려 왔다.

1	2	3	4	5
①	④	②	④	④
6	7			
②	①			

문제 2 다음 문장의 ★ 에 들어갈 가장 알맞은 것을 1·2·3·4에서 하나 고르시오.

1 オリンピックの　ために　**競技場の**　建設
올림픽을 위해 경기장 건설이나 도로 정비를 하지 않으면 안 된다.

2 英語の　点が　**悪かった**　ために
마쓰모토 씨는 영어 점수가 나빴기 때문에 아무래도 졸업하지 못할 것 같아.

3 そんな　ことは　**しない**　ものだ
상식이 있는 사람은 그런 일은 하지 않는 법이다.

4 重要な　会議が　**ある**　もので
내일은 중요한 회의가 있어서……. 준비하지 않으면 안 돼서 아직 귀가할 수 없어요.

5 特別番組が　各局で　**放送されている**　わけだ
큰 지진이 났었어. 그래서 특별 프로그램이 각국에서 방송되고 있는 거야.

6 すべての　機能が　**使える**　わけではありません
휴대 전화는 가지고 있지만, 모든 기능을 쓸 수 있는 건 아닙니다.

7 からでも　きれいな音が　**楽しめる**　ように
이 콘서트 홀은 어느 자리에서나 아름다운 소리를 즐길 수 있도록 설계되어 있습니다.

1	2	3	4	5
③	②	①	④	③
6	7			
④	③			

문제 2 다음 문장의 ★ 에 들어갈 가장 알맞은 것을 1·2·3·4에서 하나 고르시오.

1 船の　ような　**形を**　しているので
저 산은 배와 같은 모양을 하고 있어서 '배산'이라고 불리고 있어요.

2 歌う　かわりに　**手品を**　します
나는 노래를 잘 못하니까 노래를 부르는 대신에 마술을 하겠습니다.

3 新しい　機能が　**追加されている**　はずだ
이 컴퓨터 소프트웨어에는 새로운 기능이 당연히 추가되어 있을 것이다.

4 その工事は　予定　**どおりに**　進まなかった
악천후의 영향으로 그 공사는 예정대로 진행되지 않았다.

5 いくら　高くても　**売る**　つもりは
이 그림은 할머니가 소중히 여기셨던 거라서 아무리 비싸더라도 팔 생각은 없습니다.

6 ついて　すべてを　**知っている**　つもりで
그는 그 사건에 관해서 모든 것을 알고 있다고 생각했지만, 사실은 아무것도 몰랐다.

7 マンションでは　ペットを　**飼う**　とき
이 맨션에서는 애완동물을 기를 때는 관리조합의 허가를 받지 않으면 안 됩니다.

1	2	3	4	5
①	①	①	②	②
6	**7**	**8**	**9**	**10**
②	②	②	②	②

문제 1 다음 문장의 ( )에 들어갈 가장 알맞은 것을 1·2에서 하나 고르시오.

1 일본 요리는 그다지 맛있다고는 생각하지 않았는데, (1 몇 번이나 2 한 번) 먹다 보니 좋아졌다.

2 슈퍼마켓이 문을 닫기 전에 서둘러 (1 장을 봐야지 2 집에 돌아가야지).

3 A : 매일 연습한 덕분에 축구 시합에 (1 이길 수 있었어 2 이기고 싶어).
B : 정말로 열심히 했어.

4 아침 저녁의 러시아워 때는 도로가 (1 한산하기 때문에 2 붐비기 때문에) 버스가 자주 늦는다.

5 (1 나 2 그)는 돈도 없는 주제에 해외여행을 가고 싶어한다.

6 저 녀석만 없으면 (1 곤란할 텐데 2 좋을 텐데).

7 숙제를 하고 싶어 하지 않는 딸에게 숙제를 (1 해 받았습니다 2 시켰습니다).
↳ 불규칙동사 「する」의 사역형은 「させる」이므로 정답은 2번이다.

8 어제는 휴일이었는데, 상사가 출근하래서 일을 도와주었다.
↳ 「～させられる」는 다른 사람에게 강제로 당한다는 뜻이므로 정답은 2번이다.

9 A : 그 컴퓨터, 잠깐 쓸 수 없을까요?
B : 네, 쓰세요.
↳ 다른 사람에게 뭔가를 부탁하거나 허가를 구할 때는 사역형을 써서 표현한다.

10 A : 졸려 보여.
B : 응. 자기 전에 커피를 마신 탓에 (1 잘 잤어 2 전혀 못 잤어).

1	2	3	4	5
①	②	②	①	②
6	**7**	**8**	**9**	
①	②	②	①	

문제 1 다음 문장의 ( )에 들어갈 가장 알맞은 것을 1·2에서 하나 고르시오.

1 선생님께 들었는데요, 내일 시합은 1 취소래요.
↳ '～라고 한다'라는 전문의 뜻일 때는 보통형 뒤에 「そうだ」가 붙는다.

2 저 사람은 (1 예쁠 2 머리가 좋을) 것 같아요.
↳ '～것 같다'라는 뜻일 경우, い형용사는 어간 뒤에 「そうだ」가 붙는다. 단, '좋다'라는 뜻의 いい・よい는 「よさそうだ」의 형태가 된다.

3 엄마 : 저 아이에게 이제 돈은 주지 않는 게 좋겠어요.
아빠 : 응. 돈을 가지고 있으면 가지고 있는 만큼 (1 조금씩 2 전부) 써 버리니 말야.

4 설령 월급이 (1 높더라도 2 싸더라도) 흥미를 가질 수 없는 일은 하고 싶지 않다.

5 A : 야마다 선생님은 친절해서 좋아, 그렇지?
B : 응. 학생들이 질문할 때마다 (1 가끔 2 항상) 자상하고 알기 쉽게 대답해 주니까.

6 내 방을 청소하는 김에 (1 여동생 방을 청소해 주었다 2 청소기를 가져왔다).

7 A : 주말엔 푹 쉬었어?
B : 아니. 아이들을 돌보느라 쉬기는커녕 (1 아주 푹 쉬었어 2 너무 바빠서 지쳤어).

8 A : 태풍으로 전철이 지연됐지요?
B : 지연된 정도가 아니라 (1 늦을 것 같았어요 2 멈춰 버렸어요).

9 그녀가 틀림없이 야마다 씨의 여동생이야. (1 얼굴이 아주 닮았으니까 2 여동생일지도 모르니까).

1	2	3	4	5
①	①	①	①	②
6	**7**			
③	①			

문제 2 다음 문장의 ★ 에 들어갈 가장 알맞은 것을 1·2·3·4에서 하나 고르시오.

1 電車に　乗って　**いる**　うちに
아내 : 늦었네요. 무슨 일 있었어요?
남편 : 전철을 타고 있는 사이에 잠이 들어서 지나쳐 버렸어.

2 ことが　何も　**決まらない**　うちに
중요한 일이 아무것도 정해지지 않은 채 오늘 회의는 끝이 나 버렸다.

3 交流　できる　**インターネットの**　おかげで
전 세계의 사람과 간단히 교류할 수 있는 인터넷 덕분에 일이 편해졌다.

4 人に　怖い　**人だと**　思われ
A : 야마다 씨는 처음 만난 사람에게 무서운 사람이라고 생각되는 경향이 있어.
B : 응. 하지만, 사실은 아주 상냥하지.

5 もう　30歳　の　くせに

벌써 서른 살인 주제에 형은 일도 하지 않고 매일 놀고만
있다.

6 元気で　丈夫に　さえ　育てば

부모는 자식이 건강하고 튼튼하게만 자라면 달리 아무것
도 바라지 않는 법이지.

7 代わりに　田中君を　出席させ　なさい

부하 : 부장님, 야마다 씨가 아파서 쉬기 때문에 회의에
　　　 나오지 못하게 되었습니다.

부장 : 그럼 그 사람 대신에 다나카 군을 참석시키세요.

합격 문법 확인 문제 ㉑ p.210

1	2	3	4	5
③	②	①	④	③
6				
①				

문제 2 다음 문장의 ★에 들어갈 가장 알맞은 것을 1·2·3·4에서
하나 고르시오.

1 じゃない　物まで　買わされて　しまった

A : 지난번에 매장 점원한테 필요 없는 물건까지 억지로
　　 사고 말았어.

B : 저런, 그랬구나. 점원은 손님에게 상품을 사게 하려
　　 고 필사적이니까.

2 少し　考えさせて　いただき　たい

A : 요전에 부탁드린 일, 해 주시겠어요?

B : 저~, 그 일 말인데요, 조금 더 생각하고 싶습니다만.

3 とつぜん　友達に　来られた　せいで

어젯밤, 갑자기 친구가 온 바람에 시험 공부를 전혀 하지
못했다.

4 結婚する　という　話は　本当じゃない

A : 마쓰모토 씨가 결혼한다는 이야기는 사실이 아니래요.

B : 역시, 거짓말이었구나.

5 時間が　かかり　そうな　気が

A : 우와~, 굉장한 정체네.

B : 오늘은 집에 도착할 때까지 꽤나 시간이 걸릴 것 같
　　 은 생각이 들어요.

6 スピードを　出せる　だけ　出して

A : 어제 수업에 제 시간에 도착했어?

B : 응. 자전거에 뛰어 올라타서 자전거의 속도를 낼 수
　　 있는 만큼 내서 서둘러 갔으니까.

합격 문법 확인 문제 ㉒ p.211

1	2	3	4	5
④	④	①	④	②
6				
②				

문제 2 다음 문장의 ★에 들어갈 가장 알맞은 것을 1·2·3·4에서
하나 고르시오.

1 たとえ　飛行機　でも　無理

A : 비행기라면 도쿄에서 오사카까지 1시간이면 갈 수
　　 있으려나?

B : 하네다 공항까지 가는 시간도 있으니까 설령 비행기
　　 라도 무리일 것 같아.

2 新しい　ゲームソフトが　発売される　たびに

새로운 게임 소프트웨어가 발매될 때마다 아이에게 사주
게 되니까 큰일이야.

3 髪を　切って　もらった　ついでに

미용실에서 머리를 자른 김에 샴푸를 샀다.

4 自分の　失敗を　反省する　どころか

그는 자신의 실수를 반성하기는커녕, 실수를 반복해도
아무렇지 않은 얼굴을 하고 있어.

5 英語　どころか　タイ語や　ロシア語

A : 그녀, 영어 할 수 있던가?

B : 업무상 다양한 곳에 살았으니까 영어는 물론이거니
　　 와 태국어랑 러시아어 같은 것도 할 수 있어.

6 親に　反対　されるに　決まってる

A : 저 두 사람, 지금 당장이라도 결혼하고 싶은 것 같아.

B : 하지만 아직 학생이니까 부모님께 틀림없이 반대
　　 당할 거야.

경어 확인 문제 ❶ p.217

1	2	3	4	5
③	②	④	③	④
6				
②				

문제 (ⓐ) (ⓑ)에 들어갈 가장 알맞은 것은 어느 것입니까?
1·2·3·4 중에서 하나 고르시오.

1 부하 : 부장님은 매일 아침 1시간 정도 걸으신다면서요.

부장 : 건강을 위해서지.

부하 : 아버지도 개를 데리고 매일 아침 걸어서 건강이
　　　 좋은 것 같습니다.

2 학생 : 선생님은 항상 아침 일찍 학교에 오시는군요. 몇
　　　　시쯤 댁에 나오세요?

3 A : 어머님은 건강하세요?
　　B : 네. 혼자 지내시는데요, 이웃 분이 친절하게 해 주시
　　　　는 것 같아서 저도 안심하고 있습니다.

4 학생　　 : 선생님, 또 논문을 쓰셨군요.
　　선생님 : 그래. 꽤 시간이 걸렸어.
　　학생　　 : 읽었습니다.

5 손님　　 : 티켓은 어디서 사면 되나요?
　　담당자 : 티켓을 사실 분은 이쪽에 줄을 서 주세요.

6 A : 대사관 장소는 바로 아셨습니까?
　　B : 네. 지도를 그려 주셔서 바로 알았습니다.

경어 확인 문제 ❷ p.219

1	2	3	4	5
②	②	②	③	①

6
③

문제 (ⓐ) (ⓑ)에 들어갈 가장 알맞은 것은 어느 것입니까?
1·2·3·4 중에서 하나 고르시오.

1 A : 다나카 선생님은 지금 어디에 계십니까? 1시에 약속
　　　　되어 있는데요.
　　B : 연구실일 것 같습니다.
　　A : 그럼 연구실로 찾아뵙겠습니다.

2 A : 귀한 밥그릇이군요. 잠깐 봐도 될까요?
　　B : 자, 보세요.

3 A : 이것은 아사쿠사의 센소지 사진이군요.
　　B : 그렇습니다. 잘 아시는군요.
　　A : 네. 선생님께 도쿄 명소 책을 받았는데요, 그 안에 사
　　　　진이 있어서요.

4 A : 다음 주에 뵙고 싶은데요, 사정은 어떠신지요?
　　B : 수요일 오후라면 회사에 있으니 오세요.

5 A : 실례합니다. 좀 여쭤보고 싶은 게 있는데요.
　　B : 네. 뭔가요? 제가 듣겠습니다.

6 A : 차를 어서 드세요.
　　B : 감사합니다. 그럼 잘 먹겠습니다.

경어 확인 문제 ❸ p.221

1	2	3	4	5
ご	お	X	ご	ご
6	**7**	**8**	**9**	**10**
X	お	お	ご	X
11	**12**	**13**	**14**	
③	②	③	④	

문제1 ( ) 안에 「お」 또는 「ご」를 넣으시오. 둘 다 붙일 수 없는 것
에는 X를 넣으시오.

1 （ご） 旅行
2 （お） 手伝い
3 （X） 北海道
4 （ご） 親切
5 （ご） 出張
6 （X） スプーン
7 （お） 名前
8 （お） 忙しい
9 （ご） 家族
10 （X） アイスクリーム

문제2 (ⓐ) (ⓑ) (ⓒ)에 들어갈 가장 알맞은 것은 어느 것입니까?
1·2·3·4 중에서 하나 고르시오.

11 〈오랜만에 만난 사람과〉
　　A : 오랜만입니다. 건강해 보이시네요.
　　B : 네. 덕분에요.
　　A : 지금 어디 사세요?
　　B : 오사카에 살고 있습니다.

12 〈가게에서〉
　　손님 : 이 티셔츠 다른 색깔이 있나요?
　　점원 : 네, 파란색과 빨간색이 있습니다.
　　손님 : 어느 쪽이 좋을까?
　　점원 : 글쎄요. 손님 양복에는 파란색이 좋을 것 같습니다만.

13 〈전화로〉
　　접수처 : 네, 빅노트입니다.
　　고객 : 저, 세일은 언제부터인가요?
　　접수처 : 이번 주 토요일부터입니다.
　　고객 : 차로 가도 되나요?
　　접수처 : 주차장이 있으니 차로 오셔도 괜찮습니다.

14 〈타사 사람과의 전화 대화〉
　　야마시타 : 야마시타입니다. 늘 신세 지고 있습니다.
　　다나카　　 : 다나카입니다. 저야말로 신세 지고 있습니다.
　　야마시타 : 다음 주 회의 시간에 대해서 상담하고 싶어서요.

경어 확인 문제 ❹ p.223

문제 빈칸에 경어의 특별한 표현을 넣으시오.

	존경 표현	겸양 표현
行きます	いらっしゃいます おいでになります	まいります
来ます	いらっしゃいます おいでになります お越しになります	まいります
います	いらっしゃいます	おります
します	なさいます	いたします
見ます	ごらんになります	拝見します
言います	おっしゃいます	申し上げます 申します
食べます	召し上がります	いただきます
飲みます	召し上がります	いただきます
知って います	ご存じです	存じております 存じ上げています
くれます	くださいます	×
もらいます	×	ちょうだいします いただきます
あげます	×	さしあげます
訪ねます	×	うかがいます
聞きます	×	うかがいます うけたまわります
会います	×	お目にかかります

부사 확인 문제 ❶ p.230

1	2	3	4	5
①	①	②	②	①
6	**7**	**8**	**9**	**10**
②	②	②	②	①
11				
①				

문제 ( )에 들어갈 알맞은 부사를 1·2 중에서 고르시오.

1 A : 다나카 씨, 아직 안 오는데, 어떻게 할까? 먼저 갈까?
　　B : 아, 왔다, 왔어, (1 겨우　2 드디어) 왔네. 항상 늦으니까 싫어져.

2 소중한 접시니까 깨지 않도록 (1 살살　2 몰래) 들어 주세요.

3 멍하니 있다가 (1 그만　2 깜박하고) 내리는 사람과 함께 5층에서 엘리베이터를 내려 버렸다. 나는 10층에서 내려야 했는데.
　　↘ 부주의로 어떤 일을 했을 때에는 「うっかり」를 쓴다.

4 (1 아까　2 지난번) 지진으로 집을 잃은 사람에게 필요한 물건을 보내 주었다.

5 (1 곧　2 이윽고) 전철이 들어옵니다. 위험하니 흰 선 안쪽으로 물러나 주십시오.

6 '영어 교사 (1 즉시　2 급히) 구함'이라는 종이가 역에 놓여져 있던데, 연락해 볼까?

7 그렇게 건강했던 애완견이 (1 일제히　2 갑자기) 죽어 버리다니, 믿을 수 없습니다.

8 아버지께 받은 소중한 카메라가 (1 겨우　2 마침내) 고장 나 버렸다. 유감이군. 소중히 간직했는데.
　　↘ 결과를 강조할 때는 「ついに」를 쓴다. 「いよいよ」는 어떤 일이 시작될 때 많이 쓴다.

9 방에 숨어서 (1 가만히　2 몰래) 담배를 피우다가 부모님께 들키고 말았다.

10 바쁜데도 (1 일부러　2 모처럼) 와 주셔서 감사합니다.

11 A : 인도에서 방금 일본에 와서 너무 춥습니다.
　　B : 큰일이네요. 하지만 (1 곧　2 머지않아) 익숙해질 거예요. 문제 없어요.

부사 확인 문제 ❷ p.231

1	2	3	4	5
①	①	①	②	②
6	**7**	**8**	**9**	**10**
①	①	②	①	②
11				
②				

문제 ( )에 들어갈 알맞은 부사를 1·2 중에서 고르시오.

1 열심히 간병했는데 고양이는 (1 끝내　2 겨우) 죽고 말았다.

2 이 방 크기라면 (1 기껏해야　2 적어도) 50명 정도밖에 못 들어가지 않을까?

3 담배를 끊으려고 하는데, 일 때문에 초조해지면 (1 그만　2 깜박) 피우고 말아요.

4 (1 일부러　2 모처럼) 콘서트 표가 2장 있는데, 같이 갈 사람이 없다.

5 그가 황무지에 심은 나무들이 (1 일간　2 이윽고) 성장해서 그 주변은 푸른 숲이 되어 사람들의 눈을 즐겁게 했다.

6 (1 방금　2 일전에) 막 돌아와서 아직 옷도 갈아입지 않았어.

7 새집은 무리라고 해도 (1 적어도　2 기껏해야) 내 방 정도는 있었으면 좋겠어.

8　일본어 공부를 시작한 지 얼마 안 되었는데, 초 씨가 (1 일제히 2 갑자기) 일본어 능력시험 N1에 합격했어. 못 믿겠지.

9　지진이 일어나더라도 (1 바로 2 당장) 움직이지 말고 한동안 상황을 지켜봐 주십시오.

10　오늘 배운 말을 (1 당장 2 즉시) 써 봤는데, 비웃음을 당했다. 사용 방법이 틀렸던 걸까?
　↘ 당장 써보고 싶은 마음에 쓴 것이므로「さっそく」를 쓴다.

11　수상이 들어오자 기자들은 모두 (1 갑자기 2 일제히) 일어섰다.

접속사 확인 문제 ❶ p.237

1	2	3	4	5
④	①	②	③	①

6
③

문제　다음 문장의 1 에서 6 에 들어갈 가장 알맞은 것을 1·2·3·4 중에서 하나 고르시오.

1.

妻は掃除をしない。自分ではハウスダスト・アレルギーだからだという。ほこりを吸うと咳がでるし、ほこりに触れると肌がかゆくなるという。だから、掃除機も使えない。それで、私が毎週休みの日に家の掃除をすることになる。私だってあんまりほこりがたまっていたら気になるから、しかたがないと思ってやっているんだ。しかし、妻はアレルギー体質と診断されたことは一度もない。

ハウスダスト・アレルギー　집먼지 알레르기
かゆくなる　가려워지다　　ほこり　먼지
アレルギー体質　알레르기 체질　　診断　진단

아내는 청소를 하지 않는다. 자기는 집먼지 알레르기이기 때문이라고 한다. 먼지를 들이마시면 기침이 나고, 먼지에 접촉하면 피부가 가려워진다고 한다. 때문에 청소기도 쓰지 않는다. 그래서 내가 매주 휴일에 집 청소를 하게 된다. 나 역시 먼지가 너무 쌓여 있으면 신경이 쓰여서 어쩔 수 없다고 생각해서 하고 있는 것이다. 그러나 아내는 알레르기 체질이라고 진단받은 적은 한 번도 없다.

1　1 그건 그렇고　2 그러자　3 그러나　4 때문에

2　1 그래서　2 그래도　3 단　4 그런데

3　1 또　2 그러나　3 그래서　4 그런 까닭으로

2.

学生：先生、今よろしいでしょうか。レポートのことでお願いがあるんですが……。
先生：ああ、斉藤君。レポートは「選挙と投票率について」だったね。それで？
学生：あのう、あと3枚で完成するんで。でも、あのう、締め切りが今日の5時までなので……間に合いそうもないんです。で、あと1日あれば、必ず出せます。
先生：あと3枚か。わかった。明日の午前9時までに必ずここに持ってきなさい。

選挙　선거　　投票率　투표율　　完成　완성
締め切り　마감

학생：교수님, 지금 괜찮으세요? 리포트 일로 부탁이 있습니다만…….
교수：아, 사이토 군. 리포트는 '선거와 투표율에 대해서' 였지? 그래서?
학생：저, 나머지 3장만 하면 완성이라. 그렇지만 저, 마감이 오늘 5시까지라서……시간에 못 댈 것 같습니다. 그래서 앞으로 하루면, 반드시 제출할 수 있습니다.
교수：3장인가? 알았네. 내일 오전 9시까지는 반드시 여기로 갖고 오게.

4　1 또　2 단　3 그래서　4 그래도

5　1 그렇지만　2 또한　3 그런 까닭으로　4 게다가

6　1 게다가　2 그런데　3 그래서　4 그런데도

1	2	3	4	5
②	④	②	③	①
6	**7**	**8**	**9**	**10**
④	②	②	①	②

문제 다음 문장의 **1** 에서 **10** 에 들어갈 가장 알맞은 것을
1·2·3·4중에서 하나 고르시오.

1.

友人の紹介で、出版関係に顔が広いという
人を訪ねた。なぜなら僕は出版社に就職したい
と思っているから、就職活動というわけだ。友
人が書いてくれた地図を見ながら、やっと目的
の家に着き、少し緊張してドアホンを押した。
すると、まもなくドアが開き、そこには真っ白な
髪の身長が2mはありそうな大男がマスクをし
て立っていた。僕は思わず「ど、どろぼう」と叫
んでしまった。これで僕の出版社就職の夢は消
えた。

顔が広い 발이 넓다, 인맥이 두텁다　　**出版社** 출판사
就職活動 취직 활동　　**緊張して** 긴장해서　　**夢** 꿈

친구 소개로 출판 관계에 발이 넓은 사람을 방문했다.
왜냐하면 나는 출판사에 취직하고 싶다고 생각하고 있으
므로 취직 활동인 것이다. 친구가 그려 준 지도를 보면서
겨우 목적한 집에 도착해 약간 긴장하고 인터폰을 눌렀
다. 그러자 곧 문이 열리고 거기에는 새하얀 백발의, 신장
이 2m는 될 것 같은 덩치 큰 남자가 마스크를 하고 서 있
었다. 나는 무심코 '도, 도둑이야' 하고 소리를 질러 버렸
다. 이것으로 나의 출판사 취직의 꿈은 사라졌다.

1 1 또는　2 왜냐하면　3 단　4 그렇다면

2 1 그런데　2 그런데　3 나중　4 그러자

2.

そろそろ木枯らしがふく季節です。日本の冬
は空気が乾燥して、のどや鼻が乾いて、イン
フルエンザなどウイルスが入り込みやすくな
ります。そこで、皆様にはこの加湿器「シメ
ール」をおすすめしたいと思います。「シメ
ール」は自動的に室内の湿度を調節します。
そのうえ、空気をきれいにし、マイナスイオ
ンをだして、皆様の生活を快適にしてくれま
す。年末のボーナスで家族の健康のためにぜ
ひ一台お求めください。

木枯らし 늦가을부터 초겨울에 걸쳐 부는 건조하고 찬 바람
乾燥 건조　　**加湿器** 가습기　　**おすすめ** 추천
湿度 습도　　**マイナスイオン** 음이온　　**快適** 쾌적함

슬슬 초겨울의 찬바람이 부는 계절입니다. 일본의 겨울
은 공기가 건조해서 목이나 코가 말라 감기 등 바이러스가
침입하기 쉬워집니다. 그래서 여러분께는 이 가습기 '시
메-루'를 권하고 싶습니다. '시메-루'는 자동으로 실내의
습도를 조절합니다. 게다가 공기를 깨끗하게 하고 음이온
을 배출해, 여러분의 생활을 쾌적하게 해 줍니다. 연말 보
너스로 가족의 건강을 위해 꼭 1대 구입하시기 바랍니다.

3 1 그렇지 않으면　2 그래서　3 게다가　4 그러고 나서

4 1 그런데　2 그런데도　3 게다가　4 또는

3.

メールのやり取りをはじめて1年も経った
なんて信じられません。「一度会いませんか」
という話に、この3日間悩みました。
正直に言うと、私も会ってみたいです。で
も、一方で会うのが恐いという気持ちもあり
ます。なぜなら会ってがっかりされるのが恐
いんです。それならこのままネット上のお付
き合いだけでいたいなと思うんです。

悩みました 고민했습니다　　**お付き合い** 교제
正直に言うと 솔직하게 말하면　　**がっかりする** 실망하다
がっかりされる 실망을 당하다

메일 주고받기를 시작한 지 1년이나 지나다니 믿을 수가 없습니다. '한번 만나지 않겠습니까'라는 이야기에, 요 3일간 고민했습니다.

솔직하게 말하자면, 나도 만나고 싶습니다. 그렇지만 한편으로 만나는 것이 두렵다는 마음도 있습니다. 왜냐하면 만나서 실망받는 것이 두렵습니다. 그렇다면 이대로 인터넷상의 만남으로만 있고 싶다고 생각합니다.

5 1 그렇지만 2 게다가 3 그렇다면 4 그러고 나서

6 1 그런데도 2 그리고 3 그러나 4 왜냐하면

7 1 그렇지 않으면 2 그렇다면 3 그러고 나서 4 하지만

4.

小学生の娘が、「クラスのみんなが持っているから、携帯が欲しい」と言い出した。けれども、私も妻も子供に携帯を持たせるのに反対である。できれば中学を卒業するまでは与えたくないと考えている。それに、娘は歩いて３分の小学校に通い、友だちも近所に住んでいる。遠くへ出かける時は家族と一緒だ。そんな娘になぜ携帯が必要なのか。何度も「だめだ」と返事をした。それでも、娘は「みんなが持っている」と繰り返している。娘の言う「みんな」は、クラスの４、５人なのだが。

与えたくない 주고 싶지 않다

초등학생 딸이 '반 아이들이 모두 갖고 있으니까 휴대전화 갖고 싶어'라고 말을 꺼냈다. 그렇지만 나도 아내도 아이에게 휴대전화를 갖게 하는 것에 반대한다. 가능하면 중학교를 졸업할 때까지는 주고 싶지 않다고 생각하고 있다. 게다가 딸은 걸어서 3분인 초등학교에 다니고, 친구들도 근처에 살고 있다. 멀리 외출할 때에는 가족과 함께다. 그런 딸에게 왜 휴대전화가 필요한 것인가? 몇 번이나 '안 돼'라고 대답을 했다. 그래도 딸은 '모두가 갖고 있다'고 반복하고 있다. 딸이 말하는 '모두'는 반에서 4, 5명이지만.

8 1 그러므로 2 그렇지만 3 또 4 그런데도

9 1 게다가 2 그러므로 3 그래도 4 그리고

10 1 그러고 보니 2 그래도 3 게다가 4 그렇지 않으면

접속사 확인 문제 ❸ p.240

1	2	3	4	5
②	②	②	①	④
6	**7**	**8**	**9**	**10**
①	④	①	④	③
11				
④				

문제　다음 문장의 **1**에서 **11**에 들어갈 가장 알맞은 것을 1·2·3·4 중에서 하나 고르시오.

1.

私の母国は日本とは習慣や文化がかなり違います。だから、去年日本に来て隣の部屋の鈴木さんに挨拶した時、「僕がなにか間違ったことをしたら注意してください」と頼みました。

それなのに、鈴木さんはゴミを出す日を僕が間違えると、僕の部屋の前にゴミを置きます。それから、友達が来ておしゃべりしていると、隣の部屋で壁を叩き続けるんです。あらかじめ言ってあるんです。「今日は友達が集まります」って。でも、鈴木さんは話し合いもしないで、ただ仕返しだけ。これって、日本の文化なんですか。

母国 모국　　**壁** 벽　　**叩く** 두드리다
あらかじめ 미리, 사전에　　**仕返し** 다시 함
これって 이것이

나의 모국은 일본과는 습관이나 문화가 상당히 다릅니다. 그래서 작년 일본에 와서 옆 방의 스즈키 씨에게 인사를 했을 때, '내가 뭔가 틀린 일을 하면 주의를 주세요'라고 부탁했습니다. 그런데도 스즈키 씨는 쓰레기를 내놓는 날을 내가 틀리면 내 방 앞에 쓰레기를 둡니다. 그러고 나서 친구가 와서 잡담을 하고 있으면 옆 방에서 벽을 계속 두드리는 것입니다. 미리 말해 두었습니다. '오늘은 친구가 모입니다'라고. 그렇지만 스즈키 씨는 대화도 하지 않고, 오로지 반복만 할 뿐. 이것이 일본의 문화인 것입니까?

1 1 따라서 2 그래서 3 그렇다는 것은 4 그러자

2 1 그렇다면 2 그런데도 3 또한 4 그러면

3 1 하지만 2 그러고 나서 3 단 4 그런데

4 1 그렇지만 2 그래서 3 게다가 4 또

2.

東京近代美術館は、日本で初めての国立の美術館として1952年に建てられました。ここには明治時代から現代まで約100年間の作品が展示されています。美術館に入ったら、まず4階へ行って、それから3階、2階へと見て行くことをおすすめします。日本の近代美術の歴史がよくわかるでしょう。また、同じ時代に描かれた日本画と洋画を見ることができるのも、この美術館の特徴です。

明治時代 메이지 시대　　現代 현대　　展示 전시
近代 근대　　洋画 서양화

도쿄 근대미술관은 일본에서 최초의 국립미술관으로서 1952년에 세워졌습니다. 여기에는 메이지 시대부터 현대까지 약 100년간의 작품이 전시되어 있습니다. 미술관에 들어가면, 먼저 4층에 가고 그리고 나서 3층, 2층으로 보고 가는 것을 권장합니다. 일본 근대미술의 역사를 잘 알 수 있을 것입니다. 또, 같은 시대에 그려진 일본화와 서양화를 볼 수 있는 것도 이 미술관의 특징입니다.

5　1 그건 그렇고　2 게다가　3 그리고 나서　4 먼저

6　1 그리고 나서　2 그러자　3 그래도　4 먼저

7　1 따라서　2 또는　3 그러나　4 또

3.

あなたは「日本」という漢字のふりがなを、どう書きますか。「にほん」ですか。それとも「にっぽん」ですか。
会社名として使う時や、オリンピックの応援では、「にっぽん」と言うことが多いようです。けれども、「いつ日本にきましたか」のように「にほん」と読むことも多いような気がします。
2009年、国会で「日本」の読み方を「にほん」「にっぽん」のどちらかに統一する必要はない、とされましたから、どちらでもいいということでしょうか。

応援 응원　　国会 국회　　統一 통일

당신은 '일본'이라는 한자의 후리가나를 어떻게 씁니까? 「にほん」입니까? 아니면 「にっぽん」입니까?
회사명으로써 사용할 때와 올림픽 응원에서는 「にっぽん」이라고 말하는 경우가 많은 것 같습니다. 하지만 '언제 일본에 오셨어요?'와 같이 「にほん」이라고 읽는 경우도 많은 것 같습니다.
2009년, 국회에서 '일본'을 읽는 방법을 「にほん」「にっぽん」의 어느 쪽으로 통일할 필요는 없다고 되었으니, 어느 쪽이라도 괜찮다는 것일까요?

8　1 그렇지 않으면　2 그러고 나서　3 그리고　4 그러고 보니

9　1 그런데　2 그럼　3 그런데도　4 하지만

4.

授業の最終日に試験を行います。今年は3月9日です。はじめの20分が聴解試験です。聴解試験が終わったら、すぐ筆記試験をします。試験範囲は教科書の10課から25課までです。ただし、54ページの「辞書の引き方」は除きます。以上です。なにか質問がありますか。
なおこの試験は、遅刻したら受けることができませんから、遅刻しないよう注意してください。

聴解試験 듣기 시험　　筆記試験 필기시험
試験範囲 시험 범위　　除きます 제외합니다
遅刻 지각

수업 마지막 날에 시험을 치릅니다. 올해는 3월 9일입니다. 처음 20분이 청해 시험입니다. 청해시험이 끝나면 바로 필기시험을 칩니다. 시험 범위는 교과서 10과에서 25과까지입니다. 단, 54페이지의 '사전 찾는 법'은 제외합니다. 이상입니다. 뭔가 질문 있습니까?
또한 이 시험은 지각하면 칠 수가 없으니 지각하지 않도록 주의하십시오.

10　1 그런데　2 왜냐하면　3 단　4 그렇지 않으면

11　1 그런 까닭으로　2 게다가　3 그 때문에　4 또한

PART 2 유형별 집중 공략

問題 1

문법 형식 판단 실전 연습 ❶ p.244

1	2	3	4
③	②	④	②
5	**6**	**7**	
④	①	①	

문제 다음 문장의 ( )에 들어갈 가장 알맞은 것을 1·2·3·4에서 하나 고르시오.

1 제가 할 수 있는 게 있다면 뭔가 도와 드릴까요?
  ↳ 공손하게 부탁이나 허가를 구할 때는「~させていただけませんか」를 쓴다.

2 오늘 야근이 없어서 나는 일찍 집에 돌아갈 수 있을 것 같다.
  ↳ '~것 같다'라고 모양이나 장래를 예측할 때는 동사의 ます형에「そうだ」를 접속시킨다.

3 나는 모두 앞에서 노래 부르고 싶지 않다고 말했는데, 선배가 억지로 노래 부르게 해서 창피했다.
  ↳ 다른 사람 때문에 억지로 어떤 일을 할 때는 사역수동형을 쓴다.

4 억지로 아이에게 피아노를 배우게 했더니 곧 그만둬 버렸다.
  ↳ 아이에게 시킨 것이므로 사역형을 쓴다.

5 어렸을 때, 억지로 피아노를 배워서 지금도 피아노를 싫어합니다.
  ↳ 부모가 시켜서 피아노를 배웠다는 것이므로 사역수동형을 쓴다.

6 일기예보에 따르면, 오늘부터 내일까지 태풍이 오키나와에 접근한다고 합니다.
  ↳ '~라고 한다'는 전문의 뜻일 때는 동사 사전형에「そうだ」를 접속시킨다.

7 나는 지금 일본의 축제에 관해서 여러 가지를 조사하고 있습니다.

문법 형식 판단 실전 연습 ❷ p.245

1	2	3	4
③	①	④	④
5	**6**	**7**	
②	③	③	

1 간단해 보이는 문제에 한해서 틀리거나 하니까 충분히 주의해 주세요.

2 멤버 전원에게 신용받고 있는 그야말로 리더가 되어야 한다.

3 한자라고 하면 어렵다고 생각하는 외국인이 많은 것 같습니다.

4 폭발한 건물에서 구조된 사람들은 모두 피투성이가 되어 있었습니다.

5 교토는 일본의 대표적인 관광지로서 외국에도 알려져 있다.

6 테니스를 너무 쳐서 어깨부터 등까지 매우 아픕니다.

7 수상은 오늘 밤 8시부터 신 정부의 경제 정책에 관해서 장관들과 의논할 것 같습니다.

문법 형식 판단 실전 연습 ❸ p.246

1	2	3	4
②	③	①	④
5	**6**	**7**	**8**
③	①	②	④

1 수업료 인상에다 엔고의 영향으로 유학생 수는 줄어들고 있다고 해요.

2 우리 학교는 다른 학교에 비해 규칙이 엄격해서 힘듭니다.

3 이 문제에 대해서 국민의 의견은 찬성과 반대로 크게 갈라져 있습니다.

4 환경을 생각해서 비닐 봉투 대신 에코백을 쓰도록 되어 왔다.

5 어떤 일에 관해서도 자기를 중심으로 생각하는 사람은 '이기주의'라고 불립니다.

6 최초의 비행기가 라이트 형제에 의해 발명된 것은 아이라도 알고 있어.

7 오늘 아침 신문 기사에 따르면, 해외여행을 가는 사람이 늘고 있대.

8 우리 인간들은 지금까지 전쟁에 의해 얼마나 소중한 것을 잃어 온 것일까?

1	2	3	4
④	③	④	②
5	6	7	8
①	②	①	④

1 통역사가 되기 위해서는 그 나라의 말은 물론, 문화나 역사 등에 관한 지식도 필요하다.

2 일본어 조사의 용법은 어떤 외국인에게도 어려운 법입니다.

3 유럽의 근대화는 영국의 산업 혁명을 빼고는 생각할 수 없어요.

4 저는 오늘로 퇴사합니다. 부장님을 비롯해, 영업부 여러분께는 대단히 신세 많았습니다.

5 A : 저 사람은 거의 웃지 않고, 항상 어두워서 말을 걸기가 어려워.

　　B : 응. 친구도 적을 거야.

6 언제까지나 이 마을의 자연을 지켜 나가고 싶다.

7 남편은 불평을 하면서도 집안일이나 육아를 도와 줘서 보탬이 된다.

8 너무 바빠서 점심은 일을 하면서 먹는 경우가 많다.

1	2	3	4
②	①	①	③
5	6	7	8
①	①	②	③

1 출산 후에도 일을 하고 싶다고 생각하는 사람이 늘어나서 여성이 일하기 편한 회사도 많아졌다.

2 부모님이 기운이 있고 건강할 때 가능한 한 효도해 두고 싶어.

3 비행기를 내려서 지금부터 짐을 조사하려는 참이니까 출구에서 기다리고 있어. 30분 정도면 만날 수 있어.

4 부장님이 출장에서 돌아오시는 대로 회의를 시작하자.

5 방이 너무나 어질러져 있어서 정리할 수가 없다.

6 일류 호텔 요리사가 만든 것 같은, 그런 맛있는 요리, 네가 만들 수 있을 리가 없어.

7 A : 저기, 당신 나이가 몇이야?

　　B : 당신, 실례야. 여자한테 나이를 물어서는 안 돼.

8 아침 전철은 붐비기 때문에 전철을 타지 못한 승객은 다음 전철을 기다려야 한다.

1	2	3	4
②	④	④	②
5	6	7	8
④	④	③	②

1 방금 에어컨을 켠 참이라서 방 안은 아직 덥습니다.

2 늦었으니까 오늘은 택시로 가기로 하자.

3 이 나라의 전 인구에서 차지하는 노인의 비율은 늘어나기만 해서 국가의 장래가 걱정되고 있다.

4 일본에서는 스무살이 될 때까지 담배를 피워서는 안 되게 되어 있습니다.

5 그는 이번 선거에 입후보할 생각이었지만, 단념했습니다.

6 이 길은 한번 지나가 본 적이 있습니다.

7 오늘은 입학시험입니다만, 어젯밤은 이웃이 시끄러워서 한숨도 못 잤습니다.

8 푹 자고 있는 중에 잘못 걸린 전화가 와서 말이지, 이루 말할 수 없이 화가 나.

1	2	3	4
③	④	②	③
5	6	7	8
③	②	①	④

1 감기 때문에 학교를 결석하지 않으면 안 되었다.

2 여름이 되면 새 수영복을 살 생각입니다.

3 평일은 바쁘니까 주말 정도는 푹 쉬어야 한다.

4 엄청난 소리가 나서 밖을 보았더니, 자동차가 집에 부딪쳐 있었다.

5 영화관에 가는 대신에 DVD를 사서 집에서 보자.

6 술을 못 마시는 것은 아닙니다만, 오늘은 차를 가져와서 마시지 않겠습니다.

7 잔디밭에 들어가지 않도록 '출입금지' 간판이 세워져 있습니다.

8 그처럼 냉정한 사람은 좋아하지 않습니다.

1	2	3	4
③	②	②	③
5	6	7	8
③	④	①	③

1. 아이도 알 수 있**도록** 쉽게 설명해 주시겠습니까?
2. 각국 수뇌가 저 호텔에 머물고 있다. 과연 경비가 삼엄**한 것은 당연하다.**
3. 속도 위반을 **했을** 때는 반드시 벌금을 내 주십시오.
4. 인생은 이런저런 일이 있어서 좀처럼 생각**대로는** 되지 않는 법이다.
5. 위험해. 지금 튀김을 만들**고 있는 중**이니까 옆에 오면 안 돼.
6. 엔이 비싸졌기 **때문에** 해외여행하는 사람이 늘었다.
7. 일본인은 종종 '죽을 **셈** 치면 뭐든 할 수 있다'라고 하는데, 어떤 의미일까?
8. 경기가 순조롭게 회복되면 실업률은 (당연히) 내려**갈 것**이다.

1	2	3	4
①	④	①	③
5	6	7	8
②	③	④	③

1. 이 비디오 카메라는 조작이 매우 간단해서 여기를 **누르기만** 하면 찍을 수 있어요.
2. 학생 **때**, 전 세계의 나라들을 여행하고 싶다고 생각한다.
3. 이번 주는 **대체로** 흐린 날씨가 계속되고 있어 맑게 개지 않은 날이 많았다.
4. 의료 기술이 진보한 **덕분에** 암이나 심장병이 지금은 고칠 수 있는 병이 되었다.
5. A : 머리가 아프고 속도 안 좋아.
   B : 술을 못 마시는 **주제에** 무리해서 마시니까 그런 거야.
6. A : 지갑, 언제 없어졌어?
   B : 모르겠어. 모르**는 사이에** 도난당해 있었어.
7. 역 앞 편의점에서 신문을 **사는 김에** 만화를 서서 읽고 왔다.
8. 휴일은 일어나는 시간을 정하지 않고 자고 싶은 **만큼** 자고 있습니다.

1	2	3	4
①	②	①	①
5	6	7	8
④	③	④	②

1. 그 아이는 태어나**자마자** 건강한 소리로 울기 시작했다.
2. A : 지금 일을 그만두고 자기 회사를 만든다며?
   B : 응. 오랫동안의 꿈이니까 설령 **실패하더라도** 후회는 안 해.
3. 옛날 앨범 사진을 볼 **때마다** 어렸을 적 일을 떠올려요.
4. 오늘 아침, 늦잠을 자서 시간이 없었던 **탓에** 식사를 못 했다.
5. A : 존 씨는 외국인이니까 생선회는 싫어하겠지요?
   B : 아니요, 싫어하기**는커녕** 아주 좋아하는걸요.
6. A : 야마다, 시험에 또 떨어졌대.
   B : 그렇구나. 지금 틀림없이 침울해 **있을 거야**. 위로해 주러 안 갈래?
7. A : 목이 아프다며?
   B : 응. 너무 아파서 밥을 먹기는커녕, 물도 못 넘기겠어.
8. 아버지는 큰 병을 앓은 이후, 술도 담배도 끊고 있다.

問題 2

1	2	3	4
①	④	③	④
5	6	7	
②	①	①	

문제 다음 문장의 ★ 에 들어갈 가장 알맞은 것을 1·2·3·4에서 하나 고르시오.

1. 撮らせて　いただけ　**ないか**　聞いて
   A : 선생님 댁 정원, 정말 예쁘지?
   B : 응, 그러네. 사진을 찍을 수 **없는지** 물어봐.
2. 遊ぶ　時間が　**なさ**　そうに
   일본 아이들은 학원에 가거나 늦게까지 공부하거나 해서 자유롭게 놀 시간이 **없을** 것처럼 보입니다.
3. もらう　まで　**2時間も**　待たされた
   A : 병원은 항상 붐비네.
   B : 응, 어제는 의사 선생님한테 진찰받기까지 **2시간이나** 기다렸어.

4 子供に 料理を させない 親も

A : 아이가 집안일을 돕는 것은 중요해.

B : 응. 하지만 위험하다고 해서 아이에게 요리를 시키지 않는 부모도 있는 것 같아.

5 厳しい 監督 に 何キロも 走らされて

저 팀 선수는 엄한 감독이 몇 킬로미터나 뛰게 해서 기진맥진해 있어요.

6 取る 割合は 1パーセント ぐらいだ

국가 조사에 따르면, 일하는 남성이 육아 휴가를 내는 비율은 1퍼센트 정도라고 합니다.

7 仕事が 忙しい とき に限って

일이 바쁠 때만 아이가 열을 내니까……

문장 완성 실전 연습 ❷ p.255

1	2	3	4
①	④	③	④
5	6	7	
②	③	③	

1 この 平凡な 生活 こそ

A : 아이돌이었던 당신이 이런 평범한 생활로 따분하지 않습니까?

B : 이 평범한 생활이야말로 제가 오랫동안 꿈꾸었던 것입니다.

2 というと 海外に 行きたがる 人が多い

여행이라고 하면 해외에 가고 싶어 하는 사람이 많지만, 국내에도 빼어난 곳이 많이 있는데.

3 車が 多い 都心 に比べて

A : 도심은 편리하지만, 아이를 기른다면 역시 교외 쪽이 좋지.

B : 응. 교외는 차가 많은 도심에 비해 공기도 맑고 말이야.

4 素晴らしい 発見をした 科学者 として

A : 야마다 박사가 이번에 노벨상을 수상하게 되었어요.

B : 그거 잘됐네요. 그는 뛰어난 발견을 한 과학자로서 인정받은 거군요.

5 目が 見えない 主人 にかわって

A : 맹도견은 정말 대단해.

B : 응. 눈이 보이지 않는 주인을 대신해서 안전을 확인하니까 말이야.

6 から 今朝 にかけて 大雨

어젯밤 늦게부터 오늘 아침에 걸쳐서 큰비가 내렸다고 해요.

7 流行の ファッション に関する 本

A : 요즘 젊은이들은 아주 세련됐네.

B : 응. 유행하는 패션에 관한 책도 많이 있네.

문장 완성 실전 연습 ❸ p.256

1	2	3	4
④	③	④	②
5	6	7	8
③	④	①	③

1 こんなに ほこり だらけに なっている

A : 이 집은 1년 이상 아무도 살고 있지 않대.

B : 그래서 이렇게 먼지투성이가 된 거구나.

2 ちょっとした 不注意 によって 起きた

A : 저 대폭발의 원인은 담배꽁초를 버려서래.

B : 뭐? 저런 대형 사고가 그런 사소한 부주의에 의해서 발생했다니, 무섭네.

3 お年寄り に対して 優しく するのは

A : 요즘 노인에게 전철이나 버스에서 자리를 양보하는 사람이 적어졌군요.

B : 그러네요. 노인에게 상냥하게 하는 것은 당연한 일인데 말이죠.

4 電車に 興味がない 人たち にとっては

A : 이 철도 박물관, 정말 재미있네.

B : 하지만 전철에 흥미가 없는 사람들에게는 지루한 곳이 아닐까?

5 使い方 について の 説明書を

A : 이 디지털카메라, 사용법을 잘 모르겠어.

B : 처음에 카메라 사용법에 관한 설명서를 읽는 게 좋지 않아?

6 にとっては ペットは 家族 です

A : 야마다 씨, 애완동물을 아주 귀여워하시는군요.

B : 그렇습니다. 저에게는 애완동물은 가족이니까요.

7 リストラ に加えて ボーナスまで カット

A : 변함없이 세계의 경제 상황은 나아지지 않고 있네

B : 응. 우리 회사 같은 데도 혹독한 구조 조정에다 보너스까지 삭감이야.

8 電車 をはじめとする 全ての 交通機関

A : 어제 태풍은 엄청났지.

B : 응. 전철을 비롯한 모든 교통기관이 멈춰 버렸지.

1	2	3	4
④	②	④	③
5	**6**	**7**	**8**
①	④	①	②

1 友達から　聞いた　話　によると

A : 최근에 역 앞에 예쁜 레스토랑이 생겼잖아? 이번에 가 보지 않을래?

B : 하지만 말야, 친구한테 들은 이야기에 따르면, 그 가게는 별로 맛있지 않은 것 같아.

2 その町　を中心にして　日本の　政治

A : TV 뉴스에서 종종 '나가타초'라고 말하는데, 그런 동네 알아?

B : 응. 그 동네를 중심으로 일본의 정치가 이루어지고 있어.

3 本校の　学生　はもちろん　他校の

A : 올해 학교 크리스마스 파티에서 노래자랑 대회가 있다고 하네요.

B : 네. 본교 학생은 물론 타교 학생도 참가할 수 있어요.

4 マンガ　をぬきにしては　考えられない　ほど

A : 일본 만화는 전 세계에서 인기가 있네요.

B : 네. 현대의 일본 문화는 만화를 빼놓고는 생각할 수 없을 정도가 되었지요.

5 無駄な　経費を　減らすこと　により

A : 사장님, 앞으로 우리 회사의 경영은 어떻게 되는 건가요?

B : 구조 조정과 쓸데없는 경비를 줄이는 것으로 개선할 수밖에 없을 거야.

6 魚が　すみ　にくく　なって

도시에 있는 강은 공장이나 가정에서 흘러나온 오수로 오염되어 물고기가 살기 어렵게 되어 버렸다.

7 できることを　考えて　行動したい　ものだ

한정된 자원을 지키기 위해 한 사람 한 사람이 할 수 있는 일을 생각해서 행동했으면 좋겠다.

8 ばかりの　株の　初心者　ながら

A : 그는 주식을 이제 막 시작한 주식 초보자인데도 단 하루만에 300만 엔이나 벌었어.

B : 뭐? 그거 대단한걸.

1	2	3	4
①	④	④	③
5	**6**	**7**	**8**
③	②	②	①

1 働き　ながら　その国の　文化や

A : 워킹홀리데이가 뭐야?

B : 해외에서 일하면서 그 나라의 문화나 생활 체험을 즐길 수 있는 제도야.

2 風邪を　ひき　やすく　なる

몸이 피곤해서 스트레스가 쌓이면 감기에 걸리기 쉬워진다고 합니다.

3 森林は　急速に　減る　一方

A : 자연환경을 지키기 위해 뭔가 하지 않으면⋯⋯.

B : 그래. 특히 삼림은 급속히 줄어들기만 하고, 그게 지구 온난화의 원인도 되니까 말이야.

4 対策ソフトが　ウイルスを　見つけ　次第

어라, 컴퓨터가 이상해. 최신 대책 소프트웨어가 바이러스를 발견하는 대로 즉시 삭제해 줄 텐데.

5 忘れ　ようが　ない　悲しい

그 테러는 잊을 수가 없는 슬픈 사건이다. 세상에서 테러 같은 거 없어지면 좋을 텐데.

6 うまく　いき　っこない　と思う

A : 야마다 씨, 회사를 그만두고 시골에서 농사를 시작했대.

B : 하지만 시골 생활에 익숙하지 않고, 농사 경험도 없어서 잘될 리 없을 것 같은데.

7 できない　人に　頼まれても　貸す

A : 난감하군. 야마다 씨, 돈을 전혀 돌려주지 않아.

B : 그러니까 '신용할 수 없는 사람에게는 부탁받아도 빌려주면 안 된다'고 했잖아.

8 かかっても　使い　きれない　ぐらいの

평생 걸려도 다 쓸 수 없을 정도의 큰돈이 손에 들어왔다.

1	2	3	4
④	③	④	①
5	**6**	**7**	**8**
②	③	①	④

1 たった今　アイロンを　消した　ところ

조심해. 방금 다리미를 끈 참이라 아주 뜨거워.

2 30分　くらい　歩く　ことにしている

건강을 위해서 매일 아침 30분 정도 걷기로 하고 있대요.

3 大切な　面接を　受ける　ところ

어쩌지. 지금부터 중요한 면접을 볼 참인데, 갑자기 배가 아파졌어.

4 餌を　あげても　いい　ことになっている

이 동물원에서는 누구나 동물에게 먹이를 주어도 되게 되어 있다.

5 買おうか　やめようか　迷っている　ところ

음~. 아직 케이크를 살지 말지 망설이고 있는 중이야.

6 どこかで　一度　会った　ことがある

그녀와는 어디선가 한번 만난 적이 있는 듯한 느낌이 든다.

7 違う　キーを　押してしまった　ために

컴퓨터에서 무심코 다른 키를 눌러 버려서 고생해서 쓴 파일이 전부 날아가 버렸다.

8 入っている　ところに　地震が　起きた

목욕하고 있는 중에 지진이 일어났기 때문에 정말 깜짝 놀라서…….

1	2	3	4
②	①	②	④
5	**6**	**7**	**8**
①	③	②	④

1 アメリカの　経済を　研究する　ため

그는 미국의 경제를 연구하기 위해 펜실베니아 대학 워튼 MBA로 유학 갔다.

2 今の　仕事を　続ける　ために

10년 전, 그녀는 지금의 일을 계속하기 위해 멋진 사랑을 포기했대. 정말일까?

3 スポーツクラブの　メンバーに　なる　ために

스포츠 클럽 회원이 되기 위해 은행에 계좌를 만들었습니다.

4 道に　迷って　困っていた　ところ

여행 중에 길을 잃어 곤란해 하던 중, 친절한 사람이 호텔까지 안내해 주어서 천만다행이었다.

5 今の　ような　不安定な　時代には

지금 같은 불안정한 시대에는 일을 찾는 것이 어렵다.

6 薬を　飲むのが　嫌いな　ものです

나는 약 먹는 것을 싫어하기 때문에 머리가 아파도 약은 먹지 않습니다.

7 みんな　法律家に　なる　わけではない

법률을 배우고 있는 학생이 모두 법률가가 되는 것은 아닌 것 같군요.

8 だから　大臣に　なりたがる　わけだ

A : 장관이 되면 큰 힘을 가질 수 있는 모양이야.
B : 그렇지. 그러니까 장관이 되고 싶어 하는 거야.

1	2	3	4
③	②	④	③
5	**6**	**7**	**8**
①	④	②	①

1 インフルエンザに　かからない　ように　予防接種

감기에 걸리지 않도록 예방접종을 맞으세요.

2 賞味期限を　見て　買う　ものだ

식품을 살 때는 유통기한을 보고 사는 법이다.

3 ロマンチックな　映画を　見ている　とき

요전 날, 영화관에서 조용하고 로맨틱한 영화를 보고 있을 때, 휴대 전화가 울려서 크게 당황했다.

4 その展覧会は　月末まで　開催されている　はず

지금 화제가 되고 있는 그 전람회는 월말까지 개최되고 있을 테니 꼭 보러 가세요.

5 必ず　10キロは　やせる　つもり

내일부터 다이어트를 시작해서 반드시 10킬로그램은 뺄 생각이에요.

6 カーナビの　とおりに　運転すれば　目的地に

자동차 내비게이션대로 운전하면 목적지에 도착하다니 참 편리해졌습니다.

7 親切な　つもりで　言った　ことでも

친절한 의도로 말한 것이라도 다른 사람을 상처 주기도 한다.

8 その かわりに **環境破壊が** 進んで

A : 우리의 삶은 풍요로워졌군.

B : 하지만 그 대신 환경 파괴가 진행되고 말았네.

문장 완성 **실전 연습 ❾** p.262

1	2	3	4
④	①	②	③
5	6	7	8
②	④	②	④

1 私の 話さえ **聞いて** くれれば

A : 다나카 씨, 아직 화나 있어?

B : 그런 것 같아. 내 얘기만 들어 주면 오해였다는 걸 알게 될 텐데.

2 野菜や 魚が **新鮮な** うちに

A : 야채나 생선 등, 산지 직송 상품이 인기가 있네.

B : 응. 산지의 야채나 생선이 신선할 때 택배로 집까지 도착하니까.

3 遅れない って **約束した** くせに

A : 이제 절대로 시간에 늦지 않겠다고 약속했으면서 왜 또 지각했어?

B : 어쩔 수가 없었어. 전철 사고가 났거든.

4 電気製品は 使い方が **やさしい** おかげで

요즘 전자제품은 사용법이 쉬운 덕분에 기계가 서툰 사람이라도 사용하기 쉽다.

5 たまっている 留守 **がちの** 家

A : 도둑은 어떤 집에 드는 거야?

B : 우편함에 신문이나 우편물이 잔뜩 쌓여 있는, 자주 비는 집을 노린대.

6 話に 夢中に **なっている** うちに

A : 이야기에 열중해 있는 사이에 완전히 어두워져 버렸네.

B : 응. 그럼 슬슬 돌아갈까?

7 結婚式に 出席 **する** ついでに

A : 홋카이도에 살고 있는 친구의 결혼식에 참석하는 김에 여행도 즐길까 해.

B : 그거 부럽네.

8 欲しい だけ **持って** 行っても

A : 그 상자, 전부 버리는 거예요? 아까워라.

B : 그렇게 갖고 싶으면 원하는 만큼 가져 가도 돼요.

문장 완성 **실전 연습 ❿** p.263

1	2	3	4
③	②	③	④
5	6	7	8
①	②	④	②

1 着替えて ベッドに **入った** とたん

그만 자려고 옷을 갈아입고 침대에 들어가자마자, 잊고 있던 일이 있다는 것을 떠올렸다.

2 大地震が 起きても **大丈夫な** ように

설령 갑자기 대지진이 일어나도 끄떡없도록 일주일 정도 생활할 수 있는 비상식량을 준비해 두는 게 좋다.

3 買い物の たびに **持って** 行く

A : 아, 그거 에코백이죠?

B : 응. 비닐봉지를 줄이기 위해 쇼핑갈 때마다 가져가도록 하고 있어.

4 会社に リストラ **された** せいだ

그는 자신이 범죄자가 된 것은 회사에서 구조조정된 탓이라고 말하고 있다.

5 大喜び して **くれる** どころか

A : 어제, 부인한테 선물 줬죠? 어땠어요? 부인께서 아주 좋아하시죠?

B : 그게 말이야, 아주 좋아해 주기는커녕, 한소리 들었어. 돈이 아깝다며.

6 日本中に 支社が **ある** どころか

A사는 일본 전역에 지사가 있는 것은 물론, 전 세계에 진출해 있는 대기업이다.

7 そんな こと **無理に** 決まって

A : 부장님이 말이야, 월 매출을 20% 올리래.

B : 그런 거 당연히 무리인데, 왜 그렇게 말하는 걸까?

8 数年前に 大地震が **起きて** 以来

수년 전에 대지진이 일어난 이후, 건물 안전성에 대한 국민의 관심이 높아져 왔다.

問題 3

1	2	3	4	5
④	③	③	①	②

문제 다음 문장을 읽고, 문장 전체의 내용을 생각해서 [1] 부터 [5] 에 들어갈 가장 알맞은 것을 1·2·3·4에서 하나 고르시오.

このたびは、おいしいりんごをたくさん送っていただきまして、本当にありがとうございました。とても甘くて、香りもよく、さすがに青森のりんごですね。

[1]今まで食べたものの中で一番おいしいりんごです。たくさんいただいたので、娘がアップルパイを作ってみようと言っております。家内はジャムを[2]作ってみるそうです。りんごが大好きな私は、家内と娘の腕に期待しているところです。

ご家族で青森を旅行されたとのこと、東北の秋を十分楽しまれたことでしょうね。私たちも来年あたり行ってみたいと思っています。そのときは、景色のきれいな所やおいしい食べ物などを[3]教えていただければうれしいです。

新しいお仕事を始められて何かとお忙しいでしょうが、近いうちに一度、我が家へ遊びにいらっしゃいませんか。[4]じつは庭を少し作り直しました。花壇を広くして花を植えました。小さな池も作りましたし、前よりはきれいになりました。今まで[5]めったに庭の手入れなどしませんでしたが、これから少しずつやろうかと思っています。ぜひ見に来てください。

まずは、お礼とお誘いまで。

香り	향기	期待	기대	十分	충분함	景色	경치
花壇	화단	植える	심다	手入れ	손질		

이번에 맛있는 사과를 많이 보내주셔서 정말 감사합니다. 아주 달고, 향기도 좋고, 과연 아오모리의 사과군요. 지금까지 먹은 것 중에서 가장 맛있는 사과입니다. 많이 보내주셔서 딸아이가 애플파이를 만들어 보겠다고 합니다. 아내는 잼을 만들어 보겠답니다. 사과를 굉장히 좋아하는 저는, 아내와 딸의 솜씨에 기대하고 있는 중입니다.

가족과 아오모리를 여행하셨다는 것은 동북(지방)의 가을을 만끽하셨다는 것이겠지요. 저희들도 내년쯤에 가 보고 싶습니다. 그때는 경치가 아름다운 곳과 맛있는 음식 등을 가르쳐 주시면 감사하겠습니다.

새로운 일을 시작하셔서 여러모로 바쁘시겠지만, 가까운 시일 내에 한번 저희 집에 놀러 오시지 않겠습니까? 실은 정원을 조금 손보았습니다. 화단을 넓히고 꽃을 심었습니다. 작은 연못도 만들었고, 전보다는 아름다워졌습니다. 지금까지 거의 정원 손질 같은 건 하지 않았는데, 앞으로 조금씩 해 볼까 합니다. 꼭 보러 와 주십시오.

우선, 감사와 청하는 말씀을 드립니다.

---

[1]　1 지금까지 먹지 않아서
　　2 아직 먹지 않아서
　　3 아직 먹어본 적이 없는 것 중에서
　　4 지금까지 먹은 것 중에서
　↳ 뒤에 '가장 맛있는 사과'라고 했으므로 맛있는지 알 수 있는 말이 앞에 와야 한다.

[2]　1 만들어 볼 것입니다　　2 만들어 보고 싶습니다
　　3 만들어 보겠다고 합니다　4 만들고 싶었습니다
　↳ 아내에게서 들은 것이므로 정답은 3번이다. 2·4는 자신의 일을 서술할 때 쓴다.

[3]　1 가르쳐 주면　　　　2 가르쳐 준다면
　　3 가르쳐 주신다면　　4 가르쳐 주었더니
　↳ 경어를 써서 공손하게 말해야 하므로 정답은 3번이다. 1번은 공손함이 부족하고, 2·4는 자신의 행동을 나타내므로 적합하지 않다.

[4]　1 실은　2 그러나　3 게다가　4 그리고 나서
　↳ 집에 놀러 오라고 청하는 이유를 서술하는 것이므로 정답은 1번이다. '사실을 말하자면'이라는 뜻이다. 2는 반대를 나타낼 때, 3은 내용을 덧붙일 때, 4는 시간의 순서를 나타낼 때 쓴다.

[5]　1 드디어　2 거의　3 꼭　4 반드시
　↳ 뒤에 '～하지 않았다'는 부정형이 오므로 앞에는 부정형과 함께 쓰이는 말이 와야 한다. 2번 「めったに」는 '거의'라는 뜻으로 부정형과 함께 쓰며, 횟수를 나타낸다.

1. 送っていただきまして、本当にありがとうござい
ました 보내주셔서 정말 감사합니다
「～ていただく」는 「～てもらう」의 존경 표현이다.

　私は、先生に中国語を教えていただきました。
　나는 선생님께 중국어를 배웠습니다.

2. さすがに青森のりんごですね
　과연 아오모리의 사과군요
여기서 「さすがに/さすが」는 '역시나, 평판대로'라는
뜻으로 사용한다. '들은 대로 아주 맛있다'는 뜻을 나타
내고 있다.

　さすが渋谷だな。いろんな服装をした若い人が多
いなあ。
　과연 시부야구나. 다양한 복장을 한 젊은 사람들이 많구나.

3. 家内と娘の腕　아내와 딸아이의 솜씨
「腕」는 '역량, 솜씨'라는 뜻으로, '아내와 딸의 요리
재능'을 의미한다.

4. ぜひ見に来てください　꼭 보러 와 주십시오
「ぜひ」는 「～てください」「～たい」 등과 함께 쓴다.

　その本をぜひ読んでください。
　그 책을 꼭 읽으세요.
　来年はぜひ海外に行ってみたいと思っています。
　내년에는 꼭 해외에 가 보고 싶습니다.

문맥 이해 실전 연습 ❷ p.266

1	2	3	4	5
③	④	④	①	②

　あなたのバッグには何が入っていますか。
　持ち物は、男性と女性では違うでしょう
し、年齢や職業によっても違うでしょう。
[1]どんなものを持ち歩いているのか周りの人
に聞いてみました。
　ほとんどの人が持っていたのは財布、鍵、
携帯電話で、女性はハンカチ、ティッシュを
全員が持っていました。それにティッシュ[2]
だけでなく、ウエットティッシュも持ってい
る人が多いことがわかりました。
　赤ちゃんのものが詰まったバッグや、道具

があふれるように入っていてずっしり重いバッ
グ、必要なものをきちんと整理して入れてあ
るバッグなど、[3]いろいろありました。中に
は、会社に行くときに電車が止まって、駅で数
時間待たされるという経験を何回かしたという
人のバッグに、お菓子、ピクニック用シート、
輪ゴム、便せんなどが入っていて、こんなもの
まで持ち歩くのかと[4]驚いたものもありまし
た。
　バッグの中身には、その人の[5]生活スタ
イルがあらわれていて、その人らしさが伝わ
ってくるような気がしました。

年齢 연령, 나이　職業 직업　全員 전원
ウエットティッシュ 물수건　道具 도구
ずっしり 묵직하게　詰まった 가득찬　整理 정리
経験 경험　便せん 편지지　中身 내용

당신의 가방에는 무엇이 들어 있습니까?
　소지품은 남성과 여성이 다를 테고, 연령이나 직업에
따라서도 다르겠지요. 어떤 물건을 가지고 다니는지 주위
사람들에게 물어보았습니다.
　대부분의 사람이 가지고 있던 것은 지갑, 열쇠, 휴대전
화이고, 여성은 손수건, 티슈를 전원이 가지고 있었습니
다. 게다가 티슈뿐만 아니라 물티슈도 지니고 있는 사람
이 많은 것을 알 수 있었습니다.
　아기 용품이 가득 들어 있는 가방이나, 도구가 넘칠 듯
이 들어 있어 묵직한 가방, 필요한 물건을 가지런히 정리
해 넣어 둔 가방 등, 여러 가지가 있었습니다. 그중에는 회
사에 갈 때 전철이 멈춰서, 역에서 여러 시간 기다리는 경
험을 몇 번인가 했다는 사람의 가방에 과자, 피크닉용 돗
자리, 고무밴드, 편지지 등이 들어 있어, 이런 것까지 가지
고 다니는지 놀란 것도 있었습니다.
　가방 속 내용물에는 그 사람의 생활 스타일이 나타나 있
어, 그 사람다움이 전해지는 듯한 생각이 들었습니다.

[1] 　1 어떤 색의 가방을 가지고 있는지
　　2 가방 크기는 어느 정도인지
　　3 어떤 물건을 가지고 다니는지
　　4 무엇을 사고 싶은지
　↳ 도입부에서 소지품에 대해서 이야기하고 있으므로 정답은 3
　　번이다.

[2] 　1 만이라도　2 만이　3 만과　4 뿐만 아니라
　↳ 뒤에 '물티슈도'라는 말이 이어지므로 빈칸에는 앞 내용에 첨

가하는 표현이 들어가야 한다. 따라서 정답은 4번으로, 'A뿐만 아니라 B도'라는 문장이 된다.

3 1 확실히　2 비교적　3 좀처럼　**4 여러 가지**
↳ 빈칸 앞에 「~や、~など」가 있으므로 정답은 4번이다. 3의 「なかなか」는 「なかなか~ない」(좀처럼 ~않다)의 형태로 쓴다.

4 **1 놀란 것도 있었습니다**
2 놀라고 있는 것입니다
3 놀라게 한 적이 있습니다
4 놀랐겠지요
↳ 놀란 것은 필자이므로 정답은 1번이다. 3번은 다른 사람이 놀랐다는 뜻이다.

5 1 일하는 방식　　　　　　**2 생활 스타일**
3 통근 방법　　　　　　　4 티슈 취향
↳ 「赤ちゃんのもの」(아기 용품), 「道具」(도구), 「必要なもの」(필요한 물건)라는 말이 있으므로 정답은 2번이다. '일하는 방식', '통근 방법', '티슈 취향'에 대한 언급은 나와 있지 않다.

표현 해설

1. 駅で数時間待たされるという経験を何回かした
   역에서 여러 시간 기다리는 경험을 몇 번인가 했다
   何回か(몇 번인가)는 数回(여러 번)와 같은 표현이다.
   足が痛くて、何回か病院に行きました。
   다리가 아파서 몇 번인가 병원에 갔습니다.

문맥 이해 실전 연습 ❸ p.268

1	2	3	4	5	6
②	④	③	①	②	③

おもちゃのメーカーがボランティアでおもちゃの病院を開いています。最近は、こわれたおもちゃを直す人は少なくなって、**1 こわれたら捨てる**時代と言われています。けれども、物を大切にする気持ちをもっと大事にしようと思っている人も、**2 少なくないのです**。
　大好きなおもちゃがこわれてしまった子どもにとっては、それを直してくれるおもちゃの専門家が、**3 神様のように**見えるようです。
おもちゃの修理がきっかけで物を大事にする気持ちを持ってくれるなら、**4 こんなに**うれしいことはありません。
5 もっとも切れた電気の線や折れたネジをちょっと直す昔のおもちゃと違って、今のおもちゃは直すのが難しくなりました。新しい技術を使っているからです。また、電子部品の値段が高く、修理にお金もかかります。それでも、おもちゃが直ったときに子どもたちのうれしそうな顔を見たり、「ありがとう」という明るい声を聞いたりすると、**6 直せてよかった**と思うそうです。

おもちゃ 장난감　　メーカー 메이커
ボランティア 자원봉사　　こわれる 망가지다, 부서지다
直す 고치다　　専門家 전문가　　修理する 수리하다
きっかけ 계기　　切れる 끊어지다
折れる 접히다, 부러지다　　技術 기술
電子部品 전자 부품　　直る 고쳐지다　　神様 신

　장난감 제조회사가 자원봉사로 장난감 병원을 열었습니다. 요즘에는 고장 난 장난감을 수리하는 사람이 적어져서 고장 나면 버리는 시대라고 말합니다. 하지만 물건을 아끼는 마음을 좀 더 소중히 하려고 생각하는 사람도 적지 않습니다.
　아주 좋아하는 장난감이 고장 나 버린 아이들에게는, 그것을 고쳐 주는 장난감 전문가가 신처럼 보이는 것 같습니다. 장난감 수리가 계기가 되어 물건을 소중히 하는 마음을 가져 준다면, 이렇게 기쁜 일은 없을 것입니다.
　다만 끊어진 전기선이나 부러진 나사를 살짝 고치는 옛날 장난감과 달리, 요즘의 장난감은 수리하는 것이 어려워졌습니다. 새로운 기술을 사용하고 있기 때문입니다. 또, 전자 부품의 가격이 비싸고, 수리에 돈도 듭니다. 그런데도 장난감을 수리했을 때 아이들이 기뻐하는 얼굴을 보거나 '고맙습니다'라는 밝은 목소리를 듣거나 하면 고칠 수 있어서 다행이라고 생각한다고 합니다.

1 1 사면 바로 버리는　　　**2 고장 나면 버리는**
3 버리지 않고 사는　　　4 고치지 않고 쓰는
↳ 앞에서 '고장 나면 수리하는 사람이 적어져서'라고 했으므로 정답은 2번임을 알 수 있다.

2 1 많지 않습니다　　　　2 없습니다
3 줄어들었습니다　　　**4 적지 않습니다**
↳ 「けれども」로 시작하고 있으므로 앞 문장과 반대의 내용이 올 것이다. '고장 나면 버리는 사람'이 많은 반면, '물건을 소중히 하려는 사람도 많다'는 의미가 되어야 하므로 정답은 4번이다.

3 1 신이라고 한다　2 신 같아서　**3 신처럼**　4 신답게

↳ 장난감을 좋아하는 아이에게 고장 난 장난감을 고쳐주는 사람은 '신처럼' 보일 것이다. 구체적인 예를 들어 비유하고 있으므로 정답은 3번이다.「みたいだ」는 회화체 표현이며,「らしい」는 '～답다'라는 뜻이다.

4 1 이렇게　2 매우　3 한층 더　4 아무리

↳ 바로 앞에서 말한 것에 대해 매우「うれしい」(기쁘다)라고 말하고 있으므로 정답은 1번이다.

5 1 왜냐하면　2 다만　3 그래서　4 게다가

↳ 뒤에 오는 내용이 사실은 조금 곤란한 점이 있다는 것이므로 빈칸에는 앞 내용을 보충 설명하는 접속사가 와야 한다. 따라서 정답은 2번「もっとも」(다만)이다.「なぜなら」 뒤에는 이유가 오고,「そこで」 뒤에는 '다음으로 무엇을 할지'에 대한 내용이 온다. 4번「それに」(게다가)는 같은 것을 나열할 때 쓰는 접속사이다.

6 1 고쳐지지 않아서 유감이다　2 고치는 게 힘들다
3 고칠 수 있어서 다행이다　4 고치면 다행이다

↳ 앞 내용이「お金もかかります。それでも～」(돈도 듭니다. 그런데도)이므로 뒤에는 긍정적인 내용이 온다. 따라서 정답은 3번 '고칠 수 있어서 다행이다'이다.

표현 해설

1. **おもちゃの修理がきっかけで**　장난감 수리가 계기가 되어
「きっかけで」는 '계기로'라는 뜻으로, 이 문장은「おもちゃを修理してもらったことが原因となって」(장난감을 수리한 것이 원인이 되어)와 같은 표현이다.
傘を貸してもらったのが**きっかけで**友だちになった。
우산 빌린 것을 계기로 친구가 되었다.

문맥 이해 실전 연습 ❹ p.270

1	2	3	4	5
①	②	③	②	④

図書館で本を借りて読みたいと思っても、図書館から遠いところに住んでいるひとり暮らしのお年寄りには難しい。特に　地方では人口が少なくなったため、電車やバスの本数が減って利用しにくくなっている。それで、家にずっと**1**いるしかない人が増えている。
　そんな人のために注文に**2**応じて郵便局員が図書館の本を届けてくれるサービスが本田市で始まった。サービスを希望すると、

月に２回、その人のところを郵便局員が訪問してくれる。リストを見せて読みたい本の希望を聞く。**3**そして、郵便で届けるというやり方だ。もちろん、郵送料はサービスを受ける人が払うことになる。本が読みたくても**4**図書館に行けない人にとっては安い料金だろう。こんなサービスを自分が住む町でも始めてほしいと思う人は**5**きっと多いに違いない。

ひとり暮らし 독신생활　　**お年寄り** 연장자, 노인
地方 지방　　**本数** 개수, 권수, 운행 횟수　　**人口** 인구
利用する 이용하다　　**注文** 주문　　**郵便局員** 우체국 직원
希望する 희망하다　　**訪問する** 방문하다　　**リスト** 리스트
郵送料 우송료　　**払う** 지불하다　　**料金** 요금

　도서관에서 책을 빌려 읽고 싶어도 도서관에서 멀리 떨어진 곳에 살고 있는 독거노인에게는 힘든 일이다. 특히 지방에서는 인구가 감소했기 때문에, 전철과 버스의 운행 횟수가 줄어서 이용하기 힘들어지고 있다. 그래서 집에 계속 있을 수밖에 없는 사람이 늘고 있다.
　그런 사람을 위해 주문에 응해서 우체국 직원이 도서관의 책을 보내 주는 서비스가 혼다시에서 시작되었다. 서비스를 희망하면 월 2회, 그 사람이 사는 곳을 우체국 직원이 방문해 준다. 리스트를 보여 주고 읽고 싶은 책의 희망을 듣는다. 그리고 우편으로 보내는 방식이다. 물론 우송료는 서비스를 받는 사람이 지불하게 된다. 책을 읽고 싶어도 도서관에 갈 수 없는 사람에게는 저렴한 요금일 것이다. 이런 서비스를 자신이 사는 마을에서도 시작해 주기를 바라는 사람이 분명 많을 것임에 틀림없다.

1 1 있을 수밖에 없는　　　2 있을 수 없는
3 있어도 되는　　　　　4 없어도 되는

↳ 바로 앞 문장의「電車やバスの本数が減って」(전철과 버스의 운행 횟수가 줄어서) 외출하는 게 힘드므로 정답은 1번이다.

2 1 있어서　2 응해서　3 즈음하여　4 통해서

↳ '주문을 받아서'라는 의미이므로 정답은 2번이다.

3 1 그렇다면　2 그러자　3 그리고　4 그건 그렇고

↳ 희망하는 도서를 주문받아서 우편으로 책을 보내 주는 것이므로 빈칸에는 '그리고'에 해당하는 접속사가 들어가야 한다. 정답은 3번이다.

4 　1 도서관에 가는　　　　　2 도서관에 갈 수 없는
　　3 도서관에 간　　　　　　4 도서관에 갈 수 있는

　　↳ '읽고 싶어도 ~할 수 없다'라는 의미가 되어야 하므로 정답은
　　　2번이다.

5 　1 훨씬 전에　2 오히려　3 거의　4 분명
　　↳ 뒤에 「~に違いない」(분명~임에 틀림없다)가 왔으므로 앞에
　　　는 「きっと」가 와야 한다. 따라서 정답은 4번이다. 참고로
　　　「とっくに」는 '훨씬 전에'라는 시간을 나타내고, 「ほとんど」
　　　는 「~ない」와 함께 쓰여 '거의 ~않다'라는 빈도를 나타낸다.

표현 해설

1. 人口が少なくなったため　인구가 감소했기 때문에
　「少なくなる」는 '적어지다'라는 뜻으로 「減る」와 같
　은 뜻이다. 「~ため」는 '~때문에'라는 뜻으로 원인이
　나 이유를 나타낸다. 「~から」와 같은 표현이다.

　戦争が続いたため、多くの死者が出た。
　전쟁이 계속되었기 때문에 많은 사망자가 나왔다.

2. 郵送料はサービスを受ける人が払うことになる
　우송료는 서비스를 받는 사람이 지불하게 된다
　「~ことになる」는 '~게 된다'는 뜻으로 '자연스럽게
　그렇게 된다'는 의미이다.

　そのホテルは駅から遠いのでタクシーで行くこと
　になる。
　그 호텔은 역에서 멀어서 택시로 가게 된다.

문맥 이해 실전 연습 ❺ p.272

1	2	3	4	5
②	④	②	③	①

　新入生のみなさん、1 いよいよ大学生活
が始まりましたね。サークルはのぞいてみま
しか。気に入ったサークル、入ってみたいな
と思うサークルはありましたか。近くのカフ
ェやレストランも、もうチェックしましたか。
　松下大学では1000人以上の留学生が勉強し
ています。そう、そうなんです。あなたさえ
2 その気になれば、大学内で 3 世界中の人と
友だちになれるんです。いろいろな国の人と
楽しく話してみませんか。4 外国に行かなく
てもいろんな文化が体験できちゃうんですよ。
でも、留学生はどこに？

　そんなあなたを「サークルわいわい」にご
招待。11号館201号室で毎週水曜・金曜の5
時から2時間、国籍や学年に関係なく楽しく
5 交流しています。日本語も英語もＯＫで
す。留学生と友だちになりたいあなた、留学
を考えている君、一度見に来ませんか。

留学生 유학생　体験 체험　招待 초대　国籍 국적

　신입생 여러분, 드디어 대학 생활이 시작되었습니다.
동아리는 알아보았습니까? 마음에 든 동아리, 가입하고
싶다고 생각하는 동아리는 있었습니까? 근처 카페나 레스
토랑도 이미 체크했습니까?
　마쓰시타 대학에서는 천 명 이상의 유학생이 공부하고
있습니다. 맞아요, 그렇습니다. 당신만 그럴 마음이 든다
면 대학 내에서 전 세계 사람들과 친구가 될 수 있는 것입
니다. 여러 나라의 사람과 즐겁게 이야기해 보지 않겠습니
까? 외국에 가지 않아도 다양한 문화를 체험할 수 있는 겁
니다.
그렇지만 유학생은 어디에?
　그런 당신을 '동아리 왁자지껄'에 초대합니다. 11호관
201호실에서 매주 수요일 · 금요일 5시부터 2시간, 국적
이나 학년에 관계없이 즐겁게 교류하고 있습니다. 일본어
도 영어도 OK입니다. 유학생과 친구가 되고 싶은 당신,
유학을 고려하고 있는 당신, 한번 보러 오지 않겠습니까?

1 　1 슬슬　2 드디어　3 두근두근　4 두근두근
　↳ 기대를 가지고 하려고 생각했던 일이 시작되었다는 것이므로
　　정답은 2번 「いよいよ~始まった」(드디어 ~시작되었다)이
　　다. 「そろそろ」(슬슬)는 느긋하게 뭔가를 한다는 뜻이고, 「ど
　　きどき」(두근두근)는 기대나 불안, 운동 등으로 심장이 격렬
　　하게 뛰는 것을 뜻한다.

2 　1 그럴 마음에 든다면　　2 그럴 생각이 미치면
　　3 그럴 마음이 없다면　　4 그럴 마음이 든다면
　　↳ 문맥상 빈칸에는 '하고 싶다면, 할 생각이 있다면' 등의 표현
　　　이 와야 한다. 따라서 정답은 4번이다. 「気に入る」(마음에
　　　들다), 「気がつく」(생각이 미치다)는 「その」(그)와는 함께
　　　사용하지 않는다.

3 　1 일본 전 지역의 사람과　2 전 세계의 사람과
　　3 대학 선배와　　　　　4 학생 기숙사의 사람과
　　↳ 앞 부분에 「松下大学では1000人以上の留学生が勉強し
　　　ています」(마쓰시타 대학에서는 천 명 이상의 유학생이 공
　　　부하고 있습니다)라고 쓰여 있으므로 대학 내에서는 전 세계
　　　사람들과 친구가 될 수 있다. 따라서 정답은 2번이다.

4 　1 일본에 없어도　　　　2 일본에 돌아가지 않아도
　　3 외국에 가지 않아도　　4 대학에 가지 않아도
　↳ '대학 내'에 '천 명 이상의 유학생이 공부하고 있기 때문에' 다양
　　한 문화 체험을 할 수 있게 되는 것이므로 정답은 3번이다.

5 　1 교류　2 시험　3 교제　4 시합
　↳ '국적'이나 '학년' 등에 제한을 두지 않고 어울리는 것은 '교
　　류'이므로 정답은 1번이다. 3번 '교제'는 남녀가 사귀는 것
　　을 의미한다.

1. あなたさえその気になれば、友だちになれるんです
   당신만 그럴 마음이 든다면, 친구가 될 수 있는 것입니다
   「〜さえ〜ば」는 '~만 ~하면'이라는 뜻으로 '그것만으
   로 충분하다'라는 의미를 나타낸다.

   道に迷っても、地図さえあればだいじょうぶだよ。
   길을 잃어도 지도만 있으면 괜찮아.

   彼はマンガさえあればほかには何もいらないと言っ
   ている。
   그는 만화만 있으면 그 외에는 아무것도 필요 없다고 말하고 있다.

2. 体験できちゃうんですよ　체험할 수 있는 겁니다
   「〜ちゃう」는「〜てしまう」(~해 버리다)의 회화체 표현
   이다.

문맥 이해 **실전 연습 ❻** p.274

1	2	3	4	5
③	①	④	②	①

　最近、働きながら資格を取るための勉
強をしている人が増えているそうです。
不景気が続いていて、毎日のように社員
のリストラのニュースを耳にします。大
企業に勤めているからといって、安心は
1 できないのです。そのため、将来に不
安を感じる人や、独立しようと考える人
が、資格を **2** 取ろうとしているようです。
　しかし、働きながら勉強するのは **3** 簡単
なことではありません。勉強の時間を作るた
めに、皆さん、いろいろな工夫や努力をして
いることがわかりました。
　4 たとえば、毎朝4時に起きて勉強して
いる人や、**5** 出勤時間まで会社の近くの喫
茶店で勉強するなど、朝の時間を活用して

いる人もたくさんいました。また、通勤の時
間を勉強の時間にしたり、グループで勉強会
を開いて、お互いに励まし合いながら勉強を
したりしている人もいました。

資格 자격　　**不景気** 불경기　　リストラ 구조조정
大企業 대기업　　**独立する** 독립하다　　**工夫** 연구, 궁리
努力 노력　　**活用** 활용　　お互いに 서로
励ます 격려하다

　요즘 일하면서 자격을 취득하기 위한 공부를 하고 있는
사람이 늘고 있다고 합니다. 불경기가 계속되고 있고, 매일
같이 사원 구조조정 뉴스를 듣습니다. 대기업에 근무하고
있다고 해도 안심은 할 수 없습니다. 그 때문에 장래에 불
안을 느끼는 사람이나 독립하려고 생각하는 사람이 자격
을 따려고 하는 것 같습니다.
　그러나 일하면서 공부하는 것은 간단한 일이 아닙니다.
공부 시간을 만들기 위해 여러분이 다양한 궁리나 노력을
하고 있는 것을 알았습니다.
　예를 들면, 매일 아침 4시에 일어나서 공부하고 있는
사람이나, 출근 시간까지 회사 근처의 커피숍에서 공부하
는 등, 아침 시간을 활용하고 있는 사람도 많이 있었습니
다. 또, 통근 시간을 공부 시간으로 삼거나, 단체로 스터디
모임을 열어, 서로 격려하면서 공부하거나 하는 사람도
있었습니다.

1 　1 가능했겠지요　　　　2 할 수 있을 겁니다
　　3 할 수 없습니다　　　　4 할 수 있었을 겁니다
　↳ 앞에「〜からといって」(~라고 해서)'라는 표현이 왔으므
　　로 뒤에는 부정문이 온다. 따라서 정답은 3번이다.

2 　1 따려고 하는　　　　2 따기 위해서였다
　　3 따려고 하지 않는　　4 따기 위해 되어 있는
　↳ 앞으로 자격을 따는 것이므로 정답은 1번이다.

3 　1 간단한 일이었습니다　　2 간단하게 되겠지요
　　3 간단하게 되지 않습니다　4 간단한 일이 아닙니다
　↳ 앞에「しかし」(그러나)라고 말하고 있으므로 정답은 4번「簡
　　単なことではありません」(간단한 일이 아닙니다)이다.

4 　1 즉　2 예를 들면　3 또는　4 게다가
　↳ 앞 단락에서 말한 다양한 궁리나 노력에 대한 예를 드는 것이
　　므로 정답은 2번이다. 「つまり」(요컨대)는 앞의 내용을 보충
　　설명할 때 쓰고, 「あるいは」(또는)는 선택할 때, 「そのうえ」
　　(게다가)는 첨가할 때 쓴다.

　　↳ '아침 시간을 활용하고 있는 사람도 많이 있었다'라고 말하고
　　있으므로 정답은 1번이다.

표현 해설

1. ニュースを耳にします　뉴스를 듣습니다
　「耳にする」는 「聞く」(듣다)와 같은 뜻이다.

2. 朝の時間を活用している　아침 시간을 활용하고 있다
　이것은 「朝の時間を効果的に使っている」(아침 시
　간을 효과적으로 사용하고 있다)와 같은 뜻이다.

문맥 이해 실전 연습 ❼ p.276

1	2	3	4
①	④	④	③

　「馬鹿は死ななきゃ治らない」と、よく世間
で言われているが、「親ばか」もここで言う、
「ばか」の仲間に入るのだろうか。
　「親ばか」というのは、子どもを 1 かわいが
りすぎて、子どものこととなると何も考えら
れなくなり、ただ子どものためだけを思って、
他人から見れば「 2 どうしてそんなことを」と
いうようなことをしてしまう親のことである。
　浜さん夫婦には中学2年生になる息子がい
る。1人息子だけに「目に入れても痛くない」
と思うほどかわいがっている。先日この息子
がスーパーでDVDを 3 盗んで警察に捕まっ
た。ビデオにもその様子が映っていたし、見
ていた人も何人かいたが、浜さん夫婦は「うち
の子に限ってそんなことはしない。何かの間
違いだ」と言い続けたそうだ。
　浜さん夫婦は常識のあるごく普通の夫婦
で、決して 4 無理を言う人ではない。が、その
人たちがこのようになってしまうのである。
　親とは本当に不思議なものである。

馬鹿 바보　　他人 타인　　1人息子 외아들
捕まる 잡다　　様子 모습, 모양　　映る 비추다
常識 상식　　不思議 이상함

'바보는 죽지 않으면 낫지 않는다'라고 자주 세간에서
말하고 있는데, '부모 바보'도 여기에서 말하는 '바보' 부류
에 들어가는 것일까?
　'부모 바보'라는 것은, 아이를 너무 귀여워해서 아이 일
이라면 아무것도 생각할 수 없게 되고, 오직 아이를 위한
것만을 생각해서, 남이 보면 '어째서 그런 일을'이라고 말
할 것 같은 일을 저질러 버리는 부모를 말한다.
　하마 씨 부부에게는 중학교 2학년이 되는 아들이 있다.
외아들인 만큼 '눈에 넣어도 아프지 않다'고 생각할 정도
로 귀여워한다. 요전에 이 아들이 슈퍼마켓에서 DVD를
훔쳐서 경찰에 체포되었다. 비디오에도 그 모습이 찍혀
있었고, 보고 있던 사람도 몇 명인가 있었지만, 하마 씨 부
부는 계속 '우리 아이만큼은 그런 짓은 하지 않는다. 뭔가
착오다'라고 말했다고 한다.
　하마 씨 부부는 상식이 있는 지극히 보통의 부부로, 결
코 억지를 부리는 사람이 아니다. 그러나 그 사람들이 이
렇게 되어 버리는 것이다.
　부모란 정말로 불가사의한 존재이다.

1　1 너무 귀여워해서　　　　　2 증오한 나머지
　3 너무 귀여워서　　　　　　4 너무 자랑해서
　　↳ 뒤에 「子どものこととなると何も考えられなくなり、
　　　ただ子どものためだけを思って」(아이 일이라면 아무것
　　　도 생각할 수 없게 되고, 오직 아이를 위한 것만을 생각해
　　　서)라고 쓰여 있으므로 정답은 1번이다.

2　1 이렇게 해서 그런 일을　　2 그렇게 이런 일을
　3 저렇게 해서 어떤 일을　　4 어째서 그런 일을
　　↳ 빈칸에는 타인의 입장에서 보았을 때의 느낌이 들어가는 것이
　　　므로 정답은 4번이다.

3　1 주어서　2 받아서　3 사서　4 훔쳐서
　　↳ 바로 뒤에 「警察に捕まった」(경찰에 체포되었다)라는 말이
　　　오므로 정답은 4번이다.

4　1 불평을 하지 않는 사람　　2 찬성을 하지 않는 사람
　3 억지를 부리는 사람　　　4 억지를 부리지 않는 사람
　　↳ 앞에 「常識のあるごく普通の夫婦」(상식이 있는 지극히
　　　보통의 부부'라는 표현이 오므로 뒤에도 그와 같은 맥락의
　　　내용이 와야 한다. 따라서 정답은 3번이다.

1. **1人息子だけに**　외아들인 만큼

   「だけに」는 '~답게, ~한 만큼'이라는 뜻으로 어떤 상
   태에 상응하는 뜻을 나타낸다.

   彼は若いだけに体力がある。だから風邪を引いて
   もすぐ治る。

   그는 젊은 만큼 체력이 있다. 그래서 감기에 걸려도 금방 낫는다.

2. **目に入れても痛くない**　눈에 넣어도 아프지 않다

   '매우 귀여워하다'라는 뜻이다.

3. **うちの子に限ってそんなことはしない**

   우리 아이만큼은 그런 짓은 하지 않는다

   「～に限って」는 '특히 ~만은, ~에 한해'라는 한정의
   뜻을 나타낸다. 「～だけは」와 같은 표현이다.

4. **ごく普通の夫婦で**　지극히 보통의 부부로

   보통이라는 것을 강조해서 말한 표현으로, 「ごく」는 「本
   当に」(정말로)와 같은 의미이다.

   先生に会ったらあいさつをするのは、ごく当たり
   前のことだ。

   선생님을 만나면 인사를 하는 것은 지극히 당연한 일이다.

PART 2 유형별 집중 공략

問題 4

내용 이해(단문) 실전 연습 ❶ p.306

1	2	3
②	③	②

문제 4 다음 (1)에서 (3)의 글을 읽고, 다음 질문에 대한 답으로 가장 알맞은 것을 1·2·3·4에서 하나 고르시오.

(1)

私は運動嫌いで、休みの日でも家でごろごろしていることが多いのです。友人がテニスや水泳に誘ってくれてもいつも断ってばかりいます。
両親は、私が小さいころからずっと仕事をしていたので、祖父母が妹と私の面倒をみてくれました。祖父母は、私たちが外で遊んでけがをするのを心配したためでしょうか、家の中で遊ばされることが多かったのです。近所に友達もいましたが、その子は体が弱かったので、いっしょに遊ぶときもあまり外に出ないで家の中で遊んでいました。そんなことから、運動嫌いになったような気がします。

運動嫌い 운동을 싫어함　　**水泳** 수영
けがをする 상처를 입다, 다치다　　**近所** 근처

　나는 운동을 싫어해서 휴일에도 집에서 뒹굴거리는 일이 많습니다. 친구가 테니스나 수영하러 가자고 해도 늘 거절만 하고 있습니다.
　부모님은 내가 어렸을 때부터 계속 일을 하고 있었기 때문에 조부모님이 여동생과 나를 돌봐 주셨습니다. 조부모님은 우리가 밖에서 놀다 다치는 것을 걱정하셨기 때문인지, 집 안에서 놀게 하는 일이 많았습니다. 근처에 친구도 있었지만, 그 아이는 몸이 약했기 때문에 함께 놀 때도 별

로 밖에 나오지 않고 집 안에서 놀았습니다. 그래서 운동을 싫어하게 된 것 같습니다.

---

1 필자가 운동을 싫어하는 사람이 된 이유에 대해 맞는 것은 어느 것인가?

1　몸이 약해서 집 안에서만 놀았으므로
2　조부모가 집 안에서 놀라고 했으므로
3　친구가 테니스나 수영하러 가자고 해도 거절만 하고 있으므로
4　밖에서 놀면 다치는 일이 많았으므로

↳ 정답은 2번이다. 1번 몸이 약했던 것은 친구이고, 4번은 조부모의 걱정에 해당되는 내용이다. 3번은 필자에 해당되는 내용이지만, 이것은 운동을 싫어하게 된 이후의 일이다.

표현 해설

1. **うちでごろごろしている** 집에서 뒹굴거리고 있다
「ごろごろ」는 '빈둥빈둥'이라는 뜻으로 하는 일 없이 시간을 보내는 모양을 나타낸다.

2. **断ってばかりいます** 거절하고만 있습니다
이것은 '거절하는 경우가 아주 많다'는 의미로 「ばかり」는 '~만, ~뿐'이라는 뜻으로 범위를 한정할 때 쓴다.
弟は小さいころ、近所の子にいじめられて泣いてばかりいました。
남동생은 어렸을 때 근처 아이에게 괴롭힘을 당해서 울기만 했습니다.

3. **面倒をみてくれました** 돌봐 주었습니다
「面倒をみる」는 '돌봐 주다, 보살피다'라는 뜻이고, 「~てくれる」는 '다른 사람이 (나에게) ~해 주다'라는 뜻이다. 「世話をして、育ててくれました」(보살펴 길러 주었습니다)도 같은 표현이다.

4. **遊ばされることが多かったのです**
놀게 하는 일이 많았습니다
「遊ばされる」는 「遊ばせられる」(놀게 함을 당하다)의 축약형으로, '다른 사람에게 시킴을 당하다'라는 사역수동 표현이다. 즉 이 문장은 '조부모가 나에게 집 안에서 놀라고 하셔서 나는 집 안에서 노는 일이 많았다'는 뜻이다.

生徒は先生に本を読まされた。

학생은 선생님이 책을 읽으라고 해서 책을 읽었다.

私は母にピアノを習わされた。

나는 엄마가 피아노를 배우라고 해서 피아노를 배웠다.

(2)

火を使わず、温風も出さずに部屋を暖める話題の遠赤外線ヒーター。中でも最新型の「アッタメール」は、ほかの製品より暖かく、消費電力500Wと省エネ。室内に温度差ができないように暖めるので、顔だけ暖かく足元が寒いというようなことはありません。また空気も汚れません。電気代は9時間使って99円と経済的です。今なら申し込み順に100台までは35,000円とお得です。お早めにどうぞ。「アッタメール」で快適な冬を過ごしませんか。

温風 온풍	**話題** 화제	**遠赤外線** 원적외선	
消費電力 소비 전력	**省エネ** 에너지 절약		
温度差 온도차	**足元** 발밑, 발치	**電気代** 전기 요금	
経済的 경제적	**お得** 이익	**快適** 쾌적함	

불을 사용하지 않고, 온풍도 나오지 않고 방을 따뜻하게 하는 화제의 원적외선 히터. 그중에서도 최신형인 '데우~다'는 다른 제품보다 따뜻하고, 소비 전력은 500와트로 에너지 절약. 실내에 온도 차가 생기지 않도록 덥히기 때문에, 얼굴만 따뜻하고 발은 추운 것 같은 일은 없습니다. 또 공기도 오염되지 않습니다. 전기 요금은 9시간 사용해서 99엔으로 경제적입니다. 지금이라면 신청순으로 100대까지는 35,000엔으로 이득입니다. 일찌감치 구입하세요. '데우~다'로 쾌적한 겨울을 보내지 않으시겠습니까?

2 '데우~다'에 대해 맞는 것은 어느 것인가?

1 따뜻함은 다른 제품과 다르지 않지만 공기가 오염되지 않는다.

2 다른 제품보다 따뜻해지고, 특히 얼굴 부분이 따뜻해진다.

3 다른 제품보다 따뜻하고 방 안 전체를 같은 온도로 만든다.

4 신제품이므로 100대만 판매하기로 되어 있다.

↳ 정답은 3번이다. 「アッタメール」(데우~다)는 다른 제품보다

따뜻하고 에너지가 절약되며, 공기가 오염되지 않는 특징을 가지고 있다. 또한 실내에 온도차가 나지 않으므로 몸 전체가 고르게 따뜻하다. 따라서 1번과 2번은 틀린 설명이다. 4번의 100대는 선착순 구입시 가격 혜택을 받을 수 있는 대수이므로 역시 틀린 내용이다.

1. 火を使わず、温風も出さずに部屋を暖める
   불을 사용하지 않고 온풍도 나오지 않고 방을 따뜻하게 하다
   「~ず」는 '~지 않고'라는 뜻으로 「~ないで」와 같은 의미이다. 따라서 「使わず」는 「使わないで」, 「出さず」는 「出さないで」라고 해도 된다.

   気分が悪くて、何も食べずに一日過ごした。
   속이 좋지 않아서 아무것도 먹지 않고 하루를 보냈다.

2. 申し込み順に 신청순으로
   「申し込み」는 '신청'이라는 뜻이다. 「申し込みの順番に」라고 해도 된다.

(3)

期末試験の代わりにレポートを提出してください。テーマは自由ですが、この講義に関係のあるものに限ります。A４用紙で５枚、読みにくいので手書きは受け付けません。締め切りは来週の金曜日午後５時です。事務に直接出してください。遅れたものは受け取りません。しかし理由がある場合に限り、受け取らないこともありません。

期末 기말	**提出** 제출	**講義** 강의	**用紙** 용지
手書き 육필, 손으로 씀	**締め切り** 마감		

기말시험 대신 리포트를 제출해 주세요. 테마는 자유지만, 이 강의와 관계있는 것으로 제한합니다. A4용지로 5장, 읽기 불편하니 손으로 쓴 것은 받지 않습니다. 마감은 다음 주 금요일 오후 5시입니다. 사무실에 직접 제출해 주세요. 늦은 것은 받지 않습니다. 그러나 이유가 있는 경우에 한해 받지 않는 것도 아닙니다.

3 리포트에 대해 맞는 것은 어느 것인가?

1 테마는 뭐든지 가능하다.

2 이유가 있으면 마감 후에 내도 된다.

3 손으로 쓴 것도 된다.

4 　선생님께 내도 된다.

↳ 정답은 2번이다. 테마는 강의와 관련된 것이어야 하며, 손으로 작성한 리포트는 읽기 불편하기 때문에 불가하다. 또한 작성한 리포트는 사무실에 내야 하므로 2, 3, 4는 맞지 않다.

표현 해설

1. **講義に関係のあるものに限ります**
   강의와 관계 있는 것으로 제한합니다

   「〜に限ります」는 '~로만 한정합니다, ~만 됩니다'라는 뜻이므로, 이 문장은 '강의에 관계 있는 것만 인정하고 그밖의 것은 안 됩니다'라는 뜻이다.

   富士山の近くにあるゲストハウスの利用は本学の関係者に限ります。

   후지산 근처에 있는 게스트하우스의 이용은 본교 관계자에 한합니다.

2. **理由がある場合に限り** 이유가 있을 때에 한해

   이것은 「理由のあるときだけは特に / 特別に」라고도 쓸 수 있다.

   金曜日は女性に限り半額にさせていただきます。

   금요일은 여성에 한해 반값에 해 드립니다.

3. **受け取らないこともありません**
   받지 않는 것도 아닙니다.

   이것은 이중부정 표현이므로 의미는 「受け取る」(받아들이다)와 같다.

   忙しいんだけど、君のためなら手伝わないこともない。

   바쁘지만 너를 위해서라면 돕지 못할 것도 없다.

내용 이해(단문) 실전 연습 ❷ p.309

1	2	3
③	②	④

(1)

春の栄養相談のお知らせ

＜バランスの取れた食事 / 何でも相談してください。＞

　健康な体でいるためにはバランスの取れた食事が大切です。食品の選び方、食事の量、食品の組み合わせ、運動量などによっては、気づかないうちに病気になっていることがあります。専門家が皆さんの相談に乗り、バラ

ンスのよい食生活のためのお手伝いをします。簡単に作れるレシピの紹介もあります。

相談日時：平日 10：00〜12：00

申し込み：1回30分予約制
　　　　　保健所窓口に申し込んでください。

料　　金：無料

栄養 영양　　バランス 밸런스, 균형　　組み合わせ 조합
レシピ 레시피　　平日 평일　　予約制 예약제
保健所 보건소　　窓口 창구

봄철 영양 상담 알림

〈 균형 잡힌 식사 / 뭐든지 상담하세요 〉

　건강한 몸을 유지하기 위해서는 균형 잡힌 식사가 중요합니다. 식품 선택 방법, 식사량, 식품의 조합, 운동량 등에 따라서는 깨닫기 전에 병에 걸리는 경우가 있습니다. 전문가가 여러분의 상담을 받아 균형 좋은 식생활을 위한 도움을 드립니다. 간단하게 만들 수 있는 레시피 소개도 있습니다.

상담 일시　평일 10:00〜12:00

신청　　　1회 30분 예약제.
　　　　　보건소 창구에서 신청하세요.

요금　　　무료

1　이 상담회는 어떤 사람을 위한 것인가?

1　상담해 보고 싶지만 평일에 시간이 없어서 갈 수 없는 사람을 위해

2　운동 부족으로 살이 쪄서 살을 빼는 운동을 알고 싶은 사람을 위해

3　몸에 좋은 식사를 알아보고 싶은 사람을 위해

4　시간을 정하지 않고 언제라도 자유롭게 상담을 받고 싶은 사람을 위해

↳ 이 글은 균형 잡힌 식사의 중요성에 대해 말하고 있으며, 균형 잡힌 식생활에 관심 있는 사람들에게 상담을 통해 도움을 주겠다는 내용이다. 따라서 정답은 3번이다.

1. 気づか**ないうちに**病気になっている
   깨닫기 전에 병에 걸리다

   「～ないうちに」는 '~기 전에'라는 뜻이다.

   知ら**ないうちに**友だちが大学をやめ、会社を作っ
   ていた。

   모르는 새에 친구가 대학을 그만두고 회사를 차렸다.

2. 相談に乗り　상담에 응해

   「相談に乗る」는 '상담하다'라는 뜻이다.

   どんなことでも**相談に乗って**くれた先輩が帰国し
   てしまった。

   어떤 일이라도 상담해 주던 선배가 귀국해 버렸다.

(2)

> お辞儀には、３つのパターンがあります。
> 　まず、体を15度ぐらい前に倒す軽いお辞儀
> です。これは、一般に「会釈」と言われるもの
> です。社内で人とすれちがうときや、人の前
> を通るときに使います。
> 　次に、体を30度ぐらい前に倒すお辞儀があ
> ります。お客様をお迎えしたり、お見送りし
> たりするとき、また、訪問先でもこのお辞儀
> をするといいでしょう。
> 　そして、体を45度ぐらい前に倒す最も丁寧
> なお辞儀があります。相手に感謝の気持ちを
> 伝えたり、謝るときなどに使います。
> 　いずれも、頭だけを下げるのではなく、背
> 中を伸ばして上半身を倒すようにするときれ
> いに見えます。

お辞儀 고개 숙여 인사함, 절　　**会釈** 가벼운 인사
すれちがう 스칠 정도로 가까이 지나 엇갈리다
迎える 마중하다　　**見送る** 배웅하다　　**訪問先** 방문처
感謝 감사　　**上半身** 상반신, 상체

고개를 숙이는 인사에는 3가지 패턴이 있습니다.
먼저, 몸을 15도 정도 앞으로 숙이는 가벼운 인사입니
다. 이것은 일반적으로 '에샤쿠(머리를 살짝 숙이는 가벼
운 인사)'라고 하는 것입니다. 회사 내에서 사람과 스쳐
지나갈 때나, 다른 사람 앞을 지나갈 때에 사용합니다.

다음으로, 몸을 30도 정도 앞으로 숙이는 인사가 있습
니다. 손님을 마중하거나 배웅할 때, 또 거래처에서도 이
인사를 하면 좋겠지요.
　그리고 몸을 45도 정도 앞으로 숙이는 가장 정중한 인
사가 있습니다. 상대방에게 감사의 마음을 전하거나 사과
할 때 등에 사용합니다.
　모두 고개만을 숙이는 것이 아니라, 등을 펴고 상체를
숙이듯이 하면 자세가 좋아 보입니다.

2　고개를 숙이는 인사에 대해 맞는 것은 어느 것인가?

1　복도에서 부장을 만났을 때는 가장 정중한 인사를
　하는 것이 좋다.

2　손님을 기다리게 했을 때는 45도 인사가 좋다.

3　'에샤쿠'는 가벼운 인사이므로 고개만 숙이면 완벽
　해 보인다.

4　손님이 돌아갈 때는 15도 인사라도 상관없다.

↳　일본의 인사법에 대한 내용이다. 회사 내부나 가볍게 인사하
고 지나쳐도 되는 상황에서는 몸을 15도 정도 숙여서(일명 에
샤쿠) 인사하고, 손님이나 거래처 등에서는 보다 공손하게 보
이도록 몸을 30도 정도 숙여서 인사한다. 그리고 감사나 사과
인사를 할 때는 45도 정도로 숙여서 가장 정중하게 인사해야
한다고 되어 있다. 따라서 정답은 2번이다.

1. 一般に「会釈」と言われるものです
   일반적으로 '에샤쿠'라고 하는 것입니다

   「～と言われる」는 '~라고 불리다, 일컬어지다'라는
   뜻이다. 바꿔 말하면「皆が「会釈」と言っているも
   のです」(모두가 '에샤쿠'라고 부르고 있는 것입니다)
   라는 말이다. 会釈는 '고개를 살짝 숙이며 인사하는 가
   벼운 인사'를 말한다.

2. **お迎えしたり、お見送りしたり**するとき、
   마중하거나 배웅할 때

   「お迎えする」「お見送りする」는 동사「迎える」(맞이하
   다),「見送る」(배웅하다)에 겸양의「お～する」가 결합된
   겸양 표현이다. 보통체로 하면「迎えたり」「送ったり」가
   된다.

3. いずれも　모두

   「いずれも」는「どれも」와 같은 뜻으로, 위 문장에서
   는 앞서 언급한 일본 인사법 3가지 패턴 모두를 가
   리킨다.

(3)

> ## アルバイトのみなさんへ
>
> ● 遅刻するときや休む場合は、Eメールではなく必ず電話で連絡してください。
> ● 自転車、バイクでの通勤は禁止です。
> ● ユニフォームに着替えたら、連絡ノートに目を通し、それから仕事を始めてください。
> ● 電話やパソコンを私用で使わないでください。また、仕事中は、携帯電話の電源を切ってください。
> ● 会社の物を家へ持ち帰らないでください。
> ● 喫煙所以外では、たばこをすわないでください。

遅刻 지각　　連絡 연락　　ユニフォーム 유니폼
通勤 통근　　禁止 금지　　着替える 옷을 갈아입다
私用 사적인 볼일, 사사로이 씀　　電源 전원
電源を切る 전원을 끄다　　喫煙所 흡연실

아르바이트생 여러분께

● 지각할 때나 결근할 경우에는 이메일이 아니라 반드시 전화로 연락해 주세요.
● 자전거, 오토바이로 하는 통근은 금지입니다.
● 유니폼으로 갈아입으면 연락 노트를 훑어보고, 그리고 나서 업무를 시작하세요.
● 전화나 컴퓨터를 개인 용도로 사용하지 마세요. 또, 업무 중에는 휴대전화의 전원을 꺼 주세요.
● 회사 물건을 집으로 가져가지 마세요.
● 흡연 장소 이외에서는 담배를 피우지 마세요.

---

3 아르바이트생이 해서는 안 되는 일은 어떤 것이라고 말하고 있는가?

1 휴대 전화를 가지고 오는 것
2 흡연 장소에서 담배를 피우는 것
3 업무 전에 연락 노트를 보는 것
4 결근할 때 이메일로 연락하는 것

↳ 회사에서 아르바이트생들이 주의해야 할 점에 대해 말하고 있다. 1번의 휴대 전화를 가져오는 것은 문제가 되지 않는다. 다만 업무 중에는 전원을 꺼두어야 한다. 2번과 3번은 맞는 내용이고, 4번 결근해야 할 때는 반드시 전화로 연락해야 하므로 정답은 4번이다.

---

1. **目を通す** 훑어보다

「目を通す」는 '훑어보다'라는 뜻이다. 「見る」(보다)를 써도 된다.

　毎朝、新聞にざっと目を通してから、会社に行きます。

　매일 아침 신문을 대충 훑어보고 나서 회사에 갑니다.

2. **電源を切ってください** 전원을 꺼 주세요

이때의 「切る」는 '끊다, 자르다'라는 뜻이 아니라 '끄다'라는 뜻이다. 「電源を止めてください」(전원을 멈춰 주세요)라고도 할 수 있다. 참고로 「切る」에는 「ナイフで手を切る」(칼에 손을 베다), 「電話を切る」(전화를 끊다, 중단하다), 「ハンドルを切る」(핸들을 꺾다), 「スタートを切る」(스타트를 끊다, 개시하다)와 같이 다양한 뜻이 있다.

問題 5

1	2	3	4	5
②	③	③	③	②
6	**7**	**8**	**9**	
④	③	②	④	

문제 5 다음 (1)에서 (3)의 글을 읽고, 다음 질문에 대한 답으로 가장 알맞은 것을 1·2·3·4에서 하나 고르시오.

(1)

自然の中でほっと心が落ち着いたことはありませんか。

旅先であなたが撮った忘れられない風景写真、あるいは、毎日の生活の中に見る美しい自然の写真を1枚送ってください。自然が写っている物に限ります。カラーでも白黒でもいいですが、人物が入っている物は認められません。

採用された方の写真はパネルにして文化センターのロビーにて展示されます。写真展終了後、写真パネルは撮影された方にプレゼントいたします。なお、写真展の全写真を1冊にまとめたカタログ集を、希望者に700円にてお分けいたします。

応募写真はお1人さま3枚まで受け付けます。Lサイズ写真の裏にそれぞれ住所氏名を書き、封筒に入れ、文化センターまでお送りください。みなさまからの心温まる写真をお待ちしております。

ほっと 한숨 쉬는 모양　**落ち着く** 진정되다, 가라앉다
旅先 여행지　**風景** 풍경　**人物** 인물
認める 인정하다　**採用** 채용　**希望者** 희망자
分ける 나누다

자연 속에서 편안히 마음이 가라앉은 적은 없습니까?

여행지에서 당신이 찍은 잊을 수 없는 풍경 사진, 또는 매일의 생활 속에서 보는 아름다운 자연 사진을 1장 보내 주세요. 자연이 찍힌 것에 한합니다. 컬러도 흑백도 좋습니다만, 인물이 들어 있는 것은 인정하지 않습니다.

채택된 분의 사진은 패널로 만들어 문화센터 로비에서 전시됩니다. 사진전 종료 후, 사진 패널은 촬영하신 분께 선물로 드립니다. 또, 사진전의 모든 사진을 1권으로 엮은 카탈로그집을 희망자에게 700엔에 판매합니다.

응모 사진은 한 분당 3장까지 받습니다. L 사이즈 사진 뒷면에 각각 주소와 이름을 쓰고, 봉투에 넣어 문화센터로 보내 주세요. 여러분으로부터의 마음이 훈훈해지는 사진을 기다리고 있겠습니다.

---

1 사진전 사진으로 보내려면 다음 어느 사진이 좋은가?

1 석양이 쬐는 산을 배경으로, 남자가 멋지게 말을 타고 있는 사진
2 마당에 피어 있는 이름도 모르는 작은 꽃이 금방이라도 필 것 같은 모습의 사진
3 늦은 밤, 깜깜한 강을 건너가는 야간열차의 차 안 모습 사진
4 창공을 향해 경쟁하듯이 뻗어 있는 근대적인 아름다운 빌딩 사진

↳ 사진전의 주제는 자연이므로 사람이나 인공이 가미된 대상이 들어간 사진은 출품 대상이 아니다. 따라서 정답은 2번이다.

2 사진을 보낼 때의 주의점은 무엇인가?

1 봉투 안에 보내고 싶은 사진을 반드시 3장 넣어야 한다.
2 1장씩 봉투에 넣어서 보내야 한다.
3 사진 뒷면에 주소와 이름을 써야만 한다.
4 사진 뒷면에 사진을 찍은 일시, 지명을 써야 한다.

↳ 사진 응모 매수는 1인당 3장이지만, 필수가 아니라 선택 사항이다. 사진 뒷면에 보낸 이의 주소와 이름만 적어서 보내면 되므로 정답은 3번이다.

3 사진전에 사진이 채택된 사람은 무엇이 가능한가?

1 700엔을 지불하면 사진 패널과 카탈로그를 살 수 있다.
2 무료로 사진 패널과 카탈로그를 받을 수 있다.
3 사진 패널은 받을 수 있지만, 카탈로그는 받을 수 없다.
4 700엔으로 사진 패널을 사고, 카탈로그는 받을 수 있다.

↳ 사진전에 채택이 된 사진은 패널로 만들어 문화센터 로비에 전시되며, 전시회가 끝난 뒤에는 그 패널 그대로 촬영자에게 양도된다. 하지만 사진 카탈로그는 구입을 희망하는 모든 사람에게 700엔에 판매되므로 정답은 3번이다.

1. 旅先 여행지

「～先」는 '행선지, 목적지'를 뜻하는 말로, 「旅先」는 '여행지'라는 뜻이다. 「旅行先」라고 해도 된다. 참고로 「～先」를 쓰는 말에는 「出張先」(출장지), 「アルバイト先」(아르바이트 하는 곳), 「送り先」(보내는 곳), 「仕事先」(직장), 「相手先」(상대방) 등이 있다.

2. 自然 자연 ⇔ 人工 인공

人工的なビルが並ぶ都会で暮らしていると、だれでも、自然の中でのんびりしたいと思うものです。

인공적인 건물이 늘어선 도시에서 생활하다 보면, 누구나 자연 속에서 한가롭게 지내고 싶어하는 법입니다.

3. ロビーにて展示されます 로비에서 전시됩니다

「～にて」는 「～に」와 같은 의미로 때나 장소 등을 나타낸다.

4. 700円にてお分けいたします 700엔에 판매합니다

이것은 「700円で売ります」와 같은 뜻으로, 이때의 「分ける」는 '팔다'라는 뜻이다.

5. 写真の裏 사진 뒷면 ⇔ 写真の表 사진 앞면

「裏」는 '뒤, 안'이라는 뜻이고, 이것의 반대말은 「表」(앞, 겉)이다.

A：この写真は表に、有名選手のサインがしてあるので高く売ることができるかもしれないよ。

B：でも、裏に子供が絵を描いちゃったから……。

A: 이 사진은 앞면에 유명 선수의 사인이 되어 있어서 비싸게 팔 수 있을지도 몰라요.
B: 하지만 뒷면에 아이가 그림을 그려서…….

(2)

ファーストフードの店が日本に登場したのは、約40年前だ。多くの人々は、おしゃれで都会的な西洋の食文化にあこがれたそうだ。楽しく食事ができることと、注文してから手渡されるまでの時間が短いことなどの理由で人気が高まり、次々と店がオープンした。

最近ではファーストフード店を利用している人が多い一方で、「子どもには絶対に食べさせない」という家庭もある。ファーストフードは、油を使っているものが多くてカロリーが高いし、使われている食品の数も少なく、栄養が十分に取れない。その上、野菜も不足しがちになるという親の心配からなのだろう。

もちろん、いつもファーストフードだけで食事をすませてしまうのはよくないが、ファーストフードを食べたらそのあと油の多いものをやめて野菜をたっぷり取るようにして、バランスのよい食生活をすれば、それほど問題はないのではないだろうか。

つまり、冷静に食生活を考えることが大切なのだ。

ファーストフード 패스트푸드　登場 등장　文化 문화　人気 인기　利用 이용　絶対 절대　食品 식품　不足 부족　たっぷり 충분함　冷静 냉정함

패스트푸드점이 일본에 등장한 것은 약 40년 전이다. 많은 사람들은 세련되고 도회적인 서양의 식문화를 동경했다고 한다. 즐겁게 식사할 수 있다는 것과, 주문하고 나서 건네받기까지의 시간이 짧다는 것 등의 이유로 인기가 높아져 잇달아 가게가 오픈했다.

요즘에는 패스트푸드점을 이용하는 사람이 많은 한편, '아이들에게는 절대로 먹이지 않는다'는 가정도 있다. 패스트푸드는 기름을 사용한 것이 많아서 칼로리가 높고, 사용되는 식품 수도 적어서 영양을 충분히 섭취할 수 없다. 게다가 채소도 부족해지기 쉽다는 부모의 걱정 때문일 것이다.

물론, 늘 패스트푸드만으로 식사를 하는 것은 좋지 않지만, 패스트푸드를 먹었으면 그 다음에 기름기 많은 것을 중지하고 채소를 충분히 섭취하도록 해서, 균형 잡힌 식생활을 하면 그만큼 문제는 없지 않을까?

요컨대 냉정하게 식생활을 생각하는 게 중요한 것이다.

4　'패스트푸드'가 인기 있는 것은 왜인가?

1　일본적이고 세련되었으므로
2　칼로리가 높고 싸므로
3　기다리지 않고 먹을 수 있어서 편리하므로
4　균형 잡힌 식사이므로

↳ 패스트푸드의 장단점과 균형 잡힌 식사가 되기 위한 방안에 대해 이야기하고 있다. 패스트푸드의 장점은 뭐니뭐니 해도 주문하고 나서 바로 받을 수 있다는 점이다. 따라서 정답은 3번이다. 참고로 패스트푸드는 서양식이며, 균형 잡힌 식사라고 할 수 없다.

5 패스트푸드를 아이에게 먹이지 않는 가정이 있는 것은 왜 인가?

1 아이가 기름진 서양 식사에 익숙해져서 일본 식사를 하지 않게 되므로

2 칼로리가 높고 식품 수가 적기 때문에 영양을 충분히 섭취할 수 없으므로

3 많은 사람이 패스트푸드점을 이용해서 즐거우므로

4 완성되기까지의 시간이 짧아 느긋하게 먹을 수 없으므로

↳ 패스트푸드는 기름을 많이 사용한 고칼로리 식품이고, 사용된 식품 수가 적어 영양을 충분히 섭취할 수 없는 데다, 또 채소도 부족해지기 쉬운 음식이기 때문이다. 따라서 정답은 2번이다.

6 필자는 패스트푸드에 대해 어떻게 생각하고 있는가?

1 패스트푸드 식사는 절대로 해서는 안 된다.

2 일본의 패스트푸드라면 괜찮지만 서양 것은 그만두는 것이 좋다.

3 기름도 야채도 듬뿍 섭취할 수 있으므로 때때로 먹는 것이 좋다.

4 균형을 생각하고 있으면 패스트푸드 식사를 해도 된다.

↳ 글 후반부 내용을 통해 글쓴이가 패스트푸드와 기름기 적은 음식, 채소를 충분히 섭취하는 식생활을 균형 있게 한다면 패스트푸드로 식사를 해도 문제가 없다고 생각하고 있음을 알 수 있다. 따라서 정답은 4번이다.

표현 해설

1. 都会 도시 ⇔ 田舎 시골

   彼は月曜日から金曜日までは都会で働き、週末は田舎の生活を楽しんでいる。

   그는 월요일부터 금요일까지는 도시에서 일하고, 주말은 전원생활을 즐기고 있다.

2. 西洋 서양 ⇔ 東洋 동양

   この本には、西洋の考え方と、東洋の考え方の違いが、詳しく書いてあります。

   이 책에는 서양 사고방식과 동양 사고방식의 차이가 자세하게 쓰여 있습니다.

3. ファーストフード店を利用している人が多い一方で
   패스트푸드점을 이용하는 사람이 많은 한편

   「~一方で」는 '~한 반면에, ~지만'이라는 뜻이다.

   高速道路の料金値下げで喜ぶ人がいる一方で、交通渋滞を心配する人もいる。

   고속도로 요금 인하로 기뻐하는 사람이 있는 반면에, 교통 체증을 걱정하는 사람도 있다.

4. その上 게다가

   하나의 상황에 다른 하나를 더 부가할 때 쓴다.

   ユニクロは品質がよく、その上値段が安いので、人気があります。

   우니클로는 품질이 좋고, 게다가 가격이 싸서 인기가 있습니다.

5. 野菜も不足しがちになる 채소도 부족해지기 쉽다

   「~がち」는 '~하는 경향이 있다, ~하기 일쑤다'라는 뜻이다.

   ここのバスは遅れがちだから、電車で行くことにするよ。

   여기 버스는 지연되기 일쑤니까 전철로 가기로 하지.

6. 問題はないのではないだろうか 문제는 없지 않을까?

   「ないのではないだろうか」는 「ないだろう」(없을 것이다)와 같은 뜻이다.

   物を大事にしようとする人も少なくないのではないだろうか。

   물건을 소중히 하려는 사람도 적지 않은 것은 아닐까?

(3)

現在、大都市では、夏の水不足が問題になっている。また、農村部でも年によっては、雨不足が米や野菜など農産物に大きな影響を与えている。そこで、水不足問題を解決するために、人工的に雨を降らせる研究が進められている。

雨をどうやって降らせるのか。ごく小さい水や氷の粒が集まって空気中に浮かんでいるものが雲である。水分の多い厚い雲に飛行機を使ってドライアイスをまく。そうすると、空気の温度が下がり、雨が降るというわけだ。厚い雲の多い冬にダムの近くでそれを行うと効果的であるという結果も出た。また、台風などが近づいてきたとき、まだ雲が海の上にあるうちに雨を降らせて、大雨による洪水の被害を小さくしようという研究も進んでいる。

この人工的に雨を降らせる方法が実現すれば、都市の水不足や農業問題ばかりでなく、台風の被害などさまざまな対策に活用できるだろうと、各方面から期待が寄せられている。

不足 부족　　農産物 농산물　　影響 영향　　与える 주다
解決する 해결하다　　人工的 인공적　　研究 연구
粒 낱알, 알　　水分 수분　　まく 뿌리다, 살포하다
効果的 효과적　　結果 결과　　洪水 홍수　　被害 피해
実現する 실현하다　　農業 농업　　対策 대책
各方面 각 방면　　期待 기대

현재 대도시에서는 여름의 물 부족이 문제가 되고 있다. 또, 농촌에서도 연도에 따라서는 비 부족이 쌀이나 채소 등 농산물에 큰 영향을 주고 있다. 그래서 물 부족 문제를 해결하기 위해 인공적으로 비를 내리게 하는 연구가 진행되고 있다.

비를 어떻게 내리게 할까? 극히 작은 물이나 얼음 알갱이가 모여 공기 중에 떠 있는 것이 구름이다. 수분이 많은 두터운 구름에 비행기를 사용하여 드라이아이스를 뿌린다. 그렇게 하면 공기의 온도가 내려가 비가 내린다는 것이다. 두터운 구름이 많은 겨울에 댐 근처에서 그것을 시행하면 효과적이라는 결과도 나왔다. 또, 태풍 등이 근접해 왔을 때, 아직 구름이 바다 위에 있는 동안에 비를 내리게 하여, 폭우에 의한 홍수 피해를 줄이자는 연구도 진행되고 있다.

이 인공적으로 비를 내리게 하는 방법이 실현되면 도시의 물 부족이나 농업 문제뿐만 아니라, 태풍 피해 등 여러 가지 대책으로 활용할 수 있을 것이라고 각 방면에서 기대가 모아지고 있다.

---

7 인공비를 효과적으로 내리게 하기 위해서는 어느 방법이 가장 좋은가?

1　가을에 태풍의 큰비를 이용하는 방법
2　겨울에 농촌에서 두터운 구름을 이용하는 방법
3　겨울에 댐 근처에서 두터운 구름을 이용하는 방법
4　여름에 대도시 근처에서 바다 위의 구름을 이용하는 방법

↳ 수분이 많은 구름에 드라이아이스를 뿌리면 공기의 온도가 내려가 비가 내리게 된다. 특히 구름이 많은 겨울에 댐 근처에서 실시하면 효과적이라고 되어 있으므로 정답은 3번이다.

8 '댐 근처에서 <u>그것</u>을 실시한다'고 되어 있는데, '그것'이란 무엇인가?

1　두터운 구름을 잘 관찰하는 것
2　두터운 구름에 드라이아이스를 뿌려 온도를 낮추는 것
3　댐 근처에서 비행기를 날리는 것
4　댐에 작은 얼음 알갱이와 드라이아이스를 뿌리는 것

↳ 댐 근처에서 하는 것은 인공비를 만드는 것이다. 인공비를 만

드는 방법은 두터운 구름에 드라이아이스를 뿌려 공기 온도를 낮추는 것이므로 정답은 2번이다.

9 무엇을 위해 인공적으로 비를 내리게 하는 연구를 하고 있는가?

1　1년 내내 물 부족으로 곤란을 겪고 있는 대도시 사람을 위해
2　태풍의 물을 이용해서 농산물을 키우기 위해
3　매년 물 부족 피해를 입고 있는 농촌을 위해
4　물 부족과 홍수 피해를 해결하기 위해

↳ 글 도입부와 후반부에 이에 대한 내용이 나와 있다. 물 부족으로 인한 도시와 농촌의 문제, 태풍 때 동반되는 폭우로 인한 홍수 피해 등을 줄이기 위해 인공우에 대한 연구가 진행되고 있다. 따라서 정답은 4번이다.

표현 해설

1. ごく小さい　아주 작은
「ごく」는 '극히, 매우'라는 뜻으로 「とても」와 같은 뜻이다.

2. 浮かぶ 뜨다 ⇔ 沈む 가라앉다
真っ赤な紅葉の葉が、浮かんだり沈んだりしながら、川を流れてゆく。
새빨간 단풍잎이 떴다 가라앉았다 하면서 강을 흘러간다.

3. ドライアイスをまく。そうすると、空気の温度が下がり、雨が降るというわけだ。
드라이아이스를 뿌린다. 그렇게 하면 공기의 온도가 내려가 비가 내린다는 것이다.
「そうすると」는 '그렇게 하자, 그러니'라는 뜻으로 「すると」와 같은 의미의 접속사이다. 「〜というわけだ」는 '〜라는 것이다'라는 뜻으로 이때의 「わけ」는 '도리, 이치'라는 뜻이다.
温かいミルクを飲む。そうすると、からだが温まり、よく眠れるというわけだ。
따뜻한 우유를 마신다. 그러면 몸이 따뜻해져서 잠이 잘 온다는 것이다.

4. 雲が海の上にあるうちに雨を降らせて、
구름이 바다 위에 있는 동안에 비를 내리게 하여
「〜うちに」는 '〜동안'이라는 뜻으로 어떤 시간의 범위 안을 가리킨다. 「あるうちに」는 '있는 동안에'라는 뜻이다.
お金があるうちに貯金しておこう。
돈이 있을 때 저금해 두자.

5. 農業問題ばかりでなく　농업 문제뿐만 아니라
「〜ばかりでなく」는 '〜뿐만 아니라'는 뜻으로, 「〜だけでなく」와 같은 표현이다.
学生には、勉強ばかりでなく、遊びも大切です。
학생에게는 공부뿐만 아니라 노는 것도 중요합니다.

6. **各方面から期待が寄せられている**

각 방면에서 기대가 모아지고 있다.

「寄せる」는 '한데 모으다, 불러 모으다'라는 뜻으로, 이 문장은 '여러 사람들에게 기대를 받고 있다'는 의미이다.

太陽光発電は、クリーンなエネルギーとして、期待が寄せられている。

태양광 발전은 클린 에너지로서 기대가 모아지고 있다.

내용 이해(중문) 실전 연습 ❷ p.318

1	2	3	4	5
③	②	④	④	②

6	7	8	9	
①	④	②	①	

(1)

私は毎日自転車に乗っているが、怖い思いをしたことが何度もある。狭い道路を自転車で走っていたときのことだ。車が私のそばぎりぎりの所をスピードを出して通り過ぎていき、私は倒されそうになった。とても恐ろしかった。その反対に、私の自転車が、もう少しで、歩行者とぶつかりそうになり、あわててブレーキをかけたこともある。もし、ぶつかっていたら、大怪我をさせたかもしれないと思うとぞっとする。

自転車が車とぶつかった場合、自転車に乗っている人が受ける被害はとても大きい。車を運転する人はしっかりした車体で守られるが、自転車の人は、自分の体を守るものが何もないからである。車にはねられると、自転車に乗っている人は道路に投げ出されてしまうのである。

逆に、自転車が歩行者に被害を与える可能性があるということも考えなければならない。ゆっくり走っていても、ちょっとした不注意で、歩行者を強い力で地面に倒してしまうことがあるのだ。自転車に乗る人は規則を守って乗るべきである。携帯で話しながら乗ったり、歩道の真ん中を走ったりしてはいけない。

つまり、車、自転車、歩行者は、それぞれが具体的な被害を想像できる力を持つことが望まれる。特に、車を運転する人、自転車に乗る人はいつも危険を予測することが求められるのである。

自転車 자전거　　**道路** 도로　　**歩行者** 보행자
大怪我 큰 부상　　**被害** 피해　　**車体** 차체
可能性 가능성　　**不注意** 부주의　　**地面** 지면
規則 규칙　　**予測** 예측

나는 매일 자전거를 타는데, 무서운 생각이 든 적이 몇 번이나 있다. 좁은 도로를 자전거로 달리고 있을 때의 일이다. 자동차가 내 바로 옆을 속도를 내며 지나가서 나는 넘어질 뻔했다. 너무 무서웠다. 그 반대로, 하마터면 내 자전거가 보행자와 부딪칠 뻔해서 당황하여 브레이크를 건 적도 있다. 만약 부딪쳤다면, 큰 부상을 입었을지도 모른다고 생각하니 간담이 서늘하다.

자전거가 자동차와 부딪쳤을 경우, 자전거를 탄 사람이 받는 피해는 상당히 크다. 자동차를 운전하는 사람은 튼튼한 차체로 보호받지만, 자전거를 탄 사람은 자기 몸을 지킬 것이 아무것도 없기 때문이다. 자동차에 치이면 자전거를 탄 사람은 도로로 내팽개쳐지기 때문이다.

거꾸로, 자전거가 보행자에게 피해를 줄 가능성이 있다는 것도 생각해야만 한다. 천천히 달리더라도 사소한 부주의로 보행자를 강력한 힘으로 땅바닥에 넘어뜨릴 수가 있는 것이다. 자전거를 타는 사람은 규칙을 지켜 타야만 한다. 휴대 전화로 이야기하면서 타거나, 보도 한가운데를 달리거나 해서는 안 된다.

요컨대 자동차, 자전거, 보행자는 각각 구체적인 피해를 상상할 수 있는 힘을 가질 필요가 있다. 특히, 자동차를 운전하는 사람, 자전거를 타는 사람은 늘 위험을 예측하는 것이 요구된다.

---

1 필자가 자전거를 타고 무서운 생각이 든 것은 어떤 때인가?

1　브레이크를 걸었지만 보행자와 부딪쳤을 때

2　자동차가 옆을 지났을 때 치여서 도로로 내던져졌을 때

3　자동차 때문에 넘어질 뻔했을 때와 보행자와 부딪칠 뻔했을 때

4　보도를 달리다 보행자를 넘어뜨렸을 때

↳ 글 도입부에 이에 대한 내용이 있다. 필자는 좁은 도로에서 옆을 아슬아슬하게 지나가는 자동차 때문에 넘어질 뻔했을 때

와, 반대로 보행자와 부딪칠 뻔했을 때 무서운 생각이 들었다고 말하고 있다. 따라서 정답은 3번이다.

2 필자는 자전거를 어떤 것이라고 말하고 있는가?

1 타는 사람의 몸을 지키는 것이 없으므로 규칙을 지키지 않아도 되는 것
2 자동차와의 사고에서는 피해를 입지만 보행자에게는 피해를 줄 가능성이 있는 것
3 보행자에게만 신경 써서 주의해서 달려야 하는 것
4 자동차나 보행자와 비교하면 구체적인 피해를 주지 않는 것

↘ 글 중반부에 이에 대해 언급하고 있다. 자동차와 부딪쳤을 때는 자전거를 탄 사람이 도로로 내팽개쳐지지만, 반대로 보행자와 부딪쳤을 때는 보행자를 넘어뜨릴 수 있는 것이 자전거라고 생각하고 있다. 따라서 정답은 2번이다.

3 자전거를 타는 사람에게 요구되는 것은 무엇이라고 말하고 있는가?

1 자동차에 추월당할 때는 브레이크를 걸 것
2 큰 부상을 입기 때문에 서둘러 브레이크를 걸지 말 것
3 보행자에게 피해를 주기 때문에 보도를 달리지 말 것
4 늘 위험하다는 것을 생각하면서 탈 것

↘ 글 후반부에 이에 대해 언급하고 있다. 자동차·자전거 운전자, 보행자는 각각 위험에 대해 생각해 둘 필요가 있지만, 특히 자동차와 자전거 운전자는 늘 위험을 예측해야 한다고 말하고 있다. 따라서 정답은 4번이다.

표현 해설

1. 怖い思いをしたこと 무서운 생각이 든 적
간단하게 「怖かったこと」(무서웠던 적)라고 해도 된다.

2. 車が私のそばぎりぎりの所をスピードを出して通り過ぎていき
자동차가 내 바로 옆을 속도를 내며 지나가서
「ぎりぎり」는 여유가 없이 빠듯한 모양을 나타낸다. 따라서 이 문장은 '차가 나와 부딪칠 정도의 가까운 거리를 속도를 내서 지나가는 것'을 뜻한다.

ベッドを壁ぎりぎりの所に置いたら、部屋が広く使えるね。
침대를 벽 바로 옆에 놓으면 방을 넓게 쓸 수 있어.

3. 倒されそう 넘어질 뻔
「〜そう」는 '〜할 것 같이 보이다, 〜할 것 같다'라는 뜻으로, 어떤 일이 일어날 가능성이 큰 것을 나타낸다.

4. あわてて 당황하여 ⇔ 落ち着いて 진정하여
地震のときは、あわてて外にとびださずに、落ち着いて行動してください。
지진이 났을 때는 당황하여 밖으로 뛰어나가지 말고 침착하게 행동해 주십시오.

5. ブレーキをかける 브레이크를 걸다
'속도를 내다'는 「スピードを出す」라고 한다.
私の車は、スピードを出すと、オーバーヒートします。その上、ブレーキをかけると変な音がするのです。
내 차는 속도를 내면 과열이 됩니다. 게다가 브레이크를 걸면 이상한 소리가 납니다.

6. 大怪我をさせたかもしれないと思うとぞっとする
큰 부상을 입혔을지도 모른다고 생각하니 간담이 서늘하다
「ぞっとする」는 '오싹하다, 매우 무섭다'라는 뜻으로 「とても恐ろしい」와 같은 뜻이다.
道路や橋や多くの家が壊れてしまった地震のニュースを見て、ぞっとした。
도로와 다리, 많은 집이 부서진 지진 뉴스를 보고 소름이 끼쳤다.

7. 車にはねられる 차에 치이다
이때의 「はねられる」는 「はねる」(들이받다)의 수동형으로, 이 문장은 「車にひかれる」라고 해도 된다.

8. ちょっとした不注意で 사소한 부주의로
「ちょっとした」는 '사소한, 대수롭지 않은'이란 뜻으로, 비슷한 말로 「ほんの少し」(아주 조금)가 있다.
ちょっとしたミスで試合に負けてしまって、とてもくやしい。
사소한 실수로 시합에 져 버려서 매우 분하다.

9. 乗るべきである 타야만 한다
「〜べき」는 '〜해야 함'이라는 뜻으로 의무를 나타낸다. 「〜なければならない」와 같은 뜻이다.
人はお互いに助け合うべきである。
사람은 서로 도와야 한다.

10. 予測することが求められるのである
예측하는 것이 요구된다
「求められる」는 「求める」의 수동형이다. 이 문장은 「予測することが必要だ」(예측하는 것이 필요하다)와 같은 뜻이다.

(2)

社会人が大学のキャンパスで学べる「区民大学」を本年も開きます。この区民大学は18歳以上で区内にお住まいの方か、お勤めの方ならどなたでも参加できます。これは区内さくら大学のご協力で3年前から開いているもので、さくら大学のキャンパスをはじめ、図書館や学生食堂なども利用できるので、社会人の方からとてもいい評判をいただいています。

本年度のテーマは「環境教育学」です。区民の皆さんの関心の高い「環境」をテーマに、必要な知識や技術などを身につけていく教育活動型のプログラムです。今回は「社会における環境教育」から「ボランティア論」を中心に行っていきます。講義中心ですが、屋外での研修も予定されています。屋外研修は期間中の週末に1度実施します。本年度の講師は本学の里山先生です。里山先生は「環境教育学」の分野で有名な方で、これまで多くの指導者を育ててこられました。詳しくは区学習センターまでお問い合わせください。

なお、人気のあるテーマの場合、すぐ定員になってしまうこともありますので、お早めにお申し込みください。

お勤め 근무지, 직업　**評判** 평판　**環境** 환경
教育学 교육학　**関心** 관심　**知識** 지식
論 의견, 견해　**講義** 강의　**屋外** 옥외　**実施** 실시
分野 분야　**指導者** 지도자　**詳しく** 상세하게

사회인이 대학 캠퍼스에서 배울 수 있는 '구민대학'을 올해도 엽니다. 이 구민대학은 18세 이상이고, 구내에 거주하시는 분이나 근무하시는 분이라면 누구나 참가할 수 있습니다. 이것은 구내 사쿠라대학의 협력으로 3년 전부터 열고 있는 것으로, 사쿠라대학의 캠퍼스를 비롯해, 도서관과 학생식당 등도 이용할 수 있으므로 사회인분들로부터 매우 좋은 평가를 받고 있습니다.

올해 테마는 '환경교육학'입니다. 구민 여러분의 관심이 높은 '환경'을 테마로, 필요한 지식과 기술 등을 익혀나가는 교육 활동형 프로그램입니다. 이번에는 '사회의 환경 교육'부터 '자원봉사론'을 중심으로 실시합니다. 강의 중심입니다만, 야외에서의 연수도 예정되어 있습니다. 야외 연수는 기간 중 주말에 1회 실시합니다. 올해 강사는 본교의 사토야마 선생님입니다. 사토야마 선생님은 '환경교육학' 분야에서 유명한 분으로, 지금까지 많은 지도자를 길러 오셨습니다. 자세한 사항은 구 학습센터로 문의해 주십시오.

또한, 인기 있는 테마인 경우는 바로 정원이 마감되는 경우도 있으니 서둘러 신청해 주십시오.

---

4 구민대학에 대해 맞는 것은 어느 것인가?

1　18세 이상이라면 누구나 참가할 수 있다.
2　사쿠라대학의 학생과 함께 수업을 받을 수 있다.
3　구 학습센터에서 시행된다.
4　바로 정원이 마감되는 경우도 있다.

↳ 구민대학은 사회인이 대학 캠퍼스에서 공부하는 것으로, 참가 자격은 18세 이상 구내 거주자, 구내 근무자이어야 하며, 사쿠라대학에서 열린다. 따라서 1, 2, 3번은 틀린 내용이다. 정답은 4번으로, 글 마지막에 이에 대한 내용이 언급되어 있다.

5 왜 사회인에게 평판이 좋은가?

1　구내의 어느 대학 캠퍼스에서도 공부할 수 있으므로
2　사쿠라대학의 도서관과 학생식당 등을 이용할 수 있으므로
3　자원봉사를 할 수 있으므로
4　3년간 공부할 수 있으므로

↳ 글 도입부 후반에 이에 대한 내용이 나와 있다. 구민대학 참가자에게는 사쿠라대학 캠퍼스를 비롯, 도서관과 학생식당을 이용할 수 있는 혜택이 주어지므로 사회인들에게 평판이 좋은 것이다. 따라서 정답은 2번이다.

6 올해 '구민대학'에 대해서 맞는 것은 어느 것인가??

1　강의가 중심이다.
2　야외 연수가 중심이다.
3　강사는 다른 대학의 선생님이다.
4　강사는 '자원봉사자론'으로 유명한 선생님이다.

↳ 글 중반부에 '강의 중심이나 야외 연수도 예정되어 있다'고 언급되어 있으므로 정답은 1번이다. 강사는 타 대학이 아니라 본교의 사토야마 선생이며, 그는 환경교육학 분야에서 유명한 사람이다. 따라서 3번과 4번은 틀린 내용이다.

1. お住まいの**方**・お勤めの**方** 거주하시는 분·근무하시는 분
   「方」는「人」의 높임말로 '분'이라는 뜻이다. 「お住まいの方」는「住んでいる人」(살고 있는 사람), 「お勤めの方」는「働いている人」(일하고 있는 사람)라는 뜻이다.

2. お勤めの方**なら**どなた**でも**参加できます
   근무하시는 분이라면 누구나 참가할 수 있습니다
   「〜なら」는 '~라면'이라는 가정의 의미이고, 「どなた」는 '누구'라는 의문사로 「だれ」의 높임말이다. 「〜でも」는 '~든지, ~라도'라는 뜻으로 의문사에 붙어 '모두, 전체'를 의미한다.

   A：飲み物は何がいい？
   B：ジュースなら、何でもいい。
   A: 음료는 뭐가 좋아?
   B: 주스라면 뭐든 괜찮아.

3. さくら大学のキャンパス**をはじめ**
   사쿠라대학 캠퍼스를 비롯해
   「〜をはじめ」는 '~을 비롯해'라는 뜻으로, 「〜だけでなく」(~만 아니라)와 같은 의미이다.

   この寮には中国をはじめ、韓国やタイなど、たくさんの国からの留学生がいる。
   이 기숙사에는 중국을 비롯해, 한국이나 태국 등 많은 나라에서 온 유학생이 있다.

4. **社会人** 사회인 ⇔ 学生 학생

5. 身につける 몸에 익히다, 외우다
   「身につける」는 '몸에 익히다, 외우다'라는 뜻으로, 「覚える」와 같은 의미이다.

   正しい日本語を身につけて、日本で仕事をしたいと思っています。
   올바른 일본어를 익혀서 일본에서 일을 하고 싶습니다.

6. 講師は**本学**の里山先生です
   강사는 본교의 사토야마 선생님입니다
   「本学」는「この大学」(이 학교)라는 의미로, 이때의 「本」은 지시어 「この」의 의미이다.

7. なお 또한, 더욱이
   앞 문장에 설명이나 예외 등을 부가할 때 쓴다.

   本日のパーティーは8時までとなります。なお、2次会も予定しておりますので、どうぞご参加ください。
   오늘 파티는 8시까지입니다. 또한 2차도 예정되어 있으니 부디 참석해 주십시오.

(3)

平成〇〇年10月5日
総務部

社員各位

社員旅行のお知らせ

今年も社員旅行の日程が下記のとおり決まりましたので、お知らせいたします。日頃の疲れを温泉でとり、紅葉の美しい箱根で、社員そろってゆっくりとすごしたいと思います。多くの皆さんのご参加をお待ちしております。

記

1 日時
11月12日（土）〜11月13日（日）一泊二日

2 宿泊先
箱根温泉・松本館（0×5−×××−3939）

3 日程
11月12日（土）
午前9時 本社正面玄関前にて集合、バス乗車（雨天の場合は、2階大会議室集合）
箱根観光の後、午後5時 箱根温泉・松本館到着予定
11月13日（日）
出発時間まで自由行動
ゴルフ（ふじゴルフクラブ 1人9,000円）、テニス大会など
午後6時 本社正面玄関前に到着予定

4 申し込み
各部の参加人数を10月31日までに、総務部山田までEメールにてご連絡ください。
（yamada@xxx.co.jp）

なお、申し込み後の変更は、内線305（総務部山田）に、当日不参加となった場合は、山田の携帯（000−8×87−5656）にご連絡をお願いします。バスは定刻に出発しますので、出発時間に間に合わなかった場合は、松本館に直接お越しください。

以上

日程 일정　　**日時** 일시　　**宿泊先** 숙박지
自由行動 자유 행동　　**内線** 내선

올해도 사원여행 일정이 아래와 같이 결정되었으므로 알려 드립니다. 평소의 피로를 온천에서 풀고, 단풍이 아름다운 하코네에서 사원들이 모여 느긋하게 보내고 싶습니다. 많은 분들의 참가를 기다리겠습니다.

> 헤이세이 ○○년 10월 5일
> 총무부
>
> 사원 각위
>
> ### 사원여행 알림
>
> 올해도 사원여행 일정이 아래와 같이 결정되었으므로 알려 드립니다. 평소의 피로를 온천에서 풀고, 단풍이 아름다운 하코네에서 사원들이 모여 느긋하게 보내고 싶습니다. 많은 분들의 참가를 기다리겠습니다.
>
> 기
>
> 1 일시   11월 12일(토) ~ 11월 13일(일) 1박 2일
> 2 숙소   하코네 온천 · 마쓰모토관(0×5-×××-3939)
> 3 일정   11월 12일(토)
>   오전 9시 본사 정문 현관 앞에서 집합, 버스 승차(우천 시 2층 대회의실 집합)
>   하코네 관광 후, 오후 5시 하코네 온천 · 마쓰모토관 도착 예정
>   11월 13일(일)
>   출발 시간까지 자유 행동
>   골프 (후지골프클럽 1인 9,000엔), 테니스 대회 등
>   오후 6시 본사 정문 현관 앞에 도착 예정
> 4 신청   각 부서의 참가 인원수를 10월 31일까지, 총무부 야마다에게 이메일로 연락 주십시오.
>   (yamada@xxx.co.jp)
>
> 또한, 신청 후의 변경은 내선 305(총무부 야마다)로, 당일 참가하지 못하게 된 경우는 야마다의 휴대 전화 (000-8×87-5656)로 연락 부탁드립니다. 버스는 정각에 출발하므로, 출발 시간에 도착하지 못한 경우에는 마쓰모토관으로 직접 오시기 바랍니다.
>
> 이상

7   사원여행 당일에 가지 못하게 된 경우, 어떻게 하면 되는가?

1   야마다 씨에게 이메일을 보낸다.
2   총무부 내선으로 전화를 한다.
3   하코네 온천 · 마쓰모토관으로 전화를 한다.
4   **야마다 씨의 휴대 전화로 연락한다.**

> ↳ 추후 발생한 상황 대처법에 대해서는 글 후반부에 언급되어 있다. 신청 후 변경과 당일에 참가하지 못하게 되었을 때는 야마다에게 연락하되, 변경은 내선으로, 당일 불참은 휴대전화로 연락하면 된다. 따라서 정답은 4번이다.

8   당일 버스를 놓친 경우는 어떻게 하면 되는가?

1   2층 대회의실에서 기다린다.
2   **하코네 온천 · 마쓰모토관으로 간다.**
3   하코네 관광센터에 전화한다.
4   후지골프클럽으로 간다.

> ↳ 버스를 놓쳤을 때의 대처법도 글 후반부에 언급되어 있다. 출발 시간을 맞추지 못한 사람은 마쓰모토관으로 직접 가면 된다. 따라서 정답은 2번이다.

9   사원여행에 대해 옳은 것은 어느 것인가?

1   **하코네에서는 온천에 들어가거나 관광을 하거나 할 수가 있다.**
2   하코네에서는 테니스나 골프를 쳐야 한다.
3   사원여행 이틀째는 자유롭게 집에 돌아가도 된다.
4   사원여행에 참가할 사람의 이름을 이메일로 연락한다.

> ↳ 첫날 일정이 '하코네 관광 후 오후 5시 하코네 온천 마쓰모토관 도착 예정'이라고 되어 있으므로 정답은 1번이다. 테니스나 골프를 치는 것은 자유이며, '출발 시간 전까지 자유 행동'이라고 했으므로 귀가할 때도 단체로 이동할 것이다. 또한 이메일로 연락해야 하는 것은 참가자의 이름이 아니라 인원 수이므로 틀린 내용이다.

표현 해설

1. 参加 참가 ⇔ 不参加 불참

2. 箱根観光の後 하코네 관광 후
    「~後」는 시간적으로 '후, 뒤, 다음, 나중'이라는 뜻으로, 「あと」와 같은 뜻이다. 「箱根観光のあとで」라고 해도 된다.

3. Ｅメールにて 이메일로
    「にて」는 '재료'나 '수단'을 나타내며 「Ｅメールで」라고 해도 된다.

내용 이해(장문) 실전 연습 ❶ p.324

1	2	3	4
④	①	②	④

문제 6 다음 글을 읽고 뒤의 질문에 대한 답으로 가장 옳은 것을 1·2·3·4에서 하나 고르시오

東京にはいろいろな種類の美術館、博物館が数多くあり、どこへ行ったらいいのか迷うほどだ。

①そんなときに人々が参考にするのは新聞やテレビでの広告だ。ヨーロッパの有名な○○美術館の名作が東京に来ることになると、新聞に大きい広告が出たり、テレビではそれに関連する番組を流したりする。そういった情報を耳にすると、「ではさっそく行ってみよう」となる。だから、そういう特別な展覧会はチケットを買うところから行列、行列である。目的の名作は長い間待たされたあげく、人込みの間からちらっと見られるという②残念な結果になることが少なくない。

ところが、実は多くの美術館がそれぞれよい作品を持っていて、いつでもわりに安い料金で見ることができるのだ。それが③案外知られていない。特別展で名作を見るのに疲れた客は、たいていこれを知らずに通り過ぎてしまうことが多く、なんとももったいない。

インターネットで調べれば、どんな作品がどこの美術館にあるのかは、ちゃんと調べられる。ゆっくり鑑賞できる普通の展示品をもっと大切にしたいものだ。込んでいる満員電車のようなところで名作を味わうのは、ちょっと悲しい。

迷う 헤매다　　**参考** 참고　　**広告** 광고　　**情報** 정보
行列 행렬　　**人込み** 혼잡, 붐빔
ちらっと 언뜻, 잠깐　　**案外** 의외　　**鑑賞** 감상

도쿄에는 여러 종류의 미술관, 박물관이 다수 있어, 어디로 가면 좋을지 망설여질 정도다.

① 그럴 때 사람들이 참고로 하는 것은 신문이나 텔레비전 광고다. 유럽의 유명한 ○○미술관의 명작이 도쿄에 오게 되면, 신문에 커다란 광고가 나가나, 텔레비전에서는 그것에 관련되는 프로그램을 내보내거나 한다. 그런 정보를 들으면, '그럼 당장 가 봐야지' 하게 된다. 그래서 그런 특별한 전람회는 티켓을 사는 대목부터 행렬, 행렬이다. 목적인 명작은 장시간 기다린 끝에 인파 사이로 언뜻 볼 수 있는 ② 유감스러운 결과가 되는 일도 적지 않다.

그런데 실은 많은 미술관이 각각 좋은 작품을 보유하고 있어, 언제나 비교적 저렴한 요금으로 볼 수 있다. 그것이 ③ 의외로 알려져 있지 않다. 특별전에서 명작을 보는데 지친 손님은 대개 이것을 모르고 지나치는 일이 많아 정말로 안타깝다.

인터넷에서 조사하면, 어떤 작품이 어디 미술관에 있는지는 확실히 조사할 수 있다. 여유롭게 감상할 수 있는 일반 전시품을 좀 더 소중히 하고 싶다. 붐비는 만원 전철 같은 곳에서 명작을 음미하는 것은 조금 슬프다.

---

1 ① 그럴 때라고 쓰여 있는데, 어떤 때인가?

1 텔레비전 광고를 만들 때
2 유럽 명작을 찾을 때
3 어디에 미술관, 박물관이 있는지 길을 잃었을 때
4 미술관, 박물관에서 뭔가를 보고 싶을 때

↳ 지시사가 쓰였으므로 앞서 언급된 때를 가리킨다. 이 앞에는 '여러 종류의 미술관, 박물관이 있는데 어디로 가면 좋을지 헷갈릴 정도'라는 문장이 있으므로 여기서의 '그럴 때는 '미술관, 박물관을 가고 싶을 때'를 가리킨다. 따라서 정답은 4번이다.

2 ② 유감스러운 결과가 되다라고 쓰여 있는데, '유감스러운 결과'란 어떤 것인가?

1 보러 온 작품을 충분히 볼 수 없는 것
2 티켓을 사기 위해 줄을 서서 오래 기다리게 되는 것
3 보기 위해 아주 비싼 입장료를 지불하게 되는 것
4 보러 온 작품이 어디에 있는지 모른 채, 보지 않고 돌아가는 것

↳ '유감스러운 결과'는 바로 앞에 나오는 '목적한 명작은 장시간 기다린 끝에 인파 사이로 언뜻 잠깐 볼 수 있다'는 것이므로 정답은 1번이다.

3 ③ 의외로 알려져 있지 않다고 쓰여 있는데, 무엇이 알려져 있지 않은 것인가?

1 특별전을 보러 가는 것은 힘들다는 것
2 미술관의 보통 전시회에서 좋은 작품을 볼 수 있는 것
3 특별전에서 지친 사람이 좋은 작품을 보지 않고 돌아가는 것
4 인터넷에서 좋은 미술관을 찾을 수 있는 것

↳ '그것'이 의외로 알려져 있지 않다는 것이므로, 바로 앞의 내용을 살펴보면 된다. 이 앞에는 '많은 미술관이 각각 좋은 작품을 보유하고 있어서 언제든 비교적 저렴한 요금으로 볼 수 있다'는 내용이 있으므로 정답은 2번이다.

4 필자가 이 글에서 가장 말하고 싶은 것은 무엇인가?

1 TV나 신문 광고보다 인터넷 정보가 빠르고 정확하다.
2 특별전보다 오히려 보통 전시회 쪽이 좋은 작품이 있다.
3 뭔가 보러 갈 때는 반드시 직접 조사하고 가야 한다.
4 늘 볼 수 있는 일반 전시품을 여유롭게 즐기고 싶다.

↳ 글쓴이가 말하고자 하는 것은 글 마지막 문장, '붐비는 만원 전철 같은 곳에서 명작을 음미하는 것은 조금 슬프다'에 잘 나와 있다. 이는 여유롭게 작품을 감상하고 싶다는 것이므로 정답은 4번이다.

표현 해설

1. 美術館、博物館が数多くあり、どこへ行ったらいいのか迷うほどだ
미술관, 박물관이 다수 있어 어디로 가면 좋을지 망설여질 정도다
「ほど」는 사물・동작・상태의 정도나 한도, 또는 알맞은 정도를 나타낸다.

この問題は難しい。大学生にもすぐにはできないほどだ。

이 문제는 어렵다. 대학생도 바로는 풀 수 없을 정도다.

2. 番組を流したりする 프로그램을 내보내거나 한다
「流す」는 '(액체, 기체, 소리, 전기 등을) 흘리다, 흐르게 하다'라는 뜻이다.

健康食品のコマーシャルを流すとよく売れる。

건강식품 광고를 내보내면 잘 팔린다.

3. 情報を耳にすると 정보를 들으면
「耳にする」는 「聞く」(듣다)와 같은 뜻으로, '신체를 나타내는 말'에 「〜にする」가 붙으면 각각 「目にする」(보다), 「口にする」(먹다, 말하다), 「手にする」(손에 쥐다, 입수하다)가 된다.

私は、耳にしたり、目にしたりしたことを毎日ブログに書いている。

나는 듣거나 본 것을 매일 블로그에 쓰고 있다.

4. さっそく行ってみようとなる 당장 가 봐야지 하게 된다
「さっそく」는 '즉시, 당장'이라는 뜻으로 「すぐ」와 같은 의미이다. 「〜てみよう」는 「〜てみる」의 의지형으로 '~해 봐야지, ~해 보자'라는 뜻이다.

おいしいカレーの作り方を教えてもらったので、さっそく作ってみよう。

맛있는 카레 만드는 법을 배웠으니 당장 만들어 봐야지.

5. 長い間待たされたあげく 장시간 기다린 끝에
「〜たあげく」는 '~한 끝에'라는 뜻으로 「〜た後で」(~한 뒤에)와 같은 의미이다.

お客はいろいろ品物をみたあげく、「いらない」と言って帰った。

손님은 여러 가지 물건을 본 끝에 '필요 없다'며 돌아갔다.

6. なんとももったいない 참으로 아깝다
'좋은 기회인데 매우 유감이다'라는 뜻으로 「もったいない」는 '아깝다'는 뜻이다.

久しぶりの天気のいい日に、家でテレビを見ていたとはなんとももったいない 。

오랜만의 날씨가 좋은 날에 집에서 텔레비전을 보고 있다니 참으로 아깝다.

7. 名作を味わうのは 명작을 음미하는 것은
'명작을 보고 즐기는 것은'이라는 의미이다.

温泉に入って、山々の緑をゆっくりと味わった。

온천에 들어가서 산들의 푸르름을 천천히 음미했다.

1	2	3	4
②	④	③	①

今や、どこの大学でもキャンパスを歩くと、よく外国人学生を見かけるようになりました。また、大学の学部によっては４年の間に一度は留学しなければならないというところもあります。それだけ①留学することは珍しくないことになっています。しかし、自分が留学するとなると、どうすればいいかわからず、結局あきらめてしまう人も少なくはないと思います。

「留学はしたいが、手続きの仕方がわからない」といった学生を対象に親切に相談に乗ってくれるところに「留学相談室」があります。「奨学金の申し込み方がわからない」「行きたい国はあるが、大学が決められない」「ホームステイ先の家族とうまくやっていくにはどうすればいいか」など、相談の内容はさまざまですが、共通するのは「不安」ではないでしょうか。

ゆう子さんも２年前に不安を持って相談室のドアを叩きました。そのとき、ゆう子さんは相談員の体験談を聞き、最初はみんな不安なんだと知って、少しほっとしたそうです。また、ここで同じ大学に留学を希望している良子さんとも知り合えました。仲間をみつけたゆう子さんは、無事留学、毎日が本当に楽しく留学してよかったと心から思ったそうです。

ゆう子さんは今「留学相談室」でアルバイトをしていますが、迷っている学生を見ると②思わず「ガンバレ」と言いたくなるそうです。

留学 유학	見かける 눈에 띄다, 보다		仕方 방법
対象 대상	相談 상담	奨学金 장학금	共通 공통
不安 불안	叩く 두드리다	体験談 체험담	
希望 희망	仲間 중간	無事 무사함	

지금은 어느 대학이나 캠퍼스를 걸으면 외국인 학생을 자주 볼 수 있게 되었습니다. 또, 대학 학부에 따라서는 4년 동안에 한 번은 유학을 해야만 한다는 곳도 있습니다. 그만큼 ①유학하는 것은 드물지 않은 일이 되고 있습니다. 그러나 자신이 유학하게 되면, 어떻게 하면 좋을지 몰라 결국 포기해 버리는 사람도 적지는 않은 것 같습니다.

'유학은 가고 싶지만, 수속 방법을 모른다'는 학생을 대상으로 친절하게 상담해 주는 곳으로 '유학 상담실'이 있습니다. '장학금 신청 방법을 모른다' '가고 싶은 나라는 있지만 대학을 정할 수 없다' '홈스테이 가정의 가족과 잘 지내려면 어떻게 하면 되는가' 등, 상담 내용은 다양합니다만, 공통적인 것은 '불안'이 아닐까요?

유코 씨도 2년 전에 불안감을 갖고 상담실 문을 두드렸습니다. 그때 유코 씨는 상담원의 체험담을 듣고, 처음에는 모두 불안해한다는 것을 알고 조금 안심했다고 합니다. 또, 여기에서 같은 대학에 유학을 희망하는 요코 씨와도 알게 되었습니다. 동료를 찾은 유코 씨는 무사히 유학, 매일이 정말로 즐겁고, 유학하길 잘했다고 진심으로 생각했다고 합니다.

유코 씨는 지금 '유학 상담실'에서 아르바이트를 하고 있는데, 망설이고 있는 학생을 보면 ②무의식중에 '힘내세요'라고 말하고 싶어진다고 합니다.

---

1 ①'유학하는 것은 드물지 않은 일이 되고 있습니다'라고 쓰여 있는데, 여기에서는 어떤 의미인가?

1 거리를 걸으면 외국인을 자주 볼 수 있게 되었다는 의미

2 유학하고 싶으면 간단하게 할 수 있는 시대가 되었다는 의미

3 대학생은 모두 한 번은 유학하는 것이 의무로 되어 있다는 의미

4 유학하고 싶지만 수속 방법을 모르는 사람이 많다는 의미

↳ 글 도입부에 이에 대한 내용이 언급되어 있다. 대학 캠퍼스에서 외국인 학생을 쉽게 볼 수 있고, 학부에 따라서는 한 번은 유학을 해야 하는 곳도 있을 정도의 시대가 되었다. 즉 누구나 유학하고 싶으면 갈 수 있는 시대가 되었다는 뜻이다. 정답은 2번이다.

2 ②무의식중에 '힘내세요'라고 말하고 싶어진다고 쓰여 있는데, 왜 그렇게 생각하는가?

1 망설이는 것은 좋은 경험이라고 생각하기 때문에

2 '힘내세요'라고 큰소리를 내는 것은 기분이 좋다고 생각하기 때문에

3 아르바이트를 찾아서 다행이라고 생각하기 때문에

4 유학하길 잘했다고 생각하기 때문에

↳ 바로 앞 단락에 관련 내용이 언급되어 있다. 본인도 유학을 희망했을 때는 불안감을 가지고 있었지만, 막상 유학을 간 뒤에는 매일이 즐거워서 유학하길 잘했다고 생각했기 때문이다. 따라서 정답은 4번이다.

3 '유학 상담실'에 대해 옳은 것은 어느 것인가?

1 해외에 가고 싶은 학생의 상담에 응해 주는 곳
2 유학 투어를 짜 주는 곳
3 유학하고 싶은 학생의 상담에 응해 주는 곳
4 유학 후의 아르바이트를 찾아 주는 곳

↳ 유학 상담실에 대한 내용은 글 중반부에 언급되어 있다. '유학은 하고 싶지만, 수속 방법을 모르는 학생을 대상으로 친절하게 상담해 주는 곳'이 바로 '유학 상담실'이다. 정답은 3번이다.

4 '유학 상담실'에 오는 학생에 대해 일반적으로 말할 수 있는 것은 무엇인가?

1 모두 여러 가지 불안을 안고 있다.
2 가족의 반대에 고민하고 있다.
3 홈스테이 집의 가족과 사이 좋게 지낼 수 없다고 고민하고 있다.
4 함께 갈 수 있는 동료를 찾고 싶어 한다.

↳ 글 중반부에서 유학 상담실을 찾는 학생들의 고민을 엿볼 수 있다. 그중에서도 뒷부분을 보면 '상담 내용은 다양하지만, 공통적인 것은 불안이 아닐까?'라는 내용이 나오고 있다. 따라서 정답은 1번이다.

표현 해설

1. うまくやっていく 잘 지내다
彼は話し上手で、誰とでもうまくやっていける人のようだ。
> 그는 말을 잘해서 누구와도 잘 지낼 수 있는 사람 같다.

2. さまざまですが、 다양합니다만,
「いろいろですが」와 같은 뜻이다.

3. ドアを叩きました 문을 두드렸습니다
「ドアを叩く」는 '문을 두드리다'라는 뜻으로 「訪ねる」(방문하다)의 의미이다.
経済問題が理解できなかったので、専門家のドアを叩きました。
> 경제 문제를 이해하지 못해서 전문가를 찾았습니다.

4. ほっとしたそうです 안심했다고 합니다
「ほっとする」는 '안심하다'라는 뜻이므로 이 문장은「安心したそうです」와 같은 뜻이다. 이때의 「そうだ」는 '~라고 한다'는 전문의 의미이다.

1	2	3	4
②	③	④	③

先日、犬に引っ張られながら散歩している人を見かけた。きちんと教えれば飼い主に合わせて歩くようになるものだが、あの犬は教えられていないのだろう。

犬は教えなければ勝手に行動する。散歩のとき、行きたい方向へ自由に行かせていると、①<u>飼い主は自分の思い通りになる</u>と思い込んで、力いっぱい引っ張ってしまう。また、歩くのがいやになると途中で座り込んでしまったり、ほかの犬と出会ったとき、散歩していることを忘れて遊びたがったりする。②<u>こんなことがないように</u>、しつける必要がある。

かわいいという気持ちは飼い主の自然の感情であり、いつもそばにいて面倒をみたいと思うものだ。だが、だれかそばにいないと落ち着けないとなると、犬もかわいそうだ。自立させることが必要だ。

静かに留守番ができるようにしつけることにより、飼い主がどうしても出かけなければならないときに、安心してペット・ホテルに預けることもできる。どんな環境になっても自立できるようにしつけよう。③<u>それが愛情であろう。</u>

人間と暮らすためには、我慢することが必要だということを教え、また、飼い主も社会のルールを守って犬と生活をしなければならない。

犬が嫌いな人もいれば、アレルギーが起こる人もいる。他人に迷惑をかけないように心がけよう。④<u>人間も犬も上手に暮らしていく方法を身につけて</u>こそ、楽しく過ごせるのである。

散歩 산책　　**勝手に** 제멋대로　　**行動** 행동
方向 방향　　**途中** 도중　　**しつける** 예의범절을 가르치다
必要 필요　　**自然** 자연　　**感情** 감정　　**自立** 자립
留守番 빈집을 지킴　　**環境** 환경　　**愛情** 애정
我慢 참음　　**ルール** 룰, 규칙　　**アレルギー** 알레르기
迷惑 폐, 귀찮음　　**心がける** 마음을 쓰다, 유의하다

요전 날, 개한테 끌려가면서 산책을 하고 있는 사람을 보았다. 제대로 가르치면 주인에게 맞춰 걷게 되는 법인데, 그 개는 교육을 받지 않은 것이리라.

개는 가르치지 않으면 제멋대로 행동한다. 산책할 때, 가고 싶은 방향으로 마음대로 가게 하면, ①<u>주인은 자기 생각대로 된다</u>고 여겨서 있는 힘껏 끌어당겨 버린다. 또, 걷는 것이 싫어지면 도중에 주저앉아 버리거나, 다른 개와 마주쳤을 때 산책 중인 것을 잊고 놀고 싶어한다. ②<u>이런 일이 없도록</u> 길들일 필요가 있다.

귀엽다는 마음은 주인의 자연스러운 감정으로, 늘 옆에서 보살피고 싶다고 생각하는 법이다. 하지만 누가 옆에 없으면 차분하게 있을 수 없는 경우가 되면 개도 불쌍하다. 자립시키는 것이 필요하다.

조용히 빈집을 지킬 수 있게 길들임으로써, 주인이 꼭 외출해야만 할 때 안심하고 펫 호텔에 맡길 수도 있다. 어떤 환경이 되어도 자립할 수 있도록 길들이자. ③<u>그것이 애정일 것이다.</u>

인간과 살기 위해서는 참는 것이 필요하다는 것을 가르치고 또, 주인도 사회의 룰을 지켜서 개와 생활을 해야만 한다.

개를 싫어하는 사람도 있는가 하면, 알레르기가 일어나는 사람도 있다. 남에게 폐를 끼치지 않도록 유의하자. ④<u>사람도 개도 잘 살아가는 방법을 몸에 익히는 것</u>이야말로 즐겁게 지낼 수 있는 것이다.

---

1 ①<u>주인은 자기 생각대로 된다</u>라고 쓰여 있는데, 어떤 의미인가?

1 주인은 주인 자신이 바라는 대로 행동한다는 의미
2 주인은 개가 바라는 대로 행동한다는 의미
3 개는 주인이 바라는 대로 행동한다는 의미
4 주인도 개도 생각대로 행동한다는 의미

↳ 여기서의 '자기'는 '개'를 가리킨다. 따라서 정답은 2번, '주인은 개가 원하는 대로 행동한다'는 뜻이다.

2 ②<u>이런 일이 없도록</u>이라고 쓰여 있는데, 어떤 일인가?

1 산책 도중에 다른 개와 마주치는 일
2 개가 주인에게 맞춰 걷는 일

3 산책 중에 주저앉거나 주인을 끌어당기거나 하는 일
4 산책할 때 개가 가고 싶은 방향으로 가게 하지 않는 일

↳ '이런 일'은 앞서 언급한 내용을 가리킨다. 따라서 '주인을 자기가 가고 싶은 방향으로 끌어당기고, 걷다가 주저앉거나 다른 개와 마주쳤을 때 가지 않고 놀고 싶어하는 일' 등이 '이런 일'에 해당한다. 따라서 정답은 3번이다.

3 ③<u>그것이 애정일 것이다</u>라고 쓰여 있는데, 여기에서 말하고 싶은 것은 어떤 것인가?

1 늘 누군가가 개 옆에서 보살피는 것이 애정이다.
2 주인이 외출할 때 안심할 수 있는 펫 호텔에 맡기는 것이 애정이다.
3 주인이 외출할 용무를 만들어 빈집을 지키게 하는 것이 애정이다.
4 어떤 때에도 차분하게 있을 수 있도록 길들이는 것이 애정이다.

↳ '그것'은 앞서 언급된 내용을 가리키므로 바로 앞의 '어떤 환경이 되어도 자립할 수 있도록 길들이는 것'을 뜻한다. 개에게 '자립'이란 주인이 없어도 '차분하게 있을 수 있는 것'을 뜻하므로 정답은 4번이다.

4 ④<u>사람도 개도 잘 살아가는 방법을 몸에 익히는 것</u>이라고 쓰여 있는데, 어떤 의미인가?

1 주인은 참으면서 사회의 룰을 지키고 개를 자유롭게 행동하게 한다.
2 개는 마음대로 행동하고, 주인은 개를 싫어하는 사람이나 알레르기가 있는 사람을 생각한다.
3 개는 참는 것을 배우고 주인은 사회의 룰을 지킨다.
4 주인은 개를 사랑하는 마음을 잊지 않고 늘 옆에서 지켜 본다.

↳ 앞 단락에 이에 대한 내용이 나와 있다. '인간과 살기 위해서는 개는 참는 법을 알아야 하고, 개 주인은 사회의 룰을 지켜서 개와 생활해야 한다'고 말하고 있다. 정답은 3번이다.

표현 해설

1. 飼い主に合わせて歩くようになる**ものだ**
   주인에게 맞춰 걷게 되는 법이다

   「ものだ」는 '일반적으로 ~하는 게 당연하다'라는 의미이다.

2. 散歩していることを忘れて遊び**たがったり**する
   산책 중인 것을 잊고 놀고 싶어한다

   「~たがる」는 '~하고 싶어하다'라는 뜻으로, 제3자의 희망을 나타낸다.

1	2	3	4
③	③	①	④

妹はアルバイトをしたがっているが、父が反対している。

여동생은 아르바이트를 하고 싶어하지만 아버지가 반대하신다.

3. 留守番ができるようにしつけることにより

빈집을 지킬 수 있게 길들임으로써

「〜により」는 수단이나 방법을 나타내며, 「で」를 써도 된다.

私は、駅まで2キロの道を毎日歩くことにより、運動不足にならないようにしています。

나는 역까지 2킬로미터 길을 매일 걸어서 운동 부족이 되지 않도록 하고 있습니다.

4. 犬が嫌いな人もいれば、アレルギーが起こる人もいる

개를 싫어하는 사람도 있는가 하면, 알레르기가 일어나는 사람도 있다

「〜も〜ば〜も」는 '〜도 〜면, 〜도'라는 뜻이다.

田中さんは英語もできれば中国語もできるので、海外出張が多く忙しそうだ。

다나카 씨는 영어도 할 수 있는가 하면 중국어도 할 수 있어서 해외 출장이 많아 바쁜 것 같다.

5. 上手に暮らしていく方法を身につけてこそ、楽しく過ごせるのである

잘 살아가는 방법을 몸에 익히는 것이야말로 즐겁게 지낼 수 있는 것이다

「〜こそ」는 '〜야말로'라는 뜻으로, 강조하는 표현이다.

この仕事はみんなが力を出しあってこそ、成功させることができるものだから、協力してやってもらいたい。

이 일은 모두가 힘을 내어야만 성공시킬 수 있는 것이니까 협력해 주기 바란다.

私は、日本語の「頑張れ」という言葉があまり好きではありません。別に頑張るということ自体(※1)を否定するわけではありませんが、私が留学していたときに会社の友だちが手紙をくれると、必ず①「僕も頑張るから、君も頑張ってください」と書いてある。その言葉のなかには、ある種の(※2)波長(※3)を合わせるという意味がこめられています。②考えすぎかもしれませんが、「頑張れ」のなかには一緒に「頑張ろうね」というのが入っていて、同時にそこには「頑張っておれより先にいっちゃいけない」という意味もあるような気がします。

ついでにもう一つ言うと、頑張りさえすれば体力(※4)や知力(※5)がなくても何でもできるという一種の精神主義もあります。③H2ロケットを打ち上げた(※6)技術者も「頑張れ」という言葉は嫌いだと言っていました。「頑張れ」と言うだけではロケットは上がらないからです。

私は、「ユウ・キャン・ドゥ・イット」(※7)という、突き放した(※8)ドライさみたいなもののほうが好きですね。

(阿川尚之・竹中平蔵
『世界標準で生きられますか』徳間書店)

(※1) 自体:そのもの

(※2) ある種の:一種の

(※3) 波長:お互いの気持ちや調子

(※4) 体力:身体の力

(※5) 知力:知識を働かせる力

(※6) 打ち上げる:上げる

(※7) ユウ・キャン・ドゥ・イット:You can do it.

(※8) 突き放す:特別な感情を含めない、冷たい

頑張る 힘내다, 분발하다   留学する 유학하다
僕 나   君 너   先 앞, 먼저   技術者 기술자

나는 일본어의 '열심히 해'라는 말을 별로 좋아하지 않습니다. 특별히 열심히 한다는 말 자체(※1)를 부정하는 것은 아니지만, 내가 유학하고 있을 때 회사 친구가 편지를 보내면, 반드시 ①'나도 열심히 할 테니까 너도 열심히 해'라고 쓰여 있다. 그 말 속에는 일종의(※2) 파장(※3)을 맞춘다는 의미가 담겨 있습니다. ②지나친 생각일지도 모르겠습니다만, '열심히 해' 속에는 함께 '열심히 하자'라는 것이 들어 있고, 동시에 거기에는 '열심히 해서 나보다 앞서 가면 안 된다'는 의미도 있는 것 같습니다.

말이 나온 김에 하나 더 말하자면, 열심히만 하면 체력(※4)이나 지력(※5)이 없어도 무엇이든 할 수 있다는 일종의 정신주의도 있습니다. ③H2로켓을 쏘아 올린(※6) 기술자도 '열심히 해'라는 말은 싫다고 했습니다. '열심히 해'라고 말하는 것만으로는 로켓은 올라가지 않기 때문입니다.

나는 '유 캔 두 잇'(※7)이라는, 냉정한(※8) 매정함 같은 것이 더 좋네요.

(아가와 나오유키 · 다케나카 헤이조
『세계 표준으로 살 수 있습니까』도쿠마서점)

(※1) 자체 : 그것
(※2) 어느 종의 : 일종의
(※3) 파장 : 서로의 기분이나 상태
(※4) 체력 : 신체의 힘
(※5) 지력 : 지식을 발휘하는 힘
(※6) 쏘아 올리다 : 오르다, 올라가다
(※7) 유 캔 두 잇 : You can do it. 당신은 할 수 있다
(※8) 냉정하게 다루다 : 특별한 감정을 포함하지 않다

1　①'나도 열심히 할 테니까 너도 열심히 해'라고 쓰여 있는데, '나'와 '너'는 누구인가?

1　'나'는 '필자'이고 '너'는 '유학생'
2　'나'는 '필자'이고 '너'는 '회사 친구'
3　'나'는 '회사 친구'이고 '너'는 '필자'
4　'나'는 '유학생'이고 '너'는 '회사 친구'

↳ '내가 유학'하고 있을 때 '회사 친구가 보내 준' 편지이므로, 편지상에서의 '나'는 '회사 친구', '너'는 '필자'를 가리킨다. 따라서 정답은 3번이다.

2　②지나친 생각일지도 모르겠습니다만이라고 쓰여 있는데, 필자는 어떤 것을 '지나친 생각일지도 모른다'고 생각하고 있는가?

1　친구가 '열심히 해도 로켓을 올릴 수 없다'고 생각하는 것
2　친구가 '열심히 하면 안 돼'라고 생각하고 있는 것

3　친구가 '열심히 해서 나보다 앞서 가지 마'라고 말하고 있다고 생각하는 것
4　친구가 '열심히 해서 나보다 앞서 가'라고 말하고 있다고 생각하는 것

↳ 이에 대한 내용은 뒤에 이어지는 문장에 나온다. 필자는 '열심히 해'라는 말에는 '같이 열심히 하자'라는 뜻도 있지만, '열심히 해서 나보다 앞서 가면 안 된다'는 뜻도 있는 것 같다고 생각하고 있다. 정답은 3번이다.

3　③H2로켓을 쏘아 올린 기술자도 '열심히 해'라는 말은 싫다고 했습니다라고 쓰여 있는데, 왜 그렇게 말한 것인가?

1　정신력만으로는 로켓이 올라가지 않으므로
2　정신력이 있으면 무엇이든 할 수 있는데도 로켓은 올라가지 않으므로
3　열심히 하면 체력과 지력이 없어도 로켓이 올라가므로
4　열심히 하는 것은 로켓을 올리는 데 의미가 없는 일이므로

↳ 이 문장 전후를 살펴 보면 답을 알 수 있다. '열심히만 하면 체력이나 지력이 없어도 무엇이든 할 수 있다는 일종의 정신주의', '열심히 하라고 말하는 것만으로는 로켓은 올라가지 않기 때문'이라고 되어 있으므로 정답은 1번이다.

4　필자는 왜 '열심히 해'라는 말을 싫어하는 것인가?

1　체력이나 지력이 없으면 열심히 하라고 말해도 의미가 없으므로
2　서로 파장을 맞추자라는 의미와 열심히만 하면 무엇이든 할 수 있다는 정신주의가 포함되지 않았으므로
3　열심히 하라는 말에는 친구와 파장을 맞추지 않고 경쟁한다는 의미가 있으므로
4　서로 파장을 맞추자라는 의미와 열심히만 하면 무엇이든 할 수 있다는 정신주의가 포함되어 있으므로

↳ 글 끝 부분에 '나는 냉정한 매정함 같은 게 좋다'는 문장이 있다. 따라서 필자가 '열심히 해'라는 말을 싫어하는 것은 이와 반대되기 때문이다. 글 중반부에 '열심히 하라는 말 속에는 일종의 파장을 맞춘다는 의미가 담겨 있다' '열심히만 하면 무엇이든 할 수 있다는 일종의 정신주의도 있다'라는 문장에서 필자가 '열심히 해'라는 말을 싫어하는 원인을 찾을 수 있다. 정답은 4번이다.

표현 해설

1.　**頑張るということ自体を否定するわけではありませんが**
열심히 한다는 말 자체를 부정하는 것은 아니지만
「〜わけではない」는 '〜인 것은 아니다, 〜지 않다'라는 뜻으로, 이 말은 '열심히 하는 게 나쁘다는 것은 아니지만'이라는 의미이다.

2. ある種の波長を合わせるという意味
   일종의 파장을 맞춘다는 의미
   「波長を合わせる」(파장을 맞추다)는 '서로의 기분이
   나 상태를 맞춘다'는 의미이다.

3. 意味がこめられています 의미가 담겨 있습니다
   「こめられる」는 「こめる」의 수동형으로 '담겨 있다,
   들어 있다'라는 뜻이다.

   「ごぶさたいたしました」には「長い間連絡しないで、
   すみませんでした」という意味がこめられている。
   '격조했습니다'에는 '오랫동안 연락하지 않아서 죄송했습니다'라는 의
   미가 들어 있다.

4. 頑張りさえすれば体力や知力がなくても何でもできる
   열심히만 하면 체력이나 지력이 없어도 무엇이든 할 수 있다
   「〜さえ〜ば」는 '〜만 〜면'이라는 뜻으로, 조건이 충족
   됨을 나타낸다.

   君さえいれば、人生はバラ色だ。
   당신만 있으면 인생은 장밋빛이다.

5. 突き放したドライさ 냉정한 건조함
   「突き放す」는 '내버려 두다, 냉정하게 다루다'라는 뜻
   이다. 이 말은 냉정하다고 느낄 정도로 감정이 담겨 있
   지 않은 모습을 나타낸다.

   子供を甘やかさないで、突き放して育てるのが、
   我が家の教育方針だ。
   아이를 오냐오냐 하지 않고 냉정하게 기르는 것이 우리 집의 교육 방
   침이다.

정보 검색 **실전 연습 ❶** p.332

1	2	3	4	5	6	7	8	9	10
④	①	④	③	④	③	④	③	②	③

(1)

문제 7 다음 글은 대학 축제에서 하는 인도 이벤트 소개이다. 아래 질문에 답하시오. 답은 1·2·3·4 중에서 가장 알맞은 것을 하나 고르시오.

大学祭でインドからの留学生がインド紹介のイベントをするそうです。田中さんはガールフレンドのマリさんと一緒に参加しようと思いましたが、時間が合わないので、別々に行くことにしました。田中さんはその日の午後から夕方までほかのイベントを手伝うことになっています。田中さんはインド映画が大好きです。また、インドの言葉を生で聞きたいとも思っています。マリさんは一日中忙しいので、時間が空いたときに短い時間だけでも自由に参加できるところがいいなと思っています。

インドへようこそ

みなさん、カレーは好きですか。インド料理は日本でもとても人気がありますね。でもインドはカレーだけではありません。今やＩＴ大国として世界で注目されているんですよ。そんなインドの新しい魅力を私たち留学生がたっぷりご紹介します。イベントは４つありますのでお好きなところへどうぞ!!

日時　20××年11月3日(火)
時間　10：00～17：00（イベントにより異なる）
会場　学生会館

おいしい紅茶のいれ方をお教えします	**サリーを着ませんか**
時　間：10：00～17：00	時　間：10：00～12：00
場　所：学生会館入り口ホール	対　象：女性のみ
参加費：100円	場　所：102号室
内　容：インドのミルクティーのいれ方をお教えします。お菓子つき。	内　容：留学生のシャナさんがサリーの着方を教えます。好きなサリーを選んでください。後で記念写真を撮ります。
その他：10～15分くらいでおいしい紅茶がはいります。忙しい方もどうぞ。	その他：5、6人集まったら始めます。1グループ1時間くらいかかります。

<table>
<tr><td>

インド<ruby>映画<rt>えいが</rt></ruby>の<ruby>紹介<rt>しょうかい</rt></ruby>

<ruby>時<rt>じ</rt></ruby>　<ruby>間<rt>かん</rt></ruby>：3：00〜5：00

<ruby>場<rt>ば</rt></ruby>　<ruby>所<rt>しょ</rt></ruby>：101<ruby>号室<rt>ごうしつ</rt></ruby>

<ruby>内<rt>ない</rt></ruby>　<ruby>容<rt>よう</rt></ruby>：インドで<ruby>若者<rt>わかもの</rt></ruby>に<ruby>人気<rt>にんき</rt></ruby>がある<ruby>映画<rt>えいが</rt></ruby>を<ruby>見<rt>み</rt></ruby>ます。
　　　　<ruby>映画<rt>えいが</rt></ruby>の<ruby>前<rt>まえ</rt></ruby>に<ruby>留学生<rt>りゅうがくせい</rt></ruby>のマナさんが<ruby>説明<rt>せつめい</rt></ruby>をします。

その<ruby>他<rt>た</rt></ruby>：<ruby>途中<rt>とちゅう</rt></ruby>からは<ruby>入<rt>はい</rt></ruby>れません。

</td><td>

<ruby>講演会<rt>こうえんかい</rt></ruby>「インドを<ruby>知<rt>し</rt></ruby>る」

<ruby>時<rt>じ</rt></ruby>　<ruby>間<rt>かん</rt></ruby>：10：00〜11：30

<ruby>場<rt>ば</rt></ruby>　<ruby>所<rt>しょ</rt></ruby>：203<ruby>号室<rt>ごうしつ</rt></ruby>

<ruby>内<rt>ない</rt></ruby>　<ruby>容<rt>よう</rt></ruby>：インドの<ruby>歴史<rt>れきし</rt></ruby>や<ruby>地理<rt>ちり</rt></ruby>、<ruby>文化<rt>ぶんか</rt></ruby>、<ruby>観光<rt>かんこう</rt></ruby>などの<ruby>紹介<rt>しょうかい</rt></ruby>です。

その<ruby>他<rt>た</rt></ruby>：<ruby>インド大使館員<rt>たいしかんいん</rt></ruby>によるヒンディー<ruby>語<rt>ご</rt></ruby>（インド<ruby>語<rt>ご</rt></ruby>）
　　　での<ruby>講演<rt>こうえん</rt></ruby>です。
<ruby>留学生<rt>りゅうがくせい</rt></ruby>のアトラさんが<ruby>通訳<rt>つうやく</rt></ruby>します。

</td></tr>
</table>

大学祭 대학 축제　　**一緒** 함께함　　**空く** 비다　　**注目** 주목　　**魅力** 매력　　**たっぷり** 충분히, 듬뿍, 많이

お菓子 과자　　**途中** 도중　　**記念写真** 기념 사진　　**講演会** 강연회　　**歴史** 역사　　**地理** 지리

大使館員 대사관 직원　　**通訳** 통역

　　대학 축제에서 인도에서 온 유학생이 인도 소개 이벤트를 한다고 합니다. 다나카 씨는 여자 친구인 마리 씨와 함께 참가하려고 했습니다만, 시간이 맞지 않아서 따로따로 가기로 했습니다. 다나카 씨는 그날 오후부터 저녁까지 다른 이벤트를 돕기로 되어 있습니다. 다나카 씨는 인도 영화를 매우 좋아합니다. 또, 인도말을 직접 듣고 싶다고도 생각하고 있습니다. 마리 씨는 하루 종일 바빠서 시간이 날 때 짧은 시간만이라도 자유롭게 참가할 수 있는 곳이 좋겠다고 생각하고 있습니다.

인도에 오신 것을 환영합니다

　　여러분, 카레는 좋아합니까? 인도 요리는 일본에서도 매우 인기가 있군요. 하지만 인도는 카레뿐만이 아닙니다. 지금은 IT대국으로서 세계에서 주목받고 있답니다. 그런 인도의 새로운 매력을 저희 유학생이 듬뿍 소개해 드립니다. 이벤트는 4가지가 있으니 좋아하는 곳으로 오세요!!

일시　20××년 11월 3일(화)

시간　10:00〜17:00(이벤트에 따라 다름)

회장　학생회관

<table>
<tr><td>

맛있는 홍차 끓이는 법을 알려 드립니다

시　간：10:00〜17:00

장　소：학생회관 입구 홀

참가비：100엔

내　용：인도의 밀크티 끓이는 방법을 알려 드립니다.
　　　　과자 포함.

그　외：10〜15분 정도면 맛있는 홍차가 끓여집니다.
　　　　바쁘신 분도 어서 참가하세요.

</td><td>

사리를 입지 않겠습니까

시　간：10:00〜12:00

대　상：여성만

장　소：102호실

내　용：유학생 샤나 씨가 사리 입는 법을 알려 드립니다. 좋아하는 사리를 고르세요. 나중에 기념사진을 찍습니다.

그　외：5, 6명이 모이면 시작합니다. 1그룹 1시간 정도 소요됩니다.

</td></tr>
</table>

<table>
<tr><td align="center">인도 영화 소개</td><td align="center">강연회 「인도를 알다」</td></tr>
<tr><td>

시　간 : 3:00~5:00
장　소 : 101호실
내　용 : 인도에서 젊은 사람들에게 인기가 있는 영화를 봅니다. 영화를 보기 전에 유학생 마나 씨가 설명을 합니다.
그　외 : 상영 도중에는 들어올 수 없습니다.

</td><td>

시　간 : 10:00~11:30
장　소 : 203호실
내　용 : 인도의 역사와 지리, 문화, 관광 등을 소개합니다.
그　외 : 인도 대사관 직원이 힌디어(인도어)로 강연합니다. 유학생 아트라 씨가 통역합니다.

</td></tr>
</table>

1 다나카 씨는 어느 이벤트에 참가하는가?

1 '맛있는 홍차 끓이는 법을 알려 드립니다'에 참가한다.

2 '사리를 입지 않겠습니까'에 참가한다.

3 '인도 영화 소개'에 참가한다.

4 '강연회 「인도를 알다」'에 참가한다.

↘ 다나카 씨는 인도 영화를 좋아하지만, '인도 영화 소개' 이벤트가 열리는 오후 시간에는 다른 이벤트를 도와야 한다. 따라서 오전에 열리는, 인도말을 생생하게 들을 수 있는 '인도를 알다' 강연회에 참가할 것이므로 정답은 4번이다.

2 마리 씨는 어느 이벤트에 참가하는가?

1 '맛있는 홍차 끓이는 법을 알려 드립니다'에 참가한다.

2 '사리를 입지 않겠습니까'에 참가한다.

3 '인도 영화 소개'에 참가한다.

4 '강연회 「인도를 알다」'에 참가한다.

↘ 마리 씨가 참가할 수 있는 이벤트는 시간 제약이 없는 것이다. 따라서 하루 종일 열리는 '맛있는 홍차 끓이는 법을 알려 드립니다' 이벤트에 참가할 것이다. 정답은 1번이다.

표현 해설

1. **時間が合わない**ので 시간이 맞지 않아서

「時間が合わない」는 '시간이 맞지 않다'라는 뜻이다.

友人と旅行したいが、休みの日が**合わない**ので困っている。

친구와 여행을 하고 싶은데 휴가날이 맞지 않아서 곤란해하고 있다.

2. **別々に**行くことにしました

따로따로 가기로 했습니다

「別々に」는 '따로따로, 별도로'라는 뜻이다. 반대말은 一緒に(같이, 함께)이다.

コンサートの後、田中さんとは**別々に**帰りました。

콘서트가 끝난 후, 다나카 씨와는 따로따로 돌아갔습니다.

3. **生で**聞きたいとも思っています

직접 듣고 싶다고도 생각하고 있습니다

이때의 「生」는 '가공하지 않음, 자연 상태 그대로 직접'이라는 뜻이다. 즉 '녹음 등이 아니라 직접 듣고 싶다'는 의미이다.

4. **今や** 지금은

彼は、おとなしい子供だったが、**今や**世界のトップスターで、映画やテレビで大活躍をしている。

그는 얌전한 아이였지만, 지금은 세계적인 톱스타로 영화나 텔레비전에서 대활약을 하고 있다.

문제 7 다음 글은 요리 만드는 법을 적은 것이다. 아래 질문에 답하시오. 답은 1·2·3·4 중에서 가장 알맞은 것을 하나 고르시오.

　まり子さんは家族の夕飯を作ろうと思っています。これから買い物に行きます。お父さんとお母さんは、肉より魚のほうが好きですが、お兄さんは肉が大好きです。今日は、お兄さんの好きなものを作ろうと思っています。お兄さんは仕事が忙しくて、あまり家で食事をしません。野菜をもっとたくさん食べたほうが体にいいので、野菜をたくさん使った料理を作ろうと思っています。じゃがいも、にんじん、玉ねぎ、たまごはあります。調味料もそろっています。

レシピ1

1. 肉をいためてから煮る。
2. 肉がやわらかくなったら、じゃがいも、玉ねぎを入れる。
3. 砂糖、しょうゆ、塩、酒を入れて、じゃがいもと玉ねぎがやわらかくなるまで煮る。

レシピ2

1. 魚に塩をふる。30分ぐらいそのままにしておく。
2. 焼いて、レモン汁をかける。

レシピ3

1. にんじん、きゃべつ、もやし、ブロッコリーをそれぞれ同じぐらいの大きさに切って、油でいためて、塩、こしょうをする。
2. レタスとトマトを切って別の皿にのせ、塩をふる。

レシピ4

1. 肉を細かくして、たまねぎ、たまご、塩、こしょうをまぜて丸い形にしてフライパンで焼く。
2. じゃがいも、にんじん、ブロッコリーをゆでる。トマトを切る。
3. レタスを皿にしいて、その上に1と2をおく。

夕飯 저녁 식사　　野菜 채소　　料理 요리　　調味料 조미료　　いためる 볶다　　煮る 삶다, 끓이다, 조리다
焼く 굽다　　ゆでる 데치다, 삶다　　レシピ 레시피

　마리코 씨는 가족의 저녁 식사를 만들려고 합니다. 지금부터 장을 보러 갑니다. 아버지와 어머니는 고기보다 생선을 좋아하시지만, 오빠는 고기를 아주 좋아합니다. 오늘은 오빠가 좋아하는 것을 만들려고 생각하고 있습니다. 오빠는 일이 바빠서 집에서 별로 식사를 하지 않습니다. 채소를 좀 더 많이 먹는 것이 몸에 좋기 때문에 채소를 많이 사용한 요리를 만들려고 합니다. 감자, 당근, 양파, 달걀은 있습니다. 조미료도 준비되어 있습니다.

레시피 1

> 1. 고기를 볶은 뒤에 삶는다.
> 2. 고기가 부드러워지면 감자, 양파를 넣는다.
> 3. 설탕, 간장, 소금, 술을 넣고 감자와 양파가 부드러워질 때까지 삶는다.

레시피 2

> 1. 생선에 소금을 뿌린다. 30분 정도 그대로 둔다.
> 2. 구워서 레몬즙을 뿌린다.

레시피 3

> 1. 당근, 양배추, 콩나물, 브로콜리를 각각 같은 크기로 잘라 기름에 볶고, 소금, 후추를 뿌린다.
> 2. 양상추와 토마토를 잘라 다른 접시에 담고 소금을 뿌린다.

레시피 4

> 1. 고기를 잘게 잘라 양파, 달걀, 소금, 후추를 섞어 둥근 모양으로 만들어 프라이팬에 굽는다.
> 2. 감자, 당근, 브로콜리를 데친다. 토마토를 자른다.
> 3. 양상추를 접시에 깔고 그 위에 1과 2를 담는다.

---

3 마리코 씨는 어느 요리를 만드는가?

1 레시피1
2 레시피2
3 레시피3
4 레시피4

↳ 글 중반부에서 오늘은 오빠가 좋아하는 요리를 만들 예정임을 알 수 있다. 다만, 오빠는 고기를 좋아하지만, 마리코 씨는 오빠의 건강을 생각해 채소가 많이 들어간 요리를 만들 생각이다. 고기를 이용한 레시피는 1과 4인데 이 중 채소를 많이 사용한 요리를 만들 생각이므로 정답은 4번이다.

4 마리코 씨는 무엇을 사야만 하는가?

1 생선, 레몬, 소금, 양배추
2 콩나물, 달걀, 브로콜리, 토마토
3 고기, 브로콜리, 토마토, 양상추
4 고기, 브로콜리, 감자, 양상추

↳ 레시피 4의 재료들이 필요하므로 고기, 양파, 계란, 감자, 당근, 브로콜리, 토마토, 양상추가 필요하다. 그중 감자, 당근, 양파, 계란은 있으므로 나머지 재료들을 사야 한다. 따라서 정답은 3번이다.

1. 調味料も**そろっています**
   조미료도 준비되어 있습니다
   「そろう」는 '갖추어지다, 구비되다'라는 뜻이다.

   部長：会議の資料の準備、よろしく頼むよ。
   部下：はい。資料はもう**そろって**おります。

   부장 : 회의 자료 준비, 잘 부탁해.
   부하 : 네. 자료는 이미 준비되어 있습니다.

2. 魚に**塩をふる** 생선에 소금을 뿌리다
   「魚に塩をかける」와 같은 뜻이다.

3. 30分ぐらい**そのままに**しておく
   30분 정도 그대로 두다
   「そのまま」는 '그대로, 아무것도 하지 않고 그 상태로'라는 뜻이다.

   写真を撮ります。笑ってください。はい、**そのまま**動かないで。

   사진을 찍겠습니다. 웃으세요. 네, 그대로 움직이지 말고.

4. **塩、こしょうをする** 소금과 후추를 치다

문제 7 다음 글은 학생 기숙사 안내이다. 아래 질문에 답하시오. 답은 1·2·3·4 중에서 가장 알맞은 것을 하나 고르시오.

チンさんは大学の学生課で学生寮を紹介してもらいました。寮に入るには学生課で書類に記入して写真と保証人の書類・寮費を一緒に出さなければなりません。チンさんは決める前に、まず保証人と部屋を見に行くつもりです。チンさんの希望は駅からあまり遠くないこと、寮に食堂があるか、少なくとも近くに食べるところがあることです。寮費は奨学金があるので高くてもなんとかなると思っています。

○○大学学生寮

第一寮	第二寮
場　所：××駅から歩いて5分 寮　費：85,000円 その他：寮に食堂なし 　　　　図書室あり 　　　　近くにレストランなし 　　　　住宅街で静か	場　所：△△駅からバスで15分 　　　　バス停から歩いて3分 寮　費：45,000円 その他：寮に食堂あり 　　　　近くにレストランあり
第三寮	第四寮
場　所：××駅から歩いて30分 寮　費：30,000円 その他：寮に食堂あり 　　　　近くにレストランなし 　　　　病院あり	場　所：□□駅から歩いて8分 寮　費：65,000円 その他：寮に食堂なし 　　　　近くにレストランあり 　　　　近くにカラオケあり

なお、くわしいことは直接電話して各寮にきいてください。

寮 기숙사　　学生課 학생과　　保証人 보증인　　寮費 기숙사비　　希望 희망　　奨学金 장학금　　住宅街 주택가
バス停 버스정류장

　　친 씨는 대학 학생과에서 학생 기숙사를 소개받았습니다. 기숙사에 들어가려면 학생과에서 서류에 기입하고 사진과 보증인의 서류·기숙사비를 함께 내야 합니다. 친 씨는 결정하기 전에 먼저 보증인과 방을 보러 갈 생각입니다. 친 씨의 희망은 역에서 별로 멀지 않을 것, 기숙사에 식당이 있든지 적어도 근처에 먹을 곳이 있을 것입니다. 기숙사비는 장학금이 있어서 비싸도 그럭저럭 될 것이라고 생각하고 있습니다.

○○대학 학생 기숙사

<table>
<tr><td colspan="2">

제1 기숙사

장소 :　　×× 역에서 걸어서 5분

기숙사비 : 85,000엔

그 외 :　　기숙사에 식당 없음

　　　　　도서실 있음

　　　　　근처에 레스토랑 없음

　　　　　주택가로 조용함

</td><td colspan="2">

제2 기숙사

장소 :　　△△ 역에서 버스로 15분

　　　　　버스정류장에서 걸어서 3분

기숙사비 : 45,000엔

그 외 :　　기숙사에 식당 있음

　　　　　근처에 레스토랑 있음

</td></tr>
<tr><td colspan="2">

제3 기숙사

장소 :　　×× 역에서 걸어서 30분

기숙사비 : 30,000엔

그 외 :　　기숙사에 식당 있음

　　　　　근처에 레스토랑 없음

　　　　　병원 있음

</td><td colspan="2">

제4 기숙사

장소 :　　□□ 역에서 걸어서 8분

기숙사비 : 65,000엔

그 외 :　　기숙사에 식당 없음

　　　　　근처에 레스토랑 있음

　　　　　근처에 노래방 있음

</td></tr>
</table>

또한, 자세한 사항은 직접 전화해서 각 기숙사에 문의해 주세요.

5 친 씨는 어느 기숙사로 결정하는가?

1　제1 기숙사

2　제2 기숙사

3　제3 기숙사

4　제4 기숙사

↳　친 씨가 희망하는 기숙사는 역에서 별로 멀지 않고, 기숙사에 식당이 있거나, 그렇지 않으면 근처에 식당이 있는 것이다. 이 조건에 맞는 것은 제4 기숙사이므로 정답은 4번이다.

6 기숙사에 들어가기 전에 친 씨가 맨 처음 할 일은 무엇인가?

1　보증인을 찾는 일

2　서류를 쓰는 일

3　방을 보러 가는 일

4　장학금을 받는 일

↳　1번과 2번은 기숙사에 들어가기 위해서 해야 할 일이다. 친 씨는 기숙사에 들어갈지 말지를 결정하기 전에 보증인과 방을 보러 갈 생각이므로 정답은 3번이다.

1. 寮に食堂があるか、少なくとも近くに食べるところがあることです

기숙사에 식당이 있든지 적어도 근처에 먹을 곳이 있을 것입니다

「少なくとも」는 '적어도'라는 뜻으로 최소한의 조건을 말할 때 쓴다. 이 문장은 기숙사에 식당이 없을 경우에는 근처에 다른 식당이 있어야 하는 것이 최소한의 조건이라는 의미이다.

いくら急いでも、ここから学校まで少なくとも３０分はかかります。

아무리 서둘러도 여기서 학교까지 적어도 30분은 걸립니다.

2. 高くてもなんとかなると思っています

비싸도 그럭저럭 될 것이라고 생각합니다

「なんとかなる」는 '어떻게든 되다'라는 뜻으로 확실하지 않은 것을 나타낸다. 이 문장은 비싸더라도 지불할 수 있다고 생각한다는 뜻이다.

この仕事は難しいけど、全員でがんばればなんとかなるんじゃないかな。

이 일은 어렵지만 모두가 열심히 하면 어떻게든 되지 않을까?

(4)

문제 7 다음 글은 쓰레기 수거에 관한 공지이다. 아래 질문에 답하시오. 답은 1·2·3·4 중에서 가장 알맞은 것을 하나 고르시오.

　リンさんは引越しするため、不要になった粗大ごみを３点（机、本だな、いす）を捨てたいと思っています。２月４日に取りに来てもらいたいので、電話で申し込もうと思っています。

□△区粗大ごみ申し込み案内

申し込みは電話、Fax、インターネットからできます。
受付時間：毎日（年末年始は除く）午前８時〜午後７時。
　　　　　Fax、インターネットからは24時間いつでもできます。

収集の場合	持ち込む場合
申し込み：収集希望日の３日前まで。 　　　　　その際、収集料金をお知らせします。 収集日：土日祝も可能です。（年末年始は除く） 収集料金：コンビニやスーパーで粗大ごみ処理券を買ってください。 その他：指定日の午前８時までに処理券を粗大ごみに貼って、自宅の玄関前に出してください。 （アパートの場合は１階入口付近）	申し込み：まず、申し込みをしてください。 　　　　　後で確認票を郵送します。 手数料：すべて１点、300円。 申し込み制限： 　１回、５点まで（年６回まで） 持ち込み受付時間： 　午前９時から午後４時まで。 その他：確認票を必ず持参してください。

粗大ごみ 대형 쓰레기　　収集 수집　　料金 요금　　案内 안내　　ごみ処理券 쓰레기 처리권
持ち込む 갖고 들어오다, 반입하다　　確認票 확인표　　郵送 우송　　持参 지참

　린 씨는 이사하기 때문에 필요 없어진 대형 쓰레기 3점(책상, 책장, 의자)을 버리고 싶어합니다. 2월 4일에 수거해 갔으면 해서 전화로 신청하려고 생각하고 있습니다.

□△구 대형 쓰레기 신청 안내

신청은 전화, 팩스, 인터넷으로 할 수 있습니다.
접수 시간 : 매일(연말연시는 제외) 오전 8시~오후 7시. 팩스, 인터넷으로는 24시간 언제나 가능합니다.

수거하는 경우	반입하는 경우
신청 : 수거 희망일 3일 전까지. 그때 수거료를 알려 드립니다. 수거일 : 토, 일, 공휴일도 가능합니다.(연말연시는 제외) 수거 요금 : 편의점이나 슈퍼마켓에서 대형 쓰레기 처리권을 구입하세요. 기타 : 지정일 오전 8시까지는 처리권을 대형 쓰레기에 붙이고, 자택 현관 앞에 내 놓으세요. （아파트는 1층 입구 근처）	신청 : 먼저 신청해 주십시오. 나중에 확인표를 우편으로 보내 드립니다. 수수료 : 모두 1점, 300엔 신청 제한 : 1회, 5점까지(연 6회까지) 반입 접수 시간 : 오전 9시부터 오후 4시까지 기타 : 확인표를 반드시 지참해 주세요.

7 언제까지 신청하면 되는가?

1 언제라도 신청할 수 있다.

2 2월 4일 오전 9시부터 오후 4시까지 신청한다.

3 2월 1일 오전 8시까지 신청한다.

4 2월 1일 오후 7시까지 신청한다.

↳ 린 씨는 2월 4일에 수거해 가길 희망하므로 최소한 3일 전인 2월 1일까지는 신청해야 하며, 접수 시간은 연말연시를 제외하고는 매일 오전 8시부터 오후 7시까지이므로 정답은 4번이다.

8 신청한 뒤 린 씨는 무엇을 해야 하는가?

1 □△구청에서 대형 쓰레기 처리권을 산다.

2 편의점이나 슈퍼마켓에서 대형 쓰레기 처리권을 받는다.

3 편의점이나 슈퍼마켓에서 대형 쓰레기 처리권을 산다.

4 편의점이나 슈퍼마켓에서 대형 쓰레기 확인표를 산다.

↳ 2월 1일 7시까지 신청한 뒤에는 편의점이나 슈퍼마켓에서 대형 쓰레기 처리권을 사야 한다. 그리고 지정일 당일에는 오전 8시까지 처리권을 대형 쓰레기에 붙여서 집 현관 앞에 내놓아야 한다. 정답은 3번이다.

표현 해설

1. 粗大ごみを3点 대형 쓰레기를 3점

「～点」은 '~점'이라는 뜻으로 물건의 수를 셀 때 쓴다.

展覧会に去年かいた絵を3点出品した。

전람회에 작년에 그린 그림을 3점 출품했다.

2. 年末年始は除く 연말 연시는 제외하다

「～は除く」는 '~는 제외하다'라는 뜻으로, 「年末年始以外」라고 해도 된다.

全学部(医学部は除く)で推薦入学を受け付けます。

전 학부(의학부는 제외)에서 추천 입학을 접수합니다.

(5)

문제7   다음 글은 초등학교 5, 6학년을 대상으로 한 미니 트라이애슬론 대회에 참가할 사람을 모집하는 안내문이다. 아래 질문에 답하시오.
　　　　답은 1·2·3·4 중에서 가장 알맞은 것을 하나 고르시오.

　去年、東京都から千葉県に引っ越したジョンさんの息子は東京都内の小学校に通う6年生です。水泳やマラソンが得意で、自転車も大好きです。将来はトライアスロンの選手になりたいと考えています。
　小学生のための大会があれば出場してみたいと言っているので、ジョンさんは息子が出場できる大会を探しています。

東京こどもトライアスロン大会

小学校5、6年生を対象としたミニ・トライアスロン大会を行います。
1人の選手がまず水泳で200m、続いて自転車で5km、最後にマラソンを3km連続して行います。

□ 場　　所　　　夢の山公園
□ 日　　時　　　8月23日(日)午前9時出場受付開始、午前11時スタート
□ 出場条件　　　現在、① 東京都内に住んでいる、または、
　　　　　　　　② 東京都内の小学校に通っている小学校5年生、6年生
　　　　　　　　男女、国籍は問いません。
□ 出場費用　　　500円
□ 申し込み締め切り　8月15日(土)（インターネットの場合、翌日日曜まで）
□ 申し込み方法　夢の山スポーツセンターで7月1日から申し込み書を配り、受け付けを開始します。
　　　　　　　　インターネットでも同日以降、受け付けを行います。
　　　　　　　　詳しいことはホームページをご覧ください。
　　　　　　　　ホームページアドレス http://www.xxx.co.jp
□ 問い合わせ　　夢の山スポーツセンター(電話 03-○×○×-△▲▲▲)

都内 도내	通う 다니다	水泳 수영	得意 잘함	将来 장래	トライアスロン 트라이애슬론	選手 선수
出場 출전	合計 합계	開始 개시	条件 조건	国籍 국적	費用 비용	締め切り 마감 ／ 翌日 다음 날
配る 배분하다, 나눠주다	詳しい 상세하다, 자세하다	ご覧ください 봐 주세요	問い合わせ 문의			

　작년에 도쿄 도에서 치바 현으로 이사한 존 씨의 아들은 도쿄 도내의 초등학교에 다니는 6학년입니다. 수영과 마라톤이 특기이고, 자전거도 아주 좋아합니다. 장래에는 트라이애슬론 선수가 되고 싶어합니다.
　초등학생을 위한 대회가 있으면 출전해 보고 싶다고 해서 존 씨는 아들이 출전할 수 있는 대회를 찾고 있습니다.

도쿄 어린이 트라이애슬론 대회

초등학교 5, 6학년을 대상으로 한 미니 트라이애슬론 대회를 실시합니다.
선수 한 명이 먼저 수영으로 200m, 이어서 자전거로 5km, 마지막으로 마라톤을 3km 연속해서 실시합니다.
□ 장소　　　　유메노야마 공원

┌───┐
│ □ 일시   8월 23일(일) 오전 9시 출전 접수 개시, 오전 11시 스타트

□ 출전 조건   현재 ①도쿄 도내에 살고 있거나 또는 ②도쿄 도내의 초등학교에 다니고 있는 초등학교 5, 6학년
              남녀, 국적은 불문합니다.

□ 출전 비용   500엔

□ 신청 마감   8월 15일(토) (인터넷의 경우 다음날 일요일까지)

□ 신청 방법   유메노야마 스포츠 센터에서 7월 1일부터 신청서를 배부하고 접수를 개시합니다.
              인터넷으로도 같은 날 이후 접수를 실시합니다.
              자세한 사항은 홈페이지를 봐 주십시오. (홈페이지 주소 http://www.xxx..co.jp)

□ 문의   유메노야마 스포츠 센터(전화 03-○×○×-△▲△▲)
└───┘

9 이 대회에 존 씨의 아들은 출전할 수 있는가?

1 도쿄 도내에 살고 있지 않으므로 출전할 수 없다.

2 도쿄 도내 초등학교에 다니고 있으므로 출전할 수 있다.

3 현재 도쿄도에 살고 있으므로 출전할 수 있다.

4 외국인이므로 출전할 수 없다.

↳ 이 대회에 출전할 수 있는 조건은 도쿄 도내에 살고 있거나, 도쿄 도내 초등학교에 다니는 5, 6학년생이다. 따라서 도쿄에 있는 초등학교 6학년인 존 씨의 아들은 출전할 수 있다.

10 인터넷으로 신청할 경우, 몇 월 며칠까지 신청해야 하는가?

1 7월 1일   2 8월 15일

3 8월 16일   4 8월 23일

↳ 출전 신청 마감은 8월 15일 토요일까지지만, 인터넷 신청은 다음 날인 일요일까지이다. 따라서 정답은 3번이다.

표현 해설

1. 得意 잘함 ⇔ 苦手 서툼

私は水泳が得意ですが、登山は苦手なんです。

나는 수영을 잘하지만, 등산은 잘 못합니다.

2. 小学校 5、6 年生を対象としたミニ・トライアスロン大会を行います

초등학교 5, 6학년을 대상으로 한 미니 트라이애슬론 대회를 실시합니다

「~を対象とした」는 '~을 대상으로 한'이라는 뜻이다.

これは、若い人を対象としたケータイ電話についてのアンケートです。

이것은 젊은 사람을 대상으로 한 휴대 전화에 관한 앙케트입니다.

3. まず水泳で200m、続いて自転車で5km、最後にマラソンを3km連続して行います

먼저 수영으로 200m, 이어서 자전거로 5km, 마지막으로 마라톤을 3km 연속해서 실시합니다

「まず」「続いて」「最後に」는 '우선', '이어서', '끝으로'라는 뜻으로, 일의 순서나 절차를 설명할 때 쓴다.

まず、社長のあいさつがあり、続いて商品の説明があって、最後にサンプルが配られました。

우선, 사장 인사가 있고, 이어서 상품 설명이 있고, 마지막으로 샘플이 배포되었습니다.

4. 東京都内に住んでいる、または、東京都内の小学校に通っている

도쿄 도내에 살고 있거나 또는 도쿄 도내의 초등학교에 다니고 있는

「または」는 '또는'이라는 뜻으로, 선택의 의미를 나타낸다.

電話またはEメールで知らせてください。

전화 또는 이메일로 알려 주세요.

5. 国籍は問いません 국적은 불문합니다

「問いません」은 '묻지 않습니다'라는 뜻으로 문제가 되지 않는다는 의미이다.

この仕事は、年齢は問いません。

이 일은 나이는 따지지 않습니다.

6. インターネットでも同日以降

인터넷으로도 같은 날 이후

「~以降」는 '~이후'라는 뜻이다.

夕方5時以降は入れません。

저녁 5시 이후에는 들어갈 수 없습니다.

1	2	3	4	5	6	7	8	9	10
③	③	③	②	②	②	④	③	③	②

(1)

문제 7 다음 글은 지역 센터의 합기도 강습 공지이다. 아래 질문에 답하시오. 답은 1·2·3·4 중에서 가장 알맞은 것을 하나 고르시오.

地区のスポーツセンターで合気道教室が始まります。以前から合気道を習ってみたいと思っていた佐藤さんは、ぜひ参加したいと思っています。今までに合気道をやったことがないので、いちばんやさしいレベルがいいと思っています。佐藤さんは平日の昼間は忙しいので、夜のコース、週末は午後のコースを希望しています。

合気道で身を守りましょう！

合気道は自然との調和を大切にし、世界平和を願う武道です。相手を攻撃せずに、自分の身を守ることを学びます。合気道で健康な体と心を作りましょう。

教室案内

月		火		水	
10:00〜11:00 初級		10:00〜11:50 中級		10:00〜11:00 上級	
11:00〜11:50 中級		12:00〜13:00 上級		11:00〜12:00 初級	
19:00〜20:00 上級		19:00〜20:00 初級		19:30〜20:30 中級	
木		金		土	
10:00〜11:00 初級		10:00〜11:00 上級		11:00〜12:00 中級	
11:00〜11:50 中級		11:00〜12:00 初級		13:00〜14:00 中級	
19:00〜20:00 上級		19:30〜20:30 中級		15:00〜16:00 上級	
日					
9:00〜11:00 初級					
10:30〜11:30 中級					
13:30〜14:30 上級					

申し込み方法：「往復はがき」に曜日・時間・住所・氏名・年齢をご記入の上、郵送してください。
申し込み期限：1月10日まで
結果発表　：返信用はがきでお知らせします。
その他　：定員にならない場合は追加のお知らせをしますので、直接スポーツセンターまでおいでください。
送り先　：港区新橋5－30 港区スポーツセンター

教室の空き状況および不明な点は下記へ問い合わせてください。
03-1234-5678

지역 스포츠 센터에서 합기도 강습이 시작됩니다. 이전부터 합기도를 배우고 싶었던 사토 씨는 꼭 참가하고 싶어 합니다. 지금까지는 합기도를 한 적이 없기 때문에 가장 쉬운 레벨이 좋을 것 같습니다. 사토 씨는 평일 낮은 바쁘기 때문에 야간 코스, 주말은 오후 코스를 희망하고 있습니다.

합기도로 몸을 지킵시다!

합기도는 자연과의 조화를 중요하게 여기며, 세계 평화를 기원하는 무예입니다. 상대를 공격하지 않고, 자기 몸을 지키는 것을 배웁니다. 합기도로 건강한 몸과 마음을 만듭시다.

강습 안내

월	화	수
10:00~11:00 초급 11:00~11:50 중급 19:00~20:00 상급	10:00~11:50 중급 12:00~13:00 상급 19:00~20:00 초급	10:00~11:00 상급 11:00~12:00 초급 19:30~20:30 중급
목	**금**	**토**
10:00~11:00 초급 11:00~11:50 중급 19:00~20:00 상급	10:00~11:00 상급 11:00~12:00 초급 19:30~20:30 중급	11:00~12:00 중급 13:00~14:00 중급 15:00~16:00 상급
일		
9:00~10:00 초급 10:30~11:30 중급 13:30~14:30 상급		

신청 방법 : '왕복 엽서'에 요일 · 시간 · 주소 · 성명 · 연령을 기입하신 후, 우편으로 보내 주십시오.

신청 기한 : 1월 10일까지

결과 발표 : 회신용 엽서로 알려 드립니다.

그 외 ：정원이 미달일 경우는 추가 공지를 하니 직접 스포츠 센터로 와 주십시오.

보내는 곳 : 미나토구 신바시 5-30 미나토구 스포츠 센터

강습의 결원 상황 및 궁금한 점은 아래로 문의해 주십시오.

03-1234-5678

1　사토 씨가 참가하는 코스는 어느 것인가?

1　월요일 19:00~20:00　　2　수요일 11:00~12:00

3　화요일 19:00~20:00　　4　일요일 9:00~10:00

↳ 사토 씨는 평일은 야간, 주말에는 오후 코스에 참가하고 싶어 한다. 따라서 정답은 3번이다.

2　사토 씨는 어떻게 신청하면 되는가?

1　스포츠 센터에 전화를 해서 신청한다.

2　직접 스포츠 센터에 가서 신청한다.

3　엽서에 필요한 것을 기입해서 신청한다.

4　전화를 하고 나서 엽서에 필요한 것을 기입해서 신청한다.

↳ 신청은 왕복 엽서에 희망하는 요일과 시간, 신청자의 주소, 성명, 연령을 기입해서 우편으로 보내면 된다. 정답은 3번이다.

1. 曜日（ようび）・時間（じかん）・住所（じゅうしょ）・氏名（しめい）・年齢（ねんれい）をご記入（きにゅう）の上（うえ）
요일 · 시간 · 주소 · 성명 · 연령을 기입하신 후
「～の上（うえ）」는 '~한 뒤'라는 뜻으로 「～てから」(~고 나서)와 같은 뜻이다.

そのことについては上司（じょうし）と相談（そうだん）の上（うえ）でご返事（へんじ）をいたします。
그 일에 관해서는 상사와 상담한 후에 답변 드리겠습니다.

2. おいでください 와 주세요
「来（き）てください」의 존경 표현이다.

(2)

문제 7 다음 글은 회사 설명회 안내이다. 아래 질문에 답하시오. 답은 1·2·3·4 중에서 가장 알맞은 것을 하나 고르시오.

イチロウさんは、さくら食品の会社説明会に参加したいと考えています。

イチロウさんは、毎週月曜日と木曜日の午前、火曜日と金曜日の午後は大学で授業があります。

土曜日と日曜日の午後はアルバイトをしています。

会社説明会のご案内

さくら食品では、下記のとおり会社説明会を開きます。

会社説明会に参加される場合、予約が必要です。

当社ホームページの説明会予約画面から、ご希望の日をご予約ください。後日、Eメールにて、入場予約票をお送りいたします。

なお、ご予約後の日時変更についても、ホームページ画面からお願いいたします。

電話、Eメールでのお申し込み・変更等は、ご遠慮願います。

【第1回説明会】
●日時　　　　　　　5月25日（日）13：00～15：00
●ご予約受付日　　　5月12日（月）～5月16日（金）18：00まで

【第2回説明会】
●日時　　　　　　　5月28日（水）10：00～12：00
●ご予約受付日　　　5月14日（水）～5月19日（月）18：00まで

【第3回説明会】
●日時　　　　　　　5月30日（金）14：00～16：00
●ご予約受付日　　　5月16日（金）～5月21日（水）18：00まで

開始時間の20分前までに会場にお越しください。

入場予約票、筆記用具、履歴書、ご本人が確認できる写真付きの証明書をお持ちください。

説明会 설명회　　**画面** 화면　　**後日** 후일　　**予約票** 예약표　　**変更** 변경　　**筆記用具** 필기도구

履歴書 이력서　　**確認** 확인

이치로 씨는 사쿠라식품의 회사 설명회에 참가하고 싶어합니다.

이치로 씨는 매주 월요일과 목요일 오전, 화요일과 금요일 오후는 대학에서 수업이 있습니다.

토요일과 일요일 오후는 아르바이트를 하고 있습니다.

회사 설명회 안내

사쿠라식품에서는 아래와 같이 회사 설명회를 개최합니다.

회사 설명회에 참가하실 경우, 예약이 필요합니다.

당사 홈페이지의 설명회 예약 화면에서 희망하시는 날짜를 예약해 주십시오.

나중에 이메일로 입장 예약표를 보내 드리겠습니다.

또한, 예약하신 후의 날짜 변경에 대해서도 홈페이지 화면에서 부탁드립니다.

전화, 이메일로의 신청 · 변경 등은 삼가 주시기 바랍니다.

【제1회 설명회】
- ●일시　　　　　5월 25일(일) 13:00~15:00
- ●예약 접수일　5월 12일(월)~5월 16일(금) 18:00까지

【제2회 설명회】
- ●일시　　　　　5월 28일(수) 10:00~12:00
- ●예약 접수일　5월 14일(목)~5월 19일(월) 18:00까지

【제3회 설명회】
- ●일시　　　　　5월 30일(금) 14:00~16:00
- ●예약 접수일　5월 16일(금)~5월 21일(수) 18:00까지

시작 시간 20분 전까지는 회장에 와 주십시오.

입장 예약표, 필기도구, 이력서, 본인임이 확인 가능한 사진이 첨부된 증명서를 지참해 주십시오.

3　이치로 씨는 먼저 무엇을 해야 하는가?

1　이메일로 예약한다.

2　전화로 신청한다.

3　홈페이지에서 예약한다.

4　이메일로 예약표를 보낸다.

↳ 이치로 씨가 사쿠라식품의 회사 설명회에 참석하기 위해서는 예약을 해야 한다. 예약은 사쿠라식품 홈페이지의 설명회 예약 화면에서 하면 된다. 정답은 3번이다.

4　이치로 씨는 몇 월 며칠까지 예약을 해야 하는가?

1　5월 16일

2　5월 19일

3　5월 21일

4　5월 30일

↳ 이치로 씨가 설명회에 참석할 수 있는 날은 월 · 목요일 오후, 수요일, 화 · 금요일 오전, 토 · 일요일 오전이다. 그런데 설명회가 있는 날은 일요일 오후, 수요일 오전, 금요일 오후이므로 이치로 씨는 수요일 오전 설명회에 참석해야 한다. 따라서

정답은 2번이다.

표현 해설

1. **下記のとおり** 아래와 같이
「~とおり」는 '~대로임, ~같음, ~처럼'이라는 뜻으로 그와 같은 상태임을 나타낸다.

2. **~は、ご遠慮願います** ~은 삼가 주시기 바랍니다
「遠慮」는 '조심함, 삼감, 사양함'이라는 뜻으로, 「~は、ご遠慮願います」는 「~は、しないでください」(~은 하지 마세요)와 같은 뜻이다.

　ホテルロビーでのおタバコ**はご遠慮願います。**
　호텔 로비에서의 흡연은 삼가 주시기 바랍니다.

3. **お越しください** 와 주십시오
「来てください」의 존경 표현이다.

4. **お持ちください** 지참해 주십시오.
「持ってきてください」의 존경 표현이다.

(3)

문제 7 다음 글은 하코야마 그린파크의 '설 카이트 페스티벌 연 만들기 강습' 안내이다. 아래 질문에 답하시오. 답은 1 · 2 · 3 · 4 중에서 가장
　　　　알맞은 것을 하나 고르시오.

大学生のヤンさんは、日本の遊びを知りたいと思っています。自分で何かを作ることも好きです。日本の凧に興味を持っていて、国から出張で日本に来たお兄さんと一緒に行きたいと考えています。お兄さんは、外で運動するのは好きですが、何かを手作りするのはあまり好きではありません。

「カイトフェスティバル」―凧を作って遊ぼう―

　和紙と竹を使って凧を作りませんか。係員による「ナイフの使い方指導」もあります。完成するまで丁寧に指導いたしますので、初めての方も、どうぞご参加ください。ナイフを使うので、小学生のお子様の場合は必ず親子一緒にご参加ください。
　青空広場でボランティアによる凧あげのデモンストレーションとともに、凧のあげ方の説明もあります。作品完成後、青空広場で楽しみましょう。

日　時：1月15日（日）　10時から14時まで
場　所：青空広場内イベントホール
定　員：当日自由参加　　　　　　　　＊材料がなくなり次第終了
参加費：300円（凧の材料費）　　　　＊入園料は別

＊暖かい服でご参加ください。

箱山グリーンパーク
　　交通：地下鉄「箱山」駅下車　徒歩5分
　　入園料：大人200円（65歳以上100円）
　　　　　　高校生・大学生100円
　　　　　　小学生・中学生50円
　問い合わせ：箱山グリーンパーク　　　　電話 ○×○×－△▲▲▲

凧 연　　興味 흥미　　出張 출장　　手作り 수제　　和紙 일본 종이　　竹 대나무　　係員 관계자　　指導 지도

参加 참가　　凧あげ 연날리기　　デモンストレーション 시범 설명, 입증　　当日 당일　　自由参加 자유 참가

材料 재료　　終了 종료　　入園料 입원료　　下車 하차　　徒歩 도보

　대학생 얀 씨는 일본의 놀이를 알고 싶습니다. 손수 무언가를 만드는 것도 좋아합니다. 일본 연에 흥미가 있어, 고국에서 출장으로 일본에 온 오빠와 함께 가고 싶다고 생각하고 있습니다. 오빠는 밖에서 운동하는 것은 좋아하지만, 뭔가를 손으로 만드는 것은 별로 좋아하지 않습니다.

'카이트 페스티벌' ─ 연을 만들고 놀자 ─

(재래식) 일본 종이와 대나무를 사용해서 연을 만들지 않겠습니까? 관계자에 의한 '나이프 사용 방법 지도'도 있습니다. 완성하기까지 세심하게 지도해 드리므로 처음이신 분도 부디 참가해 주십시오. 나이프를 사용하므로 초등학생 자제분인 경우는 반드시 부모와 함께 참가해 주십시오.

아오조라 광장에서 자원봉사자에 의한 연날리기 시범과 함께 연날리는 방법 설명도 있습니다. 작품 완성 후, 아오조라 광장에서 즐깁시다.

일　시 : 1월 15일(일) 10시부터 14시까지
장　소 : 아오조라 광장 내 이벤트홀
정　원 : 당일 자유 참가　　　* 재료가 없어지는 대로 종료
참가비 : 300엔 (연 재료비)　　* 입장료는 별도

* 따뜻한 복장으로 참가하십시오.

하코야마 그린파크
　　교　통 : 지하철 '하코야마'역 하차 도보 5분
　　입장료 : 어른 200엔 (65세 이상 100엔)
　　　　　　고교생 · 대학생 100엔
　　　　　　초등학생 · 중학생 50엔
　　문의 : 하코야마 그린파크　　전화 ○×○×-△▲△▲

---

5 얀 씨가 연 만들기와 연날리기에 오빠와 참가할 경우, 어떻게 하면 되는가?

1　1월 15일까지 신청한다.
2　1월 15일, 오전 중에 아오조라 광장에 간다.
3　1월 15일 14시경 아오조라 광장에 간다.
4　부모 자식이 아니므로 신청할 수 없다.

↳ 행사에 참가하려면 사전 신청 없이 당일인 1월 15일 10시부터 14시 사이에 행사장인 아오조라 광장으로 가면 된다. 정답은 2번이다. 행사는 14시까지이므로 3번은 적절하지 않다.

6 오빠는 연을 만들지 않고 연날리기만 할 경우, '카이트 페스티벌'에 참가하는 데 얀 씨 일행은 얼마를 지불하는가?

1　800엔
2　600엔
3　500엔
4　300엔

↳ 입장료는 별도이므로 직장인인 오빠는 200엔, 대학생인 얀 씨는 100엔, 총 300엔의 입장료를 지출해야 하고, 얀 씨는 연만들기에 참가하므로 재료비 300엔을 지불해야 한다. 따라서 정답은 2번이다.

1. 凧あげのデモンストレーションとともに、凧のあげ方の説明もあります
연날리기 시범과 함께 연날리는 방법 설명도 있습니다
「〜とともに」는 '~와 함께'라는 뜻으로 「〜といっしょに」와 같은 표현이다.

料理を習うとともに、食事のマナーも勉強しました。
요리를 배우는 것과 함께 식사 예절도 공부했습니다.

2. ご参加ください　참가해 주세요
「参加してください」의 존경 표현이다.

3. 材料がなくなり次第終了　재료가 없어지는 대로 종료
「〜次第」는 동사 ます형에 붙어 '(동작이) ~하는 대로'라는 뜻으로 다음 동작의 전제 조건을 나타낸다. 즉 이 말은 '재료가 떨어지면 끝낸다'는 뜻이다.

授業が終わり次第、玄関前に集合してください。
수업이 끝나는 대로 현관 앞에 집합해 주세요.

문제 7 다음 글은 영화 소식이다. 아래 질문에 답하시오. 답은 1 · 2 · 3 · 4 중에서 가장 알맞은 것을 하나 고르시오.

まり子さんは、クラスの友だちと相談して映画特別上映会に行くことにしました。行くのは、まり子さんも入れて4人です。4人の都合がいい日は、4月26日の午後です。なるべく安いチケットを買いたいと思っています。今日は4月12日です。

銀座会「チャンスをねらえ!」特別上映会のお知らせ

日　時：20××年　4月23日(水)／26日(土)
　　　　①11時　　②3時
　　　　＊チケットは時間指定（指定時間以外は入場できません。）

入場料金：前売り　　2,800円
　　　　　団体割引　2,500円　＊団体割引は5名以上です。

チケットのお求めは

1　〈ファックスで〉
住所・氏名・電話番号・ご希望の日時と枚数を書いて、銀座会までお送りください。
締め切り4月10日(木)

2　〈電話で〉
銀座会に申し込んでください。
TEL 03-1234-5678　締め切り4月11日(金)
＊1、2の場合、郵便振込用紙を送りますので、代金を振り込んでください。
入金確認後チケットを送ります。

3　〈コンビニで〉
リーソン店内にある申し込み機械リーポートで直接買うことができます。
コード番号：98765

■ 各回とも定員(600名様)になり次第、締め切ります。

相談 상담　　上映 상영　　特別 특별　　都合 형편, 사정　　前売り 예매　　団体割引 단체 할인
郵便振込用紙 우편환 입금 용지

마리코 씨는 반 친구들과 의논해서 영화 특별 상영회에 가기로 했습니다. 가는 것은 마리코 씨도 포함해서 4명입니다. 4명이 시간이 되는 날은 4월 26일 오후입니다. 되도록이면 저렴한 티켓을 사고 싶습니다. 오늘은 4월 12일입니다.

긴자회 '찬스를 노려라!' 특별 상영회 소식

일   시 : 20XX년 4월 23일(수) / 26일(토)
　　　　　① 11시　　② 3시
　　　　　* 티켓은 시간 지정 (지정 시간 이외에는 입장할 수 없습니다.)
입장 요금 : 예매　　2,800엔
　　　　　　단체 할인　2,500엔　　* 단체 할인은 5명 이상입니다.

티켓 구입은

1　〈팩스로〉
　　주소 · 이름 · 전화번호 · 희망하는 날짜와 매수를 써서 긴자회로 보내 주세요. 마감 4월 10일(목)

2　〈전화로〉
　　긴자회에 신청해 주세요.
　　TEL 03-1234-5678　　　마감 4월 11일(금)
　　* 1, 2의 경우, 우편 입금 용지를 보내 드리니 대금을 입금해 주세요. 입금 확인 후 티켓을 보내 드립니다.

3　〈편의점에서〉
　　리손 점내에 있는 신청 기계 리포트에서 직접 살 수 있습니다.
　　코드 번호 : 98765

■ 각 회 모두 정원(600분)이 차는 대로 마감합니다.

---

7 마리코 씨는 어떻게 티켓을 사는가?

1　긴자회에 팩스로 신청하고 티켓을 받는다.
2　긴자회에 전화로 신청하고 티켓을 받으러 간다.
3　리손 점내에서 신청하고 긴자회로부터 티켓을 받는다.
4　리손 점내의 리포트에서 직접 산다.

↘ 티켓 구입 방법은 전화, 팩스, 직접 구입의 3가지가 있다. 이 중 전화와 팩스로 구입할 때는 마감일이 정해져 있다. 팩스 신청은 4월 10일, 전화는 4월 11일이다. 그러나 오늘은 4월 12일이므로 마리코 씨는 편의점에서 직접 구입해야 한다. 정답은 4번이다.

8 마리코 씨가 사는 티켓은 다음 중 어느 것인가?

1　4월 26일 11시, 2,800엔짜리 4장
2　4월 26일 11시, 2,500엔짜리 4장
3　4월 26일 3시, 2,800엔짜리 4장
4　4월 26일 3시, 2,500엔짜리 4장

↘ 마리코 씨 일행이 시간이 되는 날은 4월 26일 오후이므로 이들이 구입하는 티켓은 4월 26일 3시 영화이다. 또한 단체 할인은 5명 이상이어야 받을 수 있으므로 4명인 마리코 일행은 할인을 받을 수 없다. 따라서 정답은 3번이다.

1. なるべく安いチケットを買いたいと思っています
　되도록이면 저렴한 티켓을 사고 싶습니다
　「なるべく」는 '가능하면, 되도록이면'이라는 뜻으로 「できるだけ」와 같은 표현이다.

　日曜日は道路が込むから、なるべく早く家を出よう。
　일요일은 도로가 막히니까 가능하면 빨리 집을 나서자.

2. 代金を振り込む 대금을 입금하다
　「振り込む」는 '우체국 등의 계좌로 대금 등을 입금하는 것'을 말한다.

　毎月、家賃を銀行から振り込んでいます。
　매달 집세를 은행에서 입금하고 있습니다.

3. 直接 직접 ⇔ 間接 간접

　この話は私が直接聞いたのではなく、間接的に聞いたので、本当かどうかはわかりません。
　이 이야기는 제가 직접 들은 게 아니라 간접적으로 들은 거라서 사실인지 어떤지는 모릅니다.

(5)

문제 7 다음 글은 맨션의 안내문이다. 아래 질문에 답하시오. 답은 1·2·3·4 중에서 가장 알맞은 것을 하나 고르시오.

トムさんは大学生です。グリーンマンションB-308号室に住んでいます。
平日は毎日、午前中授業です。月曜日から水曜日までは午後１時から５時まででアルバイトです。
週末も、土曜日は３時から８時まで、日曜日は１日中アルバイトです。

グリーンマンションにお住まいのみなさまへ

６月10日　グリーンマンション管理室

火災報知機点検のお知らせ

火災報知機の点検を行いますので、ご協力をお願いいたします。
作業は9:00〜17:00の間に行います。

実施日程表

７月27日（月）		８月１日（土）	
午　　前	A101〜110	午　　前	B101〜110
午　　後	A201〜210	午　　後	B201〜210
７月28日（火）		８月２日（日）	
午　　前	A301〜310	午　　前	B301〜310
午　　後	A401〜410	午　　後	B401〜410
７月29日（水）		８月３日（月）	
午　　前	A501〜510	午　　前	B501〜510
午　　後	A601〜610	午　　後	B601〜610

＊予備日８月９日(日) 9:00〜17:00
＊上記の日以外は作業ができません。

1. 実施に関するお願い
　都合が悪い方は、７月２４日(金)までに下記の会社までご連絡ください。（受付：平日8:00〜17:00）

2. 点検実施会社
　クリテック株式会社　担当：田中　TEL 03-1111-1234

火災報知機 화재 경보기　　管理室 관리실　　点検 점검　　協力 협력　　作業 작업　　実施 실시
日程 일정　　予備日 예약일　　以外 이외　　上記 상기　　担当 담당

톰 씨는 대학생입니다. 그린맨션 B-308호에 살고 있습니다.

평일은 매일 오전 중에 수업이 있습니다. 월요일부터 수요일까지는 오후 1시부터 5시까지 아르바이트입니다. 주말도 토요일은 3시부터 8시까지, 일요일은 하루 종일 아르바이트입니다.

그린맨션에 거주하시는 여러분께

6월 10일 그린맨션 관리실

화재 경보기 점검 알림

화재 경보기 점검을 실시하므로 협력을 부탁드립니다.
작업은 9:00~17:00 사이에 실시합니다.

실시 일정표

7월 27일(월) 오전 오후	A101~110 A201~210	8월 1일(토) 오전 오후	B101~110 B201~210
7월 28일(화) 오전 오후	A301~310 A401~410	8월 2일(일) 오전 오후	B301~310 B401~410
7월29일(수) 오전 오후	A501~510 A601~610	8월 3일(월) 오전 오후	B501~510 B601~610

* 예비일은 8월 9일(일) 9:00~17:00
* 상기 일 이외는 작업을 할 수 없습니다.

1. 실시에 관한 부탁
   사정이 안 되시는 분은 7월 24일(금)까지는 아래 회사로 연락해 주십시오. (접수: 평일 8:00~17:00)

2. 점검 실시 회사
   크리테크 주식회사   담당 : 다나카   TEL 03-1111-1234

---

9 톰 씨는 어떻게 하면 되는가?

1 7월 24일까지는 관리실에 전화한다.
2 8월 2일까지는 관리실에 전화한다.
3 7월 24일까지는 크리테크에 전화한다.
4 8월 2일까지는 크리테크에 전화한다.

↳ 톰 씨가 살고 있는 곳은 B-308호이므로 8월 2일(일) 오전에 실시될 예정이다. 그러나 톰 씨는 일요일에는 하루 종일 아르바이트를 해야 한다. 따라서 사정이 여의치 않으므로 7월 24일(금)까지 그리테크 주식회사로 연락을 해야 한다. 정답은 3번이다.

10 톰 씨가 점검을 받는데 시간이 되는 날짜는 어느 것인가?

1 7월 28일 오전   2 8월 1일 오전
3 8월 2일 오후   4 8월 9일 오후

↳ 톰 씨가 시간이 나는 날은 목·금요일 오후와 토요일 오전이다. 점검 예정 날짜 중 이에 해당하는 것은 8월 1일(토) 오전이다. 정답은 2번이다.

표현 해설

1. お住まいのみなさま 거주하시는 여러분
「お住まい」는 「住んでいる」의 존경 표현이다.

2. 実施に関する 실시에 관한
「~に関する」는 '~에 관한, ~에 관계가 있는'이라는 뜻이다.

私は車に関することを研究しているんです。
나는 차에 관한 것을 연구하고 있습니다.

つまり、車のことはもちろん、車に関する法律、道路、税金など、車関係全部ですね。
그러니까 차는 물론, 차에 관한 법률, 도로, 세금 등 차와 관계 있는 전부군요.

3. 下記の会社までご連絡ください
아래의 회사로 연락 주십시오
「下記」는 「下に書いてある」(아래에 쓰여 있는)라는 뜻이며, 「ご連絡ください」는 「連絡してください」의 존경 표현이다.

来週の練習のスケジュールは下記のとおりです。
みなさん時間に遅れないでください。
다음 주 연습 스케줄은 다음과 같습니다. 여러분, 시간에 늦지 말아 주십시오.

청해 유형 확인 문제 p.376 스크립트와 문제 해설

問題 1	問題 2	問題 3	問題 4	問題 5
②	①	②	①	③

問題 1

문제1에서는 먼저 질문을 들으세요. 그러고 나서 이야기를 듣고, 문제 용지의 1~4 중에서 가장 알맞은 것을 하나 고르세요. **Track 02**

男の人と女の人が話しています。女の人はこの後、何をしますか。

男：中田さん、銀行に行ってくれない?
女：今ですか。
男：うん、銀行そろそろ閉まるだろう?
女：今すぐは、ちょっと……。この仕事急いでいるんです。
男：そう、誰か行ってくれないかな?
女：佐藤さん、行けるんじゃないでしょうか。
男：じゃ、頼んでみてよ。
女：はい。彼女がだめなら、私が大急ぎで行って来ます。

女の人はこの後、何をしますか。

남자와 여자가 이야기하고 있습니다. 여자는 이후에 무엇을 합니까?

남 : 나카타 씨, 은행 좀 다녀와 주지 않을래?
여 : 지금요?
남 : 응. 은행 슬슬 문 닫겠지?
여 : 지금 당장은 좀……. 이 일이 급해서요.
남 : 그래? 누가 다녀와 주지 않으려나?
여 : 사토 씨, 갈 수 있지 않을까요?
남 : 그럼 부탁해 봐.
여 : 네. 그녀가 안 된다면 제가 서둘러 다녀올게요.

여자는 이후에 무엇을 합니까?

1 서둘러 일을 한다
2 다른 사람에게 은행에 가달라고 부탁한다
3 당장 은행에 간다
4 다른 사람에게 일을 부탁한다

↘ 여자의 다음 행동을 묻는 문제이다. 남자는 첫 번째 대사에서 여자에게 은행에 다녀와 달라고 부탁하고 있다. 그러나 여자는 두 번째 대사에서 '지금 당장은 좀 ……'이라는 말로 남자의 부탁을 들어줄 수 없음을 완곡하게 표현하고 있다. 그러나 남자가 마지막 대사에서 사토 씨에게 부탁해 보라고 하자 여자가 '네'라고 대답하는 말에서 정답이 2번임을 알 수 있다.

問題 2

문제2에서는 먼저 질문을 들으세요. 그런 다음 문제 용지를 보세요. 읽는 시간이 있습니다. 그러고 나서 이야기를 듣고, 문제 용지의 1~4 중에서 가장 알맞은 것을 하나 고르세요.

Track 03

女の人が図書館で本を借りようとしています。女の人が借りたのは何ですか。

女：こちらの本を借りたいんですが。
男：では、貸出カードをお願いします。
女：あっ…… はっ、はい……。
男：あー、この辞書は、ちょっと……。辞書は貸し出し禁止なんです。
女：えー、そうですか……。
男：それから、この雑誌も……、今週号ですよね。古いのは、いいんですけど。
女：じゃあ、後で先週号を取って来ます。
男：どうぞ。えー、それから、こちらの小説

3冊は大丈夫です。 2週間以内にご返却
くださいね。
女：はい、わかりました。

女の人が借りたのは何ですか。

여자가 도서관에서 책을 빌리려고 하고 있습니다. 여자가 빌린 것은 무엇입니까?

여 : 이 책을 빌리고 싶은데요.
남 : 그럼 대출 카드를 주세요.
여 : 앗……넷, 네…….
남 : 아, 이 사전은 좀……. 사전은 대출 금지예요.
여 : 어, 그래요……?
남 : 그리고 이 잡지도……, 이번 주 호지요? 지난 것은 됩니다만.
여 : 그럼, 나중에 지난 주 호를 가져올게요.
남 : 그러세요. 음, 그리고 이 소설 3권은 괜찮습니다. 2주 이내에 반납해 주세요.
여 : 네, 알겠습니다.

여자가 빌린 것은 무엇입니까?

1　소설과 지난 잡지
2　소설과 새 잡지
3　사전과 소설
4　잡지와 사전

↳ 사전에 상황과 질문을 공개하므로 질문에 맞는 내용만 집중해서 듣도록 한다. 여자가 빌리고 싶었던 것은 사전과 신간 잡지, 그리고 소설 3권이다. 그러나 남자의 두 번째 대사에서 '사전'은 '대출 금지'라고 말하고 있으므로 사전은 빌릴 수 없음을 알 수 있다. 그리고 그 다음 대사에서 남자는 '잡지도 이번 주 호라서'라며 대출이 불가능함을 말하고 있다. 그 후 연이어 '지난 잡지는 된다'고 했고, 여자는 '나중에 가져오겠다'고 했으므로 여자는 '지난 잡지'를 대출할 생각임을 알 수 있다. 그리고 마지막 대사에서 남자는 '소설은 괜찮다'고 말하고 있으므로 여자가 빌린 것은 '소설과 지난 잡지'임을 알 수 있다.

문제3에서는 문제 용지에 아무것도 인쇄되어 있지 않습니다. 이 문제는 전체적으로 어떤 내용인지를 묻는 문제입니다. 이야기에 앞서 질문은 없습니다. 먼저 이야기를 들으세요. 그리고 나서 질문과 보기를 듣고 1~4 중에서 가장 알맞은 것을 하나 고르세요. Track 04

男の人と女の人が話しています。

男 ： 就職したのはいいけれど、買わなくちゃならない物がいっぱいだよ。
女 ： 何でも、たいてい持っているでしょう?
男 ： スーツにネクタイだろう。あ、ワイシャツもだ。洗濯たいへんだし、今の枚数じゃな。時計もいいのほしいし、パソコンも買いたいしな。
女 ： そんなに一度には無理でしょう。ひとつひとつそろえれば? スーツだってあるじゃないの。就職活動したときのが。
男 ： そうだな。ネクタイも当分親父のを……。時計も今のでがまんするか。
女 ： じゃ、何も買わなくていいかな?
男 ： でも、やっぱ、あれは、いるな。俺、洗濯は大嫌いだもん。

男の人は何を買いますか。

1　ネクタイです。
2　ワイシャツです。
3　パソコンです。
4　スーツです。

남자와 여자가 이야기하고 있습니다.

남 : 취직한 건 좋은데, 사야 할 게 잔뜩이야.
여 : 뭐든 대체로 가지고 있잖아?
남 : 양복에 넥타이잖아. 아, 와이셔츠도. 빨래도 큰일이고, 지금 장수로는. 시계도 좋은 것 갖고 싶고, 컴퓨터도 사고 싶고.
여 : 그렇게 한꺼번에는 무리지. 하나하나 준비하는 게 어때? 양복도 있잖아. 취직 활동 할 때 입었던 거.

남 : 그렇군. 넥타이도 당분간 아버지 것 매고, 시계도 지금
　　걸로 참아 볼까.
여 : 그럼 아무것도 안 사도 되려나?
남 : 하지만 역시 그건 필요해. 나 빨래는 정말 싫은 걸.

남자는 무엇을 삽니까?

1　넥타이입니다.
2　와이셔츠입니다.
3　컴퓨터입니다.
4　양복입니다.

↳ 전체 내용을 듣고 나서 질문과 보기를 들려 주므로 집중해서 잘
　 듣도록 한다. 남자가 처음에 사야 한다고 한 것은 양복, 넥타
　 이, 와이셔츠, 시계, 컴퓨터이다. 그러나 대화 중반에 여자가
　 '한꺼번에는 무리'라고 말하면서 사지 않아도 되는 것들이 정리
　 되고 있다. 이 대화를 통해 '양복, 넥타이, 시계'는 사지 않을 것
　 임을 알 수 있다. 그러나 남자의 마지막 대사 '그건 필요해, 빨
　 래는 싫다'는 말에서 '와이셔츠'만은 구입할 것임을 알 수 있다.

もんだい
問題 4

문제4에서는 그림을 보면서 질문을 들으세요. 화살표가 가리
키는 사람은 뭐라고 말합니까? 1~3 중에서 가장 알맞은 것을
하나 고르세요. `Track 05`

同僚が仕事を手伝ってくれました。お礼を言
いたいです。何と言いますか。

1　ありがとう、助かりました。
2　ありがとう、けっこうでした。
3　ありがとう、ご苦労さま。

동료가 일을 도와주었습니다. 감사 인사를 하고 싶습니다. 뭐
라고 말합니까?

1　고마워요, (덕분에) 살았어요.
2　고마워요, 충분했어요.
3　고마워요, 수고했어요.

↳ 동료에게 감사 인사로서 알맞은 표현을 고르는 문제이다. 감
　 사 인사로 대표적인 것은 「ありがとう (ございます)」이다. 1
　 의 「助かる」는 '살아나다, 목숨을 건지다'라는 뜻으로 도움을
　 받았을 때 감사 인사말로 많이 쓴다. 2의 「けっこうだ」는 '충
　 분하다'는 뜻으로 '사양'의 의미가 있고, 3의 「ご苦労さま」는
　 '수고했다'는 뜻으로 윗사람이 아랫사람에게 쓰는 말이므로 감
　 사 인사말로는 적합하지 않다.

もんだい
問題 5

문제5에서는 문제 용지에 아무것도 인쇄되어 있지 않습니
다. 우선 문장을 들으세요. 그러고 나서 그 대답을 듣고
1~3 중에서 가장 알맞은 것을 하나 고르세요. `Track 06`

A : あ、ジョンさん、ごぶさたしております。
B : ＿＿＿＿＿＿＿＿＿＿＿＿＿＿＿＿＿＿＿＿。

1　はい、そうですね
2　本当ですね。またお会いしてしまいました
　　ね
3　こちらこそ、ごぶさたしてしまって

A: 아, 존 씨, 오랫동안 연락 못 드렸습니다.

B: 1　네, 그렇군요.
　 2　정말이군요. 또 만나고 말았네요.
　 3　저야말로 연락 못 드려서 (죄송해요).

↳ 「ごぶさたする」는 '격조하다, 오랫동안 서로 소식이 끊기다'라
　 는 뜻으로, 오랜만에 만났을 때 쓰는 인사말이다. 따라서 정답
　 은 3번이다.

問題 1
もんだい

과제 이해 실전 연습 p.382 스크립트와 문제 해설

1	2	3	4	5
②	④	③	④	②
6	**7**	**8**	**9**	**10**
④	②	②	④	③
11	**12**	**13**	**14**	
②	②	①	③	

문제1에서는 먼저 질문을 들으세요. 그러고 나서 이야기를 듣고, 문제용지의 1~4 중에서 가장 알맞은 것을 하나 고르세요.

1ばん Track 07

女の人と男の人が午後の会議について話しています。男の人はこのあとすぐ、何をしなければなりませんか。

女 : 午後の会議、時間が変更になったから、2時からの使用予約、取り消しといてって。

男 : えっ、本当?

女 : ええ、部長に急に来客があるとかで、3時からにしてほしいって。

男 : えー、困るなぁ。僕も3時半に来客の予定なんだけど……。その会議、30分で終わるかなぁ……。

女 : うーん、3時半ね。部長の話はいつも長いからね……。でも、とにかくお願いね。

男 : はい、はい。

男の人はこのあとすぐ、何をしなければなりませんか。

変更 변경　　**来客** 내객, 방문객

여자와 남자가 오후 회의에 대해 이야기하고 있습니다. 남자는 이후에 바로 무엇을 해야 합니까?

여 : 오후 회의, 시간이 변경되었으니까 2시부터 사용하기로 한 예약, 취소해 두래.

남 : 뭐, 정말?

여 : 응, 부장님한테 갑자기 손님이 와서라면서 3시부터로 해 달래.

남 : 이런, 곤란한걸. 나도 3시 반에 손님이 올 예정인데……. 그 회의, 30분이면 끝날까…….

여 : 음~, 3시 반이라. 부장님 말씀은 늘 기니까……. 하지만 어쨌든 부탁해.

남 : 응, 알았어.

남자는 이후에 바로 무엇을 해야 합니까?

1　회의실을 2시부터로 예약을 바꾼다
2　회의실을 3시부터로 예약을 바꾼다
3　회의실을 3시 반부터로 예약을 바꾼다
4　3시 반부터 사용하기로 한 예약을 취소한다

↘ 갑작스런 회의 일정 변경에 대해 이야기하는 중이다. 체크포인트 부분을 들었다면 정답이 2번임을 알 수 있다. 회의 시간이 2시에서 3시로 변경되었으므로 남자는 2시로 되어 있던 회의실 예약을 취소하고 '3시부터'로 다시 예약해야 한다.

표현 해설

1. **使用予約取り消しといてって**　사용 예약 취소해 두래
「~といてって」는 「~ておいてくださいと言っていました」(~해 두세요라고 말했습니다)의 축약 표현이다.

2. **来客があるとかで**　손님이 와서라면서
「~とかで」(~라든가로)는 「~ということで」(~라는 일로)와 같은 표현이다.

2ばん Track 08

男の人と女の人がコピー機のことについて話しています。男の人はこのあと何をしますか。

男 : あれ? またかなぁ……。

女 : どうしたんですか。

男 : うーん、紙がつまっちゃったみたいで……。

女：そのコピー機、最近よくつまるんです
よね。きのうも山田さんが困ってまし
た……。コピー機は総務の担当だから、
川上さんに言ったほうがいいですね。

男：困るなぁ。急いでる時に限ってなんだか
ら……。

女：一度、修理に来てもらったほうがいいで
すよね?

男：そうだね。サービスセンターに電話すれば
いいのかな。　えっと、電話番号は……。

女：そこのコピー機の横のシールに書いてあり
ますよ。あ、でも、直接じゃない方が……。

男：そっか、そうだね、そうしよう。

男の人はこのあと何をしますか。

紙がつまる 종이가 끼이다　　修理 수리　　総務部 총무부
担当 담당

남자와 여자가 복사기에 대해 이야기하고 있습니다. 남자
는 이후 무엇을 합니까?

남 : 어? 또야…….
여 : 왜 그래요?
남 : 응, 종이가 걸린 것 같아서…….
여 : 그 복사기, 요즘 잘 걸리네요. 어제도 야마다 씨가 애먹
　　었어요……. 복사기는 총무부 담당이니까 가와카미 씨
　　한테 말하는 게 좋겠어요.
남 : 난감하군. 급할 때만 이런다니까…….
여 : 한번 수리하러 오라고 하는 게 좋겠죠?
남 : 그래. 서비스 센터에 전화하면 되나? 음, 전화번호
　　는…….
여 : 거기 복사기 옆의 실에 적혀 있어요. 아, 하지만 직접
　　하지 않는 게…….
남 : 그런가, 그래, 그러자.

남자는 이후 무엇을 합니까?

　1　서비스 센터에 전화한다
　2　수리하는 사람에게 부탁한다
　3　야마다 씨한테 전화한다
　4　가와카미 씨한테 연락한다

↳ 남녀가 고장난 복사기의 수리 문제로 이야기하고 있다. 체크포
인트 부분을 들었다면 정답이 4번임을 알 수 있다. 1번과 2번
은 총무부 담당자인 가와카미의 역할이고, 3번 야마다는 같은
부서의 동료이다.

표현 해설

1. 紙がつまっちゃったみたいで……
　종이가 걸린 것 같아서……
　「~ちゃった」는 「~てしまった」의 축약 표현이므로
　이것은 「紙がつまってしまったようです」와 같은 뜻
　이다. 「~みたいで」(~같아요)는 완곡함을 나타낸다.

2. 急いでる時に限って 급할 때만
　「~に限って」는 '특히 ~만'이라는 뜻으로, 이 문장을
　달리 표현하면 「特に急いでいる時には、いつも」(특
　히 급할 때는 항상)가 된다.

3. そっか 그런가
　「そうか」의 구어적 표현이다.

3ばん　Track 09

女の人はリサイクルでペットボトルを出した
いときに、何をしなければなりませんか。

男：こんにちは。先週引っ越して来られたので、
　　ちょっとごみの仕分け方を……。

女：あっ、はい。何でしょうか。

男：あの、ペットボトルなんですが、ラベル
　　を取って出してください。

女：はい、以前住んでいたところと同じです
　　ね。

男：それで、キャップも外してですね、別に
　　出してください。

女：そうなんですか。

男：そうなんですよ。それからプラスチック
　　の容器なんかは軽く洗ってください。

女：水洗いするんですか。面倒ですね。

男：この町内会では、皆さんにそうお願いし
　　ていますんで。よろしくお願いします。

女の人はリサイクルでペットボトルを出したいときに、何をしなければなりませんか。

引っ越す 이사하다　　　町内会 반상회

여자는 재활용으로 페트병을 내놓고 싶을 때 무엇을 해야 합니까?

남 : 안녕하세요. 지난주에 이사 오셨으니 잠깐 쓰레기 분리하는 방법을…….

여 : 아, 네. 뭐죠?

남 : 저, 페트병 말인데요, 라벨을 제거하고 내놓으세요.

여 : 네, 이전에 살던 곳하고 같네요.

남 : 그리고 뚜껑도 떼어서요, 따로 내놓으세요.

여 : 그래요?

남 : 그렇습니다. 그리고 플라스틱 용기 같은 것은 살짝 씻어 주시고요.

여 : 물로 씻어요? 번거롭네요.

남 : 여기 반상회에서는 모두에게 그렇게 부탁드리고 있어서요. 잘 부탁드립니다.

여자는 재활용으로 페트병을 내놓고 싶을 때 무엇을 해야 합니까?

1 뚜껑을 잘 씻어서 내놓는다
2 뚜껑을 잘 닫아서 내놓는다
3 뚜껑은 별도로 내놓는다
4 라벨도 뚜껑도 잘 씻어서 내놓는다

↳ 새로 이사 온 사람에게 남자가 쓰레기 분리 배출 방법에 대해 설명해 주고 있다. 체크포인트 부분을 들었다면 정답이 3번임을 쉽게 알 수 있다. 그 외에 라벨은 제거하고, 플라스틱 용기는 살짝 씻어 내놓아야 한다.

표현 해설

1. 引っ越して来られた 이사 오셨다
   이것은 「引っ越して来た」의 경어 표현이다. 「来られる」는 「来る」의 존경형이다.

2. ちょっとごみの仕分け方を…… 쓰레기 분리 방법을……
   이 문장 뒤에는 「説明したいんです」(설명하고 싶습니다)가 생략되어 있다.

4ばん　Track 10

観光バスの中でガイドの人が話しています。昼食後、どこに何時に集まりますか。

男 : えー。いよいよ到着です。途中渋滞もなく、だいたい予定の通りの時間でございます。バスが着きましたら、そこから10分ほど歩きまして……。お寺に行きます。お寺を見ていただき、そのあと、12時から隣のそば屋でお昼にいたします。昼食後は自由時間となりますが、近くにはおみやげ物屋も多いので、ごゆっくりお楽しみください。次の神社に向けて、バスは1時40分に出発いたしますので、10分前にはバスを降りたところにお集まりください。

女 : あの、お寺の中はみんなと一緒に回んなきゃいけないのかしら？

男 : いいえ、どうぞ自由にご覧ください。すばらしいお庭ですので……。時間はたっぷりあります。えっと、お昼は込みますので、遅れずに12時にはお願いします。

昼食後、どこに何時に集まりますか。

到着 도착　　　渋滞 정체　　　昼食 점심 식사
自由時間 자유시간　　　おみやげ物屋 선물가게, 기념품점
神社 신사　　　～に向けて ~로 향해서　　　出発 출발
たっぷり 듬뿍

관광버스 안에서 가이드가 이야기하고 있습니다. 점심 식사 후, 어디에 몇 시에 모입니까?

남 : 네~. 드디어 도착입니다. 도중에 정체도 없고, 대체로 예정대로의 시간입니다. 버스가 도착하면 거기에서 10분 정도 걸으셔서……. 절에 갑니다. 절을 보시고 그 후 12시부터 옆에 있는 메밀국수 집에서 점심 식사를 하시겠습니다. 점심 식사 후에는 자유 시간인데, 근처에는 기념품 가게도 많으니 천천히 즐기세요. 다음 신사를 향해 버스는 1시 40분에 출발하니 10분 전에는 버스를 내렸던 곳에 모여 주시기 바랍니다.

점심 식사 후, 어디에 몇 시에 모입니까?

1　메밀국수 집에 12시에 모인다

2　신사 앞에 1시 40분에 모인다

3　버스 정류장에 1시 30분에 모인다

4　버스를 내렸던 곳에 1시 반에 모인다

↳　가이드가 앞으로의 관광 일정에 대해 설명하고 있다. 체크포인
　　트 부분을 들었다면 정답이 4번임을 알 수 있다. 참고로 관광
　　일정은, 점심 식사는 12시부터, 식사 후부터 출발하기 전까지
　　는 자유 시간이다. 그리고 다음 행선지는 신사이며, 출발 시간
　　은 1시 40분이다. 단, 출발 10분 전, 즉 1시 30분까지 '버스
　　에서 내렸던 곳'에 집합해야 한다.

표현 해설

1. **いよいよ**到着です　드디어 도착입니다
　「いよいよ」는 '드디어, 마침내'라는 뜻으로, 오랫동안
　기다렸던 일이 실현된 것을 나타낸다. 이 문장은 「さ
　あ、着きます」와 같은 표현이다.

2. 10分**ほど**歩きまして　10분 정도 걸어서
　「ほど」는 '정도'를 나타내는 말로 「～くらい/ぐらい」
　와 같은 뜻이다.

3. お昼にいたします　점심 식사를 하시겠습니다
　「お昼ご飯を食べます」와 같은 표현이다.

4. 一緒に回ん**なきゃ**いけないの**かしら**?
　다 같이 돌아야 하나요?
　「～なきゃ」는「なければ」의 축약형이므로 이것은 「一
　緒に回らなければいけないのですか」라고 해도 된
　다.「～かしら」는 여성이 쓰는 표현이다.

5. ご覧ください　봐 주세요
　「見てください」의 존경 표현이다.

6. 遅れ**ずに**12時には　늦지 말고 12시에는
　「～ずに」는「～ないで」와 같은 뜻으로 '~지 말고'라는
　뜻이다.

5ばん　Track 11

女子学生と男子学生が漢字の覚え方について
話しています。女子学生はどうしますか。

女：漢字ってなかなか覚えられないのよね。
　　ねぇ、何かいい方法知らない?

男：僕はね、覚えるまで漢字をノートに何回
　　も書くんだ。

女：それって、普通のやり方じゃない?　それ
　　じゃ、いまいち覚えられないよね。

男：そうそう。だから、書きながらでっかい
　　声で読むんだ。

女：えっ。大きい声で?

男：いろんなことやってみたんだ。小さい漢
　　字カードを作ってそれを読んだり、漢字
　　を書いた紙をトイレや部屋の壁に貼って
　　時間があるときに見たり。でも、あんま
　　りね……。

女：ふーん、でもその方法が一番良かったって
　　わけ?

男：そうなんだ。やってみろよ。

女：そうなの。じゃ、私もやってみようかな。

女子学生はどうしますか。

方法 방법　　普通 보통　　いまいち 약간 부족함
でっかい 크다　　貼る 붙이다

여학생과 남학생이 한자 암기법에 대해 이야기하고 있습
니다. 여학생은 어떻게 합니까?

여 : 한자는 좀처럼 외워지지 않네, 그렇지? 있지, 뭔가 좋
　　은 방법 몰라?

남 : 나는 말야, 외울 때까지 한자를 노트에 여러 번 써.

여 : 그건 보통의 방법 아냐? 그걸로는 확실하게 안 외워져.

남 : 맞아 맞아. 그래서 쓰면서 큰 소리로 읽는 거야.

여 : 뭐? 큰 소리로?

남 : 여러 가지를 해 봤어. 작은 한자 카드를 만들어서 그걸
　　읽기도 하고, 한자를 적은 종이를 화장실이나 방 벽에 붙
　　여 놓고 시간이 있을 때 보기도 하고. 하지만 별로……
여 : 흠~, 그래도 그 방법이 가장 좋았다는 거야?
남 : 그래. 해 봐.
여 : 그래? 그럼 나도 해 볼까?

여학생은 어떻게 합니까?

1　벽에 한자를 붙이고 본다
2　소리를 내면서 한자를 쓴다
3　한자 카드를 만들어 읽는다
4　한자를 들으면서 읽는다

↳　남학생과 여학생이 한자를 잘 외우는 방법에 대해 이야기하고
　　있다. 체크포인트 부분을 들었다면 정답이 2번임을 알 수 있
　　다. 남학생은 그 동안 자신이 해 본 한자 암기 방법을 나열하며
　　가장 효과적인 방법으로 '쓰면서 큰 소리로 읽기'를 추천하고
　　있다. 이에 여학생이 마지막 대사에서 '나도 해 볼까'라고 말하
　　고 있으므로 정답은 2번이다.

표현 해설

1. でっかい声で読むんだ　큰 소리로 읽는 거야
　　「でっかい」는「大きい」와 같은 말로 '크다'라는 뜻이다.

　　いつかでっかい家を建てるんだ。
　　언젠가 큰 집을 지을 거야.

2. その方法が一番良かったってわけ
　　그 방법이 가장 좋았다는 거야?
　　「って」는「という」의 회화체 표현으로 다른 사람의 말
　　을 인용할 때 쓴다.

3. やってみろよ　해 봐
　　「~てみろ」는 '~해 봐'라는 뜻으로, 상대방에게 무언가
　　를 권할 때 쓴다. 주로 남성들이 많이 쓰며, 공손하게 말
　　할 때는「やってみたらどうですか」라고 한다.

　　これ、おいしいよ。ちょっと食べてみろよ。
　　이거 맛있어. 좀 먹어 봐.

6ばん　Track 12

男子学生と女子学生がホームステイ先に持っ
て行くお土産について話しています。男子学
生は何を持って行ったらいいですか。

男：今年の夏、カナダへホームステイに行く
　　んだ。それで、ホームステイ先のお父さ
　　んとお母さんへのお土産は決まったんだ
　　けど、子どもに何を持って行ったらいい
　　か、困ってるんだ。
女：子どもって何歳？
男：13歳ぐらいかな。
女：うーん。あまり高価なものだと、心配させち
　　ゃうから良くないし、食べ物も好き嫌いがあ
　　るよね。実用的じゃないものはあんまり……
　　だし。家族と一緒に遊んだり、コミュニケー
　　ションできる物にしたら？
男：そうか。決めた。じゃ、あれを買うか。

男子学生は何を持って行ったらいいですか。

ホームステイ 홈스테이　　～先 ～지(행선지/목적지)
高価 고가, 값이 비쌈　　好き嫌い 좋고 싫음, 기호
実用的 실용적　　コミュニケーション 커뮤니케이션

남학생과 여학생이 홈스테이할 집에 가져갈 선물에 대해 이
야기하고 있습니다. 남학생은 무엇을 가져가면 좋습니까?

남 : 올여름에 캐나다에 홈스테이하러 가. 그래서 홈스테이
　　할 집의 아버지와 어머니에게 드릴 선물은 정해졌는
　　데, 아이한테는 뭘 가져가면 좋을지 고민이야.
여 : 아이는 몇 살인데?
남 : 13살 정도?
여 : 음~. 너무 비싼 거라면 걱정시킬 테니까 좋지 않고, 음
　　식도 기호가 있지. 실용적이지 않은 건 별로고……. 가
　　족과 함께 놀거나 대화가 가능한 것으로 하는 건 어때?
남 : 그럴까? 결정했다. 그럼 그걸 살까?

남학생은 무엇을 가져가면 좋습니까?

1 일본 과자
2 전자사전
3 일본 인형
4 일본 게임

↳ 남학생이 홈스테이를 하게 될 가정에 줄 선물에 대해 여학생에게 조언을 구하고 있다. 남학생의 고민은 첫 대사에 나왔듯이 아이에게 줄 선물이다. 여학생이 너무 비싸거나 먹는 것, 비실용적인 것은 별로라고 말하며, 가족이 함께 즐길 수 있는 것을 추천하자 남학생이 수용 의사를 보이고 있다. 보기 중에 이에 어울리는 것은 4번이다.

표현 해설

1. 実用的じゃないものは、あんまり…だし
   실용적이지 않은 건 별로고
   「〜し」는 이유를 말할 때 쓰는 표현이다.

2. コミュニケーションできる物にしたら?
   「〜たら?」는 제안할 때 쓰는 표현으로, 뒤에는「どうですか」가 생략되어 있다고 볼 수 있다.
   カメラなら、日本製のを買ったら?
   카메라라면 일본제를 사는 게 어때?

3. あれを買うか　そ걸 살까
   이것은「あれを買おう」(그걸 사야지)와 같은 의지의 뜻이다.

7ばん Track 13

電車に忘れ物をした女の人が駅で話しています。女の人は忘れ物を探すために何をしなければなりませんか。

女： あの、すみません。昨日の晩、忘れ物をしたんですが……。ピンクの紙袋なんですが。

男： 落し物が届けられた場合、次の日には「お客様お忘れ物センター」に集められて、4日間保管しますんで、あちらに電話してみてくださいますか。

女： あ、はい。でも、昨日、夜10時頃なんですけど、ないですか。終点だから、あるかと……。

男： 昨日の晩ですか、少々、お待ちください。中には何が?

女： あのう、マンガの本と、教科書です。それと実は、小さい財布も入っていて……。

男： えー。残念ですが、こちらには……。「お客様お忘れ物センター」に回ってるのかなあ……。そのあとは警察の「落とし物センター」に移されますので……。

女： はい、わかりました……。

女の人は忘れ物を探すために何をしなければなりませんか。

忘れ物 분실물　　保管する 보관하다
落し物 유실물　　終点 종점　　警察 경찰

전철에 물건을 두고 내린 여자가 역에서 이야기하고 있습니다. 여자는 두고 내린 물건을 찾기 위해서 무엇을 해야 합니까?

여 : 저, 실례합니다. 어젯밤에 물건을 두고 내렸는데요……. 분홍색 종이 가방인데요.

남 : 분실물이 신고된 경우, 다음 날에는 '고객 분실물 센터'에 모아져 4일간 보관하니 그쪽에 전화해 보시겠어요?

여 : 아, 네. 하지만 어제 밤 10시경인데요, 없나요? 종점이니까 있을까 해서….

남 : 어젯밤이요? 잠깐 기다려 보세요. 안에는 뭐가?

여 : 저, 만화책이랑 교과서요. 그리고 실은 작은 지갑도 들어 있고…….

남 : 음. 유감스럽게도 여기에는……. '고객 분실물 센터'로 옮겨진 건가……. 그 후에는 경찰의 '분실물 센터'로 옮겨지니까…….

여 : 네, 알겠습니다…….

여자는 분실물을 찾기 위해서 무엇을 해야 합니까?

1 종점 역에서 전화가 걸려 오는 것을 기다린다.
2 4일 이내에 '고객 분실물 센터'에 전화를 한다.
3 4일 이내에 경찰의 '분실물 센터'에 전화를 한다.
4 바로 경찰의 '분실물 센터'에 간다.

표현 해설

1. 残念ですが、こちらには……
   유감스럽게도 여기에는 (없는데요)

   이것은 '유감이지만, 여기에는 없는데요'라는 뜻으로 「こちらには」 뒤에는 「ありません」이 생략되어 있다. 「残念ですが」는 기대했던 대로 되지 않거나 할 수 없을 때 쓰는 표현이다.

2. 「お客様お忘れ物センター」に回ってるのかなあ……
   고객 분실물 센터로 옮겨진 건가……

   「回る」는 여기서는 '옮기다, 자리를 바꾸다'라는 뜻으로 「移す」와 같은 뜻이다.

8ばん　Track 14

男の人が店の人と話しています。今日の食事会の費用は何人分払わなければなりませんか。

男 ： 電話で予約を入れた山田です。7時からで、6人でお願いしてあるんですが……。

女 ： あ、はい。6名様、7時から2時間、Aコース、飲み放題付きで予約をいただいておりますが。

男 ： それが、突然1人来られなくなっちゃって……。

女 ： 誠に申し訳ございませんが、お料理の方はもう用意しておりまして……。

男 ： え、キャンセルできませんか……。

女 ： 申し訳ございません。このコースは5時までですと、キャンセルは無料なんですが……。

男 ： じゃあ、飲み放題の1,500円は……？

女 ： あ、はい、お飲み物の方は5名様ということでお受けできますので……。

男 ： そうですか……。

女 ： 申し訳ございませんね。こちら、3,000円分のお食事サービスチケットですので、次回いらしたときに、お使いになってください。

男 ： わかりました。じゃあ。

今日の食事会の費用は何人分払わなければなりませんか。

飲み放題 마시고 싶은 대로 마심　　キャンセル 캔슬, 취소
次回 다음 번

남자가 점원과 이야기하고 있습니다. 오늘 식사 모임의 비용은 몇 인분을 지불해야 합니까?

남 ： 전화로 예약한 야마다입니다. 7시부터이고 여섯 명으로 부탁드렸는데요…….

여 ： 아, 네. 여섯 분, 7시부터 2시간, A코스, 음료 무제한으로 예약되어 있습니다만.

남 ： 그게, 갑자기 한 사람이 못 오게 돼서요…….

여 ： 정말 죄송합니다만, 요리 쪽은 이미 준비해 둬서…….

남 ： 에, 취소 안 되나요……?

여 ： 죄송합니다. 이 코스는 5시까지면 취소는 무료입니다만…….

남 ： 그럼, 음료 무제한인 1,500엔은요……?

여 ： 아, 네, 음료는 다섯 분으로 접수가 가능하오니…….

남 ： 그래요……?

여 ： 죄송합니다. 이건 3,000엔어치의 식사 서비스 티켓이니 다음에 오셨을 때 사용하시기 바랍니다.

남 ： 알겠습니다. 그럼.

오늘 식사 모임의 비용은 몇 인분을 지불해야만 합니까?

1　식사 6인분과 음료 6인분
2　식사 6인분과 음료 5인분
3　식사 5인분과 음료 6인분
4　식사 5인분과 음료 5인분

↳ 남자가 처음에 예약한 것은 6명이지만, 일행 중 한 명이 못 오게 되어 실제 인원수는 5명이다. 그러나 예약한 코스 요리는 취소 시간을 넘겨 취소가 불가능한 상태이다. 따라서 식사는 6인분 비용을 지불해야 한다. 그러나 음료는 취소가 가능하므로 음료 비용으로는 5인분만 지불하면 된다. 따라서 정답은 2번이다.

1. 電話で予約を入れた山田です
전화로 예약한 야마다입니다
「予約を入れた」는 '예약했다, 예약한'이라는 뜻으로 「予約をした」와 같은 뜻이다.

2. 6名様　여섯 분
「〜名様」는 「〜人」(~명)의 높임말로 '~분'이라는 뜻이다. 주로 레스토랑이나 호텔 등에서 손님에게 쓰는 정중한 표현이다.

3. それが、突然1人来られなくなっちゃって……
그게, 갑자기 한 사람이 못 오게 돼서요……
「それが」는 직전에 들은 말이나 한 말에 대해서 뭔가 문제가 있을 때 쓰는 표현이다.

　　旅行に行ったんですが、それが、あまり天気よくなくて……。
　　여행을 갔는데요, 그게 날씨가 별로 좋지 않아서…….

4. 誠に申し訳ございません　정말 죄송합니다
「ほんとうにすみません」의 정중한 표현이다.

5. もう用意しておりまして……　이미 준비해 둬서……
이것은 「もう用意していて、キャンセルはできません」(이미 준비되어 있어서 취소는 할 수 없습니다)라는 뜻이다.

9ばん Track 15

外国人の女の人が電話で区役所の人に外国人登録についてきいています。女の人は、これから何をしなければなりませんか。

男：はい、若葉区役所案内です。
女：あのー、これから外国人登録に行きたいんですが。何を持って行けばいいですか。
男：では、パスポートをお持ちいただいて……それから、最近お撮りになったパスポートサイズの写真を2枚、窓口へお持ちください。
女：最近のなら、旅行したときの写真でもいいですか。
男：えー、パスポートと同じような写真じゃないと。

女：じゃあ、そちらに写真を撮るところはありますか。
男：いいえ、こちらには……　スピード写真でもいいですよ。
女：あ、そうですか。わかりました。それだけでいいですか。
男：そうですね。あとは、こちらの窓口で、申請書を書いていただきます。
女：実は……あんまり日本語が書けないんですが、日本人の友達と一緒に行ったほうがいいですか。
男：申請書は英語のもありますが、英語はわかりますか。
女：ええ、まあ。
男：じゃ、大丈夫でしょう。
女：そうですか。それじゃ、うかがいます。ありがとうございました。

女の人は、これから何をしなければなりませんか。

区役所 구청　　**外国人登録** 외국인등록　　窓口 창구
スピード写真 속성 사진　　**申請書** 신청서

외국인 여자가 전화로 구청 직원에게 외국인등록에 대해 묻고 있습니다. 여자는 지금부터 무엇을 해야만 합니까?

남 : 네, 와카바 구청 안내입니다.
여 : 저~, 지금부터 외국인등록을 하러 가고 싶은데요. 무엇을 가져가면 되나요?
남 : 그럼, 여권를 가져오시고……, 그리고 최근에 찍으신 여권 크기의 사진을 2장 창구로 가져오세요.
여 : 최근 것이라면 여행했을 때 찍은 사진도 되나요?
남 : 저기, 여권과 같은 사진이 아니면.
여 : 그럼, 그쪽에 사진을 찍는 곳은 있나요?
남 : 아니요, 여기에는…… 속성 사진이라도 괜찮습니다.
여 : 아, 그래요? 알겠습니다. 그것만 있으면 되나요?
남 : 그렇습니다. 이후는 여기 창구에서 신청서를 써 주세요.
여 : 실은……일본어를 잘 못 쓰는데요, 일본인 친구와 함께 가는 게 좋은가요?

남 : 신청서는 영어로 된 것도 있습니다만, 영어는 아십니까?

여 : 네, 그런대로.

남 : 그럼 괜찮으실 거예요.

여 : 그래요? 그럼 찾아뵙겠습니다. 감사합니다.

여자는 지금부터 무엇을 해야 합니까?

1 여권 사진을 찍는다
2 즉시 구청 창구에 간다
3 일본인 친구에게 도움을 요청한다
4 여권 크기의 사진을 찍는다

↳ 외국인 여자가 구청 직원에게 외국인등록에 필요한 준비물에 대해 문의하고 있다. 체크포인트 부분을 들었다면 정답이 4번임을 알 수 있다. 외국인 등록에 필요한 준비물은 여권과, 최근 촬영한 여권 사진과 동일한 크기의 사진 2장이다. 구청에 사진을 찍는 곳이 있는지를 묻는 여자의 대사를 통해 여자에게는 해당 사진이 없음을 알 수 있다. 따라서 여자는 해당 사진을 준비하러 가야 한다.

표현 해설

1. パスポートを**お持ちいただいて** / パスポートを**お持ちください**　여권을 지참해 주세요.
「お〜いただく」와 「お〜ください」는 「〜てください」의 경어 표현으로, 이것은 「パスポートを持ってきてください」(여권을 가져오세요)라는 뜻이다.

2. パスポートと同じような写真**じゃないと**
여권과 같은 사진이 아니면 (안 됩니다)
「〜じゃないと」는 '〜이 아니면'이란 뜻으로, 뒤에는 「困ります」(곤란합니다) 등이 생략되어 있다고 볼 수 있다.

3. それじゃ、**うかがいます**　그럼 찾아뵙겠습니다.
「うかがう」는 '듣다, 묻다, 방문하다'라는 뜻이다. 이때의 「うかがいます」는 「行きます」(가겠습니다), 「訪ねます」(방문하겠습니다)의 겸양 표현이다.

10ばん Track 16

男の人が病院の受付で係の人と話しています。男の人は、まず何をしますか。

男 : すみません、初めてなんですが。

女 : どうなさいましたか。

男 : きのうから頭が痛くて、少し熱もあるんです。

女 : そうですか。では、この紙に必要なことをご記入になっていただけますか。

男 : ここで書くんですか。

女 : いいえ、そこの待合室のいすにおかけになってお書きください。お書きになったら、こちらに出してください。それから、この体温計で熱を測っておいてください。後で看護師が取りに来ますので。

男 : はい。

女 : その後、お名前をお呼びしましたら診察室にお入りください。

男 : はい、わかりました。あのー、それから、お手洗いはどちらでしょうか。

女 : お手洗いなら、そこの廊下の突き当たりの左側にあります。レントゲン室の奥です。

男 : そうですか……じゃ、まずはこれを。

男の人は、まず何をしますか。

記入 기입　　**待合室** 대합실　　**看護師** 간호사
診察室 진찰실　　**レントゲン室** X선실

남자가 병원 접수처에서 담당자와 이야기하고 있습니다. 남자는 우선 무엇을 합니까?

남 : 실례합니다, 처음인데요.

여 : 어디가 아프세요?

남 : 어제부터 머리가 아프고 열도 조금 있어요.

여 : 그래요? 그럼, 이 종이에 필요한 것을 적어 주시겠어요?

남 : 여기에서 씁니까?

여 : 아니요, 저기 대기실 의자에 앉으셔서 적어 주세요. 다 적으시면 이쪽에 제출해 주세요. 그리고 나서 이 체온

계로 열을 재어 두세요. 나중에 간호사가 가지러 오니까요.

남 : 네.

여 : 그 후에 호명하면 진찰실로 들어오세요.

남 : 네, 알겠습니다. 저, 그리고 화장실은 어디예요?

여 : 화장실이라면 저기 복도 막다른 곳 왼쪽에 있습니다. X선 촬영실 뒤쪽이에요.

남 : 그래요……? 그럼, 우선 이걸.

남자는 우선 무엇을 합니까?

1 열을 재 둔다
2 화장실에 간다
3 종이에 적는다
4 진찰실에 들어간다

↘ 병원에서 남자와 접수 담당자가 이야기를 나누고 있다. 접수 담당자는 남자에게 몸 상태를 확인한 뒤 차례로 해야 할 일들에 대해 설명을 해 주고 있다. 우선 해야 할 일은 종이에 필요한 정보를 기입할 것, 그러고 나서 기입이 끝나면 접수처에 제출하고 체온계로 열을 잴 것, 그 후 호명하면 진찰실에 들어갈 것이다. 정답은 3번이다.

1. 初めて**なんです**が　처음인데요

   「なんです」는 '…인 것입니다'라는 뜻으로 강조의 의미로 많이 쓴다. 이 문장 뒤에는 「どうすればいいでしょうか」(어떻게 하면 될까요?)가 생략되어 있다고 볼 수 있다.

2. どうなさいましたか　어디가 아프세요?

   「どうしましたか」의 정중 표현이다.

3. じゃ、**まずは**これを　그럼 우선 이걸 (해야지)

   「まずは」는 '우선(은)'이라는 뜻으로 일의 순서에서 가장 처음을 나타낸다. 이 문장은 「じゃ、始めにこれをしよう」(그럼 처음에 이걸 해야지)와 같은 뜻이다.

11ばん　Track 17

女の人が、交番で道をきいています。女の人はこれからどうしますか。

女 ： すみません。ヤマト工業大学に行きたいんですが、道を教えていただけませんか。

男 ： ヤマト工業大学ね。それは、隣の駅だよ。

女 ： えー。降りる駅を間違えちゃったんですか。

男 ： あー、でも、確かこの駅からもバスが出ていたなぁ。ちょっと待ってね。調べてあげるから。

女 ： お願いします。

男 ： 3番のバス停の南山田行きか、4番のセンター中央行きに乗れば、通るよ。

女 ： どちらが速いですか。

男 ： うーん、3番のバスに乗れば6つ目で、4番は3つ目だね……あ、でも、3番は10分おきに来るけど、4番は30分おきだよ。

女 ： どうしよう。遅刻したら大変だ……。

男 ： それじゃ、やっぱり駅から歩いたほうがまちがいないね。駅から2、3分だから。

女 ： ああ、そうですか。じゃあ、そうします。ありがとうございました。

女の人はこれからどうしますか。

交番 파출소　　バス停 버스 정류장　　～行き ～행

여자가 파출소에서 길을 묻고 있습니다. 여자는 앞으로 어떻게 합니까?

여 : 실례합니다. 야마토 공업대학에 가고 싶은데요, 길 좀 가르쳐 주실래요?

남 : 야마토 공업대학 말이군요. 그건 옆 역이에요.

여 : 네? 내리는 역을 잘못 안 건가요?

남 : 아~, 하지만 분명히 이 역에서도 버스가 있었지. 잠깐만요. 알아봐 줄 테니까.

여 : 부탁드립니다.

여자는 앞으로 어떻게 합니까?

1 　이 역에서 걸어서 간다
2 　전철로 다음 역으로 가서 걸어간다
3 　이 역에서 3번 버스를 탄다
4 　이 역에서 4번 버스를 탄다

↳ 여자가 파출소에서 경찰에게 길을 묻고 있다. 경찰의 첫 대사를
들었다면 여자가 내리는 역을 착각했음을 알 수 있다. 처음에 경
찰관은 버스를 이용해 목적지로 가는 방법을 설명해 주었으나, 여
자가 버스 운행 간격 때문에 지각할 것을 걱정하자 곧 역에서 걸
어가는 방법이 확실하다고 말하고 있다. 여자도 마지막 대사에서
'그렇게 할게요'라고 말하고 있으므로 여자는 전철을 타고 해당 역
으로 가서 도보로 목적지로 이동할 것이다. 정답은 2번이다.

표현 해설

1. ～に行きたいんですが、道を教えていただけませんか
   ～에 가고 싶은데요, 길 좀 가르쳐 주시겠어요?
   이것은 길을 물을 때 쓰는 표현이다. 더 간단한 표현으
   로는 「～へは、どうやって行けばいいですか」(～는
   어떻게 가면 됩니까?)가 있다.

2. この駅からもバスが出ていたなぁ
   이 역에서도 버스가 있었지
   「バスが出ている」는 「バスが出発している」와 같은
   뜻으로 '버스가 출발하고 있다'라는 뜻이다.

3. 3番は10分おきに来るけど 3번은 10분 간격으로 오지만
   「～おきに」는 '～간격으로'라는 뜻이다.

4. 歩いたほうがまちがいないね 걸어가는 게 확실할 거예요
   「まちがいない」는 '틀림없다'라는 뜻으로, 이 문장은
   「歩いたほうが確実に着くことができる」(걸어가는
   편이 확실히 도착할 수 있다)라는 뜻이다.

12ばん　Track 18

先生と学生がアルバイトの話をしています。
学生はどんな条件の人を探せばいいでしょうか。

先生： ちょっといいかな？　君、確か英語話せ
　　　るよね？

学生： ええ、ちょっとだけですが……。

先生： 知り合いがね、英語の通訳のバイトを探
　　　してるんだよ。それで、やってもらえ
　　　ないかなと思って。

学生： え、通訳ですか？　私なんか役に立たな
　　　いですよ。英語学専攻の友達がいます
　　　から、きいてみましょうか。

先生： いや、そんな専門的なものじゃないから。
　　　かといって、全く話せないのはね……。
　　　日常会話ができるぐらいの人がいいんだけ
　　　ど。それでね、時給は900円で1日3時
　　　間ほど手伝ってほしいんだって。

学生： そうですか。じゃ、探してみます。2、
　　　3日かかってもいいですか。

先生： うーん、それがね、そのバイト明日か
　　　らなんだよ。

学生： え。それは急ですね。どのぐらいの期
　　　間なんですか。

先生： できたら、ずっと働いてほしいみたい
　　　なんだけど、無理なら3日程度でもい
　　　いんだって。とにかく、明日から仕事
　　　できる人がほしいらしいんだ。

学生： そうですか。じゃ、探してみます。

先生： ありがとう。じゃ、頼んだよ。

学生はどんな条件の人を探せばいいでしょうか。

通訳 통역　　英語学 영어학　　専攻 전공
専門的 전문적　　日常会話 일상회화　　時給 시급
急 급함　　期間 기간　　無理 무리　　程度 정도

선생님과 학생이 아르바이트 이야기를 하고 있습니다. 학생은 어떤 조건의 사람을 찾으면 될까요?

선생님 : 잠깐 괜찮은가? 자네, 필시 영어 할 줄 알지?

학생　 : 네, 약간이지만…….

선생님 : 아는 사람이 말야, 영어 통역 아르바이트를 찾고 있거든. 그래서 해 줄 수 없을까 해서.

학생　 : 네, 통역이요? 저는 도움이 안 됩니다. 영어학 전공인 친구가 있으니까 물어볼까요?

선생님 : 아니, 그런 전문적인 게 아니니까. 그렇다고 해서 전혀 말을 못하는 건…….　일상 회화가 가능한 정도의 사람이 좋은데. 그리고 시급은 900엔이고 하루 3시간 정도 도와줬으면 한대.

학생　 : 그래요? 그럼 찾아보겠습니다. 2, 3일 걸려도 됩니까?

선생님 : 음~, 그게 말이지, 그 아르바이트 내일부터야.

학생　 : 에. 그거 급하군요. 기간은 어느 정도입니까?

선생님 : 가능하면 계속 일해 주길 바라는 것 같은데, 무리라면 3일 정도도 좋대. 어쨌든 내일부터 일할 수 있는 사람이 필요한 것 같아.

학생　 : 그래요? 그럼 찾아보겠습니다.

선생님 : 고마워. 그럼 부탁하네.

학생은 어떤 조건의 사람을 찾으면 됩니까?

1　영어를 제법 말할 줄 알고, 3일 후부터 일할 수 있는 사람

2　영어를 별로 말하지 못해도 다음 날부터 일할 수 있는 사람

3　영어를 별로 말하지 못해도 이날 저녁부터 일할 수 있는 사람

4　영어를 할 수 있는 영어학 전공자로, 3일 이상 일할 수 있는 사람

↳　선생님과 학생이 아르바이트에 대한 이야기를 하고 있다. 선생님은 지인으로부터 영어 통역 아르바이트생을 구해 달라는 부탁을 받고 학생에게 다시 부탁하고 있다. 아르바이트생의 조건은 체크포인트 부분에 나와 있듯이, '일상 회화가 가능한 정도', '내일부터 할 수 있는 사람'이다. 따라서 학생은 '영어회화를 잘하지 못하더라도 내일부터 일할 수 있는 사람'을 찾아야 한다. 정답은 2번이다.

1. ちょっといいかな？　잠깐 괜찮은가?
   이야기를 시작할 때 쓰는 말이다. 이야기의 본론은 그 뒤에 말한다. 공손하게는 「ちょっといいですか」라고 한다.

ちょっといいかな？　明日のセミナーのことでお願いがあるんだ。
잠깐 괜찮아? 내일 세미나 건으로 부탁이 있는데.

2. やってもらえないかなと思って　해 줄 수 없을까 해서
   부탁할 때 쓰는 부드러운 표현이다. 「やってもらいたいんだけど」라고 해도 된다.

3. かといって、そうだからといって　그렇다고 해서
   「しかし」와 같은 뜻으로, 앞에 말한 내용과 반대되는 말을 할 때 쓴다.

4. 手伝ってほしいんだって / 3日程度でもいいんだって
   도와줬으면 한대/3일 정도도 좋대.
   「～だって」는 '~라고 한다'라는 뜻으로 다른 사람의 말을 전달할 때 쓴다. 전문의 「～そうだ」(~라고 한다)와 같은 뜻이므로, 이 문장들은 각각 「手伝ってほしいそうです/3日程度でもいいそうです」라고 해도 된다.

13ばん　Track 19

女の人が公園でバーベキューをするために、係員と話しています。女の人は、バーベキューをする時、何を持って行かなければなりませんか。

女：あの、明日、バーベキューをしたいんですが。場所は空いてますか。

男：はい、空いてますよ。こちらが道具や材料が全部入ったセットの料金表ですが。どのセットにしますか。

女：えーっと、Aセットが1人2,500円で、Bセットが3,000円か。うーん……　6人で、予算が1人1,500円なんですけど……。道具だけ借りられますか。

男：ええ、コンロは1,800円で鉄板は600円ね。

女：ああ、そうですか……。じゃあ、それと。テーブルやいすは？

男：テーブルが1,000で、折りたたみいすが200円です。

女：そうか……、テーブルは必要ですよね。いすは、200円の6人だから……　1,200円

で……　立ったまま食べるのは、ちょっと
……だから、お願いします。
男：それと、箸と皿はどうしますか。
女：それは……、結構です。
男：そうですか。じゃあ、コンロ、鉄板、テー
ブル、いすだけですね？
女：はい。

女の人は、バーベキューをする時、何を持っ
て行かなければなりませんか。

係員 담당자　　**道具** 도구　　**材料** 재료
料金表 요금표　　**コンロ** 가스렌지, 버너　　**鉄板** 철판
折りたたみ 접이식

여자가 공원에서 바비큐를 하기 위해서 담당자와 이야기
하고 있습니다. 여자는 바비큐를 할 때 무엇을 가져가야 합
니까?

여 : 저, 내일, 바비큐를 하고 싶은데요. 장소는 비어 있나
　　요?
남 : 네, 비어 있습니다. 이게 도구와 재료가 전부 들어 있는
　　세트 요금표인데요, 어느 세트로 하시겠어요?
여 : 그러니까 A세트가 1인당 2,500엔이고, B세트가 3,000
　　엔인가? 음……, 6명이고, 예산이 1인당 1,500엔인데
　　요……, 도구만 빌릴 수 있나요?
남 : 네, 버너는 1,800엔이고, 철판은 600엔이에요.
여 : 아, 그래요? 그럼 그거하고. 테이블이나 의자는요?
남 : 테이블이 1,000엔이고, 접이의자가 200엔입니다.
여 : 그렇구나…. 테이블은 필요하겠죠. 의자는 200엔에 6
　　명이니까 1,200엔이고…… 선 채로 먹는 건 좀…… 그
　　러니까 부탁 드려요.
남 : 그거랑, 젓가락과 접시는 어떻게 하실래요?
여 : 그건……, 됐어요.
남 : 그렇습니까? 그럼 버너, 철판, 테이블, 의자만이죠?
여 : 네.

여자는 바비큐를 할 때 무엇을 가져가야 합니까?

1　요리 재료와 젓가락과 접시
2　요리 재료와 접이의자
3　접이의자와 젓가락
4　젓가락과 버너와 요리 재료

↳ 여자와 공원 담당자가 공원에서 바비큐를 이용하는 것에 대해
이야기를 나누고 있다. 도구와 재료를 다 빌릴 경우, 여자의
일행은 6명이므로 A세트는 15,000엔, B세트는 18,000엔
이 필요하다. 그러나 여자 쪽 예산은 1인당 1,500엔으로 총
9,000엔이다. 예산이 부족하므로 여자는 재료를 제외하고 도
구만 빌리기로 했다. 도구 중에서는 대화 끝부분에 담당자가
'젓가락과 접시는 어떻게 할까요?'라고 묻자 '그건 괜찮습니다'
라고 말하고 있으므로 여자는 '요리 재료, 젓가락, 접시'를 가
져가야 한다. 정답은 1번이다.

표현 해설

1. 空いてますか　비어 있나요?
「空いてますか」는 「空いていますか」에서 「い」가 생
략된 것으로, 「空く」는 '장소, 방, 자리, 시간, 예정' 등에
붙어 '비어 있다'는 뜻을 나타낸다.

2. 立ったまま食べるのは、ちょっと…だから
선 채로 먹는 건 좀…… 그러니까
「ちょっと……だから」는 중간에 「ちょっと困る」(좀
곤란하니까), 「よくない」(좋지 않으니까) 등이 생략된
것이라 볼 수 있다.

3. それは……、結構です　그건 됐어요
「結構です」는 '됐습니다, 괜찮습니다'라는 뜻으로 거절
하거나 사양할 때 쓴다.

14ばん　Track 20

女の人がカルチャーセンターの受付の人と電
話で話しています。女の人は初めにいくら払
いますか。

男：ＡＢＣカルチャーセンターでございます。
女：あの、そちらで開かれている『茶道教室』の
　　ことで詳しくおききしたいんですが……。
男：はい、えーと、『茶道教室』の方は毎週1
　　回、火曜日の3時から5時までの2時間と
　　なっております。入会金は2,000円でご
　　ざいます。授業料ですが、授業1回につき
　　1,000円ですので、1か月4,000円です。
　　授業料は月末にまとめてお願いします。

女：あのー、お休みした場合でも、その分を
　　払わなきゃならないんですか。

男：いえ、出席した回数分だけで結構でござい
　　ます。あ、それから、入会金ですが、初
　　めてこちらにいらっしゃった時に払って
　　いただくことになっております。

女：あ、そうですか。

男：また、そのほかに、お菓子代を300円いた
　　だきます。こちらの方は、まとめてでは
　　なく、毎回お支払いください。

女：はい、わかりました。じゃ、早速来月の初
　　めの火曜日からお願いします。

男：ありがとうございます。それでは、お待
　　ちしております。

女の人は初めにいくら払いますか。

| カルチャーセンター 문화 센터 | 茶道 다도 |
| 入会金 입회비 | 授業料 수업료 | 月末 월말 |

カルチャーセンター 문화 센터　　茶道 다도
入会金 입회비　　授業料 수업료　　月末 월말
まとめる 모으다　　支払う 지불하다　　出席 출석
回数 회수　　～分 ～분　　結構 괜찮음
お菓子代 과자값　　早速 즉시

여자가 문화센터 접수 담당자와 전화로 이야기하고 있습니다. 여자는 처음에 얼마를 냅니까?

남 : ＡＢＣ문화센터입니다.

여 : 저, 거기에서 열리고 있는 '다도 교실'에 대해 자세하게
　　여쭤보고 싶은데요…….

남 : 네, 그러니까, '다도 교실'은 매주 1회, 화요일 3시부터
　　5시까지 2시간입니다. 가입비는 2,000엔입니다. 수업
　　료인데요, 수업 1회당 1,000엔이므로 한달에 4,000엔
　　입니다. 수업료는 월말에 한꺼번에 내 주세요.

여 : 저, 결석한 경우에도 그 수업료를 내야 하나요?

남 : 아뇨, 출석한 횟수분만으로 괜찮습니다. 아, 그리고 가입비
　　는요, 처음 여기에 오셨을 때 내시는 걸로 되어 있습니다.

여 : 아, 그래요?

남 : 또, 그 외에 과자값을 300엔 받습니다. 이건 한꺼번에
　　가 아니라 매회 내 주세요.

여 : 네, 알겠습니다. 그럼 당장 다음 달 첫 번째 화요일부터
　　부탁드려요.

남 : 감사합니다. 그럼 기다리고 있겠습니다.

여자는 처음에 얼마를 냅니까?

1　3,300엔
2　3,000엔
3　2,300엔
4　6,000엔

↳ 여자가 문화센터 접수 담당자와 전화 통화를 하고 있다. 질문에서 여자가 처음에 지불해야 할 비용에 대해 묻고 있으므로 돈과 관련된 접수 담당자의 대사를 잘 들으면 정답을 유추해 낼 수 있다. '다도 교실'은 가입비는 2,000엔, 수업료는 회당 1,000엔, 1개월은 4,000엔, 과자값 300엔이 필요하다. 그런데 수업료는 월말에 내면 되므로 처음에 지불하지 않아도 된다. 가입비는 처음 문화센터에 왔을 때 내야 하고, 과자값은 '매회 지불'이므로 여자가 처음에 내야 할 금액은 '가입비+1회 과자값'이다. 따라서 정답은 3번이다.

표현 해설

1. ＡＢＣカルチャーセンターでございます
　 ABC문화센터입니다
　「〜でございます」는「〜です」의 정중 표현이다.
　　こちらが会議室でございます。
　여기가 회의실입니다.

2. 『茶道教室』のことでおききしたいんですが
　 '다도 교실'에 대해서 여쭤보고 싶은데요
　「〜たいんですが」는 '~하고 싶은데요'라는 뜻으로 이
　야기를 시작할 때 많이 쓰는 표현이다. 뒤에는「どうす
　ればいいでしょうか」(어떻게 하면 될까요?)라는 말이
　생략되어 있다.
　　パソコンを習いたいんですが（どうすればいいでし
　　ょうか）。
　컴퓨터를 배우고 싶은데요.

3. 2時間となっております ／ 払っていただくことに
　 なっております　2시간입니다 / 내시게 되어 있습니다
　「〜ております」는 '~어 있습니다'라는 뜻으로「〜て
　います」의 정중 표현이다.

4. 出席した回数分だけで結構でございます
　 출석한 횟수분만으로 괜찮습니다
　「〜で結構でございます」(~로 괜찮습니다)는「〜で
　いいです」의 정중 표현이다.

포인트 이해 실전 연습 p.386 스크립트와 문제 해설

1	2	3	4	5
③	③	③	①	③

6	7	8	9	
③	③	③	④	

문제2에서는 먼저 질문을 들으세요. 그런 다음 문제 용지를 보세요. 읽는 시간이 있습니다. 그러고 나서 이야기를 듣고, 문제 용지의 1~4 중에서 가장 알맞은 것을 하나 고르세요.

1ばん Track 21

おんな ひと おとこ ひと でんわ はな　　　　　　 おんな
女の人と男の人が電話で話しています。女の
ひと　　　 はな こ　　　　　　　　　　　　　　 はな
人が花子さんと話せなかったのはどうしてで
すか。

おんな
女：もしもし、山田ですが。
やま だ

おとこ
男：はい。え、どちらの……？

おんな
女：もしもし、もしもし、山田ですよ。花子の
やま だ　　　　　　　　 はな こ
はは　　　　　　 はな こ
母ですが、花子はいますか。

おとこ
男：よく聞こえませんが、春子ですか。
き　　　　　　　　　　 はる こ

おんな
女：もしもし、もしもし、聞こえますか。
き
かえ
いつ帰ってきますか。

おとこ
男：さあー。えーと。どちらに？

おんな
女：花子はどこにいったの？ もしもし、電話
はな こ　　　　　　　　　　　　　　　　 でん わ
とお
が遠いんだけど。

おとこ
男：もしもし……。

おんな
女：もしもし、え、なに？ わからないんですか。
いま　　 よる じ　　　　　　　 はな こ
今、もう夜10時ですよ。花子とけんかで
もしたんですか。もしもし、え？ 花子は
はな こ
いえ で
家出でもしたんですか。もしもし、もう
でん ち
すぐ電池がなくなりそうなんだけど、も
しもし。

おとこ
男：どちらの……。

おんな
女：どちらも、こちらもないでしょう。あな
おく
たの奥さんですよ。花子。結婚したばか
はな こ けっ こん
りなのに。まったく……。

おとこ
男：あのう、どちらに……。

おんな ひと はな こ　　　　 はな
女の人が花子さんと話せなかったのはどうし
てですか。

けんか 싸움　　**家出** 가출　　**電池** 건전지

여자와 남자가 전화로 이야기하고 있습니다. 여자가 하나코 씨와 통화하지 못한 것은 왜입니까?

여 : 여보세요, 야마다인데요.

남 : 네. 어, 어디의……?

여 : 여보세요, 여보세요, 야마다예요. 하나코 엄만데요, 하나코 있어요?

남 : 잘 안 들리는데요, 하루코예요?

여 : 여보세요, 여보세요, 들리나요? 언제 돌아오나요?

남 : 글쎄요. 그러니까. 어디에?

여 : 하나코는 어디에 갔어요? 여보세요, 전화 감이 먼데요.

남 : 여보세요…….

여 : 여보세요, 네, 뭐요? 모르겠어요? 지금, 벌써 밤 10시예요. 하나코와 싸움이라도 한 거예요? 여보세요, 네? 하나코가 가출이라도 했어요? 여보세요, 이제 곧 배터리가 나갈 것 같은데, 여보세요.

남 : 어디의…….

여 : 어디도 여기도 아니잖아요. 당신 아내 말이에요. 하나코. 결혼한 지 얼마 안 됐는데. 정말이지…….

남 : 저기, 어디에…….

여자가 하나코 씨와 통화하지 못한 것은 왜입니까?

1 하나코 씨가 외출했기 때문에
2 하나코 씨가 남자와 싸움을 했기 때문에
3 여자가 전화번호를 잘못 알았기 때문에
4 남자가 이름을 잘못 알았기 때문에

↘ 여자와 남자가 전화 통화를 하고 있다. 여자가 하나코와 이야기할 수 없는 이유를 묻고 있다. 감이 멀어서 서로 딴소리를 하는 것 같지만, 조금만 신경 써서 들으면 여자가 전화를 잘못 걸었다는 것을 알 수 있을 것이다. 정답은 3번이다.

표현 해설

1. **さあ 글쎄요**

「さあ」는 '글쎄'라는 뜻으로, 「さあ、わかりません」(글쎄요, 모르겠는데요), 「さあ、どうしてでしょうか」 (글쎄요, 왜일까요?)와 같이 확실히 대답할 수 없을 때 쓴다.

2. けんか**でも** / 家出**でも**したんですか
   싸움이라도 / 가출이라도 했어요?
   「～でも」는 '~라도'라는 뜻으로 예를 들 때 쓴다.

3. どちら**も**、こちら**もないでしょう**
   어디도 여기도 아니잖아요
   「AもBもないでしょう」는 흥분했거나 화가 났을 때 쓰는 표현이다. 「わけのわからないことを言わないでください」(이유 모를 소리 말아요)와 같은 뜻이다.

4. どちらに……　어디에(거셨나요?)
   「どちらに」 뒤에는 「おかけでしょうか」(거셨습니까?)가 생략되어 있다.

2ばん Track 22

男の人と女の人が話しています。男の人が公園に行くことにしたのは、どうしてですか。

女：ね。今日、夕方から「虫の音を聞く会」に行かない？　花の木公園でやってるの。
男：え、虫の声聞く？うちの庭でも鳴いてるよ。
女：お茶会でお茶も飲めるし……。
男：え、あの、苦いお茶?うーん。あんまり……。
女：月の光の中で「秋の草花ウォッチング」もできるし……。先週からやってて今日が最後の日なのよ。
男：ふーん。秋の草ねえ。わりに地味だよね。
女：毎年あるビール祭りも、まだやってるよ。
男：へえ、じゃあ、行ってもいいかー。
女：いちおう、カメラ持ってきてね。

男の人が公園に行くことにしたのはどうしてですか。

最終日 최종일　　**虫の音** 벌레 소리　　**お茶会** 다도회
苦い 쓰다　　**草花** 화초　　**地味だ** 수수하다
～祭り ~축제　　**いちおう** 일단

남자와 여자가 이야기하고 있습니다. 남자가 공원에 가기로 한 것은 왜입니까?

여 : 있지. 오늘, 저녁 때부터 '벌레 소리를 듣는 모임'에 안 갈래? 하나노키 공원에서 하고 있어.
남 : 뭐, 벌레 소리를 듣는다고? 우리 마당에서도 울고 있어.
여 : 다과회에서 차도 마실 수 있고…….
남 : 뭐? 그 쓴 차? 음~. 별로…….
여 : 달빛 속에서 '가을 화초 관찰'도 할 수 있고……. 지난 주부터 하고 있는데 오늘이 마지막 날이야.
남 : 흠~. 가을 화초 말이지. 의외로 수수하네.
여 : 매년 있는 맥주 축제도 아직 하고 있어.
남 : 그래? 그럼 가도 괜찮으려나~.
여 : 일단 카메라 가져와.

남자가 공원에 가기로 한 것은 왜입니까?

1　차를 마시면서 벌레 소리를 들을 수 있어서
2　꽃 사진을 찍고 싶어서
3　맥주를 마시고 싶어서
4　밤의 '가을 화초 관찰'의 마지막 날이라서

↘　남자와 여자가 이야기를 나누고 있다. 남자가 공원에 가기로 한 이유를 묻고 있으므로 남자의 대답이 긍정적인 경우의 화제를 고르면 된다. 남자는 여자가 든 첫 번째부터 세 번째 화제에 대해 부정적인 반응을 보이고 있다. 그리고 마지막 화제에 대해서는 수긍하는 반응을 보이고 있으므로 마지막 화제를 고르면 된다. 정답은 3번이다.

표현 해설

1. 「虫の音を聞く会」**に行かない**?
   '벌레 소리를 듣는 모임'에 안 갈래?
   「～に行かない？」는 '~하러 안 갈래?'라는 뜻으로 다른 사람에게 뭔가를 제안할 때 쓰는 표현이다. 이때는 말끝을 올려서 말한다. 정중형은 「～に行きませんか」이다.

2. **あんまり**　그다지, 별로
   「あんまり」는 뒤에 부정하는 말과 함께 쓰여 '그다지, 별로'라는 뜻을 나타낸다. 뒤에는 「好きではありません」(좋아하지 않습니다)이 생략되어 있다.

3. **へえ、じゃあ**　그래? 그럼 (가자)
   「へえ」는 예상하지 못한 일로 놀랐을 때 쓰는 표현이다.

4. **いちおう、カメラ持ってきてね**　일단 카메라 가져와
   「いちおう」는 '일단, 어쨌거나'라는 뜻으로 확실하지 않은 것을 뜻한다. 이 문장은 '쓸지 안 쓸지 모르지만 카메라를 가져오라'는 뜻이다.

   曇っているから、**いちおう**、傘を持って行こう。
   흐리니까 일단 우산을 가져가자.

3ばん Track 23

男の人と女の人が話しています。男の人が今すぐに地震情報メールサービスに入らないのはどうしてですか。

女：ね。揺れてない?

男：おっ、ほんとだ。**まただ。**

女：いよいよかもよ。大地震。ねえ、地震の情報サービスに入ろうよ。

男：うーん。

女：メール、パソコンにもらうのと、ケータイにもらうのとどっちがいい?

男：パソコンより、ケータイの方をよく使うからなあー。あ、でも、アドレスかわる。俺、**ケータイ、ほかの会社のにしようと思ってるんだ。**

女：え、そうなんだ。

男：それに、知らせてもらったって、おんなじって気もするよな。

女：そんなことないよ、**心の準備ができるから、ちがうよ。**

男：そうか。**知らないよりいいか。**でも、俺はまたにしたほうがいいな。

女：私は今、申し込むよ。大地震来ちゃっても知らないよ。

男：おどかさないでくれよ。

男の人が今すぐに地震情報メールサービスに入らないのはどうしてですか。

揺れる 흔들리다　　地震 지진

情報サービス 정보 서비스　　俺 나　　準備 준비

남자와 여자가 이야기하고 있습니다. 남자가 지금 바로 지진 정보 메일 서비스에 가입하지 않는 것은 왜입니까?

여 : 있지. 흔들리지 않아?

남 : 어, 정말이네. 또다.

여 : 드디어일지도 몰라. 대지진. 저기, 지진 정보 서비스에 가입하자.

남 : 응.

여 : 메일, 컴퓨터로 받는 거랑, 휴대 전화로 받는 거랑 어느 쪽이 좋아?

남 : 컴퓨터보다 휴대전화를 자주 사용하니까~. 아, 하지만 메일 주소가 바뀌어. 나, 휴대 전화 다른 회사 걸로 할까 생각 중이거든.

여 : 어, 그렇구나.

남 : 게다가 알림을 받아도 마찬가지일 거라는 생각도 들고.

여 : 그렇지 않아, 마음의 준비를 할 수 있으니까, 달라.

남 : 그런가? 모르는 것보다 나은가? 하지만 나는 다음에 하는 게 좋을 것 같아.

여 : 나는 지금 신청할거야. 대지진 와도 몰라.

남 : 겁 주지 마~.

남자가 지금 바로 지진 정보 메일 서비스에 가입하지 않는 것은 왜입니까?

1　요즘 그렇게 지진이 없으므로
2　알림 메일이 와도 의미가 없으므로
3　휴대 전화를 새로 구입하므로
4　컴퓨터로 일을 하고 있지 않으므로

↳ 남자와 여자가 지진 정보 서비스에 관해 이야기하고 있다. 남자가 지금 바로 지진 정보 서비스에 가입하지 않는 이유를 묻고 있으므로 남자의 대사에 신경을 써서 듣도록 한다. 남자는 대화 중반부에서 휴대 전화를 바꿀 계획이 있음을 밝히고 있다. 그 다음 대사에서는 정보 메일을 받아도 안 받는 것과 마찬가지라는 부정적인 인식을 보이지만 그 다음 대사 '모르는 것보다 나은가?'라는 말로 정보 메일 서비스에 가입할 의사가 있음을 알 수 있다. 그러나 이어지는 대사 '나는 다음에 하는 게 좋겠어'라는 말에서 지금 당장은 가입하지 않지만 앞으로 휴대 전화를 바꾸고 난 뒤에 가입할 것임을 알 수 있다. 정답은 3번이다.

표현 해설

1. **おっ　아**
   갑자기 깨달았거나 놀랐을 때 쓰는 표현이다.

   おっ、これはなんだろう。
   아, 이건 뭐지?

   おっ、これはおいしい。
   어머, 이거 맛있어!

2. **いよいよかもよ。드디어일지도 몰라**
   「〜かも」는「〜かもしれない」의 축약 표현으로, 이것

은 「いよいよかもしれませんよ」(드디어일지도 몰라요)의 줄임말이다.

いよいよ大地震が来るかもしれませんよ。

드디어 대지진이 올지도 몰라요.

3. 知らせてもらったって（〜ない）　알려 주더라도 (〜않다)
「〜たって」는 「〜ても」와 같은 표현으로 '~라도'라는 뜻이다. 뒤에는 「〜ない」와 같은 부정 표현이 온다.

探してもらったって、みつからないよ。

찾아 주더라도 못 찾아.

急いだって、間に合わないよ。

서둘러도 제시간에 못 가.

4. おんなじって気もするよな　마찬가지일 거라는 생각도 들고
「〜って」는 「〜という」의 회화 표현으로 '~라고 하는'이라는 뜻이다.

電車でもバスでも時間はおんなじって気がするよね。

전철도 버스도 시간은 마찬가지라는 생각이 들어.

5. またにしたほうがいいな　다음에 하는 게 좋겠어
「また」는 '또, 재차'라는 뜻인데 여기서는 「次回」(다음 번)의 의미이다. 「〜ほうがいい」는 '~하는 게 좋다'라는 뜻으로, 조언하거나 충고할 때 쓴다.

4ばん　Track 24

夫が買い物から帰ってきました。買い物に時間がかかったのはどうしてですか。

夫：ただ今。
妻：お帰り。ずいぶん遅かったね。スーパー、込んでたの？
夫：ううん、すいてて、がらがらだった。でも、あのスーパー、意外に不便なんだな。
妻：そう。大きくてね。商品がそろっているのはいいんだけど。
夫：ほしいもの、見つけるのに、上に行ったり、下に降りたりして、時間がかかったよ。
妻：で、頼んだもの、買ってきてくれた？
夫：うん。でも、全部そろったら、急にトイレに行きたくなってさ。

妻：やだ、野菜も肉も持ったままトイレに入ったの？
夫：まさか。トイレの前にかごをおいて、トイレに入ろうとしたら。
妻：男性用のトイレは1、3、5の奇数階だよ。まちがえて入っちゃったの？
夫：そうじゃなくて、1階は故障してるし、3階は込んでるし、5階は掃除中。しかたがないから、一度外に出て……。
妻：駅のトイレまで行ったの？
夫：うん、近いからと思ってね。で、スーパーに戻ったら、元の場所にかごがなくなっててさ。全部やりなおし。
妻：スーパーの人が片付けちゃったのかもね。

買い物に時間がかかったのはどうしてですか。

意外 의외　　不便 불편함　　商品 상품　　男性用 남성용
奇数階 홀수층　　故障 고장　　掃除中 청소 중
戻る 돌아오다, 돌아가다　　片付ける 정리하다

남편이 장보기에서 돌아왔습니다. 장 보는 데 시간이 걸린 것은 왜입니까?

남편 : 다녀왔어.
아내 : 어서 와요. 꽤 늦었네요. 슈퍼, 붐볐어요?
남편 : 아니, 텅텅 비어 있었어. 근데 그 슈퍼, 의외로 불편하더라고.
아내 : 맞아요. 커서 그래요. 상품이 구비돼 있는 건 좋지만.
남편 : 필요한 거 찾느라 위로 갔다 아래로 내려갔다 해서, 시간이 걸렸어.
아내 : 그래서 부탁한 거, 사 왔어요?
남편 : 응. 하지만 전부 챙겼더니 갑자기 화장실에 가고 싶어져서 말야.
아내 : 어머, 채소도 고기도 손에 든 채로 화장실에 들어갔어요?
남편 : 설마. 화장실 앞에 바구니를 놓고 화장실에 들어가려고 했더니.
아내 : 남성용 화장실은 1, 3, 5 홀수층이에요. 잘못 알고 들어갔어요?

장보기에 시간이 걸린 것은 왜입니까?

1 장보기를 다시 해서

2 슈퍼가 붐벼서

3 원하는 물건이 없어서

4 슈퍼가 커서

↳ 장보기에서 돌아온 남편과 아내가 대화를 나누고 있다. 대화를
끝까지 들어야 정답을 알 수 있는 문제이다. 장보기에 시간이
걸린 이유를 묻고 있으므로 보기와 관련 있는 남자의 대사에 신
경 써서 듣도록 한다. 남자 말에 따르면 슈퍼마켓은 사람이 없
어서 한적했으므로 2번은 정답이 아니다. 4번은 불편한 이유
이지 시간이 걸린 이유는 아니다. 다음 대사에서 필요한 물건
을 찾느라 오르락내리락 해서 시간이 걸렸다고 했으므로 3번도
정답이 아니다. 남자의 마지막 대사에 따라 정답은 1번이다.

표현 해설

1. **がらがら**だった　텅텅 비어 있었어
　이것은 「とてもすいていた」(아주 텅 비어 있었다)와
같은 뜻으로, 「がらがら」는 텅 빈 모습을 나타낸다.

2. **商品がそろっているのはいいんだけど**
　상품이 구비되어 있는 건 좋지만
　「そろう」는 '갖추어지다, 구비되다'라는 뜻이고, 「~け
ど」는 「~けれど」의 축약 표현이다.

3. **まさか**　설마
　「まさか~ない」(설마 ~지 않다)의 형태로 강한 부정의
뉘앙스를 나타낸다.

　まさか、あなたが犯人じゃないでしょうね。
　설마, 당신이 범인은 아니겠지요?

5ばん Track 25

男の人と女の人が市民センターで話しています。
男の人がヨガを習わないのはどうしてですか。

男：へー、市民センターっていろんなことやっ
　てんだね。

女：そうよ。書道、英会話、パソコン教室と
　かね。実は、私も先月からここのヨガ教
　室に通ってるんだ。

男：ふーん。知らなかったよ。

女：ヨガって体にいいし、ストレスも解消で
　きて気持ちいいよ。一緒にやらない？前
　から何か習いたいって言ってたから、い
　い機会じゃない？

男：うん……。けど、俺、体硬いし、運動苦
　手だから。

女：激しいスポーツってわけじゃないんだ
　し、やれば？誰だってできるよ。本当に
　簡単なんだってば。

男：そうなんだ。けど、そのクラス、もうずっと
　前から始まっちゃってるんだろ。突然入って
　も、ついていけないよ。

女：大丈夫。このクラスは初心者向きだから、い
　つ入ってもいいような内容になってるの。

男：ふーん、まぁ、それならいいか。だけど、
　ヨガやってるのって、女の人ばっかりじゃ
　ないの。

女：そんなことないよ。先生は男の人だし、
　人数も半々ぐらい。

男：ふーん、意外だな。でも、やっぱ、やめ
　とく。だって、ヨガで疲れた後に着替え
　て帰るのは、面倒だからね。

男の人がヨガを習わないのはどうしてですか。

ヨガ 요가	**途中** 도중	**面倒** 귀찮음	**書道** 서예
英会話 영어회화	**ストレス** 스트레스	**解消** 해소	
機会 기회	**硬い** 딱딱하다	**苦手** 서툼	
激しい 격렬하다	**突然** 갑자기		

남자와 여자가 시민센터에서 이야기하고 있습니다. 남자가
요가를 배우지 않는 것은 왜입니까?

남 : 와~. 시민센터가 여러 가지 일을 하고 있구나.

여 : 맞아. 서예, 영어회화, 컴퓨터 강습이라든가. 실은 나도
지난달부터 여기 요가 강습에 다니고 있어.

남 : 흠~. 몰랐어.

여 : 요가는 몸에 좋고 스트레스도 해소할 수 있어서 기분
이 좋아. 같이 안 할래? 전부터 뭔가 배우고 싶다고 했
으니까 좋은 기회잖아?

남 : 응……. 하지만 난 몸이 뻣뻣하고 운동도 서투니까.

여 : 격렬한 스포츠일 리가 없으니 해 보는 게 어때? 누구나
할 수 있어. 정말로 간단하다니까.

남 : 그렇군. 하지만 그 수업, 이미 훨씬 전부터 시작된 거잖
아? 갑자기 들어가도 따라가지 못해.

여 : 괜찮아. 이 수업은 초보자 대상이니까, 언제 들어가도
괜찮은 내용으로 되어 있어.

남 : 음~, 뭐, 그렇다면 괜찮겠지? 하지만 요가 하고 있는
건 여자뿐이잖아.

여 : 그렇지 않아. 선생님은 남자고, 인원수도 반반 정도야.

남 : 음~, 의외네. 하지만 역시 그만둘래. 왜냐하면 요가로
지친 후에 옷 갈아입고 돌아가는 건 귀찮으니까.

남자가 요가를 배우지 않는 것은 왜입니까?

1 도중에 들어가서 배우는 것이 싫어서

2 요가를 하면 몸이 아파질 것 같아서

3 옷을 벗거나 입거나 하는 것이 힘들어서

4 요가를 하고 있는 남자 수가 적어서

↳ 남자와 여자가 시민센터에서 이야기하고 있다. 남자가 요가를
배우지 않는 이유를 묻고 있다. 보기의 내용을 중심으로 남자
의 대사를 잘 듣도록 한다. 정답은 남자의 마지막 대사를 들어
야 알 수 있다. 정답은 3번이다.

표현 해설

1. **本当に簡単なんだってば**　정말로 간단하다니까
「〜だってば」는 주장하거나 설득할 때 강조하는 표현
이다.

A : UFOを見たって？　またー。うそ言ってる。
UFO를 봤다고? 또. 거짓말하고 있네.

B : 本当だってば。
정말이라니까.

2. **それならいいか**　그렇다면 괜찮겠지?
이것은 「そうだったら、問題はない」라고 해도 된다.

3. **やっぱ、やめとく**　역시 그만둘래
이것은 「やっぱり（やはり）　やめておく」의 축약 표
현이다. 「やっぱ」는 「やはり」「やっぱり」의 축약형으
로 '역시'라는 뜻이고, 「やめとく」는 「やめておく」(그
만두다)의 축약 표현이다.

A : 飲みに行かない。
한잔하러 안 갈래?

B : うん、いいね。あ、でも、やっぱやめとく。
明日、朝早いんだ。
응, 좋아. 아, 하지만, 역시 그만둘래. 내일 아침 일찍 서둘러
야 해.

4. **だって　그게**
「だって」는 상대방 말에 반대해서 자신의 상태나 이유
를 설명할 때 쓴다.

A : もうタバコは吸わないって約束したでしょう。
이제 담배는 피우지 않겠다고 약속했잖아요.

B : だって、友達が吸えって1本くれたから……。
그게, 친구가 피우라고 한 개비 줘서…….

6ばん　Track 26

男の人が銀行の窓口で銀行員と話していま
す。男の人が今、口座を作ることができない
のはどうしてですか。

男 : 口座を作りたいんですが、予約しなけれ
ばいけなかったかな。

女 : いいえ、それは必要ありませんが……、
外国の方の場合は……外国人登録証明書
はお持ちですか。

男 : はい、持ってきました。

女 : 失礼ですが、日本にはどのくらい滞在し
ていらっしゃいますか。

男 : ええっと……、3か月です。

女 : あー、申し訳ございませんが、6か月以
上日本にお住まいの方でなければ口座は
お作りになれないんですが。

男 : えー、本当に？　これから2年以上いる予
定なんですが。

女 ： では、6か月経ってから、またいらっし
　　ゃっていただけますでしょうか。

男 ： うーん、そうですか。

女 ： それから、その際には印鑑もご用意くださ
　　いませ。

男 ： えっ、はんこですか。それは、持っていま
　　せんが。

女 ： では、カタカナでもかまいませんので、
　　お名前が分かる印鑑をお作りになってい
　　ただけますでしょうか。

男の人が今、口座を作ることができないのは
どうしてですか。

銀行員 은행원　　**外国人登録** 외국인등록
証明書 증명서　　**印鑑** 인감　　**口座** 계좌
滞在する 체재하다

남자가 은행 창구에서 은행원과 이야기하고 있습니다. 남
자가 지금 계좌를 만들지 못하는 것은 왜입니까?

남 : 계좌를 만들고 싶은데요, 예약해야 했나요?

여 : 아니요, 그럴 필요는 없는데요……, 외국분인 경우는 ……
　　외국인등록 증명서는 가져 오셨어요?

남 : 네, 가져왔습니다.

여 : 실례지만, 일본에는 얼마나 체재하고 계십니까?

남 : 그러니까 3개월입니다.

여 : 아, 죄송하지만, 6개월 이상 일본에 거주하시는 분이
　　아니면 계좌는 만드실 수 없습니다만.

남 : 네, 정말요? 앞으로 2년 이상 있을 예정인데요.

여 : 그럼 6개월 지나고 나서 다시 와 주시겠어요?

남 : 음, 그렇습니까?

여 : 그리고 그때에는 인감도 준비해 주세요.

남 : 네, 도장요? 그건 없는데요.

여 : 그럼 가타카나로도 상관없으니 성함을 알 수 있는 인
　　감을 만들어 주시겠어요?

남자가 지금 계좌를 만들지 못하는 것은 왜입니까?

1　예약을 하지 않았기 때문에

2　외국인등록을 하지 않았기 때문에

3　일본에 6개월 이상 살고 있지 않기 때문에

4　인감을 가지고 있지 않기 때문에

↳ 보기의 내용을 중심으로 대화를 잘 듣도록 한다. 외국인의 경
우, 은행 계좌를 만들 수 있는 조건은 일본에 6개월 이상 거주
해야 한다. 그러나 남자는 3개월을 거주했으므로 계좌를 만들
수 있는 조건이 되지 않는다. 정답은 3번이다.

표현 해설

1. お持ちですか　가지고 계십니까?
　이것은 「持っていますか」의 존경 표현이다.

2. 日本にお住まいの方　일본에 거주하시는 분
　「お住まいの方」는 「住んでいる人」의 정중한 표현이
　다. 참고로 상대방의 거주지를 물을 때는 「どちらにお
　住まいですか」(어디 사세요?)라고 한다.

7ばん　Track 27

男子学生と女子学生が学生寮で話していま
す。男子学生が本を借りることができなかっ
たのはどうしてですか。

女 ： どうしたの。困った顔して。

男 ： レポートを書くのに必要な本、借りられな
　　かったんだ。

女 ： ええっ、そうなんだ。でも、今日は火曜
　　日だから、図書館が休館ってわけじゃな
　　いし。図書館利用カード持ってなかった
　　からとか?

男 ： いや、持ってなくても、住所が確認できる
　　ものがあればいいんだけど。

女 ： じゃ、なんで?

男 ： それがさ、貸出中らしくて。

女 ： ああ、そういうこと。

男 ： こうなるんだったら、先週にでもオンラ
　　インで本の状況をちゃんと確認しておけ
　　ばよかったよ。

女 ： そうだね。そしたら、本の予約もできたの
　　にね。

男子学生が本を借りることができなかったの
はどうしてですか。

オンライン 온라인　　　**予約** 예약　　　**確認** 확인
貸出中 대출 중　　　**状況** 상황

남학생과 여학생이 학생 기숙사에서 이야기하고 있습니다.
남학생이 책을 빌리지 못한 것은 왜입니까?

여 : 왜 그래? 난감한 얼굴을 하고서.

남 : 리포트를 쓰는 데 필요한 책, 못 빌렸어.

여 : 저런, 그렇구나. 하지만 오늘은 화요일이니까 도서관이
　　휴관일 리는 없고. 도서관 이용 카드 안 가져갔다든가?

남 : 아니, 안 가져가도 주소를 확인할 수 있는 게 있으면
　　되지만.

여 : 그럼 왜?

남 : 그게 말이야, 대출 중인 것 같아.

여 : 아, 그런 거구나.

남 : 이렇게 될 줄 알았으면 지난주에라도 온라인으로 책
　　상황을 제대로 확인해 두면 좋았을 텐데.

여 : 그래. 그랬으면 책 예약도 할 수 있었을 텐데.

남학생이 책을 빌리지 못한 것은 왜입니까?

1　다른 사람이 온라인으로 예약을 했기 때문에

2　도서관 이용 카드를 안 가지고 있었기 때문에

3　**누군가가 빌려 갔기 때문에**

4　화요일이기 때문에

↳ '대출 중인것 같다'는 남자의 대사로 정답이 3번임을 알 수 있다.

표현 해설

1. 図書館利用カード持ってなかった**からとか**?
　도서관 이용 카드 안 가져갔다든가?
　「~からとか」는 이유를 추측해서 상대방에게 물을 때
　쓰는 표현이다. 즉 이 문장은 「図書館利用カードを持
　っていなかったからですか。(だから、借りられ
　なかったのですか。)」(도서관 이용 카드를 안 가져가
　서인가요? 그래서 빌리지 못한 거예요?)라는 뜻이다.

2. **それがさ**　그게 말이야
　앞에 나온 이야기 등에 대해서 예상이나 기대와는 반대
　의 내용을 설명할 때 쓴다.

　　A : デート、楽しかった?
　　　　데이트 즐거웠어?

　　B : **それがさ**、彼女、来なかったんだよ。
　　　　그게 말이지, 그녀 안 왔어.

3. ああ、そういうこと　아, 그런 거구나
　「ああ、そうですか。(わかりました。)」(아, 그래요?
　알겠습니다.)와 같은 뜻이다.

4. **確認し**ておけばよかったよ　확인해 두면 좋았을 텐데
　「~ておけばよかった」(~해 두었으면 좋았다)는 하지
　않은 것을 후회할 때 쓰는 표현으로, 이 문장은 '확인해
　두었다면 그렇게는 되지 않았을 텐데' '확인해 두지 않
　았기 때문에 책을 못 빌렸다'는 뜻이다.

　試験の結果、悪かったんだ。あーあ、もっと勉強し
　ておけばよかった。
　시험 결과 나빴어. 아~, 좀 더 공부했더라면 좋았을 것을.

8ばん　Track 28

女の人と男の人が話しています。2人はどこで待
ち合わせますか。

女 : わあー、ここが頂上かと思ったのに……。
　　私、もうだめ。登れない。下りよう。

男 : せっかくここまで来たんだから、俺、頂上
　　まで行きたいよ。

女 : 私、まじで無理。

男 : じゃ、**下のロープウエーの乗り場で待ち合わ
　　せようよ**。君はこの道を下りればいいよ。
　　僕は頂上から、近道下りて、すぐ追いつく
　　よ。あそこから、バスに乗って帰ろう。

女 : 温泉に入って帰ろうよ。温泉前にもバス停
　　あるし。

男 : あそこからは……。ロープウエーの乗り場
　　から出るバスだから、そこでもう**満員で、
　　通過しちゃうこともあるしな**。

女 : じゃ、急いで温泉に入って、ロープウエー
　　の乗り場まで戻ったら?

男 : 温泉入って、戻るって、ちょっときつい
　　よ。その代わり、バス降りてから、飯、おご
　　るよ。

女 : 本当? **じゃ、それでもいいけど**。

2人はどこで待ち合わせますか。

頂上 정상　　待ち合わせ 만나기로 함
追いつく 따라잡다　　満員 만원　　通過 통과

여자와 남자가 이야기하고 있습니다. 두 사람은 어디에서
만납니까?

여 : 이런~, 여기가 정상인 줄 알았는데……. 난 더는 안 되
　　겠어. 못 올라가겠어. 내려가자.

남 : 애써 여기까지 왔으니까 난 정상까지 가고 싶어.

여 : 난 정말 무리야.

남 : 그럼, 아래 로프웨이 타는 곳에서 만나. 너는 이 길을
　　내려가면 돼. 나는 정상에서 지름길로 내려가서 바로
　　따라잡을게. 거기에서 버스를 타고 가자.

여 : 온천에 들어갔다 가자. 온천 앞에도 버스 정류장 있고.

남 : 거기에서는……. 로프웨이 타는 곳에서 출발하는 버스
　　이기 때문에 거기서 이미 만원이라 통과해 버리는 경
　　우도 있고 말이야.

여 : 그럼, 서둘러 온천에 들어갔다가 로프웨이 타는 곳까
　　지 되돌아가면?

남 : 온천 갔다가 되돌아가는 건 좀 힘들어. 그 대신에 버스
　　내리고 나서 밥 살게.

여 : 정말? 그럼, 그래도 좋지만.

두 사람은 어디에서 만납니까?

　1　산 정상에 있는 로프웨이 역
　2　온천 앞 버스 정류장
　3　산 밑에 있는 로프웨이 정류장
　4　산 정상에 있는 역의 버스 정류장

↳　남자가 먼저 제안한 곳은 3번이다. 그러자 여자는 2번을 제안
　　했고, 남자가 버스가 서지 않고 통과할 수 있다고 하자 여자도
　　3번 장소를 제안한다. 체크포인트 부분을 들었다면 여자가 남
　　자의 제안을 따를 것임을 알 수 있다.

표현 해설

1.　**まじで**、**無理**　정말 무리야
　　「まじで」는 '정말, 진짜'라는 뜻으로 「本当に」와 같은
　　표현이다.

2.　**ちょっときついよ**　좀 힘들어
　　「きつい」는 여기서는 '고되다, 심하다'라는 뜻으로, 이 문
　　장은 「ちょっと、無理だ」와 같은 의미이다.

3.　**飯**、**おごるよ**　밥 살게
　　「おごる」는 '한턱 내다'라는 뜻이다.

9ばん　Track 29

女の人がDVD・CDレンタルショップで店員と話
しています。女の人が借りたいDVDを借りるこ
とができないのはどうしてですか。

女：すみません。ミス・チャイルドの新曲のCD
　　を借りたいんですが、棚にないんですよ。

男：あっ……　先週発売されたばかりのです
　　か。あれはまだ入荷していないんですよ。

女：えー、そうなの……。

男：ええ。もうしばらくお待ちいただかない
　　と……。

女：それじゃ、「続・四丁目の朝日」のＤＶＤ、
　　あそこにあるやつは全部「貸出中」の札が
　　付いているんだけど、他にはないんです
　　か。

男：うーん。あそこに並べてあるだけなんで
　　すよ。「四丁目の朝日」では、いかがで
　　しょうかね。

女：ああー、あれはもう見ちゃったのよね……。
　　じゃー、またにします。

男：そうですかー、申し訳ございません。

女の人が借りたいDVDを借りることができない
のはどうしてですか。

レンタルショップ 대여점　　棚 선반
入荷する 입하하다　　貸出中 대출 중　　札 표, 푯말

여자가 DVD・CD대여점에서 점원과 이야기하고 있습니
다. 여자가 빌리고 싶은 DVD를 못 빌린 것은 왜입니까?

여 : 저기요. 미스・차일드의 신곡CD를 빌리고 싶은데요,
　　진열대에 없어요.

남 : 아……, 지난주에 갓 발매된 것 말인가요? 그건 아직
　　입하되지 않았습니다.

여 : 아, 그래요…….

남 : 네. 조금 더 기다려 주셔야……

여 : 그럼 '속·4가의 아침 해' DVD, 저기에 있는 건 전부
　　'대여 중' 푯말이 붙어 있는데, 다른 건 없나요?

남 : 네~. 저기에 진열된 것뿐입니다. '4가의 아침 해'는 어
　　떠세요?

여 : 아, 그건 이미 본 거라서요. 그럼 다시 올게요.

남 : 그러세요? 죄송합니다.

여자가 빌리고 싶은 DVD를 못 빌린 것은 왜입니까?

1　발매된 지 얼마 안 되어서
2　아직 입하되지 않아서
3　이미 본 것이라서
4　전부 대여되어서

↳ 체크포인트 부분을 들었다면 정답이 4번임을 알 수 있다. 2는
　빌리고 싶었던 CD를 못 빌린 이유이고, 3은 여자가 DVD를
　빌리지 않은 이유이다.

표현 해설

1. あれはまだ入荷していない**んです**よ
　그건 아직 입하되지 않았어요
　「～んです」는 '～인 것입니다'라는 뜻으로 설명하는 말
　투인데, 이때의 「～んです」에는 '미안하다'라는 뉘앙스
　가 들어 있다.

2. もうしばらくお待ちいただか**ないと**
　조금 더 기다려 주셔야
　「～ないと」는 「～なければならない」의 축약형으로,
　이 문장은 「もうしばらくお待ちいただかなければ
　なりません」과 같은 의미이다.

　　もっと、勉強しないと。
　　좀 더 공부하지 않으면 안 됩니다.

3. あそこにある**やつ**　저기에 있는 것
　「やつ」는 사람이나 사물을 막되게 이르거나, 아랫사람
　을 친근하게 일컫는 말로 여기서는 사물을 가리킨다.
　「あそこにある物」와 같은 뜻이다.

4. 全部「貸出中」の札が付いているんだけど
　전부 '대여 중' 푯말이 붙어 있는데
　일본에서는 '대여 중'인 CD나 DVD 케이스에는 그것을
　표시하기 위해 「貸出中」라는 표시를 붙인 경우가 많다.

5. あそこに並べてあるだけなんですよ
　저기에 진열된 것뿐이에요
　이것은 「あそこに並べてあるものだけで、他にはない
　んです。すみません」(저기에 진열되어 있는 것뿐이
　고, 다른 것은 없습니다. 죄송합니다)이라는 뜻이다.

개요 이해 실전 연습 p.389 스크립트와 문제 해설

1	2	3	4	5
④	②	④	③	②
6	**7**	**8**	**9**	**10**
③	③	④	③	③

문제3에서는 문제 용지에 아무것도 인쇄되어 있지 않습니다. 이 문제는 전체적으로 어떤 내용인지를 묻는 문제입니다. 이야기에 앞서 질문은 없습니다. 먼저 이야기를 들으세요. 그리고 나서 질문과 보기를 듣고 1～4 중에서 가장 알맞은 것을 하나 고르세요.

1ばん　Track 30

ホテルの人と客が受付で話しています。

男 : あの、長期滞在のお客様にお願いがござ
　　いまして。

女 : はあ。

男 : 実は、私どもでは、ベッドメーキングや
　　お部屋の掃除を月曜日と木曜日の週2回に
　　させていただいております。

女 : え、2回ですか。じゃ、タオルとかシーツ
　　とかは?

男 : 月木以外は「掃除」とか「タオル・シーツ」の
　　札を表のドアノブにかけておいてください。
　　札のある時には、必ず伺います。

女 : はい、わかりました。

男 : あっ、それから申し訳ございませんが、
　　札は朝11時までにお願いできますか。そ
　　れ以降ですと、掃除、交換などが翌日に
　　なってしまう場合もございます。11時以
　　降はフロントに直接お電話をいただけま
　　すか。

女 : そうですか、わかりました。

このホテルの客はどうしなければなりませんか。

1 月曜日に掃除が必要な場合は、掃除の札を
  ドアノブにかけておく。
2 月曜日、木曜日以外は、必ず札をドアの外
  にかけておく。
3 水曜日に掃除が必要な場合は、11時までに
  フロントに電話をする。
4 木曜日に掃除が必要な場合は、何もしなく
  てもいい。

長期滞在 장기 체재　　**掃除** 청소　　**札** 표, 푯말
以降 이후　　**交換** 교환　　**翌日** 익일, 다음 날
直接 직접

호텔 직원과 손님이 프런트에서 이야기하고 있습니다.

남 : 저, 장기 체재 고객님께 부탁이 있습니다만.
여 : 네.
남 : 사실 저희 호텔에서는 침대 정리와 방 청소를 월요일
　　과 목요일 주 2회로 하고 있습니다.
여 : 아, 두 번입니까? 그럼 수건이나 시트 같은 건?
남 : 월·목 이외는 '청소'라든가 '타월·시트' 푯말을 문 밖
　　손잡이에 걸어 두세요. 푯말이 있을 때에는 반드시 방
　　문합니다.
여 : 네, 알겠습니다.
남 : 아, 그리고 죄송하지만, 푯말은 아침 11시까지 부탁드
　　려도 될까요? 그 이후가 되면 청소, 교환 등이 다음 날
　　이 되는 경우도 있습니다. 11시 이후에는 프런트에 직
　　접 전화를 주시겠어요?
여 : 그래요? 알겠습니다.

이 호텔 손님은 어떻게 해야 합니까?
　1　월요일에 청소가 필요한 경우에는 청소 푯말을 손잡
　　　이에 걸어 둔다.
　2　월요일, 목요일 이외는 반드시 푯말을 문 밖에 걸어
　　　둔다.
　3　수요일에 청소가 필요한 경우는 11시까지는 프론트
　　　에 전화를 한다.
　4　목요일에 청소가 필요한 경우는 아무것도 하지 않아
　　　도 된다.

　↳　이 호텔의 객실 청소는 주 2회로, 월요일과 목요일에 실시된
　　　다. 따라서 월요일과 목요일에는 손님은 아무것도 하지 않아도
　　　되고, 다른 요일에는 '오전 11시까지', '필요한 경우에만', '문
　　　밖 손잡이'에 '원하는 푯말'을 걸어두면 된다. 정답은 4번이다.

1. 週2回にさせていただいております
　　주 2회로 하고 있습니다
　　이것은 「週2回にしています」(주 2회로 하고 있습니
　　다)를 사역형을 써서 정중하게 표현한 것이다.

2ばん Track 31

女の人と男の人が故障したカメラのことで話
しています。

女：あった、あった。保証書、やっと見つかっ
　　た。
男：ああーよかった。それがなきゃ、修理代
　　高いからね。
女：悪いけど、今日中にカメラ屋に持ってって、
　　修理頼んでちょうだいね。
男：えっ、ぼくが？
女：そうよ。「機械は男の仕事」って昔から決
　　まってんの。修理代は出すからね。
男：だって、カメラを持ってくだけだよ。こ
　　のカメラ軽いし、誰でも持って行けるぞ。
女：お願い。
男：カメラ屋遠いからなあ。
女：それとも、あなたが直してくれるの？
男：えっ？ ちぇっ。わかったよ。しょうがな
　　いな。

男の人はこれからどうしますか。

1　カメラの修理を頼みに行き、修理代も自分
　　で払う
2　カメラ屋までカメラの修理を頼みに行く
3　カメラ屋が遠いので、自分で修理する
4　カメラを自分で修理してお金をもらう

故障 고장　　**保証書** 보증서　　**修理代** 수리비
今日中 오늘 중　　**直す** 고치다

여자와 남자가 고장난 카메라 건으로 이야기하고 있습니다.

여 : 있다, 있어. 보증서, 겨우 찾았어.
남 : 아, 다행이다. 그게 없으면 수리비 비싸니까.
여 : 미안한데 오늘 중으로 카메라 가게에 가져가서 수리
　　좀 부탁해 줘.
남 : 뭐, 내가?
여 : 그래. '기계는 남자의 일'이라고 옛날부터 정해져 있잖
　　아. 수리비는 낼 테니까.
남 : 그게 카메라를 가져가는 것뿐이야. 이 카메라 가벼워
　　서 누구라도 가져갈 수 있어.
여 : 부탁해.
남 : 카메라 가게 멀어서.
여 : 아니면 당신이 고쳐 줄래?
남 : 뭐야? 쳇. 알았어. 어쩔 수 없지.

남자는 지금부터 어떻게 합니까?

1　카메라 수리를 부탁하러 가서 수리비도 자신이 낸다.
2　카메라 가게까지 카메라 수리를 부탁하러 간다.
3　카메라 가게가 멀어서 직접 수리한다.
4　카메라를 자신이 수리하고 돈을 받는다.

↳ 대화를 먼저 듣는 문제이므로 잘 듣고 전체 내용을 파악하도록
　한다. 여자가 남자에게 고장 난 카메라를 수리점에 맡겨 달라
　고 부탁하는 상황이다. 남자는 이런저런 이유로 부탁을 마다하
　지만, 결국 여자의 부탁대로 카메라 수리를 맡기러 간다. 대화
　중간에 수리비는 여자가 내겠다고 했으므로 정답은 2번이다.

표현 해설

1. それが**なきゃ**　그게 없으면
　「〜なきゃ」는 「〜なければ」의 축약형이다. 따라서 이
　것은 「それがなければ」와 같은 뜻이다.
　お金がなきゃ、買えないよ。
　돈이 없으면 살 수 없어.

2. カメラ屋に**持ってって**、카메라 가게에 가져가서
　「持ってって」는 「持って行って」의 축약 표현이다.
　ごめん、今日はお弁当作れなかったから、途中
　で何か買ってってね。
　미안. 오늘은 도시락 못 만들었으니까 도중에 뭔가 사 가렴.

3. 修理頼んで**ちょうだい**ね　수리 좀 부탁해 줘
　「ちょうだい」는 친한 사람에게 부탁할 때 쓰는 회화
　체 표현으로 「ください」와 같은 뜻이다. 주로 여자들
　이 쓴다.

名前を書いて**ちょうだい**。
이름을 적어 주세요.

4. 「**男の仕事**」**って**昔から決まっ**てんの**
　'남자의 일'이라고 옛날부터 정해져 있다
　「〜って」는 인용의 뜻을 나타내는 「〜と」(〜라고)와 같
　은 표현이고, 「〜てんの」는 「〜ているの」의 축약형이다.
　ちょっと待って。今、ご飯食べ**てんの**。
　잠깐만 기다려. 지금 밥 먹고 있어.

5. 持っ**てく**だけだよ　가져가는 것 뿐이야
　이것은 허물없이 쓰는 회화체 표현으로, 「〜てく」는
　「〜ていく」의 축약 표현이다.

6. **ちえっ**。わかったよ。**しょうがない**な
　쳇. 알았어. 어쩔 수 없지
　「ちえっ」은 감탄사로 남자들이 싫다고 생각했을 때 쓰
　고, 「しょうがない」는 「仕方がない」와 같은 뜻으로
　'도리가 없다, 방법이 없다'라는 뜻이다. 이 문장을 공손
　하게 쓸 때는 「ああ、わかりました。仕方がないで
　すね」라고 한다.

3ばん　Track 32

女の人がスーパーマーケットで店員と話して
います。

女 : ちょっと、すみません。このチラシに
　　「牛肉、大安売り」って書いてあるんだけ
　　ど……、どこかしら?
男 : あっ、申し訳ありません。**そちらは、月
　　曜日と火曜日の特売品でして、本日は**こ
　　ちらの「土曜日のセール品」のところを
　　ご覧ください。
女 : えー、そうなの……。
男 : それから、特売の**お時間は、午前10時か
　　ら12時までとなっておりますので、**よろ
　　しくお願いいたします。
女 : あー、そう……。せっかく来たのに……。
男 : どうも、すみません。でも、本日はとり肉
　　がだいぶお安くなっておりますよ。よろ
　　しければ、あちらのコーナーにございま
　　すので……。

女の人はいつ来れば特売品の牛肉が買えますか。

1 月曜日の1時から2時の間
2 火曜日の12時から2時の間
3 明日の10時から12時の間
4 あさっての10時から12時の間

チラシ 광고 전단지　　**大安売り** 할인판매
特売品 특매품　　**セール品** 세일 상품　　**とり肉** 닭고기

여자가 슈퍼에서 점원과 이야기하고 있습니다.

여 : 잠깐, 실례합니다. 이 전단지에 '쇠고기, 파격 할인판매'라고 적혀 있는데……, 어디예요?

남 : 앗, 죄송합니다. 그건 월요일과 화요일 특매품이고, 오늘은 이쪽의 '토요일 세일 상품' 부분을 봐 주세요.

여 : 아, 그런 거예요……?

남 : 그리고 특별 할인판매 시간은 오전 10시부터 12시까지이니 잘 부탁드립니다.

여 : 아, 그렇군요……. 일부러 왔는데…….

남 : 정말 죄송합니다. 하지만 오늘은 닭고기가 상당히 저렴합니다. 괜찮으시면 저쪽 코너에 있으니…….

여 : 네, 그럼 볼게요. 고맙습니다.

여자는 언제 오면 특매품인 쇠고기를 살 수 있습니까?
1 월요일 1시부터 2시 사이
2 화요일 12시부터 2시 사이
3 내일 10시부터 12시 사이
4 모레 10시부터 12시 사이

↳ 남자의 첫 번째 대사를 통해 쇠고기를 특가에 살 수 있는 날은 '월요일과 화요일'이며, '오늘'은 '토요일'임을 알 수 있다. 그리고 남자의 다음 대사를 통해 특가 행사가 열리는 시간이 '오전 10시~12시까지'임을 알 수 있다. 따라서 여자는 이틀 후인 월요일이나 화요일 10시부터 12시 사이에 슈퍼에 가야 쇠고기를 싸게 살 수 있다. 정답은 4번이다.

표현 해설

1. このチラシに「牛肉、大安売り」って書いてあるんだけど……
   이 전단지에 '쇠고기, 파격 할인판매'라고 적혀 있는데요……

「〜って」는「〜と」(~라고)의 회화체 표현이다.

   ここに、危険って書いてあるよ。
   여기에 '위험'이라고 적혀 있어요.

   雑誌に、あの店が一番おいしいって書いてあったよ。
   잡지에 저 가게가 가장 맛있다고 쓰여 있었어.

2. **せっかく来たのに** 일부러 왔는데
   「せっかく〜のに」는 '목적을 달성하지 못해 유감이다'라는 심정을 나타낸다.

   せっかく旅行の準備をしたのに、風邪を引いて行けなかったんだ。
   애써 여행 준비를 했는데 감기에 걸려서 못 갔어.

3. よろしければ 괜찮으시면
   이것은 「よろしい」(좋다, 괜찮다)의 가정형으로, 「よい」(좋다, 괜찮다)를 써서 「もし、よければ」라고 해도 된다.

4ばん　Track 33

学生が大学の先生と話しています。

学生：先生、今度の課題のことでご相談があるんですが、今よろしいでしょうか。
先生：今すぐってのはちょっとね。セミナーがあるんだよ。
学生：それでは、それが終わってからはいかがでしょうか。
先生：うーん、午後からは会議が2つ入っててね。明日なら、ゆっくり話せるんだけどなぁ。でも、早い方がいいんだよね?
学生：はい。できれば、その方がいいのですが、先生のご都合に合わせます。
先生：そうだなー。会議ちょっと長引くと思うけど、待たせちゃってもいいなら……。
学生：いえ、それはかまいませんが。
先生：そう。じゃ、そうしようか。

学生はいつ先生に会いますか。

1 セミナーの後
2 明日の午後
3 会議の後
4 明日の朝早く

課題 과제　　**都合** 사정, 상황
長引く 오래 걸리다, 지연되다

학생이 교수와 이야기하고 있습니다.

학생 : 교수님, 이번 과제 일로 의논드릴 게 있는데요, 지금 괜찮으세요?

교수 : 지금 당장은 좀. 세미나가 있거든.

학생 : 그럼 그게 끝나고 나서는 어떠세요?

교수 : 음, 오후부터는 회의가 2개 있어서 말야. 내일이라면 느긋하게 이야기할 수 있는데. 하지만 빠른 게 좋겠지?

학생 : 네. 가능하면 그 편이 좋습니다만, 교수님 사정에 맞출게요.

교수 : 그렇군. 회의가 좀 길어질 것 같긴 한데, 기다려도 괜찮다면…….

학생 : 아뇨, 그건 상관없습니다만.

교수 : 그래. 그럼, 그렇게 할까?

학생은 언제 교수님을 만납니까?

1 세미나 후
2 내일 오후
3 회의 후
4 내일 아침 일찍

↳ 학생은 오늘 교수와 상담하기를 바라고 있다. 교수의 오늘 일정은 지금 바로는 '세미나'이고, 세미나가 끝난 후에는 '회의'가 잡혀 있다. 체크포인트 부분을 들었다면 학생이 교수의 회의가 끝날 때까지 기다릴 것임을 알 수 있다. 정답은 3번이다.

표현 해설

1. **今よろしいでしょうか** 지금 괜찮으세요?
   상대방과 이야기를 하고 싶을 때 허락을 구하는 표현이다. 「今、話をしてもいいですか」(지금 이야기를 해도 됩니까?)라고 해도 된다.

2. **今すぐってのはちょっとね** 지금 당장은 좀 (곤란한데)
   「ちょっと」는 사정이 여의치 않거나 거절할 때 쓴다. 뒤에는 「困る」나 「無理」와 같은 말이 온다.

A : 今晩、一緒に食事をしませんか。
오늘 저녁에 같이 식사하지 않을래요?

B : 今晩はちょっと……。
오늘 저녁은 좀…….

3. **それが終わってからはいかがでしょうか**
그게 끝나고 나서는 어떠세요?
「いかがでしょうか」는 상대방의 사정 등을 물을 때 쓰는 표현으로, 「どうですか」의 정중 표현이다.

コーヒー、もう一杯、いかがでしょうか。
커피 한 잔 더 드릴까요?

4. **待たせちゃってもいいなら** 기다려도 되면
「〜てもいいなら」는 '~라도 좋다면'이라는 뜻으로 별로 좋지 않은 조건을 말할 때 쓰는 표현이다. 「〜ちゃう」는 「〜てしまう」(~해 버리다)의 축약 표현이다.

5. **それはかまいませんが** 그건 상관없습니다만
「かまいません」은 '상관없다, 무방하다'라는 뜻으로, 「気にしない」(걱정하지 않다), 「問題がない」(문제 없다)와 같은 의미이다.

A : 残って仕事を手伝ってくれないかな?
남아서 일 좀 도와주지 않겠어?

B : ええ、かまいません。
네, 괜찮습니다.

5ばん　Track 34

男の人と女の人が野球場で話しています。

男 : 今日はジロー選手、打つかな?

女 : もちろん、打つに決まってるわよ。

男 : だろうな。でも、盗塁も見たいよな。

女 : うん、足が速いからね、彼……。うふふふ……、楽しみー。

男 : ああ、それにボールもすごい速さだしな。

女 : そうそう、あの投げ方がかっこいいのよねー。

男 : ほんとに、いい選手だよな。

女 : うーん。でも、なんてったって、あの目と渋い髭が……。

男 : えっ、なんだ、そっち?

女 : そりゃ、そうよ。

女の人はジロー選手のどんなところが一番好きだと言っていますか。

1　よく打つところ
2　ハンサムなところ
3　走るのが速いところ
4　かっこよくボールを投げるところ

野球場 야구장　　選手 선수　　盗塁 도루
かっこいい 멋지다　　渋い 수수하면서도 깊은 맛이 있다, 차분하다　　髭 수염

남자와 여자가 야구장에서 이야기하고 있습니다.

남 : 오늘은 지로 선수, 칠까?
여 : 물론, 틀림없이 칠 거야.
남 : 그렇겠지? 하지만 도루도 보고 싶어.
여 : 응, 그는 발이 빠르니까. <u>으흐흐</u>……, 기대돼~.
남 : 아, 게다가 볼도 굉장한 속도고.
여 : 그래 그래, 그 투구폼이 멋지지~.
남 : 정말로 좋은 선수야.
여 : 응. 하지만 뭐니 뭐니 해도 저 눈과 구성진 수염이…….
남 : 아, 뭐야, 그쪽이야?
여 : 그야 그렇지.

여자는 지로 선수의 어떤 점이 가장 좋다고 말하고 있습니까?
1　잘 치는 점
2　잘생긴 점
3　빨리 달리는 점
4　멋지게 볼을 던지는 점

↳ 야구장에서의 대화이다. 대화를 통해 남녀 모두 지로 선수의 팬임을 알 수 있다. 지로 선수는 타격도 잘하고, 발도 빠르고, 공을 던지는 속도도 굉장히 빠른 훌륭한 선수이다. 그러나 여자의 마지막 대사를 통해 여자가 지로 선수를 좋아하는 가장 큰 이유는 외모 때문임을 알 수 있다. 정답은 2번이다.

표현 해설

1. 打つに決まってるわよ　당연히 칠 거야
「～に決まってる」는 '~하는 게 당연하다, 반드시 ~할 것이다'라는 뜻으로, 「必ず～と思う」와 같은 표현이다.

2. 足が速いからね　발이 빠르니까
이 말은 「はい、彼は走るのが速いから」(네, 그는 달리는 게 빠르니까요)라는 뜻이다. 「足が速い」는 '걸음이 빠르다'라는 뜻이다.

3. あの投げ方がかっこいいのよね　저 투구폼이 멋지지
「かっこいい」는 '멋지다'라는 뜻으로 「素敵」와 같은 뜻이다.

4. なんてったって、あの目と渋い髭
뭐니 뭐니 해도 저 눈과 구성진 수염
「なんてったって」는 「なんといっても」와 같은 표현으로 '뭐니 뭐니 해도'라는 뜻이다.

5. えっ、なんだ、そっち?　엣, 뭐, 그쪽이야?
「えっ」은 '어?'와 같이 놀라거나 의아할 때 내는 소리이고, 「なんだ」는 '뭐야, 뭐라고'라는 뜻으로 상대방의 말에 반발하는 심정을 나타낸다. 이 문장은 '뭐야, 그게 중요한 거야?'라는 뜻이다.

6. そりゃ、そうよ　그야 그렇지
「そりゃ」는 「それは」의 축약 표현이다.

6ばん Track 35

女の人と男の人がテニスの試合について話しています。

女 : お姉さん、学生テニストーナメントに出たんでしょう。試合、どうだった?
男 : ああ、シーズン初めは調子悪くってさ。
女 : でも、なんとか勝ち進んでいったんでしょ?
男 : うん。「3位ぐらいまで行けばいいや」って感じだったんだけどね。
女 : へえ。
男 : きのうの最終セット、すごかったよ。どきどきしちゃったよ。
女 : 優勝したの?
男 : うーん、最初は取ったんだけど、次のは取られて……。
女 : 3セット目は?

男：いいとこまでいって、「もしや」って思って
　　たんだけどね。
女：そっか。でも、すごいね。

お姉さんのテニスの試合はどうでしたか。

1　調子が悪く初めに負けました
2　勝ち進んで最後は３位でした
3　最後に負けて２位でした
4　最後に勝って１位でした

試合 시합　　**勝ち進む** 진출하다　　**優勝** 우승

여자와 남자가 테니스 시합에 대해서 말하고 있습니다.

여 : 누나가 학생 테니스 토너먼트에 나갔지? 시합, 어땠어?
남 : 아, 시즌 초반에는 컨디션이 나빠서 말야.
여 : 하지만 어쨌든 이겨서 다음 단계로 올라갔잖아.
남 : 응. '3위 정도까지 가면 좋겠어' 하는 심정이었는데.
여 : 와.
남 : 어제 최종 세트, 굉장했어. 조마조마했어.
여 : 우승했어?
남 : 음~, 첫 세트는 땄는데, 다음 세트를 빼앗겨서.
여 : 3세트째는?
남 : 좋은 상황까지 가서 '혹시나' 하고 생각하고 있었는데.
여 : 그래? 하지만 대단해.

누나의 테니스 시합은 어땠습니까?
　1　컨디션이 나빠 처음에 졌습니다
　2　이기고 올라가 마지막에는 3위였습니다
　3　마지막에 져서 2위였습니다
　4　마지막에 이겨서 1위였습니다
　↳　남자의 누나는 컨디션이 나빴음에도 불구하고 계속 이겨서 결
　　　승까지 진출했음을 알 수 있다. 그러나 남자의 마지막 대사를
　　　통해 우승 문턱에서 좌절했음을 알 수 있디. 결승에서 혹시나
　　　했지만 졌으므로 정답은 3번이다.

표현 해설

1. **なんとか勝ち進んで**いったんでしょ?
　어쨌든 진출했지?
　「なんとか」는 '그럭저럭, 어떻게, 가까스로'라는 뜻으
　로 조건이나 요구 등을 어렵게나마 일단은 이루었을
　때 쓴다.

2. 「３位ぐらいまで行けばいいや」って感じだったんだ
　けどね　'3위 정도까지 가면 좋겠어' 하는 심정이었는데
　이것은 「３位ぐらいになれれば十分だと思っていた
　のだけれども」(3위 정도 되면 충분하다고 생각하고 있
　었지만)라는 뜻이다.

3. どきどきしちゃったよ　조마조마했어
　어떻게 될지 걱정하거나 기대할 때 쓰는 표현이다.

4. いい**とこ**までいって、좋은 상황까지 가서
　「とこ」는 「ところ」의 축약 표현이다. 이것은 '좋은 상
　황까지 갔기 때문에 조금만 더 하면 이길 수 있는 상황
　이었다'는 뜻이다.

5. 「**もしや**」って思ってたんだけどね
　'혹시나' 하고 생각하고 있었는데
　「もしや」는 '어쩌면, 혹시나'라는 뜻으로 확실하지는 않
　지만 그렇게 될 가능성이 있음을 나타낸다. 같은 말로
　「もしかしたら」가 있다. 이 문장은 '혹시나 이길지도
　모른다고 생각했는데 지고 말았다'는 뜻이다.

6. そっか　그래?, 그렇구나
　「そうか」의 축약 표현으로 '알았어'라는 뜻의 허물없는
　사이에서 쓰는 회화 표현이다.

7ばん　Track 36

大学の職員が話しています。
本当はもっと早く活動しなければならないん
ですが、**毎年2月や3月になると**、外国人留学
生が就職のことで相談に来ます。一般的に日
本人学生の場合は、大学3年生の初めごろにも
う活動を始めています。しかし、外国人留学
生の多くは帰国するかどうか迷っていたり、
卒業論文の作成で忙しかったりするため、卒
業する前になって、あわてる傾向があります
ね。**そうならないように、こちらでも早い時
期から呼びかけて**、注意してはいるんですが。

大学の職員が言いたいことは何ですか。

1　留学生は早く卒業論文を終わらせたほうが
　　いい

2　留学生は帰国するかどうかを迷わないほう
　　がいい
3　留学生は就職活動を早く始めたほうがいい
4　留学生はあわてないほうがいい

職員 직원　　活動 활동　　就職 취직　　相談 상담
一般的に 일반적으로　　迷う 헤매다
卒業論文 졸업 논문　　作成 작성
あわてる 당황하다, 서두르다　　傾向 경향　　時期 시기
呼びかける 부르다　　就職活動 취직 활동

대학교 직원이 말하고 있습니다.

사실은 좀 더 일찍 활동해야 하는데요, 매년 2월이나 3월이 되면 외국인 유학생이 취직 건으로 상담하러 옵니다. 일반적으로 일본인 학생의 경우는 대학 3학년 초쯤에 이미 활동을 시작하고 있습니다. 그러나 외국인 유학생의 대다수는 귀국할까 말까 망설이거나, 졸업 논문을 쓰느라 바빠서 졸업하기 전이 되어서야 서두르는 경향이 있습니다. 그렇게 되지 않도록 저희도 이른 시기부터 말해서 주의하고는 있습니다만.

대학교 직원이 말하고 싶은 것은 무엇입니까?
1　유학생은 빨리 졸업 논문을 끝내는 것이 좋다.
2　유학생은 귀국할까 말까를 망설이지 않는 것이 좋다.
3　유학생은 취업 활동을 빨리 시작하는 것이 좋다.
4　유학생은 서두르지 않는 것이 좋다.

↳ 도입부를 통해 이 사람이 말하려는 것이 외국인 유학생의 취업 활동 시작 시기임을 알 수 있다. 일본인 학생이 대학 3학년 초반부터 시작하는 데 비해 유학생의 경우는 졸업하기 전이 되어서야 취업 활동을 시작하는 것을 안타까워 하고 있다. 따라서 정답은 3번이다.

표현 해설

1.　注意してはいるんですが　주의하고는 있지만
　　이 문장은 「注意はしているけれども」라고도 한다.

8ばん Track 37

大学院生が授業の後、廊下で話しています。
女：お腹すいたね。ちょっと早いけど、お昼、
　　どう？

男：うん、そうだね。今日は天気もいいし、売店でお弁当でも買って、外で食べようか。
女：えー、これから暑くなるみたいだし、それなら、冷房が効いている研究室で食べようよ。今の時間だと、きっとだれもいないんじゃない？
男：うーん、でも先輩とか急に入ってきたら嫌だなぁ。
女：じゃ、カフェテリアにしようか。あそこなら涼しいし、この時間ならきっとすいてると思うよ。
男：けど、メニューがあまり多くないし、ちょっと高いよ。
女：じゃ、学食はどう？
男：うん、いいね。そうしようか。でも、あそこ、安くて人気があるから、いつも人が多いんだよなぁ。長い間、並んで注文するのは、あまりね……。
女：じゃ、少々高くても、すぐ食べられる所にしようよ。

2人はどこで昼ご飯を食べますか。

1　外で食べる
2　学食で食べる
3　研究室で食べる
4　カフェテリアで食べる

廊下 복도　　売店 매점　　冷房 냉방
効いている 잘 듣다, 효과가 있다　　研究室 연구실
先輩 선배　　カフェテリア 카페테리아　　学食 학생식당
注文 주문　　並ぶ 늘어서다, 줄을 서다

대학원생이 수업 후에 복도에서 이야기하고 있습니다.

여 : 배고파. 좀 이르지만 점심, 어때?
남 : 응, 그래. 오늘은 날씨도 좋으니 매점에서 도시락이라도 사서 밖에서 먹을까?
여 : 음~, 지금부터 더워질 것 같으니 그렇다면 냉방이 되는 연구실에서 먹자. 지금 시간이면 틀림없이 아무도 없지 않아?

두 사람은 어디에서 점심을 먹습니까?

1　밖에서 먹는다.
2　학생 식당에서 먹는다.
3　연구실에서 먹는다.
4　카페테리아에서 먹는다.

↘　밖은 더워질 것 같다는 이유로 여자가 반대하고, 학생 식당은
　　싸지만 사람이 많다는 이유로 남자가 반대한다. 그리고 연구실
　　은 여자는 좋아하지만 남자는 타인의 방해를 받을 수 있어서 반
　　대한다. 카페테리아는 처음에는 메뉴가 없고 비싸서 남자가 반
　　대하지만, 결국 두 사람은 '비싸도 바로 먹을 수 있는 곳'을 택
　　한다. 따라서 정답은 4번이다.

표현 해설

1. お昼、どう？ / 学食はどう？
   점심 식사 어때? / 학생 식당은 어때?
   「どう？」는 다른 사람에게 의견을 구할 때 쓰는 표현이다.

2. 外で食べようか？ / カフェテリアにしようか。
   밖에서 먹을까? / 카페테리아로 할까?
   「～(よ)うか」는 제안할 때 쓰는 표현이다. 정중형은 각
   각「食べましょうか/しましょうか」이다.

3. 研究室で食べようよ / すぐ食べられる所にしようよ
   연구실에서 먹자 / 금방 먹을 수 있는 곳으로 하자
   「～ようよ」는 권유할 때 쓰는 표현이다.

9ばん　Track 38

お客が注文したものは何ですか。

1　なすのパスタとしょう油味スープ
2　大根サラダと野菜カレー
3　大根サラダとほうれん草となすのパスタ
4　野菜カレーとデザート

注文 주문　　海藻 해조　　野菜 야채　　とり肉 닭고기
使用する 사용하다　　ほうれん草 시금치　　なす 가지
デザート 디저트

레스토랑에서 손님이 웨이터와 이야기하고 있습니다.

남 : 주문하시겠습니까?

여 : 저~, 이 믹스샐러드에는 뭐가 들어 있나요?

남 : 네, 양상추나 오이, 브로콜리 같은 채소와 새우나 해조
　　류 같은 것도 들어 있습니다.

여 : 새우가 들어 있구나……그럼 안 되겠다. 고기랑 생선
　　은 못 먹거든요.

남 : 그럼 이쪽의 무샐러드는 어떠세요?

여 : 아, 그거라면 괜찮겠네요. 그거랑……, 이 야채카레.

남 : 어, 거기에는 닭고기를 사용하고 있습니다만…….

여 : 아, 그렇구나…… 음…….

남 : 그럼 시금치·가지 파스타는 어떠세요? 간장 맛이 나는 수프 파스타입니다.

여 : 네, 그거라면 괜찮겠네요……그럼, 그거요.

남 : 디저트는 어떻게 하시겠습니까?

여 : 아, 그건 됐어요.

손님이 주문한 것은 무엇입니까?

1 가지파스타와 간장 맛 수프
2 무샐러드와 야채카레
3 무샐러드와 시금치·가지 파스타
4 야채카레와 디저트

↳ 여자는 고기와 생선을 먹지 못하므로 그것들이 포함된 메뉴는 제외하고 있다. 믹스샐러드에는 새우가 들어 있어서 그 대신 무샐러드를 선택했고, 야채카레에는 닭고기가 들어 있어서 시금치·가지 파스타를 선택하고 있다. 디저트는 마지막 대사를 통해 주문하지 않음을 알 수 있다. 따라서 정답은 3번이다.

표현 해설

1. ご注文はお決まりですか　주문하시겠습니까?
   음식점 등에서 점원이 손님에게 주문을 받을 때 쓰는 표현이다.

2. こちらの大根サラダはいかがですか
   이쪽의 무샐러드는 어떠세요?
   「〜はいかがですか」는 「〜はどうですか」의 정중 표현으로, 상대방의 의견을 물을 때 쓴다.

3. それは結構です　그건 괜찮습니다
   「結構」는 '충분함, 만족스러움'이라는 뜻으로 이 문장은 승낙할 때와 거절할 때 모두 쓸 수 있다. 여기서는 '그것은 필요 없습니다'라고 정중히 거절하는 의미이다.

10ばん　Track 39

男の人と女の人がお知らせのチラシを見ながら話しています。

女：ほら、見た？ これ。去年もやってた……。

男：あ、留学生ミュージカルのお知らせ？

女：そう。ねえ、いっしょにやろうよ。

男：でもなぁ。練習、大変だろ？

女：そんなことないよ。週2回だって。それに、「国籍、経験を問わず」だって。

男：けどさ、去年の人たちって、みんな歌うまかったぜ。

女：バックコーラスでいいじゃん。楽しそうだし。だいじょぶ、だいじょうぶ。もとコーラス部だったんでしょ？

男：うん。でも、歌詞全部覚えられるかな？あと2か月で。学校のテストもこれからだし。

女：なんとかなるって。

男：けど、バイトが週3回も入ってるしな。無理かも。今回は、見に行くだけにしとく。

女：もったいない。せっかくいろんな国の人と友だちになれるのに。

男の人はどうして留学生ミュージカル・メンバーに申し込みをしませんか。

1 アルバイトの日と練習の日が全く同じだから
2 コーラスをした経験がないから
3 忙しくて歌詞を覚える自信がないから
4 去年も参加したから

もと〜 전〜	国籍 국적	〜を問わず 〜을 묻지 않고
経験 경험	せっかく 모처럼, 애써	

남자와 여자가 소식지를 보면서 이야기하고 있습니다.

여 : 있지, 봤어? 이거. 작년에도 했던…….

남 : 아, 유학생 뮤지컬 공지야?

여 : 그래. 있지, 같이 하자.

남 : 하지만. 연습 힘들 텐데?

여 : 그렇지 않아. 주 2회래. 게다가 '국적, 경험을 불문하고'래.

남 : 하지만 작년에 했던 사람들은 다들 노래 잘했어.

여 : 백코러스면 괜찮잖아? 재미있을 것 같고. 괜찮아, 괜찮아. 전에 합창부였잖아.

남 : 응. 하지만 가사 전부 외울 수 있을까? 앞으로 2개월인데. 학교 시험도 이제부터고.

남자는 왜 유학생 뮤지컬 멤버에 신청을 하지 않습니까?

1　아르바이트 하는 날과 연습하는 날이 모두 같으므로
2　코러스를 한 경험이 없으므로
3　바빠서 가사를 외울 자신이 없으므로
4　작년에도 참가했으므로

↳　대화 후반부를 들으면 정답을 알 수 있다. 남자는 하고는 싶지만, 학교 시험과 주 3회인 아르바이트 때문에 이번에는 신청을 하지 않기로 했다. 정답은 3번이다.

표현 해설

1. ほら　봐 봐
「見て」(봐 봐), 「聞いて」(들어 봐)와 같이 상대방에게 주의를 환기시킬 때 쓴다.

　ほら、あそこに出口はあちらって書いてあるよ。
　봐 봐, 저기에 출구는 저쪽이라고 쓰여 있어.

2. 経験を問わず　경험을 불문하고
「~を問わず」는 '~을 묻지 않다, 문제 삼지 않다'라는 뜻이다. 즉 이 문장은 「経験があってもなくてもどちらでもいい」(경험이 있든 없든 괜찮다)라는 뜻이다.

3. けどさ、去年の人たちって、みんな歌うまかったぜ
　하지만 작년에 했던 사람들은 다들 노래 잘했어
「けど」는 「けれど(も)」(~지만)의 축약 표현이고, 「~って」는 여기서는 「は」(~은/는)의 회화체 표현이다. 그리고 「うまい」는 「上手だ」와 같은 표현으로 '잘하다, 능숙하다'라는 뜻이고, 「~ぜ」는 남자들이 허물없이 쓰는 회화체 표현으로, '~이야, ~하세, ~거야, ~테다' 정도의 뜻이다.

　昨日、レストランで食べたんだ。けどさ、そのレストラン、あんまりおいしくなかったぜ。
　어제 레스토랑에서 먹었어. 그런데 그 레스토랑 별로 맛없었어.

4. バックコーラスでいいじゃん　백코러스면 괜찮잖아
「~じゃん」은 「~じゃないですか」의 회화체 표현으로 '~잖아요'라는 뜻이다. 젊은 사람들이 허물없이 쓰는 말이다.

5. だいじょぶ　괜찮아
「だいじょぶ」는 「だいじょうぶ」의 축약형이자 회화체 표현이다. '괜찮다'는 뜻이다.

6. なんとかなるって　어떻게든 된다니까
이것은 '어떻게든 될 거야'라는 뜻으로 「大丈夫」(괜찮다), 「心配ない」(걱정 없다)의 의미이다. 「なんとかなりますよ」라고 해도 된다.

7. 無理かも　무리일지도 몰라
「~かも」는 「~かもしれない」의 축약 표현으로, 이것은 「無理かもしれないよ」의 회화체 표현이다.

　これから雨降るかも。
　지금부터 비가 올지도 몰라.

8. 今回は、見に行くだけにしとく
　이번에는 보러 가는 정도로 해 둘래
「~しとく」는 「~しておく」의 회화체 표현이다.

　ランチのあとは紅茶にしとく。デザートはやめとく。
　런치 다음은 홍차로 해 둘래. 디저트는 그만둘래.

발화 표현 **실전 연습** p.390 스크립트와 문제 해설

1	2	3	4	5
①	②	①	②	③
6	**7**	**8**	**9**	**10**
②	②	②	③	②
11	**12**	**13**	**14**	**15**
③	②	①	②	③
16	**17**	**18**	**19**	**20**
③	③	③	③	③
21	**22**	**23**	**24**	**25**
②	②	②	①	①
26	**27**	**28**	**29**	**30**
③	③	②	②	③
31	**32**	**33**	**34**	**35**
②	①	②	②	③
36	**37**	**38**	**39**	**40**
②	①	①	②	①
41	**42**	**43**	**44**	**45**
①	②	③	③	②
46	**47**	**48**	**49**	**50**
②	③	②	②	①
51	**52**	**53**	**54**	**55**
③	③	①	②	②
56	**57**	**58**	**59**	**60**
②	③	①	③	②
61	**62**	**63**	**64**	**65**
②	③	①	②	②
66	**67**	**68**	**69**	**70**
②	②	②	①	③
71	**72**	**73**		
③	①	②		

문제4에서는 그림을 보면서 질문을 들으세요. 화살표가 가리키는 사람은 뭐라고 말합니까? 1~3 중에서 가장 알맞은 것을 하나 고르세요.

1ばん `Track 40` 【역에서】

えき
駅までどう行けばいいか聞きたいです。何と
い
言いますか。

えき　い
1　すみません。駅へ行きたいんですが。

えき
2　ちょっと……。駅はどっちなんですか。

えき　まよ
3　すみません、駅に迷いました。

역까지 어떻게 가면 좋은지 묻고 싶습니다. 뭐라고 말합니까?

1　실례합니다. 역에 가고 싶은데요.

2　저기……. 역은 어느 쪽입니까?

3　죄송합니다, 역을 잃어버렸습니다.

↳　길을 물을 때는「すみません。～へ行きたいんですが」라고
한다. '역'으로 가는 길을 묻는 것이므로 1번과 같이 물어야 한
다. 2번은 정중한 표현이 아니므로 적합하지 않다. 3번 '길을
잃다, 헤매다'는「道に迷う」라고 하며, 길을 묻는 표현으로 적
당하지 않다.

2ばん `Track 41`

かいさつぐち　　きかい　きっぷ　い　　　かいさつ　で
改札口の機械に切符を入れて、改札を出よう
おと　　　　　で
としたら、ピンポンと音がして、出られませ
えきいん　なん　い
ん。駅員に何と言いますか。

で　　　　　　で
1　出たんですが、出られないんです。

で　　　　　　　　で
2　出ようとしたんですが、出られませんでした。

で
3　出ませんでしたが。

개찰구 기계에 표를 넣고 개찰구를 나오려고 하자 띵똥하고 소
리가 나며 나올 수 없습니다. 역무원에게 뭐라고 말합니까?

1　나왔는데, 나갈 수 없어요.

2　나가려고 했는데, 나갈 수 없었어요.

3　나오지 않았는데요.

↳　말하는 사람은 지금 개찰구를 나오지 못한 상태이다. '나오려
고 했지만 나오지 못한 상태'이므로 정답은 2번이다.

3ばん `Track 42`

もくてき　　ばしょ　い　　でぐち　　　　　　とき　なん
目的の場所に行く出口がわからない時、何と
い
言いますか。

い
1　すみません。ひかりデパートへ行きたいん
なんばん　でぐち
ですが、何番出口でしょうか。

2 すみません、ひかりデパートへ行きたいん
　　ですが、何番目ですか。
3 ひかりデパートって、 どんな所ですか。

목적 장소에 가는 출구를 알 수 없을 때 뭐라고 말합니까?
1 죄송합니다. 히카리 백화점에 가고 싶은데요, 몇 번
　　출구인가요?
2 죄송합니다, 히카리 백화점에 가고 싶은데요, 몇 번
　　째입니까?
3 히카리 백화점은 어떤 곳입니까?

↳ 길을 물을 때는 「すみません。～へ行きたいんですが」라고
　　하며, 역 출구를 물을 때는 「何番出口」(몇 번 출구)라고 한다.
　　「～番目」는 순서를 나타낼 때 쓰는 표현이다. 3번은 히카리 백
　　화점에 대해 묻는 표현이므로 적합하지 않다. 따라서 정답은 1
　　번이다.

4ばん Track 43

財布を線路に落としてしまいました。駅員に
何と言いますか。

1 線路に財布が落ちてしまいました、拾ってよ。
2 すみません、線路に財布を落としてしまっ
　　たんですが……。
3 線路に財布を落としてしまったんですが、
　　拾いませんか。

지갑을 선로에 떨어뜨렸습니다. 역무원에게 뭐라고 말합니까?
1 선로에 지갑이 떨어졌어요, 주워 줘요.
2 죄송합니다, 선로에 지갑을 떨어뜨렸는데요…….
3 선로에 지갑을 떨어뜨렸는데요, 주워 주실래요?

↳ 지갑을 선로에 떨어뜨린 상황이므로 역무원에게 정중하게 사정
　　을 설명하고 처리를 부탁해야 한다. 1번 「拾ってよ」(주워 줘
　　요)는 공손함이 부족하고, 3번 「拾いませんか」(주워 주실래
　　요?)는 권할 때 쓰는 표현이므로 적합하지 않다. 따라서 정답
　　은 2번이다.

5ばん Track 44

電車でお年寄りに席を譲ります。何と言いま
すか。

1 座ってくださいませんか。
2 どうぞ。座りたいですか。
3 どうぞ。お座りください。

전철에서 노인에게 자리를 양보합니다. 뭐라고 말합니까?
1 앉아 주시겠어요?
2 어서 앉고 싶으세요?
3 어서 앉으세요.

↳ 전철 등에서 자리를 양보할 때 쓰는 말을 찾는 문제이다. 정답
　　은 3번이다. 1번 「～てくださいませんか」는 '나를 위해서 ～
　　해 주세요'라고 부탁하는 표현이므로 적합하지 않다.
　　이 밖에 전철에서 자리를 양보할 때 쓸 수 있는 표현에는 「こ
　　こ、どうぞ。」(여기 앉으세요), 「どうぞ、座ってください」
　　(부디 앉으세요), 「お座りになってください」(앉으세요) 등이
　　있다.

6ばん Track 45

新幹線で自分の席にほかの人が座っています。
何と言いますか。

1 すみません、ちょっとどいてください。
2 すみません、ここは私の席じゃないかと ……。
3 すみません、 ここは、だれの席です。

신칸센에서 자신의 자리에 다른 사람이 앉아 있습니다. 뭐라고
말합니까?
1 죄송합니다, 좀 비켜 주세요.
2 죄송합니다, 여기는 제 자리가 아닌지…….
3 죄송합니다, 여기는 누구의 자리입니다.

↳ 자기 자리에 다른 사람이 앉아 있을 경우에 쓸 수 있는 말을
　　고르는 문제이다. 정답은 2번 「すみません、ここは私の席
　　じゃないかと……」이다. 이것은 「ここは私の席じゃない
　　かと思うんですが」를 축약해서 표현한 것이다. 1번의 「ど
　　く」는 '비키다, 물러나다'라는 뜻이므로 이렇게 말하는 것은
　　실례이다.

7ばん Track 46

駅でどこから電車に乗ればいいのか駅員に聞きたいです。何と言いますか。

1 あの、京都へ行きたいんですが、何番目ですか。
2 あの、京都行きは何番線ですか。
3 あの、京都へ行くのはどの番線ですか。

역에서 어디에서 전철을 타면 좋은지 역무원에게 묻고 싶습니다. 뭐라고 말합니까?

1 저기, 교토에 가고 싶은데요, 몇 번째입니까?
2 저기, 교토행은 몇 번 선입니까?
3 저기, 교토에 가는 것은 어느 번 선입니까?

↳ 역에서 환승하는 방법을 묻는 표현을 고르는 문제이다. 역의 플랫폼은 「~番線」이라고 한다. 3번의 「どの番線」이라는 표현은 없으므로 정답은 2번이다.
이 밖에 쓸 수 있는 표현으로는 「京都行きは、何番線から出ますか」(교토 행은 몇 번 선에서 출발합니까?), 「京都行きは、どこから乗ればいいですか」(교토 행은 어디서 타면 됩니까?)가 있다.

8ばん Track 47 【전화로】

先生に電話をかけました。先生が出たら、まず、何と言いますか。

1 もしもし、リンですが、今、話せますか。
2 もしもし、リンですが、今、よろしいでしょうか。
3 もしもし、リンですが、ちょっと、話しましょうか。

선생님께 전화를 걸었습니다. 선생님이 받으면 먼저 뭐라고 말합니까?

1 여보세요, 링인데요, 지금 말할 수 있으세요?
2 여보세요, 링인데요. 지금 (통화) 괜찮으세요?
3 여보세요, 링인데요, 잠깐 얘기할까요?

↳ 윗사람과 통화할 때는 정중하게 말해야 하는데 1번은 공손함이 결여되어 있으므로 적합하지 않고, 3번은 전화로 선생님한테 처음 말하는 표현으로는 부적합하다. 따라서 정답은 2번이다.

9ばん Track 48

電話がかかりましたが、忙しくて話せません。何と言いますか。

1 すみません、ちょっと、折り返しお願いします。
2 すみません、今いそがしいんですが、また、電話してください。
3 すみません、今ちょっと。すぐ、折り返しします。

전화가 걸려 왔는데, 바빠서 이야기할 수 없습니다. 뭐라고 말합니까?

1 죄송합니다. 다시 걸어 주십시오.
2 죄송합니다, 지금 바쁜데요. 다시 전화해 주세요.
3 죄송합니다. 지금은 좀. 바로 다시 전화드리겠습니다.

↳ 걸려 온 전화를 받기 어려울 때는 상대방에게 다시 걸라고 하기보다는 내 쪽에서 다시 걸겠다고 하는 것이 올바른 예절이다. 1번과 2번은 상대방에게 다시 걸어 달라고 하는 것은 실례이므로 정답은 3번이다.

10ばん Track 49 【레스토랑에서】

予約してレストランに来ました。入り口で何と言いますか。

1 6時に予約中ですが、松本です。
2 6時に予約してある松本ですが。
3 6時に来ました松本です。

예약하고 레스토랑에 왔습니다. 입구에서 뭐라고 말합니까?

1 6시에 예약 중인데요, 마쓰모토입니다.
2 6시에 예약한 마쓰모토인데요.
3 6시에 온 마쓰모토입니다.

↳ 예약을 하고 음식점 등에 왔을 때는 입구에서 담당자에게 '~시로 예약되어 있는 ~인데요', '~시로 예약한 ~입니다'라고 말하면 자리를 안내해 준다. 따라서 정답은 2번이다. 1번의 「予約中」라는 말은 이 경우에는 부적합하다.
이 외에도 「6時に予約しました。松本です」(6시에 예약했습니다. 마쓰모토입니다)라고 해도 된다.

11ばん Track 50

寿司屋のカウンターで注文します。何と言い
ますか。

1　今日は何ですか。
2　今日はどうですか。
3　今日は、何がおいしいの?

초밥집 카운터에서 주문합니다. 뭐라고 말합니까?

1　오늘은 뭐예요?
2　오늘은 어때요?
3　오늘은 뭐가 맛있어요?

↳ 초밥집에서 메뉴를 추천받을 때 쓸 수 있는 표현을 찾는 문제이
다. 1번과 2번은 메뉴를 묻는 표현으로는 적절하지 않다. 정답
은 3번이다.

12ばん Track 51

レストランで注文したものがなかなかきませ
ん。何と言いますか。

1　すみません。遅いでしょうか。
2　すみません、ここ、まだでしょうか。急い
　　でくださいますか。
3　どうしたんですか。もう少し、急ぎませんか。

레스토랑에서 주문한 것이 좀처럼 나오지 않습니다. 뭐라고 말
합니까?

1　여기요. 늦을까요?
2　여기요, 여기 아직인가요? 서둘러 주시겠어요?
3　어떻게 된 거예요? 좀 더 서두르실래요?

↳ 음식점에서 주문한 음식이 나오지 않을 때 쓸 수 있는 표현을
고르는 문제이다. 정답은 2번이다.
이 외에도「さっき注文したんですが、まだですか」(아까 주
문했는데요, 아직인가요?)라고 해도 된다.

13ばん Track 52

レストランで食事の後、請求書をもらいたい
です。何と言いますか。

1　会計お願いします。
2　いくらですか。
3　払いますか。

레스토랑에서 식사 후에 청구서를 받고 싶습니다. 뭐라고 말합
니까?

1　계산 부탁합니다.
2　얼마입니까?
3　지불합니까?

↳ 음식점에서 식사 등을 마치고 청구서를 달라고 할 때 쓰는 표현
을 고르는 문제이다. 정답은 1번「会計お願いします」이다. 2
번은 금액을 묻는 표현이므로 적절하지 않고, 3번은 값을 지불
하는 것은 당연하므로 부적합하다.
이 밖에 쓸 수 있는 표현으로는「お勘定お願いします」(계산해
주세요)가 있다.

14ばん Track 53

ファーストフードの店で注文したものを持っ
て帰ります。何と言いますか。

1　店内で食べます。
2　持ち帰ります。
3　家で食べます。

패스트푸드점에서 주문한 것을 가지고 갑니다. 뭐라고 말합니까?

1　가게 안에서 먹습니다.
2　가지고 갑니다.
3　집에서 먹습니다.

↳ 패스트푸드점에서 포장을 요구할 때는 2번과 같이 持ち帰り
ます(가져가겠습니다)라고 한다. 1번 店内で(점내에서)는「店
で」(가게에서)라는 뜻이므로 적절하지 않고, 어디에서 먹는지
는 점원에게 말하지 않아도 되므로 3번은 부적절하다.
참고로 패스트푸드점 종업원이 '드시고 가시겠습니까, 가져가
시겠습니까?'라고 물을 때는 お召し上がりですか, お持ち帰
りですかラ고 한다.

15ばん Track 54 【응급 상황·질병 등】

外来の受付に診察券を出しましたが、なかなか呼ばれません。何と言いますか。

1 あと何人待てばいいんですか。
2 あと何人待つんですか。
3 あと何人位待ちますか。

외래 접수처에 진찰권을 제출했는데, 좀처럼 호명되지 않습니다. 뭐라고 말합니까?

1 앞으로 몇 명 기다리면 됩니까?
2 앞으로 몇 명 기다리는 거예요?
3 앞으로 몇 명 정도 기다립니까?

↳ 병원에서 순서를 기다릴 때 쓸 수 있는 적합한 말을 고르는 문제이다. 1번과 2번은 불평하는 것처럼 들리므로 적절하지 않다. 정답은 3번이다.

16ばん Track 55

病気で入院している友達のお見舞いに来ました。何と言いますか。

1 元気ですか。
2 大変ですね、気をつけて。
3 お体の具合はどうですか。

아파서 입원해 있는 친구의 문병을 왔습니다. 뭐라고 말합니까?

1 잘 지내세요?
2 큰일이네요, 조심하세요.
3 몸은 어때요?

↳ 적합한 문병 표현을 고르는 문제이다. 문병을 갔을 때는 먼저 환자의 몸 상태가 어떤지를 묻는 게 좋다. 따라서 정답은 3번이다. 2번 気をつけて는 '주의하세요'라는 뜻이므로 적절하지 않다.
이 외에 쓸 수 있는 표현에는 「大丈夫ですか」(괜찮으세요?), 「大変ですね。早く良くなってくださいね」(큰일이군요. 빨리 나으세요) 등이 있다.

17ばん Track 56

歯医者に来ましたが、受付にだれもいません。何と言いますか。

1 すみません、いらっしゃってますよ。
2 あのー、おじゃましました。
3 すみません、お願いします。

치과에 왔는데 접수처에 아무도 없습니다. 뭐라고 말합니까?

1 죄송합니다, 오셨습니다.
2 저기, 실례했습니다.
3 저기요, 부탁드립니다.

↳ 병원 등에서 접수처에 아무도 없을 때 사람을 부르는 말을 고르는 문제이다. 1번의 「いらっしゃってますよ는 다른 사람이 와 있는 것을 나타내는 경어이므로 적합하지 않다. 2번의 「おじゃましました는 다른 사람의 집이나 방을 나올 때 등에 쓰는 말이다. 정답은 3번이다.
기타 표현으로는 「すみません。どなたか、いませんか」(실례합니다. 누구 없습니까?), 「どなたか、いらっしゃいませんか」(누구 안 계세요?) 등이 있다.

18ばん Track 57

転んでしまいました。足がとても痛いです。何と言いますか。

1 痛い、骨がこわれているようです。
2 痛い、骨が切れています。
3 痛い、骨が折れているかもしれません。

넘어졌습니다. 발이 너무 아픕니다. 뭐라고 말합니까?

1 아야, 뼈가 망가진 것 같습니다.
2 아야, 뼈가 끊어졌어요.
3 아얏, 뼈가 부러졌을지도 모르겠어요.

↳ 넘어져서 발을 다쳤을 때 쓸 수 있는 말을 찾는 문제이다. 정답은 3번이다. '골절되다'는 「骨が折れる」라고 한다. 「骨」는 1·2번과 같이 「こわれる·切れる」라는 동사를 쓰지 않는다.

19ばん Track 58

近くにいる人が突然倒れました。何と言いま
すか。

1　どうしますか。
2　いかがでしたか。
3　どうしたんですか。

가까이에 있는 사람이 갑자기 쓰러졌습니다. 뭐라고 말합니까?
1　어떻게 합니까?
2　어떠셨어요?
3　어디 아프세요?

↳　가까운 데서 응급 환자가 발생했을 때 쓸 수 있는 표현을 찾는
문제이다. 응급 환자가 발생하면 '왜 그러세요?, 어디 아프세
요?'와 같은 말로 환자의 상태를 먼저 확인해야 한다. 이때 쓸
수 있는 말은 3번이다. 1번은 상대방의 의향 등을 묻는 표현
이므로 적절하지 않고, 2번은 상대방의 감상이나 의견을 묻는
표현이므로 적합하지 않다. 정답은 3번이다.
기타 표현으로는 「どうなさったんですか」(왜 그러세요?),
「大丈夫ですか」(괜찮으세요?)가 있다.

20ばん Track 59

自転車に乗っていて、車とぶつかりました。
警察の人にすぐ来てほしいです。110番に電話
して、どんなことを言えば来てもらえますか。

1　緊急です。警察をお願いします。
2　リーと申しますが、事故にあいました。す
　　ぐ来てください。
3　自転車に乗っていて、事故にあいました。
　　場所は青山3丁目です。

자전거를 타다 자동차와 부딪쳤습니다. 경찰관이 바로 오면 좋
겠습니다. 110번에 전화해서 어떤 것을 말하면 경찰관이 와 줍
니까?
1　급합니다. 경찰 부탁드립니다.
2　리라고 하는데요, 사고를 당했어요. 바로 와 주세요.
3　자전거를 타다가 사고를 당했어요. 장소는 아오야마
　　3가입니다.

↳　교통사고가 발생해서 경찰을 부를 때 쓰는 표현을 고르는 문제
이다. 경찰을 부를 때는 사고 상황을 간단히 설명하고 사고가
난 장소를 말하는 게 좋다. 정답은 3번이다. 110번은 경찰 통
보용 전화이므로 1번의 「警察をお願いします」라는 말은 필요
없고, 이름을 말할 필요도 없으므로 2번도 적합하지 않다.

21ばん Track 60

急に病気になりました。自分で歩くこともできま
せん。119番に電話して、まず何と言いますか。

1　救急車ありますか。
2　救急車お願いします。
3　病院まで、お願いします。

갑자기 병이 났습니다. 혼자 걸을 수도 없습니다. 119번에 전
화해서 먼저 뭐라고 말합니까?
1　구급차 있습니까?
2　구급차 부탁드려요.
3　병원까지 부탁드립니다.

↳　119번은 소방차나 구급차를 부를 때의 전화번호이므로 우선
「救急車」(구급차)가 필요하다고 말할 필요가 있다. 정답은 2
번이다. 구급차는 택시가 아니므로 3번과 같이 말하지 않는다.

22ばん Track 61

入院中に友達がお見舞いに来てくれました。
何と言いますか。

1　忙しいのにありがとう。いらっしゃいませ。
2　忙しいのに、わざわざありがとうございます。
3　よくいらっしゃいました。ありがとうござ
　　います。

입원 중에 친구가 문병하러 왔습니다. 뭐라고 말합니까?
1　바쁜데 고마워. 어서 오세요.
2　바쁜데 일부러 와 줘서 고마워.
3　잘 오셨습니다. 감사합니다.

↳　문병 온 친구에게 고마운 마음을 전달할 수 있는 표현을 고르면 된
다. 정답은 2번이다. 1번과 3번의 「いらっしゃいませ」(어서 오
세요), 「よくいらっしゃいました」(잘 오셨습니다)는 방문을 환
영하는 인사지만, 병원은 즐거운 장소가 아니므로 적절하지 않다.

23ばん Track 62 【공공장소에서】

> 映画館で、チケットを2枚買いたいです。何と言いますか。
>
> 1　チケット、売っていますか。
> 2　2枚お願いします。
> 3　2枚いただけませんでしょうか。

영화관에서 티켓을 2장 사고 싶습니다. 뭐라고 말합니까?

1　티켓 팔고 있습니까?
2　2장 주세요.
3　2장 받을 수 없을까요?

↳ 극장 매표소에서 티켓을 살 때 쓰는 표현을 고르면 된다. 정답은 2번이다. 매표소에서 티켓을 파는 것은 당연하므로 1번은 부적합하고, 티켓을 사는 손님이 점원에게 경어를 쓸 필요는 없으므로 3번도 적합하지 않다. 이 외에도 티켓을 살 때는 「2枚です」(2장이요), 「2枚ください」(2장 주세요)라고도 한다.

24ばん Track 63

> 込んでいる映画館で、だれも座っていない席を見つけました。隣の人に何と言いますか。
>
> 1　ここ、空いていますか。
> 2　ここ、けっこうですか。
> 3　ここ、座らせてもいいですか。

붐비는 영화관에서 아무도 앉아 있지 않은 자리를 발견했습니다. 옆 사람에게 뭐라고 말합니까?

1　여기 비어 있습니까?
2　여기 괜찮습니까?
3　여기 앉게 해도 됩니까?

↳ 빈자리인지 확인하는 표현을 고른다. 정답은 1번이다. 2번 「けっこうです」는 의문문 형태로 쓰지 않으므로 적합하지 않고, 3번은 앉는 주체가 자신이 아닌 게 되므로 적절하지 않다. 다른 표현으로는 「ここ、座ってもいいですか」(여기 앉아도 됩니까?), 「この席、誰か来ますか」(이 자리, 누가 옵니까?), 「こちらの席、よろしいですか」(이쪽 자리, (앉아도) 괜찮습니까?) 등이 있다.

25ばん Track 64

> エレベーターを急いで降りようとしている人がいます。「開く」のボタンを押して、何と言いますか。
>
> 1　お先にどうぞ。
> 2　どうぞ早く出てください。
> 3　ご苦労様です。

엘리베이터를 서둘러 내리려는 사람이 있습니다. '열림' 버튼을 누르고 뭐라고 말합니까?

1　먼저 내리세요.
2　어서 빨리 나가 주세요.
3　수고하십니다.

↳ 급한 용무가 있는 사람을 배려하는 표현을 고르면 된다. 정답은 1번이다. 2번 「~てください」는 정중형이지만 명령하는 표현이므로 적합하지 않고, 3번은 보통 윗사람이 아랫사람에게 쓰는 표현이므로 적합하지 않다.

26ばん Track 65

> エレベーターに乗りましたが、行く先のボタンに手が届きません。ボタンの近くにいる人に何と言いますか。
>
> 1　すみません。5階で止めて。
> 2　5階で降りますから、5階お願いします。
> 3　おそれいります、5階を押していただけますか。

엘리베이터를 탔는데 목적지 버튼에 손이 닿지 않습니다. 버튼 근처에 있는 사람에게 뭐라고 말합니까?

1　죄송합니다. 5층에서 멈춰요.
2　5층에서 내리니 5층 부탁드립니다.
3　죄송합니다, 5층을 눌러 주시겠어요?

↳ 엘리베이터 안에서 다른 사람에게 버튼을 대신 눌러 달라고 부탁할 때 쓰는 표현을 고르는 문제이다. 정답은 3번이다. 1번과 2번은 각각 실례되는 표현이므로 적절하지 않다.

27ばん　Track 66

観光ツアーが終わってバスを降りるとき、バスガイドに何と言いますか。

1　ご苦労でした。
2　疲れました。
3　ありがとうございました。

관광 투어가 끝나고 버스를 내릴 때 버스 가이드에게 뭐라고 말합니까?
1　고생하셨습니다.
2　피곤합니다.
3　감사했습니다.

↳ 관광이 끝난 후 가이드에게 해야 할 말로 적합한 것을 고르는 문제이다. 정답은 3번이다. 1번은 아랫사람에게 쓰는 표현이므로 이 경우에는 적절하지 않다.

28ばん　Track 67　【우체국에서】

郵便局から小包を送りますが、いつ着くか知りたいです。何と言いますか。

1　これはいつお届けしますか。
2　これはいつ届きますか。
3　これはいつ届けますか。

우체국에서 소포를 보내는데 언제 도착하는지 알고 싶습니다. 뭐라고 말합니까?
1　이건 언제 전해드립니까?
2　이건 언제 도착합니까?
3　이건 언제 보냅니까?

↳ 우체국에서 소포를 부치면서 도착 예정을 묻는 표현을 고르는 문제이다. 정답은 2번이다. 「届ける」는 '보내다'라는 뜻이고, 「届く」는 '도착하다'라는 뜻이므로 도착을 물을 때는 동사 「届く」를 써야 한다. 이 외에 「着く」(도착하다)를 써서 「この荷物は、いつ着きますか」(이 짐은 언제 도착합니까?)라고 해도 된다. 1번 「お届けします」는 내가 상대방에게 뭔가를 보낼 때 쓰는 겸양 표현이고, 3번 「届けます」도 내가 보낸다는 의미이므로 적절하지 않다.

29ばん　Track 68

荷物を送りたい時、宅配便に電話をして、何と言いますか。

1　荷物を取りに来たいですか。
2　すみません、荷物を取りに来ませんか。
3　すみません。荷物を送りたいんですが、取りに来ていただけますか。

짐을 보내고 싶을 때 택배에 전화를 해서 뭐라고 말합니까?
1　짐을 가지러 오고 싶습니까?
2　죄송합니다, 짐을 가지러 오지 않겠습니까?
3　죄송합니다. 짐을 보내고 싶은데요, 가지러 올 수 있습니까?

↳ 전화로 택배를 신청할 때 쓰는 표현을 고르는 문제이다. 정답은 3번이다. 2번 「~ませんか」는 권할 때 쓰는 표현이므로 적합하지 않다.

30ばん　Track 69　【부동산에서】

アパートを探していますが、不動産屋で何と言いますか。

1　部屋を調べたいんですが。
2　部屋を探してもよろしいですか。
3　部屋を探しているんですが。

아파트를 찾고 있는데, 부동산에서 뭐라고 말합니까?
1　방을 조사하고 싶습니다만.
2　방을 찾아도 괜찮으세요?
3　방을 찾고 있는데요.

↳ 집을 구하기 위해 부동산을 방문했을 때는 3번과 같이 말한다. 1번 「調べる」는 '맞는지 여부를 조사, 연구하는 것'이므로 부동산에서 하는 말로는 적합하지 않고, 2번 「~てもよろしいですか」는 허가를 구하는 표현이므로 역시 손님이 쓰는 말로는 적합하지 않다.
이 외에도 「すみません。アパートを探しているんですが」(실례합니다. 아파트를 찾고 있는데요)라고도 한다.

31ばん　Track 70　【사적인 장소에서】

朝出かける時、同じアパートに住んでいる人に会いました。何と言いますか。

1　お先に失礼します。

2　おはようございます。いってまいります。

3　おはようございます。お元気ですか。

아침에 외출할 때, 같은 아파트에 살고 있는 사람을 만났습니다. 뭐라고 말합니까?

1　먼저 실례하겠습니다.

2　안녕하세요. 다녀오겠습니다.

3　안녕하세요. 잘 지내십니까?

↳ 아침에 이웃을 만났을 때 쓰는 표현을 고르는 문제이다. 정답은 2번이다. 자주 만나는 사람에게는 「お元気ですか」를 쓰지 않으므로 3번은 적합하지 않다. 그 밖에 「寒いですね」(춥네요), 「暑いですね」(덥군요), 「いい天気ですね」(날씨가 좋군요) 등의 날씨 인사를 하는 경우도 많다. 참고로 귀갓길에 만났을 때는 「ただいま」(다녀왔습니다)라고 한다.

32ばん　Track 71

始めて日本人の家に遊びに行きました。友達の部屋にいる時、友達のお母さんが部屋に来ました。何と言いますか。

1　お邪魔してます。

2　お疲れ様です。

3　お元気ですか。

처음으로 일본인 집에 놀러 갔습니다. 친구 방에 있을 때, 친구 어머니께서 방에 왔습니다. 뭐라고 말합니까?

1　실례하고 있습니다.

2　수고하셨습니다.

3　잘 지내십니까?

↳ 다른 사람의 집을 처음 방문했을 때 쓰는 인사말을 고르는 문제이다. 정답은 1번이다. 3번은 안부를 묻는 인사말이므로 첫 방문 인사로는 적합하지 않다.

33ばん　Track 72

友達の家でおいしいものをいっぱい、ごちそうになりました。何と言いますか。

1　食べすぎたんですよ。ごちそうさまでした。

2　たくさんいただきました。ごちそうさまでした。

3　もう、たくさんです。ごちそうさまでした。

친구 집에서 맛있는 것을 잔뜩 대접받았습니다. 뭐라고 말합니까?

1　과식했어요. 잘 먹었습니다.

2　많이 먹었습니다. 잘 먹었습니다.

3　이제, 충분합니다. 잘 먹었습니다.

↳ 다른 사람 집에서 음식을 대접 받았을 때 쓰는 표현을 고르는 문제이다. 정답은 2번이다. 1번 「~すぎた」는 '너무 ~했다'라는 뜻으로 부정적인 것을 나타내므로 대접해 준 사람에게는 실례이다. 3번 「もう、たくさん」은 '질렸다, 싫다'라는 의미가 있으므로 부적절하다.

34ばん　Track 73

食事中に嫌いな魚料理を「どうぞ」と言われました。何と言いますか。

1　魚は嫌いなんですよ。すみません。

2　魚はちょっと、苦手なんで……。すみません。

3　ありがとうございますが、魚は食べたくないんですよ。

식사 중에 싫어하는 생선 요리를 '드세요'라는 말을 들었습니다. 뭐라고 말합니까?

1　생선은 싫어해요. 죄송합니다.

2　생선은 좀 잘 먹지 못해서……. 죄송합니다.

3　감사합니다만, 생선은 먹고 싶지 않습니다.

↳ 싫어하는 음식을 권유받았을 때는 2번과 같이 말한다. 「嫌い」(싫어한다), 「食べたくない」(먹고 싶지 않다)와 같은 직설적인 표현은 쓰지 않는 게 좋다. 이 밖에도 「魚は、ちょっと……」(생선은 좀……)와 같이 말해도 된다.

35ばん Track 74

友達からパーティーに誘われましたが、忙しいので断ります。何と言いますか。

1　そのうちね。
2　楽しくないからね。
3　ちょっと忙しくて行けない。また、誘ってね。

친구에게 파티 초대를 받았는데 바빠서 거절합니다. 뭐라고 말합니까?

1　조만간에.
2　재밌지 않아서.
3　좀 바빠서 못 가. 또 초대해 줘.

↳ 초대를 받았을 때 거절하는 표현을 고르는 문제이다. 정답은 3번이다. 1번 「そのうち」는 '언제인지는 모르지만 나중에'라는 뜻이므로 적절하지 않다.

36ばん Track 75

パーティーに来ています。帰るとき何と言いますか。

1　帰りたいんですが。
2　そろそろ失礼します。
3　もう結構です。

파티에 와 있습니다. 돌아갈 때 뭐라고 말합니까?

1　돌아가고 싶습니다만.
2　슬슬 실례하겠습니다.
3　이제 괜찮습니다.

↳ 모임에 왔다가 돌아갈 때 쓰는 표현을 고르는 문제이다. 정답은 2번이다. 3번의 「もう結構です」는 '그 이상은 필요하지 않다'라고 말하고 싶을 때 쓴다.

37ばん Track 76

友達の留守中に、学生寮に友達のお母さんから電話がかかりました。電話を受けた人が、後で友達に伝えます。何と言いますか。

1　君のお母さんから電話があったよ。
2　君のお母さんから電話があったそうだよ。
3　君のお母さんが電話をかけたよ。

친구가 부재중일 때 학생 기숙사에 친구 어머니로부터 전화가 걸려 왔습니다. 전화를 받은 사람이 나중에 친구에게 전합니다. 뭐라고 말합니까?

1　너희 어머니께 전화가 왔었어.
2　너희 어머니께 전화가 왔었대.
3　너희 어머니께서 전화를 거셨어.

↳ 메시지를 전달할 때 쓰는 표현을 고르는 문제이다. 정답은 1번이다. 2번은 다른 사람에게 들은 이야기를 전달하는 표현이고, 3번은 전화를 받은 상대가 누구인지 불명확하다.
이 외에도 「君のお母さんから電話がかかってきたよ」(너희 어머니께 전화가 왔었어)라고도 한다.

38ばん Track 77 【불만을 말할 때】

パブでお酒を飲んでいると、隣に座っている人がタバコを吸い始めましたが、この場所は禁煙です。何と言いますか。

1　あの……、喫煙席はあちらですよ。
2　やめろ、ここは禁煙なんだぞ。
3　禁煙したほうがいいですよ。

술집에서 술을 마시고 있는데 옆에 앉은 사람이 담배를 피우기 시작했습니다만 이 장소는 금연입니다. 뭐라고 말합니까?

1　저기……, 흡연석은 저쪽이에요.
2　그만둬, 여기는 금연이야.
3　금연하는 것이 좋아요.

↳ 금연석에서 담배를 피우는 사람에게 쓸 수 있는 표현을 고른다. 정답은 1번이다. 2번은 강한 명령 표현이므로 실례이고, 3번의 「~たほうがいいですよ」는 개인적인 조언을 할 때 쓰는 표현이므로 이 경우에는 부적합하다.

이 외에도 「すみません。ここは禁煙なんですが」 (죄송하지만 여기는 금연인데요), 「あの…、タバコはあちらで吸っていただけませんか」 (저…, 담배는 저쪽에서 피워 주시지 않겠습니까?), 「あの…、タバコは…」 (저기…, 담배는…) 등과 같이 말하면 된다.

39ばん Track 78

駅の前まで自転車で来てどうしようか困っている人がいます。何と言いますか。

1 ここに止まらないでくださいね。
2 自転車置き場はあちらですよ。
3 ここに置くのは反対です。

역 앞까지 자전거를 타고 와서 어떻게 할지 곤란해하는 사람이 있습니다. 뭐라고 말합니까?

1 여기에 서지 마세요.
2 자전거 주차장은 저쪽이에요.
3 여기에 두는 것은 반대예요.

↳ 자전거 주차 문제로 어려움을 겪고 있는 사람에게 유용한 표현을 고르면 된다. 1번은 사람이 거기에 멈추면 안 된다는 의미이므로 적절하지 않고, 3번은 자전거를 세우는 것을 강하게 반대하는 표현이므로 부적합하다. 정답은 2번이다.

40ばん Track 79

学校の文化祭でお菓子を売っているとき、300円のクッキーに5,000円札が出されました。何と言いますか。

1 こまかいのお持ちじゃないでしょうか。
2 おつりがほしいですか。
3 両替はちょっと……。

학교 축제에서 과자를 팔고 있을 때 300엔짜리 쿠키에 5,000엔짜리 지폐를 받았습니다. 뭐라고 말합니까?

1 잔돈 없으세요?
2 거스름돈 받고 싶으세요?
3 환전은 좀…….

↳ 손님이 큰돈을 내밀었을 때 쓸 수 있는 적합한 표현을 고르는 문제이다. 이럴 때는 우선 잔돈이 있는지를 확인하는 게 좋으므로 정답은 1번이다. 2번의 「〜がほしいですか」는 '〜을 갖

고 싶으세요?'라는 뜻이므로 모르는 사람에게는 실례이고, 3번의 「両替」는 '환전'이라는 뜻으로 5,000엔만큼 1,000엔짜리나 잔돈으로 바꿔 주는 것이므로 부적합하다.
이 외에 「こまかいお金、ありませんか」 (잔돈 없으세요?), 「今、おつりがないんですが」 (지금 잔돈이 없는데요)라고 말하면 된다.

41ばん Track 80 【질문할 때】

市のボランティア活動に参加することになっていますが、ボランティア・リストに自分の名前がありません。市役所の人に何と言いますか。

1 あの、私の名前がリストに入っていないんですが。
2 あの、私の名前がリストに入れていないんですが。
3 あの、私の名前がリストに入らないんですが。

시의 자원봉사 활동에 참가하기로 되어 있는데, 자원봉사자 리스트에 자신의 이름이 없습니다. 시청 직원에게 뭐라고 말합니까?

1 저, 제 이름이 리스트에 들어 있지 않은데요.
2 저, 제 이름이 리스트에 넣어져 있지 않은데요.
3 저, 제 이름이 리스트에 들어가지 않는데요.

↳ 담당자에게 내용을 확인하는 표현을 고르면 된다. '〜에 들어 있다'는 「〜に入っている」이므로 '들어 있지 않다'는 「入っていない」가 된다. 따라서 정답은 1번이다. 2의 「入れる」는 타동사이므로 조사 「〜が」와 함께 쓸 수 없고, 또 「入る」만으로는 '사람이 방에 들어가다', '이 가방에는 A4 서류가 들어가다'와 같이 쓰기 때문에 3번은 부적합한 표현이다.

42ばん Track 81

友達と市民センターを出た時、雨が降ってきました。2人とも傘がありません。友達に何と言いますか。

1 市民センターで傘もらえるかな？
2 市民センターで傘借りられるかな？
3 市民センターで傘貸してあげるかな？

친구와 시민센터를 나올 때 비가 왔습니다. 두 사람 모두 우산이 없습니다. 친구에게 뭐라고 말합니까?

1　시민센터에서 우산 받을 수 있을까?
2　시민센터에서 우산 빌릴 수 있을까?
3　시민센터에서 우산 빌려 줄까?

↳　무언가를 빌릴 때 쓰는 표현을 고른다. '빌리는' 상황이므로 동사는 「借りる」(빌리다)나 「貸してもらう」(빌려 받다), 또는 「貸してくれる」(빌려 주다)를 사용해서 「市民センターで傘貸してもらえるかな?」(시민센터에서 우산을 빌려 받을 수 있을까?), 「市民センターで傘貸してくれるかな?」(시민센터에서 우산을 빌려 줄까?)와 같이 말한다. 정답은 2번이다. 3번의 「~をあげる」는 받는 사람이 나 이외의 사람이므로 적절하지 않다.

43ばん　Track 82　【사과할 때】

> 理由はわからないのですが、友達が怒ってしまいました。何と言いますか。
>
> 1　何でしょうか。
> 2　何、言ったんだっけ。どうしたの？
> 3　なんか、悪いこと言っちゃったかな？

이유는 모르지만 친구가 화가 났습니다. 뭐라고 말합니까?
1　뭐예요?
2　뭐라고 했었지? 왜 그래?
3　뭔가 언짢은 말을 했어?

↳　이유는 모르지만 친구가 나로 인해 화가 났을 때 사과하는 표현을 고르는 문제이다. 정답은 3번이다. 1번과 같이 '뭐야, 왜 그래?'라고 물으면 더 화를 돋구게 될 게 뻔하다. 2번의 「何、言ったんだっけ」는 '무슨 말을 했는지 잊어버렸다'는 뜻이므로 적합하지 않다. 다른 표현으로는 「悪い。悪い」 (미안, 미안), 「気にさわったら、ごめん」 (불쾌했다면 미안해) 등이 있다.

44ばん　Track 83

> 友達と会う約束をしましたが、時間に間に合いそうもないので、電話します。何と言いますか。
>
> 1　すごい、すごい、遅れてしまったよ。
> 2　すみません、遅くなるのは心配だよ。
> 3　悪い、悪い、ちょっと遅れそう。

친구와 만날 약속을 했는데 제시간에 못 갈 것 같아서 전화를 합니다. 뭐라고 말합니까?

1　대단해, 대단해, 늦어 버렸어.
2　죄송합니다, 늦어지는 건 걱정이야.
3　미안, 미안. 좀 늦을 것 같아.

↳　본의 아니게 약속 시간에 늦어서 사과 전화를 해야 하는 상황이다. 이럴 때 알맞은 표현은 3번이다. 1번은 사과 표현으로는 적절하지 않다.

45ばん　Track 84

> 借りた自転車の鍵を落としました。謝りたいです。何と言いますか。
>
> 1　すみません、自転車の鍵をなくさせてしまいました。
> 2　すみません、自転車の鍵をなくしてしまいました。
> 3　すみません、自転車の鍵をなくされてしまいました。

빌린 자전거의 열쇠를 잃어버렸습니다. 사과하고 싶습니다. 뭐라고 말합니까?
1　죄송합니다, 자전거 열쇠를 잃어버리게 하고 말았습니다.
2　죄송합니다, 자전거 열쇠를 잃어버리고 말았습니다.
3　죄송합니다, 자전거 열쇠를 잃어버려지고 말았습니다.

↳　남한테 빌린 물건을 분실했을 때 쓸 수 있는 표현을 고르는 문제이다. 정답은 2번이다. 1번의 「~させてしまいました」는 다른 사람에게 그렇게 하도록 시켰다는 의미이므로 적합하지 않고, 3번의 「~されてしまいました」는 다른 사람 때문에 그렇게 되었다는 의미이므로 역시 적절하지 않다.
이럴 때 쓸 수 있는 기타 표현에는 자동사 「なくなる」(없어지다, 분실되다)를 써서 「すみません、自転車の鍵がなくなってしまいました」(죄송합니다. 자전거 열쇠가 없어져 버렸습니다)라고 해도 된다.

46ばん　Track 85　【감사 인사할 때】

> 日本語能力試験に合格しました。日本語の先生に何と言いますか。
>
> 1　先生、合格させていただきました。
> 2　先生、おかげさまで合格しました。
> 3　先生、おめでとうございます。

일본어능력시험에 합격했습니다. 일본어 선생님께 뭐라고 말합니까?

1　선생님, 합격했습니다.
2　선생님, 덕분에 합격했습니다.
3　선생님, 축하드립니다.

↳　감사 인사를 고르면 된다. 정답은 2번이다. 1번은 '~시켜서 받다'라는 뜻이므로 누군가가 시켜서 합격했다는 것이고, 3번은 축하 인사말이므로 적합하지 않다.

47ばん　Track 86

空が暗くなり、雨が降りそうです。何と言い
先週友達に、旅行のお土産をもらいました。
今日、久しぶりに会いました。何と言いますか。

1　さっきは、お土産をありがとう。
2　この間は、良かったですよ。
3　この間は、お土産をありがとう。

지난주 친구에게 여행 선물을 받았습니다. 오늘, 오랜만에 만났습니다. 뭐라고 말합니까?

1　조금 전에는 선물 고마워.
2　지난번에는 좋았어.
3　지난번에는 선물 고마워.

↳　감사 인사를 고르면 되는데, 어느 정도 시간이 지난 후의 일이므로 정답은 3번이다. 1번의 「さっき」는 '방금'이라는 뜻으로 하루 내에서만 쓸 수 있으므로 적합하지 않다.

48ばん　Track 87　【정보를 줄 때】

空が暗くなり、雨が降りそうです。何と言い
ますか。

1　もう降ってない?
2　まだ雨降ってない?
3　まだ雨止んでない?

하늘이 어두워지고 비가 내릴 것 같습니다. 뭐라고 말합니까?

1　이제 안 와?
2　아직 비 안 와?
3　아직 비 안 그쳤어?

↳　금방이라도 비가 내릴 것 같은 상황이므로 아직은 비가 오는 상황은 아니다. 정답은 2번이다. 1번의 「もう」는 '이제'라는 뜻으로 그 상태가 이미 변했다는 것을 나타내므로 부적합하고,

3번의 「まだ雨止んでない」는 '비가 계속 내리고 있다'는 뜻이므로 적합하지 않다.

49ばん　Track 88

演奏会がすぐに始まります。ホールにいる友
達に何と言いますか。

1　やがて始まるかもしれないよ。
2　そろそろ始まりそうだよ。
3　そのうち始まりそうだ。

연주회가 곧 시작됩니다. 홀에 있는 친구에게 뭐라고 말합니까?

1　드디어 시작될지도 몰라.
2　슬슬 시작될 것 같아.
3　머지않아 시작될 것 같아.

↳　행사가 곧 시작될 것임을 뜻하는 표현을 고르면 된다. 정답은 2번이다. 1번의 「やがて」(머지않아)와 3번의 「そのうち」(가까운 시일 안에)는 '시간이 조금 지나고 나서'라는 뜻이지만 시간이 확실히 정해져 있는 것은 아니므로 이런 상황에서는 적절하지 않다.

50ばん　Track 89　【부탁할 때】

事務所のコピー機を使いたいです。何と言い
ますか。

1　すみませんが、コピー機を使わせてください。
2　すみませんが、コピー機を使わせてもいいですか。
3　すみませんが、コピー機を使われてもよろしいでしょうか。

사무실의 복사기를 사용하고 싶습니다. 뭐라고 말합니까?

1　죄송합니다만, 복사기를 쓰게 해 주세요.
2　죄송합니다만, 복사기를 쓰게 해도 됩니까?
3　죄송합니다만, 복사기를 쓰셔도 되십니까?

↳　허락을 구하는 표현을 고른다. 이럴 때에는 「使わせてください」(쓰게 해 주세요), 「使ってもいいですか」(써도 되나요?), 「使ってもよろしいでしょうか」(써도 될까요?), 「使わせてもらえませんか」(쓸 수 있을까요?), 「使わせていただけませんか」(써도 될까요?) 등의 표현을 쓴다. 2번 「使わせてもいいですか」는 복사기를 사용하는 사람이 내가 아니므로 적합하지 않다. 정답은 1번이다.

51ばん Track 90

大学のゼミの送別会があります。友達にその
係を頼みます。何と言いますか。

1 ねえ、今度の送別会の係をやらせてもらえ
　 ないかな。
2 ねえ、今度の送別会の係をやってもいいかな。
3 ねえ、今度の送別会の係をやってくれない?

대학 세미나 송별회가 있습니다. 친구에게 그 담당을 부탁합니
다. 뭐라고 말합니까?

1 저기, 이번 송별회 담당을 (내가) 할 수 없을까?
2 저기, 이번 송별회 담당을 해도 괜찮을까?
3 저기, 이번 송별회 담당을 해 주지 않을래?

↘ 다른 사람에게 부탁하는 상황이므로 정답은 3번이다. 1번과
　 2번은 내가 담당을 하고 싶을 때 쓰는 표현이므로 적절하지 않
　 다. 이 밖에도 「今度の送別会の係をやってもらいたいんだ
　 けど」 (이번 송별회 담당을 해 주었으면 좋겠는데), 「今度の
　 送別会の係をやってほしいんだけど」 (이번 송별회 담당을
　 해 주었으면 좋겠는데) 등의 표현이 있다.

52ばん Track 91

友達にお金を借ります。何と言いますか。

1 1万円でいいけど、どう?
2 悪いけど、1万円ほど貸せる?
3 悪いけど、1万円ほど貸してほしいんだけど。

친구에게 돈을 빌립니다. 뭐라고 말합니까?

1 만 엔이면 되는데, 어때?
2 미안하지만, 만 엔 정도 빌려줄 수 있어?
3 미안하지만, 만 엔 정도 빌려줬으면 좋겠는데.

↘ 다른 사람에게 돈을 빌릴 때 쓰는 표현을 고르는 문제이다. 정
　 답은 3번이다. 1번은 무엇이 만 엔이면 되는 것인지 알 수 없
　 고, 2번은 다른 사람에게 빌려준다는 의미이므로 이 상황에서
　 는 적합하지 않다.

53ばん Track 92

日本人と話しているとき、話が良くわかりま
せんでした。何と言いますか。

1 すみません、もう一度おっしゃってくださ
　 いませんか。
2 わからないんですが、もう一度、言ってく
　 ださい。
3 え? なんですか。もう一度おっしゃって
　 ください。

일본인과 이야기하고 있을 때 이야기를 잘 이해하지 못했습니
다. 뭐라고 말합니까?

1 죄송한데요, 다시 한번 말씀해 주시겠어요?
2 모르겠는데요, 다시 한번 말해 주세요.
3 네? 뭐라고요? 다시 한번 말씀해 주세요.

↘ 대화 중에 상대의 말을 잘 이해하지 못했을 때는 다시 한번 말
　 해 달라고 하면 된다. 이에 해당하는 것이 1번이다. 2번의
　 「~てください」는 명령의 뉘앙스가 있으므로 부탁할 때는 부
　 적합하다. 3번의 「え?」라고 되묻는 것은 친한 사람에게는 괜
　 찮지만 정중한 표현은 아니므로 적합하지 않다.

54ばん Track 93

スーパーでビールを配達してもらおうと思い
ます。何と言いますか。

1 家まで届きますでしょうか。
2 届けていただきたいんですが。
3 お届けになってください。

슈퍼에서 맥주를 배달받으려고 합니다. 뭐라고 말합니까?

1 집에까지 도착할까요?
2 배달해 주시면 좋겠는데요.
3 배달하셔 주세요.

↘ 배달을 부탁할 때 쓰는 표현을 고르는 문제이다. 정답은 2번이
　 다. 1번은 부탁하는 표현이 아니므로 적합하지 않다. 이 외에도
　 「配達をお願いできますか」 (배달을 부탁할 수 있을까요?),
　 「配達をしていただけますか」 (배달해 주시겠어요?), 「届け
　 てもらいたいんです」 (배달을 해주셨으면 합니다) 등의 표현
　 이 있다.

55ばん Track 94

> デパートで服を着てみたいです。何と言いますか。
>
> 1 これ、着てほしいですか。
> 2 これ、着てみてもいいですか。
> 3 これ、着ます。

백화점에서 옷을 입어 보고 싶습니다. 뭐라고 말합니까?
1 이거, 입길 바라세요?
2 이거 입어 봐도 되나요?
3 이거, 입을게요.

↳ 의류 매장에서 옷을 시착할 때 허가를 구하는 표현을 고르는 문제이다. 이때는 '입어 봐도 될까요?'라고 하므로 2번이 정답이다. 3번의 「着ます」는 '입겠다'는 자신의 의지를 나타내므로 적합하지 않다. 기타 표현으로는 「試着してもいいですか」 (시착해도 될까요?), 「ちょっと、着てみたいんですが」 (좀 입어 보고 싶은데요) 등이 있다.

56ばん Track 95

> 友達の誕生日に花を贈ります。花屋で、何と注文しますか。
>
> 1 誕生日の花を3,000円ぐらい注文します。
> 2 誕生日に贈る花を3,000円ぐらいで、作ってください。
> 3 誕生日の花を作りたいんですが。

친구 생일에 꽃을 보냅니다. 꽃 가게에서 뭐라고 주문합니까?
1 생일 꽃을 3,000엔 정도 주문하겠습니다.
2 생일에 보낼 꽃을 3,000엔 정도로 만들어 주세요.
3 생일 꽃을 만들고 싶습니다만.

↳ 꽃집에서 꽃다발을 주문할 때 쓰는 표현을 고르는 문제이다. 정답은 2번이다. 꽃집에서 주문할 때는 「注文します」라고 하지 않으며, 3번은 「誕生日の花束を作ってください」가 올바른 표현이다.

57ばん Track 96 【앞으로의 계획을 전달할 때】

> 先生の研究室に来ましたが、先生はいません。秘書にこれからどうするか話します。何と言いますか。
>
> 1 じゃ、しばらくお待ちください。
> 2 じゃ、これで帰ります。
> 3 じゃ、また後でまいります。

교수님 연구실에 왔습니다만 교수님이 없습니다. 비서에게 지금부터 어떻게 할지 이야기합니다. 뭐라고 말합니까?
1 그럼, 잠깐 기다려 주세요.
2 그럼, 이만 돌아가겠습니다.
3 그럼, 나중에 다시 오겠습니다.

↳ 만나러 간 사람이 공교롭게 자리를 비웠을 때 쓸 수 있는 표현을 고르는 문제이다. 정답은 3번이다. 1번의 「しばらくお待ちください」는 비서가 쓰는 말이고, 2번의 「これで帰ります」는 볼일을 마치고 돌아갈 때 쓰는 말이므로 이 상황에는 맞지 않다. 이 밖에 「しばらくここで、お待ちしてもよろしいですか」 (잠시 여기서 기다려도 될까요?)라고 해도 된다.

58ばん Track 97 【회사에서】

> 部長に仕事を頼まれました。何と言いますか。
>
> 1 はい、かしこまりました。
> 2 はい、ありがとうございました。
> 3 はい、よろしくお願いします。

부장님이 일을 부탁했습니다. 뭐라고 말합니까?
1 네, 알겠습니다.
2 네, 감사합니다.
3 네, 잘 부탁드립니다.

↳ 상사로부터 업무 지시를 받은 것이므로 1번과 같이 답해야 한다. 2번의 「ありがとうございました」는 감사 표현이고, 3번의 「よろしくお願いします」는 부탁하는 쪽에서 해야 하는 말이다.

59ばん Track 98

電話に出るのが遅くなりました。何と言いますか。

1　お待ちいたしました。
2　待たせていただきました。
3　お待たせいたしました。

전화를 늦게 받았습니다. 뭐라고 말합니까?
1　기다렸습니다.
2　기다렸습니다.
3　기다리셨습니다.

↳ 본의 아니게 상대방을 기다리게 했으므로 이럴 때는 3번의 「お待たせいたしました」(기다리시게 했습니다)라고 한다. 1번과 2번은 모두 「待った」의 겸양 표현이다.

60ばん Track 99

電話で相手の声が小さくてよく聞こえません。何と言いますか。

1　お電話が小さいようなんですが。
2　お電話が遠いようなんですが。
3　お電話が短いようなんですが。

전화에서 상대방 목소리가 작아서 잘 들리지 않습니다. 뭐라고 말합니까?
1　전화가 작은 것 같은데요.
2　전화 감이 먼 것 같은데요.
3　전화가 짧은 것 같은데요.

↳ 전화 통화 중에 상대방의 말소리가 잘 안 들릴 때는 2번과 같이 말한다. 「電話が遠い」는 '감이 멀다'는 뜻이다. 1・3번의 「電話が小さい」, 「電話が短い」와 같은 표현은 없다.

61ばん Track 100

田中さんに電話がかかってきましたが、田中さんは今いません。何と言いますか。

1　あいにく、後でお電話いたします。
2　あいにく、席を外しておりますが。
3　あいにく、少々お待ちください。

다나카 씨에게 전화가 걸려 왔습니다만, 다나카 씨는 지금 없습니다. 뭐라고 말합니까?
1　공교롭게도 나중에 전화드리겠습니다.
2　공교롭게도 자리에 없습니다만.
3　공교롭게도 잠깐 기다려 주십시오.

↳ 상대가 찾는 사람이 부재중일 때 쓰는 표현을 고르는 문제이다. 이럴 때는 2번과 같이 말한다. 「あいにく」(공교롭게도) 뒤에는 부정적인 상황이 와야 한다. 따라서 1번과 3번의 「後でお電話いたします」, 「少々お待ちください」와는 함께 쓸 수 없다.

62ばん Track 101

同僚にコピーを頼まれました。でも、今、忙しいので断りたいです。何と言いますか。

1　今、間に合いませんが。
2　今、手伝わないんですが。
3　今、手がはなせないんですが。

동료에게 복사를 부탁받았습니다. 하지만 지금 바빠서 거절하고 싶습니다. 뭐라고 말합니까?
1　지금 제시간에 맞출 수 없습니다만.
2　지금 도와주지 않습니다만.
3　지금 바쁩니다만.

↳ 다른 사람의 부탁을 거절할 때는 3번과 같이 말한다. 그 밖에 「すみません。ちょっと、今……」(미안하지만, 지금은 좀…)라는 표현도 쓸 수 있다. 1번의 「間に合いません」은 제시간까지 맞출 수 없다는 뜻이고, 3번의 「手がはなせない」는 '손을 놓을 수 없다' 즉, '바쁘다'는 뜻이다.

63ばん Track 102

休みの日に部長の家に電話をします。何と言いますか。

1　お休みのところ、申し訳ありません。
2　お休みされて、申し訳ありません。
3　お休みで、申し訳ありません。

휴일에 부장님 집에 전화를 합니다. 뭐라고 말합니까?
1　쉬시는데 죄송합니다.
2　쉬셔서 죄송합니다.

3 결근으로 죄송합니다.

↳ 쉬는 날 다른 사람 집에 전화를 걸 때 쓰는 표현을 고르는 문제
이다. 정답은 1번의 「お休みのところ、申し訳ありません」
이다. 2 · 3번처럼은 말하지 않는다.

64ばん Track 103

上司の家に遊びに行きました。奥さんに何と
あいさつをしますか。

1　リーと申します。お世話様でございます。
2　リーと申します。課長にはいつもお世話に
　なっております。
3　こんにちは、リーと申します。お邪魔ですね。

상사 집에 놀러 갔습니다. 부인에게 뭐라고 인사를 합니까?
1　리라고 합니다. 수고하십니다.
2　리라고 합니다. 과장님께는 늘 신세 지고 있습니다.
3　안녕하세요, 리라고 합니다. 민폐네요.

↳ 상사 등 다른 사람 집에 가서 상대방의 가족을 만났을 때는
「～と申します。～にはいつもお世話になっております」와
같이 말한다. 정답은 2번이다. 3번은 정중함이 부족하고 「お
邪魔ですね」라는 표현은 적합하지 않다.

65ばん Track 104

上司の家に遊びに行きました。翌日会社で上
司に何と言いますか。

1　昨日はありがとうございました。奥さまはお
　元気ですか。
2　昨日はありがとうございました。奥さまによ
　ろしくお伝えください。
3　昨日はありがとうございました。奥さまはご
　苦労さまでございました。

상사 집에 놀러 갔습니다. 다음 날 회사에서 상사에게 뭐라고
말합니까?
1　어제는 감사했습니다. 사모님은 잘 지내세요?
2　어제는 감사했습니다. 사모님께 안부 전해 주세요.
3　어제는 감사했습니다. 사모님이 고생하셨어요.

↳ 다른 사람의 집에 가서 대접을 받은 다음 날에는 한번 더 전날
에 대한 감사 인사를 하고, 가족 등에 대한 인사도 챙기는 것이
좋다. 정답은 2번이다. 「～によろしくお伝えください」는
'～에게 안부 전해 주세요'라는 뜻이다.

66ばん Track 105

同僚にカラオケに誘われましたが、今日は用
事があって行けません。何と言いますか。

1　今日は、また今度。
2　今日は、ちょっと……。
3　今日は、困ります。

동료에게 노래방에 초대를 받았습니다만, 오늘은 볼일이 있어
서 갈 수 없습니다. 뭐라고 말합니까?
1　오늘은 다음에 또.
2　오늘은 좀…….
3　오늘은 곤란합니다.

↳ 제안을 거절할 때 쓰는 표현은 2번이다. 1번의 「今日は」와
「また今度」는 같이 쓸 수 없고, 3번은 동료에게 쓰기에는 실
례되는 표현이다.

67ばん Track 106

上司の意見に賛成できないとき、何と言いま
すか。

1　生意気なんですが、その意見はちがいます。
2　生意気を言うようですが……。そのご意見
　はちょっと……。
3　すみませんが、賛成できません。

상사 의견에 찬성할 수 없을 때 뭐라고 말합니까?
1　주제넘지만, 그 의견은 틀립니다.
2　주제넘은 말인 것 같습니다만, 그 의견은 좀…….
3　죄송합니다만, 찬성할 수 없습니다.

↳ 상사를 비롯해 다른 사람의 의견에 반대할 때는 강력하게 말하
기보다 우회적으로 반대하고 있음을 표현하는 것이 좋다. 정답
은 2번이다.

68ばん Track 107

取引先を回るために会社を出るとき、何と言いますか。

1 これから、トミタ自動車に行きます。
2 トミタ自動車に行ってきます。4時には戻ってきます。
3 出かけます。

거래처를 돌기 위해 회사를 나올 때 뭐라고 말합니까?
1 지금부터 도미타 자동차에 갑니다.
2 도미타 자동차에 다녀오겠습니다. 4시에는 돌아오겠습니다.
3 외출합니다.

↳ 회사에서 외근을 나갈 때 쓰는 적합한 표현을 고르는 문제이다. 정답은 2번으로, 공손하게 말하고 귀가 예정 시간을 밝혀 두는 게 좋다. 1번과 3번은 공손함이 부족하다.

69ばん Track 108 【관혼상제】

知り合いの家族が亡くなりました。何と言いますか。

1 このたびは、ご愁傷さまでございました。
2 このたびは、本当にすみません。
3 このたびは、気持ちが悪いですが。

지인의 가족이 돌아가셨습니다. 뭐라고 말합니까?
1 이번에 얼마나 애통하십니까?
2 이번에 정말로 죄송합니다.
3 이번에 기분이 나쁩니다만.

↳ 지인이 상을 당했을 때 위로하는 표현은 1번 「このたびは、ご愁傷さまでございました」이다. 나쁜 짓을 한 것이 아니므로 2번과 같이 사과할 필요는 없고, 3번의 「気持ちが悪い」는 '기분이 나쁘다'는 뜻으로 '유감입니다, 안타깝습니다'라는 의미가 아니므로 적합하지 않다.
이 외에 「悔やみ申し上げます」(조의를 표합니다), 「このたびは、突然のことで大変でしたね」(이번에는 갑작스러운 일을 당해서 큰일이었네요), 「これから、さびしくなりますね」(앞으로 외로워지겠군요)와 같이 말해도 된다.

70ばん Track 109

結婚式の会場で、新郎新婦のご両親に何と言いますか。

1 本日はありがとうございます。とても楽しいです。
2 本日はおめでとうございます。ごちそうさまです。
3 本日はおめでとうございます。本当にお似合いのカップルですね。

결혼식장에서 신랑 신부의 부모님께 뭐라고 말합니까?
1 오늘 감사합니다. 정말 즐겁습니다.
2 오늘 축하드립니다. 잘 먹었습니다.
3 오늘 축하드립니다. 정말 잘 어울리는 커플이네요.

↳ 결혼식장에서 신랑 신부의 부모에게 건네는 인사말을 고르는 문제이다. 정답은 3번이다. 자기 이야기를 할 필요는 없으므로 1·2번은 적합하지 않다.

71ばん Track 110

友達の太郎さんの結婚式に招待されました。隣に座っている人に話しかけようと思います。何と言いますか。

1 太郎さんはお元気ですか。
2 太郎さんをよく知ってますか。
3 太郎さんとは、どんなお知り合いですか。

친구인 다로 씨의 결혼식에 초대받았습니다. 옆에 앉아 있는 사람에게 말을 걸려고 합니다. 뭐라고 말합니까?
1 다로 씨는 잘 지내십니까?
2 다로 씨를 잘 아십니까?
3 다로 씨와는 어떻게 아는 사이세요?

↳ 친구 결혼식에서 옆에 앉은 하객에게 말을 걸 때의 적합한 표현을 고르는 문제이다. 서로 모르는 사이이므로 정답은 3번이다. 다로의 결혼식이므로 1번과 같이 다로의 안부를 묻는 것은 적절하지 않고, 또 잘 아는 사이이기 때문에 결혼식에 온 것이므로 2번도 적절하지 않다.

72ばん　Track 111

友達に紹介された人の仕事を知りたいです。何
と言いますか。

1　お仕事は何をしていらっしゃいますか。
2　仕事をしていらっしゃいますか。
3　お仕事でございますか。

친구한테 소개받은 사람의 직업을 알고 싶습니다. 뭐라고 말합
니까?

1　어떤 일을 하고 계십니까?
2　일을 하고 계십니까?
3　일이십니까?

↳　다른 사람의 직업을 물을 때 쓰는 표현을 고르는 문제이다. 정
　답은 1번이다. 2번은 직업이 있는지 없는지를 묻는 것이므로
　실례이다. 직업을 묻는 다른 표현에는 「どんなお仕事をして
　いらっしゃるんですか」(어떤 일을 하고 계십니까?), 「どち
　らにお勤めですか」(어디에 근무하세요?) 등이 있다.

73ばん　Track 112

結婚式の会場を出るとき、新郎と新婦に何と
言いますか。

1　今日はおめでとう。じゃ、さようなら。
2　今日はおめでとう。お幸せに。
3　今日はおめでとう。じゃ、帰ります。

결혼식장을 나올 때 신랑과 신부에게 뭐라고 말합니까?
1　오늘 축하해요. 그럼 안녕히 계세요.
2　오늘 축하해요. 행복하세요.
3　오늘 축하해요. 그럼, 돌아가겠습니다.

↳　결혼식장에서 신랑 신부에게 해주는 덕담을 고르는 문제로,
　정답은 2번이다. 결혼식에서는 「別れる」, 「切れる」, 「終わ
　る」, 「帰る」, 「さびしい」, 「さようなら」 등의 말은 쓰지 않
　는 법이다. 따라서 식이 끝날 때도 「これで、終わります」가
　아니라 「お開きにします」라고 한다.

즉시 응답 실전 연습 p.427 스크립트와 문제 해설

1	2	3	4	5	6	7
③	③	①	②	①	①	①
8	**9**	**10**	**11**	**12**	**13**	**14**
②	②	③	②	②	③	①
15	**16**	**17**	**18**	**19**	**20**	**21**
②	②	①	②	②	②	③
22	**23**	**24**	**25**	**26**	**27**	**28**
②	②	③	②	①	②	③
29	**30**	**31**	**32**	**33**	**34**	**35**
①	③	①	②	③	①	②
36	**37**					
①	②					

문제5에서는 문제용지에 아무것도 인쇄되어 있지 않습니다. 우선 문장을 들으세요. 그리고 나서 그 대답을 듣고 1~3 중에서 가장 알맞은 것을 하나 고르세요.

1ばん Track 113 【역에서】

おとこ　でんしゃ　と
男 ： また、電車止まってるんだってさ。
おんな　　　　　　おく
女 ： 1　よく、遅れたね。
　　　　　と
　　　2　止まるらしいね。
　　　　　　　　　　こま
　　　3　またなんだ。困ったな。

남 : 전철이 또 멈췄대.
여 : 1 자주 늦었네.
　　2 멈출 것 같아.
　　3 또 뭐야. 곤란한걸.

↳ 전철이 또 지연된 상황이므로 대답하는 사람은 부정적인 반응을 보일 것이다. 정답은 3번이다. 1번은 이미 끝난 일에 대해서 말하는 것이고 2번은 앞으로 멈출 것이라는 뜻이므로 적절하지 않다. 3번의 「またなんだ」(또 뭐야)는 부정적인 기분을 나타낸다.

2ばん Track 114

えきいん　　　うんちん　ぶそく　　　　　　　　　えん
駅員 ： 運賃不足ですね。あと50円いただきます。
じょうきゃく　　　　　しつれい
乗客 ： 1　なんて失礼な。
　　　　　まこと　もう　わけ
　　　2　誠に申し訳ございません。
　　　3　あ、すみません。

역무원 : 운임 부족이네요. 나머지 50엔 주세요.
승객　 : 1 이런 실례를.
　　　　　2 정말로 죄송합니다.
　　　　　3 아, 죄송합니다.

↳ 역무원이 운임이 부족하다고 했으므로 승객은 가볍게 사과를 하면 된다. 1번은 '매우 실례'라는 뜻이므로 이 상황에서는 적절하지 않고, 2번 역시 매우 정중한 사과 표현이다. 승객이 역무원에게 이 정도로 정중한 사과를 하는 것은 적절하지 않다. 정답은 3번이다. 이 외에 「あっ、足りませんでしたか」(아, 부족했나요?)라고 해도 된다.

3ばん Track 115 【백화점에서】

おとこ　　　　　　　　だんせい　　じょせい　　　　　　かい
男 ： トイレは男性と女性どっちが2階だったっけ？
おんな
女 ： 1　あ、女子用よ。
　　　　　がい
　　　2　3階よ。
　　　3　あっちよ。

남 : 화장실은 남성과 여성 어느 쪽이 2층이었지?
여 : 1 아, 여자용이야.
　　2 3층이야.
　　3 저쪽이야.

↳ 남자 화장실과 여자 화장실 중 어느 것이 2층이었는지를 묻는 것이므로 대답은 1번과 같이 말해야 한다. 장소나 방향을 물은 것이 아니므로 2·3번은 대답으로 적합하지 않다.

4ばん Track 116

てんいん　　　きゃくさま　なに　　さが
店員 ： お客様、何かお探しですか。
きゃく
客 ： 1　いいえ、探していません。
　　　　　　　　　　み
　　　2　いいえ、見ているだけです。
　　　3　いいえ、けっこうです。

점원 : 손님, 뭔가 찾으십니까?
손님 : 1 아니요, 찾고 있지 않습니다.
　　　　2 아니요, 보는 것뿐이에요.
　　　　3 아니요, 됐어요.

↳ 매장에 온 손님에게 점원이 말을 걸 때는 「何かお探しですか」라고 한다. 1번은 '떨어뜨린 물건이나 잃어버린 물건을 찾고 있습니까?'라고 물은 게 아니므로 적합하지 않고, 또 점원의 도움이 필요 없더라도 3번과 같이 대답하는 것은 실례이다.

정답은 2번이다. 점원의 도움이 필요할 때는 「ええ、～を探しているんですが」(네, ～을 찾고 있는데요)라고 한다.

5ばん Track 117 【레스토랑에서】

店（みせ）の人（ひと）：お会計（かいけい）は皆様（みなさま）ご一緒（いっしょ）でよろしいですか。
客（きゃく）：1　あっ、別々（べつべつ）にお願（ねが）いします。
　　　　2　あっ、一斉（いっせい）にお願（ねが）いします。
　　　　3　あっ、次々（つぎつぎ）にお願（ねが）いします。

직원 : 계산은 다 같이 해 드릴까요?
손님 : 1 아, 따로따로 해 주세요.
　　　 2 아, 일제히 해 주세요.
　　　 3 아, 차례로 해 주세요.

↳ 레스토랑 등에서 식사를 하고 나서 계산하는 상황이다. '계산은 다 같이 해드릴까요?'라고 묻고 있으므로 각자 계산을 원할 때는 1번과 같이 말하거나, 「1人（ひとり）ずつお願（ねが）いします」(한 사람씩 해주세요), 「割（わ）り勘（かん）にします」(더치페이로 해주세요)라고 한다. 2번의 「一斉（いっせい）に」는 '일제히'라는 뜻으로 많은 사람이 한꺼번에 같은 일을 한다는 의미이고, 3번의 「次々（つぎつぎ）に」는 많은 사람이 차례대로 한다는 의미이므로 적합하지 않다.

6ばん Track 118

店（みせ）の人（ひと）：コーヒーのお代（か）わり、いかがですか。
客（きゃく）：1　はい、お願（ねが）いします。
　　　　2　はい、代（か）わります。
　　　　3　いいえ、代（か）えません。

직원 : 커피 리필해 드릴까요?
손님 : 1 네, 해 주세요.
　　　 2 네, 대신합니다.
　　　 3 아니요, 대신하지 않습니다.

↳ '커피 리필해 드릴까요?'라고 묻는 상황이므로, 추가를 원할 때는 1번과 같이 말한다. 「お代（か）わり」는 '같은 음식을 더 먹는 것' 즉 '리필'을 뜻한다. 반대로 원하지 않을 때는 「いいえ、けっこうです」(아니요, 괜찮습니다)라고 하면 된다. 2・3번은 '대신하다'라는 의미이므로 물음에 대한 답으로 적합하지 않다.

7ばん Track 119

店（みせ）の人（ひと）：お会計（かいけい）の領収書（りょうしゅうしょ）、いかがなさいますか。
客（きゃく）：1　あ、いりません。
　　　　2　サインします。
　　　　3　かしこまりました。

직원 : 계산 영수증, 어떻게 하시겠습니까?
손님 : 1 아, 필요 없습니다.
　　　 2 사인하겠습니다.
　　　 3 알겠습니다.

↳ 서명이 끝난 영수증의 처리를 묻는 상황으로, 정답은 1번이다. 이것은 영수증이 필요 없다고 할 때 쓰는 표현으로, 「けっこうです」(괜찮습니다)라고도 한다. '영수증'에는 서명하지 않으므로 2번은 부적합하다. 또 「いかがなさいますか」(어떻게 하시겠습니까?)라는 물음에 「かしこまりました」(알겠습니다)라고 대답하는 것은 적절하지 않으므로 3번도 정답이 아니다.

8ばん Track 120

店（みせ）の人（ひと）：ありがとうございました。
客（きゃく）：1　さようなら。
　　　　2　ごちそうさまでした。
　　　　3　ご苦労（くろう）さま。

직원 : 감사합니다.
손님 : 1 안녕히 계세요.
　　　 2 잘 먹었습니다.
　　　 3 수고하셨습니다.

↳ 레스토랑 등에서 계산을 마친 후 점원이 손님에게 감사 인사를 하는 상황이다. 따라서 이에 대한 손님의 대답은 '잘 먹었습니다'가 가장 적합하다. 따라서 정답은 2번이다.

9ばん Track 121 【호텔에서】

ホテルの人（ひと）：こちらのシングルルームはインターネットが使（つか）えませんが、よろしいでしょうか。
客（きゃく）：1　いいえ、けっこうです。
　　　　2　はい、けっこうです。
　　　　3　いいえ、かまいません。

호텔 직원 : 이 싱글룸은 인터넷을 쓸 수 없습니다만, 괜
찮으신지요?

손님 : 1 아니요, 괜찮습니다.

2 네, 괜찮습니다.

3 아니요, 상관없습니다.

↘ 객실의 불편한 시설에 대해 손님에게 이해를 구하는 상황이다.
정답은 2번으로 '인터넷이 되지 않아도 괜찮다'는 뜻이다. 「よ
ろしいでしょうか」라는 질문에 「いいえ」라고 대답하는 것은
'좋지 않다'라는 의미가 되므로 부적절하고, 3번은 「はい、か
まいません」이 올바른 표현이다.

10ばん Track 122

男 : あのう、荷物がじゃまで通れないんだけ
ど……。

女 : 1 すみません。おじゃまします。
2 申し訳ありません。気にしないで。
3 すみません。気がつきませんでした。

남 : 저, 짐이 방해가 돼서 지나갈 수 없는데요…….

여 : 1 죄송합니다. 실례하겠습니다.

2 죄송합니다. 신경 쓰지 마세요.

3 죄송합니다. 미처 몰랐습니다.

↘ 객실 복도 등에서 방해가 되는 물건을 치워 달라고 요청하는 상
황이다. 1번의 「おじゃまします」는 방문할 때 쓰는 인사이고
2번의 「気にしないで」는 '걱정 마'라는 뜻이므로 이 상황과는
어울리지 않는다. 정답은 3번이다..

11ばん Track 123 【사적인 자리에서】

男 : お子様はおいくつですか。
女 : 1 1人です。
2 4歳です。
3 120センチです。

남 : 자제분은 몇 살이에요?

여 : 1 한 명이에요.

2 4살이에요.

3 120센티미터예요.

↘ 「おいくつですか」는 '몇 살입니까'라는 뜻으로 나이를 묻는 표
현이다. 정답은 2번이다. 1번은 사람 수, 3번은 키를 묻는 질
문에 적합한 답이다. 참고로 '4살입니다'는 「よっつです」라고
도 한다.

12ばん Track 124

男 : 今日は、お招きくださって、ありがとうござい
ました。そろそろ失礼いたします。

女 : 1 そうですか。また、帰ってください。
2 そうですか。また、いらっしゃってく
ださい。
3 では、また、失礼いたします。

남 : 오늘 초대해 주셔서 감사합니다. 슬슬 실례하겠습
니다.

여 : 1 그래요? 다시 돌아가세요.

2 그러세요? 또 오세요.

3 그럼 또 실례하겠습니다.

↘ 초대받은 사람이 시간이 되어 돌아가겠다고 할 때 그에 대한 인
사말로 알맞은 것을 고르는 문제이다. 돌아가는 사람이 '초대
해 주어 고맙다, 슬슬 실례하겠다'라고 말하고 있으므로 상대
방은 2번과 같이 대답하는 것이 적절하다. 3번은 돌아가는 사
람의 인사말로 적당하다. 2번과 같은 뜻으로는 「また、来て
ください」(또 오세요)가 있다.

13ばん Track 125

男 : お母様によろしくお伝えください。
女 : 1 ありがとうございます。よろしくと言
います。
2 ありがとうございます。申し上げます。
3 ありがとうございます。申し伝えます。

남 : 어머님께 안부 전해 주세요.

여 : 1 감사합니다. 잘 부탁한다고 합니다.

2 감사합니다. 말씀 드리겠습니다.

3 감사합니다. 말씀을 전하겠습니다.

↘ 상대방이 자신의 가족(엄마)에게 안부를 전해 달라는 것이므로
2번과 같이 경어를 쓰는 것은 알맞지 않다. 3번의 「申し伝え
ます」는 「伝えます」의 겸양 표현이므로 3번이 정답이다.

14ばん　Track 126 【비상사태 · 병원에서】

医者：風邪のようですね……。お薬、出してお
　　　きましょうか。
患者：　1　あのー、薬は、ちょっと……。
　　　　2　あのー、薬は、食べたくないんで
　　　　　　すが……。
　　　　3　あのー、薬は、そこに置かないでく
　　　　　　ださい。

의사 : 감기 같네요……. 약 지어 드릴까요?
환자 : 1 저기, 약은 좀…….
　　　 2 저기, 약은 먹고 싶지 않은데요.
　　　 3 저기, 약은 거기에 두지 마세요.

↳　「薬を出す」는 '약을 짓다'라는 뜻이므로, 이것은 의사가 환자
　에게 감기약을 처방해 주기를 원하는지 묻고 있는 상황이다.
　1번의「ちょっと……」는 '그건 좀 곤란해요'라는 거절의 뜻이
　므로 환자는 약 처방을 원하지 않는다는 것이다. 1번이 정답이
　다. '약'은「食べる」(먹다)가 아니라「飲む」(마시다)라고 하므
　로 2번은 틀린 표현이고, 의사의 말이 '꺼내서 어딘가에 두다'
　라는 뜻이 아니므로 3번의 대답은 적절하지 않다.

15ばん　Track 127

男：妻が入院してましてね。
女：　1　悪いですね。お大事にしてください。
　　　2　それは、ご心配ですね。お大事にして
　　　　　ください。
　　　3　そうですか。心配していますか。大変
　　　　　ですね。

남 : 아내가 입원해 있어서요.
여 : 1 죄송해요. 몸조심하세요.
　　 2 그거 걱정이시겠네요. 몸조심하세요.
　　 3 그래요? 걱정하고 있습니까? 큰일이군요.

↳　남자의 아내가 병원에 입원해 있는 상태이다. 여자는 위로의
　말을 건넬 것이므로 정답은 2번이다. 1번의「悪いですね」는
　사과하는 표현이므로 적절하지 않고, 걱정하는 것은 당연하므
　로 3번의「心配していますか」라는 질문도 적절하지 않다. 위
　로할 때는「それは、ご心配ですね」라고 해야 한다.

16ばん　Track 128 【레저】

男：この劇場、先月できたばかりなんだよ。
女：　1　そうなんだ。だから、駅から近くて便
　　　　　利よね。
　　　2　そうなんだ。だから、床もぴかぴかで、
　　　　　汚れてないよね。
　　　3　そうなんだ。だから、もう古い感じが
　　　　　するよね。

남 : 이 극장, 지난달에 막 생겼어.
여 : 1 그렇구나. 그래서 역에서 가깝고 편리하구나.
　　 2 그렇구나. 그래서 바닥도 번쩍번쩍하고 지저분하
　　　 지 않구나.
　　 3 그렇구나. 그래서 벌써 낡은 느낌이 드는구나.

↳　생긴 지 얼마 안 된 극장이므로 새것과 관계있는 대답을 고르면
　된다. 정답은 2번이다. 역에서 가까운지 어떤지는 새것과는 관
　계가 없으므로 1번은 적절하지 않다.

17ばん　Track 129

男：バイクに乗せてやるよ。はい、ヘルメット。
女：　1　これ、かぶんなくちゃいけないの？
　　　2　これ着なくちゃだめなの？
　　　3　こんな重いの、はくの？

남 : 오토바이 태워 줄게. 자, 헬멧.
여 : 1 이거, 안 쓰면 안 돼?
　　 2 이거 입지 않으면 안 돼?
　　 3 이렇게 무거운 거 입는 거야?

↳　ヘルメット(헬멧)는 머리에 쓰는 것이므로 동사는「かぶる」
　(머리에 쓰다)를 써야 한다. 정답은 1번이다. 2번의「着る」
　는 상의나 코트 등 상반신, 신체 전체에 옷을 걸칠 때 쓰는 말
　이고, 3번의「はく」는 바지나 치마, 구두 등 하반신에 의복을
　걸칠 때 쓰는 말이다.

18ばん (Track 130)

女：新幹線は速いね。いつの間にかもう大阪だ。

男：1　えっ、いつですか。
　　2　うん、さすがだね。
　　3　いや、3時間だよ。

여 : 신칸센은 빠르구나. 어느새 벌써 오사카야.

남 : 1 네, 언제예요?

　　2 응, 과연 대단하네.

　　3 아니, 3시간이야.

↳ 여자가 신칸센의 엄청난 속도를 칭찬하고 있으므로 남자의 대답으로는 2번이 어울린다. 「さすが」는 '역시, 과연'이라는 뜻으로 칭찬할 때 쓴다.

19ばん (Track 131) 【학교에서】

女：来週のボランティア、だれか手伝ってくれる人いないかなぁ。

男：1　うん、いないよ。
　　2　田中君に聞いてみたら。
　　3　今週ならいいよ。

여 : 다음 주 자원봉사, 누구 도와줄 사람 없을까?

남 : 1 응, 없어.

　　2 다나카 군한테 물어보는 게 어때?

　　3 이번 주라면 좋아.

↳ 여학생이 도와줄 사람을 찾고 있으므로 어울리는 남학생의 대답을 고르면 된다. 「いないかな」는 「いるでしょうか」(있을까?)라는 의미이므로 1번은 적합하지 않다. 또 질문은 「来週」(다음 주)인데 3번은 「今週」(이번 주)라고 말하고 있으므로 부적합하다. 정답은 2번이다.

20ばん (Track 132)

男：この頃、勉強で疲れてて、夜あんまり寝られないんだ。

女：1　どうぞ、お大事に。
　　2　無理しないでね。
　　3　本当に残念だね。

남 : 요즘 공부 때문에 지쳐서 밤에 별로 잠을 못 자.

여 : 1 부디 몸조심해.

　　2 무리하지 마.

　　3 정말로 유감이네.

↳ 공부하느라 지쳐서 밤에 잠을 잘 못 잔다고 말하고 있으므로 2번과 같이 조언해 주는 게 가장 적절하다. 1번은 아픈 사람을 걱정하며 말할 때 쓰는 표현이고, 3번은 만족스럽지 못하거나 분할 때 쓰는 표현이므로 이 상황과는 어울리지 않는다.
기타 표현으로는 「じゃ、少し休んだら」(그럼 조금 쉬는 게 어때?), 「あまり無理しないほうがいいよ」(그다지 무리하지 않는 게 좋아) 등이 있다.

21ばん (Track 133)

女：この教室、ずいぶん暑いね。

男：1　じゃ、クーラーをつけるようにして。
　　2　じゃ、クーラーをつけるはずだ。
　　3　じゃ、クーラーをつけようか。

여 : 이 교실 꽤 덥네.

남 : 1 그럼 에어컨을 틀도록 해.

　　2 그럼 에어컨을 틀 거야.

　　3 그럼 에어컨을 틀까?

↳ 여자가 교실이 덥다고 말하고 있으므로 남자는 그에 합당한 대책 등을 제시할 것이다. 정답은 3번이다. 1번의 「~をつけるようにして」는 한번이 아니라 항상 '~하도록 노력하고 있다'고 할 때 사용하고, 2번의 「~はずだ」는 자기 행동을 예측할 때는 쓸 수 없다. 다른 표현으로는 「じゃ、クーラーをつけたら?」(그럼 에어컨을 트는 게 어때?), 「じゃ、クーラーをつけた方がいいね」(그럼 에어컨을 트는 게 좋겠네), 「じゃ、クーラーつければ?」(그럼 에어컨을 틀면?) 등이 있다.

22ばん　Track 134

男：君の盗まれた自転車、見つかったって？
女：1　ああ、よかった。
　　2　おかげさまで。
　　3　おめでとう。

남 : 네 도난당한 자전거 찾았다며?
여 : 1 아, 다행이야.
　　2 덕분에.
　　3 축하해.
↳「自転車、見つかったって」는 '찾았다고 들었는데 진짜야?'
라는 뜻이므로 1번과 같이 대답하는 것은 적절하지 않다. 2번
은 상대방에게 감사 인사로 쓰는 표현이므로 정답이다. 3번의
「おめでとう」는 축하 인사로 쓰는 말이므로 부적합하다.

23ばん　Track 135

女：先月、学生会館から引っ越ししたんだ。
男：1　それは大変そうだね。
　　2　え、どこに？
　　3　ふーん、だれと？

여 : 지난달에 학생회관에서 이사했어.
남 : 1 그거 힘들겠네.
　　2 뭐? 어디로?
　　3 흠~, 누구랑?
↳ 여학생이 이사를 했다고 말했으므로 남학생은 새로 이사한 장
소를 묻는 게 가장 적절하다. 정답은 2번이다. 이사한 게 힘든
지 어떤지는 알 수 없으므로 1번은 적절하지 않고, 함께 이사
한 사람에 대해서 묻는 것이므로 3번도 적절하지 않다.

24ばん　Track 136

男：あーあ、この間の試験の結果、すごく悪
　　かったんだ。
女：1　でも、次こそ受かるよ。
　　2　そう、今度は頑張るよ。
　　3　じゃ、もっと勉強しないとね。

남 : 아~, 지난번 시험 결과 아주 나빴어.
여 : 1 하지만 다음에야말로 합격할 거야.
　　2 그래, 다음에는 열심히 할게.
　　3 그럼 더 열심히 공부해야겠네.
↳ 남학생이 괴로워하고 있으므로 여학생은 격려나 충고의 말을 해
줄 것이다. 정답은 3번이다. 2번의「頑張るよ」는 노력하는 사람
이 상대가 아니라 자신이라는 뜻이므로 적절하지 않다. 상대방을
격려할 때는「今度頑張ればいいよ」(다음번에 노력하면 돼)라고
한다.

25ばん　Track 137

男：試験合格したよ。
女：1　すごい。たいへんだよ。
　　2　すごい。やったね。
　　3　運がよかったね。

남 : 시험에 합격했어.
여 : 1 대단해. 큰일이야.
　　2 대단해. 해냈구나.
　　3 운이 좋았구나.
↳ 남자가 시험에 합격한 상황이므로 여자는 축하의 말이나 칭찬
하는 말을 해 줄 것이다. 정답은 2번이다. 1번의「たいへん
だ」는 곤란할 때 쓰는 말이고, 3번의「運がいい」는 이때는 실
례이므로 쓰지 않는 게 좋다.

26ばん　Track 138　【부탁을 받았을 때】

女：あの、ちょっと頼みたいことがあるんで
　　すが……。
男：1　何ですか。
　　2　はい、そうですか。
　　3　ええ、わかりました。

여 : 저, 부탁 좀 하고 싶은 일이 있는데요.
남 : 1 무엇입니까?
　　2 네, 그래요?
　　3 네, 알겠습니다.
↳ 부탁이 있다고만 말했으므로 남자는 부탁 내용을 확인할 것이
다. 정답은 1번이다. 아직 상대방으로부터 아무런 이야기를 듣
지 못했으므로 2, 3번과 같이 말하는 것은 적절하지 않다.

27ばん Track 139

女：あの、英語で作文書いたんだけど、まち
　　がいがあるかどうか、見てくれない？
男：1　僕だって忙しいんだし、ほかの人に頼
　　　んでみてくれる？
　　2　ごめん、今、僕も論文で忙しくて、ゆ
　　　っくり見られないんだ。まちがえると
　　　悪いし……。
　　3　忙しいし、気が向かないし。すみません。

여 : 저기, 영어로 작문을 썼는데 틀린 게 있는지 봐 주지
　　 않을래?
남 : 1 나도 바빠서 다른 사람한테 부탁해 볼래?
　　 2 미안, 지금 나도 논문 때문에 바빠서 여유롭게 볼
　　　 수 없어. 틀리면 미안하고…….
　　 3 바쁘고 마음이 내키지 않아서. 미안해.

↘ 여자가 남자에게 부탁을 하고 있으므로, 이에 대한 대답은 부
　 탁을 수락한다거나 거절한다는 내용이 나와야 한다. 단, 거절
　 할 때는 이유를 밝히며 정중하게 거절하는 것이 좋다. 정답은
　 2번이다. 3번의 「気が向かない」는 '마음이 내키지 않다'는 뜻
　 으로, 이런 말은 하지 않는 것이 좋다.

28ばん Track 140 【꾸중을 들었을 때】

教授：君、最近授業中に居眠りばかりしてる
　　　ね。それに、遅刻も多いよ。
学生：1　失礼いたします。すみませんでした。
　　　2　承知いたしました。
　　　3　申し訳ありません。以後、気をつけ
　　　　ます。

교수 : 자네, 요즘 수업 중에 졸기만 하더군. 게다가 지각
　　　 도 많아.
학생 : 1 실례하겠습니다. 죄송했습니다.
　　　 2 알겠습니다.
　　　 3 죄송합니다. 앞으로 주의하겠습니다.

↘ 교수가 학생에게 주의를 주고 있으므로 학생은 앞으로 주의하
　 겠다고 말할 것이다. 정답은 3번이다.

29ばん Track 141 【사과를 받았을 때】

女：この間、せっかくパーティーに誘ってもら
　　ったのに、行けなくてすみませんでした。
男：1　いいえ、いいんですよ。また、今度い
　　　らっしゃってください。
　　2　いいえ、来なくてもよかったですよ。
　　3　はい、いいでしょう。また、誘います
　　　から。

여 : 지난번에 모처럼 파티에 초대해 주셨는데, 못 가서
　　 죄송했어요.
남 : 1 아니에요, 괜찮습니다. 다음에 또 와 주세요.
　　 2 아니에요, 오지 않아도 괜찮았어요.
　　 3 네, 좋겠지요. 또 초대할 테니까.

↘ 초대에 응하지 못한 데 대해 사과를 하는 것이므로 상대방도 그
　 에 상응하는 인사를 할 것이다. 정답은 1번이다. 2번처럼 말
　 하는 것은 부적절하다.

30ばん Track 142 【감사 인사를 들었을 때】

男：先日は、京都のお土産をありがとうござ
　　いました。
女：1　はい、心だけです。
　　2　いいえ、失礼しました。
　　3　いえ、ほんの気持ちだけです。

남 : 지난번에는 교토 기념품을 주셔서 감사했습니다.
여 : 1 네, 마음뿐입니다.
　　 2 아니요, 실례했습니다.
　　 3 아니에요, 그저 마음뿐인걸요.

↘ 여행 기념품에 대해 감사 인사를 하는 것이므로 3번과 같이 대
　 답한다. 1번은 「いいえ、ほんの心ばかりです」라고 해야 맞
　 는 표현이다. 또 '감사하다'는 말에 2번의 「失礼しました」라는
　 대답은 부적절하다.

탁하고 있다. 말하는 사람의 입장에서는 이야기가 혼란스러워
진 것이므로 정답은 2번이다. 3번의 「話が混雑する」라는 표
현은 쓰지 않는다.

31ばん Track 143 【会社にて】

男：もしもし、うちの者ですが、山下お願い
　　します。

女：1　おうちの方でいらっしゃいますか、た
　　　　だ今、お呼びします。

　　2　おうちの方ですか、すぐ呼びます。

　　3　おうちの方でいらっしゃいますか、す
　　　　ぐ呼んで参ります。

남 : 여보세요, 가족인데요, 야마시타 부탁합니다.

여 : 1 가족 분이십니까? 지금 불러 드리겠습니다.

　　2 가족 분이십니까? 곧 부르겠습니다.

　　3 가족 분이십니까? 곧 불러 오겠습니다.

↘ 직원 가족에게 온 전화이다. 이때는 경어를 사용하여 정중하게
　　응대해야 한다. 정답은 1번이다. 2번은 정중함이 부족하고,
　　3번은 자사 사람을 타사 사람 등에 말할 때는 겸양 표현을 쓰
　　지만, 그 사원의 가족에게는 경어를 써야 하는데 「呼んで参り
　　ます」는 겸양 표현이므로 적합하지 않다.

32ばん Track 144

女：今のお話、よくわからないんですが、わ
　　かりやすく説明していただけますか。

男：1　失礼いたしました、頭が混乱してしま
　　　　いました。もう一度ご説明いたします。

　　2　失礼いたしました、話が混乱してしま
　　　　いました。もう一度ご説明いたします。

　　3　失礼いたしました、話が混雑してしま
　　　　いました。もう一度ご説明いたします。

여 : 지금 하신 말씀, 잘 모르겠는데요, 알기 쉽게 설명해
　　주시겠어요?

남 : 1 실례했습니다. 머리가 복잡해져 버렸습니다. 다시
　　　한번 설명 드리겠습니다.

　　2 실례했습니다. 이야기가 혼란해져 버렸습니다. 다
　　　시 한번 설명 드리겠습니다.

　　3 실례했습니다. 말이 혼잡해져 버렸습니다. 다시
　　　한번 설명 드리겠습니다.

↘ 여자가 남자에게 방금 한 이야기를 다시 한번 설명해 달라고 부

33ばん Track 145

社員A：どなたかご意見がありますか。

社員B：1　その話、発言してもよろしいでし
　　　　　　ょうか。

　　　　2　そのこと、発言してもよろしいで
　　　　　　しょうか。

　　　　3　その件について、発言してもよろ
　　　　　　しいでしょうか。

사원A : 누구 의견 있으십니까?

사원B : 1 그 이야기 발언해도 될까요?

　　　　2 그 일 발언해도 될까요?

　　　　3 그 건에 대해 발언해도 될까요?

↘ 회의 석상이므로 정중하게 말해야 한다. 정답은 3번이다. 1 ·
　　2번은 정중함이 부족하므로 적합하지 않다.

34ばん Track 146

社長：君、この間のプレゼンすばらしかったよ。

社員：1　社長、おそれいります。がんばり
　　　　　ます。

　　　　2　社長、よかったね。がんばります。

　　　　3　社長、そうですか。がんばります。

사장 : 자네, 지난번 프레젠테이션 훌륭했네.

사원 : 1 사장님, 황송합니다. 열심히 하겠습니다.

　　　　2 사장님, 다행이네요. 열심히 하겠습니다.

　　　　3 사장님, 그렇습니까? 열심히 하겠습니다.

↘ 사장과 사원의 대화이다. 비즈니스에서는 정중하게 말해야 하
　　므로 2 · 3번은 부적절하다. 정답은 1번이다.

35ばん Track 147

受付の人：社長はただ今、外出中で20分ほどで戻ってまいります。

他社の人：1　では、こちらでお待ちいただきたいと思いますが。

2　では、待たせていただいてもよろしいでしょうか。

3　では、お待たせいたしてもよろしいでしょうか。

접수 담당 : 사장님은 지금 외출 중이라서 20분 정도 후에 돌아오십니다.

타사 직원 : 1 그럼, 여기서 기다리고 싶은데요.

2 그럼, 기다려도 될까요?

3 그럼, 기다리시게 해도 될까요?

↘ 사장이 부재중일 때 손님이 온 상황이다. 잠시 후에 돌아온다고 하니 손님은 기다리겠다고 한다. 손님이 기다리는 상황이므로 정답은 2번이다. 1번의「お待ちいただきたい」는 '기다려 주세요'라는 뜻으로 기다리는 주체는 타인이고, 3번의「お待たせいたしても」도 '다른 사람을 기다리게 한다'는 뜻이므로 상황과 맞지 않다.

36ばん Track 148

部長：どう。ホテルの建設工事は、進んでいるかね？

社員：1　はい、ちゃくちゃくと。

2　はい、さっさと。

3　はい、さっそく。

부장 : 어때? 호텔 건설 공사는 잘 되고 있나?

사원 : 1 네, 착착.

2 네, 후딱후딱.

3 네, 즉시.

↘ 부장이 일의 진행이 순조로운지 묻고 있다. 1번의「ちゃくちゃくと」는 어떤 일이 예정이나 순서대로 문제 없이 착착 진행되는 모습을 나타내고, 2번의「さっさと」는 '빨리빨리, 후딱후딱'의 뜻으로 일을 서둘러 하는 모습을 나타낸다. 그리고 3번의「さっそく」는 당장 무언가를 시작할 때의 모습을 나타내므로 정답은 1번이다.

37ばん Track 149

女：すみません、今そちらに向かっているんですが、渋滞でお約束の時間に伺えそうもないんです。

男：1　そうですか。じゃ、何時でしょうか。早く来てください。

2　そうですか。何時頃になりそうでしょうか。

3　何時にいらっしゃるご予定でしょうか。

여 : 죄송합니다, 지금 그쪽으로 가고 있는데요, 정체 때문에 약속 시간에 찾아뵐 수 없을 것 같습니다.

남 : 1 그래요? 그럼 몇 시일까요? 빨리 오세요.

2 그래요? 몇 시쯤 될 것 같습니까?

3 몇 시에 오실 예정이세요?

↘ 남자와 여자가 업무차 만날 약속을 했으나 도로 정체 때문에 여자가 약속 시간에 늦을 것 같다고 말하고 있다. 이에 대한 남자의 대답으로는 2번이 적절하다. 비즈니스상의 만남이므로 정중한 표현을 써야 한다. 따라서 1번은 적절하지 않다. 또 여자가 '늦을 것 같다'고 말하고 있으므로 확실한 도착 시간은 알기 어렵다. 따라서 3번도 적합하지 않다.

동양북스 채널에서 더 많은 도서
더 많은 이야기를 만나보세요!

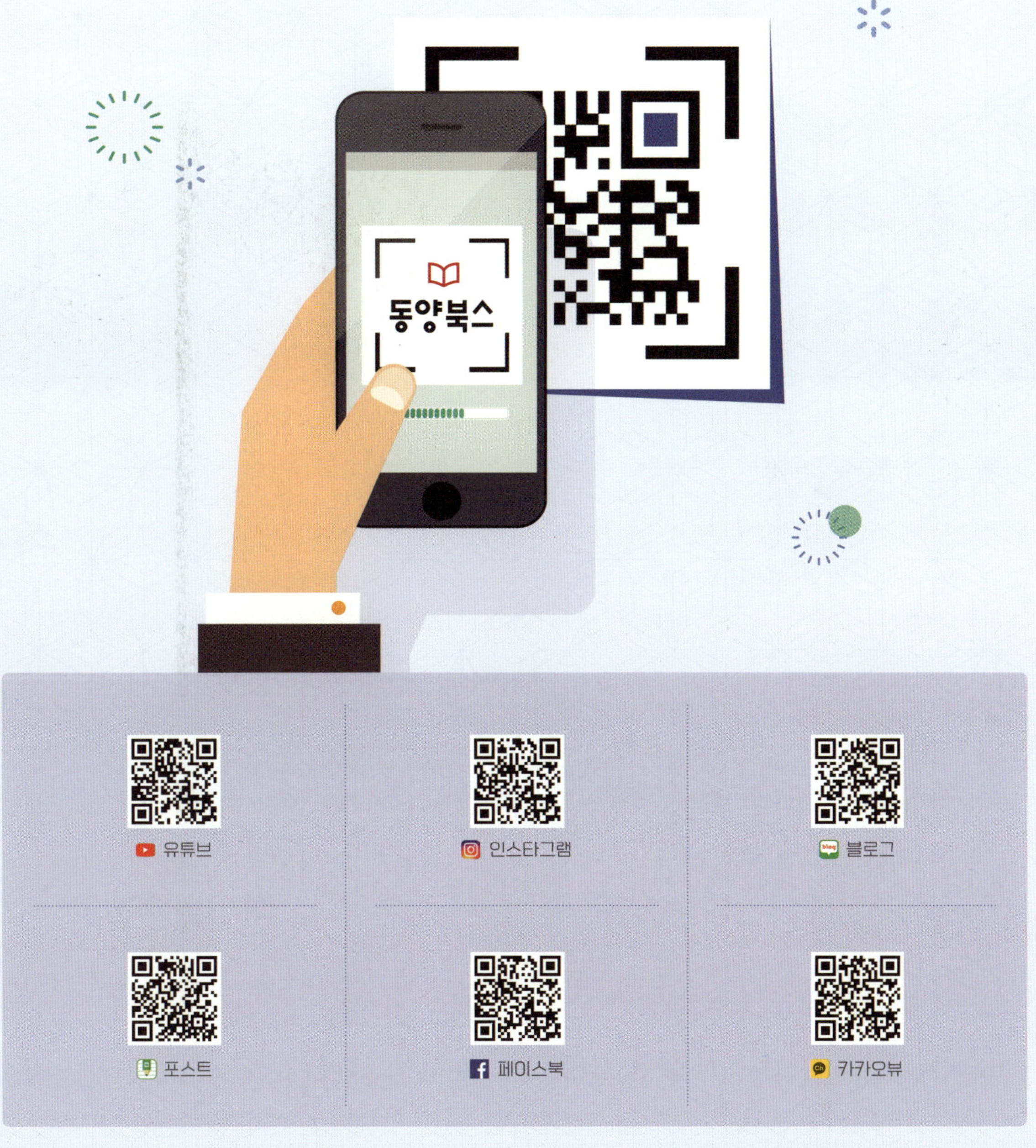

외국어 출판 45년의 신뢰
외국어 전문 출판 그룹
동양북스가 만드는 책은 다릅니다.

45년의 쉼 없는 노력과 도전으로 책 만들기에 최선을 다해온
동양북스는 오늘도 미래의 가치에 투자하고 있습니다.
대한민국의 내일을 생각하는 도전 정신과 믿음으로 최선을 다하겠습니다.